高等学校教材

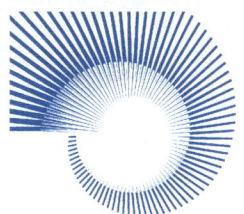

基础化学实验

唐向阳 主编　　赵温涛　马骁飞　余莉萍 等编

中国教育出版传媒集团
高等教育出版社·北京

内容提要

本书由天津大学化学化工国家级实验教学示范中心组织，按照"基础实验 — 综合实验—研究性实验—虚拟仿真实验"的顺序编写，各部分内容相对独立又相互融合。全书共分十章，包括绪论、化学实验基础知识、化学实验中的基本操作、无机化学基础实验、分析化学基础实验、物理化学基础实验、有机化学基础实验、综合化学实验、研究性实验、化学虚拟仿真实验。书中运用信息化技术，将动画、演示视频和虚拟仿真等数字资源以二维码形式展示给读者。

本书可作为化学类、化工类、材料类、环境类、药学类、生命科学类等相关专业的化学实验课程教学用书，也可作为科研和工程技术人员的参考用书。

图书在版编目（CIP）数据

基础化学实验 / 唐向阳主编. -- 北京 ：高等教育出版社，2024. 8. -- ISBN 978-7-04-062298-0

Ⅰ. O6-3

中国国家版本馆 CIP 数据核字第 2024FX3051 号

JICHU HUAXUE SHIYAN

策划编辑	翟 怡	责任编辑	翟 怡	封面设计	张雨微	版式设计	明 艳
责任绘图	马天驰	责任校对	张 薇	责任印制	刁 毅		

出版发行	高等教育出版社		网　　址	http://www.hep.edu.cn
社　　址	北京市西城区德外大街 4 号			http://www.hep.com.cn
邮政编码	100120		网上订购	http://www.hepmall.com.cn
印　　刷	涿州市京南印刷厂			http://www.hepmall.com
开　　本	787 mm×1092 mm　1/16			http://www.hepmall.cn
印　　张	25			
字　　数	580 千字		版　　次	2024 年 8 月第 1 版
购书热线	010-58581118		印　　次	2024 年 8 月第 1 次印刷
咨询电话	400-810-0598		定　　价	52.00元

本书如有缺页、倒页、脱页等质量问题，请到所购图书销售部门联系调换
版权所有　侵权必究
物 料 号　62298-00

前　言

本书是基础化学实验的新形态教材,按照"基础实验—综合实验—研究性实验—虚拟仿真实验"的顺序编写,各部分内容相对独立又相互融合,并将信息化技术引入教材,通过动画、演示视频和虚拟仿真等多种数字资源的使用达到提高学生学习兴趣、丰富教学手段、拓展知识内容的目的。本书可供化学类、化工类、材料类、环境类、药学类、生命科学类等相关专业开设的化学实验课程教学使用。

本书具有以下几个方面的特色:

1. 突出"安全化学""绿色化学""可持续发展"的理念,并在相关章节中予以充分体现;

2. 按照实验内容分层次编写,便于不同高校根据学校和专业的相关要求,对教学计划进行选择性安排;

3. 将天津大学化学学科相关教师的最新科研成果及在全国化学竞赛中的获奖项目,转化为适合为本科生开设的实验教学内容编入教材;

4. 将国家虚拟仿真实验教学项目(国家级一流本科课程)引入教材,加深学生对信息化实验方法的认识。

本书的编写全部由长期工作在天津大学化学实验教学第一线的教师承担。唐向阳、赵温涛、马晓飞、余莉萍、朱莉娜、高宏苓、陶敏莉分别负责相应二级学科实验、综合实验、研究性实验及虚拟仿真实验有关内容的编写,全书由唐向阳组织协调编写工作,由唐向阳、赵温涛统稿。

在本书的编写过程中,得到天津大学教务处和天津大学理学院化学系全体教师的大力支持,大连理工大学孟长功教授、天津大学刘俊吉教授在审阅书稿时提出了许多宝贵而具体的建议,高等教育出版社相关编辑也给予了热忱的指导和帮助,在此一并表示衷心的感谢。

由于编者知识水平和技术能力所限,书中不妥之处在所难免,敬请各位师生和读者批评指正。

编　者

2023 年 7 月于天津

目　　录

第一章　绪论 ·· 1
  1.1　基础化学实验课程的目标 ·· 1
  1.2　基础化学实验课程的要求 ·· 1

第二章　化学实验基础知识 ·· 3
  2.1　实验室安全知识 ··· 3
    2.1.1　化学品安全基础知识 ··· 3
    2.1.2　化学实验室用电、用水、用气及消防安全 ······································ 6
    2.1.3　化学实验的个人安全防护 ··· 9
    2.1.4　化学实验规则和化学实验安全规则 ··· 10
  2.2　常用玻璃仪器 ··· 11
    2.2.1　常用玻璃仪器简介 ··· 11
    2.2.2　玻璃仪器的洗涤与干燥 ··· 14
    2.2.3　玻璃仪器的使用安全 ··· 15
  2.3　化学试剂的存放、取用及配制 ·· 16
    2.3.1　化学试剂的存放 ··· 16
    2.3.2　化学试剂的取用 ··· 17
    2.3.3　化学试剂的配制 ··· 18
    2.3.4　常用化学溶剂 ··· 19
  2.4　气体的收集、净化及气体钢瓶的使用 ·· 20
    2.4.1　气体的收集及有毒有害气体的吸收 ··· 20
    2.4.2　气体的净化与干燥 ··· 21
    2.4.3　气体钢瓶、减压阀及其使用 ·· 22
  2.5　试纸与滤纸 ··· 23
    2.5.1　用试纸检验溶液的酸碱性 ·· 23
    2.5.2　用试纸检验气体 ··· 24
    2.5.3　滤纸 ·· 24
  2.6　误差分析与数据处理 ·· 25
    2.6.1　准确度与精密度 ··· 25
    2.6.2　误差的分类与减免 ··· 25
    2.6.3　实验数据的记录与处理 ··· 27

2.6.4　误差的传递 ·· 29
　　2.6.5　实验结果的表达 ·· 29

第三章　化学实验中的基本操作 ·· 32
3.1　称量仪器的使用 ··· 32
　　3.1.1　托盘天平 ·· 32
　　3.1.2　电子天平 ·· 33
　　3.1.3　试样的称取方法 ··· 34
3.2　玻璃量器及其使用 ··· 35
　　3.2.1　滴定管 ·· 35
　　3.2.2　吸管 ··· 37
　　3.2.3　容量瓶 ·· 38
　　3.2.4　量筒和量杯 ··· 39
　　3.2.5　微量进样器 ··· 39
3.3　真空的获得与测量 ··· 40
　　3.3.1　真空的获得与测量的基础知识 ··· 40
　　3.3.2　真空的获得 ··· 40
　　3.3.3　真空的测量 ··· 41
　　3.3.4　真空检漏 ·· 41
3.4　压力的测量 ··· 43
　　3.4.1　概述 ··· 43
　　3.4.2　电测式测压仪 ·· 44
3.5　温度的测量 ··· 45
　　3.5.1　玻璃液体温度计 ··· 45
　　3.5.2　热电偶温度计 ·· 48
　　3.5.3　电测式测温仪器 ··· 48
3.6　密度的测量 ··· 50
　　3.6.1　密度的定义 ··· 50
　　3.6.2　用密度瓶法测量液体和固体的密度 ··································· 51
3.7　熔点的测定 ··· 52
3.8　加热与冷却 ··· 53
　　3.8.1　加热装置 ·· 53
　　3.8.2　加热操作 ·· 55
　　3.8.3　冷却方法 ·· 58
3.9　固、液分离方法 ·· 59
　　3.9.1　倾泻法 ·· 59
　　3.9.2　过滤法 ·· 59

目 录

    3.9.3 离心分离 ... 61
    3.9.4 重量分析的基本操作 ... 62
  3.10 萃取 ... 65
    3.10.1 基本原理 ... 65
    3.10.2 实验方法 ... 66
    3.10.3 萃取分离的操作 ... 67
  3.11 干燥 ... 67
    3.11.1 气体的干燥 ... 67
    3.11.2 液体的干燥 ... 67
    3.11.3 固定的干燥 ... 67
  3.12 蒸馏 ... 68
    3.12.1 简单蒸馏原理 ... 68
    3.12.2 简单蒸馏操作 ... 69
  3.13 减压蒸馏 ... 71
    3.13.1 减压蒸馏原理 ... 71
    3.13.2 减压蒸馏装置 ... 72
    3.13.3 减压蒸馏操作 ... 73
  3.14 水蒸气蒸馏 ... 73
    3.14.1 水蒸气蒸馏原理 ... 73
    3.14.2 水蒸气蒸馏装置与操作 ... 74
  3.15 分馏 ... 75
    3.15.1 分馏原理 ... 75
    3.15.2 共沸精馏简介 ... 76
    3.15.3 分馏柱与填料 ... 77
    3.15.4 分馏操作 ... 78
  3.16 升华 ... 79
  3.17 旋转蒸发 ... 80
  3.18 脱色与重结晶 ... 81
    3.18.1 溶剂的选择 ... 81
    3.18.2 重结晶操作 ... 81
  3.19 薄层色谱法 ... 82
    3.19.1 概述 ... 82
    3.19.2 分离原理和实验技术 ... 82
    3.19.3 应用 ... 84

第四章 无机化学基础实验 ... 85
  实验一 摩尔气体常数的测定 ... 85

实验二　化学反应热的测定 ……………………………………………………………… 87
　　实验三　乙酸解离常数的测定 …………………………………………………………… 89
　　实验四　单、多相离子平衡 ……………………………………………………………… 93
　　实验五　氧化还原反应 …………………………………………………………………… 97
　　实验六　原电池、金属腐蚀与防护 ……………………………………………………… 99
　　实验七　物质结构和性质的关系 ……………………………………………………… 102
　　实验八　平衡原理综合实验 …………………………………………………………… 106
　　实验九　p区非金属元素重要化合物的性质 ………………………………………… 107
　　实验十　p区重要金属化合物的性质 ………………………………………………… 112
　　实验十一　常见阴离子的分离与鉴定 ………………………………………………… 116
　　实验十二　d区元素重要化合物的性质 ……………………………………………… 121
　　实验十三　ds区元素重要化合物的性质 ……………………………………………… 130
　　实验十四　常见阳离子的分离和鉴定 ………………………………………………… 134
　　实验十五　元素性质综合实验 ………………………………………………………… 137
　　实验十六　去离子水的制备 …………………………………………………………… 137
　　实验十七　硫酸亚铁铵的制备(常量和微型实验) …………………………………… 142
　　实验十八　五水硫酸铜的制备 ………………………………………………………… 146
　　实验十九　磷系列化合物的制备 ……………………………………………………… 148
　　实验二十　硫代硫酸钠的制备 ………………………………………………………… 150
　　实验二十一　三草酸合铁(Ⅲ)酸钾的制备、组成测定及表征 ………………………… 151
　　实验二十二　二氯化一氯五氨合钴(Ⅲ)的制备及其水合反应速率常数和活化能的测定 … 158
第五章　分析化学基础实验 ………………………………………………………………… 162
　　实验一　盐酸标准溶液的配制和标定 ………………………………………………… 162
　　实验二　混合碱的测定 ………………………………………………………………… 164
　　实验三　EDTA标准溶液的配制和标定 ……………………………………………… 167
　　实验四　混合液中铅、铋含量的连续测定 …………………………………………… 169
　　实验五　$KMnO_4$标准溶液的配制和标定 …………………………………………… 171
　　实验六　石灰石中钙含量的测定 ……………………………………………………… 173
　　实验七　可见分光光度法测定水中微量铁 …………………………………………… 176
　　实验八　紫外吸收光谱法测定有机化合物光谱 ……………………………………… 178
　　实验九　原子吸收光谱法测定含铜废液中铜含量 …………………………………… 179
　　实验十　恒电流电解法测定铜含量 …………………………………………………… 181
　　实验十一　离子选择性电极法测定水中氟含量 ……………………………………… 183
　　实验十二　气相色谱法分离和测定醇系物 …………………………………………… 186
第六章　物理化学基础实验 ………………………………………………………………… 189
　　实验一　恒温槽调节及黏度测定 ……………………………………………………… 189

实验二	凝固点降低法测定摩尔质量	195
实验三	液体饱和蒸气压的测定	199
实验四	反应焓的测定	203
实验五	燃烧热的测定	209
实验六	平衡常数的测定	214
实验七	二组分液相完全互溶系统的沸点-组成图	218
实验八	二组分凝聚系统相图	221
实验九	原电池热力学	225
实验十	金属的钝化行为和极化曲线的测定	230
实验十一	过氧化氢催化分解反应动力学	235
实验十二	乙酸乙酯皂化反应速率常数和活化能的测定	240
实验十三	最大泡压法测定溶液的表面张力	244
实验十四	固体自溶液中的吸附测定	249
实验十五	表面活性剂的类型鉴别及临界胶束浓度 CMC 的测定	253
实验十六	溶胶的制备、ζ电势与电解质聚沉值的测定	258
实验十七	累托石对亚甲基蓝吸附动力学研究	262
实验十八	循环伏安法结合理论化学计算研究苯醌及其衍生物的氧化还原电势	265

第七章 有机化学基础实验 271

实验一	蒸馏与减压蒸馏	271
	实验 1.1 蒸馏	271
	实验 1.2 减压蒸馏	272
实验二	乙酰水杨酸的制备	273
实验三	正丁醚的制备	276
实验四	苯乙酮的制备	278
实验五	苯甲酸的制备	280
实验六	乙酰苯胺的制备	282
实验七	对甲苯磺酸钠的制备	284
实验八	肉桂酸的制备	285
实验九	苯甲醇与苯甲酸的制备	288
实验十	天然色素的提取及薄层色谱分析	290
实验十一	反-1,2-二苯乙烯的制备	292
实验十二	乙酸乙酯的制备	294
实验十三	1-溴丁烷的制备	297
实验十四	乙酰乙酸乙酯的制备	299
实验十五	正丁基乙酰乙酸乙酯和庚-2-酮的制备	302
实验十六	D-赤酮酸内酯的合成	304

实验十七　茚-1,3-二酮的制备 ··· 306
实验十八　三苯甲醇的制备 ·· 309

第八章　综合化学实验 ··· 311

实验一　安息香及其氧化重排产物合成及表征 ·· 311
  实验1.1　安息香的合成及表征 ·· 311
  实验1.2　安息香衍生物二苯乙二酮的合成及表征 ····································· 313
  实验1.3　二苯基乙醇酸的合成及表征 ·· 315
实验二　[Co(Ⅱ)Salen]配合物的制备及载氧作用 ·· 317
实验三　聚乙烯醇缩甲醛(胶水)的制备 ··· 321
  实验3.1　醋酸乙烯酯溶液聚合 ·· 321
  实验3.2　聚乙烯醇(PVA)的制备——聚醋酸乙烯酯(PVAC)的醇解 ············· 322
  实验3.3　聚乙烯醇缩甲醛(胶水)的制备 ·· 324
实验四　固体超强酸的制备、表征及其在酯化反应中的应用 ································· 326
实验五　香豆素的绿色催化合成 ·· 330
  实验5.1　乙醇的生物合成 ··· 330
  实验5.2　固态超强酸催化合成乙酸乙酯 ·· 333
  实验5.3　乙酰乙酸乙酯的合成 ·· 334
  实验5.4　用固体酸催化的Pechmann反应来合成7-羟基-4-甲基香豆素 ········· 336
实验六　相转移催化法合成扁桃酸 ··· 338
实验七　2-氨基-2-苯并吡喃衍生物的绿色催化合成及其性能测定 ·························· 341
实验八　吡啶功能化腈纶纤维对重金属离子的选择性吸附研究 ······························ 344

第九章　研究性实验 ·· 348

实验一　铋离子选择性电极的制备及测定胃药中的Bi^{3+}含量 ······························ 348
实验二　黄烷酮对映体的高效液相色谱手性拆分及含量测定 ································· 360
实验三　醇钠催化苯甲醛合成苯甲酸苄酯 ·· 369

第十章　化学虚拟仿真实验 ·· 374

实验一　乙酰乙酸乙酯合成的虚拟仿真实验 ·· 374
实验二　加压氢化反应的虚拟仿真实验 ··· 378

附录 ··· 386

第一章 绪 论

1.1 基础化学实验课程的目标

化学是在原子、分子及分子以上层次研究物质的组成、结构、性质及其变化过程的基础科学,是一门理论与实验并重、富有创造性的中心学科。化学实验是化学学科形成和发展的基础,是检验化学科学理论知识的重要手段,也是推动学科进步的主要方法。化学各分支学科之间相互交叉又紧密融合,基础化学实验是高等学校化工、材料、药学、环境科学、生命科学等专业的重要基础课程。

全书采用先合后分的编排方式,对各学科需求相同的基础实验知识汇总,编排在化学实验基础知识、化学实验中的基本操作两章;再按各学科的具体要求,分别编写了无机化学基础实验、分析化学基础实验、物理化学基础实验、有机化学基础实验、综合化学实验的内容;最后,结合实验教学的最新进展,为提高学生的自主创新能力,增加了研究性实验、化学虚拟仿真实验两章内容。突出化学实验技能的培养,强化对化学实验基本原理及基础知识的掌握,以及对化学实验基本方法和基本技术的运用。基础化学实验教学过程可使学生达到以下学习目标:

(1) 通过基础实验-系列实验或综合实验-研究性实验三个层次的实验学习,加深对化学基础理论的理解和运用,强化化学基础理论与实践的结合,提高学生的综合能力和解决问题能力,培养学生的创新精神和团队协作意识。

(2) 熟练地掌握化学实验的基本技能;树立"安全化学""绿色化学"的意识和可持续发展理念。

(3) 初步掌握化学研究或化学品设计和生产、开发和应用等的基本方法和手段,培养学生的创新意识和批判性思维,以及以化学实验为工具获取新知识的能力。

(4) 掌握必要的信息技术,能够获取、加工和应用化学及相关信息;经过严格的实验训练后,使学生具有一定的查阅、收集和处理化学信息的能力,分析和解决较复杂问题的实践能力,并初步具备自主学习、自我发展的能力。

1.2 基础化学实验课程的要求

为了达到上面提出的课程学习目标,学生应注重以下环节的学习。

1. 实验前的预习

明确实验目的和原理；所用仪器、使用方法和注意事项；药品或试剂的等级、物化性质（熔点、沸点、折射率、密度、毒性与安全等数据）；实验装置；实验步骤。要做到心中有数，避免"照方抓药"式操作。实验前认真地写出预习报告，报告应简明扼要，切忌照抄书本。实验过程或步骤可以用框图或箭头等符号表示。

2. 学习方法

本书所选用的基础实验是在教学过程中经多年使用较为成熟的实验，因而容易做出结果，但不要认为生产或科研中的实际问题都可以如此顺利地解决，应当多问几个为什么。对于综合实验，更要弄清楚解决问题的思路和步骤，切忌囫囵吞枣。为了培养创新和开拓意识，还安排了部分较为简单的研究性实验，对这部分实验，首先要明确需要解决的问题，然后根据所学的知识（必要时应当查阅文献资料）和实验室能提供的条件选定实验方法，并深入研究这些方法的原理、仪器、实验条件和影响因素，以此作为设计方案的依据，最后写成预习报告并和指导教师讨论，修改、定稿后即可实施。本书所选的实验题目较为简单，目的是给学生在"知识"和"应用"之间架设一座（能力的）桥梁。

3. 实验记录

实验过程中要准确记录并妥善保存原始数据，不能随意记在纸片上，更不能涂改。对可疑数据，如确知原因，可用铅笔轻轻圈去，否则宜用统计学方法判断取舍，必要时应补做实验核实，这是科学精神与态度的具体体现。实验结束后，原始数据记录表请指导教师签字，留作撰写实验报告的依据。

4. 实验报告

实验报告不仅是概括与总结实验过程的文献资料，而且是学生以实验为工具获取化学知识实际过程的模拟，因而同样是实验课程的基本训练内容。实验报告从一定角度反映了学生的学习态度、实际水平与能力。实验报告的格式与要求，在不同的学习阶段略有不同，但基本内容应包括实验目的、实验简明原理、实验仪器（厂家、型号、测量精度）、药品（纯度等级、物理性质、用量）、实验装置（画图表示）、原始数据记录表（附在报告后）、实验现象与观测数据、实验结果（包括数据处理，必要时用列表或作图形式表达）和实验结果讨论等。

要养成专心致志地观察和及时记录实验现象的良好习惯，在等待的时间内不能做其他事情。善于观察、勤于思考、正确判断是能力的体现。

处理实验数据时，宜用列表法、作图法，具有普遍意义的图形还可以回归成经验公式，得出的结果应尽可能地与文献数据进行比较。通过这种形式培养实验人员科学的思维模式，锻炼其文献查阅能力和文字表达能力。

对实验结果进行讨论是实验报告的重要组成部分，往往也是最精彩的部分。它包括实验人员的心得体会、做好实验的关键所在、实验结果的可靠程度与合理性评价，以及对实验现象的分析与解释。如能进一步提出改进意见或提出另一种比该实验更好的合成路线或方案等，则是具备一定创新能力的表现。当然，一般情况下的讨论是初级的，有些见解可能是肤浅的，但重要的是有意识地培养分析思考的习惯，尤其是培养发散性思维和收敛性思维的模式，为具备真正的创新能力打下基础。

第二章 化学实验基础知识

2.1 实验室安全知识[①]

2.1.1 化学品安全基础知识

1. 危险化学品的分类和简介

危险化学品通常分为八大类,分别是爆炸品,压缩气体和液化气体,易燃液体,易燃固体、自燃物品和遇湿易燃物品,氧化剂和有机过氧化物,有毒品,放射性物品,腐蚀品。

(1)爆炸品 爆炸品指在外界作用(如受热、摩擦、撞击等)下能发生剧烈的化学反应,瞬间产生大量的气体和热量,使周围的压力急剧上升,对周围环境、设备造成破坏和对人员造成伤害的物品。基础化学实验室中可能接触到苦味酸、硝化甘油、高氯酸盐、叠氮化合物等属于爆炸品的化学试剂。一些化学物质相互混合可形成爆炸品,如氯酸钾与红磷、碳、硫等的混合物,硝酸铵与有机物、硫、磷或金属粉末等的混合物等,无论在储存药品、进行实验,还是在处理实验废物时,都需要注意。

(2)压缩气体和液化气体 压缩气体和液化气体是指压缩、液化或加压溶解的气体。处于压力下的气体在受热、撞击或强烈震动时,容易发生容器内压力剧增导致的物理爆炸,具有较大危险性。根据气体性质又可分为易燃气体,如氢气、一氧化碳等;不燃气体(包括助燃气体),如氮气、氧气等;有毒气体,如一氧化碳、氯气、氨气等。

(3)易燃液体 易燃液体指闪点小于等于 60 ℃、遇火容易燃烧的液体。如实验室中常用的乙醚、四氢呋喃、乙酸乙酯、甲醇、乙醇、丙酮、乙酰丙酮等液体试剂都属于易燃液体。易燃液体在常温下容易挥发,其蒸气与空气混合还能形成爆炸性混合物。表 2-1-1 列出了一些实验室常见易燃、可燃液体的闪点,实验室内不可存放过多这类药品,且用后要及时回收处理,不可倒入下水道,以免聚集引起火灾。

(4)易燃固体、自燃物品和遇湿易燃物品 易燃固体指燃点低,对热、撞击、摩擦敏感,易被外部火源点燃,迅速燃烧,能散发有毒烟雾或有毒气体的固体。如红磷、硫黄、萘等。

自燃物品指自燃点低,在空气中易于发生氧化反应放出热量,而自行燃烧的物品。如黄磷、还原铁粉、三乙基铝等。

[①] 朱莉娜,孙晓志,弓保津,等. 高校实验室安全基础. 天津:天津大学出版社,2015.

表 2-1-1 一些实验室常见易燃、可燃液体的闪点

液体名称	闪点/℃	液体名称	闪点/℃
乙醚	-45	乙腈	6(开杯闪点)
四氢呋喃	-14	甲醇	12
二甲基硫醚	-38	乙醇	13
二硫化碳	-30	异丙苯	44
乙醛	-38	苯胺	70
丙烯醛	-25	正丁醇	29
丙酮	-18	异丁醇	24
辛烷	13	叔丁醇	11
苯	-11	氯苯	29
乙酸乙酯	-4	乙酰丙酮	34
甲苯	4	1,4-二氧六环	12
环己烷	-20		

资料来源：Davletshina T. A.,Cheremisinoff N. P.,*Fire and explosion hazards handbook of industrial chemicals*,Noyes Publications,New Jersey,USA,1998.

遇湿易燃物品指遇水或受潮时,发生剧烈反应,放出大量易燃气体和热量的物品,有的不需明火就能燃烧或爆炸。如金属钾、钠、氢化钠、保险粉(连二亚硫酸钠)等。

（5）氧化剂和有机过氧化物 氧化剂指具有强氧化性,易分解放出氧和热量的物质,对热、震动和摩擦比较敏感。其本身不一定可燃,但通常能分解放出氧或发生氧化反应而引起或促进其他物质燃烧。常见氧化剂如五氧化二磷、硝酸、硫酸、硝酸盐、亚硝酸盐、氯酸钾、高锰酸钾、重铬酸钾、过氧化氢等。

有机过氧化物是指分子结构中含有过氧键（—O—O—）的有机物,其本身为热不稳定物质,能发生放热的自加速分解。有机过氧化物具有较强的氧化性,本身易燃易爆、极易分解,对热、震动和摩擦极为敏感,遇酸、碱、还原剂可发生剧烈的氧化还原反应。实验室常见的有机过氧化物有过氧化苯甲酰、过氧化甲乙酮等。

（6）有毒品 有毒品指进入机体后,累积达到一定的量时能与体液和组织发生生物化学作用或生物物理作用,扰乱或破坏机体的正常生理功能,引起暂时或持久性的病理改变,甚至危及生命的物品。有毒的化学药品和试剂种类较多,包括有毒气体,如氯气、氰化氢、氟化氢、溴化氢、氯化氢、二氧化硫、氨气、一氧化氮、一氧化碳等；无机药品,如氰化物及氢氰酸,汞、黄磷、Cr、As、Cd、Pb、Hg、Tl、Be、Os 等的相关化合物；有机药品,如烷基化试剂、苯胺及苯胺衍生物、有机磷化物、芳香硝基化合物、生物碱等。由于基础化学实验对象的特点,实验中选用的药品往往会避免剧毒、高毒试剂。

（7）**放射性物品** 放射性物品指放射性比活度[①]大于 $7.4 \times 10^4 \, \mathrm{Bq \cdot kg^{-1}}$ 的物质。此类物质由国家专门部门管理，基础化学实验中不涉及。

（8）**腐蚀品** 腐蚀品指能灼伤人体组织并对金属等物品造成损伤的固体或液体。这类物质按化学性质可以分为：酸性腐蚀品，如硫酸、硝酸、盐酸、氢氟酸、氯磺酸、冰醋酸等；碱性腐蚀品，如氢氧化钠、氢氧化钾、氨水、烷基醇钠类等；其他腐蚀品，如二氯乙醛、氟化氢铵、氯甲酸苄酯、二氯化膦苯等。

表 2-1-2 列出了危险化学品的危险性警示标识，在进行化学实验时，可通过观察药品或试剂标签上的警示标识快速了解该药品或试剂的危险性。

表 2-1-2 危险化学品的危险性警示标识

爆炸性 	易燃性 	毒性 	高压气瓶 
氧化性或有机过氧化物 	腐蚀性 	放射性 	皮肤刺激性 

2. 化学药品及试剂的安全存放和取用

由于化学药品和试剂性质的特殊性，因此在存放和取用时需要特别注意安全。

存放化学药品和试剂应遵循的基本安全原则：

（1）使用专门的、结实牢固的架子或储物设备存放药品。

（2）每种药品都有固定的存放位置，用后及时放回原处。

（3）避免在高于 1.5 m 的架子上存放药品，重的药品不要放在高处。

（4）化学试剂应保存在通风良好、干净、干燥、避光之处，要远离热源。

（5）禁止在出口、通道、桌子、柜子下面及紧急设备区域存放药品。

（6）所有化学试剂或化学品容器必须贴有标签并摆放整齐，标签上注明购买日期及使用者名字。

（7）药品分类存放，禁止将易发生反应的及不相容的化学药品存放在一起。

（8）挥发性、有毒或有特殊气味的药品存放在通风橱中。

（9）经常检查药品存储状况，存储危险药品的设备应由专人管理并定期检查。

取用化学药品和试剂应注意的安全注意事项：

（1）取用化学试剂时做好防护措施，尽可能减少口鼻吸入及皮肤接触。

---

① 放射性比活度：单位质量的放射性活度，单位为 $\mathrm{Bq \cdot kg^{-1}}$。

（2）使用化学试剂时应仔细阅读标签。

（3）不要品尝化学试剂！

（4）不要嗅闻毒性未知的试剂。对已知试剂,嗅闻时应保持适当距离,用手轻扇,让试剂气味扩散至鼻中。避免直接俯向容器口。

（5）不要用嘴吸移液管或虹吸管,应使用洗耳球。

（6）对低沸点的液体,容器不可盛得过满,不可置于日晒或高温处,开启这类容器时切勿使瓶口对着人。

（7）有毒有害化学品不得敞开瓶口放置,应及时盖紧瓶塞,特别是注意在多次取用时要每次及时盖上瓶塞。

（8）按照正规指南安全处理危险物品及实验"三废"物质。

3. 化学实验废物的处理

实验室产生的少量有毒气体通过排气设备将其排到室外高空,在大量空气中稀释;对于产生毒气量大的实验,须连接尾气吸收或处理装置,使其大部分被吸收,最终转化为废液或固体废物的形式。因此,在实验室废物的处置工作中,大量工作是针对废液、固体废物和空试剂瓶的处理。

在处置、管理、收集、存储废物时需依据下述方式和原则：

（1）严禁向下水口倾倒实验室的废弃化学试剂和实验产生的有毒有害废液、废物。

（2）不可将废弃的化学试剂及沾染危险废物的实验器具放在楼道等公共场合。

（3）不得将危险废物（含沾染危险废物的实验用具）混入生活垃圾和其他非危险废物中贮存。

（4）实验产生的废物应按要求分类放入指定的收集容器内。

（5）玻璃和针头等尖锐废物必须放入专用的废物回收箱。

（6）不含有毒有害成分的酸、碱、无机废液（如盐酸、氢氧化钠等）可经适当中和、充分稀释后排放。

（7）提倡对废液进行安全无害的浓缩处理,提倡提纯回收有机溶剂再利用。

（8）接触危险废物的实验室器皿（包括损毁玻璃器皿、空试剂瓶）、包装物等,必须完全消除危害后,才能改为他用或集中回收处理。

（9）不能处理的废物交给本单位相关管理人员,委托有资质的废物处理机构处置。

（10）禁止将废弃化学药品提供或委托给无许可证的单位进行收集、贮存、处置等。

（11）废弃剧毒化学品应填写《废弃剧毒试剂登记表》,交到本单位相关管理人员及设备管理处,由专人负责与主管部门联系处理。

（12）放射性废物是管制物品,不可擅自处理,应按主管部门要求送往专门存储和处理机构处置。

2.1.2 化学实验室用电、用水、用气及消防安全

1. 化学实验室安全用电常识

由于化学实验室涉及仪器、电器较多,违章用电可能造成仪器设备损坏、火灾,甚至人身伤亡

等严重事故。在 50 Hz 的工频交流电下,人在触电后勉强可以自主摆脱带电体的平均电流值仅为 8~10 mA。因此在进行实验时需要特别注意安全用电。

下面是进行化学实验时,需要注意的安全用电事项:

(1) 不用潮湿的手接触电器。

(2) 不可接触电器导电部分,如用手直接接触电炉金属外壳等。更不能赤手拉拽绝缘老化或破损的导线。

(3) 实验前要检查仪器线路是否完好,连接是否正确,经教师检查同意后方可接通电源。若需连接线路,应先连接好电路再接通电源;线路中各接点应牢固,电路元件两端接头不要互相接触,以防短路;实验结束时,先切断电源再拆线路。

(4) 使用电器时一定要精神集中,以免失误接触导体。

(5) 室内若有易燃易爆气体,应避免产生电火花。

(6) 杜绝设备超负荷运行和"故障"运行,保持电气设备的电压、电流、温升、温度等参数不超过允许值。

(7) 电线、电器不要被水淋湿或浸在导电液体中。

(8) 电器在使用过程中若发现异常,如不正常声响、局部温度升高或嗅到焦味,应立即切断电源,并报告教师进行检查。

(9) 未经教师许可,不得修理、拆卸、安装电器。

(10) 如有人触电,首先应迅速切断电源,然后依情况实施抢救。

(11) 如遇电线起火,应立即切断电源,用沙或二氧化碳、四氯化碳灭火器灭火,禁止用水或泡沫灭火器等导电液体灭火。

当发生触电事故时,在伤员脱离电源后,应使其就地平躺,暂时不要站立或走动,拍动伤员肩部确定是否意识丧失,必要时进行人工呼吸和心肺复苏术进行抢救。当情况严重时,在进行心肺复苏术抢救的同时,尽快拨打 120 送医治疗。

2. 化学实验室用水安全

在进行化学实验时,要经常使用水清洗仪器,或用水冷却或恒温。在用水时,需要注意如下安全事项:

(1) 实验时要节约用水,用完后随手关闭水阀。

(2) 要用器皿盛水,盛水不要过满,切勿将水淋在化学药品上。

(3) 为了避免实验室发生大量溢水事故,应注意水槽的清洁,保持下水道畅通。

(4) 冷凝管的冷却水不宜开得过大,避免水压过高弹开橡胶管而跑水。

(5) 实验室管理人员要经常检查上下水是否完好,对有故障的上下水进行标识,以免学生误用导致事故。

3. 气体钢瓶的使用安全注意事项

气体钢瓶属于高压装置,当钢瓶内的压缩气体或液化气体受到撞击或高温时就会有发生物理爆炸的危险。同时,钢瓶内的气体本身可能是易燃气体、有毒气体、助燃气体或窒息性气体,一旦发生泄漏,会导致连并发生其他事故。因此在实验中正确安全地使用各种压缩气体或液化气体钢瓶十分重要。

使用气体钢瓶时,必须注意下列事项:

(1)在气体钢瓶使用前,要按照钢瓶外表油漆颜色、字样等正确识别气体种类,避免误用而造成事故。如钢瓶因使用日久后色标脱落,应及时按上述规定进行漆色、标注气体名称和涂刷横条。

(2)气体钢瓶在运输、贮存和使用时,切勿与其他坚硬物体撞击。钢瓶应放在阴凉,远离电源、热源的地方,并加以固定,防止滚动或倒地。

(3)有毒气体钢瓶应单独存放,严防有毒气体逸出,注意室内通风。最好在存放有毒气体钢瓶的室内设置毒气报警装置。

(4)可燃性气体钢瓶和助燃性气体钢瓶必须分开存放!且必须保证存放房间通风良好,房间内的照明灯具及电器必须采用防爆型,以免漏出的可燃性气体与空气混合后遇到火种发生爆炸,或助燃性气体与室内有机物等还原性物质发生燃烧爆炸。

(5)严禁油脂等有机物沾污氧气钢瓶,因为油脂遇到逸出的氧气就可能燃烧。如果有油脂沾污,则应立即用四氯化碳洗净。开氧气钢瓶的扳手必须专用,必须保证扳手上没有油脂。

(6)高压钢瓶必须在安装好减压阀后方可使用。各种减压阀绝不能混用。开、闭气阀时,操作人员应避开瓶口方向,站在侧面,并缓慢操作,不能猛开阀门。

(7)钢瓶内气体不能完全用尽,应保持表压在 0.05 MPa 以上的残留压力,以防止外界空气进入气体钢瓶,在重新灌气时发生危险。

(8)钢瓶须定期送交检验,合格钢瓶才能充气使用。

(9)氢气、氧气或可燃性气体钢瓶严禁靠近明火。

4. 化学实验室消防安全

化学实验室中一旦发生起火或爆炸情况,切不可惊慌失措,要保持镇静,根据具体情况正确地进行灭火或撤离,同时立即报告实验教师,必要时报火警(火警电话119)。由于化学实验室中存放的化学药品和试剂的特殊性,因而往往不能像生活中那样发生火灾后直接用水灭火,多数情况下需要针对具体情况,使用专门的器具灭火。

下面是针对化学实验室发生火灾时宜采取的措施:

(1)若火很小,则可使用灭火毯或湿抹布覆盖灭火。

(2)容器中的易燃物着火时,可用灭火毯盖灭。

(3)有机溶剂可用二氧化碳灭火器灭火。当有机溶剂在桌面或地面上蔓延燃烧时,不得用水冲,可撒上细沙或用灭火毯盖灭。

(4)金属钠、钾、镁、铝粉、电石、过氧化钠等着火时,应用干沙灭火。

(5)导线、电器和仪器着火时应先切断电源,然后用二氧化碳或1211灭火器灭火。

(6)个人衣服着火时,切勿慌张奔跑,以免风助火势,应迅速脱衣,用水龙头浇水灭火,火势过大时可就地卧倒打滚,压灭火焰。

2.1.3 化学实验的个人安全防护

1. 化学实验个人安全防护用具的选择

进入实验室首先必须穿着实验服,即俗称的白大褂,以防止躯体受到各种伤害,同时防止日常着装被污染。在实验过程中长发必须束起,必要时佩戴防护帽或头罩。实验人员需穿着防腐蚀、防渗透、防滑、防砸、防火花的鞋,不得在实验室内穿着拖鞋。

在进行有机化学实验,或实验涉及有毒气体、烟雾、飞溅的液体或颗粒物、碎屑等时,需要佩戴防护眼罩对眼睛进行保护。不要在化学实验过程中佩戴隐形眼镜。

做普通实验可戴一次性无纺布口罩,对呼吸系统起到基础保护作用。如果进行涉及低浓度的苯、氨、甲醛、异味、恶臭等有机气体,酸性挥发物,农药,刺激性气体等的实验时,可选择活性炭口罩。如果进行涉及超细颗粒粉尘的实验时,须选择防尘口罩(市面上称为防霾口罩)。当实验中涉及高毒或高浓度有害、有味气体时,需要佩戴防毒面具才能对呼吸系统起到可靠、有效的保护作用。

化学实验室常用的防护手套为天然橡胶手套或丁腈橡胶手套。这两种手套可对普通酸、碱、有机溶剂起到较好的防护作用。进行高温实验时,需要佩戴耐高温手套。

2. 化学实验个人卫生习惯养成

实验人员必须首先具备良好的个人卫生习惯,应包括如下几方面的内容:
(1)实验室内禁止饮食、吸烟。
(2)实验后必须洗手,必要时淋浴。
(3)在实验结束后、吃饭前要洗脸洗手。
(4)工作衣帽与便服隔开存放。
(5)定期清洗实验服或实验用衣帽。

3. 化学实验室一般伤害应急救护

当发生实验事故时应立刻报告教师。化学实验室或实验区内通常会装备洗眼器、应急冲淋器、急救药箱等应急装置,在进行实验前需注意这些装置的位置,出现事故后可快速找到并用其应急。

(1)割伤　取出伤口处的玻璃碎屑等异物,用水洗净伤口,挤出一点血,涂上应急药箱中的消毒药水,然后用消毒纱布包扎。也可在洗净的伤口上贴上"创口贴",可立即止血,且易愈合。

(2)烫伤　立即将伤处用大量水冲淋或浸泡,以迅速降温避免温度烧伤。若起水泡则不宜挑破,用纱布包扎后送医院治疗。对轻微烫伤,可在伤处涂些烫伤油膏或万花油后包扎。

(3)受酸腐伤　用大量水冲洗,再用碳酸氢钠等稀碱液(3%~5%)或肥皂液进行洗涤(草酸中毒禁用),也可以用镁盐和钙盐中和。氢氟酸灼伤,用大量水冲洗后,使用一些可溶性钙、镁盐类制剂,使其与氟离子结合形成不溶性氟化钙或氟化镁,从而使氟离子灭活。

(4)受碱腐伤　尽快用水冲洗至皮肤不滑,涂上3%硼酸。也可用经水稀释的乙酸或柠檬汁等进行中和。

(5)化学药品溅入眼睛　首先要立刻撑开眼睑,用大量水冲洗5 min,不要使用化学解毒剂。

一般酸碱溅入眼内,在冲洗后,可涂以抗菌眼膏。氢氟酸溅入眼内,立即分开眼睑,用大量清水连续冲洗 15 min 左右。滴入 2~3 滴局部麻醉眼药减轻疼痛,并立刻送医诊治。

(6) 吸入溴蒸气、氯气、氯化氢　可吸入少量乙醇或乙醚的混合蒸气。

(7) 碎屑进入眼内　木屑、尘粒等异物进入眼内,可由他人翻开眼睑,用消毒棉签轻轻取出异物,或任眼睛流泪带出异物,再滴入几滴鱼肝油。玻璃屑进入眼内时,绝不可用手揉擦,也不要试图让别人取出碎屑,尽量不要转动眼球,可任其流泪,有时碎屑会随泪水流出。用纱布轻轻包住眼睛后,立刻将伤者送去医院处理。

2.1.4　化学实验规则和化学实验安全规则

化学实验规则和化学实验安全规则是学生进入实验室时必须遵循的规则。

1. 化学实验规则

(1) 实验前必须认真预习,明确实验目的和要求,掌握实验的基本原理,了解实验操作技术和基本仪器的使用方法,熟悉实验内容及注意事项,写好预习报告。

(2) 实验过程中应严格遵守实验室规则,在教师的指导下正确操作,独立、认真地进行实验,仔细观察实验现象,及时记录现象和实验数据。爱护仪器,节约药品、水、电、气。

(3) 实验过程中,禁止脱岗,严禁出现实验无人值守状态。遇事应委托他人照看,并详细说明实验的内容、状态及潜在危险。

(4) 实验完成后,须及时将实验结果呈报给教师检查,如有问题,按教师要求重做实验。待教师认可实验结果并在实验报告上签字后,实验方可结束。再按要求当堂或回去处理实验数据,分析实验现象,对实验结果进行讨论和总结,并根据不同的实验要求撰写实验报告。

(5) 实验结束后,做好实验室的整理工作,按照教师要求整理仪器、药品和实验用具,打扫实验室卫生,在教师允许后方可离开实验室。

2. 化学实验安全规则

(1) 必须熟悉实验室的环境,了解与安全有关的一切设施(如电闸、水管阀门、气体阀门、急救箱和消防用品等)的位置和使用方法。离开实验室前,仔细检查水、电、气阀门是否关好。

(2) 实验过程中必须穿白大褂,并根据实验内容和教师的要求,选择手部、眼睛和呼吸防护用具。

(3) 实验室内禁止饮食、吸烟及保存食物;实验时须保持安静,禁止打闹。

(4) 严禁任意混合药品,更不能尝试药品味道,试剂、溶剂的瓶盖或瓶塞不能弄错。

(5) 使用有毒试剂(如氟化物、氰化物、铅盐、钡盐、六价铬盐、汞的化合物和砷的化合物等)时,应遵循教师指令取用,剩余药品或废液应倒入指定回收瓶中集中处理。

(6) 能产生有毒、有刺激性气味气体(如硫化氢、一氧化碳、氯气、二氧化硫等)的实验必须在通风橱内进行。

(7) 不能用烧杯等敞口容器盛装易燃有机溶剂,如乙醚、苯、乙醇、丙酮等。装有易燃有机溶剂的容器不得靠近火源,更不能直接用明火加热易燃溶剂。切勿将易燃溶剂倒入废液缸内,用过的易燃溶剂要倒入指定回收装置内。

（8）回流或蒸馏溶剂时应放沸石，防止液体过热暴沸引起火灾。

（9）使用具有强腐蚀性的浓酸、浓碱、溴、洗液时，应做好个人防护，避免接触皮肤和溅在衣服上，更要注意保护眼睛，必要时应佩戴防护眼罩。

（10）加热、浓缩液体时，不能俯视正在加热的液体，以免被溅出的液体灼伤眼、脸。

（11）加热试管中的液体时，不能将试管口对着自己或别人。

（12）当需要借助嗅觉鉴别少量气体时，应用手把少量气体轻轻地扇向鼻孔进行嗅闻。

（13）使用电器设备时，不要用湿手接触仪器，以防触电，用后拔下电源插头。

（14）为了避免实验室发生大量溢水事故，应注意水槽的清洁，保持下水道畅通，冷凝管的冷却水不宜开得过大，避免水压过高弹开橡胶管而跑水。

（15）实验产生的废物应按要求分类放入指定的收集容器内。特别注意玻璃和针头须放入专用的废物回收箱。

2.2　常用玻璃仪器

2.2.1　常用玻璃仪器简介

常用玻璃仪器见图 2-2-1。

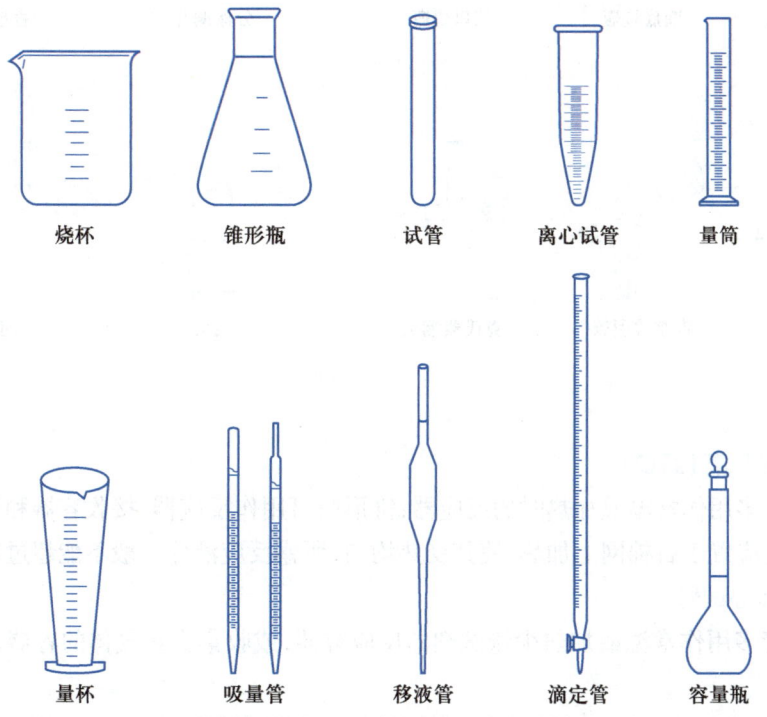

图 2-2-1 常用玻璃仪器

1. 烧杯、锥形瓶(磨口)

用途:烧杯多用作常温或加热时的反应器;锥形瓶可用作反应器、接收容器和滴定容器。

注意事项:应置于石棉网上加热,使其受热均匀,所盛反应液体一般不能超过容积的 2/3。

2. 试管、离心试管

用途:试管多用作常温或加热少量试剂的反应容器,或收集少量气体的容器;离心试管则用于沉淀分离。

注意事项:(i)防止受热时液体溅出,反应液体不超过试管容积的 1/2,加热时不能超过 1/3;

(ii) 加热后不能骤冷,以防炸裂,普通直接加热,加热时就用试管夹夹持;(iii) 离心试管不能用火直接加热。

3. 量筒、量杯
用途:用于量取一定体积的液体。
注意事项:不能量取热的液体,不能加热,不可用作反应容器。

4. 吸量管、移液管
用途:用于精确量取一定体积的液体。
注意事项:(i) 管口无"吹出"字样者,使用时溶液不允许吹出;(ii) 不能加热。

5. 酸式滴定管、碱式滴定管
用途:用于滴定分析或量取较准确体积的液体。
注意事项:(i) 量取溶液时应排除滴定管尖端部分的气泡;(ii) 不能加热及量取热的液体,酸式、碱式滴定管不能互换使用。

6. 容量瓶
用途:用于配制准确浓度的溶液。
注意事项:(i) 不能加热,不能量取热的液体;(ii) 磨口瓶与瓶塞应配套使用,不能互换。

7. 热过滤漏斗
用途:用于热过滤。
注意事项:热过滤法选用的玻璃漏斗,其颈的外露部分要短,切勿未加水就加热,以免损坏漏斗。

8. 吸滤瓶、布氏漏斗
用途:用于减压过滤。
注意事项:(i) 不能用火加热;(ii) 过滤时,先倒入少许溶剂或水,使滤纸在负压作用下与底部贴紧后再倒入待滤物。

9. 一些标准磨口玻璃仪器
有机实验所用仪器大多为标准磨口仪器。磨口仪器可以互相连接,具有密封性,有多种规格,最常用的为19#、24#两种。用以回流、蒸馏和冷凝的玻璃仪器有圆底烧瓶、三口烧瓶、蒸馏头、冷凝管(直形、球形、空气)、接引管(尾接管)等,如图2-2-1所示。常用标准磨口玻璃仪器口径编号与大端直径见表2-2-1。

表 2-2-1 常用标准磨口玻璃仪器口径编号与大端直径

口径编号	14	19	24	29	34	40
大端直径/mm	14.5	18.8	24.0	29.2	34.5	40.0

使用标准磨口玻璃仪器时应注意:
(1) 磨口处必须洁净。若沾有固体杂物,则会使磨口对接不严密导致漏气;若有硬质杂物,则会损坏磨口。

（2）用后应拆卸洗净。否则若长期放置，磨口处常会粘牢，难以打开。

（3）一般用途的磨口无须涂润滑剂，以免沾污反应物或产物。若反应中有强碱，则应涂润滑剂，以免磨口连接处因碱腐蚀粘牢而无法打开。减压蒸馏时，磨口应涂真空脂，以免漏气。

（4）安装标准磨口玻璃仪器装置时，应注意安装正确、整齐、稳妥，使磨口连接处不受歪斜的应力。否则易将仪器折断，特别是在加热时，仪器受热，应力加大，更易折断。

2.2.2 玻璃仪器的洗涤与干燥

1. 玻璃仪器的洗涤

化学实验室经常使用玻璃容器，用不干净的容器进行实验时，往往由于污物和杂质的存在而得不到准确的结果，所以容器应该保证干净。

洗涤容器的方法很多，应根据实验的要求、污物的性质和沾污的程度加以选择。

（1）用水刷洗　用自来水和毛刷刷洗容器上附着的尘土和水溶物。

（2）用洗涤剂刷洗　用毛刷蘸去污粉或洗涤剂刷洗容器上附着的油污和有机物质，若仍洗不干净，则可用热碱液洗。

（3）超声波清洗　用超声波清洗可以达到仪器全面洁净的清洗效果，特别对深孔、盲孔、凹凸槽的清洗是最理想的方法。把用过的仪器放在配有洗涤剂的溶液或水中，接通电源，利用声波的振动和能量进行清洗。清洗过的仪器再用自来水和蒸馏水冲洗干净即可。

（4）铬酸洗液洗　容量仪器不能用去污粉和毛刷刷洗，避免磨损器壁，使体积发生变化，常用铬酸洗液（简称洗液）洗涤。铬酸洗液的配制方法：称 5 g 粗重铬酸钾溶于 10 mL 热水中，稍冷，在搅拌下慢慢加入 100 mL 浓硫酸，冷却后使用。使用洗液时要注意以下几点：

① 使用洗液前最好先用水或去污粉将容器洗一遍。

② 使用洗液前应尽量去除容器内的水，以免将洗液稀释。洗液用后应倒入原瓶内，可重复使用。

③ 不要用洗液洗涤具有还原性的污物（如某些有机物），这些物质能把洗液中的重铬酸钾还原为硫酸铬（洗液的颜色则由原来的深棕色变为绿色）。已变为绿色的洗液处理后才能继续使用。

④ 洗液具有很强的腐蚀性，会灼伤皮肤和破坏衣物。如果不慎将洗液洒在皮肤、衣物和实验台上，应立即用水冲洗。

⑤ 重铬酸钾污染环境，应尽量少用洗液！用上述方法洗涤后的容器还要用水洗涤以除去洗涤剂，并用蒸馏水洗涤三次。

洗涤容器时应遵循少量（每次用少量的洗涤剂）多次的原则，既节约，又提高效率。

玻璃仪器清洗干净的标准是用水冲洗后，仪器内壁能均匀地被水润湿而不黏附水珠。如果仍有水珠黏附内壁，则说明仪器还未洗净，需要进一步进行清洗。

（5）特殊污垢的洗涤　一些玻璃仪器上常有不溶于水的污垢，尤其是原来未清洗而长期放置后的玻璃仪器。这时需要视污垢的性质选用合适的试剂，经化学作用而除去。几种常见污垢的处理方法见表 2-2-2。

表 2-2-2　常见污垢的处理方法

污垢	处理方法
碱土金属的碳酸盐、Fe(OH)$_3$、一些氧化剂如 MnO$_2$ 等	用稀 HCl 溶液处理，MnO$_2$ 需要用 6 mol·L^{-1} 的 HCl 溶液处理
沉积的金属如银、铜	用 HNO$_3$ 溶液处理
沉积的难溶性银盐	用 Na$_2$SO$_3$ 溶液洗涤，Ag$_2$S 则用热、浓 HNO$_3$ 溶液处理
黏附的硫黄	用煮沸的石灰水处理： 3Ca(OH)$_2$ + 12S ⟶ 2CaS$_5$ + CaS$_2$O$_3$ + 3H$_2$O
高锰酸钾污垢	草酸溶液（黏附在手上也用此法）
残留的 Na$_2$SO$_4$ 和 NaHSO$_4$ 固体	用沸水使其溶解后趁热倒掉
黏附碘迹	可用 KI 溶液浸泡；用温热的稀 NaOH 或 Na$_2$SO$_3$ 溶液处理
瓷研钵内的污迹	用少量食盐在研钵内研磨后倒掉，再用水洗
有机反应残留的焦炭或焦油状有机物	视情况用低规格或回收的有机溶剂（如乙醇、丙酮、苯、乙醚等）浸泡，或用稀 NaOH 或浓 HNO$_3$ 溶液煮沸处理
一般油污及有机物	用含 KMnO$_4$ 的 NaOH 溶液处理
被有机试剂染色的比色皿	可用体积比为 1∶2 的盐酸-乙醇溶液处理

2. 玻璃仪器的干燥

有时玻璃仪器洗涤干净后就可用来做实验，但有些实验需要在无水条件下进行，仪器常需要干燥后才能使用。常用的干燥方法如下：

（1）晾干　仪器洗净后，先尽量倒净其中的水滴，然后在空气中晾干，倒置可以防止灰尘落入。带有刻度的计量仪器，因为加热会影响仪器的精密度，不能用加热的方法进行干燥，需要自然晾干。

（2）加热烘干　洗净的仪器可以放在电烘箱（控制在 105 ℃左右）内烘干。烘前先尽量把水倒干，然后放入电烘箱烘干。一些常用的烧杯、蒸发皿可置于石棉网上用小火烤干。试管可以直接用酒精灯烤干，但必须使试管口向下，以免水珠倒流，使试管炸裂。

烤干时，不断来回移动试管，烤到不见水珠后，将管口朝上，赶尽水汽。厚壁仪器如量筒、吸滤瓶、冷凝管等，以及带有刻度的计量仪器如移液管、容量瓶、滴定管等，不宜在电烘箱中烘干，分液漏斗和滴液漏斗则需拨去盖子和旋塞并擦去油脂后，才能放入电烘箱中烘干。

（3）用气流干燥器吹干　在仪器洗净后，先将仪器内残留的水分甩干，然后把仪器套在气流干燥器的多孔金属管上，注意调节热空气的温度。气流干燥器不宜长期使用，否则易烧坏电动机和电热丝。

2.2.3　玻璃仪器的使用安全

玻璃仪器在实验过程中经常使用，由玻璃仪器造成的事故很多，大多数为割伤和烧伤。在使用玻璃仪器时要注意以下安全要求：

（1）剪切或加工玻璃管及玻璃棒时，必须要戴防割伤手套。

（2）玻璃管及玻璃棒的断面要用锉刀锉平或用喷灯熔融，使其断面圆滑、不易造成割伤后再使用。

（3）连接橡胶管和玻璃管，或将温度计插入橡胶塞时，先用水、甘油或润滑脂等润滑，边旋转边插入，如果感觉过紧可用锉刀等工具扩孔后再插入。

（4）玻璃仪器在使用前要仔细检查，避免使用有裂痕的仪器。特别是用于减压、加压或加热操作的场合，更要对玻璃仪器进行认真检查。

（5）在组装烧瓶等实验装置时，不要过于用力，也要防止夹具拧得过紧使玻璃容器破损。

（6）加热和冷却时，要避免骤热、骤冷或局部加热。加热和冷却后的玻璃仪器不能用手直接触摸，以免烫伤和冻伤。

（7）不能在玻璃瓶和量筒内配制溶液，以免配制溶液产生的溶解热使容器破损。

（8）不能使用壁薄和平底的玻璃容器进行加压或抽真空实验。

（9）壁薄的玻璃容器在放置到台面上时要轻拿轻放，进行搅拌操作时避免局部过力。取放较重的玻璃仪器时，要用双手。

（10）一般情况下，不允许给密闭的玻璃容器加热。

（11）打开封闭管或紧密塞着的容器时，因其有内压，会发生喷液或爆炸事故，应小心慢慢打开。

（12）洗涤烧杯、烧瓶时，不要局部勉强用力或冲击。

（13）玻璃碎片要及时清理并丢弃在指定的垃圾桶内。

2.3　化学试剂的存放、取用及配制

2.3.1　化学试剂的存放

1. 一般原则

固体试剂存放在易取用的广口瓶中，液体试剂则存放在细口的试剂瓶中，一些用量小而使用频繁的液体试剂，如指示剂、定性分析试剂等可盛装在滴瓶中。盛装试剂的试剂瓶都应贴上标签，并写明试剂的名称、纯度、浓度和配制日期，标签外面可涂蜡或用透明胶带等保护。

不同性质的试剂需要采用不同的存放方式。

（1）在空气中易变质的试剂应隔绝空气密封保存。这类试剂包括：(ⅰ)易被氧化的试剂，如亚铁盐、活泼金属单质、苯酚、硫代硫酸钠等；(ⅱ)易吸收二氧化碳的试剂，如氧化钙、氢氧化钠、氢氧化钙、过氧化钠等；(ⅲ)易吸湿的试剂，如五氧化二磷、无水氯化钙、浓硫酸、无水硫酸铜等；(ⅳ)易风化的试剂，如十水碳酸钠等。

（2）见光或受热易分解的试剂应用棕色瓶盛放且置于冷暗处，如硝酸、硝酸银等。过氧化

氢虽然也是见光易分解的物质，但不能盛放在棕色的玻璃瓶中，因棕色玻璃中含有重金属氧化物成分，会催化过氧化氢的分解。因此，通常将过氧化氢存放于不透明的塑料瓶中，并置于阴凉处。

（3）易挥发的试剂，如浓氨水、浓盐酸、乙酸乙酯等，要盖紧瓶盖，保存在阴凉通风处，取用后要立即盖紧瓶盖。

（4）易燃、易爆、强氧化性试剂一般需要分类单独存放，要与易燃、可燃物隔离存放。

（5）低沸点的易燃液体要在阴凉通风处存放，并与其他可燃物和易产生火花的器物隔离放置，更要远离明火。

（6）强碱性试剂，如氢氧化钠、氢氧化钾及硅酸钠等溶液的瓶塞应换成橡胶塞，以免长期放置互相粘连。

（7）易腐蚀玻璃的试剂，如氟化物等，应保存在塑料瓶中。

2. 特殊试剂的存放

（1）钠、钾应保存在液态烷烃（如煤油）中，以隔绝空气，防止氧化。使用时用镊子取出，在瓷砖或不锈钢板上切片，再用滤纸吸净煤油，剩余部分随即放入煤油中。

（2）白磷保存在水中置于冷暗处，以防止氧化。使用时用镊子取出，立即放入水中，用长柄小刀切取，再用滤纸吸干水分。

（3）液溴有毒、易挥发，盛于磨口的细口瓶中，并用水封，瓶盖要严密。

（4）碘易升华，且具有强烈刺激性气味，应保存在用蜡封好的瓶中，置于低温处。

2.3.2 化学试剂的取用

1. 固体试剂的取用

取用固体试剂一般使用牛角匙、不锈钢匙、塑料匙，药匙使用时必须干净且专匙专用。

称取一定量固体试剂时，可将试剂放在纸上或表面皿等干燥洁净的玻璃容器或称量瓶内，根据要求在天平上称量。称量具有腐蚀性或易潮解的试剂时，不能放在纸上，应放在表面皿等玻璃容器内。

颗粒较大的固体应在研钵中研碎，研钵中所盛固体量不得超过其容积的1/3。

2. 液体试剂的取用

（1）从细口瓶中取用试剂的方法　取下瓶塞，左手拿住容器（如试管、量筒等），右手握住试剂瓶（试剂瓶的标签应朝向手心），倒出所需量的试剂，如图2-3-1所示。倒完后应将瓶口在容器内壁上靠一下（特别注意处理好"最后一滴试液"），再使瓶子竖直，以避免液滴沿试剂瓶外壁流下。

将液体试剂倒入烧杯时，也可用右手握试剂瓶，左手拿玻璃棒，使玻璃棒的下端斜靠在烧杯中，将瓶口靠在玻璃棒上，使液体沿玻璃棒往下流，如图2-3-2所示。

（2）用滴瓶（图2-3-3）取用少量试剂的方法　先提起滴管，使管口离开液面，用手指捏紧滴管上部的橡胶头并排出空气，再将滴管伸入试剂瓶中吸取试剂。向试管中滴加试剂时，如图2-3-4所示，只能将滴管尖头放在试管口的上方滴加，严禁将滴管伸入试管内。一个滴瓶上的滴

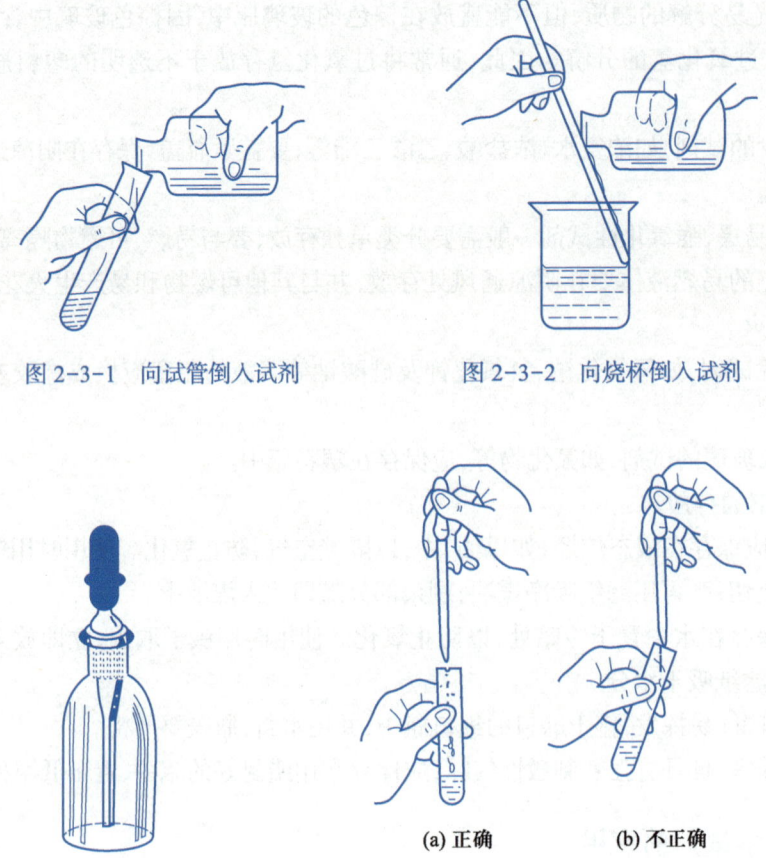

图 2-3-1　向试管倒入试剂　　　图 2-3-2　向烧杯倒入试剂

(a) 正确　　　(b) 不正确

图 2-3-3　滴瓶　　　图 2-3-4　向试管中滴加液体

管不能用来称取其他试剂瓶中的试剂,也不能用自己的滴管伸入公用试剂瓶中吸取试剂,以避免污染试剂。

定量取用液体试剂时,根据要求可选用量筒或移液管等。

注意:在取用试剂前要核对标签,确认无误后才能取用。各种试剂瓶的瓶盖取下后不能随意放置,一般应倒立向上放在实验台上。取用试剂后要及时盖好瓶盖和滴瓶的滴管,并将试剂瓶放回原处。

取用试剂要注意节约,用多少取多少,多余的试剂不应倒回原试剂瓶内,有回收价值的可倒入回收瓶中。

取用易挥发的试剂,如浓盐酸、浓硝酸、液溴等,应在通风橱内进行操作,防止污染室内空气。取用剧毒或强腐蚀性药品时,要注意安全,应佩戴口罩和橡胶手套,不要沾到手上,以避免事故发生。

2.3.3　化学试剂的配制

根据配制试剂纯度和浓度的要求,选用不同级别的化学试剂并计算溶质的用量。配制饱和溶液时,所用溶质的量应稍多于计算量,加热使其溶解、冷却,结晶析出后待用,这样可保证溶液饱和。

如果配制溶液时产生较大的溶解热,则一定要在烧杯或敞口容器中进行操作。

溶液配制过程中,加热和搅拌可加速溶解,但不宜剧烈搅拌,搅拌棒不能触及烧杯壁。

配制易水解的盐溶液时,必须将试剂先溶解在相应的酸溶液[如 $SnCl_2$、$SbCl_3$、$Bi(NO_3)_3$ 等]或碱溶液(如 Na_2S 等)中以抑制水解。对于易氧化的低价金属盐类[如 $FeSO_4$、$SnCl_2$、$Hg_2(NO_3)_2$ 等],不仅需要酸化溶液,而且应在该溶液中加入相应的纯金属,防止低价金属离子的氧化。

2.3.4 常用化学溶剂

水是良好的溶剂,特别是对许多无机化合物而言,许多无机反应都是在水溶液中进行的。物质的常见性质、反应也是在水溶液中呈现的。

经初步处理后的自来水,除含有较多的可溶性杂质外,是比较干净的,在化学实验中常用作粗洗仪器用水、实验冷却用水、水浴用水及无机制备前期用水等。自来水经进一步处理后所得的纯水,在实验中常用作溶剂用水、精洗仪器用水、分析用水及无机制备的后期用水。因制备方法不同,常见的纯水有蒸馏水、电渗析水、去离子水和高纯水。

在有机化学实验中还常用到许多有机溶剂。它们不仅作为反应介质,而且在有机产物的纯化和后处理中也经常使用。溶剂的纯度对反应的速率、产物的产率和纯度都有影响,因此应尽量提高溶剂的纯度。在有机合成中一般要用大量的溶剂,若单纯依靠市售高纯度溶剂,不仅价格较贵,而且未必满足某些反应的要求。因此,了解常用溶剂的性质及其纯化方法十分必要。

1. 蒸馏水

将自来水(或天然水)蒸发成水蒸气,再通过冷凝器将水蒸气冷凝下来,所得到的水称为蒸馏水。所用蒸馏器皿主要有玻璃、石英蒸馏器。根据蒸馏次数不同,可分为一次、二次和多次蒸馏水。此外,为了除掉一些特殊的杂质,还需采取一些措施。例如,预先加入一些高锰酸钾可除去易氧化物;加入少许磷酸,可除去三价铁;加入少许不挥发酸可制取无氨水等。蒸馏水可以满足普通分析化学实验的用水要求。

2. 电渗析水

电渗析水是在外加直流电场作用下,利用阴、阳离子交换膜分别选择性地允许阴、阳离子透过,使一部分离子透过离子交换膜迁移到另一部分水中,从而使一部分水纯化,另一部分水浓缩。电渗析后水的纯度可满足一些实验用水的需要。例如,电阻率为 $1.6\ \text{k}\Omega\cdot\text{cm}(25\ ℃)$ 的水经处理,可获得 $1.03\ \text{M}\Omega\cdot\text{cm}(25\ ℃)$ 的产出水。

3. 去离子水

参见第四章 实验十六 去离子水的制备。

4. 高纯水

化学意义上纯水的理论电阻率为 $18.3\ \text{M}\Omega\cdot\text{cm}$,一般生产的纯水无法达到该理论值。人们把实际电阻率达到 $18\ \text{M}\Omega\cdot\text{cm}$ 的水,称为高纯水或超纯水。

超纯水器制备超纯水步骤大致如下：

（1）准备原水　可用自来水、普通蒸馏水或普通去离子水作为原水。

（2）机械过滤　通过砂芯小板或纤维柱过滤除去机械杂质，如铁锈或其他悬浮物等。

（3）活性炭过滤　活性炭是广谱吸附剂，可吸附气体成分，如水中的余氯等，还能吸附细菌和某些过渡金属等。氯气会损害反渗透膜，因此应力求除尽。

（4）反渗透膜过滤　反渗透膜可滤除95%以上的电解质和大分子化合物，包括胶体微粒和病毒等。绝大多数离子的去除，使离子交换柱的使用寿命大大延长。

（5）紫外线消解　借助短波（180～254 nm）紫外线照射分解水中的不易被活性炭吸附的小分子有机物，如甲醇、乙醇等，使其转变成二氧化碳和水，以降低总有机碳的指标。

（6）离子交换　混合离子交换床是除去水中离子的重要手段，借助于多级混合离子交换床可以获得超纯水。使用化学稳定性好，不分解，不含低聚物、单体和添加剂等的高质量树脂，能进一步保证超纯水的质量。

5. 常用有机溶剂

常用有机溶剂及其纯化参见附录二"常用有机溶剂及其纯化"。

2.4　气体的收集、净化及气体钢瓶的使用

2.4.1　气体的收集及有毒有害气体的吸收

1. 气体的收集

根据在水中溶解的情况，气体一般采用下列两种方法（图2-4-1）收集。

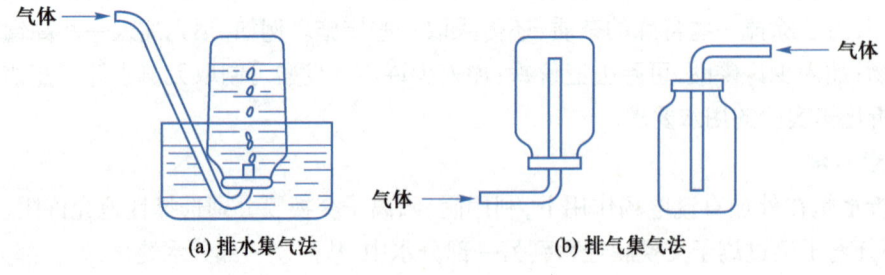

(a) 排水集气法　　　　　(b) 排气集气法

图2-4-1　气体的收集

（1）排水集气法　该法适用于在水中溶解度很小的气体（如 H_2、O_2、N_2 等）的收集。操作时应注意集气瓶先装满水，不能留有气泡（避免混入空气）。如果制备反应需要加热，则当气体收集满后，应先从水中移出导气管再停止加热（避免水的倒吸）。

（2）排气集气法　对于易溶于水的气体，不能采用排水集气法收集，应使用排气集气法收集。比空气轻的气体（如 NH_3 等）可采用瓶口向下排气集气法收集。比空气重的气体（如 Cl_2、HCl、SO_2

等)可采用瓶口向上排气集气法收集。排气集气法操作时,注意导气管应尽量接近集气瓶底部(尽可能将空气排尽)。密度与空气接近或在空气中易氧化的气体(如 NO 等)不宜用此方法收集。

气体除可采用排水集气法与排气集气法收集之外,还可以用球胆或袋囊、塑料袋等收集。

2. 有毒有害气体的吸收

实验室中可能会产生的有毒有害气体有 CO、NO_2、SO_2、Cl_2、NH_3、HCl 和 H_2S 等。实验过程中产生的有毒有害气体,应最大限度地消除或减少其排放,不能随意排放到室内、室外。

实验室常采用液体吸收法除去有毒有害气体。一种是物理吸收方法,即利用适当的液体溶解气体组分,吸收过程中不发生化学变化。例如,利用 NH_3 和 HCl 极易溶于水的性质,用水吸收 NH_3 和 HCl。另一种是化学吸收方法,即将气体导入溶液中,通过化学反应将有毒有害气体转化为对人体和环境无害的组分。例如,用碱性溶液吸收酸性气体 NO_2、SO_2、Cl_2、HCl 和 H_2S 等。此外,也可以在排放尾气的导管口放置一个点燃的酒精灯,使尾气燃烧变成无毒气体,如点燃 CO 将其转化成 CO_2。

2.4.2 气体的净化与干燥

在实验室中通过化学反应制备的气体一般带有水蒸气、酸雾等,纯度无法达到要求,应进行净化(又称纯化、纯制),一般步骤是先除去杂质与酸雾,再将气体干燥。

气体净化的原则:(ⅰ)尽量用化学方法,一般酸性气体杂质用碱性试剂除去,还原性气体杂质用氧化性试剂除去;(ⅱ)净化试剂与杂质发生化学反应;(ⅲ)不生成新的杂质。通常选用某些液体或固体试剂,分别装在洗气瓶或干燥塔(图 2-4-2)、U 形管等装置中。通过化学反应或者吸收、吸附等物理化学过程将其去除,以达到净化的目的。

除去气体杂质以后,还需要将气体干燥。常用干燥气体的仪器有干燥管(气体由大口进、小口出)和洗气瓶(气体由长管进、短管出)。干燥的原则:干燥剂只能吸收气体中含有的水分,而不与气体发生反应。不同性质的气体应根据其特性选择不同的干燥剂,常用的气体干燥剂见表 2-4-1。

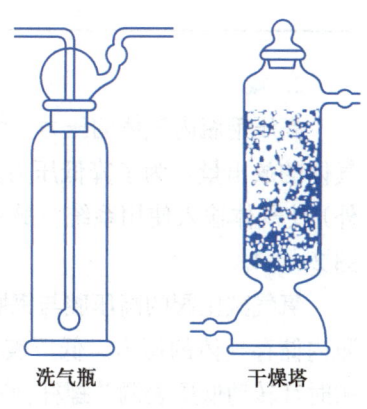

图 2-4-2 洗气瓶和干燥塔

表 2-4-1 常用的气体干燥剂

干燥剂	适于干燥的气体
CaO、KOH	NH_3、胺类
碱石灰	NH_3、胺类、O_2、N_2(同时可除去气体中的 CO_2 和酸气)
无水 $CaCl_2$	H_2、O_2、N_2、HCl、CO_2、CO、SO_2、烷烃、烯烃、氯代烷、乙醚
$CaBr_2$	HBr
CaI_2	HI
H_2SO_4	O_2、N_2、Cl_2、CO_2、CO 烷烃
P_2O_5	O_2、N_2、H_2、CO、CO_2、SO_2、乙烯、烷烃

2.4.3 气体钢瓶、减压阀及其使用

1. 气体钢瓶

气体钢瓶是储存压缩气体或液化气体的高压容器。实验室中常用它直接获取各种气体。气体钢瓶（剖视图见图2-4-3）是用无缝合金钢管或碳素钢管制成的圆柱形容器。器壁很厚，一般最高工作压力为15 MPa。钢瓶口内外壁均有螺纹，以连接钢瓶启闭阀门和钢瓶帽。钢瓶底座通常制成方形，便于钢瓶竖直立稳。瓶外还装有两个橡胶制的防震圈。钢瓶阀门侧面接头具有左旋与右旋的连接螺纹，可燃性气体为左旋，非可燃性及助燃性气体为右旋。各种高压气体钢瓶外表面都涂有特定颜色的油漆，以及标明气体名称的特定颜色的字样（表2-4-2）。

表2-4-2 高压气体钢瓶颜色

气体名称（及字样）	钢瓶外表面颜色	字样颜色	气体名称（及字样）	钢瓶外表面颜色	字样颜色
氧	天蓝	黑	氯	草绿	白
氢	绿色	红	二氧化碳	黑	黄
氮	黑	黄	纯氩	灰	绿
压缩空气	黑	白	乙炔	白	红
氨	黄	黑	石油气体	灰	红

2. 减压阀

高压钢瓶内气体的压力一般很高，而使用压力往往比较低，只用钢瓶启闭阀门不能稳定调节气体的放出量。为了降低压力并保持压力稳定，必须通过减压阀微调（压力较低的CO_2、NH_3例外），使气体输入使用系统。最常用的减压阀为氧气减压阀，简称氧气表。氧气减压阀的结构见图2-4-4。

氧气减压阀的高压腔与钢瓶相连，低压腔为气体出口，并通往使用系统。高压表的示值为钢瓶内储存气体的压力。低压表的出口压力可由调节螺杆控制。使用时先打开钢瓶总开关，然后顺时针转动低压表调节螺杆，使其压缩主弹簧并传动薄膜、弹簧垫块和活门顶杆而将减压活门打开。这样进口的高压气体由高压气室经节流减压后进入低压气室，并经出口通往使用系统。转动调节螺杆，改变减压活门开启的高度，从而调节高压气体的通过量并达到所需的压力值。

有些气体如氮气、空气、氩气等永久性气体，可以采用氧气减压阀，但还有一些气体如氨气等腐蚀性气体，则需要专用减压阀。专用减压阀使用方法及注意事项与氧气减压阀基本相同。但为防止误用，有些专用减压阀与钢瓶之间采用特殊连接口。例如，氢气与丙烷均采用左牙螺纹，也称反向螺纹，安装时应特别注意。

3. 钢瓶安全使用注意事项

（1）钢瓶应存放在阴凉、干燥、远离热源的地方。钢瓶受热后，瓶内压力增大，易造成漏气甚至爆炸事故。钢瓶直立放置时要加以固定，搬运时要避免撞击及强烈震动。

（2）氧气钢瓶要与可燃性气体钢瓶分开存放，与明火距离不得小于10 m。氢气钢瓶最好放

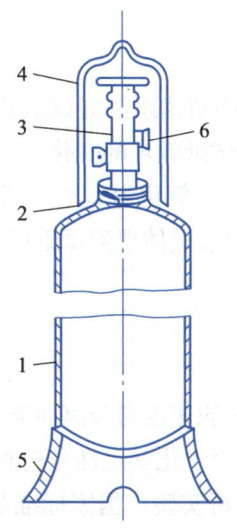

1—瓶体;2—钢瓶口;
3—启闭阀门;4—钢瓶帽;
5—钢瓶底座;6—侧面接头

图 2-4-3　气体钢瓶剖视图

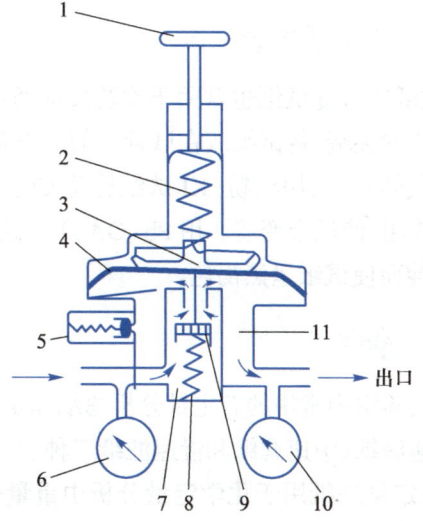

1—手柄(调节螺杆);2,8—压缩弹簧;3—弹簧垫块;
4—弹簧;5—安全阀;6—高压表;7—高压气室;
9—减压活门;10—低压表;11—低压气室

图 2-4-4　氧气减压阀的结构

置在楼外专门的储存屋内,以确保安全。

（3）氧气钢瓶及其专用工具严禁与油类接触,要使用专门的氧气减压阀。

（4）钢瓶上的减压阀要专用,安装时需要扣紧。开启减压阀时,要站在钢瓶接口的侧面,以防被气流射伤。

（5）钢瓶内的气体绝对不要全部用尽,应保留 0.05 MPa 以上的残余压力。可燃性气体应保留 0.2~0.3 MPa 的残余压力,氢气应保留更高的压力,以防重新充气或以后使用时发生危险。

2.5　试纸与滤纸

2.5.1　用试纸检验溶液的酸碱性

常用 pH 试纸检验溶液的酸碱性。将一小块试纸放在干燥清洁的点滴板上,再用玻璃棒蘸取待测溶液,滴在试纸上,观察试纸颜色变化(不能将试纸投入溶液中检验),将试纸呈现的颜色与标准色板颜色比对,可知溶液的 pH(用过的试纸不能倒入水槽内)。有时由于待测溶液浓度过大,试纸颜色变化不明显,应适当稀释后再比较。

pH 试纸分成两类:一类是广范 pH 试纸,其变色范围为 pH 1~14,用于粗略检验溶液的 pH;另一类是精密 pH 试纸,用于比较精确地检验溶液的 pH。精密 pH 试纸的种类很多,可以根据不同的需求选用。广范 pH 试纸的变化为 1 个 pH 单位,而精密 pH 试纸变化小于 1 个 pH 单位。

2.5.2 用试纸检验气体

pH 试纸或石蕊试纸也常用于检验反应所产生气体的酸碱性。用蒸馏水润湿试纸并黏附在干净玻璃棒的尖端,将试纸放在试管口的上方(不能接触试管),观察试纸颜色的变化。不同的试纸检验的气体不同,用淀粉-KI 试纸检验 Cl_2。当 Cl_2 遇到试纸时,将 I^- 氧化为 I_2,I_2 立即与试纸上的淀粉作用,使试纸变蓝。用 $Pb(OAc)_2$[①] 试纸检验 H_2S 气体时,H_2S 气体遇到试纸后,生成黑色 PbS 沉淀而使试纸呈黑褐色。

2.5.3 滤纸

化学实验室中常用的有定量分析滤纸和定性分析滤纸两种,按过滤速度与分离性能的不同,又分为快速滤纸、中速滤纸和慢速滤纸三种。一般情况下,定性滤纸用于化学定性分析和相应的过滤分离,定量滤纸用于化学定量分析中重量分析实验和相应的分析实验。国家标准《化学分析滤纸》(GB/T 1914—2017)对定量滤纸和定性滤纸产物的分类、型号、技术指标,以及试验方法等进行了规定。其中 A 级品的主要技术指标及规格见表 2-5-1。

表 2-5-1　定量和定性分析滤纸 A 级品的主要技术指标及规格

指标名称		快速	中速	慢速
过滤速度[①]/s		≤35	≤70	≤140
型号	定性滤纸	101	102	103
	定量滤纸	201	202	203
分离性能(沉淀物)		氢氧化铁	碳酸锌	硫酸钡(热)
湿耐破度/mmH₂O		≥130	≥150	≥200
灰分	定性滤纸	≤0.13%		
	定量滤纸	≤0.009%		
铁含量(定性滤纸)		≤0.003%		
定量[②]/(g·m⁻²)		80.0±4.0		
圆形纸直径/cm		5.5、7、9、11、12.5、15、18、23、27		
方形纸尺寸/cm		60×60、30×30		

① 过滤速度是指把滤纸折成 60°的圆锥形,将滤纸完全浸湿,取 15 mL 水进行过滤,开始滤出 3 mL 不计时,然后用秒表计量滤出 6 mL 水时所需要的时间。

② 定量是指规定面积内滤纸的质量,是造纸工业术语。

---

① OAc⁻ 表示乙酸根,化学式为 $CH_3C(O)O-$,Ac 表示乙酰基,化学式为 $CH_3C(O)-$。

2.6　误差分析与数据处理

化学实验中,需要测量各种物理量和参数。常见的测量方法可归纳为直接测量法和间接测量法两类。使用某种测量仪器直接测量出物理量的结果,称为直接测量法,如用量筒量出某液体体积、用温度计测量反应温度等。某些物理量需要进行一系列直接测量后,再根据化学原理、计算公式或图表经过计算才能得到结果,如平衡常数、滴定分析结果等,这些都属于间接测量法。

在测量过程中,不仅要经过许多操作步骤,使用多种仪器和化学试剂,而且受测量者本身各种因素的影响,使得测量结果和真实值之间或多或少有一些差距,这些差距就是误差。不难看出,误差是测量过程中的必然结果。化学工作者的任务就是借助数理统计与概率论的基本原理与方法,分析各个测量环节中可能产生的误差及其规律,得出尽可能接近客观真实值的结果。

2.6.1　准确度与精密度

评价实验结果的优劣一般从准确度与精密度两方面进行。

准确度是指测量值与真实值间的符合程度,并用误差的大小衡量。误差或绝对误差(E)定义为单次测量值(x_i)与真实值(x_T)的差:$E=x_i-x_T$。E越小,准确度越高。为更准确描述准确度,又引入了相对误差(E_r):$E_r=[(x_i-x_T)/x_T]\times 100\%$,即相对误差是绝对误差在真实值中所占的百分数。

实际测量时,客观存在的真实值一般是未知的,因此准确度和误差也就无法求得。这种情况下,人们总是在相同条件下进行几次平行测定,取其平均值来代替真实值。将单次测定值与平均值之差定义为偏差,用于表示几次平行测量间相互接近的程度,即精密度,用精密度的大小可从另一个角度来评价实验结果。精密度好,说明测定的重现性好。例如,用滴定法测定试样的总碱度(以 Na_2O 计),得到三个结果为 23.00%,23.01%,23.02%,从数据接近程度或重现性角度来看都比较理想。此外,精密度还能表示测定值的有效数字的位数。若滴定过程中,滴定管显示的某次标准酸用量为 19.38 mL,则由此知道有四位有效数字,且滴定管的最小刻度为 0.1 mL,即滴定管的精密度为 0.1 mL。

与误差相似,偏差也有绝对偏差和相对偏差之分。

由上所述不难看出,精密度是在无法求得准确度时,从重现性角度来表达实验结果的量。它与准确度既有联系又有区别:准确度是对真实值而言,大小用误差表示;精密度是对平均值而言,大小以偏差来衡量。由于在实际工作中,真实值往往是不知道的,因此常常先以精密度评价测定工作。精密度不高的测定,准确度肯定也不高。但应注意的是,精密度高,并不说明准确度一定高,只有在消除了系统误差的情况下,才会得到高的准确度。

2.6.2　误差的分类与减免

误差按来源可分为系统误差(可测误差)和随机误差(偶然误差)。

1. 系统误差

系统误差是由测定过程中的某些固定因素造成的误差,对测量结果的影响比较恒定,常使结果系统偏高或偏低,当重复测定时会重复出现。一般而言,系统误差出现的原因较为明显,因而可以设法进行校正。

例如,由于所选实验方法本身不够完善而引入的误差(方法误差),由于仪器本身不准或试剂纯度不够而产生的误差(仪器误差或试剂误差),以及由于不同操作人员的生理特征和习惯等引起的误差(操作误差),这些统称为系统误差。

盲目增加实验次数并不能减免系统误差。科学的校正方法是通过做对照试验、空白试验,以及对实验仪器进行校准来减免或消除。

对照试验:用已知准确含量的试样,按同样的测量方法进行分析,找出校正数据,来消除试剂误差或方法误差。也可以用不同的分析方法(如标准方法),或由不同的测试人员就同一问题进行实验测量,相互参照。对照试验是检查实验过程中系统误差是否存在的最有效的方法之一。

空白试验:在不加试样的情况下,按照同样的实验步骤和条件进行测定实验,得出空白值。从试样的分析结果中扣除空白值,就可以消除由试剂、溶剂等引入杂质所造成的误差。

此外,系统误差还可以用校正仪器、提纯药品,以及改善实验方法来减少或消除。

2. 随机误差

在实验过程中,可能要碰到许多意想不到的因素影响测量结果。例如,电压的突然变化等因素会影响仪器读数的准确性。这种由各种因素的随机变动使测量结果产生的误差称为随机误差(偶然误差)。随机误差的特点是可正可负、可大可小。但是它完全遵循统计规律,当测定次数很多时,可以用正态分布曲线描述(图 2-6-1)。

图 2-6-1 中的横坐标表示误差,σ 为无限多次测定时的标准误差,纵坐标为误差出现的概率大小。从图中不难看出如下规律:

(1) 绝对值相等的正、负误差出现的概率相等。由此可知,如果测定的次数足够多,取各次测定结果的平均值时,正、负误差可以相互抵消。在消除了系统误差的情况下,该平均值就可代表真实值。

(2) 绝对值小的误差出现的概率大,绝对值大的误差出现的概率小。借助于数理统计方法可以得出,误差在 $\pm\sigma$ 之间出现的概率为 68.3%,在 $\pm2\sigma$ 之间出现的概率为 95.5%,在 $\pm3\sigma$ 之外出现的概率很小,仅为 0.3%。因此,在多次重复测定时,如果个别数据误差的绝对值超出 3σ,即可视为极端值,舍去是合理的。从另一方面讲,若某个数据的误差很大,则应十分警惕。因为从概率论角度讲,一旦发生了小概率事件,其中必有值得注意的地方。

除了系统误差和随机误差之外,对于初学

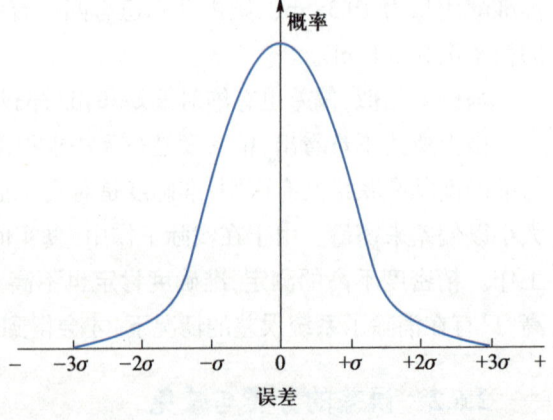

图 2-6-1 误差的正态分布曲线

者,尤其是缺乏责任心的人,很容易出现过失误差。例如,丢失试液、加错试剂、不按正确的操作规程进行或记录错误等。因此,在学习期间注意严格遵守操作规程,掌握娴熟的实验技能,这是化学工作者必备的基本素质之一。

2.6.3 实验数据的记录与处理

1. 实验数据记录的基本要求

(1) 实验者应准备专门的实验记录本。不得将文字或数据记录在单页纸或小纸片上,或随意记录在其他任何地方。

(2) 应清楚、如实、准确地记录实验过程中所发生的重要实验现象、所用的仪器及试剂、主要操作步骤、测量数据及结果。记录中切忌掺杂个人主观因素,绝不能拼凑和伪造数据。

(3) 实验记录应用钢笔、圆珠笔、签字笔等书写,不得用铅笔书写,不得随意涂改实验记录。遇有读错数据、计算错误等需要修正时,应将错误数据用线划去,在旁边重新写上正确数据,并加以说明。

2. 读数及有效数字

仪器的最小刻度又称仪器的精密度,与记录实验数据密切相关。一般要在最小刻度后再估读一位,最后一位数字称为存疑数字,前面的准确数字连同末位的存疑数字,统称为有效数字。例如,常用的滴定管最小的刻度是 0.1 mL,如可读为 21.35 mL,这里的前三位数字是准确读取的,而最后一位数字 "5" 是估读的,有人可能估读为 "4" 或 "6"。值得说明的是,要根据仪器实际具有的精密度来正确地计数和记录实验数据,即记录下准确数字后,一般再估读一位存疑数字就够了,多读或少读都是错误的[①]。

此外,在记录和处理实验数据时,还要注意以下几点:

(1) "0" 在有效数字中具有双重性。当 "0" 表示小数点位数时,一般不作为有效数字,只起定位作用,但在数字末位的 "0" 说明仪器的精度。试比较,在万分之一的天平上衡量的 0.061 8 g 为三位有效数字,若强行记为 0.061 800 g,则意味着有五位有效数字,前面两个 "0" 仍起定位作用,而后面两个 "0" 就变成了有效数字,且末位的 "0" 有 ±1 个单位的误差,同时说明该天平的精密度为 0.000 001 g,即百万分之一,显然夸大了仪器的精密度。为保证有效数字的位数不出现错误,实验数据以指数形式表示,即 0.061 8 g 记为 6.18×10^{-2} g,而 0.061 800 g 应记为 $6.180\ 0 \times 10^{-2}$ g 或 $6.180\ 0 \times 10^{-5}$ kg 均可,这样有效数字的位数就不会出错。

(2) 表示误差时,无论是绝对误差还是相对误差,只读取一位有效数字,不需要更多。记录数据时,有效数字的最后一位与误差的最后一位在位数上相对齐。如 2.76 ± 0.01 是正确的,而 2.762 ± 0.01 和 2.7 ± 0.01 都是错误的。又如,测量结果为 26 547 ± 8.6 时,应整记为 $2.654\ 7 \times 10^4$ ± 8.6。

(3) 化学实验中的测量数据,既包含了量的大小、误差,又能反映出仪器的精密度,因而是具有物理意义的数值,与纯数学上的数值有很大区别。例如,在数学上,2.75 和 2.750 0 两者没有区

[①] 有时在计算过程中,允许多保留一位有效数字,但结果必须按规定进行修约。

别,但在化学实验中,2.75 g 与 2.750 0 g 并不等同。它们不仅反映的测量误差不同(如 ±0.01 g, ±0.4% 与 ±0.000 1 g, ±0.000 4%),而且表明所用仪器的精密度差别很大。

(4)首位数字大于或等于 8 时,有效数字可以多算一位,如 8.27 可视为四位有效数字。

(5)进行加减运算时,先以小数点后位数最少数据为基准。将其他数据按"四舍六入五留双"的原则修约多余数字后,再相加减。例如:

```
    27.375                              27.38        ("五留双")
     1.03       以 1.03 为基准进行修约      1.03
  +)197.045 01                        +)197.05       (大于 5 时"六入")
                                       225.46
```

乘除运算时,应以有效数字最少的数据为基准进行修约后再计算。在比较复杂的计算中,无括号时,先乘除后再加减;有括号时,按圆括号到方括号的顺序计算,中间每一步计算要符合上述规则,但有效数字位数可暂时多保留一位,避免多次修约引起误差累积,最后结果必须保留应有的位数。

(6)计算过程中,对 π、e 和手册上查到的常数,要按需要取适当的位数。此外,一些分数或系数等,应视为有足够多的有效数字,可以直接计算,不必考虑其本身的修约问题。

3. 少量次测定的实验数据处理

在实验工作中,待校正了系统误差并选取了最佳条件后,一般只做有限次的实验测量,然后根据需要计算实验结果可能达到的准确范围。其按统计学规则剔除可疑数据,再计算出平均值($\bar{x}$)、平均偏差($\bar{d}$)与标准偏差(s)和一定置信度下的平均值置信区间。

(1)可疑数据的取舍 测定中常常有个别数据与其他数据相差较大,成为可疑数据(或称离群值、异常值)。对于有明显原因造成的可疑数据,应予舍去,但是对于找不出充分理由的可疑数据,则应慎重处理,应借助数理统计方法进行数据评价后再行取舍。

在 3~10 次的测定数据中,有一个可疑数据时,可采用 Q 值检验法决定取舍。若有两个或两个以上可疑数据时,宜采用格拉布斯检验法。

(2)精密度考察 一般用标准偏差(s)或相对标准偏差(s_r)衡量测定结果的精密度。有时也用平均偏差和相对平均偏差表示。若精密度不符合分析要求,则说明测定中存在较大的随机误差,应适当增加平行测定的次数后再进行考察,直到精密度达到要求为止。

例如,有限次数实验测定时的标准偏差(s)为

$$s = \sqrt{\frac{\sum(x_i - \bar{x})^2}{n-1}}$$

式中,x_i、$\bar{x}$ 分别为单次测定结果和平均测定结果;n 为测定次数。再计算相对标准偏差(s_r):

$$s_r = \frac{s}{\bar{x}} \times 100\%$$

（3）置信度与平均值的置信区间　在有限次的实验测定中,只能求出平均值及其可能达到的准确范围。例如,可以将经 5 次测定的 $CuSO_4$ 的百分含量（%）表示为 27.37±0.04。这说明尽管 $CuSO_4$ 的真正含量未知,但可以理解为位于上述闭区间内。但一个值得关心的问题是,真实值落入上述区间的可能性,即概率。由统计学可以推导出真实值 μ 与平均值间具有以下关系:

$$\mu = \bar{x} \pm \frac{ts}{\sqrt{n}}$$

式中,t 为选定的某一概率值(此处称为置信度)时所对应的系数,可以从表 2-6-1 中查得。根据定义,上式规定了真实值以所选置信度(概率)的可能性位于的区间范围,这个区间称为置信区间。

表 2-6-1　不同测定次数及不同置信度的 t 值

测定次数 n	置信度				
	50%	90%	95%	99%	99.5%
2	1.000	6.314	12.706	63.657	127.32
3	0.816	2.920	4.303	9.925	14.089
4	0.765	2.353	3.182	5.481	7.453
5	0.741	2.132	2.776	4.604	5.598
∞	0.674	1.645	1.960	2.576	2.807

2.6.4　误差的传递

化学实验,多数测定为间接测量工作。即实验数据经过某种函数关系运算,得到实验结果。因此,具体分析每一步直接测量值的误差对最后结果准确度的影响,即误差的传递问题,可以帮助确定影响数据结果的主要因素,用于确定选择仪器的精密度和实验方法。

在一般情况下,用仪器的精密度来表示误差范围。误差的传递通常从平均误差传递和标准误差传递两个方面进行分析,原理相似,计算方法不同。

2.6.5　实验结果的表达

对实验数据,使用科学的方法进行归纳与整理,提取有用的信息,发现事物内在规律,是化学实验的主要目的。所有测得的物理量均可看作受各种因素(自变量)影响的函数。因此,实验结果常用列表法、作图法和解析法三种方法来表示。

1. 列表法

做完实验后,将实验数据按自变量、因变量的关系,一一对应地列出,这种表示方式称为列表法。列表法简单易行、直观、便于处理和运算,不引入处理误差。

列表时应注意以下几点:

（1）一个完整的数据表格应包括表的序号、名称、项目、说明及数据来源。

（2）原始数据表格应记录包括重复测量结果的每个数据，表内或表外适当位置应注明如大气压、温度、日期与时间、仪器与方法等条件。

（3）将表分为若干行，每一变量占一行，每行中的数据应尽量化为最简单的形式，一般为纯数，根据物理量 = 数值 × 单位的关系，将量纲、公共乘方因子放在第一栏名称下，以量的符号除以单位来表示，如 $t/℃$、p/kPa 等。

（4）每一行所记录的数字排列要整齐，有效数字要记至第一位可疑数字，小数点对齐。如用指数表示，可将指数放在行名旁。例如，测得的 K_a 为 1.75×10^{-5}，则行名可写为 $K_a/10^{-5}$。

（5）自变量通常选择最简单的，要有规律地递增或递减，最好为等间隔。

2. 作图法

作图法可形象、直观地表示出各个数据连续变化的规律性，以及如极大、极小、转折点等特征，并能从图上求得内插值、外推值、切线的斜率及周期性变化等。

为了得到与实验数据偏差最小而又光滑的曲线图形，必须遵照如下规则：

（1）一般以横轴表示自变量，纵轴表示因变量，选择合理的比例尺，确定图形的最大值与最小值的大致位置。分度以 1、2、5 等为好，切忌用 3、7、9 或小数，使分度能表示出测量的全部有效数字，坐标起点不一定从"0"开始，应充分合理地利用图纸的全部面积。

（2）坐标轴旁注明该轴代表变量的名称及单位，纵轴左面及横轴下面每隔一定距离标出该处变量的数值，横轴从左向右，纵轴自下而上。

（3）将数据点以圆圈、方块、三角或其他符号标于图中，各图形中心点及面积大小要与所测数据及其误差相适应，不能过大或过小。在同一图中，应以不同符号表示不同系列的数据，并在图上注明。

（4）用作图工具（直尺或曲线尺）将各点连成光滑的线，当曲线不能完全通过所有点时，应尽量使其两边数据点个数均等，且各点离曲线距离的平方和最小。曲线与代表点的距离应尽可能近，其距离表示测量的误差。若作直线求斜率，则应尽量使直线呈 45°。

（5）标示图注：实验报告上应有完整的数据表，不在数据点位置标示数据。整个图形应清晰，大小、位置合理。

（6）作图时，尽量使用作图软件制作图表，同时遵守上述原则。

3. 解析法

使用数学解析式来表示实验结果，可以反映内在规律。求算解析式一般分为两种情况：一种是两个变量间函数关系已知。例如，使用分光光度分析时，吸光度 A 与物质的量浓度 c 的关系，符合朗伯-比尔（Lambert-Beer）定律：$A=\kappa bc$。这种情况较为简单，此处不予以讨论。

另一种情况是变量间关系未知，应对实验数据进行拟合，得出经验解析式。即根据数据点的形状，以及解析几何知识判断曲线的类型，最终确定公式的形式，经数据处理得到解析式。因测定数据包含误差，所得解析式通常称为经验公式，是几个物理量间关系的近似模型。只有对那些具有普遍意义的重要曲线，才有必要求算解析式。

由于直线关系式最简单而又容易直接检验，因此，对得到的函数关系要尽量通过函数变化将其线性化，常见实例见表 2-6-2。

表 2-6-2　可转换为直线方程的简单函数表

原函数	变换方式		直线化后的函数
	$Y=$	$X=$	$Y=mX+B$
$y = be^{ax}$	$\lg y$	x	$Y=(a\lg e)X+\lg b$
$y = bx^a$	$\lg y$	$\lg x$	$Y=aX+\lg b$
$y = \dfrac{1}{ax+b}$	$\dfrac{1}{y}$	x	$Y=aX+b$
$y = \dfrac{x}{ax+b}$	$\dfrac{x}{y}$	x	$Y=aX+b$
$y = x^2+bx+c$	$\dfrac{y-y_1}{x-x_1}$	x	$Y=aX+b+aX_1$
$y = ax^2+b$	y	x^2	$Y=aX+b$
$y = \dfrac{x}{ax+b}+c$	$\dfrac{x-x_1}{y-y_1}$	x	$Y=\left(a+\dfrac{a^2}{b}X\right)X+b+aX_1$

第三章 化学实验中的基本操作

3.1 称量仪器的使用

化学实验室最常用的称量仪器是天平。天平的种类较多,根据天平的平衡原理,可分为杠杆式天平、电磁力式天平及石英晶体微天平等;根据天平的使用目的,可分为分析天平和其他专用天平,如热天平、磁天平(参见附录一"磁天平")、气体密度天平等;根据天平的分度值,分析天平又可分为常量(0.1 mg)、半微量(0.01 mg)、微量(0.001 mg)、超微量(0.000 1 mg)等。过去实验室中使用的天平多是杠杆式,如粗称试样的托盘天平(一般可称准至 0.1 g)和精密的电光分析天平(可称准至 0.1 mg)。随着电子技术的迅速发展,电子天平(如电磁力式天平)以其操作简便、称量速度快、准确度高、智能化功能强的特点逐步取代了机械天平,并在高校、科研院所和企业中得到广泛应用。随着科技的发展,测量精度可达纳克级,灵敏度比微克级电子天平高 100 倍的石英晶体微天平(quartz crystal microbalance, QCM,图 3-1-1)被越来越广泛地应用到科研实验中。石英晶体微天平利用石英晶体谐振器的压电特性,将石英晶体振荡电极表面质量变化转化为石英晶体振荡电路输出电信号的频率变化,进而通过计算机等其他辅助设备获得高精度的数据。下面仅就目前高校基础实验室中常见的托盘天平和电子天平予以详细介绍。

图 3-1-1 SRS QCM200 高灵敏度石英晶体微天平

3.1.1 托盘天平

粗称(准确度要求不高)试样时,常用的托盘天平如图 3-1-2 所示。10 g 以上的砝码在砝码盒内,10 g 以下的质量通过移动标尺上的游码计量。称量之前,先将指针调到中间位置(调节托盘下面的螺丝),该位置称为托盘天平的零点。称量时,将被称物置于左盘上,选择质量合适的砝码(根据指针在刻度盘中间左右摆动的情况而定)放在右盘上,再用游码调节至指针正好停在刻度盘中间位置,这时指针所停的位置为天平的停点(零点与停点之间允许偏差 1 小格以内)。读取此时的砝码加游码的质量,即为被称物的质量。托盘天平能迅速称量物质的质量,但准确度不高。

注意事项:称量完成后,应将游码拨到"0"位处,砝码放回砝

图 3-1-2 托盘天平

码盒内。

3.1.2 电子天平

1. 简介

　　电子天平是利用电磁力平衡的原理进行设计的,它实际上是测量地球对放在秤盘上物体引力(重力)的仪器。其测量结果与重力加速度密切相关。因此,大多数电子天平设有校准功能,可以根据天平的使用地点随时随地实施重力加速补偿校准。

2. 分类

　　电子天平按精度可分为以下几类:

　　(1) 常量天平　称量一般在 100~200 g,其分度值小于(最大)称量的 10^{-5}。

　　(2) 半微量天平　称量一般在 20~100 g,其分度值小于(最大)称量的 10^{-5}。

　　(3) 微量天平　称量一般在 3~50 g,其分度值小于(最大)称量的 10^{-5}。

　　(4) 超微量天平　称量一般在 2~5 g,其分度值小于(最大)称量的 10^{-6}。

3. 电子天平的一般使用方法

　　(1) 按一下开/关键,显示屏很快出现"0.000 0 g"(对于精度为万分之一的电子天平),如图 3-1-3 所示。如果显示不是"0.000 0 g",则需要按一下除皮/调零键调零。学生只允许按除皮/调零键,不要触动其他控制键。

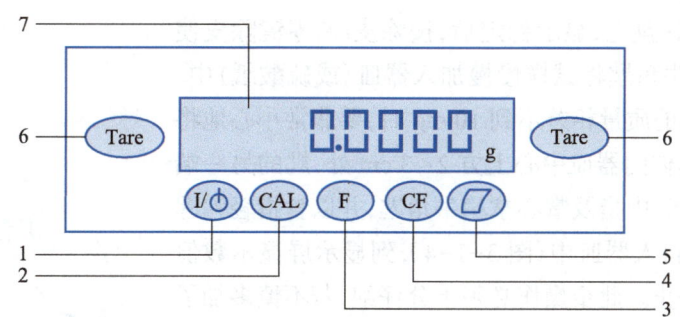

1—开/关键;2—校准/调整键(CAL);3—功能键(F);4—清除键(CF);5—打印键;6—除皮/调零键(Tare);7—质量显示屏

图 3-1-3　BS224S 型天平显示屏及控制板

　　(2) 将被称物轻轻放在秤盘中央位置上,当看见显示屏上的数字保持不变,并出现质量单位"g"后,即可记录称量结果。

　　(3) 称量完毕,取下被称物,如果不久后还要继续使用天平,应暂不按开/关键,天平将自动保持零位,或者按一下开/关键(但不可拔下电源插头),让天平处于待机状态,再称量时按一下开/关键即可使用。如果不再使用天平,应拔下电源插头,盖上防尘罩。

4. 注意事项

　　(1) 电子天平如果长时间没有使用或移动过位置,再次使用前应进行一次校准。校准要在天平通电预热 30 min 以后进行。程序是：调整水平，按下开/关键，显示稳定后如不为零则按一下除皮/调零键，待稳定地显示"0.000 0 g"后，按一下校准/调整键（CAL），天平将自动进行校准，屏幕显示出"CAL"，表示正在进行校准。10 s 左右，"CAL"消失，表示校准完毕，此时应显示出"0.000 0 g"。如果显示值与"0.000 0 g"不同，则可按一下除皮/调零键，然后进行称量。

（2）电子天平的体积较小，质量较轻，容易被碰移动而造成水平改变，影响称量结果的准确性。所以使用时，应特别注意动作要轻缓，防止开门及放置被称物时动作过重，并应时常检查水平是否改变，注意及时调整水平。

（3）要避免可能影响天平示值变动性的各种因素，如空气对流、温度波动、容器潮湿等。热的物体必须放置于干燥器内，冷却至室温后再进行称量，试剂不能直接放置在秤盘上称量。

3.1.3 试样的称取方法

用分析天平称取试样，一般采取两次称量法，即质量由两次称量之差得出。例如，分析天平能称准至 0.000 1 g，两次称量最大可能误差为 0.000 2 g。若被称物的质量大于 0.2 g，则称量的误差小于 0.1%。因为两次称量中都可能包含着相同的天平误差（如零点误差），当两次称量值相减时，误差可以大部分抵消，使称量结果准确可行。常用的两次称量法有固定质量称量法和差减称量法。

1. 固定质量称量法

此法适用于称量在空气中没有吸潮性的试样，如金属、矿石、合金等。先将称量器皿（或硫酸纸）放在天平的秤盘上，显示稳定后，按除皮/调零键除皮使显示为零，然后用牛角匙将试样慢慢加入器皿（或硫酸纸）中。当所加试样与指定的质量相差不到 10 mg 时，要非常小心地将盛有试样的牛角匙伸向器皿中心上方 2~3 cm 处，匙的另一端顶在掌心上，用拇指、中指及掌心拿稳牛角匙，并以食指轻弹匙柄，将试样慢慢地抖入器皿中（图 3-1-4），到显示屏显示数值为所需要质量时停止。此步操作必须十分仔细，若不慎多加了试样，则必须重称。

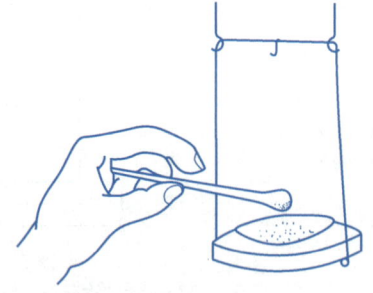

图 3-1-4 固定质量称量法

2. 差减称量法

此法不必固定某一质量，只确定称量范围，常用于称量易吸潮、易氧化或易与二氧化碳反应的物质。称取试样时，先将盛有试样的称量瓶置于秤盘上准确称量。然后，用左手以纸条套住称量瓶（防止手上的油污沾到称量瓶壁上），将其从秤盘上取下，举在要放试样的容器（烧杯或锥形瓶）上方，右手用小纸片夹住瓶盖柄，打开瓶盖，将称量瓶一边慢慢地向下倾斜，一边用瓶盖轻轻敲击瓶口，使试样慢慢落入容器内，注意不要撒在容器外。如图 3-1-5 所示，当倾出的试样接近所需要称取的质量时，将称量瓶慢慢竖起，再用称量瓶盖轻轻敲一下瓶口侧

图 3-1-5 试样敲击倾出的方法

面,使黏附在瓶口上的试样落入瓶内,再盖好瓶盖。然后将称量瓶放回秤盘上称量,两次称量所得质量之差即为试样的质量。按上述方法可连续称取几份试样。

3.2 玻璃量器及其使用

实验室中常用的玻璃量器(简称量器)有滴定管、吸管、容量瓶、量筒和量杯、微量进样器等。

量器按准确度分成 A、B 两种等级。A 级的准确度一般比 B 级高。量器的级别标志可用"一等""二等"、"Ⅰ""Ⅱ"或"<1>""<2>"等表示,无上述字样符号的量器,则表示无级别,如量筒、量杯等。

3.2.1 滴定管

滴定管是滴定时用来准确测量操作溶液流出体积的量器(量出式仪器)。

滴定管分为酸式滴定管(简称酸管)和碱式滴定管(简称碱管)两种。碱式滴定管的一端连接乳胶管,管内装有玻璃珠,以控制溶液的流出,乳胶管下面接一尖嘴玻璃管。酸式滴定管用来装酸性及氧化性溶液,但不适于装碱性溶液。碱式滴定管用来装碱性及无氧化性溶液。凡是能与乳胶管反应的溶液,如高锰酸钾溶液、碘溶液和硝酸银溶液等,都不能装入碱式滴定管。

滴定管除无色的外,还有棕色的,用于装见光易分解的溶液,如 $AgNO_3$ 溶液、$Na_2S_2O_3$ 溶液、$KMnO_4$ 溶液等。

1. 酸式滴定管的准备

(1)使用前涂油　首先应检查旋塞与旋塞套是否配合紧密。为了使旋塞转动灵活并克服漏水现象,需将旋塞涂油(如凡士林油等)。取下旋塞,用吸水纸将旋塞和旋塞套擦干,用手指均匀地涂一薄层油脂于旋塞两头。注意不要将油脂涂在旋塞孔上、下两侧,以免旋转时堵塞旋塞孔。将旋塞插入旋塞套,然后向同一方向旋转旋塞柄,直到旋塞和旋塞套上的油脂层全部透明为止。套上小橡胶圈。用自来水充满滴定管,放在滴定管架上静置约 2 min,观察是否有水滴滴下。然后将旋塞旋转 180°,再如前检查,如漏水,应该重新涂油。若出口管尖端被油脂堵塞,可将其放入热水中温热片刻,然后打开旋塞,使管内的水突然流下(最好借助洗耳球挤压),将软化的油脂冲出。

(2)清洗　新的滴定管应充分清洗,可用铬酸洗液洗。在无水的滴定管中加入 5~10 mL 洗液,边转动边将滴定管放平,并将滴定管口对着洗液瓶口,使一部分洗液从管口放回原瓶,再打开旋塞,将剩余的洗液从出口管放回原瓶。若滴定管油污较多,则可用温热洗液加满滴定管并浸泡一段时间。有时,需要根据具体情况采用针对性洗涤液进行清洗。例如,装过 $KMnO_4$ 溶液的滴定管内壁常有残存的二氧化锰,可用草酸加硫酸进行清洗。用各种洗涤剂清洗后,都必须用自来水充分洗净,并将管外壁擦干,以便观察内壁是否挂水珠。然后再用蒸馏水清洗三次。洗净的滴定管倒夹(防止灰尘落入)在滴定管架上备用。长期不用时,应将滴定管旋塞和旋塞套擦拭干净,并夹上薄纸后保存,以防旋塞和旋塞套之间粘连,进而分离困难。

2. 碱式滴定管的准备

使用前检查乳胶管和玻璃球是否完好。若乳胶管已老化、玻璃球过大(不易操作)或过小(漏水),则应予更换。

碱式滴定管的洗涤方法与酸式滴定管相同。

3. 滴定管操作溶液的加入

加入操作溶液前,应将试剂瓶中的溶液摇匀,并将操作溶液直接倒入滴定管中,不得借助其他容器(如烧杯、漏斗等)转移。用左手前三指持滴定管上部无刻度处(不要整个手握住滴定管),并可稍微倾斜;右手持细口瓶往滴定管中倒溶液,让溶液慢慢沿滴定管内壁流下。

先用操作溶液将滴定管润洗三次。应特别注意,一定要使操作溶液洗遍滴定管全部内壁。最后,将操作溶液倒入滴定管,直到充满至"0"刻度以上。

注意检查滴定管的出口管是否充满溶液,酸式滴定管出口管及旋塞是否透明。为排除酸式滴定管中的气泡,右手拿滴定管上部,并使滴定管稍微倾斜,左手迅速打开旋塞使溶液冲出(放入烧杯)。若气泡仍未能排除,可用手握住滴定管,用力上下抖动滴定管。在使用碱式滴定管时,装满溶液后,捏住玻璃球所在部位并使乳胶管向上弯曲,使溶液从管口喷出(图3-2-1),再一边捏乳胶管一边把乳胶管放直,注意应在乳胶管放直后,再松开拇指和食指,否则出口管仍会有气泡,最后应将滴定管的外壁擦干。

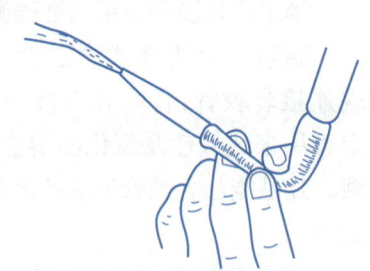

图3-2-1 碱式滴定管排气泡方法

4. 滴定管读数注意事项

(1)装入或放出溶液后,必须等1~2 min,使附着在内壁上的溶液流下来,再进行读数。如果放出溶液的速度较慢,如滴定到最后阶段,每次只加半滴溶液时,等0.5~1 min后方可读数。每次读数前要检查管壁是否挂水珠,管尖是否有气泡。

(2)读数时用手拿滴定管上部无刻度处,使滴定管保持自然下垂。对于无色或浅色溶液,应读取弯月面下缘最低点。读数时,视线在弯月面下缘最低点处,且与液面水平(图3-2-2);溶液颜色太深时,可读液面两侧的最高点。若为乳白板蓝线衬背滴定管,应当取蓝线上下两尖端相对点的位置读数。无论哪种读数方法,都应注意初读数与终读数采用同一标准。

5. 滴定操作

进行滴定时,应将滴定管垂直地夹在滴定管架上。滴定操作是定量分析的基本操作,每位同学必须熟练掌握(图3-2-3至图3-2-6)。滴定时以瓷板或白纸为背景,用锥形瓶或烧杯承接滴定剂。

使用酸式滴定管时,左手无名指和小指向手心弯曲,轻轻地贴着出口管,用其余三指控制旋塞的转动。注意不要向外

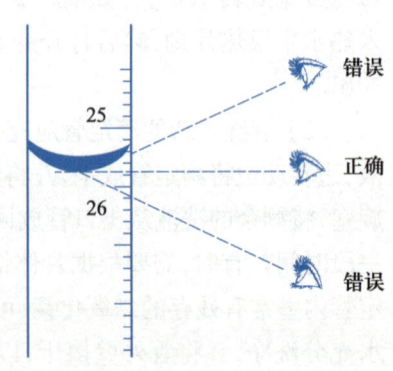

图3-2-2 读数视线的位置

3.2 玻璃量器及其使用　　37

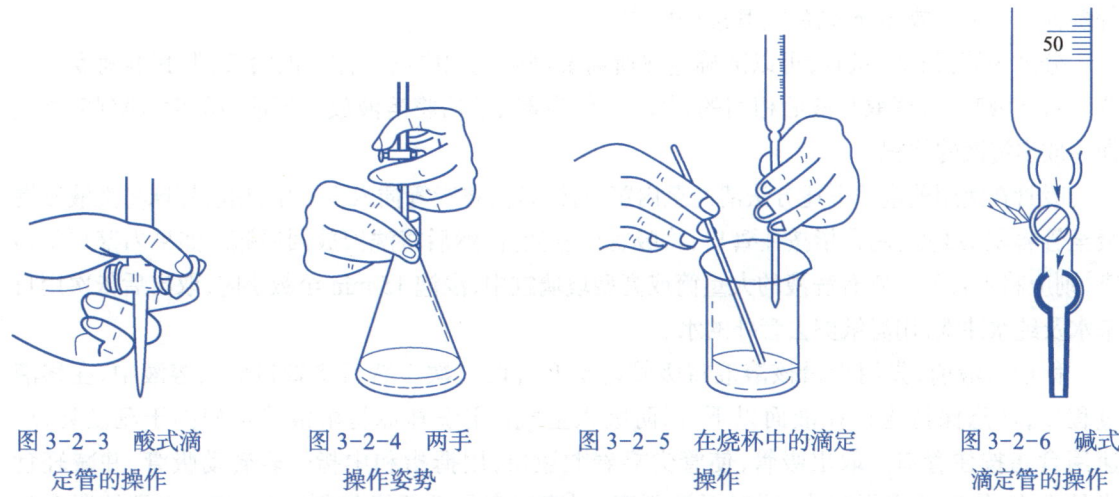

图 3-2-3　酸式滴定管的操作　　图 3-2-4　两手操作姿势　　图 3-2-5　在烧杯中的滴定操作　　图 3-2-6　碱式滴定管的操作

拉动旋塞,也不要使手心顶着旋塞末端而向前推动旋塞,以免使旋塞移位而造成漏液。

使用碱式滴定管时,左手无名指及小指夹住出口管,拇指与食指在玻璃球所在部位往一旁(左右均可)捏乳胶管,使溶液从玻璃球旁空隙处流出。

在锥形瓶中进行滴定时,用右手前三指拿住瓶颈,使滴定管的下端伸入瓶口约 1 cm。左手按前述方法滴加溶液,右手运用腕力(注意:不是用胳膊晃动)摇动锥形瓶,边滴边摇。

滴定操作中应注意:滴定时,左手不能离开旋塞任其自流。开始时,滴定速度可稍快,但不要使溶液流成"水线"。接近终点(局部出现指示剂颜色转变)时,应改为每加一滴,都要注意观察液滴落点周围溶液颜色的变化。最后每加半滴即摇动锥形瓶,直到溶液出现明显的颜色变化即停止滴定。加半滴溶液的方法如下:微微转动旋塞,使溶液悬挂在出口管嘴上,形成半滴,用锥形瓶内壁将其沾落,再用洗瓶以少量蒸馏水吹洗瓶壁。用碱式滴定管滴加半滴溶液时,应先松开拇指与食指,将悬挂的半滴溶液沾在锥形瓶内壁上,再放开无名指与小指。这样可以避免出口管尖出现气泡。

在烧杯中进行滴定时,不能摇动烧杯,应将烧杯放在白瓷板上,调节滴定管的高度,使滴定管下端伸入烧杯中心的左后方处,但不要靠壁过近。右手持玻璃棒在右前方搅拌溶液或用磁子搅拌。在左手滴加溶液的同时,玻璃棒应做圆周搅动。当加半滴溶液时,用玻璃棒下端承接悬挂的半滴溶液,放入溶液中搅拌。滴定过程中,玻璃棒上沾有溶液,不能随便拿出。

滴定结束后,滴定管内剩余的溶液应弃去,不得将其倒回原试剂瓶中,以免沾污整瓶操作溶液。随即洗净滴定管,倒夹在滴定管架上备用。

3.2.2　吸管

吸管也是量出式仪器,一般用于准确量取一定体积的液体。

吸管的种类较多。无分度吸管通称移液管,它的中腰膨大,上下两端细长,上端刻有环形标线,膨大部分标有容积和标定时的温度。将溶液吸入管内,使液面与标线相切,再放出,则流出的溶液体积等于管上标示的容积。常用移液管的容积有 1 mL、2 mL、5 mL、10 mL、25 mL、50 mL

等多种。由于读数部分管径小,其准确度高。

分度吸管又称吸量管,可以准确量取所需要刻度范围内某一体积的溶液,但其准确度差一些。将溶液吸入,读取与液面相切的刻度(一般为零),然后将溶液放出至适当刻度,两刻度之差即为放出溶液的体积。

吸管在使用前应按下述方法清洗至内壁不挂水珠:将吸管插入洗液中,用洗耳球将洗液慢慢吸至管容积 1/3 处,用食指按住管口,将吸管横置淌洗,然后将洗液放回原瓶。如果内壁严重污染,则应将吸管放入盛有洗液的大量筒或高型玻璃缸中,浸泡 15 min 至数小时,取出后依次用自来水及纯水冲洗,用滤纸擦去管外的水。

称取溶液前,先用少量该溶液将吸管内壁润洗两三次。然后将管口插入溶液中(在移液过程中,注意保持管口在液面以下,以防吸入空气),用洗耳球将溶液吸至稍高于刻度处,迅速用食指按住管口。取出吸管,使管尖靠着贮瓶口,用拇指和中指轻轻转动吸管,并减轻食指的压力,使溶液慢慢流出,同时平视刻度,到溶液弯月面下缘与刻度相切时,立即按紧食指(图 3-2-7)。然后使接收容器倾斜呈 45°,将吸管移入容器中,使吸管垂直,管尖靠着容器内壁,放开食指,让溶液自由流出(图 3-2-8)。待溶液全部流出后,按规定再等 15 s,取出吸管。在使用非吹出式吸管或无分度吸管时,切勿将残留在管尖的溶液吹出。吸管用后应洗净,放置于吸管架上。

3.2.3 容量瓶

容量瓶是一种细颈梨形的平底瓶,具磨口玻璃塞或塑料塞,瓶颈上刻有标线。瓶上标有容积和标定时的温度。当液体充满至标线时,瓶内所装液体的体积和瓶上标示的容积相同(量入式仪器)。常用的容量瓶有 10 mL、25 mL、50 mL、100 mL、250 mL、500 mL、1 000 mL 等多种规格,每种规格又分无色与棕色两种。容量瓶主要用于将精密称量的物质准确地配制成一定容积的溶

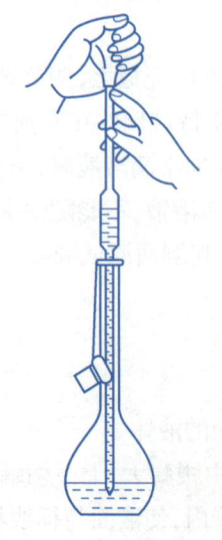

图 3-2-7 用洗耳球吸取溶液

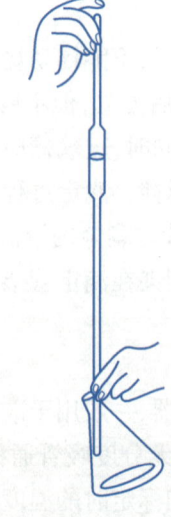

图 3-2-8 移液管的使用

液,或将准确容积的浓溶液稀释成准确容积的稀溶液,这种过程通常称为"定容"。它常和吸管配合使用,可将某种物质溶液分成若干等份,用以进行平行测定。

容量瓶的洗涤原则与方法同前。

如果要由固体配制准确浓度的溶液,则通常将固体准确称量后放入烧杯中,加少量纯水(或适当溶剂)使其溶解,然后定量地转移到容量瓶中。转移时(图3-2-9),用玻璃棒下端靠住瓶颈内壁,使溶液沿瓶壁流下。溶液流尽后,将烧杯轻轻沿玻璃棒上提,使附着在玻璃棒、烧杯嘴之间的液滴回到烧杯中(切不可将烧杯随便拿开,以免有液滴从烧杯嘴外边流下而损失)。再用洗瓶挤出的水流冲洗烧杯数次,每次按上法将洗涤液完全转移到容量瓶中,然后用纯水稀释(注意:先用水将颈壁处浓溶液冲下)。当水加至容积的2/3处时,旋摇容量瓶,使溶液混合(注意:不能倒转容量瓶)。在加水至接近标线时,可以用滴管加水至弯月面最低点恰好与标线相切处。盖紧瓶塞,一手食指压住瓶塞,另一手的拇指、中指、小指三个手指托住瓶底,倒转容量瓶,使瓶内气泡上升到顶部,摇动数次,再倒过来,如此反复倒转摇动十余次,使瓶内溶液充分混合均匀(图3-2-10)。为使容量瓶倒转时溶液不外漏,瓶塞与瓶必须配套。

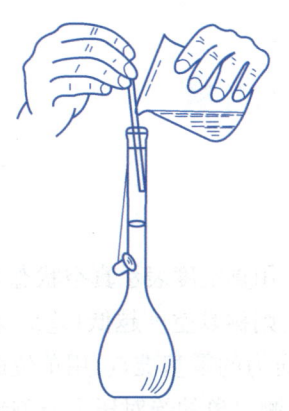 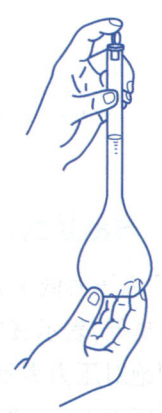

图3-2-9 转移溶液的操作　　图3-2-10 检查漏水和混匀溶液的操作

不宜在容量瓶内长期存放溶液(尤其是碱性溶液)。如溶液需使用较长时间,应将其转移至试剂瓶中,试剂瓶应预先干燥或用少量该溶液淌洗三次。

温度对量器的容积有影响,使用时要注意溶液的温度、室温及量器本身的温度。

3.2.4　量筒和量杯

量筒和量杯的精度低于上述各种量器,在实验室中常用来量取精度要求不高的溶液和蒸馏水。

3.2.5　微量进样器

微量进样器有 1 μL、5 μL、10 μL、25 μL、50 μL、100 μL 等多种规格,是进行微量分析,特别是色谱分析实验中不可或缺的取样、进样工具。

微量进样器是精密量器,使用时应特别小心,否则会破坏其准确度。使用前要用丙酮等溶剂洗净,以免干扰试样分析;使用后应立即清洗,以免试样中的高沸点组分沾污进样器。一般常用下述溶液依次清洗:5% NaOH 水溶液、蒸馏水、甲醇、乙醇、二氯甲烷,最后用真空泵抽干,保存于盒内。

使用微量进样器时,应注意以下几点:

(1)进样器极易被损坏,应轻拿轻放。要随时保持清洁,不用时应放入盒内,不要来回空抽进样器,以免损坏其与器壁的气密性而影响取样。

(2)每次取样前先抽取少许试样,再排出,如此重复数次,以润洗进样器。

(3)取样时,应多抽些试样于进样器内,并将针头朝上排除气泡,再将过量试样排出,保留需要的试样量。进样器内的气泡对体积影响很大,必须设法排除,将针头插入试样中,反复抽排数次即可,抽样时要慢,而排出时要快。

(4)取样后,用滤纸将针头外所沾的试样小心擦掉,注意切勿使针头内的试样流失。

(5)色谱分析进样时,应以平稳的动作将进样器针头插入进样口,迅速进样后立即拔出(应注意用力不可过大,以免折弯进样器),尽量保持每次针头内残留试样的体积一致。

3.3 真空的获得与测量

3.3.1 真空的获得与测量的基础知识

真空是指在一定空间内压力低于大气压的气体状态。用真空度表示真空状态下气体的稀薄程度。气体越稀薄,压力越低,表示真空度越高(好);反之,则称真空度越低(差)。表示真空度的方法通常有两种:一种用绝对压力表示,以绝对真空作为压力的零基准点,用单位面积所受压力值来表示;另一种用相对压力表示,即相对真空度,是指被测对象的绝对压力与测量地点大气压的差,一般为负数。真空度用压力的单位来量度。根据 SI 单位与我国法定计量单位规定,压力的单位是帕斯卡(Pascal),简称帕,符号 Pa。但最先使用的真空度单位是毫米汞柱,即 mmHg,至今仍被一些部门使用。

真空区域划分为:真空度为 $10^5 \sim 10^3$ Pa 称为粗真空;真空度为 $10^3 \sim 10^{-1}$ Pa 称为低真空;真空度为 $10^{-1} \sim 10^{-4}$ Pa 称为高真空;真空度小于 10^{-6} Pa 称为超高真空。

3.3.2 真空的获得

真空技术应用在许多领域中,根据不同需要,科研人员研制了多种抽气装置(真空泵)与抽气方法,它们依据的原理各异,结构与形状差别很大。归纳起来大致有以下五类:

(1)利用气体本身具有压缩与膨胀性能而获得真空的泵,这种泵是利用机械运动(转动或滑动)使工作室的容积周期性变化而达到抽气的目的,称这类真空泵为机械真空泵,如实验室常用的旋片式油封机械真空泵、往复式机械真空泵等。

（2）利用高速定向运动蒸气流与被抽气体分子进行能量交换,进而获得真空的泵,如汞、油蒸气扩散泵。

（3）利用将气体电离成离子并在电场的作用下做定向运动而进行抽气的泵,称为离子泵。

（4）利用物质对气体进行物理吸附或化学吸附作用而降低真空系统中压力的泵,有吸附泵、低温泵等。

（5）利用某些气体与固体(吸气金属或合金)发生化学反应而令气体分子牢固地与固体结合,这样获得真空的泵有钛升华泵、锆铝吸气泵等。

3.3.3 真空的测量

测量某一特定稀薄气体(或蒸气)压力时使用的仪器或仪表被称为真空计。真空度的测量范围很宽($10^{-13} \sim 10^5$ Pa),目前尚无一种真空计能测量如此宽的真空度范围,因此对应不同的真空区域,有不同测量范围的真空计。下面介绍目前在实验室中仍在使用的液柱 U 形真空计。

液柱 U 形真空计是利用 U 形玻璃管中的液(汞、油等)柱的高度差来测量稀薄气体压力(真空度)的装置。液柱 U 形真空计分开式与闭式两种,更多采用的是闭式 U 形真空计,将 U 形管的一端封死并抽真空后,再灌入工作液(汞、274 硅油),就构成了闭式 U 形真空计,如图 3-3-1 所示。测量时,将其开口端接被测真空系统。

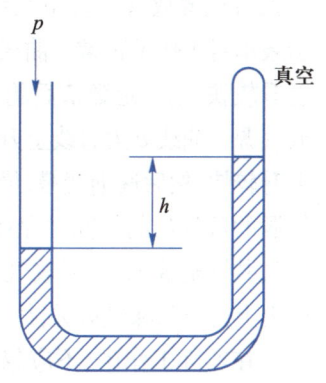

图 3-3-1 闭式 U 形真空计

设开口处压力为 p(Pa),密封端处压力为 p_0(Pa),则有

$$p = 133.32 \frac{\rho}{\rho_{Hg}} h + p_0 \tag{3-3-1}$$

式中,h 为工作液的液柱差,m;ρ 为测量温度下工作液的密度,kg·m^{-3};ρ_{Hg} 为同温度下汞的密度,kg·m^{-3}。如工作液是汞,则式(3-3-1)可写成

$$p = 133.32 h_{Hg} + p_0 \tag{3-3-2}$$

式中,p_0 值的大小取决于密闭端所抽到的极限压力与工作液的饱和蒸气压。在室温下,汞的饱和蒸气压 $p_{Hg}^* < 10^{-1}$ Pa,274 硅油的饱和蒸气压 $p_{Si}^* < 10^{-5}$ Pa,所抽取的极限压力一般低于 10^{-2} Pa,故 p_0 与 p 相比可忽略,于是式(3-3-2)可写为

$$p = 133.32 h_{Hg} \tag{3-3-3}$$

由式(3-3-3)可知,只要测出 h_{Hg} 就可得到被测系统的真空度。

3.3.4 真空检漏

真空系统由真空泵、管道、被抽系统、测量仪表及阀门等部件组成,实验中由于各种原因产生的漏气现象是常见的。真空泵的性能符合要求,工作状况正常的情况下,系统的真空度无法达到要求,称为漏气。真空系统安装完毕后,均应进行检漏,然后视漏气程度采取更换零部件或修补措施。

1. 漏气的判断

实验真空系统(如真空泵)无法达到所要求的真空度时,除系统漏气外,也可能是泵工作不正常或系统内存在放气源(如液滴、污垢等)所致的。到底是何原因,需要进行判断。常用判断方法之一是绘制压力-时间曲线。首先将整个真空系统连通,启动真空泵,使整个系统达到可能达到的最低压力,然后将真空泵切断,由连接在系统上的真空计读出并记录压力随时间的变化,绘制成曲线,如图 3-3-2 所示。根据曲线的形状即可判断系统情况。图 3-3-2 中曲线 a 为系统的压力始终保持最低压力 p_1,说明系统既不漏气,也无放气源放气。真空系统达不到压力要求,其根本原因在于泵本身工作不正常。曲线 b 反映了切断真空泵后,系统压力上升较快,达一定数值后趋于稳定,这种情况说明系统内存在放气源。曲线 c 为直线上升,说明漏气。曲线 d 表示开始压力上升较快,然后逐渐变慢,最后接近斜率一定的直线,这说明放气源的放气与漏气同时存在。压力上升较快一般是由漏气与放气共同造成的,之后放气速率逐渐降低并达到饱和后,系统压力上升只与漏气有关,故为直线。

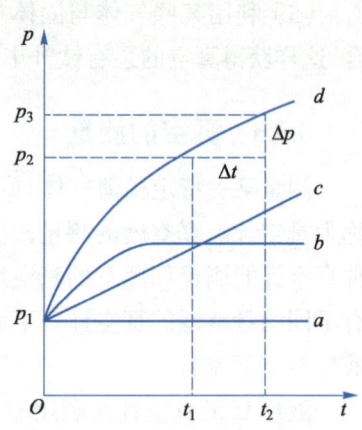

图 3-3-2 封闭系统压力-时间曲线

在实际工作中,不应忽略系统内放气源的存在,特别对于高真空系统,要根据实际需要决定是否消除放气源。

2. 检漏的原则

当判断系统漏气后,应着手寻找漏气点所在位置。必要时,还需估计漏气点的大小。如何尽快地找到漏气点的位置,有以下几条经验:

(1)将系统进行分段检漏 将真空系统抽至所能达到的最高真空度后,立即关闭系统所有隔断阀,将系统分为若干部分。然后首先检查装有真空计的部分是否漏气,如不漏,则自近而远使各部分依次与装有真空计部分相连通,哪一部分连通后出现真空度下降,就可判断该部分一定存在漏气点,这是最常用的检漏原则。

(2)寻找漏气点应有重点 通过分段检漏只能确定哪些部分存在漏气点,还需进一步找出漏气点的确切位置。漏气多发生在阀门、真空系统各部分连接处、经过整修的位置、接口、电极引出线等部位,而容器与管道的主体壁面很少漏气。

(3)确定适当的检漏方法 应根据真空系统本身的内部结构与要求,选择相适应的检漏方法。否则会因检漏方法不当造成系统内部的污染甚至破坏。

(4)不能忽略内部较大的放气源 当采用各种适当检漏方法证实系统不漏气后,系统真空度仍下降,此时就应检查系统内部是否存在较大放气源。

3. 检漏方法

检漏方法一般为加压检漏法与真空检漏法。加压检漏法又分为打气检漏法与水压法两种,其中打气检漏法是最常用的方法,下面简要介绍这一方法。

将高于大气压力的干燥且干净的空气或氮气充入真空系统中，在真空系统的外表面上认为有可能漏气的部位处，用小刷子涂上一层肥皂液，如有气泡出现，则说明该位置漏气了。

此法检漏的注意事项：要切实了解被检测容器与连接部分是否能承受正压及承受压力的范围；加压要适当，以防止爆炸事件发生；检漏前应仔细地清除检漏部分表面的油污、粉尘等，再洗净、干燥。若用肥皂液作指示物，则肥皂液要浓度适当，不得有污染物。若肥皂液太稀则易于流动和滴落，可能因大漏气孔处肥皂液不足而无法形成气泡，并发生漏检；若肥皂液太稠则透明度差，可能因不易发现小漏气孔而造成漏检。肥皂液如夹有污染物，则易堵塞漏气孔而造成漏检。

3.4 压力的测量

3.4.1 概述

压力一般是指流体的压强，以垂直并均匀作用在单位面积上的力定义，是表示强度的力学量。

在工业和科研工作中，常用以下几种不同的压力概念：大气压、绝对压力、表压（力）、疏空压力和真空度（概念参见 3.3.1 节），如图 3-4-1 所示。

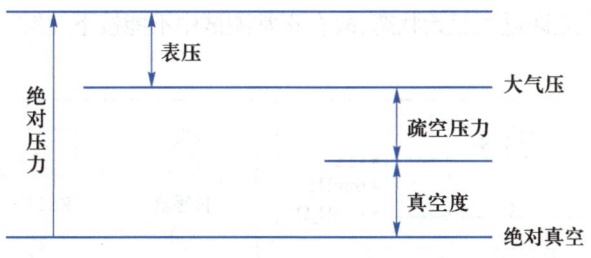

图 3-4-1 压力的种类及关系

（1）大气压　大气压是指地球表面的空气柱质量所产生的平均压力，常用符号 p_b 表示。它随地球纬度、海拔高度和气象情况而变化，也随时间而变化。

（2）绝对压力　绝对压力是以绝对真空作零基准表示的压力，即被测流体作用在容器单位面积上的全部压力，常用符号 p_n 表示，它表明了测定点真正压力。

（3）表压　表压是以大气压为零基准且超过大气压的压力数值，即一般压力表所指示的压力，常用符号 p 表示，它等于绝对压力与大气压之差。

（4）疏空压力（也称真空表压力，负压）　疏空压力是以大气压为基准且低于大气压的压力数值，即大气压与绝对压力之差，常用符号 p_h 表示。

大气压和测量仪器内的压力可分别使用福丁式气压计、液柱式压力计（U 形管压力计）进行测量，目前多以电测式测压仪测量。

3.4.2 电测式测压仪

电测式测压仪目前在实验室已广泛应用于压力或真空度的测量,以代替传统用的水银 U 形管压力计、福丁式气压计等。常用的有以下类型:

1. AMP-2C/2D 型数字式气压表

(1) 技术指标 AMP-2C 型与 AMP-2D 型数字式气压表适用于 -20~40 ℃的环境温度,AMP-2C 型的量程为(101.3±20.0)kPa,而 AMP-2D 型的量程为(101.30±20.00)kPa,两种型号的分辨率分别为 0.1 kPa(AMP-2C 型)、0.01 kPa(AMP-2D 型)。

(2) 使用方法 该仪器应放置在空气流动尽可能小、不易受到干扰的地方。使用时接通仪器的电源开头,必须预热 15 min,显示窗显示的数值为大气压,单位为 kPa。

2. DP-A 精密数字压力计

(1) 技术指标 DP-A 精密数字压力计的压力测量范围为 -150~150 kPa;压力测量分辨率为 10 Pa、1 Pa;使用温度范围为 -10~50 ℃;压力过载能力为 2 倍最大额定压力。

(2) 仪器结构 如图 3-4-2 所示,前面板上"单位"键是根据测压范围来选择所显示压力数值的单位。当仪器接通电源时,则"kPa"的指示灯点亮,表示测得的压力值以 kPa 为单位。若需以 mmHg 或 mmH$_2$O 为压力单位,只需按下"单位"键进行选择即可。"采零"键可自动扣除压力传感器零压力值(零点漂移),所以,每测试一次之后须按一下"采零"键,显示窗显示为"0000",以保证测试时所显示的压力值确为被测系统的压力值。"复位"键是为了令仪器返回起始状态而设置的。一旦按下此键,仪表立即返回起始状态,故在正常测试中不能按下此键。

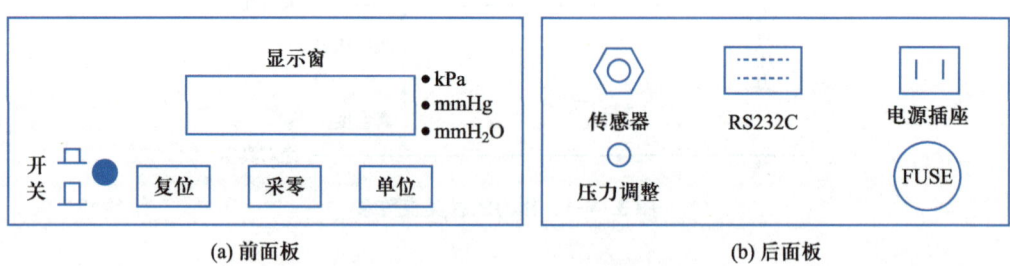

图 3-4-2 DP-A 精密数字压力计

(3) 使用方法 首先进行等压及气密性检查,缓慢加压至满量程,若 1 min 内显示的数值不变,说明传感器与检测系统无泄漏。确认无泄漏后,泄压至零,在全量程反复进行等压操作两三次后才可进行正式测试。在测试之前应按"采零"键,以消除压力传感器的零点漂移,显示窗显示为"0000",且每测量一次均需按一次"采零"键。仪器采零后,便可接通被测系统,此时显示窗显示的数值便为被测系统压力值。测量结束后,必须泄压至零后才可以关掉电源开关。

3. DMP-2C 型数字式微压差测量仪

DMP-2C 型数字式微压差测量仪只能用于压差变化较小的实验,如本书中的"第六章 实验十三 最大泡压法测定溶液的表面张力"使用的便是该仪器。

（1）技术指标　此仪器测量压差的范围是 -10~10 kPa,压差分辨率为 1 Pa,压差最大值显示持续时间为 1.5 s,使用环境温度为 -20~40 ℃。

（2）使用方法　用软管将仪器后面板上记录为"L"的接头与被测系统相连接,如已经连接,则只需检查是否牢固且无脱落。插上电源插头,打开仪器的电源开关,预热 5 min 后方可使用。当显示器显示数值稳定后,按一下"校零"键,则仪器显示为零,表示将被测系统的起始压力设定为零。实验测定时,显示窗显示的数值便为被测系统的实验过程中的压力与系统的起始压力之差。当数值达到极值并开始下降时,则该最大值保留显示约 1 s。

3.5　温度的测量

温度是在热平衡时表征物体冷热程度的物理量。物体的温度通过温度计测量,实验室中常用的温度计有玻璃液体温度计、热电偶温度计和电测式测温仪器等。

3.5.1　玻璃液体温度计

玻璃液体温度计是在玻璃管内封入汞或其他有机液体,利用封入液体的热膨胀进行测量,属于膨胀式温度计。

1. 玻璃液体温度计的结构

玻璃液体温度计因应用场合不同,在结构上各有差异,但测温原理相同。其主要组成部分相同,即均由感温泡、感温液、中间泡、安全泡、毛细管、主刻度、辅刻度等组成。

玻璃液体温度计从结构上分为棒式、内标式及外标式三种。实验室所用的玻璃液体温度计基本上为棒式,因为这种温度计的温度标尺直接刻在毛细管上,标尺与毛细管之间在测温过程中不会发生位移,所以测温精度较高。图3-5-1 所示的便是棒式玻璃液体温度计。

棒式玻璃液体温度计按所用的感温液是汞或其合金(汞-铊等)还是有机液体而分为汞温度计和有机液体温度计。另外,根据温度计测量某介质温度时,是需要将温度计的整个液柱与感温泡浸入被测介质中,还是只需将温度计插入温度计本身标定的固定浸没位置而分为全浸式或局浸式两种。

2. 玻璃液体温度计的测量误差分析

玻璃液体温度计在测量温度时,由于温度计本身的缺陷、环境条件、读数方式及使用期限不同等影响,致使所测的温度值产生一定的误差,其中包括:

（1）零点位移　这是由于温度计的玻璃虽经人工老化处理,但玻璃热后效仍难以完全消除,当温度计长期使用时,其零点逐渐升高,并升至某一限度为止,主要原因是感温泡的体积发生收缩。因此对于精密测量用的玻璃液体温度计的零点位置要经常检查,如发现零点位置有变化,则应把位移修正值 d

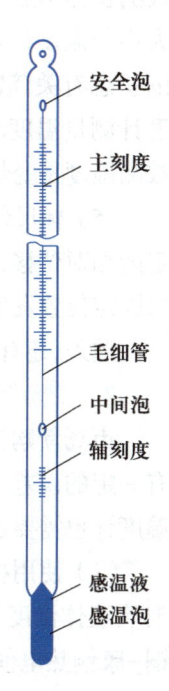

图 3-5-1　棒式玻璃液体温度计

加到以后的所有读数上,即

$$d=a-b$$

式中,a 为检定证书中给出的零点位置;b 为新零点位置。

（2）浸入深度误差　精密玻璃液体温度计大多数为全浸式的,即温度计液柱和感温泡与被测温度均匀一致时,温度计示值才正确。当液柱一部分露出时,会使读数产生误差 Δt:

$$\Delta t = h\alpha_V(t-t_m) \tag{3-5-1}$$

式中,α_V 为感温介质与玻璃的膨胀系数之差,当感温介质为汞时,$\alpha_V=0.00016\ ℃^{-1}$,当感温介质为有机液体时,$\alpha_V=0.0010\ ℃^{-1}$;h 为液柱露出高度,mm;t 为温度计所指示的读数,℃;t_m 为露出液柱的环境平均温度,℃。

由式（3-5-1）可知,计算修正值 Δt 时,需要知道温度计露出液柱的平均温度 t_m。如图 3-5-2 所示,将一支辅助玻璃液体温度计的感温泡绑在露出介质表面液柱长度的中间,实验时,从辅助温度测出所用的温度计表面温度,并认为这一读数就是露出液柱的环境平均温度。

（3）液柱断裂或挂壁的影响　由于工作液体夹杂气泡或搬运不慎等,会造成毛细管中液柱断裂,如不注意将引起极大的误差,因此在使用温度计前,应检查有无液柱断裂现象。

（4）时间滞后误差　液体温度计测温属于接触法,所以温度计与被测物体达热平衡需经一定时间,称为时间滞后效应。时间滞后误差大小与温度计种类、长短、感温泡壁厚、形状有关,并且与被测温度周围状态有关（液体、气体的种类及是否混合良好）,所以用玻璃液体温度计测量温度时,要有足够的稳定时间,否则会产生很大的误差。若被测温度是变化的,则会因温度计热惯性而使测温精度大为降低。

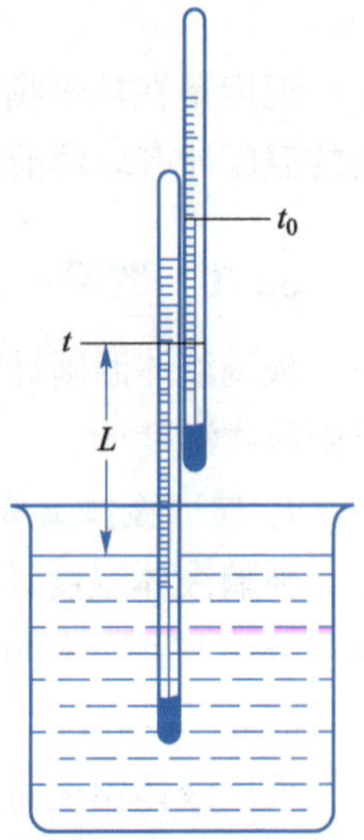

图 3-5-2　温度计的液柱露出端修正测量示意图

（5）标尺位移　在内标尺温度计中,标尺与毛细管往往会产生一定的相对位移,原因是内标尺与温度计玻璃的热膨胀系数不同或者标尺固定位置发生变化,当变化很大时,此温度计就不能使用。

此外,还有修正误差、读数误差和压强误差等。

3. 玻璃液体温度计的校正与校验

市场新购买的温度计往往存在着一定的误差,经常使用的温度计由于周期性加热冷却也会有一定的误差,需要对温度计的刻度进行校正。除对修复后的温度计进行检验外,对一般正常的温度计也需要定期检验（1 次/2 年）。校正的方法如下：

（1）使用标准温度计校正　玻璃液体温度计采用与标准仪器比较的方法进行检验。检验玻璃液体温度计的标准仪器一般为二等标准汞温度计或二等标准铂电阻温度计,也可用标准铜-康铜热电偶。用比较法进行检验时,必须保证标准仪器与被检温度计在相同温度下处于热平衡。这就要求形成这种相同温度时所应用的液体槽中各处的温度尽可能相同。常用的恒温介质及其应用范围如表 3-5-1 所示。

3.5 温度的测量

表 3-5-1 检验玻璃液体温度计常用的恒温介质及其应用范围

名称	恒温介质	应用范围
低温酒精槽	酒精 + 干冰	−100~0 ℃
水冰点器	冰水混合物	0 ℃
水槽	水	1~95 ℃
油槽	38#、52#、65# 汽缸油	100~300 ℃
盐槽	55% KNO_3 + 45% $NaNO_3$	300~500 ℃

检验时必须采取升温检验。因为有机液体与管壁间的附着力、汞与管壁间的摩擦力等作用,易在下降时造成读数失真,温度上升的速率不得超过 0.1 ℃·min^{-1},即应足够缓慢。每支玻璃液体温度计的校验点不应少于 3 个,除标尺上限和下限外,中间可取一点。具有零点的玻璃液体温度计的校验点必须包括零点,两相邻校验点的间隔,对于分度值 0.1 ℃ 的为 10 ℃;对于分度值 0.2 ℃ 的为 20 ℃;对于分度值 0.5 ℃ 的为 50 ℃;对于分度值 1 ℃、2 ℃、5 ℃、10 ℃ 的为 100 ℃。

(2)用纯物质的熔点作为校正的标准 选择数种纯试样,测出它们的熔点。以测出的熔点作为纵坐标,与已知熔点的差数为横坐标,画出曲线(图 3-5-3)。这样在使用温度计时即可从曲线上读出温度计的校正读数。常用标准试样及其熔点列于表 3-5-2,供校正温度计时使用。

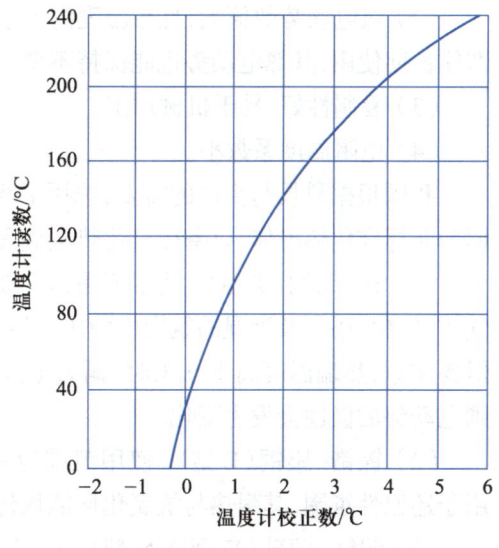

图 3-5-3 温度计校正图

表 3-5-2 常用标准试样及其熔点

试样	熔点/℃	试样	熔点/℃	试样	熔点/℃
冰水混合物	0	萘	80.26	水杨酸	159.0
环己醇	25	间二硝基苯	90.3	蒽	215.76
1-萘胺	49.2	乙酰苯胺	114.3	蒽醌	286(升华)
二苯胺	53.2	苯甲酸	122.4		
苯甲酸苄酯	21	尿素	133.3		

零度的测定用冰水混合物。方法是将 20 mL 蒸馏水放入试管中,用冰盐浴冷却至蒸馏水部分结冰,搅拌使成冰水混合物。将试管从冰盐浴中取出,再将温度计插入试管,恒定后温度即为 0 ℃。

3.5.2 热电偶温度计

热电偶温度计是以热电偶为传感器的一种温度计,由热电偶、连接导线和电气测量仪表组成。常用于测量100~1 300 ℃的温度,在特殊情况下可以测量2 800 ℃的高温或2K的低温。它具有结构简单、精密度高、使用方便等优点,尤其适用于远距离测量和自动控制。

从原理上虽然任意两种成分不同的金属均可构成热电偶,但要成为在实验室或工业生产过程中测温用的热电偶,则对其热电极材料有一定的要求:

(1) 物理和化学性能稳定,即在高温下不发生晶形转变或蒸发,在测温范围内不发生氧化或还原反应,不会被腐蚀。

(2) 热电动势数值大,且与温度的关系呈简单的函数关系,最好呈线性关系。在测定范围内即使长期使用,其热电动势也能保持不变。

(3) 复制性好,易于机械加工。

(4) 电阻温度系数小。

我国根据科技与生产的需要,选择了八种热电偶作为标准化热电偶,同时还确定了四种热电偶为非标准化热电偶,以备标准化热电偶无法满足要求时使用。实验室常用的为以下三类:

(1) 铜-康铜(T型) 使用范围为 -200~300 ℃,在 -200~0 ℃稳定性甚佳,能在真空、惰性气体、氧化、还原及潮湿的氛围中使用。该热电偶价格低廉,而且在适用范围内测量灵敏度很高,但要注意,热端温度高于 0 ℃时,铜为正极,康铜为负极。若冷端保持 0 ℃,而热端低于 0 ℃时,则电动势的极性会发生变化。

(2) 镍铬-康铜(E型) 使用范围为 -200~800 ℃,宜在惰性或氧化性氛围中使用,但不能用于还原性氛围,其耐热与抗氧化性能均优于铜-康铜(K型)与铁-康铜(J型),灵敏度高。

(3) 镍铬-镍硅(K型或N型) 使用范围为 -500~1 300 ℃。此类热电偶灵敏度较高,稳定性好。只能用于惰性或氧化性氛围中,不宜用于还原性或含硫的氛围。

3.5.3 电测式测温仪器

近年来,实验室中的玻璃贝克曼温度计、汞柱玻璃温度计及U形管汞压力计(或真空计)等逐渐被电测式测温仪代替。这是因为上述汞玻璃仪器存在易破损、易污染环境、读数不准及不能实现自动化操作等缺点。相反,电测式测温仪则无上述缺点,故应用日益广泛。

电测式仪器一般由传感器、测量电路和电性指示仪表三部分构成。如图3-5-4所示,传感器是将被测的非电参数物理量(如力、压力、位移、温度及流量等)转换成与这些非电参数物理量相对应的、易于精确处理的电参量(如电阻、电压、电流、电场、电容等),并将其输出的一种装置。

实验室常用的电测式温差测定仪可代替玻璃贝克曼温度计,常用的有以下两种:

(1) SWC-Ⅱ数字贝克曼温度计

① 结构。该温度计由一支棒状的传感器(又称探头)与数字显示式仪表(SWC-Ⅱ数字贝克曼温度计,见图3-5-5)组成,既可测量温度,又可测量温差。温度测量范围为 -50~150 ℃

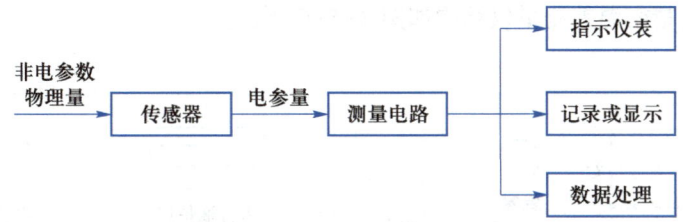

图 3-5-4　电测式仪器的组成示意图

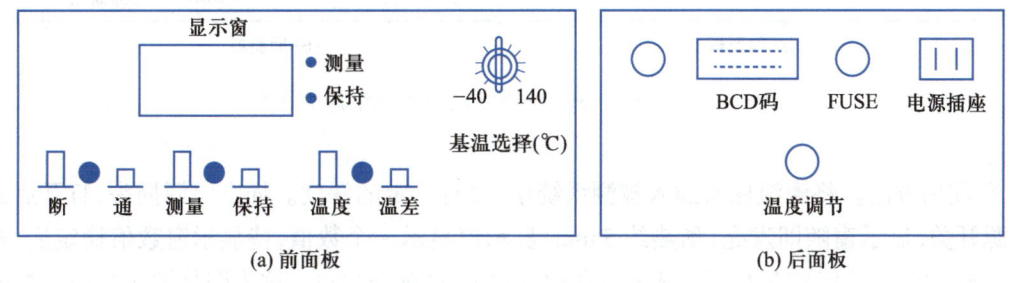

图 3-5-5　SWC-Ⅱ数字贝克曼温度计结构示意图

(可扩展至 ±199.99 ℃),温度测量分辨率为 0.01 ℃。温差测量的温差基温范围与温度测量范围相同,温差测量范围为基温的 ±20 ℃,而温差测量分辨率为 0.001 ℃。

② 使用方法。将后面板的电源插头插在 220 V 的电源插座上,再将探头插入被测物中,其深度应大于 50 mm,然后将前面板的"断·通"钮按为"通"状态。测量温差时,首先需将后面板上"温度·温差"钮按为"温差"状态,此时数字显示器末位显示"·",表明仪器处于检测温差状态。再将前面板上"测量·保持"钮按为"测量"状态。然后按被测系统的实际测量温度,放置"基温选择"钮以确定基温,但要求读数的绝对值尽可能小(获得有效数字的位数最多),记录显示器的读数,并设为 T_1。然后进行实验,此时,数值显示器所显示的动态数值设为 T_2,则实验前后的测试差 $\Delta T=T_2-T_1$。例如,已将探头插在温度为 15.5 ℃的水中,若从可测量温差的最大范围考虑,则应将基温钮上刻度转至 20 ℃为宜,可测量温差范围为 0~40 ℃,此时显示器上显示"-4.500"左右,表示所测系统温度比基温约低 4.500 ℃。当将基温钮上刻度转至 0 ℃时,则显示器显示"15.500"左右的数值,可测温差范围为 -20~20 ℃。注意,测得某一系统的温差时,在未完成温差测量前,基温不能改变。

当要测量被测系统的温度数值时,只需将前面板上"温度·温差"钮按为"温度"状态,则显示器显示的数值便为被测系统的温度,且数值的末尾显示"℃"。

当被测系统的测试或温差变化很快而无法读数时,可将前面板上"测量·保持"钮按在"保持"状态,这样便于记录数据,读数完毕后,应再按一次,则回到"测量"状态,然后跟踪测量。

(2) JDW-3F 型精密温差测量仪　精密温差测量仪也是目前代替玻璃贝克曼温度计的电测式温差仪器之一。该仪器只能测温差,温差范围为 ±20 ℃,读数可估读到 ±0.001 ℃。能在 -20~120 ℃温度范围内测量温差,如被测系统的温度超出此范围,则不能使用。

① JDW-3F 型精密温差测量仪结构如图 3-5-6 所示。

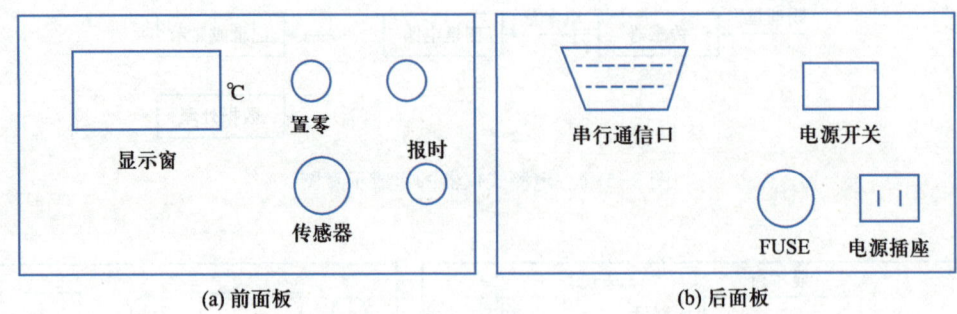

图 3-5-6　JDW-3F 型精密温差测量仪结构示意图

② 使用方法。将测温探头插入被测系统中,要有一定的深度。插上电源插头,打开后面板的电源开关,显示窗随即发亮,预热约 5 min,显示窗显示一个数值,待显示窗数值稳定后,按下"设定"钮("置零"钮),约 2 s 后,显示窗自动显示为 0.000 ℃左右,这表明将被测系统的温度 T_0(初值)设定为 0.000 ℃左右。进行实验后,系统的温度改变为 T_1(显示器的读数),则系统在实验前后的温度差 $\Delta T = T_1 - T_0$,因已设定 $T_0 = 0.000$ ℃,所以 $\Delta T = T_1$,即显示窗显示的数值为系统前后的温差。注意:在按下"置零"钮之前,探头一定要按要求插入被测系统中,而且显示窗所显示数值必须稳定之后,才能按下按钮,不得在探头插入被测系统之前就按该钮。另外,为保证仪器的测量精度与跟踪范围,每次测量的初始值 T_0 应设定在 0.000 ℃左右。如不能将 T_0 设定为零,则也可在 $-10 \sim 10$ ℃之间设定为某一数值。

3.6　密度的测量

密度是物质的一种特性,在工业、农业等领域及科研中是不可或缺的基础数据。密度的测量是相关人员必须掌握的实验基本技能。

3.6.1　密度的定义

一定条件(温度、压力)下,物质的质量与其体积之比称为质量密度,简称为密度,其定义式为

$$\rho = m/V \tag{3-6-1}$$

式中,m 为物质的质量;V 为物质的体积;ρ 为密度,单位为 $kg \cdot cm^{-3}$,为了使用方便,还常用 $g \cdot cm^{-3}$。

每种物质的密度在一定温度、压力下为常数,与该物质所构成的系统的形状、质量及体积无关,物质系统可以由单一物质构成,也可由多种物质构成,而且可为气体、液体或固体。

在许多领域中,习惯使用相对密度(relative density)来表达物质的特性。相对密度是指同一

条件下,某物质 B 的密度 ρ_B 与另一参考物质 A 的密度 ρ_A 之比,用符号 d 表示,由于是两物质的密度之比,故 d 是量纲一的量,其定义式为

$$d = \rho_B / \rho_A \tag{3-6-2}$$

对于固体与液体,一般选用某参考温度(一般用 4 ℃或 20 ℃)下的纯水作为参考物质。对于气体,则多采用 $T=273.15\ \text{K}$,$p=100\ \text{kPa}$ 条件下的干燥空气为参考物质。

由式(3-6-2)可知,因物质的密度值与温度相关,所以当 ρ_A 的温度为 t_1,ρ_B 的温度为 t_2 时,则表示 d 时应标明 ρ_A、ρ_B 的温度,即 ρ_{A,t_1}、ρ_{B,t_2},将 d 写为 $d_{t_1}^{t_2}$。例如,20 ℃的乙醇相对 4 ℃纯水的相对密度 d 写为 d_4^{20}。

3.6.2 用密度瓶法测量液体和固体的密度

在密度测量中,液体密度的测量应用更多、更普遍。以下介绍在化学实验室中最常用的测定液体密度的方法——密度瓶法。

1. 测量原理

密度瓶法根据密度定义,通过测量待测物质的体积与质量并经计算得到密度。其具体操作是,在空气中用天平称量干燥的空密度瓶,再在空气中称量装有已知密度的标准液体 [t(℃),一般用纯水] 的密度瓶,最后在空气中称量装有标准液体的体积相同的待测液体 [t(℃)] 的密度瓶。根据三次称量可列出以下方程计算所测液体的密度:

$$\rho_1 = \frac{(m_3 - m_1)(\rho_w - \rho_{空})}{m_2 - m_1} + \rho_{空} \tag{3-6-3}$$

式中,$\rho_{空}$ 为空气在室温下的密度;ρ_w 为标准液体(纯水)在恒温槽中温度恒定为 t 时的密度;ρ_1 为待测液体在恒温槽中温度恒定为 t 时的密度;m_1 为盛满空气的空密度瓶的质量;m_2 为温度 t 下标准液体装至密度瓶的标线时密度瓶与标准液体的质量之和;m_3 为温度 t 下待测液体装至密度瓶的标线时密度瓶与待测液体的质量之和。

2. 密度瓶的类型与特点

密度瓶是一种在一定温度和规定标线下具有一定容积的称量仪器。根据测量要求,密度瓶大体可以分成单管式 [图 3-6-1(a)、(b)] 与双管式 [图 3-6-1(c)] 两类。下面介绍几种实验室常用的密度瓶。

(1)毛细管塞式密度瓶　图 3-6-1(a)所示是最常用的一种单管式毛细管密度瓶,也称为盖·吕萨克式密度瓶。这种密度瓶为梨形,也可为球形,具有磨口管塞,且管塞通过毛细管与大气相通,磨口管塞上可具有标线,也可不具有标线。若使用不具有标线的密度瓶,在测量时液面高度以瓶塞口为准。其容积一般为 5 mL、10 mL、25 mL、50 mL、100 mL 等规格。

(2)带温度计的密度瓶　图 3-6-1(b)所示是瓶内带有温度计的单管式密度瓶,温度计与瓶口间用磨口连接,侧管是毛细管,直径约为 1.5 mm,毛细管上端加盖顶盖,顶盖上有一排气孔。这种密度瓶有三种规格:在 20 ℃下,瓶标线容积分别为 10 mL、25 mL 和 50 mL。温度计有 10~30 ℃和 30~60 ℃两种,其最小分度值为 0.5 ℃。由于瓶内液体温度可以直接测量,避免了

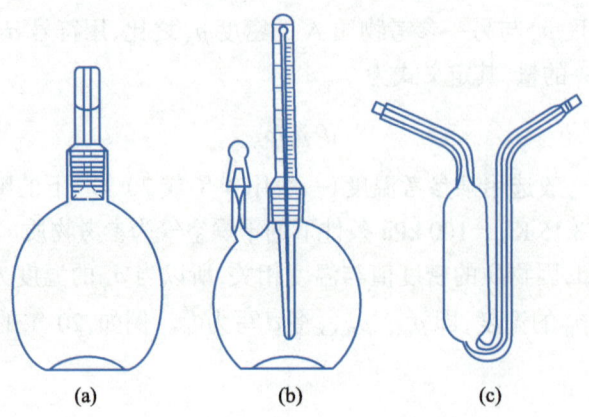

图 3-6-1 测量液体密度常用的密度瓶类型

瓶内、外的温差带来的误差,这是该密度瓶的优点。另外,该密度瓶还具有毛细管特点,适用于要求高精度液体密度的测量。

3.7 熔点的测定

纯晶态固体有机化合物一般都有一定的熔点。一定的压力下,固态与熔融态之间的变化是非常敏锐的,自初熔到全熔温度不超过 1 ℃。如果含有杂质,则熔点要比纯物质的低而且范围也比较长。利用这一特点,通过熔点的测定,对于定性检验固体有机化合物的纯度及鉴别两个熔点相近的试样是否为同一化合物是有一定意义的。

熔点的测定方法中,显微熔点测定仪及其使用方法如下:

1. 显微熔点测定仪

显微熔点测定仪主要由显微镜、加热台及温度计三个部分组成,其优点包括:可测定微量试样的熔点;可测定高熔点(可达 350 ℃)的试样;通过显微镜可观察试样在加热过程中变化的全过程,如结晶水的失去、多晶的变化及化合物的分解等。

2. 使用方法

(1)将待测试样研细、干燥。

(2)装上温度计及保护套管。

(3)取微量待测的干燥试样,置于盖玻片上,取另一盖玻片置于试样之上。用手轻轻挤压,使试样成为均匀薄薄的一层。然后把盖玻片放在熔点测定仪加热盘上,使试样对准加热盘中心的孔洞。

(4)打开控制箱电源开关,根据待测试样的大致熔融温度范围,确定升温方案,控制升温速率,当温度接近试样熔点时,升温速率不得超过 1 ℃/min。观察试样变化,当结晶棱角开始变圆时,表明开始熔化;当结晶形状完全消失而变为小液滴时,表明完全熔化。记录开始熔化及完全熔化时的温度。

（5）测定完毕,停止加热,稍冷,用镊子取走圆玻璃盖及盖玻片,散热冷却以备再次使用。

3.8　加热与冷却

有些化学反应需要在较高温度下才能进行,许多实验操作,如溶解、蒸发、灼烧、蒸馏、回流等也都需要加热。相反,一些放热反应,如果不及时移除反应所放出的热,则会使体系温度上升,使反应难以控制;有些反应的中间体在室温下不稳定,反应必须在低温下进行;此外,结晶等操作也需要降低温度以减小物质的溶解度;这些过程又都需要冷却。所以,加热与冷却,是化学实验中经常遇到的基本实验操作。

3.8.1　加热装置

化学实验中,常用的加热仪器有酒精灯、酒精喷灯、煤气灯,以及电炉、电加热套等各种电加热装置。下面主要介绍酒精灯和电加热装置。

1. 酒精灯

酒精灯由灯罩、灯芯和灯壶三部分组成,如图 3-8-1 所示。

添加酒精时,应在灯熄灭的情况下,牵出灯芯,借助漏斗将酒精注入,最多加入量为灯壶容积的 2/3。

点燃酒精灯,必须用火柴,绝不能用另一个燃着的酒精灯去点燃,以免洒落酒精引起火灾(图 3-8-2)。

熄灭酒精灯时,用灯罩盖上即可,不要用嘴吹;片刻后,还应将灯罩再打开一次,以免冷却后盖内负压使灯罩难以打开。

酒精灯的加热温度可达 400～500 ℃,适用于不需要太高加热温度的实验。

2. 电加热装置

实验室中常用的电加热装置主要有电炉、电加热套、各式各样的恒温水浴装置,以及管式炉

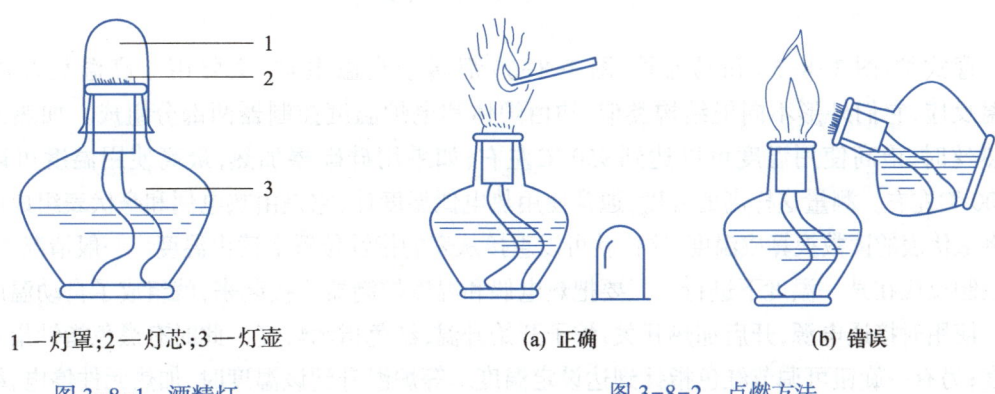

1—灯罩;2—灯芯;3—灯壶　　　　　　　　(a) 正确　　　(b) 错误

图 3-8-1　酒精灯　　　　　　　　　　　图 3-8-2　点燃方法

和箱式炉(马弗炉)等。

电炉(图3-8-3)有多种规格。使用时一般应在电炉丝上放一块石棉网,再放需要加热的仪器,以使加热均匀。温度的高低可以通过调节电压来控制。还应注意不要把加热的药品溅在电炉丝上,以免腐蚀或损坏电炉。

图 3-8-3 电炉

电加热套(图3-8-4)是玻璃纤维包裹着电炉丝织成的"碗状"电加热器,温度高低由控温装置调节,最高温度可达400 ℃左右。它的容积大小一般与烧瓶的容积相匹配,从50 mL起,各种规格都有。电加热套用于有机化学实验时,由于没有明火,因此不易引起火灾,比较安全,热效率也高。有机化学实验中,电加热套常用作蒸馏、回流等操作的热源。在蒸馏或减压蒸馏时,随着瓶内物质的减少,容易造成瓶壁过热,使蒸馏物被烤焦炭化。为避免这种情况发生,宜选用稍大一号的电加热套,使烧瓶和电加热套之间留有一定间隙,并设法使它能向下移动。随着蒸馏的进行,通过降低电加热套的高度来防止瓶壁局部过热。

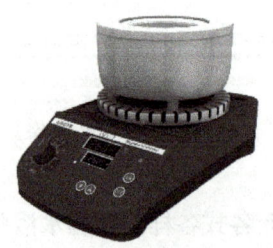  

图 3-8-4 电加热套

管式炉(图3-8-5)和马弗炉(图3-8-6)都属于高温电炉,主要用于高温灼烧或进行高温反应,它们外形不同但结构类似,均由炉体和电炉温度控制器两部分组成。加热元件是电热丝时,最高使用温度可以达到950 ℃左右;如果用硅碳棒加热,最高使用温度可以达到1 300 ℃左右。测量这样高的温度,通常使用热电偶温度计,它是由热电偶和毫伏表组成的。一般将毫伏表的读数换算成温度,这样就可以直接从表的指针位置上读出温度。一般情况下,都需要控制反应在某一温度下进行。只要把热电偶和温度控制器连接起来,就组成了自动温度控制器。使用时接通电源,开启加热开关,炉子开始升温,红色指示灯亮。此时有黑色指针指示炉内温度;另有一旋钮可调节红色指针到达设定温度。等炉温升到该温度时,加热元件停电,绿色指示灯亮。等炉温降低后又可自动进入加热状态。

图 3-8-5 管式炉

图 3-8-6 马弗炉

管式炉内部为管式炉膛，炉膛中插入一根耐高温的瓷管或石英管，反应物放入瓷舟或石英舟，再将其放进磁管或石英管内。较高温度的恒温部分位于炉膛中部。固体灼烧可以在空气气氛或其他气氛中进行，也可以进行高温下的气固反应。在通入别的气氛气或反应气时，磁管或石英管的两端应该用带有导管的塞子塞上，以便导入气体和引出尾气。

马弗炉炉膛为正方形，打开炉门就可放入要加热的坩埚或其他耐高温容器。在马弗炉内不允许加热液体和其他易挥发的腐蚀性物质。如果要灰化滤纸或有机物成分，在加热过程中应打开几次炉门，通入空气。

3.8.2 加热操作

1. 直接加热

加热操作可分为直接加热和间接加热两种。直接加热是将被加热物直接放在热源中进行加热，如在煤气灯上加热试管或在马弗炉内加热坩埚等。

2. 间接加热

间接加热是先用热源将某些介质加热，介质再将热量传递给被加热物。这种方法称为热浴。常见的热浴方法有水浴、油浴、沙浴等。热浴的优点是加热均匀，升温平稳，并能使被加热物保持一定温度。下面简单介绍一下水浴和油浴。

（1）水浴 水浴加热是在水浴锅上进行的。水浴锅（图 3-8-7）的盖子由一组大小不同的同心金属圆环组成，根据要加热的器皿大小去掉部分圆环，原则是尽可能增大容器受热面积而又不使器皿掉进水浴锅。水浴锅内放水，量不要超过其容积的 2/3。下面用煤气灯等热源加热，热水或蒸汽即可将上面的器皿升温（图 3-8-8）。在水浴加热操作中，应尽可能使水浴中水的表面略高于被加热容器内反应物的液面，这样加热效果更佳。若要使水浴保持一定温度，在要求不太高的情况下，将水浴加热至所需温度后改为小火加热；也可用电子自动控温装置来实现。若温度要求不超过 100 ℃，可将水煮沸。加热时注意随时补充水浴锅中的水，切勿蒸干。

实验室也常用烧杯代替水浴锅。在烧杯中放一支架，可将试管放入，进行试管的水浴加热（图 3-8-8）；在烧杯上放上蒸发皿，也可作为简易的水浴加热装置，进行蒸发浓缩。

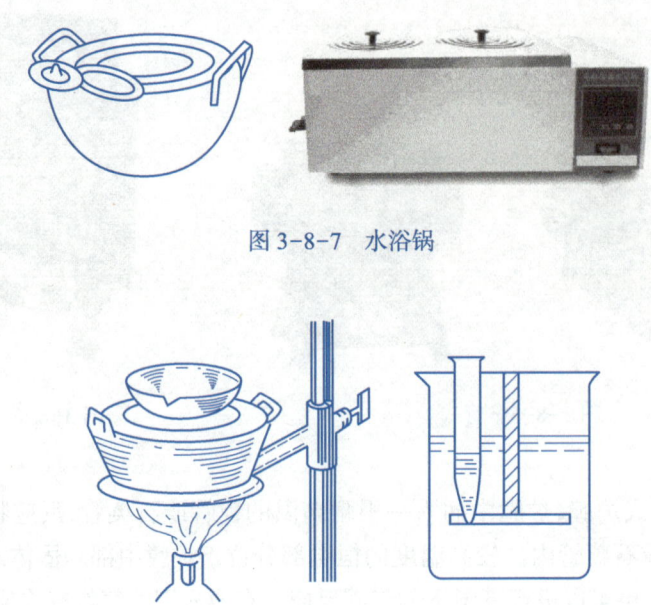

图 3-8-7 水浴锅

图 3-8-8 水浴加热

较先进的水浴加热装置是恒温水浴槽,它采用电加热并带有自动控温装置,使用起来更方便。

如果加热温度需要稍高于 100 ℃,可以选用无机盐类的饱和水溶液作为热浴液。

(2)油浴 用油代替水浴中的水即成油浴,一般温度可达 100~250 ℃。油浴所能达到的最高温度取决于所用油的种类。实验室中最常用的液体石蜡可加热至 200 ℃,温度升高不分解,但易燃烧。甘油可加热至 220 ℃,温度再升高则会分解。硅油和真空泵油加热至 250 ℃仍较稳定。如果用石蜡代替油,加热温度可达 300 ℃,且冷却后变为固态,便于贮藏。使用油浴时,应在油浴中放入温度计观测温度,以便调整加热电压,防止油温过高。使用油浴时要加倍小心,发现严重冒烟时要立即停止加热,防止油燃烧。还要注意不要让水滴溅入油浴锅内。

在油浴锅内使用电热圈加热,要比用明火加热更为安全;再接入继电器和接触式温度计,就可以实现自动控制油浴温度。

3. 液体的加热

(1)加热试管中的液体 在试管中加热液体时,液体量不应超过试管容积的 1/3,还必须用试管夹夹持试管,管口稍向上倾斜(图 3-8-9),注意管口不要对着别人或自己,以免被喷出的沸腾溶液烫伤。加热时,应先加热液体的中上部,再加热底部,并上下移动,使各部分液体均匀受热。

(2)加热烧杯、烧瓶中的液体 加热时必须在仪器下面垫上石棉网(图 3-8-10),使仪器受热均匀。加热烧瓶时还应该用铁夹将其固定。加热的液体量不应超过烧杯容积的 1/2 和烧瓶容积的 1/3。烧杯加热时还要适当加以搅拌以免暴沸,烧瓶加热时也要视情况放入 1~2 粒沸石。

(3)蒸发、浓缩与结晶 蒸发、浓缩与结晶是物质制备实验中常用的操作,通过此步操作可

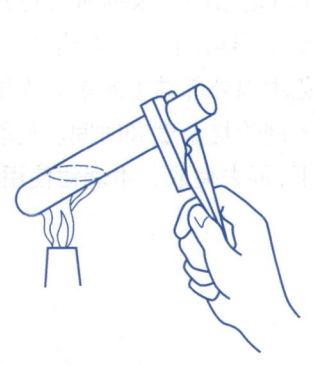 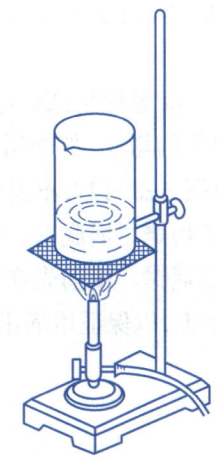

图 3-8-9　加热试管中的液体　　　图 3-8-10　加热烧杯中的液体

将产品从溶液中提取出来。

例如,大部分无机物的溶解度随温度升高而增大,因此从溶液中使晶体析出的主要方法是蒸发和冷却。蒸发掉过多的溶剂,使溶液浓缩达到饱和或过饱和后析出;也可以采用冷却方法,直接降低物质的溶解度而使其析出。通常情况下,二者是结合起来使用的。

蒸发浓缩通常在蒸发皿中进行,蒸发皿具有大的蒸发表面,有利于液体的蒸发。里面所盛液体量不应超过其容量的 2/3。如果无机物对热稳定,则可以用煤气灯直接加热(应先均匀预热),一般情况下采用水浴加热,以使蒸发过程比较温和平稳。注意不要使瓷蒸发皿骤冷,以免炸裂。

需要蒸发到什么程度,应视物质的溶解度而定。若物质的溶解度随温度变化不大,则为了获得较多的晶体,应在结晶析出后继续蒸发(如熬盐)。若物质在高温时溶解度很大而在低温时变小,则又分为两种情况:物质的溶解度大时,应蒸发至溶液表面出现晶膜(液面上漂浮一层固体),冷却即可析出晶体;物质的溶解度小时,则不必蒸发至出现晶膜,就可冷却结晶。某些结晶水合物在不同温度下析出时所带结晶水的数目不同,制备此类化合物时应注意要满足其结晶条件。

在过饱和溶液中,加入一小粒晶体(称为"晶种")、摩擦器壁或搅拌溶液,常可加速晶体析出。析出晶体的颗粒大小与结晶条件有关。如果溶液浓度高、快速冷却并加以搅拌,则会析出细小晶体;静置溶液并缓慢冷却则有利于大晶体生成。从纯度上看,快速生长的细小晶体纯度较高,因为晶体上不易裹带母液和其他杂质;而大块晶体的纯度较低。但细小晶体会形成稠厚的糊状物,裹带母液不易洗净,也会影响纯度的提高。

当第一次结晶得到的晶体纯度不合要求时,可将晶体加入适量的溶剂溶解,再次进行蒸发、结晶。这样第二次得到的晶体的纯度就会更高。这种操作称为重结晶。根据纯度要求可以进行多次结晶。利用重结晶提纯物质,只适用于那些溶解度随温度升高而增大的物质,对于那些溶解度受温度影响小的物质则不适用。

4. 固体的加热

(1) 加热试管中的固体　在试管中加热固体,应该用铁架台和铁夹固定试管或用试管夹夹持试管,管口略向下倾斜(图3-8-11),以防止凝结在管口处的水珠倒流到灼热的管底使试管破裂。

(2)固体的灼烧 高温灼烧或熔融固体使用的仪器是坩埚。根据所装物料的性质及需加热的温度选用不同材质的坩埚(如瓷坩埚、氧化铝坩埚、金属坩埚等)。加热时,将坩埚置于泥三角上,用氧化焰灼烧(图3-8-12),不要使用还原焰以免坩埚外部结上炭黑。先用小火将坩埚均匀加热,然后加大火焰灼烧坩埚底部。根据实验要求控制灼烧温度和时间。夹取高温下的坩埚时,必须使用干净的坩埚钳。用前先在火焰上预热一下,再去夹取。坩埚钳使用后,应尖端朝上(图3-8-13)放在桌子上,以保证坩埚钳尖端洁净。

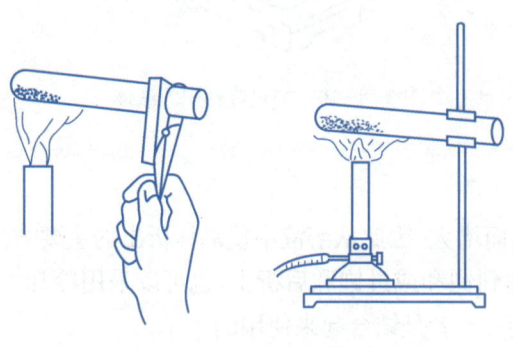

图3-8-11 加热试管中的固体

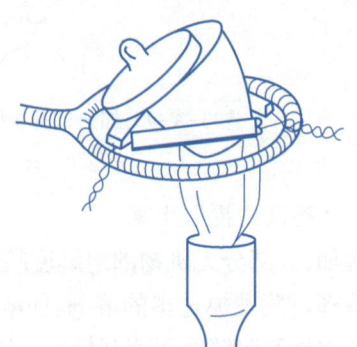

图3-8-12 灼烧坩埚

煤气灯的灼烧温度一般可达700~800 ℃,若需在更高温度下灼烧可使用马弗炉。用马弗炉可精确地控制灼烧温度和时间。

3.8.3 冷却方法

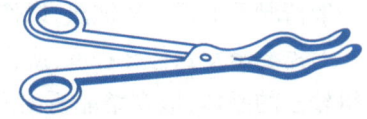

图3-8-13 坩埚钳

某些化学反应需要在低温条件下进行,另一些反应需向外传递所产生的热量;有的操作(如结晶过程、液态物质的凝固等)也需要低温冷却,可根据所要求的温度条件选择不同的冷却剂(制冷剂)。

用水冷却是一种最简便的方法,可将被冷却物浸在冷水或在流动的冷水中冷却(如回流冷凝器),可使被冷却物的温度降到接近室温。用冰或冰水作为冷却剂,可得到0 ℃的温度。

冰-无机盐混合物作冷却剂,可达到的温度为-40 ℃左右。制作冰盐冷却剂时要把盐研细后再与粉碎的冰混合,这样制冷的效果好。冰与盐按不同的比例混合能得到不同的制冷温度。如$CaCl_2 \cdot 6H_2O$与冰或雪按质量比1∶1、1.25∶1、1.5∶1、5∶1混合,可达到的温度分别为-29 ℃、-40 ℃、-49 ℃、-54 ℃。

干冰-有机溶剂作冷却剂,可获得-70 ℃以下的低温。干冰与冰一样,不能与被冷却容器的器壁有效接触,所以常与凝固点低的有机溶剂(作为热的传导体)一起使用,如丙酮、乙醇、正丁烷、异戊烷等。

利用低沸点的液态气体,可获得更低的温度,如液态氮(一般放在铜质、不锈钢或铝合金的杜瓦瓶中)可达到-195.8 ℃的低温,而液态氦可达到-268.9 ℃的低温。使用液态氧、氢时应特别注意安全操作。液氧不要与有机物接触,防止燃烧事故发生;液态氢汽化放出的氢气必须谨慎地燃烧掉或排到高空,避免引起爆炸事故;液态氨有强烈的刺激作用,应在通风良好的通风柜中使用。

常见冷却剂及其冷却的最低温度见表3-8-1。

表 3-8-1　常见冷却剂及其冷却的最低温度

冷却剂(质量比)	最低温度/℃	冷却剂(质量比)	最低温度/℃
冰-水	0	$CaCl_2 \cdot 6H_2O$-冰(1:1)	-29
NaCl-碎冰(1:3)	-20	$CaCl_2 \cdot 6H_2O$-冰(1.25:1)	-40.3
NaCl-碎冰(1:1)	-22	液氨	-33
NH_4Cl-冰(1:4)	-15	干冰	-78.5
NH_4Cl-冰(1:2)	-17	液氮	-196

使用液态气体时,为了防止低温冻伤事故发生,需佩戴皮(或棉)手套和防护眼镜。一般低温冷浴也不要用手直接触摸冷却剂(可戴橡胶手套)。

应当注意,测量-38 ℃以下的低温,不能使用水银温度计(Hg 的凝固点为-38.87 ℃)应使用低温酒精温度计等。

此外,使用低温冷浴时,为防止外界热量的传入,冷浴外壁应使用隔热材料包裹覆盖。

3.9　固、液分离方法

在化合物制备或分析的过程中,经常遇到固体与液体分离的情况。利用沉淀进行重量分析,是固、液分离的直接应用。本节将简要介绍经常使用的三种固、液分离方法和重量分析的基本操作。

3.9.1　倾泻法

当沉淀的相对密度较大或晶体颗粒较大时,静置后能较快沉降至容器底物,可用倾泻法(又称为倾析法)进行分离与洗涤。

如图3-9-1所示,待固体沉降后将玻璃棒横放在烧杯嘴处,使上层清液沿玻璃棒缓慢倾入另一烧杯内,使沉淀与溶液分离。如需洗涤,应充分搅拌后,再沉降,重复以上操作两遍,即可将沉淀洗净。

3.9.2　过滤法

当沉淀和溶液的混合物通过过滤介质(如滤纸)时,沉淀留在滤纸上(称为滤饼),而溶液通过过滤器进入容器中(称

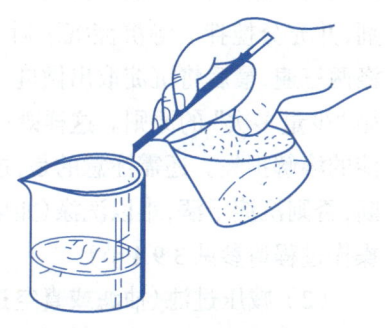

图 3-9-1　倾泻法

为滤液)。这是固、液分离最常用的一种操作方法。常用的过滤方法有常压过滤、减压过滤和热过滤。

（1）常压过滤　当沉淀物为胶体或细小晶体时,用该方法较好。先取一张正方形滤纸,其边长约为漏斗直径的 2 倍,按图 3-9-2 所示,把滤纸折叠成四层,将滤纸的一角朝下放入漏斗中,将超出漏斗高度的滤纸折一痕迹,取出滤纸,在低于折痕 5 mm 左右处将滤纸剪成扇形,把折叠成四层的滤纸展开成圆锥形(一边为三层,一边为一层),将三层滤纸一边的外层撕去一小角,保存在洁净干燥的表面皿上,待以后重量分析中擦烧杯用,如图 3-9-2 中的 5 所示。将滤纸放入漏斗中,用水润湿滤纸,使用滤纸与 60° 的漏斗内壁贴紧,用手指轻压滤纸,将气泡赶走,以防产生的气泡影响过滤速度。

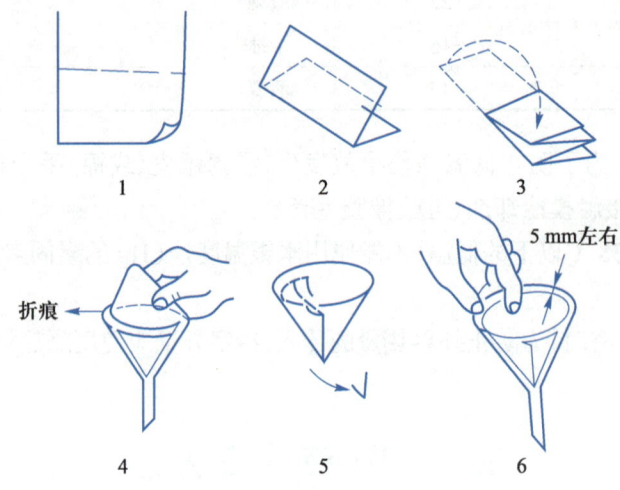

图 3-9-2　滤纸的折叠

过滤(图 3-9-3)时,应注意如下几点:调整漏斗架的高度,使漏斗尖端紧靠在接收器的内壁,避免溶液溅出。用倾泻法将溶液沿玻璃棒在三层滤纸一侧缓慢倾入,注意液面高度应低于滤纸 2~3 mm。以免少量沉淀因毛细作用超过滤纸上缘,造成损失。如沉淀需洗涤,应待溶液转移完毕,向盛有沉淀的容器中加入少量溶剂,并充分搅拌。等沉淀沉下后,再将上层溶液倒入漏斗,重复洗涤两三遍,最后将沉淀取出做进一步处理。洗涤沉淀时,要注意遵循"少量多次"的原则。这样既可将沉淀洗净,又尽可能地减少沉淀的溶解损失。还需注意的是,过滤与洗涤必须相继进行,不能间断,否则沉淀干涸,难以洗涤(如果对沉淀的量要求较严格,相应的操作过程请参见 3.9.4 节)。

（2）减压过滤(抽滤或真空过滤)　减压过滤是利用抽气泵使抽滤瓶中压强降低,达到固、液分离的目的。此方法可加速过滤,

图 3-9-3　过滤

并能使沉淀较快干燥。但需注意不适用于过滤颗粒太小的沉淀和胶体沉淀。颗粒太小的沉淀易在滤纸上形成一层密实的沉淀,溶液透过困难,抽滤速度减慢;而胶体沉淀易穿透滤纸。

减压过滤装置如图3-9-4所示。用橡胶塞将布氏漏斗与吸滤瓶相连接。安装时布氏漏斗下端斜口正对吸滤瓶抽气支管,用耐压橡胶管把吸滤瓶与安全瓶连接后再与真空泵相连。

过滤前,先剪好一张圆形滤纸,滤纸应比漏斗内径略小(但要完全覆盖漏斗中的各小孔),用少量水润湿滤纸,打开真空泵,减压使滤纸与漏斗贴紧,然后开始抽滤。先用倾泻法将溶液沿玻璃棒倒入漏斗中,加入量不要超过漏斗容量的2/3,然后将沉淀转移至布氏漏斗中。待抽至无液滴滴下时,停止抽滤。这时应打开安全瓶上的放空阀,再关闭抽气系统,以防止倒吸。取下漏斗,倒扣在滤纸或表面皿上,用洗耳球吹漏斗下口,使滤纸和沉淀脱离漏斗,滤液则从吸滤瓶上口倾出,不能经支管倒出。

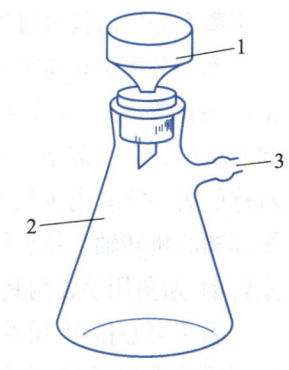

1—布氏漏斗;2—吸滤瓶;
3—抽气支管

图3-9-4 减压过滤装置

如沉淀需洗涤,在停止抽气后,用尽可能少的干净溶剂洗涤晶体,减少溶解损失。应边加溶剂,边用玻璃棒轻轻翻动,至所有晶体都被溶剂浸润为止(翻动时应注意避免滤纸的松动),再进行抽气。一般洗涤一两遍即可。

如过滤的溶液有强酸性或强氧化性,为了避免溶液和滤纸发生作用,应采用玻璃砂芯漏斗(图3-9-5)。由于玻璃在碱性条件下易被腐蚀,因此玻璃砂芯漏斗不适用于过滤强碱性溶液。操作基本要求如上述步骤。

(3)热过滤 如溶液中的溶质在室温下便能结晶析出,为避免在过滤时析出结晶,应使用热过滤。常压热过滤漏斗是由铜质夹套和普通玻璃漏斗组成的。铜质夹套里装三分之二的热水,用煤气灯加热热水漏斗,等夹套内的水温升到所需温度便可以过滤热溶液(图3-9-6)。

3.9.3 离心分离

当被分离的溶液和沉淀的量很少时,常规过滤方法中的沉淀吸附于滤纸上,难以分离,此时

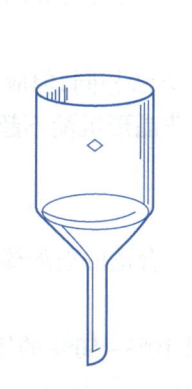

图3-9-5 玻璃砂芯漏斗

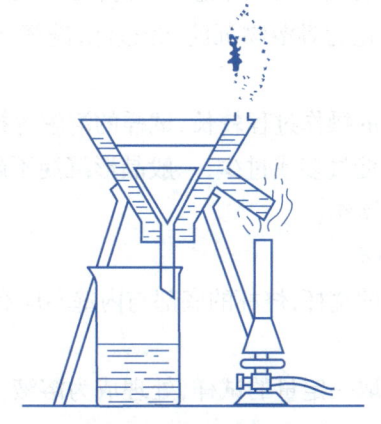

图3-9-6 常压热过滤装置

可用离心分离法代替过滤。本法分离速度快,利于迅速判断沉淀是否完全。

离心分离法是将待分离的沉淀和溶液装在离心试管中,然后放入离心机中高速旋转,使沉淀集中在试管底部,上层为清液。通常使用的电动离心机如图3-9-7所示。离心操作时,应先将离心机的管套底部垫一些棉花,然后将盛有沉淀和溶液的离心试管放入离心机管套内,在与之相对称的另一管套内也放入盛有相等体积水的离心试管,使离心机在旋转时内臂保持平衡,否则易损坏离心机转轴。然后缓慢启动离心机的调速钮,逐渐加速。当停止离心时,应使离心机自然停止转动,避免用手强制其停止。否则离心机很容易损坏,而且容易发生危险。

由于离心作用,沉淀紧密聚集于离心试管底部的尖端,溶液则变澄清。离心分离后,用滴管轻轻吸取上层清液,使之与沉淀分离(滴管末端不能接触沉淀,如图3-9-8所示)。如需洗涤沉淀时,则可将洗涤液滴入试管,用搅拌棒充分搅拌后,再次进行离心分离,如此反复洗涤两三遍即可。检验是否洗净的方法是将一滴洗涤液放在点滴板上,加入适当试剂,检查是否还存在应分离出去的离子,决定是否还要进行洗涤。分离溶液用的胶帽滴管和玻璃棒,用后要立即用蒸馏水洗净,置于另一盛有蒸馏水的烧杯中待用。

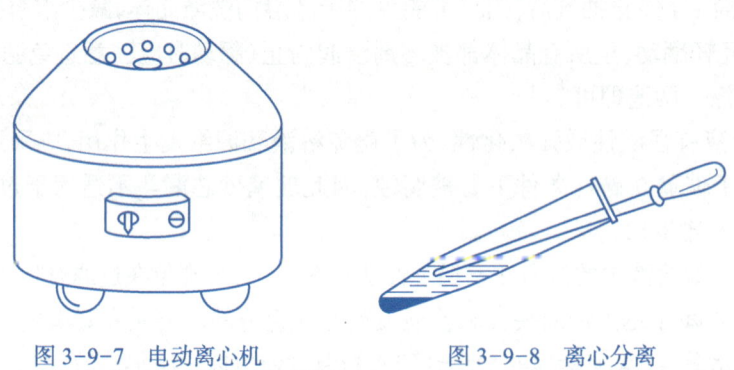

图3-9-7　电动离心机　　　　图3-9-8　离心分离

3.9.4　重量分析的基本操作

重量分析主要用于如硅、硫、磷、钨、钼等元素含量较高试样的分析,准确度较高。一般需要将待测元素转化为难溶物沉淀,经过滤、洗涤、干燥恒重后得到其质量,从而求出待测组分的含量。

重量分析法的操作过程较长,试样的溶解等操作与其他方法相同,但应注意,称取试样的量不应使得到的沉淀过多或过少,一般晶形沉淀不超过0.5 g,非晶形沉淀不超过0.2 g。下面简要介绍有关的基本操作。

1. 沉淀的制备

准备好干净的烧杯,烧杯的底部与内壁不应有裂痕。配上合适的玻璃棒与表面皿,按下列步骤进行沉淀操作。

(1)准确称取一定量的试样,处理成为溶液。根据过量10%~50%的比例计算出沉淀剂的实际用量。

（2）制备晶形沉淀时，为了获得颗粒粗大的晶形沉淀，应将试样溶液适当地稀释并加热。左手持滴管，缓慢滴加沉淀剂，滴加时滴管口要接近液面，以免溶液溅出。右手持玻璃棒，滴加同时充分搅拌，避免沉淀剂局部累积。

（3）对于非晶形沉淀，要用浓的沉淀剂，快速加入热的试液中，并同时搅拌，这样容易得到致密的沉淀。

（4）加完沉淀剂后，检查沉淀是否完全。为此，将溶液放置片刻，待溶液完全澄清透明后，用滴管滴加一滴沉淀剂，观察滴落处是否出现浑浊。如出现浑浊，需补加沉淀剂，直至无浑浊出现为止，再盖上表面皿。注意：玻璃棒要一直放在烧杯内，直到沉淀、过滤、洗涤结束后方能取出。

（5）沉淀操作结束后，晶形沉淀可放置过夜，或将沉淀连同溶液加热一定时间进行陈化，再过滤。对非晶形沉淀，只需静置数分钟，让沉淀正常生成即可过滤，不必放置陈化。

2. 沉淀的过滤与洗涤

沉淀的过滤和洗涤必须连续进行，避免长时间停顿导致沉淀干涸而难以洗净。对于需要灼烧称量的沉淀，应使用无灰定量滤纸（灼烧后灰分的质量可忽略不计）过滤；需要烘干称量的沉淀，应采用微孔玻璃漏斗过滤。若采用滤纸，则其大小及紧密程度视沉淀的性质而定。例如，$BaSO_4$ 为晶形沉淀，用较小而致密的慢速滤纸（直径 9~11 cm）过滤；$Fe_2O_3 \cdot xH_2O$ 为蓬松的胶状沉淀，难以过滤，则需采用较疏松的快速滤纸（11~12.5 cm）。

（1）滤纸的折叠与安放　过滤以前应将干燥洁净的漏斗置于漏斗架上，参见 3.9.2 节中介绍的方法折叠并放置滤纸。

漏斗颈靠近杯壁，滤液沿杯壁流下可避免冲溅。漏斗位置的高低，以过滤过程中漏斗的流液口不接触滤液为度。

（2）沉淀的过滤与洗涤　过滤和洗涤沉淀一般用倾泻法（参见 3.9.1 节）。倾泻时，溶液应沿着一支垂直的玻璃棒（立于滤纸三层的上方）流入漏斗中，但勿接触滤纸。拿起盛有沉淀的烧杯，使杯嘴贴着玻璃棒，缓慢地将烧杯倾斜，在不搅动沉淀情况下，使上层清液缓慢沿玻璃棒倾入漏斗中。停止倾倒时，将烧杯沿玻璃棒上提 1~2 cm，同时逐渐扶正烧杯，再与玻璃棒分离。在此过程中，应保持玻璃棒直立不动，且避免烧杯嘴离开玻璃棒，以防液滴沿烧杯嘴外壁流失。烧杯离开玻璃棒后，将玻璃棒放回烧杯，但勿靠在烧杯嘴处。用洗瓶或滴管加水或洗涤液，从上到下冲洗杯壁，每次用 15 mL 左右，然后用玻璃棒搅动沉淀以充分洗涤，再将烧杯斜放在白瓷砖边缘，使沉淀下沉并集中在烧杯一侧，这样便于将上层清液倒出。沉淀后，再按前述方法过滤清液。洗涤的次数视沉淀的性质及杂质的含量而定。一般晶形沉淀洗两三次，非晶形沉淀洗五六次。洗涤应遵循"少量多次"的原则，即总体积相同的洗涤液应尽可能分多次洗涤，每次用量要少，而且每次加入洗涤液前应使前一次的洗涤液尽量流尽。

洗涤数次以后，用洁净的表面皿接取约 1 mL 滤液，选择灵敏的定性反应检验沉淀是否洗净（注意：接取滤液时勿使漏斗下端触及下面烧杯中的滤液）。

（3）沉淀的转移　为了将沉淀全部转移到滤纸上，先用洗涤液将沉淀搅起，将悬浮液转移到滤纸上，这一步不能使沉淀损失。然后用洗瓶水冲下杯壁和玻璃棒上的沉淀，再行转移。相同操作反复几次，可将沉淀完全转移至漏斗中。剩下极少量的沉淀，可将烧杯向下倾斜放置于漏斗上方,烧杯嘴指向漏斗,将玻璃棒横架在烧杯口上,下端对着滤纸三层部位,用洗瓶的水从上到下冲洗杯壁,边冲边流入漏斗,注意避免漏斗中充满滤液。加热陈化过程往往伴随一些细小沉淀沾在烧杯壁上,而用水难以冲洗下来,此时可用折叠滤纸时撕下的纸角,将其放入烧杯壁的中上部位,用水润湿后,先擦拭玻璃棒上的沉淀,再用玻璃棒按住此纸片自上而下转动着擦拭杯壁和杯底的沉淀,然后再将该纸片放入漏斗中。

3. 沉淀的灼烧和恒重

（1）坩埚的准备　先将坩埚用自来水洗去污物,再置于热盐酸中浸泡 10 min 以上。依次用自来水、纯水清洗,放在洁净的表面皿上,置于电热恒温干燥箱中烘干。烘干后的坩埚,只能用坩埚钳取放在干净的表面皿、白瓷板或泥三角上,以免污染。使用坩埚之前,在与灼烧沉淀相同的条件下,预先将空坩埚灼烧至恒重（因为灼烧会引起坩埚瓷釉组分中的铁发生氧化而增重,某些其他组分被灼烧而减重）。灼热的坩埚放进干燥器后,可令干燥器留有缝隙。在冷却过程中,可开启两次干燥器盖。坩埚应在天平室内冷却至室温,空坩埚与有沉淀的坩埚进行冷却时的条件必须基本相同。灼烧过的坩埚冷却到室温后易吸潮,必须快速称量。然后按上述方法再灼烧、冷却、称量,直到恒重（连续两次称得的质量之差不超过沉淀质量的 1/1 000）。

（2）沉淀的包裹　沉淀全部转移到滤纸上后,用玻璃棒将滤纸三层部分挑起两处,然后用洗净的拇指和食指将其取出。手指不要接触沉淀,包裹沉淀时不应把滤纸完全打开。若是晶形沉淀,应包得稍紧一些,但不能用手指挤压沉淀。最后用不接触沉淀的那部分滤纸将漏斗内壁轻轻擦一下,把滤纸包的三层部分朝上放入已恒重的坩埚中。若包裹胶状蓬松的沉淀,则可在漏斗中用玻璃棒将滤纸周边向内折,把锥体的开口封住,然后取出,倒置,尖底朝上并放入坩埚中。

（3）沉淀的灼烧　将放有沉淀的坩埚倾斜地架在泥三角上,坩埚底枕在泥三角的一个横边上,然后把坩埚盖半掩着倚于坩埚口,使火焰热气反射,有利于滤纸的烘干和炭化。先用小火来回加热坩埚,使其均匀而缓慢地受热,避免坩埚因骤热而破裂。然后将天然气灯置于坩埚盖中心下,利用反射焰将滤纸和沉淀烘干（要防止加热太猛引起沉淀的迸溅）。当滤纸被烘干后即开始冒烟,这时要防止着火,否则微小的沉淀颗粒可能飞溅损失。如遇着火,立即用坩埚钳把坩埚盖轻轻盖住,火焰就会熄灭（不能用嘴吹）。

滤纸全部炭化以后,掀起坩埚盖,放在白瓷板上,将天然气灯置于坩埚底部,逐渐加强火力,并使氧化焰包住坩埚,烧至红热,以便将炭完全烧尽,这一过程称为灰化。炭黑基本消失。沉淀出现本色以后,稍稍转动坩埚,使沉淀在坩埚底轻轻翻动,借此使沉淀各部分均匀灼烧并烧尽,将包裹住的滤纸残片烧尽,并把坩埚壁上的炭黑烧掉。把坩埚直立,用强火灼烧一定时间后停火。让坩埚在泥三角上稍冷（约 30 s）,再放到干燥器中冷却,称量。称量方法与称空坩埚时的基本相同,连续两次称量的结果相差 0.3 mg 以内为恒重。

（4）使用玻璃砂芯漏斗的操作　对于一些可以进行烘干的沉淀,应该用玻璃砂芯漏斗进行过滤,过滤、洗涤和转移的操作与用滤纸过滤基本相同。所不同的是,负压不必很大,使用水泵或电动循环水泵均可。先将玻璃砂芯漏斗洗净,在指定温度下烘干至恒重。过滤时应在减压下倾倒溶液,并保持在抽滤情况下进行。沾在烧杯壁上的沉淀不可用滤纸擦,只能用淀帚（玻璃棒下端套一段乳胶管）扫,然后用水冲洗淀帚,将沉淀冲洗至砂芯漏斗中。停止过滤时,应将安全瓶放空,压力平衡后,再取下玻璃砂芯漏斗,关闭水泵。细微并呈现浆状的沉淀不能用玻璃砂芯漏斗过滤,因其可能穿滤或堵塞漏斗中砂板的细孔。盛有沉淀的玻璃砂芯漏斗应烘干至恒重。烘干沉淀时,其烘干条件与砂芯漏斗的烘干条件一致。

3.10 萃 取

3.10.1 基本原理

在化学实验中,经常需要将固体物质或液体混合物溶解(有时是悬浮)于一相中的物质转入另一相,达到分离、纯化或富集的目的,这种过程称为萃取或提取。固相物质的提取较为简单,以下主要就液相物质的萃取原理和方法进行讨论。

不同物质的结构和物理化学性质不同,因而对不同溶剂的亲疏性不同。当它们同时接触极性差别较大的两种互不相溶的溶剂(如水与有机溶剂),就会以一定比例在两相中分配,这种分配在一定条件下达到平衡。平衡时,组分 A 在有机相与水相中的浓度比(严格地讲应为活度比)称为分配系数,记为

$$K = \frac{[A]_{有机}}{[A]_{水}}$$

式中$[A]_{有机}$、$[A]_{水}$分别为 A 在有机相和水相中的浓度,且 A 在两相中的存在形式相同。

A 在两相中的存在形式是多样的,常因解离、缔合、络合或其他形式的化学反应而使情况复杂。因此,又将 A 在两相中各种形式的浓度之和相比定义为分配比 D,即

$$D = \frac{\sum[A]_{有机}}{\sum[A]_{水}} = \frac{c_{A,有机}}{c_{A,水}}$$

为了在实际工作中能定量地比较不同萃取体系中的分离效果,把溶质 A 在两相中的总含量之比称为萃取效率 E,并以百分数表示,即

$$E = \frac{c_{A,有机}V_{有机}}{c_{A,有机}V_{有机} + c_{A,水}V_{水}} \times 100\%$$

经过简单变换,得

$$E = \frac{D}{D + \dfrac{V_{水}}{V_{有机}}} \times 100\%$$

由此可知,D 值越大,萃取效率越高。在实际工作中,若采取等体积溶剂萃取($\dfrac{V_{水}}{V_{有机}}=1$),即使 D 值较小,使用连续多次萃取过程也可获得较高的萃取效率。

以上就溶质 A 的简单情况进行了讨论。分配比分别为 D_A 和 D_B 的两种物质在两种液相中的分离过程,可以分离因数 β 表示分离效果。在理想情况下,两种物质的分配情况互不影响,β 定义为

$$\beta = \frac{D_A}{D_B}$$

习惯上规定 $\beta \gg 1$,即用较大的分配比除以较小的分配比。不难理解,当 β 较大,即物质的分配比差别很大时,利用简单的萃取就能获得满意的分离效果。

其他物质在任何两相之间的萃取情况类似。应注意的是,这种物质交换的过程只发生在两相界面上。为了加速建立平衡过程,应当尽可能增大两相之间的界面。因此,萃取过程中要充分振荡装有液体的容器,固体物质要充分研细。但在许多情况下,尤其是涉及固相时,真正的分配平衡过程是很难完全建立的。

3.10.2　实验方法

1. 固体物质的提取

将充分研细的固体物质与适当的溶剂一起放入分流漏斗中进行提取(操作方法见 3.10.3 萃取分离的操作)。固体物质和溶剂也可以放入接好冷凝管的烧瓶中加热回流,然后趁热过滤剩余不溶物。再将提取液蒸发、浓缩,必要时重结晶纯化。为了使提取更完全,上述操作需要重复进行多次。此时可使用提取器来简化操作,图 3-10-1 所示的索氏提取器(Soxhlet extractor)就是常用的一种。把固体混合物放入用滤纸做成的纸袋内,装入提取器内进行提取。烧瓶中的溶剂蒸气从冷凝管冷凝,滴落到固体上,被提取物可溶解在热的溶剂中。溶剂达到一定量时,会从侧面的虹吸管自动溢流至烧瓶。然后又重新蒸发、冷凝,变为纯溶剂,重复上述提取过程。最后,所要的提取物就会富集在下面的烧瓶内。

图 3-10-1　索氏提取器

2. 金属离子的液-液萃取

金属离子在水溶液中以水合离子形式存在。由于水的极性强,用弱极性或非极性有机溶剂很难将水合金属离子萃取出来。一般常在水溶液中加入某种萃取剂,使之与被萃取离子结合得到不带电荷、难溶于水而易溶于有机溶剂的中性分子。萃取剂的加入,改变了被萃取物的状态和性质,使萃取过程由难变易。

许多有机试剂具有配位基团和成盐基团,能够和金属离子形成中性螯合物,使金属离子可以被有机溶剂萃取、分离或富集。形成的螯合物具有五元环或六元环结构,十分稳定。若选择的萃取剂本身分配系数小,形成的螯合物分配系数大且较为稳定,这种萃取剂就能使金属离子的萃取效率显著提高。当然,对于不同的金属离子,需要选择不同的萃取剂、有机溶剂,并控制不同的 pH 等条件,来达到较好的分离效果。

金属离子的萃取分离还可以通过加入配位剂,使金属离子形成配阴离子或配阳离子,再与带相反电荷的另一离子缔合成疏水性的中性分子,从而被有机溶剂萃取。

在萃取碱土金属、稀有元素时,有时用两种或三种萃取剂协同作用,形成三元配合物,能获得选择性好、灵敏度高的分离效果。

3. 有机物的萃取与洗涤

有机物的萃取与洗涤主要依据"相似相溶"原则,即根据不同的有机物在不同溶剂中有不同的溶解度而得以进行。萃取是从混合物中提取所需要组分的过程,而洗涤的目的则相反,即从混合物中抽提出不需要的成分。两者的原理与操作过程完全相同。

3.10.3 萃取分离的操作

取分液漏斗体积 1/5~1/3 的待萃取溶液,加至分液漏斗中,再加入与待萃取溶液体积相同的有机溶剂,全部液体总体积不超过分液漏斗容积的 2/3。如有机溶剂易燃,必须首先将附近的明火全部熄灭,塞好塞子,一手压住顶部塞子,另一手握住旋塞,轻轻地振荡。然后漏斗的出口管斜向上方,小心打开旋塞排气(释放压力)。振荡和排气必须反复交替进行,再将漏斗猛烈地振摇 1~2 min。注意:如果处理液有强腐蚀性,操作时应采取防护措施。经过振摇后的溶液静置,分成两相:下层溶液通过分液漏斗的旋塞放出,而上层溶液应从顶部出口倾出。有时某些组分在萃取过程中,会形成较稳定的乳状液,一时难以分层,此时可加入少许食盐,使溶液饱和,破坏乳状液的稳定性。另外,加入少量乙醇、戊醇或消泡剂,并放置一段时间,也可以破坏乳状液。

3.11 干 燥

3.11.1 气体的干燥

气体的干燥可用固体干燥剂进行。一般在干燥塔或过滤器中放入干燥剂(图 3-11-1),气体通过干燥塔(过滤器)进行干燥。为防止干燥剂在干燥过程中结块,可适当填充玻璃毛或石棉纤维。

不与硫酸反应的气体可通过洗气瓶用浓硫酸进行干燥。低沸点的气体可通过冷阱使其水分冷凝,除去水分。

3.11.2 液体的干燥

选择合适的干燥剂,间歇振荡,干燥剂吸收水分。某些化合物与水形成共沸混合物,可借助这个特点,利用共沸蒸馏去除水分,达到干燥目的。

3.11.3 固体的干燥

固体的干燥一般采用自然干燥或用恒温真空干燥箱(器)通过减压进行。干燥剂的选择通常要考虑:①干燥剂的干燥容

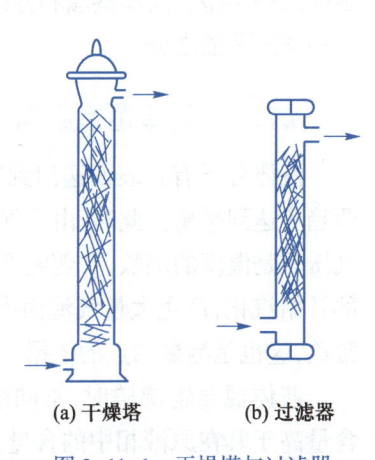

(a) 干燥塔　　(b) 过滤器

图 3-11-1　干燥塔与过滤器

量,容量越大,吸水越好;②不与被干燥物发生反应;③干燥剂的价格,越经济越好。表 3-11-1 列出干燥有机化合物的常用干燥剂。

表 3-11-1 干燥有机化合物的常用干燥剂

干燥剂	性质	适用有机化合物的范围
浓硫酸	强酸性	烃、卤烃
五氧化二磷	酸性	烃、卤烃、醚
氢氧化钠	强碱性	烃、醚、胺、氨
氢氧化钾	强碱性	烃、醚、胺、氨
金属钠	强碱性	烃、醚、叔胺
无水碳酸钾	碱性	醇、酮、酯、胺
氧化钙	碱性	低级醇、胺
无水氯化钙	中性	烃、烯、卤烃、酮、醚、硝基化合物
无水硫酸镁	中性	醇、酮、醛、酸、酯、卤素、腈、酰胺、硝基化合物
无水硫酸钠	中性	醇、酮、醛、酸、酯、卤素、腈、酰胺、硝基化合物
3A、4A、5A 分子筛	中性	各类有机溶剂

3.12 蒸 馏

分离和纯化液体物质最重要的方法是蒸馏。在混合液中,若各组分的相对挥发能力存在差异,就能够借助蒸馏来进行分离。根据应用条件和分离对象,蒸馏分为简单蒸馏、分馏和水蒸气蒸馏三种类型。简单蒸馏和分馏既能在常压下进行,又能在一定真空度下进行,因而又有常压蒸馏和减压蒸馏之分。

3.12.1 简单蒸馏原理

液体分子有自表面逸出到气相的能力,同时,逸出的蒸气也可以返回液体。在一定温度下,两趋势达到平衡。此时,由蒸气产生的压力称为饱和蒸气压,简称蒸气压。一般说来纯液体的蒸气压只是温度的函数,并随温度的升高而增大。当蒸气压增大到等于液面上大气压力时,液体内部开始汽化,产生大量气泡而沸腾,沸腾时的温度称为沸点。在一定的外压下,纯液体的沸点为常数,这也是测量沸点的依据。

液体混合物沸腾时,不同组分自液相逸出的能力不同,结果,易挥发组分在平衡气相中的含量高于其在原液相中的含量。也就是说,液体混合物沸腾后,将蒸气再冷凝下来,易挥发组分得到了富集,这一过程称为简单蒸馏。利用二组分(A、B)理想混合物溶液的沸点-组成图(图 3-12-1)可以方便地说明上述过程。

在图 3-12-1 中,横坐标为组成(摩尔分数),纵坐标为温度;左边为纯 A,沸点为 t_A,右边为纯 B,沸点为 t_B。由图中可以看出,当组成为 $x_A=0.20$($x_B=0.80$)的液体混合物受热时,随温度上升,直至沸点 t,混合液(组成为 L_1)开始沸腾,产生的蒸气具有相当于 G_1 的组分。显而易见,当 G_1 冷凝到 L_2 时(此时,$x_A \approx 0.5$),易挥发组分 A 由 $x_A=0.20$ 增加到 $x_A=0.50$,即得到了富集。此时,高沸点组分 B 的含量也为 0.50。这说明,一次简单的蒸馏过程不能将上述混合物彻底分离开。然而,在下面三种情况下,简单蒸馏分离混合物的效果是很理想的:由挥发组分和少量非挥发杂质组成的混合液;各组分挥发能力差别足够大(沸点差至少为 80 ℃)的混合液;从合成产物中蒸出溶剂。在选择简单蒸馏分离液体混合物时,应注意是否符合这些条件。

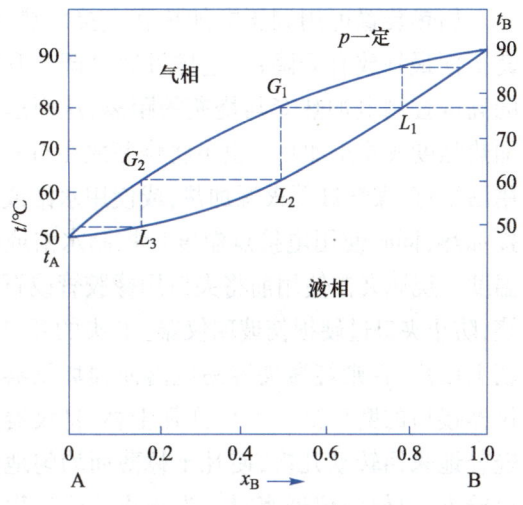

图 3-12-1　二组分理想混合物溶液的沸点-组成图

3.12.2　简单蒸馏操作

1. 蒸馏装置的要求

实验室中蒸馏操作所用的仪器有磨口圆底烧瓶、蒸馏头、冷凝管、接引管、接收器和温度计。圆底烧瓶的大小取决于被蒸馏液体的体积。一般装入的液体量不得超过烧瓶容量的 2/3,也不要少于烧瓶容量的 1/3。若装入液体量过多,则当加热沸腾时液体容易喷出。若液体装得太少,则较多的液体残液留在烧瓶内蒸发不出来。

为使温度计的水银球能够完全被蒸气包围,准确地测出蒸气的温度,温度计水银球的上端应与蒸馏头侧管的下端在同一水平面上。

冷凝管与蒸馏头的侧管连接,起冷凝作用。通常被蒸馏物沸点在 140 ℃ 以下时用水冷凝管,高于 140 ℃ 时用空气冷凝管。蒸馏高度挥发性和易燃液体(如乙醚)时,选用较长的冷凝管,使蒸气充分冷凝。

接引管连在冷凝管末端引导冷凝液至接收器。如果需要减压蒸馏或蒸馏易挥发易燃物质时,用带支管接引管。支管可以连接橡胶管并与抽气装置相连,也可以使易挥发气体通过橡胶管导入水槽或室外。常用的接收器是锥形瓶,也可以用圆底烧瓶和其他细口瓶接收。

2. 蒸馏装置的安装

一般安装仪器的原则是自下而上、从左到右顺序连接,且使仪器处于一个垂直平面内。例如,按图 3-12-2 依次安装加热装置、圆底烧瓶、蒸馏头、冷凝管、接引管、接收瓶、尾气吸收装置,最后可装入磨口温度计或具有螺口接头的普通温度计。

加热装置可用调压电加热套直接加热,电加热套下面最好放有升降台,这样可通过调节升降台面的高度控制电加热套与烧瓶的距离,从而迅速改变加热强度或停止加热。也可将烧瓶放在石棉网上使用酒精灯、煤气灯等火源加热,或使用水浴或油浴直接加热,同时使用电接点温度计控制水浴或油浴的温度。烧瓶夹在使用前将夹口用橡胶管或石棉绳缠绕,防止夹口过硬损伤玻璃仪器。S 夹的开口一定要朝上使用,否则烧瓶夹容易脱落而损坏仪器。玻璃仪器接口的磨口处涂上少许凡士林,将仪器相接并轻轻地来回转动几次,使凡士林薄而均匀地涂在接口壁上,以保证仪器密封。为防止蒸馏过程中由于过热而产生暴沸致使液体冲出,甚至使仪器破裂,应在烧瓶中放入 2~3 粒沸石。沸石是多孔性物质,在加热过程中放出小气泡,这样在不过热的情况下产生气泡源,形成汽化中心,避免暴沸现象发生。应注意的是在沸腾停止或停止蒸馏时,原有的沸石即失

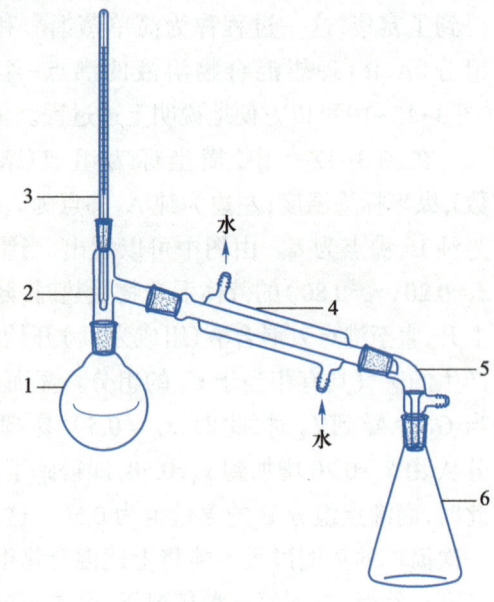

1—圆底烧瓶;2—蒸馏头;3—温度计;
4—直形冷凝管;5—接引管;6—锥形瓶

图 3-12-2　蒸馏装置

效,若想再次加热沸腾,应待液体温度冷却一段时间后再补加沸石。蒸馏沸点在 140 ℃以下的液体物质时,一定要先开冷凝水,再加热蒸馏。

3. 蒸馏装置的拆卸

实验完毕后,首先将热源撤掉,关闭水阀,将温度计取下放好。拆卸仪器的次序与安装时正好相反。先把接收器取下放好,再取下接引管、冷凝管、蒸馏头,最后将圆底烧瓶取下。橡胶管在取下冷凝管后摘除,用过的仪器清洗后备用。

4. 蒸馏操作实例

以蒸馏提纯乙醇为例。将 30 mL 工业乙醇通过一长颈漏斗倒入 100 mL 圆底烧瓶中,再放入 2~3 粒沸石,装好温度计。通冷凝水后开始加热,开始加热时电压可稍高些,当液体沸腾后,调低电压,使蒸气上升恰好包裹温度计水银球,然后进一步调节电压控制蒸馏速度,使接引管流出液流速以 2~3 滴/s 为宜。当温度计达到并稳定在 77 ℃时,取下前馏分,换上干净干燥的接收瓶,收集 78 ℃左右的稳定馏分(纯液体的沸点范围在 0.5~1 ℃)。当不再有流出液,温度下降,说明乙醇组分蒸完,停止蒸馏。注意记录下开始收集乙醇馏分时的温度及收集最后一滴乙醇馏分的温度。另外,当烧瓶中仅有少量残液存在时,也应当停止蒸馏,避免发生烧瓶干烧破裂及引发的其他事故。

实验完毕,撤掉热源,关闭水阀,再按顺序拆卸实验仪器。取下接收器,将收集的馏出液用量筒量出体积,记下回收量并计算回收率,馏出液回收。

3.13 减压蒸馏

3.13.1 减压蒸馏原理

减压蒸馏用来分离具有高沸点（200 ℃以上）或在常压蒸馏时容易氧化、分解或聚合的物质。液体的沸点是根据外界压力的变化而变的。如果使压力降低，液体的沸点也就相应减小。这种降低压力进行蒸馏操作的方法就是减压蒸馏。减压蒸馏、常压蒸馏、分馏结合起来，连同后面介绍的水蒸气蒸馏，成为分离有机化合物的强有力方法。

沸点与压力的关系可以从文献中查出，也可以通过图 3-13-1，根据液体沸点与压力的经验计算图，近似推算。例如，苯乙酮在常压下沸点为 202 ℃，求当减压至 20 mmHg（2.67 kPa）时

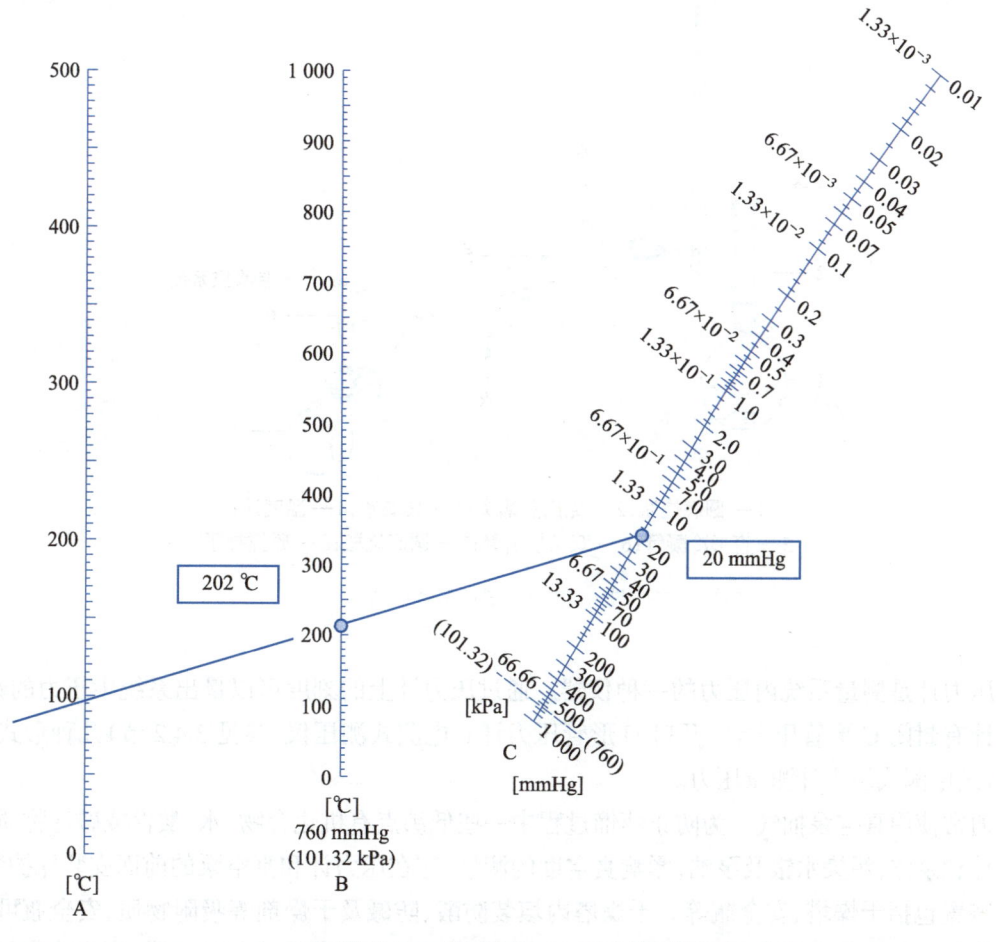

A—减压沸点；B—常压沸点；C—真空体系的压力

图 3-13-1 有机化合物液体沸点-压力经验计算图

的沸点。从图 3-13-1 中 B 线找出相当于 202 ℃的点，再从 C 线找出 20 mmHg(2.67 kPa)的点，通过连接上述两点并延伸到与 A 线相交的点，就是苯乙酮在 20 mmHg(2.67 kPa)时的近似沸点，约 93 ℃。如果在 20~25 mmHg(2.67~3.33 kPa)下进行减压蒸馏，压力每减少 1 mmHg(0.133 kPa)，沸点将降低约 1 ℃，这样也可以粗略地估计相应压力条件下的沸点。

3.13.2 减压蒸馏装置

减压蒸馏装置通常由蒸馏装置、压力计、真空装置及附设保护装置组成(图 3-13-2)。

蒸馏装置由圆底烧瓶、克氏蒸馏头、冷凝管、双叉(或多叉)接引管及接收器连接组成。克氏蒸馏头侧管装温度计及连接冷凝管。装置内装有磁搅拌子，磁搅拌子旋转，使圆底烧瓶内液体形成旋涡，防止暴沸。接收器要用圆底烧瓶，不可用平底烧瓶或锥形瓶(它们在减压时受力不均容易炸裂)。

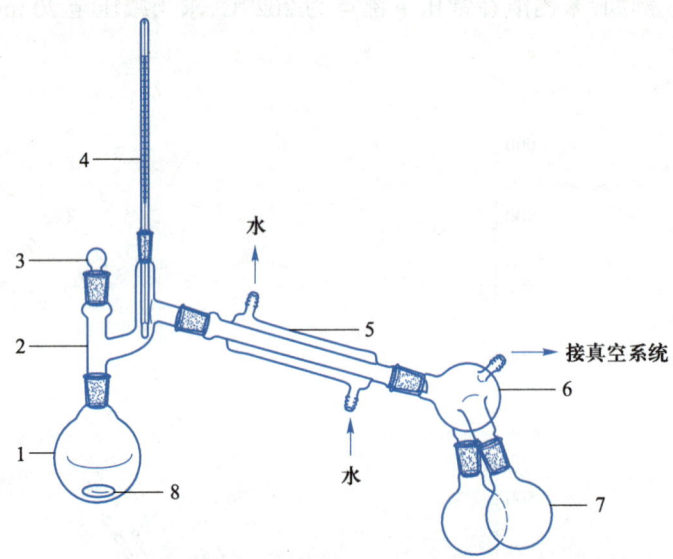

1—圆底烧瓶；2—克氏蒸馏头；3—玻璃塞；4—温度计；
5—直形冷凝管；6—双叉接引管；7—圆底烧瓶；8—磁搅拌子

图 3-13-2 减压蒸馏装置

压力计是测量系统内压力的一种仪器。通过压力计上的刻度可以量出系统中压力的数值。压力计有封闭 U 形管压力计、开口 U 形管压力计和电测式测压仪(参见 3.4.2 节)几种形式。目前，常用电测式压力计测量压力。

通常使用真空泵抽气。为防止蒸馏过程中一些低沸点有机化合物、水、酸性或碱性物质进入压力计和泵体，污染水银及泵油，影响真空度的测量，应在压力计和真空泵的前面安装保护装置。保护装置包括干燥塔、安全瓶等。干燥塔内填装防酸、防碱及干燥剂等吸附物质，安全瓶可用吸滤瓶代替。蒸馏含有低沸点物质时，在压力计前安装用冰水或冰盐冷却的冷阱，用来冷凝低沸点挥发物。

减压蒸馏装置中所有的磨口要涂少许真空油脂,仪器要安装严密不能漏气。

3.13.3 减压蒸馏操作

将减压蒸馏装置安装好后,试开机检查一下压力是否正常。停止抽气,将欲蒸馏物(如 20 mL 粗乙酰乙酸乙酯)倒入烧瓶中,打开真空泵,同时调节毛细管上的进气夹子和连在接引管上的调节真空的调节夹子(或旋塞),使毛细管始终保持有小气泡均匀进入烧瓶,压力计水银柱要缓缓地上升。

当达到所需压力时,固定好真空调节夹子,使压力保持稳定,再开始加热蒸馏。转动接引管,用一支接收器接收前馏分,当达到所需温度时再转动接引管,用另一支接收器接收目标馏分。

蒸馏完毕,首先将热源撤掉,同时调节两个夹子,使空气慢慢地进入装置中,要使压力缓缓地恢复到常压状态,然后将真空泵电源断开,再拆卸仪器。

3.14 水蒸气蒸馏

3.14.1 水蒸气蒸馏原理

蒸馏和分馏技术适用于分离完全互溶的液体混合物,而要分离完全不互溶物系,水蒸气蒸馏是一种较简便的方法。在完全不互溶物系(如氯苯和水形成的混合物)中,各组分的性质差别很大,基本上互不影响,其蒸气压与单独存在时的一样,只与温度有关,不随另一组分的存在和数量变化。根据道尔顿分压定律,该物系的蒸气总压等于各组分蒸气压之和:

$$p = p_A^* + p_B^* \tag{3-14-1}$$

式中,p 为总的蒸气压;p_A^*、p_B^* 分别为水和不溶于水物质的蒸气压。当总的蒸气压等于外界压力时,混合物沸腾,此时的温度即该混合物的沸点。由于总的蒸气压恒大于任一组分的蒸气压,因此,混合物的沸点必定较任一组分的沸点低。这样在低于 100 ℃的情况下,被蒸馏物就随水蒸气一同蒸出。因为两者不互溶,所以冷凝下来很容易分开。利用上述原理,将不溶于水的有机化合物和水一起蒸馏,不仅降低了物系的沸腾温度,而且能防止其分解,这种分离方法称为水蒸气蒸馏。水蒸气蒸馏的优点是能在低于 100 ℃的温度下,较容易地得到高温下不稳定或沸点很高的物质,避免其在蒸馏过程中分解。同时,可用于从焦油状混合物中蒸出反应物。由于混合蒸气中各个分压之比等于它们的物质的量之比,即

$$\frac{p_B^*}{p_A^*} = \frac{n_B}{n_A} \tag{3-14-2}$$

式中,n_A、n_B 为水和待分离物质的物质的量,而 $n_A = m_A/M_A$,$n_B = m_B/M_B$。因此

$$\frac{m_B}{m_A} = \frac{n_B M_B}{n_A M_A} = \frac{p_B^* M_B}{p_A^* M_A} \tag{3-14-3}$$

式中，m 表示质量；M 表示相对分子质量；下标 A 表示水，下标 B 为待分离物质。

由此可以看出，两种物质在馏出液中的相对质量比，与它们的蒸气压和分子量的乘积成正比。

由于水具有低相对分子质量和较大的蒸气压，它们的乘积 $p_A^* M_A$ 很小，这样就可能分离较高相对分子质量和较低蒸气压的物质。以苯胺为例，苯胺沸点为 184.4 ℃，与水一起加热至 98.4 ℃ 时沸腾，此时水的蒸气压是 718 mmHg（95.7 kPa），苯胺蒸气压是 42 mmHg（5.6 kPa），水和苯胺的相对分子质量分别为 18 和 93，代入式（3-14-3）得

$$\frac{m_B}{m_A} = \frac{p_B^* M_B}{p_A^* M_A} = \frac{42 \times 93}{718 \times 18} = 0.3 \tag{3-14-4}$$

计算结果说明每蒸出 1 g 水就可以同时蒸出 0.3 g 苯胺。苯胺微溶于水，计算值是近似值。

水蒸气蒸馏必须具备以下几个条件：
（1）有机化合物不溶于水或难溶于水。
（2）长时间在水中煮沸，不与水发生化学反应。
（3）在近 100 ℃ 时化合物有一定的蒸气压，至少要有 5~10 mmHg（0.66~1.33 kPa）。

3.14.2 水蒸气蒸馏装置与操作

水蒸气蒸馏装置如图 3-14-1 所示，主要由水蒸气发生器、三口圆底烧瓶、冷凝管、蒸气导管及安全管组成。将三口圆底烧瓶倾斜约 30°放在铁架台上，蒸气导管插入三口圆底烧瓶的中间口，用橡胶塞固定；蒸气导管上口通过橡胶管、T 形管与水蒸气发生器的出口相连，T 形管下端接调节蒸气的调节夹（或霍夫曼夹），发生器另安装安全管，当发生器中压力过大，液面将沿安全管上升，从而调节发生器中的压力，使发生器在压力下产生蒸气。三口圆底烧瓶一侧口安装蒸馏头和空心塞，再连接好冷凝管及接收装置，另一侧口用橡胶塞堵严。整个装置要严密，防止蒸气冒

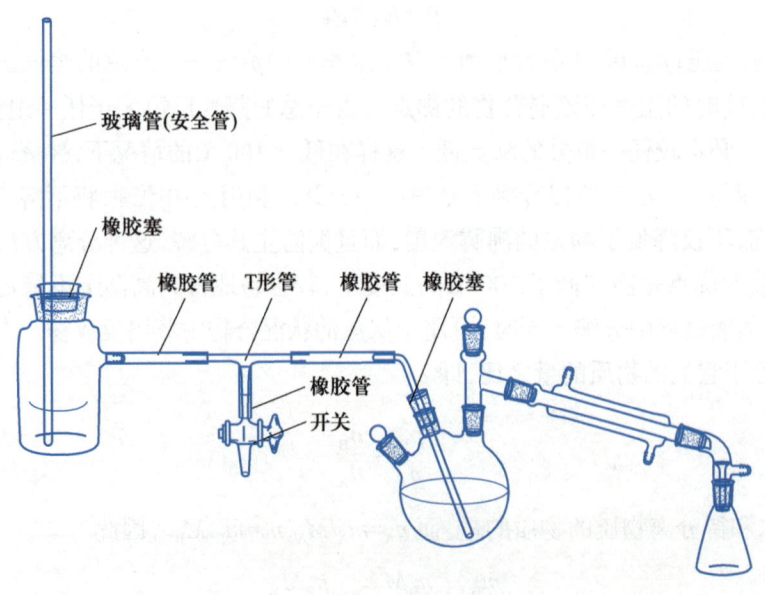

图 3-14-1　水蒸气蒸馏装置

出。蒸馏时发生器和三口圆底烧瓶都需加热,安装的高度要合适,保持蒸气导管和 T 形管等相关管路平直,距离越短越好,使蒸气不易冷凝。

把待蒸馏物质(苯胺 5 g)倒入三口圆底烧瓶,发生器内装入 1/3~2/3 容积的水。打开调节夹,加热使发生器内的水沸腾,再调紧调节夹,蒸气沿蒸气导管通入三口圆底烧瓶。为防止蒸气进入三口圆底烧瓶被大量冷凝,三口圆底烧瓶用小火加热,当三口圆底烧瓶中的液体充分翻腾时将热源移除。注意观察蒸馏情况,适当调节热源及调节夹,使蒸馏维持在平衡情况下进行,蒸馏速度为 2~3 滴/s。蒸馏接近完成时,可用盛有少量清水的干净表面皿接收几滴馏出液,如果没有油状物且溶液呈澄清透明时可停止加热,打开调节夹,断开气源。馏出液用分液漏斗分离,量出蒸馏物的体积,计算回收率。

3.15 分 馏

当两种以上的液体混合物不能满足简单蒸馏的适用条件时,如沸点相差较小时(小于 80 ℃),用简单的蒸馏方法难以将其分离,此时应考虑用精馏方法。

3.15.1 分馏原理

分馏的基本原理与蒸馏相似,不同的只是在装置上多一个分馏柱,使汽化、冷凝的过程由一次改为多次。简单地说,分馏即多次蒸馏。以下以苯-甲苯体系为例,说明二元理想溶液的分馏过程(图 3-15-1)。

图 3-15-1 中 A、B 分别为甲苯、苯的沸点,上边和下边的曲线分别为气相线和液相线,相图被气、液相线分为三个区,各区的稳定相已标于图中。现假定将苯和甲苯混合液(其中苯的组成为 x_1)蒸馏。当蒸馏瓶中液体温度升高到总压力等于大气压力时开始沸腾即 C_1 点,产生蒸气 D_1(相当于苯蒸气组成为 y_1);当 D_1 冷凝到 C_2 后,液相组成 $x_2=y_1$。显然 $y_1>x_1$,即经过一次蒸发冷凝过程后,易挥发组分苯在蒸气中得到了富集,但此时还不是纯苯。也就是说,只用简单的蒸馏(一次蒸馏冷凝)不能将沸点差较小的两组分分离完全。如果采用分馏柱,多次重复上述过程,即使 C_2 蒸发到 D_2,再冷凝至 C_3……最终接收瓶中会得到几乎纯净的苯。此时,蒸馏瓶内剩下了接近 100% 的甲苯,甲苯再以纯液体形式就可以蒸出。于是,两组分能被较好地分离开。在上面的分析中,折线 $C_1D_1C_2$、$C_2D_2C_3$、……相当于一

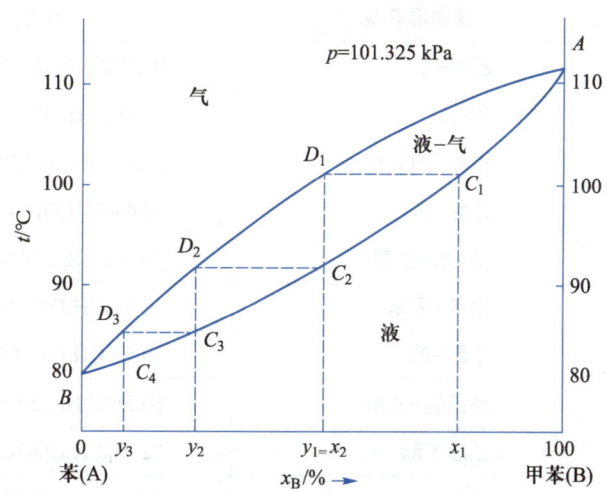

图 3-15-1 苯-甲苯体系温度-组成曲线

次简单蒸馏或一次蒸发冷凝过程。显然,折线的数目越多,分离效果越好。将折线的数目定义为理论塔板数,用来衡量分馏柱效率的高低。但必须指出,为了叙述方便,用许多个分立的不连续的步骤来表明上述的分馏过程。实际上进行的是连续的过程,是蒸气在通过分馏柱时连续地与组成变化着的液体接触,从而将液体加热蒸发,液体将蒸气冷凝,这些连续的过程一般是在各种填料上完成的。表3-15-1给出了不同沸点差的两组分混合液完全分离时所需要的理论塔板数,供实际工作参考。

表 3-15-1 不同沸点差的两组分混合液完全分离时所需要的理论塔板数

沸点差/℃	完全分离时所需要的理论塔板数	沸点差/℃	完全分离时所需要的理论塔板数
108	1	20	10
72	2	7	30
43	4	4	50
36	5	2	100

3.15.2 共沸精馏简介

实际情况中,大多数液体中不同分子间的相互作用复杂,不能当作理想体系处理。例如,在乙醇-水体系中,乙醇和水形成了氢键,因此,无论用具有多少块理论塔板的分馏柱也不能将乙醇和水完全分离。最终总会形成一种含95.6%乙醇和4.4%水的均相液体,其沸点为78.2 ℃,比水或乙醇的沸点都低。像这种具有恒定组成和沸点的液体混合物称为共沸物,它类似一种纯化合物,其组成是无法用简单蒸馏或分馏操作予以改变的。其中沸点较任一组分都低的,称为具有最低沸点的共沸混合物;反之,则称为具有最高沸点的共沸混合物。常见的共沸混合物列于表3-15-2 和表 3-15-3。

表 3-15-2 常见的最低沸点共沸混合物

共沸混合物	组成(质量分数)	沸点/℃
乙醇-水	95.6%C_2H_5OH,4.4%H_2O	78.2
苯-水	91.1%C_6H_6,8.9%H_2O	69.4
甲醇-四氯化碳	20.6%CH_3OH,79.4%CCl_4	55.7
乙醇-苯	32.4%C_2H_5OH,67.6%C_6H_6	67.8
苯-水-乙醇	74.1%C_6H_6,7.4%H_2O,18.5%C_2H_5OH	64.9
甲醇-甲苯	72.4%CH_3OH,27.6%$C_6H_5CH_3$	63.7
甲醇-苯	39.5%CH_3OH,60.5%C_6H_6	58.3
环己烷-乙醇	69.5%C_6H_{12},30.5%C_2H_5OH	64.9
乙酸丁酯-水	72.9%$CH_3COOC_4H_9$,27.1%H_2O	90.7
苯酚-水	9.2%C_6H_5OH,90.8%H_2O	99.5

表 3-15-3 常见的最高沸点共沸混合物

共沸混合物	组成（质量分数）	沸点/℃
丙酮-氯仿	20%CH_3COCH_3，80%$CHCl_3$	64.7
氯仿-甲乙酮	17%$CHCl_3$，83%$CH_3COCH_2CH_3$	79.9
乙酸-二噁烷	77%CH_3COOH，23%$C_4H_8O_2$	119.5
苯甲醛-酚	49%C_6H_5CHO，51%C_6H_5OH	185.6

图 3-15-2 是乙醇-水最低沸点相图。通过分析不难看出，当对乙醇的质量分数低于恒沸组成（95.6%）的混合物进行分馏时，最终得到的是共沸混合物 V_3 和纯水，而不能得到纯乙醇。

通过类似分析，具有最高恒沸点体系（图 3-15-3）在进行分馏时，当混合物的组成在共沸物组成和纯 B 之间时，最终可得纯 B 和共沸混合物。

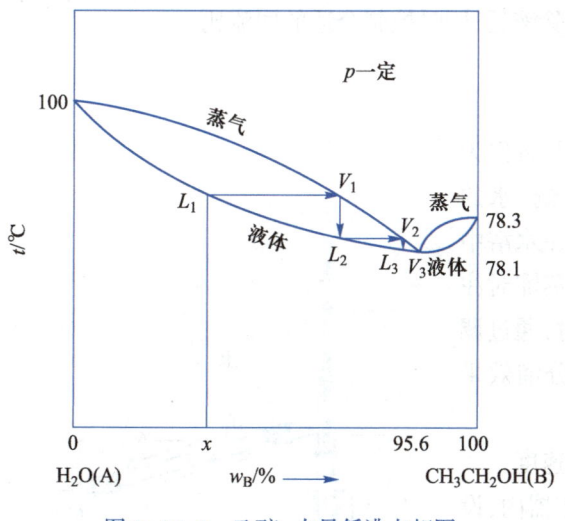

图 3-15-2 乙醇-水最低沸点相图

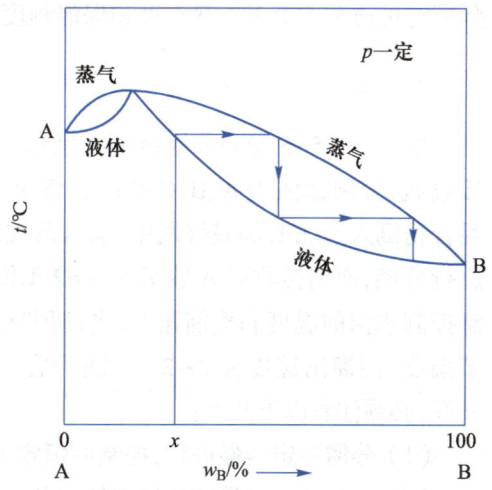

图 3-15-3 具有最高恒沸点体系相图

3.15.3 分馏柱与填料

实验室经常使用的分馏柱有维氏（Vigreux）分馏柱、赫姆帕（Hempl）分馏柱和球形分馏柱（图 3-15-4）。维氏分馏柱的柱体内由多组倾斜的刺状管组成，后两种分馏柱可填充填料，使用金属丝作填料时，要选择与待蒸馏物不发生作用的物质。当混合物受热，蒸气进入分馏柱时，由于柱外空气的冷却，使部分蒸气被冷凝。冷凝液流下来与上

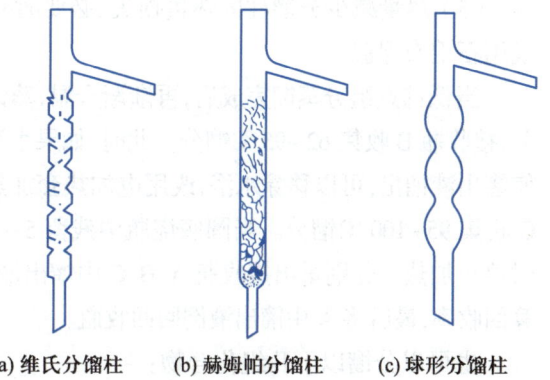

(a) 维氏分馏柱　　(b) 赫姆帕分馏柱　　(c) 球形分馏柱

图 3-15-4 分馏柱

升的蒸气相遇时,二者之间进行热交换,使高沸点物质冷凝,低沸点物质蒸发。这样经多次液相与气相的热交换,使低沸点物质不断上升而被蒸出,高沸点物质不断被回流到容器中,从而使沸点不同的物质分离。

为保证分馏效果,在操作过程中要注意以下两点:

(1) 在柱内保持一定温度梯度,理想的情况是柱底的温度与蒸馏瓶内液体沸腾时的温度接近,而柱顶温度接近于易挥发组分的沸点。可以通过调节加热温度控制回流比来保持柱内温度梯度和提高分离效率。回流比是指冷凝液流回蒸馏瓶的速度与柱顶蒸气通过冷凝管流出速度的比值。回流比越大,分离效果越好,一般回流比控制在 4∶1,即冷凝液每流回蒸馏瓶 4 滴,柱顶馏出液为 1 滴。

(2) 蒸馏较高沸点物质时,为了维持柱内温度平衡,需要对分馏柱加以保温,如用石棉布将柱子包裹起来或缠绕一定匝数的电热丝等,以防止回流液体在柱内聚集(称为液泛),减少液体和蒸气接触面积,或者使上升的蒸气将液体冲入冷凝管中,达不到分馏的目的。

若进行更精确的分离,可用精密分馏柱装置。精密分馏采用电加热回流及电控保温装置。分馏时可适时调节电加热温度和保温程度,以消除液泛,同时控制合适的回流比。

3.15.4 分馏操作

按图 3-15-5 安装分馏装置。准备三个锥形瓶作为接收瓶,分别标注为 A、B、C 备用。将 30 mL 丙酮-水的混合物倒入 50 mL 圆底烧瓶中,加入两粒沸石,在水浴中进行分馏,使用接收瓶 A 收集 56~62 ℃馏分。蒸馏时注意控制水浴的温度和蒸馏速度,当柱顶有蒸气时,通过调节温度,使馏出速度在 2~3 s 一滴为宜。要想分馏效果良好,必须注意以下几点:

(1) 分馏一定缓慢进行,控制好恒定的蒸馏速度;

(2) 为保持一定量液体填充柱腔并回流到容器内,设置恰当的回流比;

(3) 尽量减少分馏柱的热量损失,必要时外加保温套或用石棉布保温。

当低沸点组分蒸馏完成后,再渐渐升温,蒸馏第二种组分,接收瓶 B 收集 62~95 ℃馏分。此时,如果水浴温度没有使馏出液馏出,可以移除水浴,改用电加热套加热。接收瓶 C 收集 95~100 ℃馏分。当圆底烧瓶中残留 5~10 mL 液体时停止加热。分别量出接收瓶 A、B、C 中馏出液的体积,计算回收率,最后将 A 中馏出液倒回回收瓶。

也可以分馏以下几组化合物:

(1) 苯和甲苯　收集馏分 A 在 80~85 ℃;B 在 85~91 ℃;

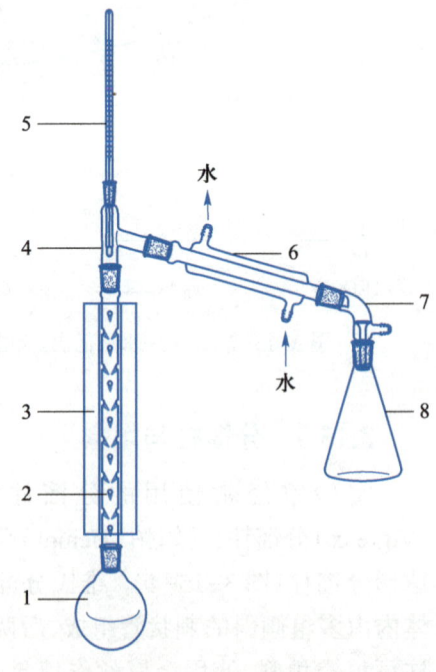

1—圆底烧瓶;2—维氏分馏柱;3—保温夹套;4—蒸馏头;5—温度计;6—直形冷凝管;7—接引管;8—锥形瓶

图 3-15-5　分馏装置图

C 在 91~99 ℃;D 在 99~105 ℃;E 在 105~110 ℃;F 为残液。

（2）四氯化碳与甲苯　收集馏分 A 在 62~68 ℃;B 在 68~79 ℃;C 在 79~95 ℃;D 在 95~105 ℃;E 在 105~110 ℃;F 为残液。

（3）甲醇和水　收集馏分 A 在 65~70 ℃;B 在 70~75 ℃;C 在 75~83 ℃;D 在 83~90 ℃;E 在 90~95 ℃;F 为残液。

3.16　升　华

升华是提纯固体化合物的一种方法,即将具有较高蒸气压的固体物质在熔点以下加热,不经液态直接气化成蒸气,然后由蒸气冷凝直接变成固体的过程称为升华。

虽然能升华的物质不是很多,但升华一般比蒸馏所需温度低,在纯化过程中物质不易被破坏。与结晶相比,升华产物的纯度往往比较高,适于少量物质的精制与提纯。因此,当容易升华的物质中含有不挥发性杂质时,可以采用升华方法进行分离或精制。升华的缺点是操作时间长,损失也较大。

研究物质的三相平衡图（图 3-16-1）有助于深入地了解升华的原理。图 3-16-1 中,ST 是固相与气相平衡时的固相蒸气压曲线,TW 是液相与气相平衡时的液相蒸气压曲线。从图上可以看出,固体的蒸气压和液体的蒸气压均随温度的升高而增大。TV 是固相与液相的平衡曲线,表示压力对熔点的影响。不难看出,压力对熔点的影响极小。T 为三相点,在此点,固、液、气三相可同时共存。三相点与熔点不同,但差别通常只有几分之一摄氏度,通常可粗略地认为三相点的温度即为该物质的熔点。

不同物质的相图形状类似,但对应的温度和蒸气压的数据不相同,三相点的位置也有区别。

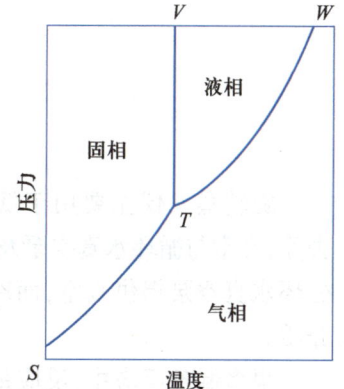

图 3-16-1　物质的三相平衡图

分析相图:如果在三相点以上的压力下加热时,物质自固态经液态再变为气态;而在三相点以下的压力下加热时,物质可从固态直接变为气态,冷却时又可直接变为固态。在低于三相点温度时,物质只存在固、气两相变化,所以一般升华过程都是控制在熔点以下的温度进行。在熔点以下缓慢加热,使固体的蒸气压不超过三相点蒸气压,此时,固体就可以升华。

从升华的条件可以看出,在熔点以前,物质必须具有相当高的蒸气压,才会有好的升华效果,蒸气压越高,越易升华。例如,六氯乙烷（三相点温度 186 ℃,压力 104 kPa）在 185 ℃时蒸气压已达到 0.1 MPa（100 kPa）,因而在低于 186 ℃ 的温度下很容易升华。樟脑（三相点温度 179 ℃,压力 49.3 kPa）在 160 ℃时的蒸气压为 29.1 kPa,这个蒸气压数据也不太小,只要缓慢加热,使温度低于 179 ℃,由固体直接气化,冷却后又直接变为固体,蒸气压保持在 49.3 kPa 以下,直至升华完毕。一般来讲,在低于熔点温度时的蒸气压应至少不小于 2.7 kPa,这样的物质才可能直接升华。

简单的升华装置由罩有漏斗的蒸发皿组成[图 3-16-2(a)]。漏斗的直径稍小,其颈部疏松地塞一些棉花。蒸发皿和漏斗间衬一张穿有许多小孔的圆形滤纸,可使固体的蒸气通过,防止升华物质回落蒸发皿中。图 3-16-2(b)也是常见的升华装置。常压下不易升华或升华较慢的物质,采用减压升华(图 3-16-3),往往可以得到满意的效果。

在安装升华装置时应注意,从升华室到冷却面的距离应尽可能短,以便提高升华速度。将升华物研细,适当提高加热温度,可使升华加快。在任何情况下,升华温度都要低于物质的熔点。

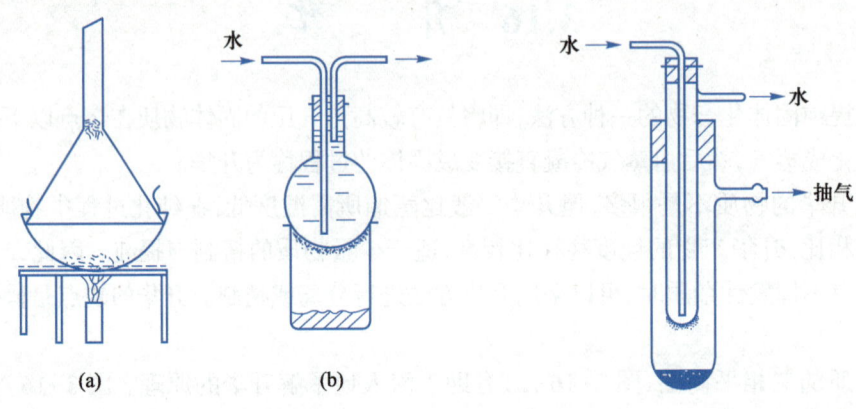

图 3-16-2　常压升华装置　　　　图 3-16-3　减压升华装置

3.17　旋 转 蒸 发

旋转蒸发仪主要用于低沸点有机溶剂的快速去除,经常与循环水真空泵及低温循环泵配合使用。循环水真空泵提供真空,而冷却泵提供低温的冷却介质。

很多制备反应中,反应最终所得是目标产物与低沸点溶剂的混合物,在对产物进一步纯化前,通常需要除去大量的溶剂。此时,一方面由于多数有机溶剂具有易燃性,另一方面为使反应产物免受不必要的加热影响,通常使用水浴或蒸气浴加热进行蒸馏。此时,使用旋转蒸发仪较为方便。

旋转蒸发仪结构如图 3-17-1 所示。为减少溶剂的损失,常在高效冷凝器中通入 $-20 \sim -10\ ℃$ 的冷却剂。使用时,将待脱溶剂的溶液加入梨形蒸馏瓶中,装在仪器上,并用管口夹固定。蒸馏瓶在转动并接通真空泵后,调整高度,使蒸馏瓶与水浴锅中的热

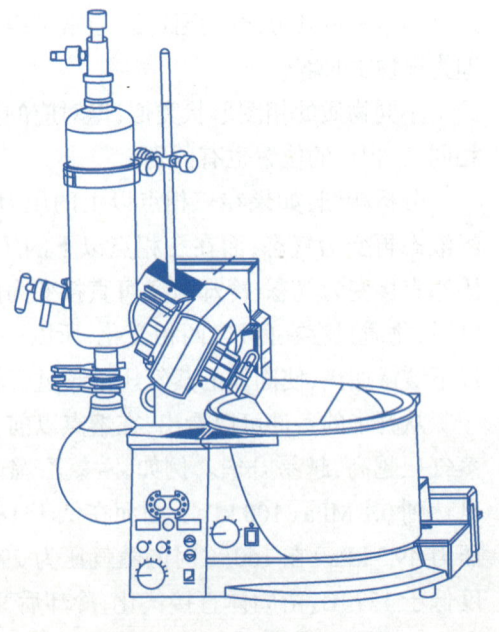

图 3-17-1　旋转蒸发仪示意图

浴接触,并开始蒸馏。蒸发的溶剂经高效冷凝管冷凝后,收集在接收瓶中。

在用旋转蒸发仪脱除溶剂时,为防止因液体暴沸污染旋转蒸发仪内部,经常在蒸馏瓶与旋转蒸发仪接合处加装缓冲球。

3.18　脱色与重结晶

重结晶是分离提纯固体化合物重要的、常用的分离方法之一。其原理是利用混合物中各组分在某种溶剂中溶解度不同,或在同一种溶剂中不同温度时溶解度不同而使它们相互分离。例如,乙酰苯胺在 25 ℃的 100 mL 水中溶解 0.56 g,100 ℃时则溶解 5.2 g。乙酰苯胺中夹杂的乙酸则于 25 ℃时全部溶解于水。这样通过一次或多次重结晶将杂质去掉,最后得到纯的产品。

3.18.1　溶剂的选择

正确选择溶剂对重结晶操作有很重要的意义。选择溶剂主要考虑被溶解物的组成与结构,即溶质往往容易溶解于相似的物质中,极性物质易溶于极性溶剂,而难溶于非极性溶剂中,这是选择溶剂的主要依据。此外还应注意以下几点:

(1) 不与重结晶物质发生化学反应;

(2) 在高温时,重结晶物质在溶剂中溶解度大,而在低温时溶解度应该很小;

(3) 杂质不溶在热的溶剂中,或者杂质在低温时极易溶在溶剂中,不随晶体一起析出;

(4) 容易与重结晶物质分离。

选择溶剂时,除查阅资料外,有时还需要由试验来确定。其方法是取 0.1 g 待重结晶固体置于试管中,加入溶剂并不断地振荡。如遇以下情况,则表明溶剂均不适用于重结晶。一种情况是加入 1 mL 溶剂后,固体于室温下完全溶解,这表明溶解度太高。另一种情况是加入 1 mL 溶剂后,加热至沸仍不溶解,补加溶剂到 3 mL 并加热至沸腾,固体仍不完全溶解,这表明在溶剂中的溶解度太低。另外,如果加入 3 mL 溶剂后,加热至沸腾时固体全部溶解,而冷却后又无结晶析出或仅有很少结晶,则这种溶剂也不适用。

只有当固体在溶剂中加热至沸腾时全部溶解,冷却后析出的结晶又快又多,此种溶剂为最合适的溶剂。

如果很难选择出适宜的纯溶剂可以考虑用混合溶剂。混合溶剂一般由两种能相互溶解的溶剂组成,被提纯物质易溶于其中一种溶剂,而难溶于另一种溶剂。先将被提纯物质溶于易溶溶剂中,沸腾时趁热逐渐加入难溶的溶剂,至溶液变浑浊,再加入少许易溶溶剂,溶液又变澄清(在此过程中维持溶液微沸)。放置、冷却,使被提纯物质结晶析出。

3.18.2　重结晶操作

待重结晶物质的溶解过程通常是在圆底烧瓶或锥形瓶中进行的。为避免溶剂的挥发,可在瓶上安装回流冷凝器。如果以水作为溶剂,则也可以用烧杯作为容器,在烧杯上盖上一表面皿,表面皿凸面朝下,使蒸气冷凝后顺凸面回滴到烧杯里。

例如,称取粗乙酰苯胺 3 g 放入 100 mL 圆底烧瓶中,加入 1~2 粒沸石,再加 40 mL 水,将回流冷凝器安装好,加热至水沸腾。如果溶液中有未溶解的固体或油状(熔融)物存在,可逐渐添加一定量的水,并持续加热保持沸腾,直到所有固体在沸腾下刚刚完全溶解,再加入约 2 mL 水。

停止加热,使溶液稍冷后,在搅拌下慢慢加入约 0.1 g 活性炭,去除有色杂质和树脂状物。由于活性炭是多孔性的,如在沸腾状态下加入会引起暴沸,所以在加活性炭前应使溶液稍冷却。一般活性炭加入量为固体量的 1%~5%,不要加多,否则产品会包在活性炭中影响产量。加入活性炭后再煮沸 5~10 min,趁热过滤。

过滤后的滤液冷却至室温,应有大量结晶析出,如果没有结晶析出,则可用玻璃棒摩擦烧杯内壁或加入少量晶体作晶种促使其结晶。结晶完成后,用布氏漏斗抽滤,并分出母液,沉淀用少许溶剂(水)洗涤,抽净溶剂后用刮铲取出结晶,自然干燥,称量,计算回收率。

重结晶操作的关键是如何制备热的饱和溶液。若溶剂(水)加多了,则不能形成饱和溶液,冷却后析出的结晶少;若溶剂加少了,则溶液将形成过饱和溶液,结晶析出很快,当热过滤时大量的结晶析出,并残存在漏斗中的滤纸上减少产品的回收率。固体溶解后,再多加少量的溶剂是为了减少热过滤过程中在滤纸中析出结晶,使热过滤顺利地进行。

3.19　薄层色谱法

3.19.1　概述

色谱法作为一种分离技术,是利用被分离混合物在相对运动的两相(流动相与固定相)中分配系数的微小差异,通过反复多次的分配过程,不同组分的运动速度有差异而被分离开的一种方法。薄层色谱法又称薄板层析,是在经典柱色谱法和纸色谱法基础上发展起来的一种色谱技术,它兼备了柱色谱和纸色谱的优点,是快速分离和定性分析的一种很重要的实验技术。

3.19.2　分离原理和实验技术

1. 分离原理

薄层色谱属于吸附色谱过程,其流动相又称为展开剂或溶剂,固定相也称吸附剂。由于组分、流动相和固定相三者间既相互联系又存在吸附竞争的机制,使得薄层色谱法有很好的分离效能。

当带有组分的流动相与固定相接触时,组分和流动相对固定相表面产生吸附竞争,并都可以被吸附。此时主要发生物理吸附,因此吸附过程是可逆的,且在一定条件下达到平衡状态。

由于流动相借助于毛细作用,沿固定相上扩散并上移,使得组分与流动相对固定相的暂时吸附平衡被破坏,即吸附的组分不断地被流动相解吸。解吸的组分立即溶解于流动相中并随之向前移动,当遇到新鲜的固定相表面时,又与流动相展开吸附竞争并再次建立瞬间平衡,这种过程反复交替地进行。通常组分中不同物质的结构和性能总是存在某方面的差异,因而分配系数不同,在上述吸附和解吸过程中,因行进速度不同最终被分离开来。

2. 实验技术

(1) 固定相的选择　硅胶和氧化铝是薄层色谱常用的固定相,两者都属于极性吸附剂。硅胶的吸附性来源于表面的 Si—OH 基,主要用于分离酸性、中性有机化合物,氧化铝的吸附性来自铝原子上未成键的电子对,多用于分离碱性或中性有机化合物。

市售的薄层色谱用硅胶有 60G、60GF$_{254}$、60H、60HF$_{254}$ 和 60HF$_{254+366}$ 等品种。其中 G 表示含有 13% 硫酸钙(作为黏合剂),H 表示不含硫酸钙;F$_{254}$ 表示含有 2% 无机荧光物质,在 254 nm 的紫外光照射下发出绿色荧光;F$_{366}$ 表示含 2% 有机荧光剂,在 366 nm 紫外光照射下发出绿色荧光。类似地,薄层用氧化铝也有多种型号,选用时可查阅有关的试剂手册。

(2) 制板　上面介绍的硅胶或氧化铝虽含有无机黏合剂硫酸钙,但在实际使用时硬度不够,特别是需要用铅笔做记号时很不方便。为此,建议在制板时以 0.5%～1% 的羧甲基纤维素钠(CMC)溶液代替水作溶剂与固定相调好,制成的板有较高强度,用铅笔写记号时很方便。

(3) 点样　试样用易挥发性溶剂溶解后,用毛细玻璃管或微量注射器点于薄层板距下端约 2 cm 处。样点直径要微小,同时样点之间、样点与边缘都要保持一定相对距离,以避免相互干扰和产生边缘效应。

有时试样浓度太稀可多点几次,但要等第一次样点溶剂挥发以后再点第二次。一根玻璃管需要点第二种试样时,要用细砂纸截去沾有第一种试样的一小段,还要把端口磨平。制备型色谱由于板面积较大,吸附剂层较厚,也可以点成线状。点好试样后,要等溶剂挥发干净,就可以进行展开过程。

(4) 展开剂的选择　由于制板时已选定了固定相,因此展开剂的选择就成为影响分离效果的主要因素。选择展开剂时首先要考虑对被分离组分有一定溶解度和解吸能力。由于硅胶和氧化铝都是极性吸附剂,所以展开剂的极性越大,对吸附剂活性位的竞争吸附能力也越强,对已被吸附组分的洗脱能力也越强,就能使试样在薄板上移动更远距离,产生较大 R_F 值。例如,在分离过程中常发现 R_F 值太小,说明展开剂极性不够,需要考虑加入一种(有时是几种)极性强的展开剂进行调控。这种混合展开剂往往能使分离效果显著地优于单一展开剂。

常用展开剂的洗脱能力(由小至大)顺序如下:石油醚、环己烷、四氯化碳、二氯甲烷、氯仿、乙醚、四氢呋喃、乙酸乙酯(无水)、丙酮、正丁醇、乙醇、甲醇、水、冰醋酸、吡啶、有机酸等。以上只是大致的顺序,且对硅胶和氧化铝适用。但使用前必须做实验,以实验取得的第一手资料为准。

此外,展开过程中,要使展开缸内展开剂蒸气始终处于饱和状态。一般可用一块方形滤纸贴于缸壁上(下端浸于展开剂中),盖好密封一段时间。取放薄层板宜迅速。

(5) 显色　薄层板展开后,要将溶剂彻底挥发后才能显色。若固定相带荧光物质,则用紫外灯照射显色就很方便。用碘蒸气熏,使之呈现黄棕色可逆配合物也是常用的方法。显色后,用铅笔轻轻圈出样斑位置,计算 R_F 值。

3.19.3 应用

薄层色谱的最大优点是简便、易行、快速,且分离效果不错,在定性分析、定量分析、监测反应进程、制备纯试样、为柱色谱作条件实验等方面均可使用。

在定性分析中,主要依据 R_F。需要注意的是,在吸附剂、展开剂、薄层厚度、温度及其他操作条件尽量保持一致时的定性才有意义。最好用被测试样标准品于同样条件下做对照,还要至少改变展开剂极性后再复核一次结果才是可靠的。

有机反应的进程也能很方便地利用薄层色谱来监测。例如,从反应开始时,每隔一定时间,将反应液点在薄层上并展开(以原料纯品做对照)。经显色后,如果检测不到原料斑点,则说明反应已完全。如果除了产物之外,还有其他斑点,则可能是副产物或中间体。由产物斑点面积大小还能半定量地估算产率。

由于柱色谱操作简单、易行,在实验室中常用来分离并制备一定量纯物质。其操作条件,如吸附剂和洗脱剂的选择、组分的流出顺序及流出组分的纯度等,都可以用薄层色谱探索和检验。薄层色谱快速、方便,摸索出的分离条件往往稍做改变即可用于柱色谱,因而常将两者结合使用,在定性、分离、制备一定数量的纯试样方面成为简便、易行且有效的方法。

第四章 无机化学基础实验

实验一 摩尔气体常数的测定

一、实验目的

1. 学习一种测定摩尔气体常数的方法,掌握理想气体状态方程和分压定律的应用;
2. 掌握电子天平的使用、正确的称量方法及有效数字的基本知识。

实验教学
视频

二、实验原理

在一定温度(T)下,通过实验测定一定物质的量(n)的某气体(看作理想气体)的p、V,应用理想气体状态方程$pV = nRT$,即可计算出摩尔气体常数R(又称理想气体常数、气体常数等)。

本实验用一定质量的铝与过量盐酸反应:

$$2Al + 6HCl \longrightarrow 2AlCl_3 + 3H_2 \uparrow$$

在一定的温度和压力下,测量被置换出来的氢气体积。实验时的温度与大气压力p可分别由温度计和气压表测得。由于氢气是从水溶液中逸出的,所以在氢气中混有水的饱和蒸气。查出该温度下水的饱和蒸气压,根据分压定律可知:

$$p = p(H_2) + p(H_2O)$$

$$p(H_2) = p - p(H_2O)$$

将有关数据代入气体状态方程,即可求出摩尔气体常数R值:

$$R = \frac{p(H_2) \cdot V(H_2)}{n(H_2) \cdot T}$$

利用此法也可以在一定温度和标准状态下测定气体的摩尔体积和金属的摩尔质量等。

三、仪器和药品

仪器:电子分析天平、摩尔气体常数测定装置一套(如图4-1-1所示)、搅拌棒、滴管、洗瓶、烧杯、量筒、表面皿。

药品:铝箔(纯度:99.95%)、盐酸($8\ mol \cdot L^{-1}$)。

四、实验步骤

1. 试样称量

（1）在电子分析天平上准确称量一块表面皿的质量,记录称量结果。

（2）取 25~30 mg 铝箔放在已知质量的表面皿中,准确称取铝箔和表面皿的总质量,两次所称质量之差即是铝箔的质量。也可将表面皿或称量纸放在秤盘上,按调零键后,称量铝箔质量。

注意:称量过程中不能用手直接接触表面皿及铝箔,应戴手套或用镊子夹取。

2. 摩尔气体常数的测定

（1）按图 4-1-1（a）所示装好仪器。取下仪器上的反应管,然后调节漏斗的高度使量气管中的水面略低于零刻度,固定好漏斗。

（2）将称好的铝箔沾少许水紧贴在反应管壁上,沿着反应管另一侧管壁（铝箔对侧）加入 3 mL 8 mol·L^{-1} 盐酸[勿与铝箔接触,如图 4-1-1（b）所示],然后固定反应管并塞紧塞子。

（3）检查仪器是否漏气。检查方法如下:塞紧装置中所有塞子后,将漏斗向下移动一段距离,使漏斗内液面与量气管内液面维持一定的液面差,再固定漏斗。如果量气管内的液面位置恒定,则说明仪器不漏气,可以进行实验。

（4）重新调节漏斗液面与量气管液面在同一水平面上,并使量气管中的水面略低于零刻度的位置（为什么?）。准确读出量气管内液面的刻度 V_1,然后倾斜反应管,使铝箔落入盐酸中,随即将反应管复位,反应发生,量气管内液面开始下降。为了不使量气管因内压增加而漏气,在水面下降的同时,应慢慢向下移动漏斗,使漏斗内液面始终保持略低于量气管内液面。反应停止后,先固定漏斗位置,待反应管冷却至室温后,再调整漏斗内液面,使之与量气管内液面在同一水平面上,并准确读取反应后量气管内液面的刻度 V_2。

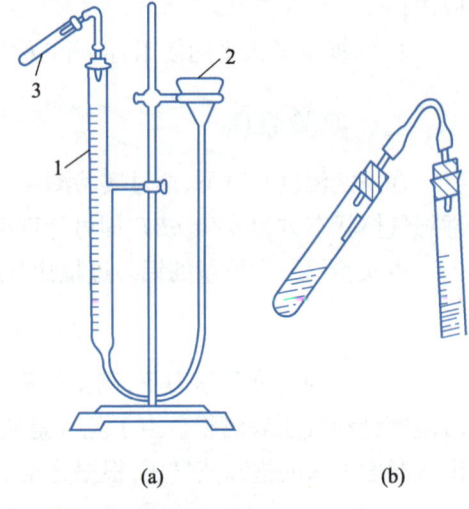

1—量气管;2—漏斗;3—反应管

图 4-1-1 摩尔气体常数测定装置

（5）记录下实验时的温度和大气压。

五、数据记录与处理

1. 摩尔气体常数测定数据记录:

铝箔的质量 $m(Al)$ = _____ g

铝箔的物质的量 $n(Al)$ = _____ mol

反应产生的氢气的物质的量 $n(H_2)$ = _____ mol

反应前量气管中液面读数 V_1 = _____ mL

反应后量气管中液面读数 V_2 = _____ mL

氢气体积 $V(H_2) = V_2 - V_1$ = _____ mL

室温 _____ ℃,T = _____ K,大气压 p = _____ Pa

温度 $T(K)$ 时水的饱和蒸气压 $p(H_2O)$ = _____ Pa

氢气的气压 $p(H_2)$ = _____ Pa

$$R = \frac{p(H_2) \cdot V(H_2)}{n(H_2) \cdot T} = \underline{\quad\quad}$$

2. 相对误差：

$$相对误差 (\%) = \frac{R_{测定} - R_{理论}}{R_{理论}} \times 100\% = \underline{\quad\quad}$$

3. 分析误差产生的原因。

六、思考题

1. 量气管内气压是否等于氢气的气压？为什么？
2. 盐酸的浓度和用量是否必须准确？
3. 利用本实验的装置和操作还可以测定物质的哪些物理量？写出简单原理、计算方法及需要测量的数据。
4. 铝与盐酸作用完毕，为什么要等试管冷却至室温后方可读取数据？

实验二　化学反应热的测定

一、实验目的

1. 了解测定化学反应热的原理和方法；
2. 掌握电子天平、容量瓶和移液管的使用方法。

二、实验原理

化学反应常伴随着能量的变化，通常以热能形式表现出来。例如，燃料的燃烧反应和酸碱中和反应均放出热量；而物质的分解反应则吸收热量。化学反应发生时放出或吸收的热量称为反应热（也称反应的热效应）。在等温等压不做非体积功的条件下，化学反应热在数值上等于反应系统的焓变 $\Delta_r H_m$。

本实验测定锌粉和硫酸铜溶液反应的反应热，反应方程式如下：

$$Zn + CuSO_4 \longrightarrow ZnSO_4 + Cu$$

这是一个放热反应,反应在一个保温杯式热量计中进行。由溶液的比热容、溶液的密度和反应前后温度的变化可求出该反应的焓变。计算公式如下:

$$\Delta_r H_m = -\Delta T \cdot c \cdot V \cdot \rho \cdot \frac{1}{n}$$

$$\Delta T = T_2 - T_1$$

式中,ΔT 为反应前后溶液温度的变化,单位为 K;c 为溶液的比热容,单位为 $J \cdot g^{-1} \cdot K^{-1}$;$V$ 为 $CuSO_4$ 溶液的体积,单位为 mL;ρ 为溶液的密度,单位为 $g \cdot cm^{-3}$。

三、仪器和药品

仪器:热量计、温度计、电子天平、50 mL 量筒、100 mL 烧杯、250 mL 容量瓶、100 mL 移液管、玻璃棒。

药品:$CuSO_4 \cdot 5H_2O$、锌粉。

四、实验内容

1. 热量计热损失常数的测定

(1)用量筒量取 50 mL 自来水注入热量计中,盖好盖子后放置 2 min,读出冷水温度 T_c。

(2)在小烧杯中加入 50 mL 自来水,加热至约 50 ℃测出热水温度 T_h(一般 T_h 应比 T_c 高 20 ℃左右)。

(3)迅速将热水倒入热量计中,盖严后水平摇动 1 min,读出混合后的水温 T_f。

(4)计算热损失常数:

热水放出的热量(J) = $(T_h - T_f) \cdot c \cdot m_{热}$

冷水放出的热量(J) = $(T_f - T_c) \cdot c \cdot m_{冷}$

热量损失 = 放出热量 − 吸收热量

热损失常数 = 热量损失/$(T_f - T_c)$

式中,m 为水的质量(温度对体积的影响忽略不计,则 $m_{热} = m_{冷}$)。

2. 反应热的测定

(1)$CuSO_4$ 溶液的配制　用电子天平称取配制 250 mL 0.200 mol·L^{-1} $CuSO_4$ 溶液所需的 $CuSO_4 \cdot 5H_2O$ 的量,放入烧杯中,加蒸馏水约 50 mL,用玻璃棒搅拌使其溶解。将此溶液转移至 250 mL 容量瓶中,再用少量蒸馏水冲洗烧杯及玻璃棒,将上述冲洗液也注入容量瓶中,最后加蒸馏水至刻度,盖好瓶盖并将瓶内溶液混合均匀。

(2)反应热的测定

① 用电子天平称取 3 g 锌粉。

② 用移液管取 100.00 mL $CuSO_4$ 溶液,注入干净且干燥的热量计中,盖好盖子(如图 4-2-1 所示)。

③ 水平摇动热量计至溶液温度恒定后(需 2~3 min),读取反应前 $CuSO_4$ 溶液的温度 T_1。

④ 迅速向溶液中加入 3 g 锌粉,立即盖严盖子。为使反应迅速完成,要不断水平摆动热量计,同时不断读取并记录温度计读数。待温度不再上升时,继续稳定 2 min,记录反应后上升的最高温度 T_2。

五、数据记录与处理

1. 数据记录:

称取的 $CuSO_4 \cdot 5H_2O$ 的质量_____ g

配制的 $CuSO_4$ 溶液的浓度_____ $mol \cdot L^{-1}$

反应前溶液的温度 T_1 _____ ℃

反应后溶液的最高温度 T_2 _____ ℃

反应所用 $CuSO_4$ 溶液的体积_____ mL

反应前后溶液的温度差 ΔT _____ K

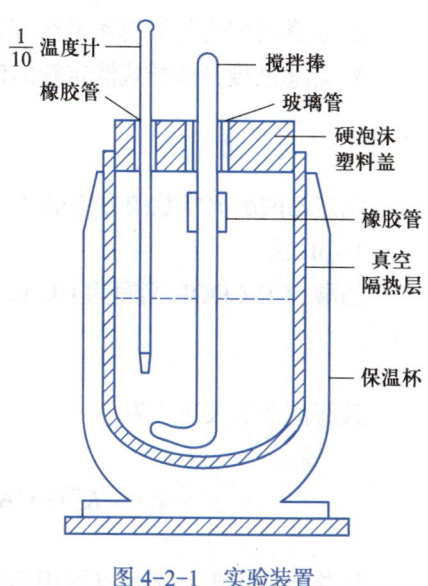

图 4-2-1　实验装置

2. 反应热的计算:

溶液的比热容近似等于水的比热容 $4.18 \, J \cdot g^{-1} \cdot K^{-1}$,溶液的密度近似为 $1.00 \, g \cdot cm^{-3}$,则

$$\Delta_r H_{m,实}^{\ominus} = -\Delta T \cdot c \cdot V \cdot \rho \cdot \frac{1}{n}$$

$$\Delta_r H_m^{\ominus} = \Delta_r H_{m,实}^{\ominus} + 热损失常数 \cdot \Delta T \cdot \frac{1}{n}$$

$$\Delta_r H_{m,理}^{\ominus} = -216.8 \, kJ \cdot mol^{-1}$$

$$相对误差 = \frac{\Delta_r H_m^{\ominus} - \Delta_r H_{m,理}^{\ominus}}{\Delta_r H_{m,理}^{\ominus}}$$

3. 分析误差产生的原因。

六、思考题

1. 实验中所用热量计、移液管和容量瓶各应如何洗涤?
2. 通过实验得到的反应焓变及其相对误差各应取几位有效数字?
3. 为什么 $CuSO_4 \cdot 5H_2O$ 需用电子天平称量,而锌粉却可用托盘天平称量?

实验三　乙酸解离常数的测定

一、实验目的

1. 初步熟悉测定乙酸解离常数的原理和方法;

2. 加深对弱电解质解离平衡等基本概念的理解；
3. 熟悉酸度计和酸式滴定管的使用方法。

二、实验原理

测定乙酸解离常数的方法很多，本实验只介绍两种方法即 pH 法和半中和法。

1. pH 法

乙酸（CH_3COOH 简写为 HOAc）是弱电解质。在溶液中存在下列解离平衡：

$$HOAc \rightleftharpoons H^+ + OAc^-$$

其解离常数表达式为

$$K_a^\ominus(HOAc) = \frac{[c(H^+)/c^\ominus] \cdot [c(OAc^-)/c^\ominus]}{c(HOAc)/c^\ominus} \tag{4-3-1}$$

严格地说，离子浓度应该用活度来代替，但在乙酸的稀溶液中，离子浓度与活度近似相等。如果在乙酸溶液中忽略由水解离所提供的 H^+，则达平衡时溶液中 $c(H^+)=c(OAc^-)$，代入式（4-3-1）中（为了简便，式中 $c^\ominus$ 省略），设 c 为乙酸的起始浓度，则

$$K_a^\ominus(HOAc) = \frac{c^2(H^+)}{c-c(H^+)} \tag{4-3-2}$$

配制一系列已知浓度的 HOAc 溶液，在一定温度下用酸度计测定其 pH，然后根据 pH = $-\lg c(H^+)$ 关系式求算 $c(H^+)$。（实际上，酸度计所测得的 pH 反映的是溶液中 H^+ 的有效浓度，即 H^+ 的活度，不过这种差别在本实验中可以忽略。）将 $c(H^+)$ 代入式（4-3-2）中，即可求得一系列 $K_a^\ominus$。

2. 半中和法

将乙酸解离常数的表达式（4-3-1）两边取对数得

$$\lg K_a^\ominus(HOAc) = \lg[c(H^+)/c^\ominus] + \lg \frac{c(OAc^-)/c^\ominus}{c(HOAc)/c^\ominus} \tag{4-3-3}$$

用 NaOH 溶液滴定 HOAc 时，根据反应式：

$$HOAc^- + OH^- \longrightarrow OAc^- + H_2O$$

当原有乙酸的一半被中和时，剩余的 HOAc 浓度恰好等于 OAc^- 的浓度，即 $c(OAc^-) = c(HOAc)$，代入式（4-3-3）得

$$\lg K_a^\ominus(HOAc) = \lg c(H^+) \tag{4-3-4}$$

$$\lg K_a^\ominus(HOAc) = -pH$$

即

$$pK_a^\ominus(HOAc) = pH$$

实验三　乙酸解离常数的测定

因此,只要用酸度计测出上述溶液的 pH,即可求出 HOAc 的解离常数。

三、仪器和药品

仪器:酸度计、酸(碱)式滴定管、烧杯(50 mL、洁净、干燥)、玻璃棒、洗瓶、电磁搅拌器。

药品:0.100 0 mol·L^{-1} HOAc 标准溶液(由实验室提供)、pH=4.00 缓冲溶液、酚酞指示剂、0.100 0 mol·L^{-1} NaOH 标准溶液(由实验室提供)。

四、实验内容

1. pH 法实验步骤

(1)配制不同浓度的 HOAc 溶液　将 5 只洁净、干燥的 50 mL 烧杯编成 1~5 号,用两支酸式滴定管按表 4-3-1 用量分别量取 HOAc 标准溶液和蒸馏水,配制成已知不同浓度的 HOAc 溶液系列,再用玻璃棒搅拌均匀(每只烧杯配一支玻璃棒,不能混用)。

表 4-3-1　实验记录表 1

HOAc 标准溶液的浓度 0.100 0 mol·L^{-1}					测定时溶液的温度_____℃		
烧杯编号	HOAc 标准溶液的体积/mL	H$_2$O 的体积/mL	HOAc 标准溶液的浓度/(mol·L^{-1})	pH	$c(H^+)$/(mol·L^{-1})	$K_a^\ominus$(HOAc)	α(HOAc)
1	3.00	45.00					
2	6.00	42.00					
3	12.00	36.00					
4	24.00	24.00					
5	48.00	0					

$K_\text{平}^\ominus =$

(2)测定 HOAc 溶液的 pH　把 1~5 号不同浓度的 HOAc 溶液按由稀到浓的次序,在酸度计上分别测定 pH,并记录于表 4-3-1 中(酸度计使用方法参见附录一"1. 酸度计、离子计和电位计")。

(3)数据处理与结果分析

① 根据 $K_a^\ominus(\text{HOAc}) = \dfrac{c^2(H^+)}{c-c(H^+)}$ 计算 $K_a^\ominus$ 值,以及 $K_a^\ominus$ 的平均值 $K_\text{平}^\ominus$。

② 计算乙酸的解离度,并根据实验结果归纳出乙酸解离度与解离常数及乙酸浓度的关系式,说明乙酸浓度对乙酸解离度的影响。

③ 要求写出一组实验数据处理的全部运算过程。其他各组实验数据处理后只要求将运算结果填入表 4-3-1 中即可。

④ 计算相对误差并分析误差产生的原因 [文献值:$K_a^\ominus(\text{HOAc}) = 1.76 \times 10^{-5}$]。

2. 半中和法实验步骤

（1）用酸式滴定管准确量取 0.100 0 mol·L^{-1} HOAc 标准溶液 25.00 mL 于锥形瓶中，加入 2 滴酚酞指示剂后，在电磁搅拌器搅拌下，再用碱式滴定管装入 0.100 0 mol·L^{-1} NaOH 标准溶液，滴定至溶液刚出现粉红色并在 0.5 min 内不褪色为止。记下滴定至终点时所消耗的 NaOH 标准溶液的体积。重复上述操作至两次结果相差不超过 0.05 mL 为止。有关数据记录入表 4-3-2 中。

（2）根据滴定结果，计算中和 25.00 mL 0.100 0 mol·L^{-1} HOAc 标准溶液的一半所需 NaOH 标准溶液的体积（$\frac{1}{2}V$）。用酸式及碱式滴定管分别准确量取所需 HOAc 和 NaOH 标准溶液置于 50 mL 烧杯中，并使之混合均匀。有关数据填入表 4-3-2 中。

（3）用酸度计测定上述 HOAc-NaOAc 混合溶液的 pH，记下读数，填入表 4-3-3 中。

表 4-3-2　实验记录表 2

滴定序号	中和 25.00 mL 0.100 0 mol·L^{-1} HOAc 标准溶液所需 NaOH 标准溶液的体积（V）/mL	中和 12.50 mL 0.100 0 mol·L^{-1} HOAc 标准溶液所需 NaOH 标准溶液的体积（$\frac{1}{2}V$）/mL
1		
2		

实验室提供的 NaOH 标准溶液浓度_____ mol·L^{-1}。

0.1 mol·L^{-1} HOAc 标准溶液的准确浓度_____ mol·L^{-1}。

表 4-3-3　实验记录表 3

HOAc-NaOAc 混合溶液编号	混合溶液中 c(NaOAc)/(mol·L^{-1})	pH	$K_a^{\ominus}$(HOAc)	平均值 $K_a^{\ominus}$(HOAc)

3. 数据处理

根据式（4-3-4）计算所得室温下 $K_a^{\ominus}$(HOAc) 的实验数值，与文献值 $K_a^{\ominus}$(HOAc)=1.76×10^{-5} 相比较，计算相对误差。

五、思考题

1. 在 pH 法中：

（1）若改变所测 HOAc 标准溶液的温度，其解离度和解离常数有无变化？

（2）配制和测定不同浓度 HOAc 标准溶液的 pH 时，为什么按由稀到浓的顺序进行？

（3）若 HOAc 标准溶液浓度很稀，能否应用近似公式 $K_a^{\ominus} = c^2(H^+)/c(HOAc)$ 计算解离常数？为什么？

（4）怎样正确使用玻璃电极和甘汞电极？

2. 在半中和法中：

（1）根据乙酸解离平衡说明，在什么条件下才能从测得的 pH 来计算乙酸的解离常数。

（2）当 HOAc 完全被 NaOH 中和时，反应终点的 pH 是否等于 7，为什么？

（3）试分析本实验的结果与理论值发生偏差的原因。

实验四　单、多相离子平衡

一、实验目的

1. 深入了解同离子效应对弱电解质解离平衡的影响；
2. 掌握多相离子平衡中溶度积规则及应用；
3. 认识缓冲溶液的作用，加深理解盐类水解及其影响因素；
4. 掌握试管的使用（加入试剂、加热液体等）和用指示剂检测溶液性质等基本操作。

实验教学视频

二、实验原理

1. 弱电解质在溶液中的解离平衡及其移动

常见的弱电解质包括一元弱酸、一元弱碱和多元弱酸、多元配离子等。在一元弱电解质（如 HOAc）溶液中存在下列解离平衡：

$$HOAc \rightleftharpoons H^+ + OAc^-$$

在这种平衡体系中，各组分都处于均匀的溶液相中，因此又称为单相离子平衡。

根据平衡移动的原理，在上述体系中加入与弱电解质含有相同离子的易溶强电解质（如在上例中加入含有 H^+ 或 OAc^- 的易溶强电解质），解离平衡即向生成弱电解质（HOAc）的方向移动，使弱电解质（HOAc）的解离度降低，这种效应称为同离子效应。

向弱酸及其盐（如 HOAc-NaOAc）或弱碱及其盐（如 $NH_3 \cdot H_2O$-NH_4Cl）组成的混合溶液中，加入少量酸、碱或加水稀释时，混合溶液的 pH 保持基本不变，在一定程度上能对外来的酸或碱的影响，起到抵消、缓冲的作用，这种溶液称为缓冲溶液。由弱酸-弱酸盐组成的缓冲溶液的 pH，可由下式计算：

$$pH = pK_a^\ominus - \lg(c_{弱酸}/c_{弱酸盐})$$

同样，由弱碱-弱碱盐组成的缓冲溶液的 pH，可由下式计算：

$$pH = pK_w^\ominus - pK_b^\ominus + \lg(c_{弱碱}/c_{弱碱盐})$$

除上述弱酸-弱酸盐、弱碱-弱碱盐组成的缓冲溶液以外，由多元弱酸形成的两种不同酸度的盐(如 $NaHCO_3$-Na_2CO_3、NaH_2PO_4-Na_2HPO_4 等混合溶液)同样具有缓冲作用。

选择缓冲溶液时,为使缓冲溶液对酸、碱都有较大的缓冲能力,所选择弱酸的 $pK_a^\ominus$ 应尽可能接近缓冲溶液的 pH;所选择弱碱的 $pK_b^\ominus$ 应尽可能接近缓冲溶液的 pOH。

2. 盐类水解平衡及其移动

盐类水解是由组成盐的离子(阳离子或阴离子)和水解离出来的 OH^- 或 H^+ 作用,生成弱碱或弱酸的过程,其结果使溶液呈酸性或碱性。盐类水解是一个可逆反应,水解度一般不大,其大小取决于盐的本身性质及外部条件(如温度、浓度等)的影响。水解生成的弱酸或弱碱越弱,水解产物的溶解度越小,对应盐的水解度就越大。升高温度或稀释溶液等都可使盐类的水解度增大。

3. 难溶电解质的多相离子平衡及其移动

难溶电解质(用通式 A_mB_n 表示)与其溶解在溶液中相应的离子所建立的化学平衡,即溶解与沉淀之间的多相离子平衡,称为沉淀溶解平衡。与单相离子平衡不同的是,在多相离子平衡体系中,有的组分是固相的,有的组分是液相的,分处在不同相中。其离子平衡式为

$$A_mB_n(s) \rightleftharpoons mA^{n+} + nB^{m-}$$

在一定温度下的饱和溶液中,难溶电解质各相应离子浓度幂的乘积为一常数,称为难溶电解质的溶度积常数,简称溶度积($K_{sp}^\ominus$):

$$K_{sp}^\ominus = [c(A^{n+})/c^\ominus]^m \cdot [c(B^{m-})/c^\ominus]^n$$

以后为了书写简便,省略 $c^\ominus$。

设某难溶电解质溶液中在某时刻各相应离子浓度幂的乘积为 J,则

$$J = c^m(A^{n+}) \cdot c^n(B^{m-})$$

根据溶度积可以判断沉淀的生成和溶解:

当 $J > K_{sp}^\ominus$ 溶液过饱和,有沉淀析出

当 $J = K_{sp}^\ominus$ 溶液为饱和溶液

当 $J < K_{sp}^\ominus$ 溶液未饱和,无沉淀析出

如果在多相离子平衡体系中,加入某种试剂与平衡体系中的某种离子结合,使该离子浓度降低,导致难溶电解质的 J 小于溶度积,则难溶电解质溶解。

如果在某一溶液中,同时含有两种或两种以上的离子都能与所加入的试剂(沉淀剂)反应生成难溶电解质时,沉淀的先后顺序取决于所需沉淀剂离子浓度的大小,需要沉淀剂浓度小的离子先沉淀,需要沉淀剂浓度大的离子后沉淀。这种先后沉淀的现象称为分步沉淀。

根据平衡移动原理,将一种难溶电解质转化为另一种难溶电解质,这种过程称为沉淀的转化。一般来说,溶解度较大的难溶电解质容易转化为溶解度较小的难溶电解质。对于类型相同的难溶电解质,也可以利用溶度积的相对大小判断沉淀能否转化,溶度积相差越大,沉淀转化得越完全。

三、仪器和药品

仪器：10 mL 试管、10 mL 离心试管、250 mL 烧杯、100 mL 烧杯、10 mL 量筒、胶头滴管、小玻璃棒、点滴板、试管架、试管夹、洗瓶、蒸发皿、酒精灯、火柴。

药品：HCl 溶液（$0.1 \text{ mol} \cdot \text{L}^{-1}$、$1 \text{ mol} \cdot \text{L}^{-1}$ 和 $2 \text{ mol} \cdot \text{L}^{-1}$）、$HNO_3$ 溶液（$2 \text{ mol} \cdot \text{L}^{-1}$）、NaOH 溶液（$0.1 \text{ mol} \cdot \text{L}^{-1}$ 和 $1 \text{ mol} \cdot \text{L}^{-1}$）、$NH_4Cl$ 溶液（$0.5 \text{ mol} \cdot \text{L}^{-1}$）、$NaHCO_3$ 溶液（$0.5 \text{ mol} \cdot \text{L}^{-1}$）、KCl 溶液（$0.1 \text{ mol} \cdot \text{L}^{-1}$ 和 $1 \text{ mol} \cdot \text{L}^{-1}$）、KI 溶液（$0.01 \text{ mol} \cdot \text{L}^{-1}$）、$Na_2SiO_3$ 溶液（10%，质量分数）；$0.1 \text{ mol} \cdot \text{L}^{-1}$ HOAc、$NH_3 \cdot H_2O$、$MgCl_2$、$BiCl_3$、$Al_2(SO_4)_3$、Na_2S、NaH_2PO_4、Na_2HPO_4、NaOAc、Na_3PO_4、NaCl、Na_2CO_3、K_2CrO_4、$Pb(NO_3)_2$、$AgNO_3$ 溶液；固体 $NH_4OAc(s)$、$Fe(NO_3)_3(s)$；酚酞、甲基橙、甲基红、百里酚蓝指示剂、pH 试纸。

四、实验内容

1. 同离子效应

从试剂 HOAc 溶液（$0.1 \text{ mol} \cdot \text{L}^{-1}$）、$NH_3 \cdot H_2O$ 溶液（$0.1 \text{ mol} \cdot \text{L}^{-1}$）、$NH_4OAc(s)$、酚酞、甲基橙、甲基红中，选择适当试剂（指示剂的变色范围见附录二指示剂部分），设计两组实验，验证同离子效应能够使弱酸、弱碱的解离平衡发生移动，解离度降低。设计方案要求写出选择的试剂（包括浓度、用量）及操作步骤等，并进行实验。下面给出一组实验方案示例，另一组由学生自己设计。

实验方案举例：验证同离子效应能够使弱酸 HOAc 的解离平衡发生移动，解离度降低。

在试管中加入 2 mL $0.1 \text{ mol} \cdot \text{L}^{-1}$ HOAc 溶液，再加入甲基橙指示剂 1~2 滴，摇匀，观察溶液的颜色，然后将溶液分成两份，在其中一支试管中加入少量 $NH_4OAc(s)$，摇动试管以促进溶解，观察溶液颜色的变化并与另一支试管比较。

在实验报告中可简写如下：

实验操作		现象	反应式	解释或结论
2 mL $0.1 \text{ mol} \cdot \text{L}^{-1}$ HOAc 溶液 +1~2 滴甲基橙		溶液呈橙红色	$HOAc \rightleftharpoons H^+ + OAc^-$	加入 $NH_4OAc(s)$ 使 HOAc 解离度减小，解离平衡左移
上溶液分成两份	（1）留作比较			
	（2）中加入少量 $NH_4OAc(s)$	溶液变为黄色	溶液酸性减弱	

2. 缓冲溶液

在试管中加入 $0.1 \text{ mol} \cdot \text{L}^{-1}$ HOAc 溶液和 $0.1 \text{ mol} \cdot \text{L}^{-1}$ NaOAc 溶液各 3 mL，加入百里酚蓝指示剂（见表 4-4-1）数滴，混合后观察溶液颜色。然后，把溶液分装在四支试管中（使体积大致相同），在其中三支试管中分别加入 $0.1 \text{ mol} \cdot \text{L}^{-1}$ HCl 溶液、$0.1 \text{ mol} \cdot \text{L}^{-1}$ NaOH 溶液和蒸馏水各 5 滴，观察溶液颜色是否变化（与原配制的溶液的颜色比较）。再在已加入 HCl 溶液、NaOH 溶液的试管中，分别继续加入过量的 $0.1 \text{ mol} \cdot \text{L}^{-1}$ HCl 溶液和 NaOH 溶液，观察溶液的颜色变化。根据实验现象对缓冲溶液的缓冲能力作出说明。

表 4-4-1 百里酚蓝指示剂的变色范围

pH	<2.8	2.8~8.0	8.0~9.6	>9.6
颜色	红	黄	绿	蓝

3. 盐类水解平衡及其移动

（1）用 pH 试纸分别检验 $0.1\ mol\cdot L^{-1}$ Na_2CO_3、$Al_2(SO_4)_3$、NaCl 溶液的 pH，并以去离子水做空白试验。写出水解反应的离子方程式。

（2）用 pH 试纸分别检验 $0.1\ mol\cdot L^{-1}$ Na_3PO_4、Na_2HPO_4、NaH_2PO_4 溶液的 pH。解释 pH 不同的原因。

（3）浓度、温度、酸度对水解平衡的影响。

① 在试管中加入少量 $Fe(NO_3)_3$ 晶体，用去离子水溶解后，观察溶液的颜色。然后将其分装在三支试管中，第一支留作比较用，第二支试管中滴加数滴 $2\ mol\cdot L^{-1}$ HNO_3 溶液并摇匀，第三支试管用小火加热。观察溶液颜色的变化并解释。

② 在试管中加入 1 滴 $0.1\ mol\cdot L^{-1}$ $BiCl_3$ 溶液，滴加水稀释，观察白色沉淀的产生。再逐滴加入 $2\ mol\cdot L^{-1}$ HCl 溶液至沉淀刚刚消失为止（酸不可加入过多），再加水稀释，观察现象。解释并写出水解反应方程式。

（4）能水解盐类之间的相互反应。

① 在试管中加入 5 滴 10% Na_2SiO_3 溶液，再加入 $0.5\ mol\cdot L^{-1}$ NH_4Cl 溶液 1 mL，摇匀，观察现象。解释并写出反应方程式。

② 用 $Al_2(SO_4)_3$ 溶液（$0.1\ mol\cdot L^{-1}$）、$NaHCO_3$ 溶液（$0.5\ mol\cdot L^{-1}$）设计一个实验，证明能够相互促进水解的盐类，可发生完全水解。

4. 沉淀的生成、溶解和转化

（1）在两支试管中各加入 5 滴 $0.1\ mol\cdot L^{-1}$ $Pb(NO_3)_2$ 溶液，然后向两支试管中分别加入 5 滴 $1\ mol\cdot L^{-1}$ 和 $0.1\ mol\cdot L^{-1}$ KCl 溶液，观察有无白色沉淀生成（不产生沉淀的留作下一实验使用）。

（2）在上面实验未产生沉淀的试管中加入 $0.01\ mol\cdot L^{-1}$ KI 溶液，观察现象。

对实验（1）、（2）的现象进行解释，并写出离子反应方程式。

（3）设计一组实验，制备 $Mg(OH)_2$ 并证明它能溶于非氧化性稀酸和铵盐，并进行解释。

（4）用下列试剂，设计一组实验验证沉淀转化的规律：K_2CrO_4 溶液（$0.1\ mol\cdot L^{-1}$）、$AgNO_3$ 溶液（$0.1\ mol\cdot L^{-1}$）、NaCl 溶液（$0.1\ mol\cdot L^{-1}$）、Na_2S 溶液（$0.1\ mol\cdot L^{-1}$）。

五、选做实验

1. 利用本实验提供的试剂设计一个实验，验证分步沉淀的规律。

2. 利用本实验提供的试剂设计一个实验，配制 pH≈7 的缓冲溶液，要求对酸、碱的缓冲能力相差不太多，并验证之。

六、思考题

1. Na_2HPO_4、NaH_2PO_4 均属酸式盐,为什么前者的水溶液呈弱酸性,而后者的水溶液却呈弱碱性?

2. 如何配制 $SnCl_2$、$Bi(NO_3)_3$、$SbCl_3$、Na_2S 溶液?

3. 如何从测得的一元弱酸盐(如 NaOAc)的 pH,求算阴离子(如 OAc^-)的水解常数和对应弱酸(如 HOAc)的解离常数?

4. 如何通过计算选择实验内容 1 中的指示剂?

实验五 氧化还原反应

一、实验目的

1. 加深了解电极电势与氧化还原反应的关系,巩固掌握氧化型、还原型物质的浓度,介质的酸碱性对电极电势和氧化还原反应的影响;

2. 学会离心分离、沉淀洗涤、气体性质检验等基本操作。

实验教学视频

二、实验原理

物质氧化还原能力的强弱与其本性有关,一般可从相应电对的电极电势高低来判断。电极电势越高,表示氧化还原电对中氧化型物质的氧化能力越强,还原型物质的还原能力越弱;电极电势越低,表示氧化还原电对中还原型物质的还原能力越强,氧化型物质的氧化能力越弱。

根据氧化剂和还原剂所对应电对电极电势的相对大小,可以判断氧化还原反应进行的方向、次序和程度。氧化剂所对应电对的电极电势与还原剂所对应电对的电极电势之差亦即电动势为 E,当

$$E > 0 \quad 反应能自发进行$$
$$E = 0 \quad 反应处于平衡状态$$
$$E < 0 \quad 反应不能自发进行$$

如果在某水溶液体系中同时存在多种氧化剂(或还原剂),都能与加入的还原剂(或氧化剂)发生氧化还原反应且反应速率都很快,则反应应首先在电极电势差值最大的两个电对所对应的氧化剂与还原剂之间发生。

氧化剂和还原剂所对应的电极电势相差较大时(标准电动势 $E^{\ominus} > 0.2\text{ V}$),一般可以直接用标准电动势 $E^{\ominus}$ 判断反应能否发生。若两者的标准电极电势相差不大时(标准电动势 $E^{\ominus} < 0.2\text{ V}$),则应考虑浓度对电极电势的影响。但是,若氧化型或还原型物质与其他试剂发生化学反应,生成沉淀或形成配合物,则会大大降低氧化型或还原型物质的浓度,其电极电势必然发生较大改变,

可通过能斯特方程计算或查表确定其电极电势,来判断氧化还原反应进行的方向。此外,对有 H^+ 或 OH^- 参加电极反应的电对,还必须考虑 pH 对电极电势和氧化还原反应的影响。

三、仪器和药品

仪器:离心机、试管架、250 mL 烧杯、10 mL 试管、10 mL 离心试管、胶头滴管、洗瓶。

药品:$0.1\ mol \cdot L^{-1}$ KBr、KI、$KMnO_4$、Na_2SO_3、Na_2S、$FeSO_4$、$FeCl_3$、$SnCl_2$、$Pb(NO_3)_2$、KSCN、$Fe_2(SO_4)_3$、$(NH_4)_2Fe(SO_4)_2$、$AgNO_3$ 溶液;$0.01\ mol \cdot L^{-1}$ $KMnO_4$、KI 溶液;3% H_2O_2 溶液;CCl_4;碘水;溴水;$3\ mol \cdot L^{-1}$ H_2SO_4 溶液;$6\ mol \cdot L^{-1}$ NaOH 溶液;10% NH_4F 溶液;Zn 粉;$MnO_2(s)$;浓、$1\ mol \cdot L^{-1}$ HCl 溶液;淀粉-KI 试纸。

四、实验内容

1. 电极电势与氧化还原反应的关系

(1) 在试管中加入 $0.1\ mol \cdot L^{-1}$ KI 溶液 0.5 mL 和 $0.1\ mol \cdot L^{-1}$ $FeCl_3$ 溶液 2~3 滴,观察现象,写出离子反应方程式。再加入 CCl_4 0.5 mL,充分振荡后观察 CCl_4 层的颜色。

(2) 用 $0.1\ mol \cdot L^{-1}$ KBr 溶液代替 $0.1\ mol \cdot L^{-1}$ KI 溶液,进行同样的实验,观察现象。

(3) 在两支试管中分别加入碘水、溴水各 0.5 mL,再加入 $0.1\ mol \cdot L^{-1}$ $FeSO_4$ 溶液数滴及 CCl_4 0.5 mL,振荡后观察现象。写出有关反应的离子方程式。

根据实验(1)、(2)、(3)的结果,比较 Br_2/Br^-、I_2/I^-、Fe^{3+}/Fe^{2+} 三个电对电极电势的相对大小,说明电极电势与氧化还原反应方向的关系。

(4) 在试管中加入 $0.1\ mol \cdot L^{-1}$ $FeCl_3$ 溶液 4 滴和 $0.1\ mol \cdot L^{-1}$ $KMnO_4$ 溶液 2 滴,摇匀后往试管中逐滴加入 $0.1\ mol \cdot L^{-1}$ $SnCl_2$ 溶液,并不断摇动试管。待 $KMnO_4$ 溶液刚褪色后,加入 1 滴 KSCN 溶液,观察现象,再继续滴加 $0.1\ mol \cdot L^{-1}$ $SnCl_2$ 溶液,观察溶液颜色的变化。解释实验现象,并写出离子反应方程式。

2. 浓度、酸度对氧化还原反应的影响

(1) 用 $MnO_2(s)$、浓 HCl 溶液、$1\ mol \cdot L^{-1}$ HCl 溶液、淀粉-KI 试纸设计一组实验,验证浓度、酸度对氧化还原反应的影响。

(2) 用碘水、NaOH 溶液($6\ mol \cdot L^{-1}$)、H_2SO_4 溶液($3\ mol \cdot L^{-1}$)设计一实验,验证介质的酸碱性对氧化还原反应方向的影响,写出离子反应方程式。

(3) 在两支试管中各加入 $0.1\ mol \cdot L^{-1}$ $Fe_2(SO_4)_3$ 溶液 1 mL、CCl_4 0.5 mL,其中一支加入 H_2O 1 mL、$0.1\ mol \cdot L^{-1}$ KI 溶液 1 mL;另一支加入 10% NH_4F 溶液(可与 Fe^{3+} 形成难解离的 $[FeF_6]^{3-}$ 配离子)1 mL、$0.1\ mol \cdot L^{-1}$ KI 溶液 1 mL,振荡后观察 CCl_4 层颜色。对比实验现象有何不同并解释,写出有关反应方程式。

(4) 介质的酸碱性对氧化还原反应产物的影响。

用 $KMnO_4$ 溶液($0.01\ mol \cdot L^{-1}$)、Na_2SO_3 溶液($0.1\ mol \cdot L^{-1}$)、H_2SO_4 溶液($3\ mol \cdot L^{-1}$)、NaOH 溶液($6\ mol \cdot L^{-1}$)设计一组(三个)实验,证明 $KMnO_4$ 在酸性、碱性、中性不同介质中被还原的产物不同。写出离子反应方程式。

3. 氧化还原的相对性

（1）在离心试管中加入 0.1 mol·L^{-1} Pb(NO$_3$)$_2$ 溶液 0.5 mL，再加入 0.1 mol·L^{-1} Na$_2$S 溶液 1~2 滴，搅拌，观察沉淀的颜色。离心分离，弃去溶液，用水洗涤沉淀 1~2 次，加入 3% H$_2$O$_2$ 溶液，不断搅拌并观察沉淀颜色的变化。说明 H$_2$O$_2$ 在反应中起什么作用，写出离子反应方程式。

（2）用 KMnO$_4$ 溶液（0.01 mol·L^{-1}）、H$_2$SO$_4$ 溶液（3 mol·L^{-1}）、H$_2$O$_2$ 溶液（3%）设计一个实验证明 H$_2$O$_2$ 具有还原性。

4. 催化剂对氧化还原反应的影响

在两支试管中各加入 0.01 mol·L^{-1} KMnO$_4$ 溶液 0.5 mL 和 3 mol·L^{-1} H$_2$SO$_4$ 溶液几滴，并在其中一支试管中加入 Fe^{3+} 盐溶液几滴，摇匀，在两支试管中同时加入一小匙纯 Zn 粉，比较两份溶液颜色变化的快慢。写出离子反应方程式。

五、选做实验

用 (NH$_4$)$_2$Fe(SO$_4$)$_2$ 溶液（0.1 mol·L^{-1}）、碘水、CCl$_4$、AgNO$_3$ 溶液（0.1 mol·L^{-1}）、KSCN 溶液（0.1 mol·L^{-1}），设计一个实验，验证沉淀生成对氧化还原反应的影响[提示：通过生成沉淀，降低某一离子的浓度，使 $E(I_2/I^-)$ 增高]。

六、思考题

1. 从实验内容 3 的结果，说明 H$_2$O$_2$ 在什么情况下可作氧化剂？在什么情况下可作还原剂？
2. 从实验内容 4 的结果，分析氧化还原反应进行程度的大小和反应速率的快慢，是否必然一致？为什么？
3. 介质的酸碱性对哪些氧化还原反应有影响？怎样影响？KClO$_3$、K$_2$Cr$_2$O$_7$ 等为什么必须在酸性介质中才有强氧化性？怎样用实验证明？

实验六　原电池、金属腐蚀与防护

一、实验目的

1. 了解原电池的组成及测定原电池电动势和电极电势的方法。
2. 了解金属腐蚀的基本原理及一般防止金属腐蚀的方法。

二、实验原理

1. 原电池电动势

若某个化学反应（恒温恒压、非体积功为零）的吉布斯函数变 $\Delta_r G_m < 0$，则反应能自发进行。将氧化还原反应设计成原电池，则电池的电动势与电池反应的 $\Delta_r G_m$ 之间有如下关系：

$$-\Delta_r G_m = nFE$$

式中,n 为电池反应中转移的电子数;F 为法拉第常数。很显然,$E>0$ 时电池反应能自发进行。由于 $E=E_+-E_-$,氧化剂在正极发生还原反应,还原剂在负极发生氧化反应,所以 $E=E_{氧化剂}-E_{还原剂}$,只要能测得电池的电动势 E,就可判断电池反应进行的方向。若原电池的一个电极为参比电极(如甘汞电极)时,可通过测定原电池电动势求得另一电极的电极电势。

测定原电池的电动势通常用补偿法(亦称对消法,详见有关文献),较为粗略地测定原电池电动势时,可用酸度计。酸度计的内阻很大,测量时回路中电流极小,内电压降近似为零,因而测出的外电压降就可作为原电池的近似电动势。

2. 金属的腐蚀与防护

当金属与周围介质接触时,由于发生化学作用或电化学作用而引起的破坏称为金属的腐蚀。电化学腐蚀是金属与电解质溶液接触时引起的腐蚀,其特点是形成腐蚀原电池(包括金属自身组成不同而形成的微腐蚀电池、双金属接触而组成的电偶腐蚀电池和氧浓度不同而形成的氧浓差腐蚀电池等)。电化学腐蚀不仅在金属表面发生,还可以在金属内部发生,因此电化学腐蚀对金属的危害更大。防止金属被腐蚀的方法之一是使金属与介质隔开。例如,在金属表面涂漆、镀上耐腐蚀性能良好的金属或合金,使金属表面形成一层致密的氧化膜或磷化膜等。电化学防护法(如阴极保护法)和缓蚀剂法(在腐蚀介质中加入能防止或延缓腐蚀过程的物质)也是常用的防腐蚀方法。

三、仪器和药品

仪器:$0\sim1.5$ V 伏特计、U 形管 1 支(作盐桥用,可多准备几支 U 形管,同时制作盐桥,盐桥的制作方法如下:在 250 mL 烧杯中加入 100 mL 蒸馏水,将 10 g KCl 和 5 g 琼脂放入烧杯中,加热使琼脂溶解后,趁热将琼脂和 KCl 溶液注入 U 形管中,注意管中不能有气泡,用滴管将 U 形管的两头尽量注满,然后放置冷却,溶液即凝成胶冻,盐桥即制成)、400 mL 烧杯 2 只、试管、导线、细砂纸。

药品:锌电极、铜电极、铜丝、锌块、白铁和马口铁各 1 片、铁钉 2 枚、0.1 mol·L^{-1} CuSO$_4$ 溶液、0.1 mol·L^{-1} ZnSO$_4$ 溶液、饱和 KCl 溶液、琼脂、0.1 mol·L^{-1} HCl 溶液、1 mol·L^{-1} H$_2$SO$_4$ 溶液、3%NaCl 溶液、0.5 mol·L^{-1} K$_3$[Fe(CN)$_6$] 溶液、腐蚀液(在试管中加入 1 mol·L^{-1} NaCl 溶液 1 mL 和 2 滴 0.1 mol·L^{-1} K$_3$[Fe(CN)$_6$] 溶液及 2 滴 1% 酚酞溶液)、环六亚甲基四胺。

四、实验内容

1. 原电池的组成及电动势的粗略测定

(1) 在两只 50 mL 烧杯中加入 0.1 mol·L^{-1} CuSO$_4$ 和 ZnSO$_4$ 溶液。按图 4-6-1 装配成原电池,接上伏特计(注意正、负极),观察伏特计指针偏转方向,并记录读数。

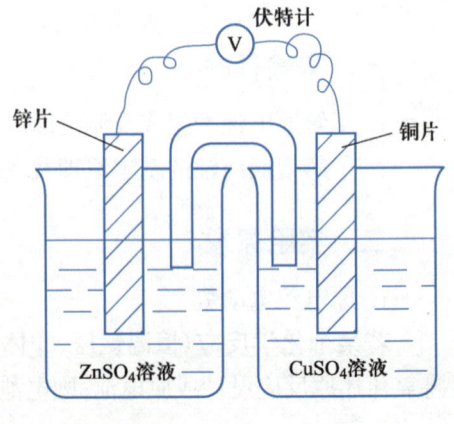

图 4-6-1 原电池装置图

（2）分别用锌电极 [$c(Zn^{2+}) = 0.1\ mol \cdot L^{-1}$]、铅电极 [$c(Pb^{2+}) = 0.1\ mol \cdot L^{-1}$] 代替上述原电池的正、负极，重新测定电动势并记录读数 [注意保留 $CuSO_4$、$ZnSO_4$、$Pb(NO_3)_2$ 溶液待用]。

比较实验结果与理论计算值，并分析原因。

2. 金属腐蚀与防护

（1）腐蚀原电池的形成

① 取纯锌一小块，放入装有 $0.1\ mol \cdot L^{-1}$ HCl 溶液 2～3 mL 的试管中，观察现象。再取一根铜丝插入试管内与锌块接触，观察现象（注意气泡发生的地方）。写出反应式并加以解释。

② 差异充气腐蚀。向用砂纸磨光的铁片上滴 1～2 滴自己配制的腐蚀溶液，观察现象，静置 3～5 min 后再仔细观察液滴不同部位所产生的颜色，为什么？写出有关的离子反应方程式。

③ 取白铁和马口铁（白铁为镀锌铁，马口铁为镀锡铁）各 1 片，分别放入盛有 $1\ mol \cdot L^{-1}$ H_2SO_4 溶液约 3 mL 的两支试管中，静置片刻。为了检验在哪一支试管中铁先被腐蚀，在两试管中各加入 $K_3[Fe(CN)_6]$ 溶液 2～3 滴。如先有蓝色沉淀生成则离子反应式为

$$3Fe^{2+} + 2[Fe(CN)_6]^{3-} \longrightarrow Fe_3[Fe(CN)_6]_2\downarrow\quad 蓝色沉淀$$

若先有黄色沉淀则其离子反应式为

$$3Zn^{2+} + 2[Fe(CN)_6]^{3-} \longrightarrow Zn_3[Fe(CN)_6]_2\downarrow\quad 黄色沉淀$$

根据实验现象判断白铁中哪种金属先被腐蚀和马口铁中哪种金属先被腐蚀，为什么？

（2）金属腐蚀的防护

① 缓蚀剂法。在两支试管中各加入 2 mL $0.1\ mol \cdot L^{-1}$ HCl 溶液，并各滴入 2 滴 $0.1\ mol \cdot L^{-1}$ $K_3[Fe(CN)_6]$ 溶液。再向其中一试管中加入 10 滴环六亚甲基四胺，另一试管中加入 10 滴水（使两试管中 HCl 浓度相同）。选表面积大致相等的两个小铁钉，用水洗净后同时投入上述两试管中，静置一段时间后观察现象，并比较两试管中蓝色出现的快慢与深浅。

② 阴极保护法。将一条滤纸碎片放置于表面皿上，并用配制的腐蚀液润湿。将两枚铁钉隔开一段距离放置于润湿的滤纸碎片上，分别与 Cu-Zn 原电池（由实验室提供）正、负极相连。静置一段时间后，观察有何现象并加以解释。

五、思考题

1. 试计算在 25 ℃时，下列原电池的电动势：

$$(-)Zn\bigm|ZnSO_4(0.1\ mol \cdot L^{-1})\|CuSO_4(0.1\ mol \cdot L^{-1})\bigm|Cu(+)$$

$$(-)Zn\bigm|ZnSO_4(0.1\ mol \cdot L^{-1})\|Pb(NO_3)_2(0.1\ mol \cdot L^{-1})\bigm|Pb(+)$$

2. 为什么含杂质的金属较纯金属易被腐蚀？

3. 简述防止金属腐蚀的一般原理。

实验七　物质结构和性质的关系

实验教学
视频

一、实验目的

1. 了解原子光谱与原子结构的关系；
2. 熟悉物质极性、磁性与物质结构的关系；
3. 熟悉物质溶解性的一般规律及离子极化对物质溶解性的影响。

二、实验原理

1. 原子光谱

量子力学原子模型认为，电子在原子核外具有确定能量的原子轨道上运动，它们可以用量子数 n、l 和 m 的合理组合来描述。其能级是量子化的。

通常情况下，原子的所有核外电子尽可能处于能量低的原子轨道上，称为"基态原子"。基态原子受到高温加热、电火花或电弧作用，一个或多个电子吸收能量跃迁到高能级轨道，这种状态下的原子称为"激发态原子"。它不稳定，在极短时间（$10^{-8} \sim 10^{-7}$ s）内，处于高能级轨道上的电子回迁至较低或最低的能级轨道上，并以光子的形式放出能量。所发出的光的频率（ν）或波长（λ），取决于跃迁时两轨道能量（E）之差：

$$\Delta E = E_2 - E_1 = h\nu = hc/\lambda$$

式中，h 为普朗克常量，6.626×10^{-34} J·s；c 为光速，2.998×10^8 m·s^{-1}。

由于原子轨道具有不连续的特定的能量，故原子光谱是具有特征波长的线状光谱。不同元素的原子轨道能级不同，所以不同元素的光谱线也不相同，每种元素都有自己固有特征的原子光谱，可以用光谱进行元素的定性、定量分析。氢原子光谱在可见光范围内有红 H$_\alpha$、青 H$_\beta$、蓝 H$_\gamma$、紫 H$_\delta$ 等谱线，见图 4-7-1。它们是电子分别从 $n=3$、4、5、6 的能级轨道回迁到 $n=2$ 的能级轨道时所发出的光谱线。氢原子光谱在红外光谱区、紫外光谱区的光谱线，肉眼无法观测到。

产生和记录原子光谱的仪器是原子光谱仪，主要由发光、分光和谱线摄像装置组成。简易观测原子光谱的装置可由发光装置和分光镜组成。从氢光灯、钠光灯等放电管发出的光，经狭缝进

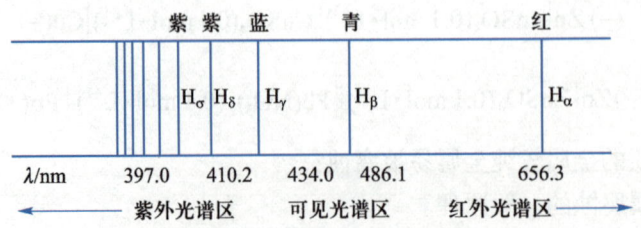

图 4-7-1　氢原子光谱

入分光镜,不同波长的光通过棱镜时受到不同的折射,从分光镜中可观看到具有特征波长(颜色)的光谱线。

2. 物质的磁性

磁性是物质的一种基本属性,源于原子的磁性。从理论上讲,任何物质都具有或强或弱的磁性。原子的磁性包括电子自旋磁矩、电子轨道磁矩及核磁矩。核磁矩是核磁共振技术的基础,但它比电子自旋磁矩小3个数量级,因此一般可忽略不计。

材料的磁性质与其微观磁结构(磁有序)有关,因而可将磁性分为无序磁性和有序磁性两类。抗磁性(或称反磁性)和顺磁性属于无序磁性;铁磁性、亚铁磁性和反铁磁性属于有序磁性。

抗磁性物质的宏观特征是在磁场中受到微弱的排斥力,即在对抗磁场方向或磁场减弱方向受力,磁化强度与外加磁场方向相反,磁化率为负值。从微观上讲,抗磁性是由电子轨道磁矩和磁化磁场相互作用产生的,故所有物质都具有抗磁性。但因产生的磁矩很小($10^{-6} \sim 10^{-2}$ cm$^3 \cdot$ g^{-1}),故只有物质内原子、离子或分子的固有磁矩等于零时才能观察到。所谓抗磁性物质指固有磁矩为零的物质,常见的有铜、金、金刚石、铋、水、惰性气体、绝大多数有机材料及生物材料等。

顺磁性物质则相反,在磁场中会受到微弱的吸引力,磁化强度与外加磁场方向相同,磁化率 $\chi > 0$,约为 10^{-2} cm$^3 \cdot$ g^{-1}。顺磁性物质的每个分子都有永久磁矩,因热运动而使磁矩混乱地分布,因而无宏观净磁矩。在外场作用下,原子磁矩部分克服热扰动而偏向外场,获得净磁矩。

有序磁性包括铁磁性和反铁磁性,铁、钴、镍、钆(Gd)及其合金多为铁磁性物质,其特点是磁化率大($\chi = 10^{-2} \sim 10^6$ cm$^3 \cdot$ g^{-1}),且不恒定,可随磁场强度变化而变化;外场消失后可保持部分磁性。每种铁磁质有一临界温度[居里(Curie)温度],高于此温度即突变为顺磁性物质。

顺磁性物质的磁性主要来源于电子的自旋运动产生磁矩,同一轨道上自旋方向相反的两个电子产生的磁矩相互抵消。因此,物质的磁性与组成物质的原子、分子或离子中的电子自旋运动有关。如果物质中正、反两种自旋状态的电子数相等(即所有电子均已成对),它们的磁效应相互抵消,该物质就表现为反磁性。如果物质中正、反两种自旋状态的电子数不相等(即含有成单电子),总磁效应不能相互抵消,物质就具有磁性,称为顺磁性物质。成单电子数越多,顺磁性越强。

例如,Fe^{3+} 的价层电子构型为 $3d^5$,在 $Fe_2(SO_4)_3$ 中,有5个未成对电子,因此它是顺磁性物质。Fe^{2+} 的价层电子构型为 $3d^6$,在 $K_4[Fe(CN)_6]$ 中,中心离子采取 d^2sp^3 杂化轨道与 CN^- 形成配位键,所有电子都已成对,属于反磁性物质。

顺磁性物质受外磁场作用,反磁性物质不受外磁场作用。

物质磁性大小可用磁矩(μ)表示,反磁性物质的磁矩 $\mu = 0$,顺磁性物质的磁矩 $\mu > 0$。磁矩 μ 可以通过磁天平来测定。

3. 键的极性和物质的极性

正、负电荷中心重合在一起的分子称为"非极性分子",正、负电荷中心不重合的分子称为"极性分子"。在极性分子中,分子的一端呈现正电性,反向端呈现负电性。在双原子分子中,分子的极性与键的极性相一致。在由极性键构成的多原子分子中,分子极性取决于与中心原子相结合的原子种类是否相同和分子结构是否对称。如直线形的 CO_2，正四面体形的 CCl_4、CH_4 是非极性分子；而 "V" 字形的 H_2O、H_2S，三角锥形的 NH_3 和四面体形的 CH_3Cl 为极性分子。极性分子在电场作用下，就会发生异极相吸的现象。例如，水流通过电场就会发生偏斜，而非极性分子 CCl_4 液流则不发生偏斜。

化学键的性质和分子的极性对物质的许多性质，如解离性、水解性（指广义的水解）、溶解性、导电性、熔沸点、硬度等性质都有影响。以溶解性为例，影响物质溶解性的因素很多，但主要是 "相似相溶" 规律，即极性物质相对易溶于极性溶剂，非极性物质相对易溶于非极性溶剂而难溶于极性溶剂。例如，$K_2Cr_2O_7$ 是离子化合物，H_2O 是极性物质，I_2 和 CCl_4 是非极性物质，所以 $K_2Cr_2O_7$ 易溶于 H_2O 而难溶于 CCl_4；相反，碘易溶于 CCl_4 而难溶于 H_2O。

4. 离子极化对物质性质的影响

离子相互极化作用的强弱一般取决于正离子的极化力和负离子的变形性，这两者均与离子的电荷、半径及外层电子构型有关。离子间极化作用越强，会使键型由离子键向共价键过渡，也会使离子化合物向共价化合物转化，从而使物质的性质，如解离性、溶解度等发生相应变化。例如 AgX，由于 Ag^+ 为 18 电子构型，极化力强，Cl^-、Br^-、I^- 的变形性较强，而且变形性随 Cl^-、Br^-、I^- 的顺序递增，故在 AgX 中，由于 F^- 的变形性小，AgF 基本上属于离子化合物，可溶于水；而 AgCl 就以共价键为主，难溶于水，AgCl、AgBr、AgI 的溶解度依次下降。

三、仪器和药品

仪器：钠（及汞、氢、氖）光灯、分光镜、电磁铁、静电起电器、滴定管、试管、点滴板。

药品：$Fe_2(SO_4)_3$ 粉末、$K_4[Fe(CN)_6]$ 粉末、CCl_4、$KClO_3$ 溶液（0.1 mol·L^{-1}）、KCl 溶液（0.01 mol·L^{-1}、0.1 mol·L^{-1}）、NaCl 溶液（0.1 mol·L^{-1}）、$AgNO_3$ 溶液（0.1 mol·L^{-1}）、I_2(s)、KI（s、0.01 mol·L^{-1}）、$K_2Cr_2O_7$(s)、$Ca(NO_3)_2$ 溶液（0.5 mol·L^{-1}）、$CaCl_2$ 溶液（0.1 mol·L^{-1}）、KF 溶液（0.01 mol·L^{-1}、0.1 mol·L^{-1}）、$Pb(NO_3)_2$ 溶液（0.1 mol·L^{-1}）、K_2CrO_4 溶液（0.1 mol·L^{-1}）。

四、实验内容

1. 记录各原子光谱

用分光镜观察 H、Na、Hg、Ne 等元素的原子光谱，记下各原子光谱主谱线和谱线颜色。

2. 物质磁性的测定

用电磁铁装置定性地测定 $Fe_2(SO_4)_3$ 和 $K_4[Fe(CN)_6]$ 的磁性。

把 $Fe_2(SO_4)_3$ 和 $K_4[Fe(CN)_6]$ 粉末分别封入两支透明塑料管。然后用细线连接塑料管的一端，挂在电磁铁的中间，如图 4-7-2 所示。准备好后，合上电源开关，观察 $Fe_2(SO_4)_3$ 和 $K_4[Fe(CN)_6]$ 被磁极吸引的情况，并解释。

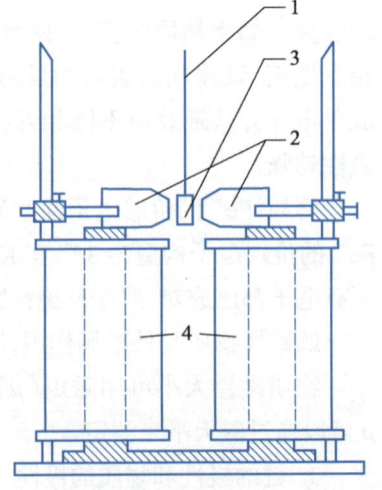

1—细线；2—锥形电磁铁；3—试样管；4—电磁铁

图 4-7-2 电磁铁装置示意图

3. 键的类型和物质的极性

(1) 键的类型　在点滴板的四个圆穴内分别加入 0.1 mol·L^{-1} KClO$_3$ 溶液、0.1 mol·L^{-1} KCl 溶液、0.1 mol·L^{-1} NaCl 溶液和 CCl$_4$ 各一滴,各滴加 1 滴 0.1 mol·L^{-1} AgNO$_3$ 溶液,观察现象。根据化学键的类型,解释实验结果。

(2) 物质的极性与物质性质的关系

① 在酸式滴定管中装入 CCl$_4$ 液体,将滴定管的管口靠近静电起电器上的电极,在滴定管的下面放置一只大烧杯,以接收流下来的液体,装置如图 4-7-3 所示。打开滴定管的旋塞,使管中的液体流下,然后合上静电起电器的电源开关,使电极周围产生电场,观察 CCl$_4$ 液流方向是否发生偏转。

用蒸馏水代替 CCl$_4$,进行同样的实验,观察水流方向是否发生偏转。根据实验结果,对水和 CCl$_4$ 的极性作出结论。

② 在两支干燥的试管中,各加入一小粒碘晶体,然后在一支试管中加入少量 CCl$_4$,在另一支试管中加入少量 H$_2$O,观察碘的溶解情况及溶液的颜色。

在加水的试管中再加入少许 KI 固体,充分摇动后,观察溶解情况有何变化。(注:发生以下反应 I$_2$ + I$^-$ ⟶ I$_3^-$。)

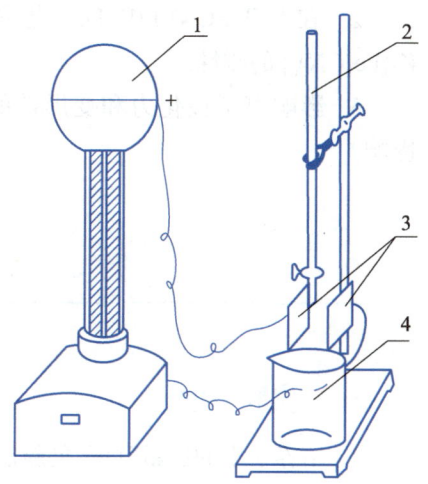

1—静电起电器;2—滴定管;
3—电极;4—烧杯

图 4-7-3　分子极性测定装置示意图

③ 在两支干燥的试管中,各加入少许 K$_2$Cr$_2$O$_7$ 晶体,然后向一支试管中加入少量 CCl$_4$ 液体,在另一支试管中加入少量 H$_2$O,观察 K$_2$Cr$_2$O$_7$ 的溶解情况及溶液颜色。

根据实验②、③的结果,对 I$_2$ 和 K$_2$Cr$_2$O$_7$ 在 CCl$_4$ 和 H$_2$O 中的溶解度大小加以解释。

4. 晶格能大小对物质溶解度的影响

在两支试管中各加入少量 0.5 mol·L^{-1} Ca(NO$_3$)$_2$ 溶液,然后向一支试管中加入 0.1 mol·L^{-1} KF 溶液,在另一支试管中加入 0.1 mol·L^{-1} KCl 溶液,观察现象。写出离子反应方程式,并加以解释。

5. 离子极化对物质溶解度的影响

(1) 在两支试管中各加入少量 0.1 mol·L^{-1} AgNO$_3$ 溶液,然后在一支试管中加入几滴 0.01 mol·L^{-1} KF 溶液,在另一支试管中加入几滴 0.01 mol·L^{-1} KCl 溶液,观察现象。写出有关的离子反应方程式。

(2) 在两支试管中各加入少量 0.1 mol·L^{-1} Pb(NO$_3$)$_2$ 溶液,然后在一支试管中加入几滴 0.01 mol·L^{-1} KCl 溶液,在另一支试管中加入几滴 0.01 mol·L^{-1} KI 溶液,观察现象。写出有关的离子反应方程式。

(3) 在两支试管中各加入少量 0.1 mol·L^{-1} K$_2$CrO$_4$ 溶液,然后在一支试管中加入几滴 0.1 mol·L^{-1} CaCl$_2$ 溶液,在另一支试管中加入几滴 0.1 mol·L^{-1} Pb(NO$_3$)$_2$ 溶液,观察现象。写出有

关的离子反应方程式。

根据实验（1）、（2）、（3）的结果，说明离子极化对物质溶解度的影响。

五、思考题

1. 原子光谱为什么是线状光谱而不是连续光谱？为什么不同元素的原子光谱不同？
2. 在 $K_3[Fe(CN)_6]$ 中，Fe^{3+} 也采取 d^2sp^3 杂化轨道与 CN^- 形成配位共价键。试分析 $K_3[Fe(CN)_6]$ 的磁性。
3. 影响离子极化力和变形性的因素有哪些？离子极化作用对物质的键型、溶解度有何影响？

实验八　平衡原理综合实验

一、实验目的

1. 培养学生的创新意识、创新能力及理论与实践相结合的能力；
2. 进一步掌握氧化还原反应、沉淀反应的性质；
3. 巩固无机实验的一些基本操作及实验设计能力。

二、实验内容

1. 在不借用其他试剂（水除外）的情况下，将下列两组失去标签的试剂加以鉴别：

（1）溶液：$Bi(NO_3)_3$、HCl、H_2SO_4、$BaCl_2$、$NaCl$。

（2）固体：无水 $CuSO_4$、Na_2CO_3、$NaCl$、$MgCl_2$、$BiCl_3$。

2. 在以下提供的试剂范围内选择试剂，设计实验，实现下列变化，写出应出现的实验现象和离子反应方程式：

试剂：$KMnO_4$ 溶液（$0.1\ mol \cdot L^{-1}$）、$KClO_3$ 溶液（饱和）、$FeCl_3$ 溶液（$0.1\ mol \cdot L^{-1}$）、氯水、碘水、H_2O_2 溶液（3%）、Na_3AsO_4 溶液（$0.1\ mol \cdot L^{-1}$）、KI 溶液（$0.1\ mol \cdot L^{-1}$、$0.01\ mol \cdot L^{-1}$）、$FeSO_4$ 溶液（$0.1\ mol \cdot L^{-1}$）、$Cr_2(SO_4)_3$ 溶液（$0.1\ mol \cdot L^{-1}$）、$SnCl_2$ 溶液（$0.1\ mol \cdot L^{-1}$）、KBr 溶液（$0.1\ mol \cdot L^{-1}$）、$KSCN$ 溶液（$0.1\ mol \cdot L^{-1}$）、CCl_4、H_2SO_4 溶液（$2\ mol \cdot L^{-1}$ 和 $6\ mol \cdot L^{-1}$）、$NaOH$ 溶液（$2\ mol \cdot L^{-1}$ 和 $6\ mol \cdot L^{-1}$）。

（1）改变介质条件，提高氧化剂的氧化能力。

（2）改变介质条件，提高还原剂的还原能力。

（3）改变介质条件，转变氧化还原反应进行的方向。

（4）证明氧化还原反应进行有次序，先发生在电极电势差值大的两电对之间。

3. 用 $Pb(NO_3)_2$、Na_2SO_4、Na_2CO_3、KI、Na_2S 试剂，设计 $PbSO_4$ 沉淀能多次转化的实验。

4. 设计合理方案，除去下述溶液中的杂质离子（不能引入二次杂质）：

(1) $MnSO_4$ 溶液(含有少量 Fe^{2+}、Cu^{2+} 等)。

(2) $ZnSO_4$ 溶液(含有少量 Fe^{2+}、Cu^{2+}、Cd^{2+}、Ni^{2+} 等)。

5. 配制 $0.1\ mol \cdot L^{-1}\ Bi(NO_3)_3$ 溶液 50 mL,计算试剂用量,并选择实验仪器,写出实验步骤。

实验九　p 区非金属元素重要化合物的性质

一、实验目的

1. 进一步掌握下列化合物的性质:次氯酸盐及氯酸盐的氧化性;过氧化氢的性质,硫化氢的还原性和硫化物的溶解性;亚硫酸、硫代硫酸、亚硝酸及其盐的性质。

2. 掌握 X^-、S^{2-}、$S_2O_3^{2-}$、NH_4^+、NO_2^-、NO_3^-、PO_4^{3-} 的鉴定方法,Cl^-、Br^-、I^- 混合离子及 S^{2-}、SO_3^{2-}、$S_2O_3^{2-}$ 混合离子的分离与鉴定方法。

3. 了解氯、氯酸盐、硫化氢、氮的氧化物的毒性及安全知识。

二、实验原理

p 区重要非金属化合物性质简介列于表 4-9-1 及表 4-9-2。

表 4-9-1　过氧化氢、硫化氢、硫化物的性质

物质	主要性质	反应举例
过氧化氢	(1) 弱酸性,与碱发生中和反应	$Ba(OH)_2 + H_2O_2 \longrightarrow BaO_2 + 2H_2O$
	(2) 不稳定性,易分解成 H_2O 和 O_2	$2H_2O_2 \xrightarrow{MnO_2} 2H_2O + O_2 \uparrow$
	(3) 既有氧化性,又有还原性,但以氧化性为主	$PbS + 4H_2O_2 \longrightarrow PbSO_4 + 4H_2O$ $2MnO_4^- + 5H_2O_2 + 6H^+ \longrightarrow 2Mn^{2+} + 5O_2\uparrow + 8H_2O$
硫化氢	有毒,有强还原性	$H_2S + 2Fe^{3+} \longrightarrow 2Fe^{2+} + S\downarrow + 2H^+$ $H_2S + 4Cl_2 + 4H_2O \longrightarrow H_2SO_4 + 8HCl$
硫化物	除碱金属(包括 NH_4^+)的硫化物外,大多数硫化物难溶于水,并具有特征颜色。根据在酸中的溶解情况,可将硫化物分为四类: (1) 可溶于稀盐酸的硫化物 (2) 难溶于稀盐酸,能溶于浓盐酸的硫化物 (3) 难溶于浓盐酸,能溶于硝酸的硫化物 (4) 难溶于硝酸,只溶于王水的硫化物	ZnS(白色)、MnS(肉色)、FeS(黑色)等 CdS(黄色)、PbS(黑色)等 CuS(黑色)、Ag_2S(黑色)等 HgS(黑色)等

实验教学视频

表 4-9-2 氯、硫、氮的部分含氧酸及其盐的性质

族	物质	氧化数	主要性质	反应举例
ⅦA	次氯酸盐	+1	有强氧化性	$ClO^- + HCl(浓) + H^+ \longrightarrow Cl_2\uparrow + H_2O$
	氯酸盐	+5	在酸性介质中有强氧化性	$ClO_3^- + 6I^- + 6H^+ \longrightarrow Cl^- + 3I_2 + 3H_2O$
ⅥA	亚硫酸及其盐	+4	(1) 亚硫酸热稳定性差,易分解	$H_2SO_3 \longrightarrow SO_2\uparrow + H_2O$
			(2) 既有氧化性又有还原性,但以还原性为主	$2MnO_4^- + 5SO_3^{2-} + 6H^+ \longrightarrow 2Mn^{2+} + 5SO_4^{2-} + 3H_2O$ $SO_3^{2-} + 2H_2S + 2H^+ \longrightarrow 3S\downarrow + 3H_2O$
	硫代硫酸及其盐	+2	(1) 硫代硫酸极不稳定,易分解	$S_2O_3^{2-} + 2H^+ \longrightarrow S\downarrow + SO_2\uparrow + H_2O$
			(2) 具有还原性,为中强还原剂,与强氧化剂(如Cl_2、Br_2等)作用被氧化成硫酸盐;与较弱氧化剂(如I_2等)作用被氧化成连四硫酸盐	$S_2O_3^{2-} + 4Cl_2 + 5H_2O \longrightarrow 2SO_4^{2-} + 8Cl^- + 10H^+$ $2S_2O_3^{2-} + I_2 \longrightarrow S_4O_6^{2-} + 2I^-$
			(3) 硫代硫酸根有很强的配位能力,与许多金属离子形成配合物	$AgBr + 2S_2O_3^{2-} \longrightarrow [Ag(S_2O_3)_2]^{3-} + Br^-$
	过二硫酸及其盐(结构中含有—O—O—链)	+6	(1) 过二硫酸盐的热稳定性差,受热易分解	$K_2S_2O_8 \xrightarrow{\Delta} K_2SO_4 + SO_2\uparrow + O_2\uparrow$
			(2) 具有强氧化性	$2Mn^{2+} + 5S_2O_8^{2-} + 8H_2O \xrightarrow[\Delta]{Ag^+} 2MnO_4^- + 10SO_4^{2-} + 16H^+$
ⅤA	亚硝酸及其盐	+3	(1) 亚硝酸极不稳定,易分解	$2HNO_2 \rightleftharpoons N_2O_3 + H_2O$ (蓝色) $\longrightarrow NO\uparrow + NO_2\uparrow$ (棕色)
			(2) 既有氧化性又有还原性,但以氧化性为主。亚硝酸盐溶液只有在酸性介质中才显示氧化性	$2NO_2^- + 2I^- + 4H^+ \longrightarrow 2NO\uparrow + I_2 + 2H_2O$ $2MnO_4^- + 5NO_2^- + 6H^+ \longrightarrow 2Mn^{2+} + 5NO_3^- + 3H_2O$

三、仪器和药品

仪器:试管、离心试管、封闭式电炉、恒温水浴锅、离心机等。

药品:$KMnO_4$溶液(0.01 mol·L^{-1})、H_2O_2溶液(3%)、KI溶液(0.01 mol·L^{-1}、0.1 mol·L^{-1})、$ZnSO_4$溶液(0.2 mol·L^{-1})、$CdSO_4$溶液(0.1 mol·L^{-1})、$(NH_4)_2S$溶液(0.1 mol·L^{-1})、$CuSO_4$溶液(0.1 mol·L^{-1})、$Hg(NO_3)_2$溶液(0.1 mol·L^{-1})、$FeSO_4$溶液(0.2 mol·L^{-1})、KNO_3溶液(0.1 mol·L^{-1})、Na_3PO_4溶液(0.1 mol·L^{-1})、$(NH_4)_2CO_3$溶液(12%)、$Na_2S_2O_3$溶液(0.1 mol·L^{-1})、Na_2SO_3溶液(0.5 mol·L^{-1})、$BaCl_2$溶液(0.1 mol·L^{-1})、$NaNO_2$溶液(饱和、0.1 mol·L^{-1})、$AgNO_3$溶液(0.1 mol·L^{-1})、H_2S溶液(饱和)、$KClO_3$溶液(饱和)、HCl溶液(1 mol·L^{-1}、6 mol·L^{-1}、浓)、H_2SO_4溶液(1 mol·L^{-1}、6 mol·L^{-1}、浓)、NaOH溶液(2 mol·L^{-1})、HNO_3溶液(6 mol·L^{-1}、浓)、碘水、溴水、CCl_4、HOAc溶液(2 mol·L^{-1})、$MnO_2(s)$、Zn粉、淀粉-KI试纸、奈斯勒试剂、对氨基苯磺酸、α-萘胺、钼酸铵、$Na_2[Fe(CN)_5NO]$。

浓度分别为0.1 mol·L^{-1}、0.03 mol·L^{-1}的Cl^-、Br^-、I^-混合液。

四、实验内容

1. H_2S的还原性

用$KMnO_4$溶液、稀硫酸和H_2S水溶液,设计一个实验,证明H_2S能被$KMnO_4$氧化,观察现象,写出离子反应方程式。

2. H_2O_2的性质

用3% H_2O_2溶液、0.01 mol·L^{-1} KI溶液、0.01 mol·L^{-1} $KMnO_4$溶液、1 mol·L^{-1} H_2SO_4溶液、$MnO_2(s)$,设计三个实验,分别验证H_2O_2具有氧化性、还原性和易分解的特性,写出实验步骤,观察实验现象,写出离子反应方程式。

3. 硫化物的溶解性

(1) 用离心试管取1 mL 0.2 mol·L^{-1} $ZnSO_4$溶液,滴加3~4滴0.1 mol·L^{-1} $(NH_4)_2S$溶液,观察现象。离心分离,弃去溶液,将沉淀洗涤两次后,滴加1 mol·L^{-1} HCl溶液,观察沉淀是否溶解。写出有关的离子反应方程式。

(2) 仿照ZnS实验制备CdS沉淀,观察沉淀的颜色。离心分离并洗涤沉淀两次后,将沉淀分为两份,分别观察CdS在1 mol·L^{-1} HCl溶液和6 mol·L^{-1} HCl溶液中的溶解情况。写出有关的离子反应方程式。

(3) 自制少量CuS沉淀,观察其在6 mol·L^{-1} HCl溶液和6 mol·L^{-1} HNO_3溶液中的溶解情况。写出有关的离子反应方程式。

(4) 自制少量HgS沉淀,观察其在6 mol·L^{-1} HNO_3溶液和王水中的溶解情况。写出有关离子反应方程式。

根据实验结果,讨论四种硫化物的溶解性。

4. 氯、硫、氮的含氧酸及其盐的性质

(1) 次氯酸盐和氯酸盐的氧化性

① NaClO 的制备。取氯水 0.5 mL,滴加 2 mol·L^{-1} NaOH 溶液至溶液呈碱性为止。保留溶液做下面实验用。写出离子反应方程式。

② NaClO 的氧化性。取上述 NaClO 溶液,加入数滴浓盐酸,观察现象,并用淀粉-KI 试纸检验所放出的气体。写出离子反应方程式。

③ 设计一个实验,验证 KClO$_3$ 在酸性介质中才具有强氧化性的事实。写出实验步骤、观察到的实验现象和离子反应方程式。

(2) 亚硫酸及其盐的氧化还原性

① 取 0.5 mol·L^{-1} Na$_2$SO$_3$ 溶液 0.5 mL,用 1 mol·L^{-1} H$_2$SO$_4$ 溶液酸化后滴加 5~6 滴饱和 H$_2$S 水溶液,观察现象。写出离子反应方程式。

② 以碘水为氧化剂,验证 Na$_2$SO$_3$ 的还原性,观察现象并写出离子反应方程式。

(3) 硫代硫酸及其盐的性质

① 取 0.1 mol·L^{-1} Na$_2$S$_2$O$_3$ 溶液 1 mL,滴加 1 mol·L^{-1} H$_2$SO$_4$ 溶液,观察现象,并用 KMnO$_4$ 试纸(自制)检验放出的气体。写出离子反应方程式。

② 以碘水、氯水为氧化剂,验证 Na$_2$S$_2$O$_3$ 的还原性,并用 BaCl$_2$ 溶液检验产物。观察现象并写出离子反应方程式。

(4) 亚硝酸及其盐的性质

① 取 10 滴饱和 NaNO$_2$ 溶液,滴加 1 mol·L^{-1} H$_2$SO$_4$ 溶液,观察溶液的颜色和液面上方气体的颜色。写出离子反应方程式。

② 用 0.1 mol·L^{-1} NaNO$_2$ 溶液、0.01 mol·L^{-1} KMnO$_4$ 溶液、0.1 mol·L^{-1} KI 溶液和 1 mol·L^{-1} H$_2$SO$_4$ 溶液,设计两个实验,验证 NaNO$_2$ 的氧化性和还原性。观察实验现象,并写出离子反应方程式。

5. Cl$^-$、Br$^-$、I$^-$ 混合液的分离与鉴定

取 2~3 滴 Cl$^-$、Br$^-$、I$^-$ 混合液,加 1 滴 6 mol·L^{-1} HNO$_3$ 溶液酸化,再加入 0.1 mol·L^{-1} AgNO$_3$ 溶液至沉淀完全(检验方法:在离心分离后,在清液中再加入 1 滴 AgNO$_3$ 溶液,应该不再产生沉淀),离心分离,弃去溶液。用蒸馏水洗涤沉淀两次。在沉淀中加入 1 mL 12%(NH$_4$)$_2$CO$_3$ 溶液,充分搅拌,离心分离。在清液中加入 6 mol·L^{-1} HNO$_3$ 溶液,有白色沉淀析出,表示有 Cl$^-$。沉淀用蒸馏水洗涤两次后,在沉淀中加入 5 滴蒸馏水及少量 Zn 粉,充分搅拌并微热。离心分离,弃去沉淀,取出清液。在清液中滴加 5 滴 CCl$_4$,然后缓慢滴加氯水并不断振荡,CCl$_4$ 层显紫红色,表示有 I$^-$。继续滴加氯水,紫红色褪去,并显示棕黄(或棕红)色,表示有 Br$^-$。

6. S^{2-}、S$_2$O$_3^{2-}$、NH$_4^+$、NO$_2^-$、NO$_3^-$、PO$_4^{3-}$ 的鉴定

(1) S^{2-} 的鉴定 在点滴板上加入 1 滴 0.1 mol·L^{-1} (NH$_4$)$_2$S 溶液,再加入 1 滴 1% Na$_2$[Fe(CN)$_5$NO] 溶液,观察现象。

(2) S$_2$O$_3^{2-}$ 的鉴定 在点滴板上加入 1 滴 0.1 mol·L^{-1} Na$_2$S$_2$O$_3$ 溶液,再加入 2 滴 AgNO$_3$ 溶液,观察沉淀由白变黄变棕最后变黑的现象。写出离子反应方程式。

(3) NH$_4^+$ 的鉴定 在点滴板上加入 1 滴 NH$_4$Cl 溶液,再加入 1 滴奈斯勒试剂,观察现象。

(4) NO$_2^-$ 的鉴定 在点滴板上加入 1 滴 0.01 mol·L^{-1} NaNO$_2$ 溶液(用 0.1 mol·L^{-1} NaNO$_2$ 溶液稀释制备),用 1 滴 2 mol·L^{-1} HOAc 溶液酸化,再加入对氨基苯磺酸和 α-萘胺各 1 滴,观察现象。

注意：NO_2^- 浓度过大时，产生黄色溶液或出现褐色沉淀。

（5）NO_3^- 的鉴定　在试管中加入 0.5 mL 0.2 mol·L^{-1} $FeSO_4$ 溶液，再加入 5 滴 0.1 mol·L^{-1} KNO_3 溶液，摇匀后，将试管斜持，沿管壁慢慢加入约 1 mL 浓硫酸。由于浓硫酸相对密度比水大，溶液分成两层。观察浓硫酸和溶液交界面处棕色环的出现。

注意：NO_2^- 可发生同样反应，Br^-、I^- 存在时生成游离的 Br_2 和 I_2，与环的颜色相似，妨碍鉴定，必须除去。

（6）PO_4^{3-} 的鉴定　在试管中加入 5 滴 0.1 mol·L^{-1} Na_3PO_4 溶液，再加入约 0.5 mL 钼酸铵试剂（要加过量，为什么？），在水浴上加热，观察现象。写出离子反应方程式。

五、选做实验

分离并鉴定 S^{2-}、SO_3^{2-}、$S_2O_3^{2-}$ 混合液（方案可参考"实验十一　常见阴离子的分离与鉴定"）

六、安全知识

（1）Cl_2 为黄绿色并具有窒息臭味的毒气，有强烈的刺激性和氧化性，吸入人体内会强烈刺激咽喉和黏膜，引起咳嗽和哮喘，甚至导致呼吸中枢被麻痹和肺的化学性烧伤。

（2）Br_2 为暗红色液体，易汽化。Br_2 蒸气对呼吸系统有强烈刺激性。液溴有很强的腐蚀性，能灼伤皮肤，严重时使皮肤溃烂，取用时应戴橡胶手套。溴水腐蚀性低于液溴。皮肤上沾有溴水时，应该先用大量水冲洗后，再用酒精洗涤。

（3）$KClO_3$ 是强氧化剂，不能与易燃物质一起保存。它与 S、P 的混合物是炸药（不允许在一起研磨、冲击和加热）。$KClO_3$ 易分解，不宜高温烘干或烤干。做完实验后，剩余的 $KClO_3$ 应回收。

（4）H_2S 为无色有腐蛋臭味的气体，极毒，吸入后引起头疼、眩晕，延髓中枢麻痹。H_2S 沉着于黏膜，易形成有强烈刺激作用的硫化物。

（5）所有的氮氧化物都有毒，尤以 NO_2 为甚，它能严重损害黏膜和神经系统，引起呼吸道的刺激性症状和炎症，可能发生各种程度的支气管炎、肺炎和肺水肿等。NO_2 中毒尚无特效药治疗，一般通过吸入氧气帮助呼吸并帮助血液循环系统解毒。HNO_3 的分解产物或还原产物多为氮的氧化物。

凡是产生有毒、有刺激性气体（如 Cl_2、Br_2、N_2O、NO、NO_2、SO_2、H_2S 等）的实验，均应在通风橱内进行。

七、思考题

1. 在氧化还原反应中，能否用 HNO_3、HCl 作为反应的酸性介质？为什么？
2. 用淀粉-KI 试纸检验 Cl_2 时，试纸先变蓝色；但当在 Cl_2 中时间较长时，蓝色又褪去了，为什么？
3. 如何区别 $NaNO_2$ 和 $NaNO_3$？
4. Ag^+ 与 $S_2O_3^{2-}$ 作用时，什么情况下生成 $Ag_2S_2O_3$？什么情况下生成 $[Ag(S_2O_3)_2]^{3-}$？

实验十　p区重要金属化合物的性质

一、实验目的

实验教学视频

1. 掌握锑、铋、锡、铅氢氧化物的酸碱性,铅盐的难溶性,Sn(Ⅱ)的还原性和Pb(Ⅳ)、Bi(Ⅴ)的氧化性;
2. 掌握锑、铋、锡、铅的硫化物及锑、锡的硫代酸盐的性质;
3. 掌握Sb^{3+}、Bi^{3+}、Sn^{2+}、Pb^{2+}的鉴定反应。

二、实验原理

p区重要金属化合物的性质简介列于表4-10-1及表4-10-2。

表 4-10-1　锑、铋、锡、铅氢氧化物的酸碱性

锑、铋氢氧化物			锡、铅氢氧化物		
碱性增强 ↓	$Sb(OH)_3$(白色) 两性 $Bi(OH)_3$(白色) 弱碱性	H_3SbO_4(白色) 两性偏酸 Bi_2O_5(红色) 不稳定,易分解 为$Bi_2O_3+O_2$ 弱酸性	碱性增强 ↓	$Sn(OH)_2$(白色) 两性 $Pb(OH)_2$(白色) 两性偏碱	$Sn(OH)_4$(白色) 两性,以酸性为主 $Pb(OH)_4$(棕色) 两性偏酸
酸性增强 →			酸性增强 →		

铅盐中只有$Pb(NO_3)_2$和$Pb(OAc)_2$易溶于水,其他均难溶,分析化学上常以此作为Pb^{2+}鉴定和分离的依据。常见铅盐性质如下:

$$Pb^{2+} + \begin{cases} 2Cl^- & PbCl_2\downarrow (白色,易溶于热水、NH_4OAc、浓\ HCl\ 溶液) \\ 2I^- & PbI_2\downarrow (黄色,易溶于浓\ KI\ 溶液) \\ CrO_4^{2-} \longrightarrow & PbCrO_4\downarrow (黄色,易溶于稀\ HNO_3\ 溶液、浓\ HCl\ 溶液、浓\ NaOH\ 溶液) \\ SO_4^{2-} & PbSO_4\downarrow (白色,易溶于\ NH_4OAc\ 和热、浓\ H_2SO_4\ 溶液) \\ CO_3^{2-} & PbCO_3\downarrow (白色,易溶于稀酸) \end{cases}$$

在Pb^{2+}溶液中加入CrO_4^{2-}生成黄色沉淀是Pb^{2+}的鉴定反应。

p区金属元素硫化物的性质列于表4-10-3。

表 4-10-2　Sb(Ⅲ)、Bi(Ⅲ)、Sn(Ⅱ)的还原性和 Bi(Ⅴ)、Pb(Ⅳ)的氧化性

物质	氧化还原性递变规律	反应举例
Sb(Ⅲ)、Bi(Ⅲ)和 Bi(Ⅴ)	还原性减弱 → Sb(Ⅲ)　　　　　Bi(Ⅲ) 既有氧化性，又有还原性，但均较弱　　既有氧化性，又有还原性，在碱性介质中可被强氧化剂氧化 $E^{\ominus}(Sb^{3+}/Sb)$=0.212 V　　$E^{\ominus}(Bi^{3+}/Bi)$=0.320 V $E^{\ominus}(SbO_4^{3-}/SbO_2^-)$=−0.59 V　　$E^{\ominus}(NaBiO_3/Bi^{3+})$=1.8 V Sb(Ⅴ)　　　　　Bi(Ⅴ) 在酸性介质中有氧化性，但氧化性不强　　在酸性介质中有强氧化性 氧化性增强 →	(1) Sb(Ⅲ)氧化还原性 $2Sb^{3+}+3Sn \longrightarrow 2Sb\downarrow+3Sn^{2+}$ 　　　　　　　　　（黑色） $[Sb(OH)_4]^-+2[Ag(NH_3)_2]^++2OH^- \longrightarrow [Sb(OH)_6]^-+2Ag\downarrow+4NH_3$ 　　　　　　　　　　　　　　　　　（黑色） —— 鉴定 Sb^{3+} 的反应 (2) Bi(Ⅲ)的还原性和 Bi(Ⅴ)的氧化性 $Bi(OH)_3+Cl_2+3OH^-+Na^+ \longrightarrow NaBiO_3\downarrow+2Cl^-+3H_2O$ 　　　　　　　　　　　　　　（棕黄色） $NaBiO_3+6HCl(浓) \longrightarrow BiCl_3+NaCl+Cl_2\uparrow+3H_2O$ $5NaBiO_3+2Mn^{2+}+14H^+ \longrightarrow 2MnO_4^-+5Bi^{3+}+5Na^++7H_2O$ 　　　　　　　　　　　　　（紫红色） —— 鉴定 Mn^{2+} 的反应
Sn(Ⅱ)和 Pb(Ⅳ)	还原性减弱 → Sn^{2+}　　　　　Pb^{2+} 强还原性，在碱性介质中还原性更强 $E(Sn^{4+}/Sn^{2+})$=0.15 V　　$E(PbO_2/Pb^{2+})$=1.46 V $E([Sn(OH)_6]^{2-}/[Sn(OH)_4]^{2-})$=−0.93 V Sn(Ⅳ)　　　　　Pb(Ⅳ) 　　　　　在酸性介质中有强氧化性 氧化性增强 →	(1) Sn(Ⅱ)的还原性 $2HgCl_2+Sn^{2+}+4Cl^- \longrightarrow Hg_2Cl_2\downarrow+[SnCl_6]^{2-}$ 　　　　　　　　　　　（白色） $Hg_2Cl_2+Sn^{2+}+4Cl^- \longrightarrow 2Hg\downarrow+[SnCl_6]^{2-}$ （过量）　　　　　　　（黑色） —— 鉴定 Sn^{2+} 和 Hg^{2+} 的反应 $2Bi^{3+}+3[Sn(OH)_4]^{2-}+6OH^- \longrightarrow 2Bi\downarrow+3[Sn(OH)_6]^{2-}$ 　　　　　　　　　　　　　　　（黑色） —— 鉴定 Bi^{3+} 的反应 (2) Pb(Ⅳ)的氧化性 $PbO_2+4HCl(浓) \longrightarrow PbCl_2+Cl_2\uparrow+2H_2O$

表 4-10-3　Sb(Ⅲ)、Sb(Ⅴ)、Bi(Ⅲ)、Sn(Ⅱ)、Sn(Ⅳ)、Pb(Ⅱ)硫化物的性质

硫化物	Sb_2S_3	Sb_2S_5	Bi_2S_3	SnS	SnS_2	PbS
颜色	橙红	橙红	黑色	棕色	黄色	黑色
试剂 Na_2S	Na_3SbS_3	Na_3SbS_4	——	——	Na_2SnS_3	——
试剂 Na_2S_2	Na_3SbS_4	Na_3SbS_4+S	——	Na_2SnS_3	Na_2SnS_3+S	——
试剂 HCl	$SbCl_3+H_2S$	$SbCl_3+H_2S+S$	$BiCl_3+H_2S$	$SnCl_2+H_2S$	$H_2[SnCl_6]+H_2S$	$H_2[PbCl_4]+H_2S$
试剂 NaOH	Na_3SbO_3+ Na_3SbS_3	Na_3SbO_4+ Na_3SbS_4	——	——	Na_2SnO_3+ Na_2SnS_3	——

三、仪器和药品

仪器：试管、离心试管、封闭式电炉、酒精灯、水浴加热烧杯、离心机等。

药品：$SbCl_3$溶液（0.1 mol·L^{-1}）、$Bi(NO_3)_3$溶液（0.1 mol·L^{-1}）、$SnCl_2$溶液（0.5 mol·L^{-1}）、$Pb(NO_3)_2$溶液（0.1 mol·L^{-1}）、$AgNO_3$溶液（0.1 mol·L^{-1}）、$MnSO_4$溶液（0.1 mol·L^{-1}）、$HgCl_2$溶液（0.1 mol·L^{-1}）、KI溶液（0.1 mol·L^{-1}）、K_2CrO_4溶液（0.1 mol·L^{-1}）、NH_4OAc溶液（2 mol·L^{-1}）、$SnCl_4$溶液（0.1 mol·L^{-1}）、$(NH_4)_2S$溶液（0.5 mol·L^{-1}）、H_2S溶液（饱和）、NaOH溶液（2 mol·L^{-1}、6 mol·L^{-1}）、$NH_3·H_2O$溶液（2 mol·L^{-1}）、HCl溶液（浓、2 mol·L^{-1}）、HNO_3溶液（6 mol·L^{-1}）、H_2SO_4溶液（2 mol·L^{-1}）、氯水、$NaBiO_3$(s)、PbO_2(s)、锡箔、淀粉-KI试纸、浓度均为 0.1 mol·L^{-1} 的 Sb^{3+} 和 Bi^{3+} 的混合液。

四、实验内容

1. 氢氧化物的生成和性质

（1）用 0.1 mol·L^{-1} $SbCl_3$ 溶液和 2 mol·L^{-1} NaOH 溶液制备少量 $Sb(OH)_3$ 沉淀，观察沉淀的颜色。将沉淀分为两份，分别试验它在 2 mol·L^{-1} HCl 溶液和 2 mol·L^{-1} NaOH 溶液中的溶解情况。写出离子反应方程式。

（2）制备少量 $Bi(OH)_3$ 沉淀，并试验它在 2 mol·L^{-1} HCl 溶液和 6 mol·L^{-1} NaOH 溶液中的溶解情况。写出离子反应方程式。

（3）制备少量 $Sn(OH)_2$、$Pb(OH)_2$ 沉淀，并试验它们在酸、碱中的溶解情况[试验 $Pb(OH)_2$ 的碱性时应该用什么酸？为什么？]。写出离子反应方程式。

根据实验结果，比较 $Sb(OH)_3$ 和 $Bi(OH)_3$，$Sn(OH)_2$ 和 $Pb(OH)_2$ 酸碱性的强弱。

2. Sb(Ⅲ)的氧化还原性

（1）在一小片光亮的 Sn 片或 Sn 箔上，加 1 滴 0.1 mol·L^{-1} $SbCl_3$ 溶液，观察 Sn 片颜色的变化。写出离子反应方程式。

（2）在试管中加入少量 0.1 mol·L^{-1} $SbCl_3$ 溶液，滴加过量的 6 mol·L^{-1} NaOH 溶液，直至生成的沉淀又溶解为止。在另一支试管内加入少量 0.1 mol·L^{-1} $AgNO_3$ 溶液，然后加入 2 mol·L^{-1} $NH_3·H_2O$ 溶液至生成的沉淀又溶解。将两支试管的溶液混合，观察现象。写出对应的离子反应方程式。

上述两个反应均可作为鉴定 Sb^{3+} 的反应。

3. Bi(Ⅲ)的还原性和 Bi(Ⅴ)的氧化性

(1) 试管中加入 0.1 mol·L⁻¹ Bi(NO₃)₃ 溶液 0.5 mL,再加入数滴 6 mol·L⁻¹ NaOH 溶液和少许氯水,在水浴上加热,观察棕黄色沉淀的生成。离心分离并洗涤沉淀。将所得沉淀留作下面实验用。写出反应的离子方程式。

(2) 取上面自制的 NaBiO₃ 固体,加入少量浓盐酸,观察现象并鉴别气体产物(产物是什么?应该用什么方法检验?此实验应该在什么地方做?)。写出离子反应方程式。

(3) 取 1~2 滴 0.1 mol·L⁻¹ MnSO₄ 溶液,用几滴 6 mol·L⁻¹ HNO₃ 溶液酸化,然后加入少量的 NaBiO₃ 固体,观察溶液颜色的变化,并写出离子反应方程式。

此实验是 Mn²⁺ 的鉴定反应。

4. Sn(Ⅱ)的还原性和 Pb(Ⅳ)的氧化性

(1) 取 0.1 mol·L⁻¹ HgCl₂ 溶液 0.5 mL,逐滴加入 0.5 mol·L⁻¹ SnCl₂ 溶液,观察现象(注意沉淀颜色的变化)。写出离子反应方程式。此反应为鉴定 Hg²⁺ 和 Sn²⁺ 的反应。

(2) 制取少量 Na₂[Sn(OH)₄] 溶液(如何制备?),然后滴加 0.1 mol·L⁻¹ Bi(NO₃)₃ 溶液,观察现象,写出离子反应方程式。此反应为鉴定 Bi³⁺ 的反应。

(3) 取少量 PbO₂ 固体,加入 1 mL 浓盐酸,观察现象,并检验气体产物。写出离子反应方程式。

5. 难溶性铅盐的生成

(1) 制备少量 PbCl₂ 沉淀,观察沉淀的颜色,并将沉淀分为两份,分别试验它在热水和浓 HCl 中的溶解情况。

(2) 制备少量 PbI₂ 沉淀,观察沉淀的颜色,并试验它在过量 KI 溶液中的溶解情况。

(3) 制备少量 PbCrO₄ 沉淀,观察沉淀的颜色,这是鉴定 Pb²⁺ 的反应。试验 PbCrO₄ 在 6 mol·L⁻¹ HNO₃ 溶液和 6 mol·L⁻¹ NaOH 溶液中的溶解情况。

(4) 制备少量 PbSO₄ 沉淀,观察沉淀的颜色,并试验它在 NH₄OAc 溶液中的溶解情况。

6. Sb(Ⅲ)、Bi(Ⅲ)、Sn(Ⅱ)、Sn(Ⅳ)、Pb(Ⅱ)的硫化物

(1) Sb(Ⅲ)、Sn(Ⅳ)硫化物和硫代酸盐的生成和性质

在两支离心试管中,分别加入 1~2 滴(注意量不要加多) 0.1 mol·L⁻¹ SbCl₃ 溶液和 0.1 mol·L⁻¹ SnCl₄ 溶液,再各加入几滴饱和 H₂S 溶液,观察生成沉淀的颜色。离心分离,在沉淀中各加入 0.5 mol·L⁻¹ (NH₄)₂S 溶液,观察现象。再加入少量 2 mol·L⁻¹ HCl 溶液,观察现象。写出相应的离子反应方程式。

(2) Bi(Ⅲ)、Sn(Ⅱ)、Pb(Ⅱ)的硫化物

制备少量 Bi(Ⅲ)、Sn(Ⅱ)、Pb(Ⅱ) 的硫化物,观察沉淀的颜色。离心分离,在沉淀中各加入适量的 0.5 mol·L⁻¹ (NH₄)₂S 溶液,观察沉淀是否溶解。

根据以上实验结果,比较 Sb_2S_3 和 Bi_2S_3,SnS 和 SnS_2 的酸碱性。

五、选做实验

1. 用 MnSO₄ 溶液作还原剂,设计一个实验证明 PbO₂ 的氧化性。

2. 用合适的试剂,分离并鉴定下列离子:Sb^{3+}、Bi^{3+}。

取混合液 3～4 滴,加入几滴 6 mol·L^{-1} NaOH 溶液(稍过量),离心分离。取出上层清液,用 2 mol·L^{-1} H_2SO_4 溶液酸化后,滴 1 滴到 Sn 箔上,Sn 箔变黑,表示有 Sb^{3+}。在沉淀中加入 2 滴 2 mol·L^{-1} NaOH 溶液,再加入 1 滴 0.1 mol·L^{-1} $SnCl_2$ 溶液,出现黑色沉淀,表示有 Bi^{3+}。

学生可再设计其他方案,分离并鉴定上述混合离子。

六、安全知识

As、Sb、Bi、Pb 及其化合物都是有毒物质。其中 As_2O_3(砒霜)、胂(AsH_3)及其他可溶性砷化物、铅的可溶性化合物均是剧毒物质。因此,实验用到这些物质时取用量要少,切勿与伤口接触。实验后,废液应倒入指定的回收瓶中统一处理。实验后一定要洗手。若不慎中毒,应立即就医治疗。有效的砷的解毒剂是服用新配制的氧化镁与硫酸铁溶液强烈摇动后形成的氢氧化铁悬浮液,也可用乙二硫醇(HS—CH_2—CH_2—SH)解毒。铅化合物中毒可用 $Na_2S_2O_3$(一般是静脉注射 10% $Na_2S_2O_3$)或 KI 等物解毒,反应为

$$Pb^{2+}+S_2O_3^{2-}\longrightarrow PbS_2O_3$$

$$PbS_2O_3+H_2O\longrightarrow PbS+H_2SO_4$$

$$Pb^{2+}+2I^-\longrightarrow PbI_2$$

七、思考题

1. 应怎样配制 $SnCl_2$ 溶液?
2. 在实验 3(3)中,如果 $MnSO_4$ 加多了,会出现什么现象?
3. 通过什么实验,可以证明 Pb_3O_4 中含有 Pb(Ⅱ)与 Pb(Ⅳ)?

实验十一 常见阴离子的分离与鉴定

实验教学
视频 1

实验教学
视频 2

一、实验目的

1. 掌握一些常见阴离子的性质和鉴定反应;
2. 了解阴离子分离与鉴定的一般原则,掌握常见阴离子分离与鉴定的原理和方法。

二、实验原理

许多非金属元素可以形成简单的或复杂的阴离子,如 S^{2-}、Cl^-、NO_3^- 和 SO_4^{2-} 等,许多金属元素也能以复杂阴离子的形式存在,如 VO_3^-、CrO_4^{2-}、$Al(OH)_4^-$ 等。所以,阴离子的种类总数很多。常见的重要阴离子有 Cl^-、Br^-、I^-、S^{2-}、SO_3^{2-}、$S_2O_3^{2-}$、SO_4^{2-}、NO_3^-、NO_2^-、PO_4^{3-}、CO_3^{2-} 等十几种,这里主要介绍它们的

分离与鉴定的一般方法。

许多阴离子只能在碱性溶液中存在或共存,一旦溶液被酸化,它们就会分解或发生相互间反应。酸性条件下易分解的有 NO_2^-、SO_3^{2-}、$S_2O_3^{2-}$、S^{2-}、CO_3^{2-};酸性条件下氧化性离子 NO_3^-、NO_2^-、SO_4^{2-}可与还原性离子 I^-、SO_3^{2-}、$S_2O_3^{2-}$、S^{2-}发生氧化还原反应。还有些离子易被空气氧化,如 NO_2^-、SO_3^{2-}、S^{2-}易被空气氧化成 NO_3^-、SO_4^{2-}和 S 等,分析不当也容易造成错误。

由于阴离子间的相互干扰较少,实际上许多离子共存的机会也较少,因此大多数阴离子分析一般都采用分别分析的方法,只有少数相互有干扰的离子才采用系统分析法,如 S^{2-}、SO_3^{2-}、$S_2O_3^{2-}$;Cl^-、Br^-、I^-等。为了了解溶液中离子存在情况,对阴离子进行系统分组还是有必要的,但分组的主要目的不是用于离子分离,而是用于预先确定哪些离子存在。阴离子有不同的分组方法,这里只介绍其中一种,见表 4-11-1。

表 4-11-1 常见阴离子的分组

组别	构成各组的阴离子	组试剂	特性
第一组(挥发组)	S^{2-}、SO_3^{2-}、$S_2O_3^{2-}$、CO_3^{2-}、NO_2^-等离子	HCl	在酸性介质中形成挥发性酸或易分解的酸
第二组(钙、钡盐组)	SO_4^{2-}、PO_4^{3-}、SiO_3^{2-}、AsO_4^{3-}等离子	$BaCl_2$ 中性或弱碱性介质	钙盐、钡盐难溶于水
第三组(银盐组)	Cl^-、Br^-、I^-等离子	$AgNO_3+HNO_3$	银盐难溶于水和稀硝酸
第四组(易溶组)	NO_3^-、ClO_3^-、CH_3COO^-等离子	无组试剂	银盐、钙盐、钡盐等均易溶于水

常见阴离子的鉴定反应及它们与常用试剂的反应见附录二 "2. 常见阴离子主要鉴定反应" 和 "4. 常见阴离子与常用试剂的反应"。

混合阴离子的分离与鉴定举例:

[例 4.11.1] SO_4^{2-}、NO_3^-、Cl^-、CO_3^{2-} 混合液的定性分析。

由于这四种离子在鉴定时互相无干扰,均可采用分别分析法。

分析方案:

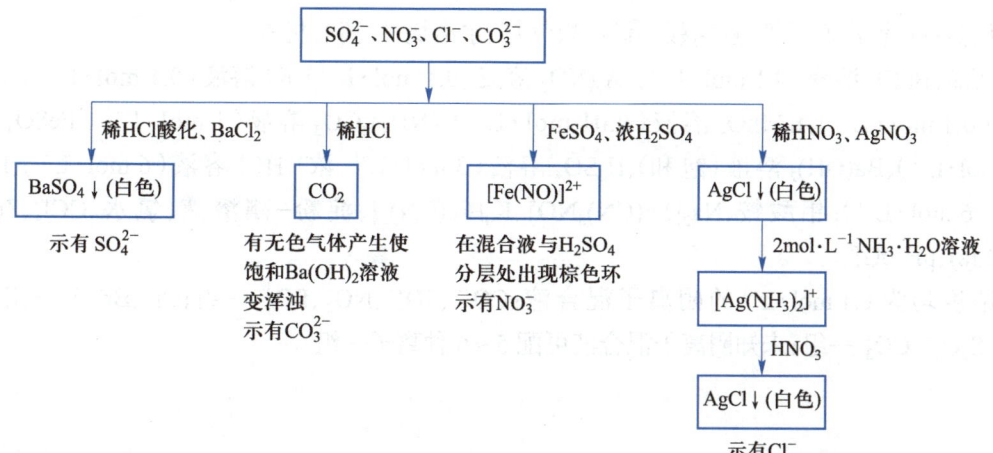

思考问题:该混合液呈中性、酸性还是碱性? 为什么?

[例 4.11.2] S^{2-}、SO_3^{2-}、$S_2O_3^{2-}$ 混合液的分离与鉴定。

(分析:SO_3^{2-}、$S_2O_3^{2-}$ 对 S^{2-} 的鉴定无干扰,S^{2-} 可采用分别分析法;如果采用加酸分解法鉴定 SO_3^{2-}、$S_2O_3^{2-}$,则二者相互干扰,不采用此鉴定法时二者不互相干扰,只受 S^{2-} 干扰,因此分析 SO_3^{2-}、$S_2O_3^{2-}$ 时应将 S^{2-} 除去。方法是选用 $PbCO_3$ 或 $CdCO_3$ 作沉淀剂,它们可将 S^{2-} 转化为相应的硫化物沉淀,而 SO_3^{2-}、$S_2O_3^{2-}$ 则不被转变,仍留在溶液中。)

分析方案:

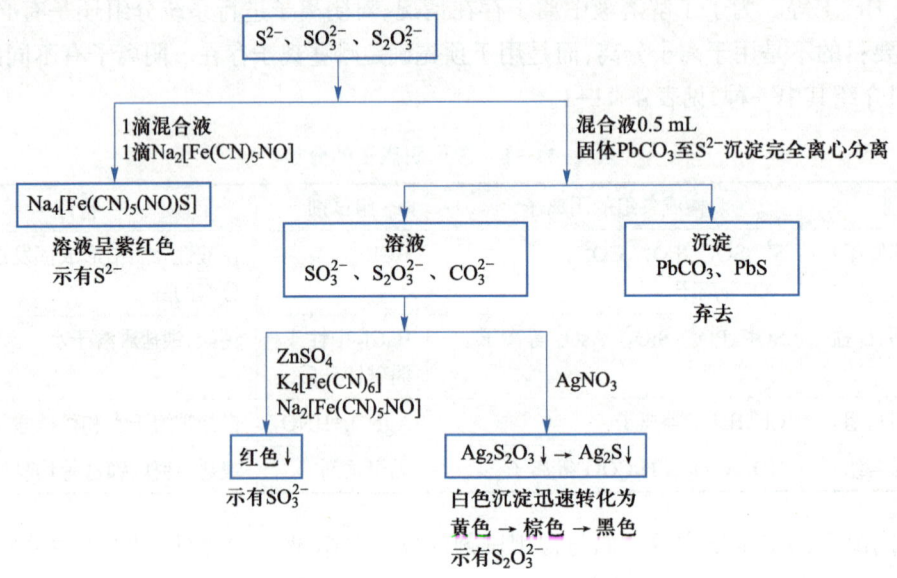

思考问题:
(1) 此混合液能否采用"分别分析法"进行离子鉴定? 为什么?
(2) 加固体 $PbCO_3$ 除去 S^{2-} 时,如何检验 S^{2-} 是否完全除去? 如果除不净 S^{2-},对鉴定有何影响?

三、仪器与药品

仪器:试管、离心试管、点滴板、滴管、煤气灯、水浴烧杯、离心机等。

药品:$BaCl_2$ 溶液(0.1 mol·L^{-1})、$AgNO_3$ 溶液(0.1 mol·L^{-1})、KI 溶液(0.1 mol·L^{-1})、$ZnSO_4$ 溶液(0.1 mol·L^{-1})、$KMnO_4$ 溶液(0.01 mol·L^{-1})、$(NH_4)_2CO_3$ 溶液(1 mol·L^{-1})、$FeSO_4$ 溶液(0.5 mol·L^{-1})、$Ba(OH)_2$ 溶液(饱和)、H_2SO_4 溶液(3 mol·L^{-1},浓)、HCl 溶液(6 mol·L^{-1})、HNO_3 溶液(6 mol·L^{-1});钼酸铵、$Na_2[Fe(CN)_5NO]$、$K_4[Fe(CN)_6]$、淀粉-碘溶液、氯水、CCl_4、Zn 粉、$PbCO_3(s)$、pH 试纸。

浓度均为 0.1 mol·L^{-1} 的阴离子混合液:CO_3^{2-}、SO_4^{2-}、NO_3^-、PO_4^{3-} 一组;Cl^-、Br^-、I^- 一组;S^{2-}、SO_3^{2-}、$S_2O_3^{2-}$、CO_3^{2-} 一组;未知阴离子混合液可配 5~6 种离子一组。

四、实验内容

1. 已知阴离子混合液的分离与鉴定

按例题格式设计分离鉴定方案,分离鉴定下列三组阴离子:

(1) CO_3^{2-}、SO_4^{2-}、NO_3^-、PO_4^{3-};

(2) Cl^-、Br^-、I^-;

(3) S^{2-}、SO_3^{2-}、$S_2O_3^{2-}$、CO_3^{2-}。

2. 未知阴离子混合液的分析

某混合离子试液可能含有 CO_3^{2-}、NO_2^-、NO_3^-、PO_4^{3-}、S^{2-}、SO_3^{2-}、$S_2O_3^{2-}$、SO_4^{2-}、Cl^-、Br^-、I^-,按下列步骤进行分析,确定试液中含有哪些离子。

(1) 初步试验

① 用 pH 试纸测试未知试液的酸碱性。如果试液呈酸性,则哪些离子不可能存在?如果试液呈碱性或中性,则可取试液数滴,用 3 mol·L^{-1} H_2SO_4 溶液酸化并水浴加热。若无气体产生,则表示 CO_3^{2-}、NO_2^-、S^{2-}、SO_3^{2-}、$S_2O_3^{2-}$ 等离子不存在;若有气体产生,则可根据气体的颜色、臭味和性质初步判断哪些阴离子可能存在。

② 钡盐组阴离子的检验。在离心试管中加入几滴未知液,加入 1~2 滴 0.1 mol·L^{-1} $BaCl_2$ 溶液,观察有无沉淀产生。如果有白色沉淀产生,则可能有 SO_4^{2-}、SO_3^{2-}、PO_4^{3-}、CO_3^{2-} 等离子($S_2O_3^{2-}$ 的浓度大时才会产生 BaS_2O_3 沉淀)。离心分离,在沉淀中加入数滴 6 mol·L^{-1} HCl 溶液,根据沉淀是否溶解,进一步判断哪些离子可能存在。

③ 银盐组阴离子的检验。取几滴未知液,滴加 0.1 mol·L^{-1} $AgNO_3$ 溶液。如果立即生成黑色沉淀,则表示有 S^{2-} 存在;如果生成白色沉淀,迅速变黄变棕变黑,则表示有 $S_2O_3^{2-}$ 存在。但 $S_2O_3^{2-}$ 浓度大时,也可能生成 $Ag(S_2O_3)_2^{3-}$ 而不析出沉淀。Cl^-、Br^-、I^-、CO_3^{2-}、PO_4^{3-} 都与 Ag^+ 形成浅色沉淀,如有黑色沉淀,则它们有可能被掩盖。离心分离,在沉淀中加入 6 mol·L^{-1} HNO_3 溶液,必要时加热。若沉淀不溶或只发生部分溶解,则表示有可能存在 Cl^-、Br^-、I^-。

④ 氧化性阴离子检验。

取几滴未知液,用稀硫酸酸化,加 CCl_4 5~6 滴,再加入几滴 0.1 mol·L^{-1} KI 溶液。振荡后,CCl_4 层呈紫色,说明有 NO_2^- 存在(若溶液中有 SO_3^{2-} 等,则酸化后 NO_2^- 先与它们反应而不一定氧化 I^-,CCl_4 层无紫色不能说明无 NO_2^-)。

⑤ 还原性阴离子检验。

取几滴未知液,用稀硫酸酸化,然后加入 1~2 滴 0.01 mol·L^{-1} $KMnO_4$ 溶液。若 $KMnO_4$ 的紫红色褪去,则表示可能存在 SO_3^{2-}、$S_2O_3^{2-}$、S^{2-}、Br^-、I^-、NO_2^- 等还原性离子。若有还原性离子反应,则用淀粉-碘溶液再进一步检验是否存在强还原性离子。如果能使淀粉-碘溶液的蓝色褪去,则表示未知液中可能存在 S^{2-}、SO_3^{2-}、$S_2O_3^{2-}$ 等离子。

根据试验①~⑤结果,判断有哪些离子可能存在,并将结果填入表 4-11-2 中。

表 4-11-2　阴离子的初步试验

	pH 试验	稀硫酸试验	$BaCl_2$ 试验	$AgNO_3$ 试验	氧化性离子试验	还原性离子试验		综合分析
						$KMnO_4$ 试验	淀粉-碘试验	
SO_4^{2-}								
SO_3^{2-}								
$S_2O_3^{2-}$								
S^{2-}								
PO_4^{3-}								
CO_3^{2-}								
NO_2^-								
NO_3^-								
Cl^-								
Br^-								
I^-								

（2）确证性试验　根据初步试验结果，对可能存在的阴离子进行确证性试验。

五、思考题

1. 离子鉴定反应具有哪些特点？
2. 使离子鉴定反应正常进行的主要反应条件有哪些？
3. 什么叫反应的灵敏度？什么叫反应的选择性？提高反应选择性的一般方法有哪些？
4. 何为空白试验，何为对照试验？各有什么作用？
5. 某阴离子未知溶液经初步试验结果如下：

（1）酸化时无气体产生；

（2）加入 $BaCl_2$ 时有白色沉淀析出，再加 HCl 后又溶解；

（3）加入 $AgNO_3$ 有黄色沉淀析出，再加 HNO_3 后发生部分沉淀溶解；

（4）试液能使 $KMnO_4$ 紫色褪去，但与淀粉-KI、碘试液无反应。

试指出：哪些离子肯定不存在？哪些离子肯定存在？哪些离子可能存在？

（参考答案：肯定不存在的离子为 S^{2-}、CO_3^{2-}、SO_3^{2-}、$S_2O_3^{2-}$、SO_4^{2-}、NO_2^-；肯定存在的离子为 PO_4^{3-}、I^-；可能存在的离子为 NO_3^-、Cl^-、Br^-。）

实验十二 d 区元素重要化合物的性质

一、实验目的

1. 掌握铬、锰主要化合物的性质和 Cr^{3+}、Mn^{2+} 的鉴定反应;
2. 掌握 Fe(Ⅱ)、Co(Ⅱ)、Ni(Ⅱ)化合物的还原性和 Fe(Ⅲ)、Co(Ⅲ)、Ni(Ⅲ)化合物的氧化性及其递变规律;
3. 掌握 Fe、Co、Ni 的主要配合物的性质及其在定性分析中的应用;
4. 掌握 Fe^{2+}、Fe^{3+}、Co^{2+}、Ni^{2+} 的分离与鉴定。

实验教学视频

二、实验原理

(一)铬、锰重要化合物性质简介

1. 铬的重要化合物的特性

Cr(Ⅲ)、Cr(Ⅵ)的氧化物及其水合物的酸碱性列于表 4-12-1。

表 4-12-1 Cr(Ⅲ)、Cr(Ⅵ)的氧化物及其水合物的酸碱性

氧化数	+3	+6
氧化物	Cr_2O_3(绿色)	CrO_3(橙红色)
氧化物的水合物	$Cr(OH)_3$(灰绿色)	H_2CrO_4(黄色)
	两性氢氧化物	强酸性
	$[Cr(OH)_4]^-$ 热稳定性差,加热完全水解,生成水合氧化铬沉淀 $2[Cr(OH)_4]^- + (x-3)H_2O \longrightarrow Cr_2O_3 \cdot xH_2O + 2OH^-$ (亮绿色) (灰绿)	在溶液中 CrO_4^{2-} 和 $Cr_2O_7^{2-}$ 存在平衡,碱性溶液中主要以 CrO_4^{2-} 为主,在酸性溶液中以 $Cr_2O_7^{2-}$ 为主 $2CrO_4^{2-} + 2H^+ \rightleftharpoons Cr_2O_7^{2-} + H_2O$ (黄色) (橙红色)

Cr(Ⅲ)化合物的还原性和 Cr(Ⅵ)化合物的氧化性:

铬的元素电势图

$E_A^\ominus/V$ $Cr_2O_7^{2-}$ $\underline{1.33}$ Cr^{3+} $\underline{-0.74}$ Cr

$E_B^\ominus/V$ CrO_4^{2-} $\underline{-0.12}$ $Cr(OH)_4^-$ $\underline{-1.2}$ Cr

(1)在酸性介质中,$Cr_2O_7^{2-}$ 有强氧化性,$K_2Cr_2O_7$ 是常用的强氧化剂。Cr^{3+} 比较稳定,只能被强氧化剂(如 $KMnO_4$、$K_2S_2O_8$ 等)氧化成 $Cr_2O_7^{2-}$。

$$Cr_2O_7^{2-} + 3H_2O_2 + 8H^+ \longrightarrow 2Cr^{3+} + 3O_2\uparrow + 7H_2O$$

$$10Cr^{3+} + 6MnO_4^- + 11H_2O \longrightarrow 5Cr_2O_7^{2-} + 6Mn^{2+} + 22H^+$$

（2）在碱性介质中，$[Cr(OH)_4]^-$ 易被氧化成 CrO_4^{2-}，CrO_4^{2-} 一般不显氧化性。

$$2[Cr(OH)_4]^- + 3H_2O_2 + 2OH^- \longrightarrow 2CrO_4^{2-} + 8H_2O$$

2. 锰的重要化合物的性质

锰的氧化物及其水合物的性质列于表 4-12-2 中。

表 4-12-2　锰的氧化物及其水合物的性质

氧化数	+2	+4	+6	+7
氧化物	MnO（绿色）	MnO_2（棕色）		Mn_2O_7（黑绿色油状液体）
氧化物的水合物	$Mn(OH)_2$（白色）	$MnO(OH)_2$（棕黑色）	H_2MnO_4（绿色）	$HMnO_4$（紫红色）
酸碱性	碱性	两性	酸性	强酸性
氧化还原稳定性	不稳定，易被空气中的氧氧化成 MnO(OH)，进一步氧化成 $MnO(OH)_2$	稳定，在酸性介质中有强氧化性，碱性介质中有还原性	不稳定，易发生歧化反应	不稳定，易分解为 MnO_2 和氧气

锰化合物的氧化还原性比较可见锰的元素电势图。

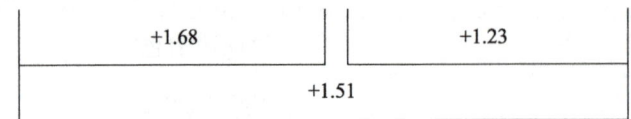

从锰的电势图可知：

（1）在酸性介质中，Mn^{3+} 和 MnO_4^{2-} 均不稳定，易发生歧化反应；在中性和碱性介质中也发生歧化反应，但趋势小，反应速率慢。MnO_4^{2-} 只能稳定存在于强碱性介质中。

$$2Mn^{3+} + 2H_2O \longrightarrow Mn^{2+} + MnO_2\downarrow + 4H^+$$

$$3MnO_4^{2-} + 4H^+ \longrightarrow 2MnO_4^- + MnO_2\downarrow + 2H_2O$$

（2）在碱性介质中，$Mn(OH)_2$ 易被氧化成 $MnO(OH)_2$；Mn^{2+} 在酸性介质中稳定，只有强氧化剂（如 $NaBiO_3$、PbO_2 等）才能将 Mn^{2+} 氧化成 MnO_4^-。

$$2Mn(OH)_2 + O_2 \longrightarrow 2MnO(OH)_2$$

$$5PbO_2 + 2Mn^{2+} + 4H^+ \longrightarrow 2MnO_4^- + 5Pb^{2+} + 2H_2O$$

（3）MnO_2 在酸性介质中有强氧化性，还原产物为 Mn^{2+}；在碱性介质中有还原性，可被氧化剂（如 O_2、$KClO_3$、KNO_3 等）氧化成 MnO_4^{2-}。

$$MnO_2 + 4HCl(浓) \xrightarrow{\Delta} MnCl_2 + Cl_2\uparrow + 2H_2O$$

$$3MnO_2 + KClO_3 + 6KOH \xrightarrow{共熔} 3K_2MnO_4 + KCl + 3H_2O$$

（4）$KMnO_4$ 具有强氧化性，在酸性介质中氧化能力更强，是最常用的强氧化剂。它的还原产物因溶液的酸碱性不同而异（表 4-12-3）。

表 4-12-3　不同条件下 $KMnO_4$ 的还原产物

溶液	酸性	中性或弱碱性	强碱性
还原产物	Mn^{2+}	MnO_2	MnO_4^{2-}

（二）铁、钴、镍重要化合物性质简介

1. 铁系元素的氢氧化物

铁系元素氧化数为 +2 的氢氧化物的还原性列于表 4-12-4 中。

表 4-12-4　铁系元素氧化数为 +2 的氢氧化物的还原性

氢氧化物	空气中	中强氧化剂（如 H_2O_2）中	强氧化剂（如 Cl_2、Br_2）中	反应举例
$Fe(OH)_2$（白色）	$Fe(OH)_3$ 反应迅速	$Fe(OH)_3$	$Fe(OH)_3$	$4Fe(OH)_2 + O_2 + 2H_2O \longrightarrow 4Fe(OH)_3$
$Co(OH)_2$（粉红色）*	$CoO(OH)$ 反应缓慢	$CoO(OH)$	$CoO(OH)$	$2Co(OH)_2 + H_2O_2 \longrightarrow 2CoO(OH)\downarrow + 2H_2O$
$Ni(OH)_2$（绿色）	不作用	不作用	$NiO(OH)$	$2Ni(OH)_2 + Cl_2 + 2OH^- \longrightarrow 2NiO(OH)\downarrow + 2Cl^- + 2H_2O$

* $CoCl_2$ 溶液中加入少量的碱时生成的碱式盐沉淀 $Co(OH)Cl$ 为蓝色。

$Fe(OH)_2$ 极易被空气氧化，在制备时所用溶液应除去氧并避免受热，在空气中很快由白色变为灰绿色，最终变为红棕色的 $Fe(OH)_3$。$Co(OH)_2$ 较稳定，$Ni(OH)_2$ 稳定。还原性依 $Fe(OH)_2$、$Co(OH)_2$、$Ni(OH)_2$ 的顺序递减。

铁系元素氧化值为 +3 的氢氧化物的氧化性列于表 4-12-5 中。

表 4-12-5　铁系元素氧化数为 +3 的氢氧化物

氢氧化物	硫酸中	浓盐酸中	反应举例
$Fe(OH)_3$（红棕色）	Fe^{3+}	Fe^{3+}	$Fe(OH)_3 + 3H^+ \longrightarrow Fe^{3+} + 3H_2O$
$CoO(OH)$（褐色）	$Co^{2+} + O_2$	$[CoCl_4]^{2-} + Cl_2$	$4CoO(OH) + 8H^+ \longrightarrow 4Co^{2+} + O_2\uparrow + 6H_2O$ $2CoO(OH) + 6H^+ + 10Cl^- \longrightarrow 2[CoCl_4]^{2-} + Cl_2\uparrow + 4H_2O$
$NiO(OH)$（黑色）	$Ni^{2+} + O_2$	$[NiCl_4]^{2-} + Cl_2$	$4NiO(OH) + 8H^+ \longrightarrow 4Ni^{2+} + O_2\uparrow + 6H_2O$ $2NiO(OH) + 6H^+ + 10Cl^- \longrightarrow 2[NiCl_4]^{2-} + Cl_2\uparrow + 4H_2O$

M(OH)$_3$ 在酸性溶液中均具有氧化性,氧化性依 Fe(OH)$_3$、CoO(OH)、NiO(OH) 的顺序而递增。

2. 铁系元素的盐类

常见的 Fe(Ⅱ)盐有 FeSO$_4$ 和 FeCl$_2$,它们的水溶液呈浅绿色。FeSO$_4$ 常用作还原剂,在空气中它的复盐比较稳定,因而常用 (NH$_4$)$_2$Fe(SO$_4$)$_2$ 代替 FeSO$_4$。Fe^{2+} 在酸性介质中比在碱性介质中稳定,所以在配制和保存 Fe^{2+} 溶液时应加入足够浓度的酸,并加入几颗铁钉:

$$2Fe^{3+} + Fe \longrightarrow 3Fe^{2+}$$

Fe(Ⅲ)盐主要有 FeCl$_3$、Fe(NO$_3$)$_3$ 等,在强酸性溶液中,Fe^{3+} 呈浅紫色,其水溶液常因水解而呈黄色。Fe^{3+} 有中强氧化性,可将 SnCl$_2$、KI、H$_2$S 等还原剂氧化。

常见的钴、镍盐有 CoCl$_2$、NiSO$_4$ 等,水合 Co^{2+} 呈粉红色,水合 Ni^{2+} 呈绿色。Co^{3+}、Ni^{3+} 因有强氧化性,它们的盐极少并且在溶液中不能存在。

3. 铁系元素常见的配合物

铁系元素常见的配合物列于表 4-12-6 中。

表 4-12-6 铁系元素常见的配合物

	Fe^{2+}	Fe^{3+}	Co^{2+}	Ni^{2+}
NH$_3$·H$_2$O	Fe(OH)$_2$ $\xrightarrow{O_2}$ Fe(OH)$_3$	Fe(OH)$_3$	[Co(NH$_3$)$_6$]$^{2+}$ $\xrightarrow{O_2}$ [Co(NH$_3$)$_6$]$^{3+}$	[Ni(NH$_3$)$_6$]$^{2+}$
CN$^-$	[Fe(CN)$_6$]$^{4-}$	[Fe(CN)$_6$]$^{3-}$*	[Co(CN)$_5$(H$_2$O)]$^{3-}$	[Ni(CN)$_4$]$^{2-}$
SCN$^-$	Fe(OH)$_2$ $\xrightarrow{O_2}$ Fe(OH)$_3$	[Fe(NCS)$_n$]$^{3-n}$($n \leq 6$)	[Co(NCS)$_4$]$^{2-}$	[Ni(NCS)]$^+$ 不稳定

* Fe^{3+} 有氧化性,CN$^-$ 有还原性,不能用二者反应生成 [Fe(CN)$_6$]$^{3-}$,一般可用 Cl$_2$ 氧化 [Fe(CN)$_6$]$^{4-}$ 而得。

Fe^{3+} 还与 F$^-$ 形成比 [Fe(NCS)]$^{2+}$ 更加稳定但无色的 [FeF$_6$]$^{3-}$,Co^{2+} 与 F$^-$ 不形成稳定的配合物,因此在 Fe^{3+}、Co^{2+} 混合离子鉴定时可用 NH$_4$F 作掩蔽剂将 Fe^{3+} 掩蔽起来。

形成配合物后会改变电对的电极电势。例如:

$$E^{\ominus}(Fe^{3+}/Fe^{2+}) = 0.77 \text{ V}, \quad E^{\ominus}([Fe(CN)_6]^{3-}/[Fe(CN)_6]^{4-}) = 0.36 \text{ V}$$

$$E^{\ominus}(Co^{3+}/Co^{2+}) = 1.8 \text{ V}, \quad E^{\ominus}([Co(NH_3)_6]^{3+}/[Co(NH_3)_6]^{2+}) = 0.02 \text{ V}$$

水溶液中,Co^{2+} 稳定;氨合物中,[Co(NH$_3$)$_6$]$^{2+}$ 易被空气氧化成 [Co(NH$_3$)$_6$]$^{3+}$:

$$4[Co(NH_3)_6]^{2+} + O_2 + 2H_2O \longrightarrow 4[Co(NH_3)_6]^{3+} + 4OH^-$$
　　　　(土黄色)　　　　　　　　　　　　(红棕色)

4. 离子鉴定

(1) Fe^{2+} 的鉴定 加赤血盐,出现蓝色沉淀:

$$Fe^{2+} + K^+ + [Fe(CN)_6]^{3-} \longrightarrow KFe[Fe(CN)_6] \downarrow$$

（2）Fe^{3+} 的鉴定

① 加黄血盐,出现蓝色沉淀:

$$Fe^{3+} + K^+ + [Fe(CN)_4]^{4-} \longrightarrow KFe[Fe(CN)_4]\downarrow$$

② 加 KSCN,溶液变血红色:

$$Fe^{3+} + nSCN^- \longrightarrow [Fe(NCS)_n]^{3-n} (n \leqslant 6)$$

（3）Co^{2+} 的鉴定　加浓 KSCN,并用丙酮或戊醇萃取,溶液呈宝石蓝色。

$$Co^{2+} + 4SCN^- \longrightarrow [Co(NCS)_4]^{2-}$$

（4）Ni^{2+} 的鉴定　在氨性介质中加丁二酮肟,出现鲜红色沉淀。

$$Ni^{2+} + 2 \underset{\text{丁二酮肟}}{\begin{array}{c} CH_3-C=N-OH \\ CH_3-C=N-OH \end{array}} \longrightarrow \underset{\text{二(丁二酮肟)合镍(II)}}{[\text{Ni(DMG)}_2]} + 2H^+$$

三、仪器和药品

仪器:试管、试管夹、离心试管、烧杯、点滴板、小量筒、酒精灯、离心机。

药品:$KMnO_4$ 溶液(0.01 mol·L^{-1})、H_2SO_4 溶液(3 mol·L^{-1},6 mol·L^{-1})、$CrCl_3$ 溶液(0.1 mol·L^{-1})、K_2CrO_4 溶液(0.1 mol·L^{-1})、$K_2Cr_2O_7$ 溶液(0.1 mol·L^{-1})、$AgNO_3$ 溶液(0.1 mol·L^{-1})、$BaCl_2$ 溶液(0.1 mol·L^{-1})、$MnSO_4$ 溶液(0.1 mol·L^{-1})、$Pb(NO_3)_2$ 溶液(0.1 mol·L^{-1})、$NaNO_2$ 溶液(0.1 mol·L^{-1})、Na_2SO_3 溶液(0.1 mol·L^{-1})、Na_2CO_3 溶液(0.5 mol·L^{-1})、KSCN 溶液(0.1 mol·L^{-1})、H_2S 溶液(0.1 mol·L^{-1})、H_2O_2 溶液(3%)、HNO_3 溶液(6 mol·L^{-1})、NaOH 溶液(2 mol·L^{-1},6 mol·L^{-1})、$NH_3·H_2O$ 溶液(0.5 mol·L^{-1},6 mol·L^{-1})、HCl 溶液(2 mol·L^{-1},浓)、HOAc 溶液(6 mol·L^{-1})、乙醚、$MnO_2(s)$、$NaBiO_3(s)$、$CoCl_2$ 溶液(0.1 mol·L^{-1})、$NiSO_4$ 溶液(0.1 mol·L^{-1})、KI 溶液(0.1 mol·L^{-1})、$SnCl_2$ 溶液(0.1 mol·L^{-1})、$FeCl_3$ 溶液(0.1 mol·L^{-1})、$Pb(NO_3)_2$ 溶液(0.1 mol·L^{-1})、KSCN 溶液(0.1 mol·L^{-1},s)、$K_4[Fe(CN)_6]$ 溶液(0.1 mol·L^{-1})、$K_3[Fe(CN)_6]$ 溶液(0.1 mol·L^{-1})、丁二酮肟(1%)、$FeSO_4$ 溶液(0.5 mol·L^{-1})、HOAc 溶液(6 mol·L^{-1})、溴水、CCl_4、丙酮、$(NH_4)_2Fe(SO_4)_2·6H_2O(s)$、$NH_4F(NaF)(s)$、淀粉-KI 试纸、pH 试纸。

浓度均为 0.1 mol·L^{-1} 的 Cr^{3+}、Mn^{2+}、Fe^{3+} 混合溶液。

浓度均为 0.1 mol·L^{-1},标签分别为 1、1′ 的 $SnCl_2$ 溶液和 $MnSO_4$ 溶液,2 和 2′ 的 K_2CrO_4 溶液

和 $FeCl_3$ 溶液，3 和 3' 的 $MnSO_4$ 溶液和 $MgSO_4$ 溶液。

四、实验内容

（一）铬、锰重要化合物性质

1. 铬的化合物

（1）$Cr(OH)_3$ 的生成和性质

① 制备少量的 $Cr(OH)_3$，观察沉淀的颜色，并用实验证明 $Cr(OH)_3$ 的两性性质。写出离子反应方程式。

② 用实验验证 $[Cr(OH)_4]^-$ 加热易水解。观察现象，写出离子反应方程式。

（2）Cr(Ⅲ) 的还原性和 Cr^{3+} 的鉴定 自制少量的 $[Cr(OH)_4]^-$ 溶液，然后加入几滴 3% H_2O_2 溶液，微热，观察溶液颜色的变化，保留溶液在实验 1(6) 中使用。写出离子反应方程式。

Cr^{3+} 的鉴定：在点滴板上滴加一滴上述溶液，加 1 滴稀 HOAc 溶液，再加一滴 $Pb(NO_3)_2$ 溶液，观察黄色沉淀的产生。

（3）Cr(Ⅲ) 盐的水解 在 0.5 mL 0.1 $mol·L^{-1}$ $CrCl_3$ 溶液中，滴加 0.5 $mol·L^{-1}$ Na_2CO_3 溶液至有沉淀生成。离心分离并洗涤沉淀，用实验证实沉淀是 $Cr(OH)_3$ 而不是 $Cr_2(CO_3)_3$。写出离子反应方程式并解释实验结果。

（4）CrO_4^{2-} 和 $Cr_2O_7^{2-}$ 在水溶液中的平衡和相互转化 选用合适试剂，使 $Cr_2O_7^{2-}$ 先转变成 CrO_4^{2-}，再转变回 $Cr_2O_7^{2-}$。观察现象，写出相互转化的平衡关系式。

（5）$K_2Cr_2O_7$ 的氧化性 选择两种合适的还原剂，做两个实验，验证 $K_2Cr_2O_7$ 在酸性介质中才具有强氧化性，观察实验现象并写出各自的离子反应方程式。

提示：所选还原剂被氧化后的产物以无色或浅色为好（为什么？）。酸化 $K_2Cr_2O_7$ 溶液能否用稀盐酸，为什么？

（6）铬酸的生成——Cr(Ⅵ) 的鉴定 取实验 1(2) 所制得的 CrO_4^{2-} 溶液，加入 0.5 mL 乙醚，用 3 $mol·L^{-1}$ H_2SO_4 溶液酸化，然后滴加 3% H_2O_2 溶液，摇动试管，观察乙醚层颜色的变化。写出离子反应方程式。

（7）难溶铬酸盐的生成

① 用 0.1 $mol·L^{-1}$ $AgNO_3$、$BaCl_2$、$Pb(NO_3)_2$、K_2CrO_4 溶液制备少量的 Ag_2CrO_4、$BaCrO_4$、$PbCrO_4$ 沉淀，观察各沉淀的颜色。

② 在点滴板上用 pH 试纸测定 0.1 $mol·L^{-1}$ $K_2Cr_2O_7$ 溶液的 pH。然后在 $K_2Cr_2O_7$ 溶液中分别加入 $BaCl_2$、$AgNO_3$ 溶液，观察沉淀的颜色，并测试溶液的 pH。写出有关的离子反应方程式，并解释溶液 pH 变化的原因。

2. 锰的化合物

（1）$Mn(OH)_2$ 的生成和性质 用 0.1 $mol·L^{-1}$ $MnSO_4$ 溶液制备适量的 $Mn(OH)_2$ 沉淀。将沉淀分为两份，一份在空气中放置，另一份中加入 3% H_2O_2 溶液，观察沉淀颜色的变化。写出有关的离子反应方程式。

（2）MnS 的生成 取 0.1 $mol·L^{-1}$ $MnSO_4$ 溶液数滴，加入 0.1 $mol·L^{-1}$ H_2S 水溶液，观察有无

沉淀生成。然后再逐滴加入 6 mol·L^{-1} NH$_3$·H$_2$O 溶液,观察现象。写出离子反应方程式。解释实验现象。

(3) Mn(Ⅱ)的还原性和 Mn(Ⅳ)、Mn(Ⅶ)的氧化性　用固体 MnO$_2$、浓盐酸、0.01 mol·L^{-1} KMnO$_4$ 溶液、0.1 mol·L^{-1} MnSO$_4$ 溶液设计两个实验(要用到所给的全部试剂),验证 MnO$_2$ 和 KMnO$_4$ 的氧化性。写出对应的离子反应方程式。

(4) MnO$_4^{2-}$ 的生成和性质

① 取 0.5 mL 0.01 mol·L^{-1} KMnO$_4$ 溶液,加入数滴 6 mol·L^{-1} NaOH 溶液,再加入少量固体 MnO$_2$,观察溶液颜色的变化。离心分离,保留溶液待下面实验使用。写出离子反应方程式。

② 取上述实验所得的 K$_2$MnO$_4$ 溶液,分盛于两支试管中。在一支试管中加少量水,另一支试管中加少量 3 mol·L^{-1} H$_2$SO$_4$ 溶液,观察现象,写出离子反应方程式。说明 MnO$_4^{2-}$ 稳定存在的介质条件。

3. 选做实验

(1) 分离并鉴定 Cr^{3+}、Mn^{2+}、Fe^{3+} 的混合液　取混合液 1 滴,加入 0.1 mol·L^{-1} KSCN 溶液,显血红色,表示有 Fe^{3+}。再取混合液 2 滴,用 2 滴 6 mol·L^{-1} HNO$_3$ 溶液酸化,再加入少量 NaBiO$_3$ 固体,溶液显紫红色,表示有 Mn^{2+}。取混合液 3~4 滴,加入几滴 6 mol·L^{-1} NaOH 溶液,再加入几滴 3% H$_2$O$_2$ 溶液,搅拌反应后离心分离,取上层清液,用 HOAc 酸化后再加入 0.1 mol·L^{-1} Pb(NO$_3$)$_2$ 溶液,出现黄色沉淀,表示有 Cr^{3+}。

(2) 区别未知溶液　用最简便的方法,区别下列三组失去标签的溶液:

① SnCl$_2$ 和 MnSO$_4$ 溶液。

② K$_2$CrO$_4$ 和 FeCl$_3$ 溶液。

③ MnSO$_4$ 和 MgSO$_4$ 溶液。

4. 安全知识

铬的化合物均有毒,Cr(Ⅳ)毒性最大,不仅对消化道和皮肤有强刺激性,而且有致癌作用;Cr(Ⅲ)次之,能导致蛋白质凝聚;Cr(Ⅱ)和金属 Cr 毒性较小。更好地处理含铬的工业废水是需要解决的环境问题之一。实验时取用量要少,实验后应倒入指定的废液回收容器内统一处理。

(二) 铁、钴、镍重要化合物性质

1. Fe(Ⅱ)、Co(Ⅱ)、Ni(Ⅱ)化合物的还原性

(1) Fe(Ⅱ)化合物的还原性

① 设计并完成实验,证明 FeSO$_4$ 在酸性介质中能被 KMnO$_4$ 氧化,观察现象并写出离子反应方程式。

② 在一支试管中,加入 1 mL 蒸馏水和几滴稀硫酸,煮沸以除去溶于其中的氧气(为什么?)。待冷却后,加入少量 (NH$_4$)$_2$Fe(SO$_4$)$_2$·6H$_2$O 固体,使其溶解,制得 (NH$_4$)$_2$Fe(SO$_4$)$_2$ 溶液。

在另一支试管中加入 6 mol·L^{-1} NaOH 溶液 3 mL,煮沸以除去溶于其中的氧气。待冷却后,用滴管吸取 NaOH 溶液,插入 (NH$_4$)$_2$Fe(SO$_4$)$_2$ 溶液(至试管底部)慢慢放出 NaOH 溶液(注意:整

个操作都要避免将空气带入溶液)。观察白色 $Fe(OH)_2$ 沉淀的生成。摇动放置一段时间,观察沉淀颜色的变化,写出离子反应方程式。

(2) Co(Ⅱ)化合物的还原性　在试管中加入 0.1 mol·L^{-1} $CoCl_2$ 溶液 0.5 mL,滴加 6 mol·L^{-1} NaOH 溶液,观察现象。将沉淀分盛于两支试管中,一支试管中的沉淀放置片刻,观察沉淀颜色的变化;在另一支试管中加入数滴 3% H_2O_2 溶液,观察沉淀颜色的变化,保留沉淀待实验 2(2)中使用。写出离子反应方程式。

(3) Ni(Ⅱ)化合物的还原性　在两支试管中分别制备少量的 $Ni(OH)_2$ 沉淀,观察沉淀的颜色。然后在一支试管中加入 3% H_2O_2 溶液,在另一支试管中加入几滴溴水,观察沉淀颜色的变化有何不同。保留制得的 NiO(OH) 沉淀待实验 2(3)中使用。写出离子反应方程式。

2. Fe(Ⅲ)、Co(Ⅲ)、Ni(Ⅲ)化合物的氧化性

(1) 自制少量 $Fe(OH)_3$ 沉淀(选用什么试剂?),然后加入浓盐酸,观察现象(有无 Cl_2 产生?应该怎样检验?　)。再加入 0.5 mL CCl_4 和 1 滴 0.1 mol·L^{-1} KI 溶液,观察 CCl_4 层颜色的变化。写出有关的离子反应方程式。

(2) 用实验 1(2)制得的 CoO(OH) 沉淀,加入少量浓盐酸,观察现象,并检验所产生的气体。写出离子反应方程式。

(3) 用实验 1(3)制得的 NiO(OH) 沉淀,加入少量浓盐酸,观察现象,并检验所产生的气体。写出离子反应方程式。

根据实验比较 $Fe(OH)_2$、$Co(OH)_2$、$Ni(OH)_2$ 的还原性强弱和 $Fe(OH)_3$、CoO(OH)、NiO(OH) 的氧化性强弱。

3. 铁、钴、镍的配合物

(1) 离子鉴定　设计一组利用生成配合物反应的实验来鉴定下列离子,观察现象并写出各自的离子反应方程式:

① Fe^{2+};② Fe^{3+};③ Fe^{3+} 和 Co^{2+} 混合液中的 Co^{2+}。

提示:做实验③时应注意,由于 $[Co(NCS)_4]^{2-}$ 在水溶液中不稳定,鉴定时要加饱和 KSCN 溶液或固体 KSCN,并加入丙酮萃取;Fe^{3+} 对 Co^{2+} 的鉴定反应有干扰,应选用何种试剂将 Fe^{3+} 掩蔽起来?

(2) 镍的配合物　在点滴板上加 1 滴 0.1 mol·L^{-1} $NiSO_4$ 溶液,1 滴 6 mol·L^{-1} $NH_3·H_2O$ 溶液,再加入 1 滴 1% 丁二酮肟,观察鲜红色沉淀的生成。

(3) 氨配合物

① 取 1 mL $FeCl_3$ 溶液,滴加 6 mol·L^{-1} $NH_3·H_2O$ 溶液直至过量,观察沉淀是否溶解。

② 在两支试管中分别加入 0.5 mL 浓度均为 0.1 mol·L^{-1} 的 $CoCl_2$ 溶液和 $NiSO_4$ 溶液。然后再分别加入过量的 6 mol·L^{-1} $NH_3·H_2O$ 溶液,观察现象。静置片刻,再观察溶液颜色有无变化。写出有关的离子反应方程式。

根据实验比较 $[Co(NH_3)_6]^{2+}$、$[Ni(NH_3)_6]^{2+}$ 氧化还原稳定性的相对大小。

4. 选做实验

(1) 分离并鉴定 Fe^{3+}、Cr^{3+}、Ni^{2+} 的混合物(分离鉴定操作可按下面示意图进行)。

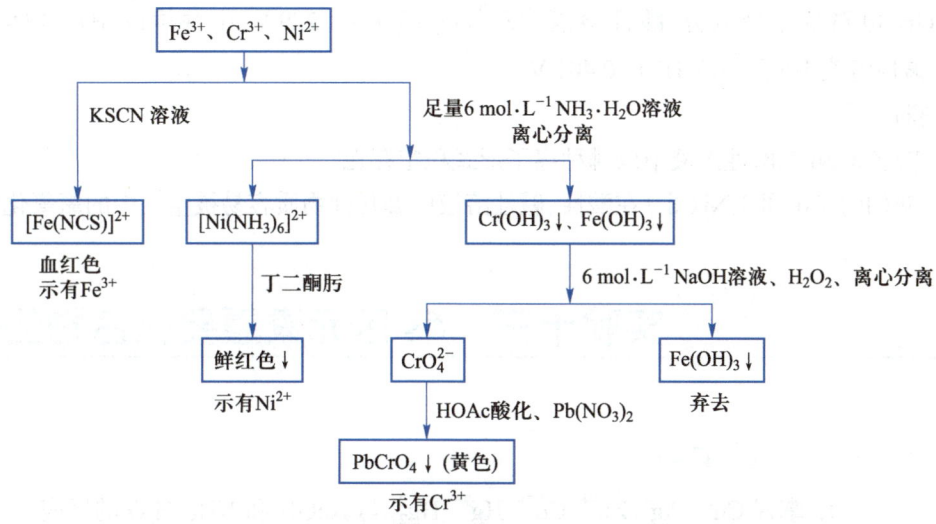

（2）选用两种合适的氧化剂,验证 Fe^{2+} 的还原性,观察现象并写出离子反应方程式。

（3）选用两种合适的还原剂,验证 Fe^{3+} 的氧化性,观察现象并写出离子反应方程式。

五、思考题

1. 洗液是用 $K_2Cr_2O_7$ 溶液和浓硫酸配制的,它为什么能洗涤仪器？红色的洗液使用一段时间后变为绿色就失效了,为什么？

2. 在 $KMnO_4$ 溶液中如果有 Mn^{2+} 或 MnO_2 存在,对其稳定性有何影响？

3. 在强碱性介质中,用还原剂还原 $KMnO_4$ 应得到绿色的 K_2MnO_4 溶液。如果还原剂加多了,会出现什么现象？

4. 在碱性介质中氯水能把 $Ni(OH)_2$ 氧化成 $NiO(OH)$,而在酸性介质中 $NiO(OH)$ 又能将 Cl^- 氧化成 Cl_2,二者有无矛盾？为什么？

5. 试解释以下现象:

（1）Fe^{3+} 能将 I^- 氧化成 I_2,而 $[Fe(CN)_6]^{3-}$ 则不能。

（2）$[Fe(CN)_6]^{4-}$ 能将 I_2 还原成 I^-,而 Fe^{2+} 则不能。

6. 已知铁系元素的电势图

$E_A^\ominus$/V：$Fe^{3+} \xrightarrow{0.77} Fe^{2+} \xrightarrow{-0.44} Fe$

$Co^{3+} \xrightarrow{1.8} Co^{2+} \xrightarrow{-0.28} Co$

$NiO_2 \xrightarrow{1.93} Ni^{2+} \xrightarrow{-0.23} Ni$

$E_B^\ominus$/V：$Fe(OH)_3 \xrightarrow{-0.56} Fe(OH)_2 \xrightarrow{-0.877} Fe$

$CoO(OH) \xrightarrow{0.2} Co(OH)_2 \xrightarrow{-0.73} Co$

$NiO(OH) \xrightarrow{0.48} Ni(OH)_2 \xrightarrow{-0.66} Ni$

O_2/OH^- 电对的电极电势:酸性溶液中 $E_A^\ominus(O_2/H_2O) = 1.229$ V,中性溶液中 $E^\ominus(O_2/H_2O) = 0.815$ V,碱性溶液中 $E_B^\ominus(O_2/OH^-) = 0.401$ V。

试判断:
(1) Fe、Co、Ni 在酸性溶液中以哪种离子形式稳定存在?
(2) Fe(Ⅱ)、Co(Ⅱ)、Ni(Ⅱ) 在酸性、碱性溶液中哪几种物质容易被空气中的氧氧化?

实验十三　ds 区元素重要化合物的性质

一、实验目的

实验教学视频

1. 掌握 Cu^{2+}、Ag^+、Zn^{2+}、Cd^{2+}、Hg^{2+}、Hg_2^{2+} 与 NaOH 和 $NH_3 \cdot H_2O$ 的反应;
2. 掌握 Cu(Ⅱ)、Ag(Ⅰ)、Zn(Ⅱ)、Cd(Ⅱ)、Hg(Ⅱ)、Hg(Ⅰ) 的重要配合物及其性质;
3. 掌握 Cu(Ⅰ) 和 Cu(Ⅱ)、Hg(Ⅰ) 和 Hg(Ⅱ) 的相互转化条件;
4. 掌握 Cu^{2+}、Ag^+、Zn^{2+}、Hg^{2+} 的鉴定反应。

二、实验原理

ds 区元素重要化合物性质简介

1. Cu^{2+}、Ag^+、Zn^{2+}、Cd^{2+}、Hg^{2+}、Hg_2^{2+} 与 NaOH、$NH_3 \cdot H_2O$ 和 KI 的反应

	Cu^{2+}	Ag^+	Zn^{2+}	Cd^{2+}	Hg^{2+}	Hg_2^{2+}
适量 NaOH	$Cu(OH)_2 \downarrow$ (浅蓝色)	$Ag_2O \downarrow$ (暗棕)	$Zn(OH)_2 \downarrow$ (白色)	$Cd(OH)_2 \downarrow$ (白色)	$HgO \downarrow$ (黄)	$HgO + Hg \downarrow$ (黑)
过量 NaOH	$[Cu(OH)_4]^{2-}$ (亮蓝色)	不变	$[Zn(OH)_4]^{2-}$ (无色)	不变	不变	不变
适量 $NH_3 \cdot H_2O$	碱式盐↓ (浅蓝色)	$Ag_2O \downarrow$	$Zn(OH)_2 \downarrow$	$Cd(OH)_2 \downarrow$	$Hg(NH_2)Cl \downarrow$ (白色)	$Hg(NH_2)Cl \downarrow + Hg \downarrow$ (黑)
过量 $NH_3 \cdot H_2O$	$[Cu(NH_3)_4]^{2+}$ (深蓝色)	$[Ag(NH_3)_2]^+$ (无色)	$[Zn(NH_3)_4]^{2+}$ (无色)	$[Cd(NH_3)_4]^{2+}$ (无色)	不变	不变
适量 KI	$CuI \downarrow + I_2$ (白色)	$AgI \downarrow$ (黄色)	—	—	$HgI_2 \downarrow$ (棕红色)	$Hg_2I_2 \downarrow$ (浅绿色)
过量 KI	不变	不变	—	—	$[HgI_4]^{2-}$ (无色)	$[HgI_4]^{2-} + Hg \downarrow$ (黑色)

注:硝酸汞与氨水反应则生成 $HgO \cdot NH_2HgNO_3$ 白色沉淀。

2. Cu(Ⅰ) 与 Cu(Ⅱ) 的相互转化

铜的电势图:$E_A^\ominus/V$: $Cu^{2+} \underline{\ 0.153\ } Cu^+ \underline{\ 0.521\ } Cu$

(1) Cu^+ 自动歧化成 Cu^{2+} 和 Cu,在溶液中不能存在。Cu(Ⅰ)只能存在于难溶的化合物(如 Cu_2O、Cu_2S、CuCl 等)或难解离的配合物(如 $[Cu(CN)_2]^-$ 等)中。

(2) 若使 Cu(Ⅱ)转变成 Cu(Ⅰ),除加还原剂外,还应使 Cu(Ⅰ)生成难溶物或配合物。例如,在热的浓 HCl 中或 NaCl—HCl 体系中,用 Cu 粉还原 $CuCl_2$,可得到 $[CuCl_2]^-$ 离子,用水稀释就得到难溶性的 CuCl:

$$Cu^{2+} + Cu + 4Cl^- \xrightarrow{\Delta} 2[CuCl_2]^-$$
$$\text{(蓝色)} \qquad\qquad\qquad \text{(无色)}$$

$$2[CuCl_2]^- \xrightarrow{\text{稀释}} 2CuCl\downarrow + 2Cl^-$$
$$\text{(白色)}$$

总反应为 $\qquad\qquad Cu^{2+} + Cu + 2Cl^- \longrightarrow 2CuCl\downarrow$

反应之所以能进行,是因为在 $[CuCl_2]^-$ 或 CuCl 中,Cu^+ 浓度降低,使得 $E(Cu^{2+}/Cu^+)$ 升高,$E(Cu^+/Cu)$ 下降,最终使二者的大小顺序颠倒过来,使反歧化反应得以进行。例如:

$$E_A^\ominus/V : Cu^{2+} \xrightarrow{0.51} CuCl \xrightarrow{0.17} Cu$$

3. Hg(Ⅰ)和 Hg(Ⅱ)的相互转化

汞的电势图:$E_A^\ominus/V \quad Hg^{2+} \xrightarrow{0.920} Hg_2^{2+} \xrightarrow{0.7973} Hg$

(1) Hg_2^{2+} 不会自动歧化,在溶液中能稳定存在,可用金属汞直接还原 Hg(Ⅱ)化合物来制备 Hg(Ⅰ)化合物。

(2) 使 Hg(Ⅰ)转变成 Hg(Ⅱ),除可用氧化方法外,还可利用 Hg_2^{2+} 的歧化。当 Hg_2^{2+} 形成难溶物或难解离的配合物时,Hg_2^{2+} 的浓度就会降低,造成 $E(Hg_2^{2+}/Hg_2^{2+})$ 数值下降,当它数值低于 0.7973 V 时,Hg_2^{2+} 歧化反应就能发生。例如:

$$Hg_2Cl_2 + 2NH_3 \cdot H_2O \longrightarrow Hg(NH_2)Cl\downarrow + Hg\downarrow + NH_4Cl + 2H_2O$$

$$2Hg_2(NO_3)_2 + 4NH_3 \cdot H_2O \longrightarrow HgO \cdot NH_2HgNO_3\downarrow + 2Hg\downarrow + 3NH_4NO_3 + 3H_2O$$

$$Hg_2^{2+} + S^{2-} \longrightarrow HgS\downarrow + Hg\downarrow$$

$$Hg_2^{2+} + 2OH^- \longrightarrow HgO\downarrow + Hg\downarrow + H_2O$$

$$Hg_2I_2 + 2I^- \longrightarrow [HgI_4]^{2-} + Hg$$

4. Cu^{2+}、Ag^+、Zn^{2+}、Hg^{2+} 的鉴定反应

Cu^{2+}:用黄血盐,产生红棕色沉淀。

$$2Cu^{2+} + [Fe(CN)_6]^{4-} \longrightarrow Cu_2[Fe(CN)_6]\downarrow$$

Ag^+:见 Cl^- 的鉴定。

Zn^{2+}:强碱性介质中,用二苯硫腙鉴定,水层呈粉红色。

Hg^{2+}:见 Sn^{2+} 的鉴定。

三、仪器和药品

仪器：试管、离心试管、烧杯、酒精灯、点滴板、离心机、恒温水浴锅等。

药品：$CuSO_4$ 溶液（0.1 mol·L^{-1}）、$CuCl_2$ 溶液（1 mol·L^{-1}）、$ZnSO_4$ 溶液（0.1 mol·L^{-1}）、$AgNO_3$ 溶液（0.1 mol·L^{-1}）、$CdSO_4$ 溶液（0.1 mol·L^{-1}）、$Hg(NO_3)_2$ 溶液（0.1 mol·L^{-1}）、$Hg_2(NO_3)_2$ 溶液（0.1 mol·L^{-1}）、$Na_2S_2O_3$ 溶液（0.1 mol·L^{-1}）、NH_4Cl 溶液（0.1 mol·L^{-1}）、$NaCl$ 溶液（0.1 mol·L^{-1}、饱和）、KBr 溶液（0.1 mol·L^{-1}）、KI 溶液（0.1 mol·L^{-1}）、Na_2S 溶液（0.2 mol·L^{-1}）、$Pb(NO_3)_2$ 溶液（0.1 mol·L^{-1}）、HCl 溶液（2 mol·L^{-1}、6 mol·L^{-1}、浓）、$NH_3·H_2O$ 溶液（2 mol·L^{-1}、6 mol·L^{-1}）、$NaOH$ 溶液（2 mol·L^{-1} 和 6 mol·L^{-1}、40%）、$K_4[Fe(CN)_6]$、二苯硫腙、淀粉溶液、饱和 H_2S 溶液。

浓度均为 0.1 mol·L^{-1} 的 Zn^{2+}、Cd^{2+}、Hg^{2+} 混合液；浓度均为 0.1 mol·L^{-1} 的 $AgNO_3$、$ZnSO_4$、$CdSO_4$、$Hg(NO_3)_2$、$Hg_2(NO_3)_2$ 溶液，分别贴上标签 1~5。

四、实验内容

1. 氢氧化物的生成和性质

（1）制备少量的 $Cu(OH)_2$ 沉淀，观察沉淀的颜色。将沉淀分盛于三支试管中，在第一支试管中加 2 mol·L^{-1} HCl 溶液，在第二支试管中加 6 mol·L^{-1} NaOH 溶液，将第三支试管加热，观察现象。写出离子反应方程式。

（2）制备 $Zn(OH)_2$ 沉淀，通过实验证明它是两性氢氧化物，观察现象，并写出离子反应方程式。

（3）在四支试管中分别加入少量 $AgNO_3$、$CdSO_4$、$Hg(NO_3)_2$、$Hg_2(NO_3)_2$ 溶液，再分别滴加 2 mol·L^{-1} NaOH 溶液，观察每支试管中沉淀的颜色。继续加入过量的 6 mol·L^{-1} NaOH 溶液，观察沉淀是否溶解。写出离子反应方程式。

根据实验结果对 Cu(Ⅱ)、Ag(Ⅰ)、Hg(Ⅱ) 氢氧化物的热稳定性给出结论。

2. 配合物的生成和性质

（1）氨合物的生成和性质

① 在三支试管中分别加入少量的 $CuSO_4$、$ZnSO_4$、$CdSO_4$ 溶液，再分别滴加 2 mol·L^{-1} $NH_3·H_2O$ 溶液（不要过量），观察沉淀的颜色。再继续加入过量的 6 mol·L^{-1} $NH_3·H_2O$ 溶液，观察现象。保留 $[Cu(NH_3)_4]^{2+}$ 做下面实验用。写出离子反应方程式。

② 在两支试管中分别加入少量 $Hg(NO_3)_2$、$Hg_2(NO_3)_2$ 溶液，分别滴加 2 mol·L^{-1} $NH_3·H_2O$ 溶液直至过量，观察现象。写出离子反应方程式。

③ 取所制的 $[Cu(NH_3)_4]^{2+}$ 溶液分盛于三支试管，在第一支试管中加入 2 滴 2 mol·L^{-1} NaOH 溶液，在第二支试管中加入 2 滴 0.2 mol·L^{-1} Na_2S 溶液，在第三支试管中逐滴加入 2 mol·L^{-1} HCl 溶液，观察现象，写出离子反应方程式。

（2）银的配合物

① 制取少量的 AgCl 沉淀，分盛于两支试管。在一支试管中加入 2 mol·L^{-1} $NH_3·H_2O$ 溶液，在另一支试管中加入 0.1 mol·L^{-1} $Na_2S_2O_3$ 溶液，观察 AgCl 沉淀的溶解情况。写出对应的离子反应方程式。

② 制取少量的 AgBr 和 AgI 沉淀，按照上面实验的方法试验它们在 $NH_3 \cdot H_2O$ 和 $Na_2S_2O_3$ 溶液中的溶解情况。写出对应的离子反应方程式。

根据实验结果，对 AgX 的溶解情况给出结论。

（3）汞的配合物

① 取 $0.1\ mol \cdot L^{-1}\ Hg(NO_3)_2$ 溶液 2 滴（切勿取多），滴加几滴 $0.1\ mol \cdot L^{-1}\ KI$ 溶液，观察沉淀的颜色，继续加入过量的 KI 溶液，观察现象。写出离子反应方程式。

② 在实验①中所得的溶液中，加入数滴 40% NaOH 溶液，即制得奈斯勒试剂。

在点滴板上加 1 滴 NH_4Cl 溶液，再加 1~2 滴自制的奈斯勒试剂，观察现象。写出离子反应方程式。

③ 用 $0.1\ mol \cdot L^{-1}\ Hg_2(NO_3)_2$ 做与①同样的实验。观察现象并写出离子反应方程式。

比较实验①、③，与 KI 反应时，$Hg(NO_3)_2$ 与 $Hg_2(NO_3)_2$ 有何不同？

3. Cu(Ⅱ)的氧化性

（1）CuCl 的生成和性质　取少量 Cu 粉，加入 $1\ mol \cdot L^{-1}\ CuCl_2$ 溶液 10 滴，饱和 NaCl 溶液 8 滴和浓盐酸 2 滴，小火加热至溶液近似无色，停止加热，把溶液全部倒入盛有约 50 mL 水的小烧杯中（注意剩余的铜粉不要倒入烧杯），观察白色沉淀的生成。

在两支试管中分别加入 $2\ mol \cdot L^{-1}\ NH_3 \cdot H_2O$ 溶液和浓盐酸，用滴管排出空气后插入小烧杯底部吸取少许 CuCl 沉淀，再插入 $NH_3 \cdot H_2O$ 溶液或浓盐酸底部后放出 CuCl，观察 CuCl 与 $NH_3 \cdot H_2O$ 溶液和浓盐酸的反应。写出对应的离子反应方程式。

（2）CuI 的生成　取 $0.1\ mol \cdot L^{-1}\ CuSO_4$ 溶液 0.5 mL，滴加 $0.1\ mol \cdot L^{-1}\ KI$ 溶液，离心分离。取出 1 滴清液，用蒸馏水稀释后，加淀粉溶液检验溶液中是否有 I_2 生成。洗涤沉淀，观察沉淀的颜色。写出离子反应方程式。

4. 分离并鉴定 Zn^{2+}、Cd^{2+}、Cu^{2+} 的混合液

分离并鉴定 Zn^{2+}、Cd^{2+}、Cu^{2+} 的混合液，并与每种离子的个别鉴定反应进行对照。

五、选做实验

1. 有五瓶失去标签的无色液体，分别含有 Ag^+、Zn^{2+}、Cd^{2+}、Hg^{2+}、Hg_2^{2+}，试选用一种试剂将它们鉴别出来。

2. 制取少量 AgCl、$PbCl_2$、Hg_2Cl_2 沉淀，对比它们与热水、$NH_3 \cdot H_2O$ 的作用，总结分离它们的方法。

六、思考题

1. Cu(Ⅰ)和 Cu(Ⅱ)各自稳定存在和相互转化的条件是什么？

2. CuCl 溶于 $NH_3 \cdot H_2O$ 溶液（或浓盐酸）后生成的产物常呈蓝色（或黄色），为什么？

3. 为什么在 $CuSO_4$ 溶液中加入 KI 溶液能产生 CuI 沉淀，而加入 KCl 溶液后却不能产生 CuCl 沉淀？

4. 应该怎样配制和保存 $Hg_2(NO_3)_2$ 溶液？

实验十四　常见阳离子的分离和鉴定

实验教学视频

一、实验目的

掌握常见阳离子分离与鉴定的原理和方法。

二、实验原理

常见阳离子的鉴定反应及其与常用试剂的反应见附录二"1.常见阳离子的主要鉴定反应"和"3.常见阳离子与常用试剂的反应"。

金属元素较多,因而由它们形成的阳离子数目也较多。最常见的阳离子有二十余种。在阳离子的鉴定反应中,相互干扰的情况较多,很少能采用分别分析法,大多需要采用系统分析法。

完整且经典的阳离子分组法是硫化氢系统分组法,根据硫化物的溶解度不同将阳离子分成五组(表 4-14-1)。此方法的优点是系统性强,分离方法比较严密;不足之处是组试剂 H_2S、$(NH_4)_2S$ 有臭味并有毒,分析步骤也比较繁杂。在分析已知混合阳离子体系时,如果能用别的方法分离干扰离子,则最好不用或少用硫化氢系统。常用的非硫化氢系统的离子分离方法主要利用氯化物、硫酸盐是否沉淀,氢氧化物是否具有两性,以及它们能否生成氨配合物等来实现。

表 4-14-1　常见阳离子的分组

分组根据	硫化物不溶于水			硫化物溶于水	
	稀酸中形成硫化物沉淀		稀酸中不形成硫化物沉淀	碳酸盐不溶	碳酸盐易溶
	氯化物不溶	氯化物易溶			
离子	Ag^+、Hg_2^{2+}（Pb^{2+}）	Pb^{2+}、Cu^{2+}、Cd^{2+}、Hg^{2+}、Bi^{3+}、Sn^{2+}、Sn^{4+}、$As(Ⅲ,Ⅴ)$、$Sb(Ⅲ,Ⅴ)$	Fe^{3+}、Fe^{2+}、Al^{3+}、Cr^{3+}、Mn^{2+}、Zn^{2+}、Co^{2+}、Ni^{2+}	Ca^{2+}、Sr^{2+}、Ba^{2+}	K^+、Na^+、NH_4^+、Mg^{2+}
组别	盐酸组	硫化氢组	硫化铵组	碳酸铵组	可溶组
组试剂及主要条件	适量稀盐酸	0.3 mol·L^{-1} HCl 溶液下通 H_2S	$(NH_4Cl + NH_3·H_2O)$ 下通 H_2S	$(NH_3·H_2O + NH_4Cl)$ $(NH_4)_2CO_3$	

绝大多数金属的氯化物易溶于水,只有 $AgCl$、Hg_2Cl_2、$PbCl_2$ 难溶;$AgCl$ 可溶于 $NH_3·H_2O$;$PbCl_2$ 的溶解度较大,并易溶于热水,在 Pb^{2+} 浓度大时才析出沉淀。

绝大多数硫酸盐易溶于水,只有 Ca^{2+}、Sr^{2+}、Ba^{2+}、Pb^{2+}、Hg_2^{2+} 的硫酸盐难溶于水;$CaSO_4$ 的溶解度较大,只有当 Ca^{2+} 浓度很大时才析出沉淀;$PbSO_4$ 可溶于 NH_4OAc。

能形成两性氢氧化物的常见金属离子有 Al^{3+}、Cr^{3+}、Zn^{2+}、Pb^{2+}、Sb^{3+}、Sn^{2+}、Sn^{4+}、Cu^{2+};在这些离子的溶液中加入适量 NaOH 时,出现相应的氢氧化物沉淀;加入过量 NaOH 后它们又会溶解成多羟基配离子;其中 $Cu(OH)_2$ 的酸性较弱,溶于碱时需要加入浓 NaOH 溶液。其他的金属离子,除 Ag^+、Hg^{2+}、Hg_2^{2+} 加入 NaOH 后生成氧化物沉淀外,其余均生成相应的氢氧化物沉淀。值得注意的是,$Fe(OH)_2$ 和 $Mn(OH)_2$ 的还原性很强,在空气中极易被氧化成 $Fe(OH)_3$ 和 $MnO(OH)_2$。

在 Ag^+、Cu^{2+}、Cd^{2+}、Zn^{2+}、Co^{2+}、Ni^{2+} 溶液中加入适量 $NH_3 \cdot H_2O$ 时,形成相应的碱式盐或氢氧化物(Ag^+ 形成氧化物)沉淀,它们全都溶于过量 $NH_3 \cdot H_2O$,生成相应的氨配离子;其中 $[Co(NH_3)_6]^{2+}$ 易被空气氧化成 $[Co(NH_3)_6]^{3+}$。其他的金属离子,除 $HgCl_2$ 生成 $HgNH_2Cl$,Hg_2Cl_2 生成 $HgNH_2Cl+Hg$ 外,绝大多数在加入氨水时生成相应的氢氧化物沉淀,并且不会溶于过量氨水。

许多过渡元素的水合离子具有特征颜色,熟悉离子及某些化合物的颜色也会对离子的分析鉴定起良好的辅助作用。

混合阳离子分离鉴定举例:

[例 4.14.1] NH_4^+、Co^{2+}、Na^+、Fe^{3+} 混合液的分离与鉴定

(分析:用焰色反应或用醋酸铀酰锌鉴定 Na^+,其他离子无干扰;用奈斯勒试剂鉴定 NH_4^+,Co^{2+}、Fe^{3+} 均干扰,若采用加碱加热放出氨气的特效反应时,则其他离子无干扰;Fe^{3+} 对 Co^{2+} 鉴定有干扰,但可采用离子掩蔽法消除,Co^{2+} 不干扰 Fe^{3+} 的鉴定。)

分析方案:

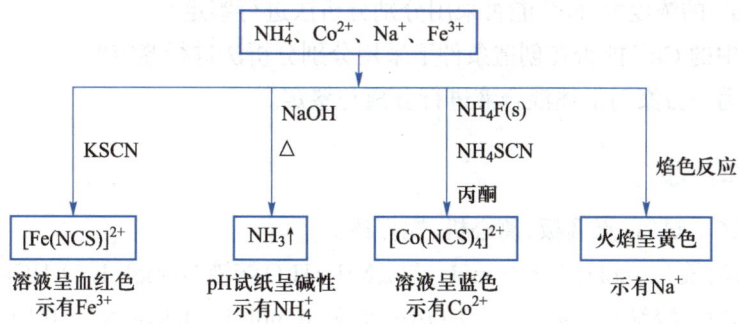

[例 4.14.2] Ag^+、Cu^{2+}、Al^{3+}、Fe^{3+} 混合液的分离与鉴定

(分析:Ag^+ 可采用分别分析法鉴定;Fe^{3+} 在 Cu^{2+} 浓度低时,也可用 KSCN 作分别分析;鉴定 Cu^{2+}、Al^{3+} 时,应将 Fe^{3+} 分离出去。)

分析方案:

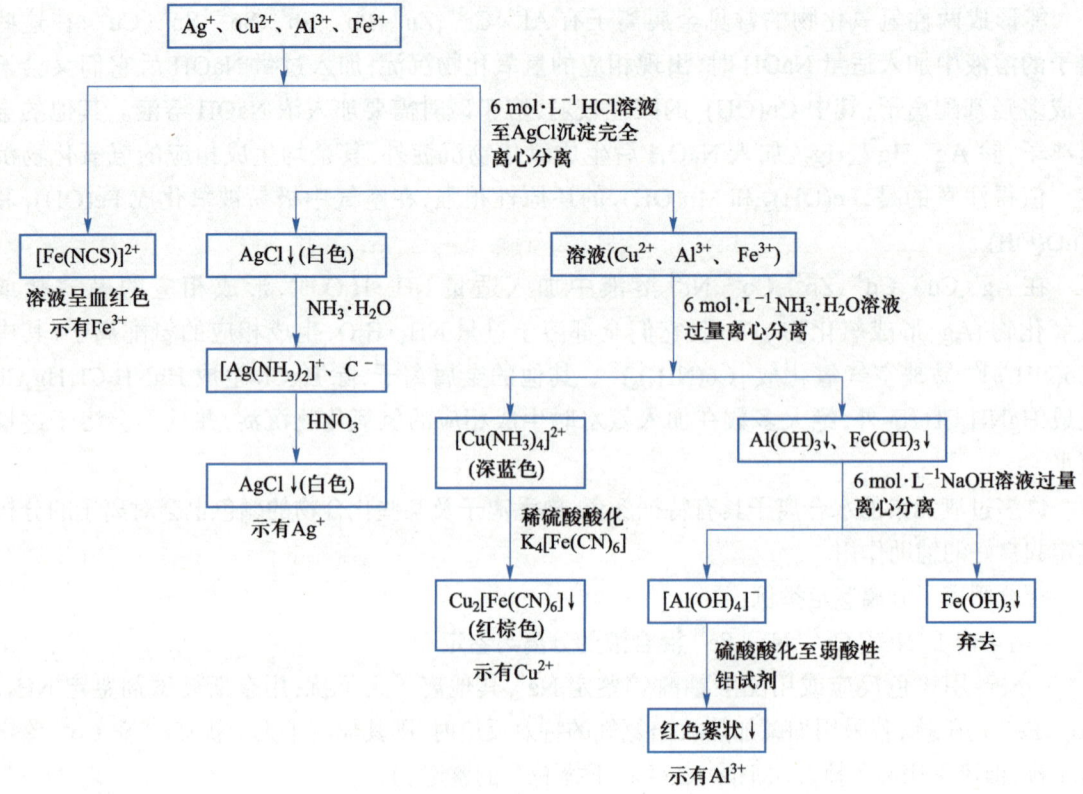

思考问题：

（1）如果 Cu^{2+} 的浓度大，Fe^{3+} 能否采用分别分析法进行鉴定？

（2）混合液中的 Cu^{2+} 能否在创造条件下采用分别分析法进行鉴定？

（3）试设计另一方案对上述混合液进行分离与鉴定。

三、仪器和药品

仪器：试管、离心试管、点滴板、离心机、搅拌棒。

药品：NaOH 溶液（2 mol·L^{-1} 和 6 mol·L^{-1}）、NH$_3$·H$_2$O 溶液（6 mol·L^{-1}）、HCl 溶液（2 mol·L^{-1} 和 6 mol·L^{-1}）、H$_2$SO$_4$ 溶液（2 mol·L^{-1}）、HOAc 溶液（6 mol·L^{-1}）、KSCN（s，0.1 mol·L^{-1}）、K$_2$CrO$_4$ 溶液（0.1 mol·L^{-1}）、SnCl$_2$ 溶液（0.2 mol·L^{-1}）、H$_2$S 溶液（饱和）、K$_4$[Fe(CN)$_6$]、奈斯勒试剂、铝试剂、二苯硫脲、丁二酮肟、NH$_4$F(s)。

四、实验内容

按示例格式，设计出合理的分离鉴定方案，分离鉴定下列三组阳离子混合液：

（1）Ag^+、Pb^{2+}、Fe^{3+}、Ni^{2+}；

（2）Ba^{2+}、Fe^{3+}、Co^{2+}、Al^{3+}；

（3）NH_4^+、Cu^{2+}、Zn^{2+}、Hg^{2+}。

五、思考题

1. 用沉淀方法分离混合离子时,如何检验离子的沉淀是否已经完全?
2. 何为分别分析？何为系统分析？各在什么情况下使用？
3. 拟定混合离子分离鉴定方案的原则是什么?

实验十五　元素性质综合实验

1. 用实验证明 Pb_3O_4 是混合氧化物。
2. 用实验区别下列各对物质:
（1）$ZnSO_4$ 和 $Al_2(SO_4)_3$;
（2）NaCl 和 NaBr;
（3）$SbCl_3$ 和 $BiCl_3$;
（4）PbO_2 和 MnO_2。
3. 现有下列八种失去标签的液体试剂,要求在不借用其他试剂的条件下加以鉴别:
$AgNO_3$、K_2CrO_4、$Pb(NO_3)_2$、$FeCl_3$、$Ni(NO_3)_2$、NaOH、NH_4SCN、KNO_3。
4. 分离并鉴定下列两组离子,每组必须按四种离子全部存在来设计完整正确的分离鉴定方案,再根据实验结果确定有哪几种离子存在。
（1）可能含有 Fe^{3+}、Mn^{2+}、Cr^{3+}、Ni^{2+};
（2）可能含有 CO_3^{2-}、SO_4^{2-}、PO_4^{3-}、I^-。

实验十六　去离子水的制备

一、实验目的

1. 了解用离子交换法制取纯水的原理和方法;
2. 学习电导率仪的使用方法;
3. 掌握水中无机杂质离子的定性鉴定方法。

实验教学
视频

二、实验原理

自来水经过离子交换树脂处理后,称为离子交换水,因为溶于水的杂质离子被去除,所以又称为去离子水。去离子水的纯度很高,常温下的电导率可达 5×10^{-6} S·cm^{-1} 以下。

离子交换树脂是一种人工合成的高分子化合物,其主要组成部分是交联成网状的立体高分子骨架,在其骨架上连接有可以被交换的活性基团。树脂的骨架特别稳定,它不与酸、碱、有机溶剂和一般弱氧化剂作用。当它与水接触时,能吸附并交换溶解在水中的阳离子和阴离子。根据能交换的离子种类不同,离子交换树脂可分为阳离子交换树脂和阴离子交换树脂两大类。每种树脂都有型号不同的几种类型,它们的性能略有区别,可根据用途来选择所需树脂。

阳离子交换树脂含有酸性的活性基团,如磺酸基($-SO_3H$)、羧基($-COOH$)和酚羟基($-OH$),酸性基团上的H^+可以和水溶液中的其他阳离子进行交换(称为H型)。因为磺酸是强酸,所以含磺酸基的树脂又称为强酸性阳离子交换树脂,可用$R-SO_3H$表示,其中R代表树脂中网状骨架部分。$R-COOH$和$R-OH$均为弱酸性阳离子交换树脂。前者交换速率快,与所有阳离子均可交换,能在中性、酸性和碱性溶液中使用,而后者的交换能力受外界酸度影响较大,羧基在pH>4时、酚羟基在pH>9.5时才有离子交换能力,但其选择性好,可用于分离不同强度的有机碱。

阴离子交换树脂含有碱性的活性基团,如含有季铵基[$-N(CH_3)_3^+$]的强碱性阴离子交换树脂$R-N(CH_3)_3^+OH^-$,含有叔胺基团[$-N(CH_3)_2$]、仲胺基团[$-NH(CH_3)$]、氨基($-NH_2$)的弱碱性阴离子交换树脂$R-NH(CH_3)_2^+OH^-$、$R-NH_2(CH_3)^+OH^-$和$R-NH_3^+OH^-$,它们所含的OH^-均可与水溶液中的其他阴离子进行交换(称为OH型)。前者可在中性、酸性和碱性介质中与强酸或弱酸的酸根离子交换,广泛用于水处理和分析化学领域中;而后者在碱性介质中就失去交换能力。

制备去离子水时,通常使用强酸性阳离子交换树脂和强碱性阴离子交换树脂,并预先将它们分别处理成H型和OH型。交换过程通常是在离子交换柱中进行的。自来水先经过阳离子树脂交换柱,水中的阳离子(Na^+、Ca^{2+}、Mg^{2+}等)与树脂上的H^+进行交换:

$$R-SO_3^-H^+ + Na^+ \rightleftharpoons R-SO_3^-Na^+ + H^+$$

$$2R-SO_3^-H^+ + Ca^{2+} \rightleftharpoons (R-SO_3^-)_2Ca^{2+} + 2H^+$$

$$2R-SO_3^-H^+ + Mg^{2+} \rightleftharpoons (R-SO_3^-)_2Mg^{2+} + 2H^+$$

交换后,树脂变成"钠型""钙型"或"镁型",水具有了弱酸性。然后再将水通过阴离子树脂交换柱,水中的杂质阴离子(Cl^-、SO_4^{2-}、HCO_3^-等)与树脂上的OH^-进行交换:

$$RN(CH_3)_3^+OH^- + Cl^- \rightleftharpoons RN(CH_3)_3^+Cl^- + OH^-$$

$$2RN(CH_3)_3^+OH^- + SO_4^{2-} \rightleftharpoons [RN(CH_3)_3^+]_2SO_4^{2-} + 2OH^-$$

交换后,树脂变成"氯型"等,交换下来的OH^-和H^+中和:

$$H^+ + OH^- \longrightarrow H_2O$$

从而将水中的可溶性离子去除。

交换后水质的纯度与所用树脂量的多少及流经树脂时水的流速等因素有关。一般树脂量越多,水流越慢,得到的水的纯度就越高。

必须指出,上述离子交换过程是可逆的。交换反应主要向哪个方向进行,与水中两种离子

(如 H^+ 与 Na^+，OH^- 与 Cl^-)的浓度有关。当水中杂质离子较多，而树脂上的活性基团上的离子都是 H^+ 或 OH^- 时，水中的杂质离子被交换占主导地位；如果水中杂质离子减少而树脂上活性基团又大量被杂质离子占领时，则水中的 H^+ 和 OH^- 反而会把杂质离子从树脂上交换下来。由于交换反应的这种可逆性，因此只用阳离子交换柱和阴离子交换柱串联起来处理后的水，仍然会含有少量的杂质离子。为提高水质，可使水再通过一个由阴、阳离子交换树脂均匀混合的"混合柱"，其作用相当于串联了很多个阳离子交换柱与阴离子交换柱，而且在交换柱层的任何部位的水都是中性的，从而减少了逆反应的可能性。

树脂使用一定时间后，活性基团上的 H^+、OH^- 分别被水中的阳、阴离子所交换，从而失去了原先的交换能力，称为"失效"。利用交换反应的可逆性使树脂重新复原，恢复其交换能力，此过程称为"洗脱"或"再生"。

阳离子交换树脂的再生是加入适当浓度的酸(一般用 5%～10% 的盐酸)，其反应为

$$R\text{—}SO_3^-Na^+ + H^+ \rightleftharpoons R\text{—}SO_3^-H^+ + Na^+$$

阴离子交换树脂的再生是加入适当浓度的碱(一般用 5% 的 NaOH 溶液)，其反应为

$$RN(CH_3)_3^+Cl^- + OH^- \rightleftharpoons RN(CH_3)_3^+OH^- + Cl^-$$

再生后的树脂可以重新使用。混合离子交换树脂可先用饱和食盐水充分浸泡，由于密度不同，阴离子交换树脂浮在上面，阳离子交换树脂沉在下面，从而将其分离，再分别进行再生。

实验前，实验室应先将离子交换树脂浸泡好，并将阳离子交换树脂处理成 H 型，将阴离子交换树脂处理成 OH 型。本实验过程为装柱→制备去离子水→再生树脂→再制备去离子水，依次循环。

三、仪器和药品

仪器：试管、滴管、烧杯、微型烧杯、量筒、电导率仪。

材料：离子交换柱 3 个、霍夫曼夹 3 个、弹簧止水夹 3 个、橡胶管 9 段、玻璃纤维、铁丝、玻璃导管等。

药品：732# 强酸性阳离子交换树脂、717# 强碱性阴离子交换树脂、HCl 溶液（2 mol·L^{-1}）、NaOH 溶液（2 mol·L^{-1}、6 mol·L^{-1}）、HNO$_3$ 溶液（2 mol·L^{-1}）、BaCl$_2$ 溶液（1 mol·L^{-1}）、AgNO$_3$ 溶液（0.1 mol·L^{-1}）、镁指示剂、钙指示剂或 HOAc 溶液（2 mol·L^{-1}）、(NH$_4$)$_2$C$_2$O$_4$ 溶液（饱和）。

四、实验步骤

1. 装柱

按图 4-16-1 所示，将离子交换柱装好并串联起来。

装树脂时，先用少量玻璃纤维松散地塞在柱子的底部，以防树脂漏出。将柱的出液口连接橡胶管，并用霍夫曼夹夹住，向柱中注入少量去离子水。将所需树脂先放在烧杯中，再用滴管将树脂连同水一起慢慢加入柱中。

阳离子交换柱装入约 1/2 体积的树脂，阴离子交换柱装入约 2/3 体积的树脂，装混合离子交

换柱时,应先将阴、阳离子交换树脂按体积比为 2∶1 混合均匀后,再装入约 2/3 体积的树脂。

在装柱和连接过程中,应注意树脂层和两柱间的连接管内不得留有气泡,以免液体流动不畅通和树脂层的紊乱。树脂必须一直浸泡在水中或溶液中,当有液体流出时,树脂上方应保持一定高度的液层,切勿使液层下降到树脂面以下,否则再加液体时会产生气泡。

多取的树脂不要倒回原瓶,应分别倒入各种树脂回收瓶。

2. 制备去离子水与水质检验

使自来水水样依次流经阳离子交换柱、阴离子交换柱和混合离子交换柱,控制流速为 2~3 s 1 滴。

弃去前面所接收的约 20 mL 水后开始接收水样,按装置从后向前的顺序,依次分别接收流经混合离子交换柱流出水(去离子水)、流经阴离子交换柱流出水及流经阳离子交换柱流出水;对上述水样及自来水四个水样,进行下面的测试。

(1) 测定四个水样的电导率 电导率仪的使用方法见附录一 "5.电导仪和电导率仪",各种水样的电导率列于表 4-16-1 中。

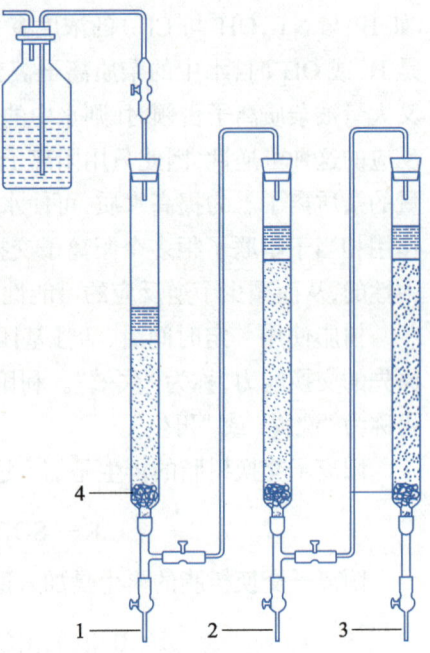

1—阳离子交换柱;2—阴离子交换柱;
3—混合离子交换柱;4—玻璃纤维

图 4-16-1　离子交换装置

表 4-16-1　各种水样的电导率

水样	自来水	蒸馏水	去离子水	纯水
电导率/($\mu S \cdot cm^{-1}$)	50~500	1.0~50	0.8~4	0.055

(2) 检验四个水样中的 Ca^{2+}、Mg^{2+}、Cl^- 和 SO_4^{2-}

① Ca^{2+}:方法一,取 1 mL 水样,加入 1 滴 6 mol·L^{-1} NaOH 溶液和 1 滴钙指示剂[注1],溶液显红色,表示有 Ca^{2+}。方法二,取 1 mL 水样,加入 2 滴 2 mol·L^{-1} HOAc 溶液和 3~4 滴饱和(NH_4)$_2C_2O_4$ 溶液,产生白色沉淀,表示有 Ca^{2+}:

$$Ca^{2+} + C_2O_4^{2-} \longrightarrow CaC_2O_4 \downarrow$$

② Mg^{2+}:在 1 mL 水样中加 1 滴 6 mol·L^{-1} NaOH 溶液和 1 滴镁指示剂[注2],产生天蓝色沉淀,表示有 Mg^{2+}。

③ Cl^-:在 1 mL 水样中,加入 2 滴 2 mol·L^{-1} HNO_3 溶液酸化,再加入 2 滴 0.1 mol·L^{-1} $AgNO_3$ 溶液,如有白色沉淀,表示有 Ag^+ 存在。

④ SO_4^{2-}:在 1 mL 水样中,先加入 2 滴 2 mol·L^{-1} HCL 溶液,再加入 2 滴 1 mol·L^{-1} $BaCl_2$,如有白色沉淀,表示有 SO_4^{2-} 存在。

将检测结果填入表 4-16-2 中。

表 4-16-2　各水样电导率及离子的定性检验

水样	电导率/($\mu S \cdot cm^{-1}$)	Ca^{2+}	Mg^{2+}	Cl^-	SO_4^{2-}
去离子水					
流经阳离子和阴离子交换柱的流出水					
流经阳离子交换柱的流出水					
自来水					

根据实验检测结果得出结论。

3. 树脂再生

阳(阴)离子交换树脂用 2 mol·L^{-1} HCl(2 mol·L^{-1} NaOH)溶液进行再生,所用酸(碱)溶液的体积约 10mL。树脂再生装置如图 4-16-2 所示。将酸(碱)溶液滴入树脂柱中,控制流速使树脂上方有一层酸(碱)液,并以约 1 滴/s 的流速让酸(碱)溶液通过树脂。酸(碱)溶液流经树脂层的时间应不少于 20 min。待酸(碱)溶液滴至液面接近树脂层时,用蒸馏水洗涤树脂,可先快速后慢速,最后使流出液至近中性为止。

若本次实验所装树脂是经上次实验使用的回收树脂,则实验过程为装柱→再生→制备与测定。

注释:

[注 1] 游离的钙指示剂呈蓝色,在 pH>12 的碱性溶液中,它与 Ca^{2+} 结合呈红色。在此 pH 下,Mg^{2+} 因形成 $Mg(OH)_2$ 沉淀而不干扰 Ca^{2+} 的检验。

[注 2] 镁指示剂是一种染料,在酸性溶液中呈黄色,碱性溶液中呈红紫色,被氢氧化镁吸附后呈天蓝色。因此反应必须在碱性溶液中进行。

1—出液控制夹;2—进液控制夹

图 4-16-2　树脂再生装置

五、思考题

1. 离子交换法制备去离子水的原理是什么?
2. 为什么自来水经阳离子交换柱处理后,电导率比原来大?
3. 用电导率仪测定水纯度的依据是什么?

实验十七　硫酸亚铁铵的制备(常量和微型实验)

一、实验目的

实验教学
视频

1. 掌握复盐的一般特征和制备方法；
2. 熟练掌握水浴加热、蒸发、结晶和减压过滤等基本操作；
3. 巩固产品限量分析的原理和方法；
4. 了解微型实验的优点。

二、实验原理

硫酸亚铁铵又称摩尔盐、莫尔盐，是浅蓝绿色单斜晶体。作为复盐，硫酸亚铁铵在空气中比一般亚铁盐稳定，不易被氧化，易溶于水，难溶于乙醇。在定量分析中 $(NH_4)_2Fe(SO_4)_2 \cdot 6H_2O$ 常用作氧化还原滴定法的基准物质。

本实验首先用过量的 Fe 与稀硫酸反应制得 $FeSO_4$ 溶液：

$$Fe + H_2SO_4 \longrightarrow FeSO_4 + H_2 \uparrow$$

然后利用复盐 $(NH_4)_2Fe(SO_4)_2 \cdot 6H_2O$ 的溶解度比组成它的简单盐的溶解度都小的性质(见表 4-17-1)，由等物质的量的 $FeSO_4$ 与 $(NH_4)_2SO_4$ 在水溶液中相互作用，生成溶解度较小的复盐 $(NH_4)_2Fe(SO_4)_2 \cdot 6H_2O$：

$$FeSO_4 + (NH_4)_2SO_4 + 6H_2O \longrightarrow (NH_4)_2Fe(SO_4)_2 \cdot 6H_2O$$

表 4-17-1　相关物质在不同温度下的溶解度表

物质	溶解度/[g·(100 g H₂O)⁻¹]				
	10℃	20℃	30℃	50℃	70℃
$FeSO_4 \cdot 7H_2O$	20.5	26.6	33.2	48.6	56.0
$(NH_4)_2SO_4$	73.0	75.4	78.0	84.5	91.9
$(NH_4)_2Fe(SO_4)_2 \cdot 6H_2O$	18.1	21.2	24.5	31.3	38.5

提纯后的 $(NH_4)_2Fe(SO_4)_2 \cdot 6H_2O$ 晶体还要进行杂质(主要为 Fe^{3+})的限量分析：限量分析是将被分析物配制成一定浓度的溶液，与标准系列溶液进行目视比色或比浊，以确定杂质含量范围。如果被分析溶液颜色(或浊度)不深于(不高于)某一标准溶液，则杂质含量就低于某一规定的限度。这种分析方法称为限量分析。

在上述目视比色法中标准系列法较为常用。其方法为利用一套由相同玻璃质材料制造的一定体积和形状的比色管，把一系列不同量的标准溶液依次加入各比色管中，并分别加入等量的显色剂和其他试剂,再稀释至同等体积,即配成一套颜色由浅至深的标准色阶。把一定量的待测物质加入另一同规格的比色管中,在同样条件下显色,并稀释至同等体积,摇匀后将比色管的塞子打开,并和标准色阶进行比较,比较时应从管口垂直向下观察,这样观察的液层比从比色管侧面观察的液层要厚得多,能提高观察的灵敏度。如待测溶液与标准系列中某一溶液的颜色深度相同,则待测溶液就等于该标准溶液的浓度,若介于相邻两种标准溶液之间,则可取这两种标准溶液的平均值。这种测定方法的思路,也体现在后面的许多成分分析实验中。

三、仪器和药品

仪器:电子天平、布氏漏斗、吸滤瓶、锥形瓶、烧杯、蒸发皿、移液管、比色管、表面皿、封闭式电炉、水循环真空泵。

药品:碎铁片(或铁屑)、Na_2CO_3 溶液(10%)、H_2SO_4 溶液($3\ mol \cdot L^{-1}$)、$(NH_4)_2SO_4(s)$、乙醇溶液(95%)、KSCN 溶液($1\ mol \cdot L^{-1}$)、Fe^{3+} 标准溶液($0.100\ 0\ mg \cdot mL^{-1}$)、pH 试纸、滤纸。

四、实验步骤

(一) 常量实验

1. 碎铁片的预处理

称量 4.0 g 铁片(或铁屑)放入 150 mL 锥形瓶中,加入 20 mL 10% Na_2CO_3 溶液,放在石棉网上加热至沸腾,以除去铁片上的油污。用倾泻法倾出碱液,将碎铁片水洗至中性。

2. $FeSO_4$ 的制备

在盛有处理过碎铁片的锥形瓶中加入 20 mL $3\ mol \cdot L^{-1}\ H_2SO_4$ 溶液,水浴中加热。注意控制 Fe 与 H_2SO_4 的反应不要过于激烈,反应后期补充水分保持溶液原有体积,避免硫酸亚铁析出。等反应速率明显减慢时(大约需 30 min),趁热减压过滤,分离溶液和残渣。如果发现滤纸上有 $FeSO_4 \cdot 7H_2O$ 晶体析出,则可用热蒸馏水溶解,然后用 2 mL $3\ mol \cdot L^{-1}\ H_2SO_4$ 溶液洗涤没有反应完的 Fe 和残渣,洗涤液合并至反应液中(加酸的目的是什么?)。过滤后将滤液转移至蒸发皿内,没有反应完的铁片用碎滤纸吸干后称量,计算已参加反应的 Fe 的质量。

3. $(NH_4)_2Fe(SO_4)_2 \cdot 6H_2O$ 的制备

根据反应消耗 Fe 的质量(或生成 $FeSO_4$ 的质量),计算制备 $(NH_4)_2Fe(SO_4)_2 \cdot 6H_2O$ 所需 $(NH_4)_2SO_4$ 的量,考虑到 $FeSO_4$ 在过滤等操作中的损失,$(NH_4)_2SO_4$ 用量可按生成 $FeSO_4$ 理论产量的 80% 计算,按计算量称取 $(NH_4)_2SO_4$ 固体,配制成饱和溶液(如何配制?)加入 $FeSO_4$ 溶液中,混合均匀后在水浴上加热(火不能太大),蒸发浓缩至溶液表面出现晶膜为止。自然冷却至室温,即可得到浅蓝绿色的 $(NH_4)_2Fe(SO_4)_2 \cdot 6H_2O$ 晶体。减压过滤,将液体尽量抽干,用 95% 乙醇溶液洗涤晶体,抽滤,晶体用滤纸吸干,称量,计算产率。母液与乙醇洗涤液必须分别回收。

4. 产品中 Fe^{3+} 的限量分析

产品的主要杂质是 Fe^{3+},根据 Fe^{3+} 与硫氰化钾形成血红色配离子 $[Fe(NCS)_n]^{3-n}$ 颜色的深浅,用目视比色法确定其 Fe^{3+} 含量对应的级别。

准确称取 1.00 g 产品,放入 25 mL 比色管中,用少量不含 O_2 的蒸馏水(将蒸馏水用小火煮沸 10 min 以除去所溶解的 O_2,盖上表面皿待冷却后使用)溶解。用两支 1 mL 移液管分别取 3 mol·L^{-1} H_2SO_4 溶液与 1 mol·L^{-1} KSCN 溶液各 1.00 mL 加入比色管中,再加不含 O_2 的蒸馏水至刻度,摇匀,与标准溶液(由实验室提供)进行比较。根据比色结果,确定产品中 Fe^{3+} 含量所对应的级别(见表 4-17-2)。

表 4-17-2 不同等级 $(NH_4)_2Fe(SO_4)_2·6H_2O$ 中 Fe^{3+} 含量

规格	一级	二级	三级
Fe^{3+} 含量/(mg·mL^{-1})	0.05	0.1	0.2

标准溶液的配制:依次用移液管量取每毫升含 Fe^{3+} 量为 0.010 mg 的标准溶液 0.50 mL、1.00 mL、2.00 mL。分别加到三支 25 mL 比色管中,各加入 1.00 mL 3 mol·L^{-1} H_2SO_4 溶液和 1.00 mL 1 mol·L^{-1} KSCN 溶液。最后用蒸馏水稀释至刻度、摇匀。

(二) 微型实验

1. 微型仪器

微型锥形瓶(15 mL)、微型烧杯(10 mL)、微型布氏漏斗(口径 ϕ = 20 mm、容积 V = 5 mL)、吸滤瓶(ϕ = 19 mm、V = 20 mL)、蒸发皿(10 mL)、洗耳球(代替真空泵)、点滴板、封闭式电炉。

2. 试剂用量

碎铁片(或铁屑)0.5 g、预处理用的碱(10% Na_2CO_3 溶液)3 mL、反应酸(3 mol·L^{-1} H_2SO_4 溶液)2.5 mL、洗涤酸(3 mol·L^{-1} H_2SO_4 溶液)0.3 mL、$(NH_4)_2SO_4$(s,CP)用量根据反应中消耗 Fe 的质量的 80% 计算。

3. 碎铁片的预处理

粗称 0.5 g 铁片(或铁屑)放入 15 mL 锥形瓶中,加入 3 mL 10% Na_2CO_3 溶液,放在石棉网上小火加热至沸腾,以除去铁片上的油污。用倾泻法倾出碱液,将碎铁片水洗至中性。

4. $FeSO_4$ 的制备

在盛有处理过碎铁片的锥形瓶中加入 3 mL 3 mol·L^{-1} H_2SO_4 溶液,水浴中加热。注意控制 Fe 与 H_2SO_4 的反应不要过于激烈,反应后期补充水分保持溶液原有体积,避免硫酸亚铁析出。等反应速率明显减慢时(大约需 15 min),趁热减压过滤,分离溶液和残渣。如果发现滤纸上有 $FeSO_4·7H_2O$ 晶体析出,则可用热蒸馏水溶解,然后用 0.5 mL 3 mol·L^{-1} H_2SO_4 溶液洗涤没有反应完的 Fe 和残渣,洗涤液合并至反应液中(加酸的目的是什么?)。过滤后将滤液转移至蒸发皿内,没有反应完的铁片用碎滤纸吸干后称量,计算已参加反应的 Fe 的质量。

5. $(NH_4)_2Fe(SO_4)_2·6H_2O$ 的制备

根据反应消耗 Fe 的质量的 80% 计算制备 $(NH_4)_2Fe(SO_4)_2·6H_2O$ 所需 $(NH_4)_2SO_4$ 的量,按计算量称取 $(NH_4)_2SO_4$ 固体,配制成饱和溶液(如何配制?)加入 $FeSO_4$ 溶液中,混合均匀后在水浴上加热(火不能太大),蒸发浓缩至溶液表面出现晶膜为止。自然冷却至室温,即可得到浅蓝绿色的 $(NH_4)_2Fe(SO_4)_2·6H_2O$ 晶体。减压过滤将液体尽量抽干,取出晶体用滤纸吸干,称量,计算产率。母液回收。

6. 产品纯度检验

定性检验产品中的 Fe^{3+}（如何鉴定？）。

五、思考题

1. 在制备 $FeSO_4$ 过程中，为什么开始时需 Fe 过量，并用水浴加热？而后又将溶液调节至强酸性？
2. 如果制备 $FeSO_4$ 溶液时有部分被氧化，应如何处理才能制得较纯的硫酸亚铁？
3. 为什么在检验产品中 Fe^{3+} 的含量时，要用不含氧的蒸馏水溶解产品？

实验附注　微型化学实验简介

微型化学实验是以尽量少的化学试剂，在微型仪器装置中进行实验，来获取化学信息的实验方法。其确切定义和试剂用量的界限，目前国际上尚无公认的说法。一般来说，微型化学实验的仪器、装置大小是常规实验的 1%～10%，试剂用量是常规实验的数千分之一至十分之一。

微型化学实验在 20 世纪 80 年代初最先在美国开展实验与探索。至 1989 年，美国已有四百多所院校采用微型化学实验。我国自 1988 年开始了对微型化学实验的研究工作，立足国内教学实际，开展实验的研究和推广工作。

微型化学实验与常规实验相比有许多优点：

（1）微型化学实验仪器体积小，价格较便宜，而且仪器微型化后在使用时能减少破损，降低购买仪器方面的开支。另外，微型化学实验所用药品、试剂仅为常规实验的数千分之一至十分之一。所以采用微型化学实验可以节省试剂（一般可节约 90% 以上），降低实验的成本。

（2）微型化学实验中有毒试剂用量减少，则减少了对环境的污染，降低了"三废"处理费用，增强了学生的环保意识；同时危险性实验试剂量的减少，使化学实验室安全程度提高，火灾等意外事故显著减少。

（3）微型化学实验由于药品用量减少，反应时间相应缩短，再加上微型化学实验仪器在设计时力求简单，装拆清洗比较省时，所以微型化学实验耗时相对要少。从目前有关资料统计来看，采用微型化学实验进行教学，操作和反应时间可节约 1/4～1/2。因此微型化学实验有利于提高教学效率，加强对学生的训练和培养。

当然，微型化学实验不能完全替代常规实验，有些基本操作的训练还要靠常规实验来进行。微型化学实验仪器的形状、尺寸与操作和实际生产工艺差距较大，通过微型化学实验探索得到的反应条件，应进行放大试验后才可考虑生产应用；用微型化学实验方法制备的物质产率偏低（由于仪器黏附等损耗相对于原料的比例较大）等，因此对微型化学实验的操作技巧要求较高。全面了解微型化学实验的优点和不足，有利于扬长避短、合理地运用微型化学实验。

实验十八　五水硫酸铜的制备

实验教学视频

一、实验目的

1. 学习以铜和工业硫酸为主要原料制备 $CuSO_4 \cdot 5H_2O$ 的原理和方法；
2. 掌握并巩固无机制备过程中灼烧、水浴加热、减压过滤、结晶等基本操作。

二、实验原理

$CuSO_4 \cdot 5H_2O$ 俗称蓝矾或胆矾，是蓝色透明三斜结晶。在空气中缓慢风化。易溶于水，难溶于无水乙醇。加热时失水，当加热至 258 ℃失去全部结晶水而成为白色无水 $CuSO_4$。无水 $CuSO_4$ 易吸水变蓝，可利用此特性来检验某些液态有机物中微量的水。

$CuSO_4 \cdot 5H_2O$ 用途广泛，如用于棉及丝织品印染的媒染剂、农业的杀虫剂、水的杀菌剂、木材防腐剂、铜的电镀等。同时，$CuSO_4 \cdot 5H_2O$ 还大量用于有色金属选矿（浮选）工业、船舶油漆工业及其他化工原料的制造。

$CuSO_4 \cdot 5H_2O$ 的生产方法有多种：如电解液法、废铜法、氧化铜法、白冰铜法、二氧化硫法。工业上常用电解液法：将电解液与铜粉作用后，经冷却、结晶、分离、干燥而制得。本实验选择以废铜和工业硫酸为主要原料制备 $CuSO_4 \cdot 5H_2O$，先将铜粉灼烧成氧化铜，然后将氧化铜溶于适当浓度的硫酸中。反应如下：

$$2Cu + O_2 \xrightarrow{灼烧} 2CuO$$

$$CuO + H_2SO_4 \longrightarrow CuSO_4 + H_2O$$

由于废铜及工业硫酸不纯，制得的溶液中除生成硫酸铜外，还含有其他一些可溶性或不溶性的杂质。不溶性杂质在过滤时可除去。可溶性杂质为 Fe^{2+} 和 Fe^{3+}，一般需用氧化剂（如 H_2O_2）将 Fe^{2+} 氧化为 Fe^{3+}，然后调节 pH 并控制至 3（注意不要使溶液的 pH≥4，若 pH 过大，则会析出碱式硫酸铜沉淀，影响产品的质量和产量），再加热煮沸，使 Fe^{3+} 水解成为 $Fe(OH)_3$ 沉淀而除去。反应如下：

$$2Fe^{2+} + 2H^+ + H_2O_2 \longrightarrow 2Fe^{3+} + 2H_2O$$

$$Fe^{3+} + 3H_2O \xrightarrow[\Delta]{pH=3} Fe(OH)_3 \downarrow + 3H^+$$

由于 $CuSO_4$ 的溶解度随温度变化较大，所以将除去杂质后的 $CuSO_4$ 溶液冷却结晶，减压过滤后可以得到蓝色 $CuSO_4 \cdot 5H_2O$ 晶体，要使产品具有较高的纯度，还可以进一步进行重结晶。

三、仪器和药品

仪器：托盘天平、封闭式电热炉、瓷坩埚、坩埚钳、布氏漏斗、吸滤瓶、烧杯、点滴板、玻璃棒、量筒、蒸发皿、滤纸、剪刀、电子天平。

药品：废 Cu 粉、H_2SO_4 溶液（3 mol·L^{-1}）、H_2O_2 溶液（3%）、$K_3[Fe(CN)_6]$ 溶液（0.1 mol·L^{-1}）、$CuCO_3$(s,CP)、pH 试纸。

四、实验步骤

1. 氧化铜的制备

洗净的瓷坩埚经充分灼烧干燥并冷却后，在托盘天平上称取 3.0 g 废 Cu 粉放入其中。将坩埚置于电热炉上，微热，使坩埚均匀受热，待 Cu 粉干燥后，加大温度进行高温灼烧，并不断搅拌，搅拌时必须用坩埚钳夹住坩埚，以免打翻坩埚。灼烧至 Cu 粉完全转化为黑色 CuO（一般为 20~30 min），停止加热并冷却至室温。

2. 粗 $CuSO_4$ 溶液的制备

将冷却后的 CuO 倒入 100 mL 小烧杯中，加入 18 mL 3 mol·L^{-1} H_2SO_4 溶液（工业纯），微热使之溶解。利用倾泻法分离并转移粗 $CuSO_4$ 溶液，回收残渣。

3. $CuSO_4$ 溶液的精制

在粗 $CuSO_4$ 溶液中，逐滴滴加 2 mL 3% H_2O_2 溶液，将溶液加热，检验溶液中是否还存在 Fe^{2+}（如何检验？）。当 Fe^{2+} 完全氧化后，慢慢加入 $CuCO_3$ 粉末，同时不断搅拌直到溶液 pH=3，在此过程中，要不断地用 pH 试纸测试溶液的 pH，控制溶液 pH=3，再加热至沸（为什么？）。趁热减压过滤，将滤液转移至洁净的烧杯中。

4. $CuSO_4$·$5H_2O$ 晶体的制备

在精制后的 $CuSO_4$ 溶液中，滴加 3 mol·L^{-1} H_2SO_4 溶液酸化，调节溶液至 pH=1 后，转移至洁净的蒸发皿中，在水浴上加热，蒸发至液面出现晶膜时停止。在室温下冷却至晶体析出。然后减压过滤，晶体用滤纸吸干后，称量，计算产率。

五、思考题

1. 在粗 $CuSO_4$ 溶液中 Fe^{2+} 杂质为什么要氧化为 Fe^{3+} 后再除去？为什么要调节溶液的 pH=3？pH 太大或太小有何影响？
2. 为什么要调节精制后的 $CuSO_4$ 溶液的 pH=1，使溶液呈强酸性？
3. 蒸发、结晶制备 $CuSO_4$·$5H_2O$ 时，为什么刚出现晶膜即停止加热而不能将溶液蒸干？
4. 如何清洗坩埚中的残余物 Cu 和 CuO 等？
5. 固液分离有哪些方法？根据什么情况选择固液分离的方法？

实验十九　磷系列化合物的制备

一、实验要求

每个学生任选一组题目，进行实验方案的设计与制备。

1. 以工业磷酸和碳酸钠为原料设计合理的制备方案，制备 4.0 g $NaH_2PO_4 \cdot 2H_2O$（理论量），再以此为原料制备 $(NaPO_3)_6$。

2. 以工业磷酸和碳酸钠（s）为原料设计合理的制备方案，制备 3.0 g $Na_2HPO_4 \cdot 12H_2O$（理论量），再以此为原料制备 $Na_4P_2O_7 \cdot 10H_2O$。

实验方案应包括实验步骤、主要原料的用量、最佳实验条件（温度、浓度、pH 等条件），以及所选择的实验仪器等，并用流程图简单表示之。

制得产物后，要求观察产物晶形并做性质检验：用低倍显微镜观察 $Na_2HPO_4 \cdot 12H_2O$、$Na_4P_2O_7 \cdot 10H_2O$ 或 $NaH_2PO_4 \cdot 2H_2O$ 晶体的晶形。试验焦磷酸盐与金属离子（如 Cu^{2+}、Cd^{2+}）易形成配合物的性质，并与 Na_2HPO_4 溶液进行比较。

二、实验步骤

1. $NaH_2PO_4 \cdot 2H_2O$ 的性质与制备

$NaH_2PO_4 \cdot 2H_2O$ 是无色斜方晶系晶体，极易溶于水，难溶于醇、醚。在潮湿的空气中易潮解而结块，在水中的溶解度见表 4-19-1。由表 4-19-1 可知，在温度低于 40 ℃ 条件下，由饱和溶液结晶才能得到 $NaH_2PO_4 \cdot 2H_2O$。在 100 ℃ 以上可失去结晶水，加热至 225~250 ℃ 脱水生成酸式焦磷酸钠（$Na_2H_2P_2O_7$），至 350~400 ℃ 脱水生成 $(NaPO_3)_6$。磷酸二氢钠在工业上有广泛的应用：如锅炉水处理、电镀、制革、染料助剂及医药、云母片砌合等，也是制备六偏磷酸钠和缩聚磷酸钠的原料。

表 4-19-1　含不同结晶水的磷酸二氢钠在水中的溶解度　　　　单位：g/100 g 水

温度/℃	0	10	20	30	40	50	60	70	80	90	100
$NaH_2PO_4 \cdot 2H_2O$	75.3	90.9	110.8	138.5	179.7						
$NaH_2PO_4 \cdot H_2O$						182.4					
NaH_2PO_4							179.3	190.3	207.3	225.3	246.6

控制适当的 pH，由 H_3PO_4 与 Na_2CO_3（或 NaOH）反应，可以制得 $NaH_2PO_4 \cdot 2H_2O$，$NaH_2PO_4 \cdot 2H_2O$ 也可以由 Na_2HPO_4 与 H_3PO_4 反应而制得。

$$2H_3PO_4 + Na_2CO_3 \longrightarrow 2NaH_2PO_4 + CO_2\uparrow + H_2O$$

2. $Na_2HPO_4 \cdot 12H_2O$ 的性质与制备

$Na_2HPO_4 \cdot 12H_2O$ 是无色透明单斜晶系晶体。在空气中易风化,易溶于水难溶于乙醇。在水中溶解度见表 4-19-2。由表 4-19-2 可知,当温度低于 30 ℃时,可得到 $Na_2HPO_4 \cdot 12H_2O$ 结晶。100 ℃以上失去结晶水成为无水物,250 ℃ 时脱水生成焦磷酸钠。该化合物广泛用于锅炉软水剂,鞣革,木材,纸张的防火剂,釉药,焊药,油漆颜料及医药、食品等行业,也是制取焦磷酸钠及其他磷酸盐的原料。

表 4-19-2 含不同结晶水的磷酸氢二钠在水中的溶解度   单位:g/100 g 水

温度/℃	0	10	20	30	40	50	60	70	80	90	100
$Na_2HPO_4 \cdot 12H_2O$	4.2	9.1	17.3	52.5							
$Na_2HPO_4 \cdot 7H_2O$					97.8						
$Na_2HPO_4 \cdot 2H_2O$						151.4	156.5	166.3	174.4	194.2	
Na_2HPO_4											102.2

$Na_2HPO_4 \cdot 12H_2O$ 可由 H_3PO_4 与 Na_2CO_3(或 NaOH)反应并控制适当的 pH 而制得。

$$2H_3PO_4 + Na_2CO_3 \longrightarrow 2NaH_2PO_4 + CO_2\uparrow + H_2O$$

3. $(NaPO_3)_6$ 的性质与制备

$(NaPO_3)_6$ 为无色透明玻璃状或白色粒状晶体。有较强的吸湿性,易溶于水(溶解速度慢),难溶于有机溶剂。在温水、酸或碱溶液中易水解形成正磷酸盐。与一些重金属或碱土金属离子作用生成沉淀,若 $(NaPO_3)_6$ 过量可形成配合物而溶解。其制备方法一般是以 $NaH_2PO_4 \cdot 2H_2O$ 为原料,经过脱水、灼烧,然后急剧冷却而制得。

$$2NaH_2PO_4 \xrightarrow{\Delta} Na_2H_2P_2O_7 + H_2O$$

$$3Na_2H_2P_2O_7 \xrightarrow{\Delta} (NaPO_3)_6 + 3H_2O$$

4. $Na_4P_2O_7 \cdot 10H_2O$ 的性质与制备

$Na_4P_2O_7 \cdot 10H_2O$ 为无色单斜晶系晶体,易溶于水和酸,难溶于醇和氨水。在水中的溶解度见表 4-19-3。由表 4-19-3 可知,当温度低于 76 ℃ 时,可得到 $Na_4P_2O_7 \cdot 10H_2O$ 结晶。加热易脱水成无水物,水溶液煮沸即水解为 Na_2HPO_4。碱土金属及铜、银等金属离子与 $Na_4P_2O_7$ 反应生成沉淀,加入过量 $Na_4P_2O_7$ 可使其形成配合物而溶解。$Na_4P_2O_7$ 与 Ag^+ 生成 $Ag_4P_2O_7$ 白色沉淀,而磷酸盐与 Ag^+ 反应生成 Ag_3PO_4 黄色沉淀,常以此鉴定 $P_2O_7^{4-}$ 和 PO_4^{3-}。

表 4-19-3 焦磷酸钠在水中的溶解度   单位:g/100 g 水

温度/℃	0	20	30	50	60	70	76	82	89	96
$Na_4P_2O_7 \cdot 10H_2O$	2.24	5.22	7.04	13.98	19.75	27.49	33.04			
$Na_4P_2O_7$								35.13	32.65	31.15

$Na_4P_2O_7$ 一般采用焦化法制备。将磷酸氢二钠熔融、脱水、缩合可制得无水焦磷酸钠,再将其溶于水,在适当条件下结晶制得 $Na_4P_2O_7$。

$$2Na_2HPO_4 \xrightarrow{\triangle} Na_4P_2O_7 + H_2O$$

三、思考题

1. 制备 $NaH_2PO_4 \cdot 2H_2O$ 和 $Na_2HPO_4 \cdot 12H_2O$ 时,结晶开始析出的温度应分别控制在什么温度以下?为什么?

2. 制备 $Na_4P_2O_7$ 和 $(NaPO_3)_6$ 时,怎样检验缩合反应是否完全?

实验二十 硫代硫酸钠的制备

实验教学视频

一、实验要求

1. 以 Na_2SO_3 和 S 粉为原料,制备 10 g $Na_2S_2O_3 \cdot 5H_2O$。
2. 计算原料用量。
3. 设计合理的制备方案,正确选择所用仪器,并绘制制备流程框图。
4. 经教师修改方案后,进行 $Na_2S_2O_3 \cdot 5H_2O$ 的实验制备。
5. 计算产率。取少量产品,试验其还原性、不稳定性和配位性,观察现象并写出相应的离子反应方程式。

二、实验提示

$Na_2S_2O_3 \cdot 5H_2O$(俗称海波、大苏打)为无色透明单斜晶体,无臭、味咸,相对密度 1.729 (17 ℃),33 ℃以上在干燥空气中易风化,56 ℃溶于结晶水,100 ℃失去结晶水。易溶于水,难溶于乙醇,水溶液加酸会导致其分解。硫代硫酸钠有较强的还原性和配位能力。可用于摄影行业的定影剂,洗染业、造纸业的脱氯剂,定量分析中的还原剂。制备方法主要有两种:亚硫酸钠法和硫化钠法。

亚硫酸钠法是用亚硫酸钠(近饱和)溶液与硫黄共煮:

$$Na_2SO_3 + S \xrightarrow{\triangle} Na_2S_2O_3$$

硫化钠法是以物质的量之比为 2∶1 的 Na_2S 和 Na_2CO_3 配成混合溶液,再向其中通入 SO_2:

$$2Na_2S + Na_2CO_3 + 4SO_2 \longrightarrow 3Na_2S_2O_3 + CO_2$$

溶液浓缩后冷却至室温即可得到 $Na_2S_2O_3 \cdot 5H_2O$ 晶体。

本实验拟采用亚硫酸钠法。

三、参考数据

1. Na_2SO_3 在 40~80 ℃时的溶解度约为 28g/100 g 水。
2. $Na_2S_2O_3$ 在水中的溶解度见表 4-20-1。

表 4-20-1　$Na_2S_2O_3$ 在水中的溶解度

温度/℃	0	20	40	60	80	100
溶解度/[g·(100 g 水)$^{-1}$]	52.5	70.0	102.6	206.7	248.8	266.0

四、思考题

1. 硫黄粉不易与水浸润，应采用什么方法使其易与 Na_2SO_3 溶液反应？
2. 应采用什么方法分离过量的硫黄粉？

实验二十一　三草酸合铁(Ⅲ)酸钾的制备、组成测定及表征

一、实验目的

1. 巩固配合物的制备、定性、定量化学分析的基本操作；
2. 掌握确定化合物化学式的基本原理及方法；
3. 学习或巩固热重分析、差热分析、磁化率测定、红外光谱分析、X 射线粉末衍射分析的操作技术；
4. 通过综合性实验的基本训练，培养学生分析与解决较复杂问题的能力。

实验教学视频 1　实验教学视频 2

二、实验原理

1. 性质与制备

三草酸合铁(Ⅲ)酸钾(含三个结晶水)为翠绿色的单斜晶体，易溶于水(溶解度：0 ℃时为 4.7 g/100 g 水，100 ℃时为 117.7 g/100 g 水)，难溶于乙醇。110 ℃下可失去全部结晶水，230 ℃时分解。此配合物对光敏感，受光照射分解变为黄色：

$$2K_3[Fe(C_2O_4)_3] \xrightarrow{光} 3K_2C_2O_4 + 2FeC_2O_4 + 2CO_2$$

因其具有光敏性，所以常用来作为化学光量计。另外它是制备某些活性铁催化剂的主要原料，也是一些有机反应良好的催化剂，在工业上具有一定的应用价值。其合成工艺路线有多种，本实验采用的方法是首先由硫酸亚铁铵与草酸反应制备草酸亚铁：

$$(NH_4)_2Fe(SO_4)_2 \cdot 6H_2O + H_2C_2O_4 \longrightarrow FeC_2O_4 \cdot 2H_2O\downarrow + (NH_4)_2SO_4 + H_2SO_4 + 4H_2O$$

然后在过量草酸根存在下，用 H_2O_2 氧化草酸亚铁即可得到三草酸合铁(Ⅲ)酸钾，同时有氢氧化铁生成：

$$6FeC_2O_4 \cdot 2H_2O + 3H_2O_2 + 6K_2C_2O_4 \longrightarrow 4K_3[Fe(C_2O_4)_3] + 2Fe(OH)_3 \downarrow + 12H_2O$$

加入适量草酸可使 $Fe(OH)_3$ 转化为三草酸合铁(Ⅲ)酸钾：

$$2Fe(OH)_3 + 3H_2C_2O_4 + 3K_2C_2O_4 \longrightarrow 2K_3[Fe(C_2O_4)_3] + 6H_2O$$

再加入乙醇，放置即可析出产品的结晶。其后几步的总反应式为

$$2FeC_2O_4 \cdot 2H_2O + H_2O_2 + 3K_2C_2O_4 + H_2C_2O_4 \longrightarrow 2K_3[Fe(C_2O_4)_3] \cdot 3H_2O$$

2. 产物的定性分析

产物组成的定性分析，采用化学分析法和红外吸收光谱法。

Fe^{3+}、K^+ 用化学分析法进行鉴定，可以判断出它们是配合物的内界还是外界。草酸根和结晶水通过红外光谱法分析。草酸根形成配合物时，红外吸收的振动频率和谱带归属如表 4-21-1 所示。

表 4-21-1　外吸收的振动频率和谱带归属

频率/cm^{-1}	谱带归属
1712、1677、1649	羰基 C═O 的伸缩振动吸收带
1390、1270、1255、885	C—O 伸缩及—O—C═O 弯曲振动
797、785	O—C═O 弯曲及 M—O 键的伸缩振动
528	C—C 的伸缩振动吸收带
498	环变形及 O—C═O 弯曲振动
366	M—O 伸缩振动吸收带

结晶水的吸收带在 $3550\sim3200\ cm^{-1}$，一般在 $3450\ cm^{-1}$ 附近，所以只要将产品红外谱图的各吸收带与之对照即可得出定性的分析结果。

草酸根能以单齿、双齿形式与金属离子配位形成配合物，但最常见的是以双齿配位形成螯合结构的配合物。

3. 产物的定量分析

产物的定量分析采用化学分析法。通过定量分析可以测定各组分的百分含量，各离子、基团等的个数比，再根据定性实验得到的对配合物内、外界的判断，从而可推断出产物的化学式。

结晶水的含量采用重量分析方法。将已知质量的产品，在 110 ℃ 下干燥脱水，待脱水完全后再进行称量，即可计算出结晶水的百分含量。

草酸根含量的测定用氧化还原滴定法。草酸根在酸性介质中，可被高锰酸钾定量氧化。其反应为

$$5C_2O_4^{2-} + 2MnO_4^- + 16H^+ \longrightarrow 2Mn^{2+} + 10CO_2 + 8H_2O$$

铁的分析也采用氧化还原滴定法。在上述测定草酸根后剩余的溶液中,用过量还原剂锌粉将 Fe^{3+} 还原为 Fe^{2+},然后再用 $KMnO_4$ 的标准溶液滴定 Fe^{2+},其反应为

$$Zn + 2Fe^{3+} \longrightarrow 2Fe^{2+} + Zn^{2+}$$

$$5Fe^{2+} + MnO_4^- + 8H^+ \longrightarrow 5Fe^{3+} + Mn^{2+} + 4H_2O$$

由消耗高锰酸钾的量可计算出铁的百分含量。

钾的百分含量可由总量 100% 减去铁、草酸根、结晶水的百分含量而得到。

4. 产物的表征

(1) 配合物的类型、配离子电荷数的测定 一般应用电导法或离子交换法。本实验采用离子交换法和电势法联合进行测定。

离子交换法的原理参见"常见溶剂"部分。当含配合物阴离子(X^{n-})的溶液通过已转化为氯型的强碱性阴离子交换树脂时,就发生离子交换反应:

$$n R \equiv N^+ Cl^- + X^{n-} \rightleftharpoons (R \equiv N^+)_n X^{n-} + n Cl^-$$

每单位物质的量的配离子(X^{n-})置换出的 Cl^- 物质的量,利用氯离子选择电极可测定出 Cl^- 的浓度,计算出被置换 Cl^- 的物质的量,进而计算出配离子的电荷数。

离子选择电极测量的原理参见附录。首先配制 Cl^- 溶液的标准系列(离子强度大致相同),利用离子计、氯离子选择电极及参比电极测定其平衡电势,然后作出 $\lg c(Cl^-)$ 与其对应电势的工作曲线图。测定未知浓度的 Cl^- 溶液的平衡电势,从工作曲线图中查出对应的 $\lg c(Cl^-)$,计算出 Cl^- 的浓度。

(2) 配合物中心离子的外层电子结构 通过对配合物磁化率的测定,可推算出未成对电子数,推断出中心离子外层电子的结构、配键类型、立体化学结构,在某些情况下还需要与 X 射线晶体结构分析等其他手段相配合。

(3) 热重分析(TG)、差热分析(DTA) 通过对 TG 曲线的分析,可了解物质在升温过程中质量的变化情况;通过对 DTA 曲线的分析,可了解物质在升温过程中热量(吸热、放热)变化情况。所以对产品进行 TG、DTA 分析可测量出失去结晶水的温度、热分解温度及脱水分解反应热量变化的情况,各步失重的量,对于判断反应的产物是极有帮助的。

(4) X 射线粉末衍射分析 每种物质的晶体都具有自己独特的晶体结构,通过 X 射线衍射分析,由所产生的衍射图,可鉴别晶体的物相,测定简单晶体物质的晶胞参数等。

三、仪器和药品

仪器:PXD-2 型离子计、磁天平、WCT-1 微机差热天平、BIO-RAD 红外光谱仪、BDX-3200 X 自动衍射分析仪、分析天平、玛瑙研钵、吹风机、干燥器、电热干燥箱、恒温水浴、真空泵、吸滤瓶及漏斗、滴定管等。

药品:$(NH_4)_2Fe(SO_4)_2 \cdot 6H_2O$(CP)、$H_2SO_4$ 溶液(3 $mol \cdot L^{-1}$)、$H_2C_2O_4 \cdot 2H_2O$、$K_2C_2O_4$ 溶液(饱和)、H_2O_2 溶液(6%)、乙醇(95%,CP)、酒石酸氢钠溶液(饱和)、KSCN 溶液(0.1 $mol \cdot L^{-1}$)、$CaCl_2$

溶液（0.5 mol·L^{-1}）、FeCl$_3$ 溶液（0.1 mol·L^{-1}）、KMnO$_4$ 标准溶液（0.020 00 mol·L^{-1}）等。

四、实验步骤

1. K$_3$[Fe(C$_2$O$_4$)$_3$]·3H$_2$O 的制备

（1）制取 FeC$_2$O$_4$·2H$_2$O 称取 (NH$_4$)$_2$Fe(SO$_4$)$_2$·6H$_2$O 6.0 g（如不进行磁化率测定、X 射线衍射分析，所用试剂量都可减半），放入 250 mL 烧杯中，加入 3 mol·L^{-1} H$_2$SO$_4$ 溶液 1 mL、蒸馏水 20 mL，加热使之溶解。另称取 H$_2$C$_2$O$_4$·2H$_2$O 3.5 g，放入 100 mL 烧杯中加 35 mL 蒸馏水微热、搅拌、溶解。溶解后取 22 mL 溶液（余 11 mL 备用）倒入上述 250 mL 的烧杯中，将混合物加热搅拌至沸腾，并维持微沸 5 min。静置，得到黄色 FeC$_2$O$_4$·2H$_2$O 沉淀，待沉降后用倾泻法倒出上层清液，用热蒸馏水少量多次洗涤沉淀以除去可溶性杂质（以在酸性条件下检验不到 SO$_4^{2-}$ 为止）。

（2）制备 K$_3$[Fe(C$_2$O$_4$)$_3$]·3H$_2$O 往上述已洗涤过的沉淀中，加入饱和 K$_2$C$_2$O$_4$ 溶液 15 mL，水浴加热至 40 ℃，用滴管慢慢加入 6% H$_2$O$_2$ 溶液 12 mL，不断搅拌（在生成 K$_3$[Fe(C$_2$O$_4$)$_3$] 的同时，有 Fe(OH)$_3$ 沉淀生成），然后将溶液加热至沸腾并不断搅拌以除去过量的 H$_2$O$_2$。取适量由实验（1）中配制且剩余的 H$_2$C$_2$O$_4$ 溶液渐渐加入上述保持沸腾的溶液中，不断搅拌，使沉淀完全溶解变为透明的绿色溶液为止。冷却后，加入 95% 乙醇 15 mL，在暗处放置、结晶。减压过滤，抽干后用少量乙醇洗涤产品，继续抽干，称量，计算产率。产品放在干燥器内避光保存。

（3）产品重结晶 为得到纯净的产品并用于分析，由同学自己设计方案利用重结晶方法进行产品的提纯。

2. 产品的定性分析

（1）检定 K$^+$ 在试管中取少量产品加蒸馏水溶解，再加入酒石酸氢钠饱和溶液 1 mL，充分摇动试管（可用玻璃棒摩擦试管内壁后放置片刻），观察现象。

（2）检定 Fe^{3+} 在试管中取少量产品加蒸馏水溶解，另取一试管加入少量 FeCl$_3$ 溶液，各加 0.1 mol·L^{-1} KSCN 2 滴，观察现象。在装有产品溶液的试管中加入 2 滴 3 mol·L^{-1} H$_2$SO$_4$ 溶液，再观察溶液颜色有何变化，解释实验现象。

（3）检定 C$_2$O$_4^{2-}$ 在试管中取少量产品加蒸馏水溶解，另取一试管加入少量 K$_2$C$_2$O$_4$ 饱和溶液，各加入 0.5 mol·L^{-1} CaCl$_2$ 溶液 2 滴，观察现象有何不同。

（4）利用红外光谱确定 C$_2$O$_4^{2-}$ 及结晶水 制样（取少量 KBr 晶体及小于 KBr 用量百分之一的试样，在玛瑙研钵中研细，压片），在红外光谱仪上测定红外吸收光谱，并将谱图的各主要谱带与标准红外光谱图对照，确定是否含有 C$_2$O$_4^{2-}$（C=O、C—O、O=C=O、M—O、C—C 振动吸收谱带）及结晶水。

对实验（3）、（4）的结果进行解释。（想进一步研究时，可将其谱图与草酸盐的标准谱图对照并进行解释。）

根据实验（1）、（2）、（3）、（4）的结果，判断该产品是复盐还是配合物，配合物的中心离子、配体、内界、外界各是什么。

3. 产品组成的定量分析

（1）结晶水含量的测定 洗净两个称量瓶（记下编号），在 110 ℃ 电热烘箱中干燥 1 h，置于干燥器中冷却,至室温时在分析天平上称量。然后再放到 110 ℃ 电热烘箱中干燥 0.5 h,即重复上述干燥—冷却—称量操作,直至恒重(两次称量相差不超过 0.3 mg)为止。

在分析天平上准确称取两份试样(产品)各 0.5~0.6 g,分别放入上述已恒重的两个称量瓶中。在 110 ℃ 电热烘箱中干燥 1 h,然后置于干燥器中冷却,至室温后,称量。重复上述干燥(0.5 h)—冷却—称量操作,直至恒重。根据称量结果计算产品中结晶水的百分含量。

(2) 草酸根含量的测定　在分析天平上准确称取两份试样(0.15~0.20 g),分别放入两个锥形瓶中,加入 3 mol·L^{-1} H$_2$SO$_4$ 溶液 10 mL、蒸馏水 20 mL,微热溶解,加热至 75~85 ℃(加热是为加快滴定反应的速率,但温度再高时草酸易分解),趁热用 0.020 00 mol·L^{-1} KMnO$_4$ 标准溶液进行滴定。先滴加 1~2 滴,待 KMnO$_4$ 褪色后,再继续滴入 KMnO$_4$ 标准溶液,直到溶液呈粉红色(30 s 内不褪色)即为终点(保留溶液待下一步分析使用)。根据消耗 KMnO$_4$ 标准溶液的体积,计算产品中 C$_2$O$_4^{2-}$ 的百分含量。

(3) 铁含量的测定　在上述保留的溶液中加入一小牛角匙 Zn 粉,加热至近沸,直到黄色消失,将 Fe^{3+} 还原为 Fe^{2+} 即可。趁热过滤除去多余的 Zn 粉,滤液收集到另一锥形瓶中,再用 5 mL 蒸馏水洗涤漏斗并将洗涤液也一并收集在上述锥形瓶中。继续用 0.020 00 mol·L^{-1} KMnO$_4$ 标准溶液进行滴定,至溶液呈粉红色。根据消耗 KMnO$_4$ 标准溶液的体积,计算 Fe^{3+} 的百分含量。

根据步骤(1)、(2)、(3)的结果,计算 K$^+$ 的百分含量,再根据实验 2. 的结论,推断出配合物的化学式。

4. 测定配离子电荷

(1) 树脂的预处理及装柱　将市售的强碱型阴离子交换树脂用水多次洗涤,除去可溶性杂质。并在去离子水中浸泡数小时至一天,使其充分膨胀(使用新树脂可按产品使用说明书的要求进行预处理)。为使其转变为氯型,用 5 倍于树脂体积的 1 mol·L^{-1} HCl 溶液进行交换处理,最后用去离子水洗涤数次。

将处理过的树脂和水一起装入小离子交换柱中(参见"实验十六　去离子水的制备"),树脂层高度 15~20 cm,并使水面要略高于树脂层,注意排除树脂及系统中的气泡。

用去离子水淋洗交换柱,用 AgNO$_3$ 溶液检查流出液(在试管中取少量试液),当仅出现轻微浑浊(留作以后比较使用),即可认为基本淋洗干净,用螺旋夹夹紧交换柱下端的出水口。

(2) 离子交换　在分析天平上准确称取 0.15~0.20 g 自制的 K$_3$[Fe(C$_2$O$_4$)$_3$]·3H$_2$O,加入 5 mL 去离子水溶解。将其转移(可分次转移)至交换柱内,同时松开交换柱下部的螺旋夹并调节交换柱流出液的速率为 2 mL·min^{-1}。交换后的溶液收集在 100 mL 的容量瓶中,待交换柱内的液面与树脂床高齐平时,用 5 mL 洗过小烧杯的去离子水洗涤树脂床,如此重复洗涤 2~3 次后,可直接用洗瓶的去离子水将管壁上残留的溶液冲洗下去(洗涤时每次用水量要少,且前一次洗涤的液面与树脂层齐平时再洗第二次)。待收集的流出液约 60 mL 时,用 AgNO$_3$ 溶液检查流出液,当仅出现轻微浑浊时(与步骤(1)中留做比较使用的溶液进行对照),即可停止淋洗。在容量瓶中加入 1 mol·L^{-1} KNO$_3$ 溶液 10.0 mL(用 10 mL 量筒量取),再用水将容量瓶内的溶液稀释至刻度,摇匀,待下一步测定氯离子的浓度。

树脂回收,集中再生处理(可用数倍于树脂体积的 1 mol·L^{-1} HCl 溶液,分多次浸泡处理,或在交换柱中再生数小时;也可用高氯酸及盐酸溶液再生)。

（3）氯离子浓度的测定

① KCl 标准系列溶液的配制。洗净四个 100 mL 容量瓶并编号,按照表 4-21-2 的取用量配制氯离子标准系列溶液(离子强度基本相同)各 100.00 mL。

表 4-21-2 药品取用量

编号	1	2	3	4
0.100 0 mol·L^{-1} KCl 溶液取用量/ mL	1.00	5.00	10.00	50.00
1 mol·L^{-1} KNO$_3$ 溶液取用量/mL	10.0	10.0	9.0	5.0

② 测定 KCl 标准系列溶液的平衡电势值,绘制 E-lg c(Cl$^-$) 工作曲线。将配制的 KCl 标准系列溶液,分别倒入四个 50 mL 烧杯中(先用少量待测溶液冲洗干净的烧杯三次),按氯离子浓度由稀到浓的次序,用离子计(并安装氯离子选择电极和饱和甘汞电极)测定其平衡电势值(可静态或动态加电磁搅拌器测定)。

记录测定数据于表 4-21-3 中。

表 4-21-3 测定数据记录

编号	1	2	3	4	待测溶液
标准系列溶液 Cl$^-$ 浓度/(mol·L^{-1})					
标准系列溶液的电势 E/mV					

③ 将由步骤(2)中得到的待测未知 Cl$^-$ 浓度的溶液,按照上述步骤测定其平衡电势值,并记录测定的数据。

（4）数据处理

① 绘制工作曲线:以电势值为纵坐标,以 lg c(Cl$^-$) 为横坐标绘制 E-lg c(Cl$^-$) 工作曲线。

② 根据所测试样的电势值,从工作曲线中查得 Cl$^-$ 浓度,并计算由树脂交换出的 Cl$^-$ 物质的量。进一步推算出配离子的电荷数。

5. 配合物磁化率的测定

（1）试样管的准备　洗涤磁天平的试样管(必要时用洗液浸泡)并用蒸馏水冲洗,再用酒精、丙酮各冲洗一次,用吹风机吹干(可预先烘干)。

（2）试样管的测定　在磁天平的挂钩上挂好试样管,并使其处于两磁极的中间,调节试样管的高度,使试样管底部对准电磁铁两极中心的连线(即磁场强度最强处)。在不加磁场的条件下称量试样管的质量。

通冷却水,打开电源预热(高斯计调零、校准,并将量程选择开关转到 10K 挡,如不接入高斯计此步骤可免去),用调节器旋钮,慢慢调大输入电磁铁线圈的电流至 5.0 A(如用高斯计可记下相对数值),在此磁场强度下测量试样管的质量。测量后,用调节器旋钮慢慢调小输入电磁铁线圈的电流直至零为止。记录测量温度。

（3）标准物质的测定 从磁天平上取下空试样管,装入已研细的标准物质$(NH_4)_2Fe(SO_4)_2 \cdot 6H_2O$(装样不均匀是测量误差的主要原因,因此需将试样一点一点地装入试样管,边装边在垫有橡胶板的桌面上轻轻振动试样管,并要求每种试样填装的均匀程度、紧密情况均一致。)至刻度处,在不加磁场和加磁场的情况下(与步骤"(2)试样管的测定"完全相同的实验条件)测量"标准物质+试样管"的质量。取下试样管,倒出标准物质,按步骤(1)的要求洗净并干燥试样管。

（4）试样的测定 取产品(约2 g)在玛瑙研钵中研细,按照"标准物质的测定"步骤及实验条件,在不加磁场和加磁场的情况下,测量"试样+试样管"的质量。测量后关闭电源及冷却水。测量后的试样倒出,留作X射线粉末衍射分析使用。

根据实验数据和标准物质的比磁化率$\chi_m = 9\,500 \times 10^{-6}/(T+1)$,计算试样的摩尔磁化率$\chi_m$,近似得试样的摩尔顺磁化率,计算出有效磁矩$\mu_{eff}$,求出试样$K_3[Fe(C_2O_4)_3] \cdot 3H_2O$中心离子$Fe^{3+}$的未成对电子数$n$,判断其外层电子结构,属于内轨型配合物还是外轨型配合物。或判断此配合物中心离子的d电子构型,形成高自旋配合物还是低自旋配合物,草酸根是属于强场配体还是弱场配体。

实验数据记录于表4-21-4中。

表 4-21-4 实验数据记录

测量物品	无磁场时的质量	加磁场后的质量	加磁场后 Δm
空试样管 m_0			
标准物质+空试样管			
试样+空试样管			

（5）测定$FeC_2O_4 \cdot 2H_2O$的未成对电子数 由学生自己拟定实验步骤进行测定,与$K_3[Fe(C_2O_4)_3] \cdot 3H_2O$对比并解释之。

6. 配合物的热分析

使用十万分之一(或万分之一)天平,在热分析仪的小坩埚内,准确称取已研细的试样5~6 mg,小心并轻轻地放到热分析仪的坩埚支架上,在450 ℃以下进行热重分析(TG)、差热分析(DTA)(操作步骤详见附录一"13.热分析仪")。

仪器各量程及参数的选择:
热重分析量程:5 mg   差热分析量程:50 μV
微分热重分析量程:10 mV/min 升温速率:10 ℃/min

实验后根据TG、DTA曲线,由学生自己用外推法求出外推起始分解温度、失结晶水的温度及结晶水的个数。学生可根据自己的兴趣,对TG曲线各段失重的数据进行分析,推测400 ℃以下可能生成的热分解产物,查阅资料找出还需要哪些测试手段、分析方法才能够确证分解产物。

7. 配合物的 X 射线粉末衍射分析

取做完步骤 5 后的试样,在玛瑙研钵中保留一部分,继续研细至无颗粒感(约 300 目),装入 X 射线粉末衍射仪试样板的凹槽中用平面玻璃适当压紧(只能垂直方向按压,不能横向搓压,防止晶体产生择优取向。)制得"试样压片"。将其放到 X 射线衍射仪的试样支架上,在教师的指导下,按操作使用说明开机,对试样进行 X 射线衍射分析。实验操作条件选择:Cu 靶($\lambda_{K\alpha}$ = 0.154 18 nm)、管电压 35 kV、管电流 30 mA、扫描速度 4°/min、扫描角度(2θ)0°~90°。经过自动扫描、信号处理及计算机数据采集、数据处理、打印出衍射图谱,同时打印出各个衍射峰的 d 值和 I/I_1 值。

查找 $K_3[Fe(C_2O_4)_3] \cdot 3H_2O$ 的 DPF 卡片(编号为 14-720),将实验得到的各个衍射峰的 d、I/I_1 值,与 DPF 卡片一一进行对照,确定产品的物相。并可以从卡片中查出产品所属的晶系、单位晶胞中化学式的数目、晶胞体积等结晶学数据及物理学性质(如 D、熔点、颜色)等。(有兴趣者可以从实验得到的各个衍射峰的 d、I/I_1 值,查找数字索引,找出对应的 DPF 卡片进行比较,最后确定产品的物相。)

实验二十二　二氯化一氯五氨合钴(Ⅲ)的制备及其水合反应速率常数和活化能的测定

实验教学视频

一、实验目的

1. 学习二氯化一氯五氨合钴(Ⅲ)的制备原理及其水合反应速率常数和活化能的测定方法;
2. 掌握 722 型分光光度计的使用方法。

二、实验原理

1. 二氯化一氯五氨合钴(Ⅲ)的制备

在水溶液中电极反应:

$$[Co(H_2O)_6]^{3+} + e^- \longrightarrow [Co(H_2O)_6]^{2+}$$

的标准电极电势较大,$E^{\ominus}(Co^{3+}/Co^{2+})$ = 1.84 V,$[Co(H_2O)_6]^{2+}$ 的还原性较差,不易将其氧化为 $[Co(H_2O)_6]^{3+}$。在有配位剂存在时,由于 Co(Ⅲ) 比 Co(Ⅱ) 形成的配合物更稳定,从而容易将 Co(Ⅱ) 的配合物氧化为 Co(Ⅲ) 的配合物。

在含有氨水和氯化铵的氯化钴溶液中加入 H_2O_2,可以得到 $[Co(NH_3)_5H_2O]Cl_3$:

$$2CoCl_2 + 8NH_3 \cdot H_2O + 2NH_4Cl + H_2O_2 \longrightarrow 2[Co(NH_3)_5H_2O]Cl_3 + 8H_2O$$

再加入浓盐酸,且水浴加热,可生成紫红色晶体 $[CoCl(NH_3)_5]Cl_2$:

实验二十二 二氯化一氯五氨合钴(Ⅲ)的制备及其水合反应速率常数和活化能的测定

$$[\text{Co}(NH_3)_5 H_2O]Cl_3 + \xrightarrow{\text{HCl(浓)}} [\text{CoCl}(NH_3)_5]Cl_2 + H_2O$$

2. 二氯化一氯五氨合钴(Ⅲ)的水合反应

$[\text{CoCl}(NH_3)_5]Cl_2$ 在水溶液中发生水合作用,即 H_2O 取代配合物中的配体 Cl^-,生成 $[\text{Co}(NH_3)_5 H_2O]Cl_3$:

$$[\text{CoCl}(NH_3)_5]^{2+} + H_2O \xrightarrow{H^+} [\text{Co}(NH_3)_5 H_2O]^{3+} + Cl^-$$

反应机理为亲核取代 (S_N) 反应。

按照 S_N1 机理,在反应过程中,首先是 Co—Cl 键的断裂,形成中间过渡态 $[\text{Co}(NH_3)_5]^{3+}$,然后 H_2O 分子很快进入配合物中原配体 Cl^- 的位置。决定反应速率的步骤是 Co—Cl 键的断裂,其速率方程为

$$v = k_1 c([\text{CoCl}(NH_3)_5]^{2+}) \tag{4-22-1}$$

按照 S_N2 机理,在反应过程中,首先 H_2O 分子进入配合物而形成短暂的七配位中间过渡态配合物 $[\text{Cl}\cdots\text{Co}(NH_3)_5\cdots H_2O]^{2+}$,然后中间过渡态配合物很快失去 Cl^- 而形成产物:

$$[\text{CoCl}(NH_3)_5]^{2+} + H_2O \longrightarrow [\text{Cl}\cdots\text{Co}(NH_3)_5\cdots H_2O]^{2+} \longrightarrow [\text{Co}(NH_3)_5 H_2O]^{3+} + Cl^-$$

决定反应速率的步骤是 H_2O 分子进入配合物而形成短暂的七配位中间过渡态配合物,其反应速率方程为

$$v = k_2 c([\text{CoCl}(NH_3)_5]^{2+}) \cdot c(H_2O) \tag{4-22-2}$$

由于反应在水溶液中进行,溶剂水大大过量,所以实际上反应过程中 $c(H_2O)$ 基本保持不变,令 $k_2' = k_2 c(H_2O)$,则式 (4-22-2) 可以表示为

$$v = k_2' c([\text{CoCl}(NH_3)_5]^{2+}) \tag{4-22-3}$$

由此可见,不论 S_N1 反应还是 S_N2 反应,都可按一级反应处理,即反应速率方程为

$$v = \frac{-dc([\text{CoCl}(NH_3)_5]^{2+})}{dt} = kc([\text{CoCl}(NH_3)_5]^{2+}) \tag{4-22-4}$$

积分得

$$-\ln c([\text{CoCl}(NH_3)_5]^{2+}) = kt + B$$

若以 $-\ln c([\text{CoCl}(NH_3)_5]^{2+})$ 对 t 作图,得到一直线,其斜率即为反应速率常数 k。

根据朗伯-比尔 (Lambert-Beer) 定律,$A = \kappa c l$,若用分光光度法测定给定时间 t 时配合物的吸光度 A,并以 $-\ln A$ 对 t 作图,也可得到一直线,由其斜率可求得 k。

由于反应产物 $[\text{Co}(NH_3)_5 H_2O]Cl_3$ 在测定波长下也有吸收,所以测得的吸光度 A 实际上是反应物 $[\text{CoCl}(NH_3)_5]Cl_2$ 和生成物 $[\text{Co}(NH_3)_5 H_2O]Cl_3$ 的吸光度之和。生成物在 550 nm 的摩尔吸光系数 κ 为 21.0 $cm^{-1} \cdot mol^{-1} \cdot L$,由此可以求得无限长时间生成物的吸光度 A_∞,而某瞬间配合物

[CoCl(NH$_3$)$_5$]Cl$_2$ 的吸光度可近似用 $A-A_\infty$ 来表示,以 $-\ln(A-A_\infty)$ 对 t 作图,得到一直线,由直线的斜率可求得水合反应速率常数 k。

测定不同温度时的水合反应速率常数 k,可以求得水合反应的活化能 E_a:

$$\lg\frac{k_2}{k_1}=\frac{E_a}{2.303R}\left(\frac{1}{T_1}-\frac{1}{T_2}\right)$$

三、仪器和药品

仪器:722 型分光光度计、电子分析天平、秒表、恒温水浴槽、烧杯、50 mL 容量瓶、量筒、微型过滤装置、电热恒温干燥箱。

药品:CoCl$_2$·6H$_2$O(s)、H$_2$O$_2$ 溶液(30%)、HNO$_3$ 溶液(0.3mol·L^{-1}、6.0 mol·L^{-1})、NH$_4$Cl(s)、浓氨水、HCl 溶液(浓、6.0 mol·L^{-1})、无水乙醇、丙酮、冰。

四、实验内容

1. [CoCl(NH$_3$)$_5$]Cl$_2$ 的制备

在小烧杯中加入 4 mL 浓氨水,再加入 0.5 g 氯化铵搅拌使其溶解。在不断搅拌下分 3~4 次加入 1 g 研细的 CoCl$_2$·6H$_2$O,得到黄红色 [Co(NH$_3$)$_6$]Cl$_2$ 沉淀。制备过程在通风橱中进行。

在不断搅拌下慢慢滴入 1.5~2.0 mL 30%H$_2$O$_2$ 溶液,黄红色沉淀慢慢转化为深红色 [Co(NH$_3$)$_5$H$_2$O]Cl$_3$ 溶液。慢慢注入 3 mL 浓盐酸,生成紫红色 [CoCl(NH$_3$)$_5$]Cl$_2$ 晶体。将此反应混合物在 85~90 ℃水浴上加热 15 min 后,冷却至室温,用微型过滤装置减压过滤。用 2 mL 冰冷水洗涤沉淀,然后用 2 mL 冰冷的 6.0 mol·L^{-1} HCl 溶液洗涤,再用少量乙醇(0.5 mL)洗涤一次,最后用丙酮(0.5 mL)洗涤一次,产物在烘箱中于 100~110 ℃干燥 1~2 h。称量,计算产率。

2. [CoCl(NH$_3$)$_5$]Cl$_2$ 水合反应速率常数和活化能的测试

用电子天平称取 0.15 g[CoCl(NH$_3$)$_5$]Cl$_2$,放入小烧杯中,加少量蒸馏水,置于水浴中加热使其溶解,再转移至 50 mL 容量瓶中。然后加入 2.5 mL 6.0 mol·L^{-1} HNO$_3$ 溶液,用水稀释至刻度。溶液中配合物浓度为 1.2×10^{-2} mol·L^{-1},HNO$_3$ 溶液的浓度为 0.3 mol·L^{-1}。

将溶液分成两份,分别放入 60 ℃和 80 ℃的恒温水浴槽中,每隔 5 min 测一次吸光度。当吸光度变化缓慢时,每隔 10 min 测定一次。直至吸光度无明显变化为止[溶液最终的吸光度应接近 $A_\infty=\kappa cl=21.0\times(0.15\div250.5\div0.050)\times1=0.25$],将吸光度数据填入表 4-22-1 和表 4-22-2 中。测定时以 0.3 mol·L^{-1} HNO$_3$ 溶液为参比溶液,用 1 cm 比色皿在 550 nm 波长下进行测定。分光光度计的使用参见附录一"TU-1901 双光束紫外-可见分光光度计"。

表 4-22-1 [CoCl(NH$_3$)$_5$]Cl$_2$ 在 80 ℃时水合反应溶液的吸光度数据

时间 t/min	0	5	10	15	20	25	30	35	40	45	50	55	60
吸光度 A													
$-\ln(A-A_\infty)$													

表 4-22-2　$[CoCl(NH_3)_5]Cl_2$ 在 60 ℃时水合反应溶液的吸光度数据

时间 t/min	0	5	10	15	20	25	30	35	40	45	50	55	60
吸光度 A													
$-\ln(A-A_\infty)$													

3. 数据处理

以 $-\ln(A-A_\infty)$ 对 t 作图，由直线斜率计算出水合反应速率常数 k。由 60 ℃和 80 ℃的 k_{60} 和 k_{80} 计算出水合反应的活化能 E_a。

五、实验结果参考值

k_{60} 为 $6.0\times10^{-3}\sim1.6\times10^{-2}$ min^{-1}；k_{80} 为 $2.4\times10^{-2}\sim3.5\times10^{-2}$ min^{-1}，E_a 为 $60\sim70$ kJ·mol^{-1}。

六、思考题

1. 在制备 $[CoCl(NH_3)_5]Cl_2$ 的反应中，若有活性炭存在时，将得到什么产物？
2. 为什么要加入 NH_4Cl 固体？
3. 配合物取代反应 S_N1 和 S_N2 的机理各是什么？
4. 怎样计算 A_∞？

第五章 分析化学基础实验

分析化学基础实验包括化学分析实验和仪器分析实验两部分内容。其中,化学分析实验6个,以基本实验为主,重在培养学生称量、配制溶液及滴定分析等基本操作和实验技能;仪器分析实验6个,涉及紫外-可见分光光度计、原子吸收光谱仪、电位计及气相色谱仪等实验室常用分析仪器的原理和使用。实验后设有思考题,引导学生思考,加深对实验的理解。

教学视频:实验室安全须知

教学视频:移液管的使用

教学视频:分析天平的使用

教学视频:容量瓶的使用

教学视频:滴定管的使用

实验一 盐酸标准溶液的配制和标定

实验教学视频

一、实验目的

1. 掌握标准溶液的直接和间接配制方法;
2. 了解酸碱指示剂的选择和滴定终点的正确判断;
3. 掌握差减法称量技术和滴定分析基本操作。

二、实验原理

标准溶液是指浓度确切已知并可用来滴定的溶液,一般采用直接法和间接法来配制。直接法是指准确称取一定量的基准物质,溶解后定量地转移至一定体积的容量瓶中,稀释定容,溶液的浓度通过计算直接得到。间接法是指先配制近似于所需浓度的溶液,再用基准物质(或已经用基准物质标定过的标准溶液)标定,基于标定反应计算溶液准确浓度。

通常,只有基准物质才能用直接法配制标准溶液,而其他的物质只能用间接法配制。基准物质应符合下列要求:

(1) 试剂组成与化学式完全相符;
(2) 纯度足够高,质量分数在 99.9% 以上;
(3) 性质稳定,不吸收水分,不与空气中的 O_2 和 CO_2 反应;

（4）滴定时按反应式定量进行,没有副反应;

（5）最好有较大的摩尔质量。

由于 HCl 易挥发,浓度不确定,不宜用直接法配制 HCl 溶液,而应采用间接法配制后再标定其浓度。无水碳酸钠常用作标定盐酸的基准物质,标定反应如下:

$$Na_2CO_3 + 2HCl = 2NaCl + CO_2\uparrow + H_2O$$

当反应达到化学计量点时,溶液的 pH 为 3.9,可用甲基橙作指示剂。无水碳酸钠应先于 180 ℃下干燥 2~3 h,然后置于干燥器内冷却备用。

三、仪器和药品

仪器:托盘天平、电子分析天平、酸式滴定管、烧杯、试剂瓶、锥形瓶、量筒。

药品:NaOH 固体(AP)、HCl 溶液(6 mol·L^{-1})、无水 Na$_2$CO$_3$(基准物质)、甲基橙指示剂(0.1%)。

四、实验步骤

1. 酸碱溶液的配制和滴定操作练习[注1]

（1）间接法配制 0.1 mol·L^{-1} NaOH 溶液　在托盘天平上称取 1 g NaOH 固体,放入 400 mL 烧杯中,用量筒加 250 mL 蒸馏水,溶解后转移到试剂瓶中,盖上玻璃塞,摇匀,贴上标签。

（2）间接法配制 0.1 mol·L^{-1} HCl 溶液　用量筒量取 17 mL 6 mol·L^{-1} HCl 溶液倒入 1 000 mL 试剂瓶中,加蒸馏水稀释至 1 000 mL,盖上玻璃塞,摇匀,贴上标签。

（3）酸碱滴定练习　用 0.1 mol·L^{-1} HCl 溶液润洗酸式滴定管 2~3 次,每次 5~10 mL,然后将 0.1 mol·L^{-1} HCl 溶液装入洗好的酸式滴定管中,排出管尖气泡,记录滴定管初读数。

用量筒量取 0.1 mol·L^{-1} NaOH 溶液 25 mL 于锥形瓶中,再加 15 mL 蒸馏水,滴加甲基橙指示剂 1~2 滴,用 0.1 mol·L^{-1} HCl 溶液滴定,边滴加边摇动锥形瓶。近终点时应逐滴或半滴加入 HCl 溶液,直至滴加半滴或 1 滴恰使溶液由黄色转变为橙色即为滴定终点[注2],记录滴定管终读数。

重复上述步骤直到掌握滴定分析基本操作。

2. HCl 标准溶液的标定

在电子分析天平上用差减法准确称取无水 Na$_2$CO$_3$ 三份(质量范围为 0.11~0.17 g),分别置于已标记号码的三只锥形瓶中,记录对应瓶号中 Na$_2$CO$_3$ 的准确质量。往锥形瓶中加入 50 mL 蒸馏水,待 Na$_2$CO$_3$ 溶解后,加入 1 滴甲基橙指示剂,用待标定的 HCl 标准溶液滴定,边滴边摇,近终点时逐滴或半滴加入,直至溶液恰好由黄色转变为橙色[注3]。记录滴定前后的滴定管读数。用同样方法滴定另外两份 Na$_2$CO$_3$。

根据 Na$_2$CO$_3$ 的质量和滴定时所消耗的 HCl 标准溶液体积计算出 HCl 标准溶液的浓度,求出三份标定结果的平均值和相对偏差。

五、数据记录

实验数据记入表 5-1-1 中。

表 5-1-1 实 验 数 据

编号	I	II	III
$m_{Na_2CO_3}/g$			
滴定管初读数/ mL			
滴定管终读数/ mL			
V_{HCl}/mL			
$c_{HCl}/(mol \cdot L^{-1})$			
$\bar{c}_{HCl}/(mol \cdot L^{-1})$			
相对偏差			

注释：

[注 1] 实验中使用到浓的强酸强碱，应注意防护，确保安全。

[注 2] 要注意观察滴定过程中的颜色变化，掌握滴定终点的正确判断。

[注 3] 正确使用分析器皿是获得准确分析结果的前提，在实验中应认真掌握电子分析天平和滴定管的正确使用方法。

六、思考题

1. 依据标定反应推导出 HCl 标准溶液浓度的计算公式。
2. 在装标准溶液之前，为什么要用相应标准溶液润洗滴定管 2~3 次？所用的锥形瓶是否也需用标准溶液冲洗？为什么？
3. 如果称量前无水 Na_2CO_3 吸有少量水分，对标定 HCl 溶液的浓度有何影响？
4. 溶解 Na_2CO_3 时所加水的体积是否需要准确量取？为什么？
5. 用无水 Na_2CO_3 作基准物质标定盐酸时，能用酚酞作指示剂吗？为什么？

实验二 混合碱的测定

一、实验目的

1. 掌握判断混合碱组成的方法；
2. 了解测定混合碱组分含量的原理；
3. 掌握混合碱总碱度的测定方法。

实验教学视频（理论部分） 实验教学视频（实验部分）

二、实验原理

混合碱是 Na_2CO_3 与 NaOH 或 Na_2CO_3 与 $NaHCO_3$ 的混合物。同一份混合碱中各组分含量可用 HCl 标准溶液滴定法测定。根据滴定过程中 pH 变化的情况,选用两种不同的指示剂分别指示第一、第二化学计量点的到达,称为"双指示剂法"。此法简便、快捷,在生产实际中应用广泛。

双指示剂法的具体步骤如下:

(1) 在混合碱试液中加入酚酞指示剂,用 HCl 标准溶液滴定至酚酞指示剂刚好发生颜色变化。此时,试液中的 NaOH 全部被中和,Na_2CO_3 被中和到 $NaHCO_3$。反应式如下:

$$NaOH + HCl = NaCl + H_2O$$

$$Na_2CO_3 + HCl = NaHCO_3 + NaCl$$

此步所消耗的 HCl 标准溶液的体积记为 V_1(mL)。

(2) 在上述混合液中加入甲基橙指示剂,继续用 HCl 标准溶液滴定,滴至甲基橙刚好发生颜色变化。此时,试液中的 $NaHCO_3$ 全部被中和。反应式为

$$NaHCO_3 + HCl = NaCl + CO_2\uparrow + H_2O$$

此步所消耗的 HCl 标准溶液的体积记为 V_2(mL)。

(3) 根据 V_1、V_2 判断出混合碱的组成,并计算出各组分的浓度。

① 如果 $V_1 > V_2$,则试液为 Na_2CO_3 与 NaOH 的混合物。NaOH 及 Na_2CO_3 的质量浓度分别为

$$\rho_{NaOH} = c_{HCl}(V_1 - V_2)M_{NaOH}/V_{试液}$$

$$\rho_{Na_2CO_3} = c_{HCl} V_2 M_{Na_2CO_3}/V_{试液}$$

② 如果 $V_1 < V_2$,则试液为 Na_2CO_3 与 $NaHCO_3$ 的混合物。Na_2CO_3 与 $NaHCO_3$ 的质量浓度分别为

$$\rho_{Na_2CO_3} = c_{HCl} V_1 M_{Na_2CO_3}/V_{试液}$$

$$\rho_{NaHCO_3} = c_{HCl}(V_2 - V_1)M_{NaHCO_3}/V_{试液}$$

③ 如果要求测定混合碱的总碱度,则通常是以 Na_2O 的含量来表示,计算式如下:

$$\rho_{Na_2O} = c_{HCl}(V_2 + V_1)M_{Na_2O}/(2V_{试液})$$

上述各式中 ρ 表示对应组分的质量浓度,单位为 $g \cdot L^{-1}$。

双指示剂法中,由于酚酞变色不很敏锐,人眼观察这种颜色变化的灵敏性稍差些,因此也可选用甲酚红-百里酚蓝混合指示剂[注1]代替酚酞和甲基橙双指示剂,此混合指示剂终点时溶液颜色由紫色变为玫瑰色,变色敏锐。

三、仪器和药品

仪器:酸式滴定管、移液管、锥形瓶、量筒。

药品：混合碱试样、HCl 标准溶液、0.1% 甲基橙指示剂、0.1% 酚酞指示剂。

四、实验步骤

用指定移液管移取混合碱试样 25.00 mL 于 250 mL 容量瓶中，加水稀释至刻度线，摇匀。再用另一支移液管从容量瓶中吸取 25.00 mL 混合碱试样于锥形瓶中，加 1 滴酚酞指示剂，用已标定浓度（大约 0.1 mol·L^{-1}）的 HCl 标准溶液滴至酚酞恰好褪色。记录滴定前后的滴定管读数，计算第一次滴定消耗的 HCl 标准溶液体积 V_1。再加 1 滴甲基橙指示剂于锥形瓶中，用 HCl 标准溶液继续滴定至溶液颜色由黄色变为橙色。记录滴定前后的滴定管读数，计算第二次滴定消耗的 HCl 标准溶液体积 V_2。重复上面步骤，平行测定三次。

根据所消耗 HCl 标准溶液的体积 V_1 与 V_2 判断混合碱试样的组成，并计算混合碱各组分的含量或总碱度。

五、数据记录

实验数据记入表 5-2-1 中。

表 5-2-1　实 验 数 据

编号	Ⅰ	Ⅱ	Ⅲ
滴定管初读数/ mL			
第一个终点读数/ mL			
第二个终点读数/ mL			
V_1/mL			
V_2/mL			
ρ_{NaOH}/(g·L^{-1})			
$\rho_{\text{Na}_2\text{CO}_3}$/(g·L^{-1})			
ρ_{NaHCO_3}/(g·L^{-1})			
总碱度 $\rho_{\text{Na}_2\text{O}}$/(g·L^{-1})			

注释：

[注 1] 甲酚红-百里酚蓝混合指示剂是将 0.1% 甲酚红与 0.1% 百里酚蓝按照 1∶6 的体积比混合配制而成的。甲酚红的变色 pH 范围为 6.7（黄）—8.4（红），百里酚蓝的变色 pH 范围为 8.0（黄）—9.6（蓝），混合后变色点的 pH 为 8.3。该混合指示剂在 pH=8.2 时为玫瑰色，pH=8.4 时为紫色，滴定混合碱时终点颜色由紫色变为玫瑰色，易于分辨。

六、思考题

1. 在混合碱中加入酚酞指示剂，用 HCl 标准溶液滴定至第一个终点时，指示剂颜色如何变化？

2. 达到第一个滴定终点后,在混合液中加入甲基橙指示剂,继续用 HCl 标准溶液滴定至甲基橙终点时,指示剂颜色如何变化?

3. 用 HCl 标准溶液测定混合碱时,要求取完一份试样后立即进行滴定。若在空气中放置一段时间后再滴定,将会给测定结果带来什么影响?

实验三　EDTA 标准溶液的配制和标定

一、实验目的

1. 了解配位滴定的原理和特点;
2. 掌握 EDTA 标准溶液的配制和标定方法;
3. 学会用二甲酚橙指示剂判断滴定终点。

实验教学
视频

二、实验原理

乙二胺四乙酸(简称 EDTA)难溶于水,通常用 EDTA 二钠盐,并采用间接法配制 EDTA 标准溶液。标定 EDTA 溶液的基准物质有 Zn、Cu、Pb、ZnO、CaO、CaCO$_3$、MgSO$_4 \cdot$7H$_2$O 等,用于测定 Pb^{2+}、Bi^{3+} 含量的 EDTA 溶液可用 ZnO 或金属 Zn 作为基准物质进行标定[注1]。

用 ZnO 或金属 Zn 标定 EDTA 溶液时以二甲酚橙(XO)作指示剂。在 pH=5~6 条件下,游离的二甲酚橙指示剂本身显黄色[注2],但其与 Zn^{2+} 能形成稳定的紫红色配合物,使溶液呈现紫红色。当用 EDTA 标准溶液滴定时,由于 EDTA 能与 Zn^{2+} 形成更稳定的无色配合物,所以在滴定过程中逐步释放出游离的二甲酚橙指示剂,反应到达化学计量点时,溶液的颜色由紫红色变为黄色。滴定过程中的变色原理可表达如下:

$$XO(黄色) + Zn^{2+} = Zn\text{-}XO(紫红色)$$

$$EDTA + Zn^{2+} = Zn\text{-}EDTA(无色)$$

$$Zn\text{-}XO(紫红色) + EDTA = Zn\text{-}EDTA(无色) + XO(黄色)$$

三、仪器和药品

仪器:电子分析天平、托盘天平、酸式滴定管、移液管、锥形瓶、容量瓶、烧杯、试剂瓶。

药品:去离子水、乙二胺四乙酸二钠(AR)、ZnO(基准物质)、六亚甲基四胺溶液(20%)、二甲酚橙指示剂(0.2%)、HCl 溶液(6 mol·L^{-1})。

四、实验步骤

1. 间接法配制 0.02 mol·L^{-1} EDTA 标准溶液

在托盘天平上称取 3.7 g 乙二胺四乙酸二钠盐放入烧杯中,加入 200 mL 去离子水,水浴中温热使其溶解,冷却后转入试剂瓶中,用去离子水稀释至 500 mL,摇匀备用。

2. 直接法配制 Zn^{2+} 标准溶液

准确称取一定量 ZnO 基准物质(0.35~0.50 g)放入 150 mL 小烧杯中,先用数滴水润湿,再沿烧杯壁滴加 3 mL 6 mol·L^{-1} HCl 溶液,用玻璃棒搅拌,待固体完全溶解后定量转移至 250 mL 容量瓶中,用去离子水稀释,定容,摇匀备用。

3. EDTA 标准溶液的标定

用移液管移取 Zn^{2+} 标准溶液 25.00 mL 于 250 mL 锥形瓶中,加 20 mL 去离子水,加 2 滴二甲酚橙指示剂,然后滴加六亚甲基四胺溶液[注3]直至溶液呈现稳定的紫红色后,再多加 3 mL。用 EDTA 标准溶液滴定,边滴边摇,滴至溶液由紫红色刚变为黄色即达终点。记录滴定前后的滴定管读数,计算滴定时所消耗的 EDTA 标准溶液体积。重复上面步骤,平行测定三次。

根据 ZnO 的质量和滴定时所消耗的 EDTA 标准溶液体积计算出 EDTA 标准溶液的浓度,求出三份标定结果的平均值和相对偏差。

五、数据记录

实验数据记入表 5-3-1 中。

表 5-3-1 实 验 数 据

编号	Ⅰ	Ⅱ	Ⅲ
m_{ZnO}/g			
滴定管初读数/mL			
滴定管终读数/mL			
V_{EDTA}/mL			
c_{EDTA}/(mol·L^{-1})			
$\overline{c}_{EDTA}$/(mol·L^{-1})			
相对偏差			

注释:

[注1] 选择标定 EDTA 标准溶液的基准物质时,如果基准物质和待测试样含有相同的组分,标定条件和测定条件一致可以减小误差。若 EDTA 标准溶液用于测定石灰石或白云石中 CaO、MgO 的含量及测定水的硬度,则最好选用 $CaCO_3$ 作为标定基准物质。

[注2] 二甲酚橙属于三苯甲烷显色剂,易溶于水中,有七级酸式解离,其中 H_7In 至 H_3In^{4-} 呈黄色,H_2In^{5-} 至 In^{7-} 呈红色。由于各组分的比例随溶液的酸度变化,所以二甲酚橙在溶液中的颜色也随酸度而改变:在 pH<6.3 时呈黄色,pH≥6.3 时呈红色。

[注3] 六亚甲基四胺溶液此处用作缓冲溶液,由于它在酸性溶液中能生成质子化的六亚甲基四胺 $(CH_2)_6N_4H^+$,此共轭酸与过量 $(CH_2)_6N_4$ 构成缓冲体系,能使溶液稳定在 pH=5~6 范围内。

六、思考题

1. 依据标定反应推导出 EDTA 标准溶液浓度的计算公式。

2. 以二甲酚橙为指示剂,以 ZnO 为基准物质标定 EDTA 溶液浓度时,溶液的酸度应控制在什么 pH 范围？实验中是如何控制的？

实验四　混合液中铅、铋含量的连续测定

一、实验目的

1. 学会利用控制酸度的方法进行金属离子的连续测定；
2. 掌握连续测定铋和铅含量的原理和方法；
3. 了解指示剂变色与酸度的关系,并能正确判断滴定终点。

实验教学
视频

二、实验原理

Pb^{2+}、Bi^{3+} 均能与 EDTA 形成稳定的 1∶1 配合物,其对应的配合物稳定常数 lgK_{MY} 值分别为 18.04 和 27.94。由于两者的 lgK_{MY} 值相差很大,故可通过控制溶液酸度,用 EDTA 标准溶液连续滴定测定同一份试样溶液中 Pb^{2+}、Bi^{3+} 的含量。

Pb^{2+}、Bi^{3+} 的测定均以二甲酚橙为指示剂。在 Pb^{2+}、Bi^{3+} 混合液中,首先用 HNO_3 调节溶液 pH≈1,以二甲酚橙为指示剂,用 EDTA 标准溶液滴定至溶液由紫红色变为黄色,即为 Bi^{3+} 的滴定终点。再补加 1 滴二甲酚橙指示剂后,用六亚甲基四胺调节溶液的 pH=5~6,继续用 EDTA 标准溶液滴定至溶液由紫红色变为黄色,即为 Pb^{2+} 的滴定终点。

三、仪器和药品

仪器:酸式滴定管、锥形瓶、移液管。

药品:EDTA 标准溶液,二甲酚橙指示剂(0.2%),六亚甲基四胺溶液(20%),Bi^{3+}、Pb^{2+} 混合溶液。

四、实验步骤

1. Bi^{3+} 的滴定

用移液管移取 Bi^{3+}、Pb^{2+} 混合溶液 10.00 mL 于 250 mL 锥形瓶中。加入 10 mL 水,此时溶液的 pH≈1[注1]。加 2 滴二甲酚橙指示剂,用 EDTA 标准溶液滴定,在近终点前应放慢滴定速度,每加 1 滴,摇动并注意观察是否变色,直至使溶液由紫红色变为橙色,再改为半滴加入,直至溶液

由橙色突变为黄色,即达第一个滴定终点。记录滴定前后的滴定管读数,计算第一次滴定消耗的 EDTA 标准溶液体积 V_1。

2. Pb^{2+} 的滴定

在滴定 Bi^{3+} 后的溶液中补加 1 滴二甲酚橙指示剂[注2],再滴加六亚甲基四胺至溶液呈紫红色时,再多加 3 mL。然后以 EDTA 标准溶液继续滴定,终点控制要求同上,溶液由紫红色突变为黄色即为第二个滴定终点。记录滴定前后的滴定管读数,计算第二次滴定消耗的 EDTA 标准溶液体积 V_2。

重复上述步骤 1 和 2,平行测定三次。根据滴定时所消耗的 EDTA 标准溶液的浓度和体积,分别计算出混合试液中 Bi^{3+} 和 Pb^{2+} 含量。

五、数据记录

实验数据记入表 5-4-1 中。

表 5-4-1 实 验 数 据

编号	I	II	III
c_{EDTA} /(mol·L^{-1})			
滴定管初读数/ mL			
第一个终点读数/ mL			
第二个终点读数/ mL			
V_1/mL			
V_2/mL			
$\rho_{Bi^{3+}}$/(g·L^{-1})			
$\rho_{Pb^{2+}}$/(g·L^{-1})			

注释:

[注1] 取来试样后不可多加水,避免造成 Bi^{3+} 水解。混合试样的酸度已由实验室技术人员调好,在滴定 Bi^{3+} 前,学生不必再调节酸度。

[注2] 滴定 Bi^{3+} 后试液体积增大了,指示剂颜色变浅,故需补加指示剂。

六、思考题

1. 依据实验原理推导出铅、铋含量的计算公式。
2. 本实验能否改成先在 pH=5~6 的溶液中滴定 Pb^{2+} 的含量,然后调节溶液 pH≈1,再滴定 Bi^{3+} 的含量?为什么?
3. 在滴定 Bi^{3+} 时,如溶液的 pH 超出要求的范围,过大或过小会对分析结果造成什么影响?实验中可能会出现什么异常现象?
4. 为什么滴定 Bi^{3+}、Pb^{2+} 都可用二甲酚橙作指示剂?

实验五　KMnO₄ 标准溶液的配制和标定

一、实验目的

1. 掌握 $KMnO_4$ 标准溶液的配制和标定方法;
2. 了解氧化还原滴定中控制反应条件的重要性。

二、实验原理

$KMnO_4$ 的氧化能力强,易与有机物和还原性物质作用,在一定的温度下会自行分解,见光则分解得更快。此外,市售的 $KMnO_4$ 纯度不高,常含有硝酸盐或氯化物等少量杂质。因此,$KMnO_4$ 标准溶液一般采用间接法配制,并需放在棕色瓶内避光保存。

标定 $KMnO_4$ 标准溶液常用 $Na_2C_2O_4$ 作基准物质。$Na_2C_2O_4$ 不含结晶水,容易精制。$Na_2C_2O_4$ 标定 $KMnO_4$ 溶液的反应如下:

$$2MnO_4^- + 5C_2O_4^{2-} + 16H^+ = 2Mn^{2+} + 10CO_2\uparrow + 8H_2O$$

由于 MnO_4^- 为紫红色,Mn^{2+} 为无色,因此滴定时可以利用 MnO_4^- 本身的颜色指示终点,滴至溶液呈粉红色且 30 s 内不褪色才为终点[注1]。

为了使上述反应能定量、迅速地进行,需要控制滴定过程中的酸度、温度和滴定速度。在开始滴定时,通常用硫酸保持足够的溶液酸度[注2],H_2SO_4 的浓度为 $0.5 \sim 1\ mol \cdot L^{-1}$。滴定温度应控制在 75~85 ℃,不应低于 60 ℃[注3]。由于 MnO_4^- 与 $C_2O_4^{2-}$ 的反应是自催化反应,开始时反应很慢,若滴定速度过快,部分 $KMnO_4$ 在热溶液分解生成黑色沉淀。所以开始滴定时滴定速度要慢,待溶液中产生一定量 Mn^{2+} 后,在 Mn^{2+} 的催化作用下反应变快,滴定速度才能变快[注4]。

三、仪器和药品

仪器:托盘天平、电子分析天平、循环水泵、抽滤瓶、玻璃砂芯漏斗、水浴装置、酸式滴定管、锥形瓶、量筒、烧杯、棕色试剂瓶。

药品:$KMnO_4$(AR)、$Na_2C_2O_4$(基准物质)、H_2SO_4 溶液($1\ mol \cdot L^{-1}$)。

四、实验步骤

1. 间接法配制 $0.02\ mol \cdot L^{-1}$ $KMnO_4$ 标准溶液

在托盘天平上称取 1 g $KMnO_4$ 放入烧杯中,加水 300 mL,盖上表面皿,在暗处放置 7~10 天。使用前用玻璃砂芯漏斗抽滤,滤液转移到洁净的棕色试剂瓶中,摇匀备用。

2. $KMnO_4$ 标准溶液的标定

准确称取一定量 $Na_2C_2O_4$ 基准物质(0.13~0.20 g)放入 250 mL 锥形瓶中,加水 10 mL,再

加入 1 mol·L^{-1} H$_2$SO$_4$ 溶液 30 mL,在水浴中加热至 75~85 ℃(即开始冒蒸汽时的温度),立即用待标定的 KMnO$_4$ 标准溶液趁热滴定。开始滴定的速度要很慢,待第一滴 KMnO$_4$ 标准溶液红色完全褪去后,再滴入第二滴。待溶液中产生一定量的 Mn^{2+} 后,可适当快滴,但仍必须是逐滴加入,直至溶液呈粉红色并且 30 s 内不褪色即为终点。记录滴定前后的滴定管读数,计算所消耗的 KMnO$_4$ 标准溶液的体积。

重复上述滴定过程,平行测定三次。根据称取的 Na$_2$C$_2$O$_4$ 的质量和所消耗的 KMnO$_4$ 标准溶液的体积,计算 KMnO$_4$ 标准溶液的浓度,求出三份标定结果的平均值和相对偏差。

五、数据记录

实验数据记入表 5-5-1 中。

表 5-5-1 实 验 数 据

编号	I	II	III
$m_{Na_2C_2O_4}$/g			
滴定管初读数/ mL			
滴定管终读数/ mL			
V_{KMnO_4}/mL			
c_{KMnO_4}/(mol·L^{-1})			
$\bar{c}_{KMnO_4}$/(mol·L^{-1})			
相对偏差			

注释:

[注1] 由于空气中的还原性气体进入溶液中会使 KMnO$_4$ 缓慢分解,使粉红色消失,所以经过 30 s 不褪色才可认为已达到终点。

[注2] KMnO$_4$ 作为氧化剂,通常是在强酸性溶液中反应,滴定过程中若发现产生棕色浑浊现象,则是酸度不足引起的,应立即加入 1 mol·L^{-1} H$_2$SO$_4$ 溶液使固体溶解。

[注3] 温度低反应速率慢,但温度也不宜过高,否则 H$_2$C$_2$O$_4$ 在酸性溶液中会发生部分分解:

$$H_2C_2O_4 = CO_2\uparrow + CO\uparrow + H_2O$$

[注4] 开始滴定的速度要很慢,若滴定开始时滴定速度过快,则部分 KMnO$_4$ 在热溶液中按下式分解:

$$4KMnO_4 + 2H_2C_2O_4 = 4MnO_2\downarrow + 2K_2C_2O_4 + 2H_2O + 3O_2\uparrow$$

生成一定量的 Mn^{2+} 后,滴定速度就可以稍快些,但也不能太快,否则加入的 KMnO$_4$ 溶液来不及与 C$_2$O$_4^{2-}$ 反应,在热的酸性溶液中发生分解:

$$4MnO_4^- + 12H^+ = 4Mn^{2+} + 5O_2\uparrow + 6H_2O$$

六、思考题

1. 依据标定反应推导出 $KMnO_4$ 标准溶液浓度的计算公式。
2. 配制 $KMnO_4$ 标准溶液时,为什么要把 $KMnO_4$ 标准溶液放置数天? $KMnO_4$ 标准溶液为什么要过滤后才能使用? 是否可用滤纸过滤?
3. 过滤后的 $KMnO_4$ 标准溶液为什么要装在棕色玻璃瓶中? 如果没有棕色瓶可以怎么办?
4. 用 $Na_2C_2O_4$ 标定 $KMnO_4$ 标准溶液的浓度时,通常是在硫酸中进行,能用硝酸或盐酸控制酸度吗? 为什么?
5. 装入 $KMnO_4$ 标准溶液的烧杯放置较久后,杯壁会有棕色沉淀物,此沉淀物是什么? 应怎样洗涤?

实验六　石灰石中钙含量的测定

一、实验目的

1. 掌握高锰酸钾法测定石灰石中钙含量的原理和方法;
2. 掌握沉淀的制备、过滤及洗涤等基本知识和操作。

实验教学视频(理论部分)　实验教学视频(实验部分)

二、实验原理

石灰石是工业生产中重要的原材料之一。石灰石中钙含量的测定可以采用配位滴定法或高锰酸钾滴定法。前者比较简便,但干扰较多;后者干扰少,准确度高,但比较费时。若石灰石中硅含量很高,石灰石中有部分钙以硅酸盐形式存在,不能被盐酸分解完全,则需采用碱式溶剂熔融的方法制成试液,分离除去 SiO_2 和 Fe^{3+}、Al^{3+} 后,再测定钙,过程较烦琐。本实验选用含硅量很低的石灰石试样,直接用盐酸溶解制成试液,再用高锰酸钾法测定试样中的钙含量。

高锰酸钾法的测定步骤如下:首先用盐酸将石灰石试样溶解,然后将 Ca^{2+} 转化为 CaC_2O_4 沉淀[注1],将沉淀滤出并洗净后,用稀 H_2SO_4 溶液溶解,再用 $KMnO_4$ 标准溶液滴定沉淀溶解过程中产生的 $H_2C_2O_4$,根据所消耗的 $KMnO_4$ 标准溶液的体积计算出试样中钙的含量。高锰酸钾法的主要反应为

$$CaCO_3 + 2H^+ = Ca^{2+} + H_2O + CO_2\uparrow$$

$$Ca^{2+} + C_2O_4^{2-} = CaC_2O_4\downarrow$$

$$CaC_2O_4 + H_2SO_4 = CaSO_4 + H_2C_2O_4$$

$$2MnO_4^- + 5H_2C_2O_4 + 6H^+ = 2Mn^{2+} + 10CO_2\uparrow + 8H_2O$$

三、仪器和药品

仪器：电子分析天平、酸式滴定管、水浴装置、锥形漏斗、漏斗架、烧杯、量筒。

药品：$KMnO_4$标准溶液、HCl溶液（$6\ mol\cdot L^{-1}$）、H_2SO_4溶液（$1\ mol\cdot L^{-1}$）、$NH_3\cdot H_2O$溶液（$3\ mol\cdot L^{-1}$）、$(NH_4)_2C_2O_4$溶液（$0.25\ mol\cdot L^{-1}$）、甲基橙指示剂（0.1%）、$AgNO_3$溶液（$0.1\ mol\cdot L^{-1}$）、石灰石试样。

四、实验步骤

1. 试样的溶解

准确称取石灰石试样 $0.1\sim0.2\ g$ 置于 $400\ mL$ 烧杯中，先滴加几滴水润湿[注2]，再沿烧杯内壁缓慢滴入 $6\ mol\cdot L^{-1}$ HCl 溶液 $8\sim10\ mL$，同时轻摇烧杯使试样完全溶解。待冷却后用少量水淋洗烧杯内壁，使飞溅部分进入溶液中。

2. 沉淀的制备

向装有试样溶液的烧杯中依次加入 $120\ mL$ 水[注3]、2 滴甲基橙指示剂和 $15\sim20\ mL$ $0.25\ mol\cdot L^{-1}\ (NH_4)_2C_2O_4$ 溶液[注4]。再将烧杯置于水浴中加热至 $75\sim85\ ℃$，然后边搅拌边缓慢滴加 $3\ mol\cdot L^{-1}\ NH_3\cdot H_2O$ 溶液至溶液变成黄色[注5]，盖上表面皿，静置过夜[注6]。

3. 沉淀的过滤和洗涤

在漏斗上放好滤纸，并做成水柱，将陈化后的溶液以倾泻法过滤，在过滤和洗涤过程中，尽量使沉淀留在烧杯中。用水洗涤至滤液不含 Cl^-、$C_2O_4^{2-}$ 为止[注7]。在洗涤接近完成时，可用表面皿接取滤液约 $1\ mL$，加入 3 滴 $AgNO_3$ 溶液，混匀后放置 $1\ min$，如无浑浊现象则证明沉淀已洗涤干净。

4. 沉淀的溶解和滴定

将带有沉淀的滤纸小心展开并贴在原储存沉淀的烧杯内壁上（沉淀向杯内），用 $50\ mL$ $1\ mol\cdot L^{-1}\ H_2SO_4$ 溶液将滤纸上的沉淀洗入烧杯内，再加 $90\ mL$ 水。烧杯置于水浴加热至 $75\sim85\ ℃$后，用 $KMnO_4$ 标准溶液趁热滴定，用玻璃棒搅拌，边滴边搅，滴至溶液刚好呈现粉红色。再用玻璃棒将滤纸浸入溶液中[注8]，若溶液褪色，则继续滴入 $KMnO_4$ 标准溶液，直至粉红色再出现并 $30\ s$ 不褪色即为终点。记录滴定前后的滴定管读数，计算所消耗的 $KMnO_4$ 标准溶液的体积。

重复上述步骤，平行测定三次。根据石灰石试样质量和所消耗的 $KMnO_4$ 标准溶液的体积，计算试样中的钙含量（以 Ca 质量分数表示）。

五、数据记录

实验数据记入表 5-6-1 中。

表 5-6-1 实 验 数 据

编号	Ⅰ	Ⅱ	Ⅲ
$c_{KMnO_4}/(mol\cdot L^{-1})$			

续表

石灰石试样质量/g			
滴定管初读数/ mL			
滴定管终读数/ mL			
V_{KMnO_4}/mL			
钙含量/ %			
钙含量平均值/ %			

注释:

[注1] 制备沉淀时,要得到 Ca^{2+} 与 $C_2O_4^{2-}$ 之间 1∶1 的化学计量关系,应使试液酸度控制在 pH=4。酸度高时 CaC_2O_4 沉淀不完全,酸度低时则会有 $Ca(OH)_2$ 或碱式草酸钙沉淀产生。

[注2] 先用少量水润湿是为了避免后续加盐酸时产生的 CO_2 将试样粉末带出。

[注3] 若试样中含有 Fe^{3+} 和 Al^{3+} 等杂质,此处需加入 10% 柠檬酸铵掩蔽 Fe^{3+} 和 Al^{3+},以免生成胶体和共沉淀,其用量视 Fe^{3+} 和 Al^{3+} 的含量多少而定。

[注4] 在酸性溶液中,加入 $(NH_4)_2C_2O_4$ 溶液后,不应产生沉淀。若此时生成沉淀,则应在搅拌下滴加 6 mol·L^{-1} HCl 溶液至沉淀溶解后再加氨水。但勿多加盐酸,否则后续用氨水调节 pH 时用量较大。

[注5] 调节 pH 至 3.5~4.5,使 CaC_2O_4 沉淀完全,MgC_2O_4 不沉淀。

[注6] 采用在酸性溶液中加入 $(NH_4)_2C_2O_4$,再滴加氨水,逐步中和并缓慢地增大 $C_2O_4^{2-}$ 浓度的方法进行沉淀,得到的沉淀颗粒相对较大。放置过夜的目的是使沉淀陈化,以获得颗粒粗大的晶形沉淀,便于洗涤。

[注7] 此处可以先用冷的 0.1% $(NH_4)_2C_2O_4$ 溶液洗涤沉淀 3~4 次,再用水洗涤。先用 $(NH_4)_2C_2O_4$ 溶液洗涤,可以利用同离子效应,降低沉淀的溶解度,减小溶解损失,并且洗去大量杂质。

[注8] 在酸性溶液中,滤纸中的还原性物质会消耗 $KMnO_4$,接触时间越长,消耗越多,因此要求在滴定至终点前再将滤纸浸入溶液中。

六、思考题

1. 依据实验原理推导出石灰石试样中钙含量的计算公式。
2. 什么是倾泻过滤法?其优点是什么?
3. 洗涤 CaC_2O_4 沉淀时,检验滤液中 Cl^- 的作用是什么?
4. 沉淀溶解时,如果将带有 CaC_2O_4 沉淀的滤纸提前浸入烧杯中再用 $KMnO_4$ 标准溶液滴定,则对实验结果会有什么影响?

实验七　可见分光光度法测定水中微量铁

实验教学
视频

一、实验目的

1. 学习如何确定可见分光光度法的测定条件；
2. 掌握通过绘制吸收曲线确定 λ_{max} 和利用标准曲线进行定量的方法；
3. 熟悉可见分光光度计的结构和使用方法。

二、实验原理

可见分光光度法是根据溶液中物质对可见光的选择性吸收而进行的分析方法，待测组分的溶液有颜色是用可见分光光度法测定的必要条件。许多水合金属离子虽然有颜色，但是吸光系数很小，不能用分光光度法直接测量，需要选用适当的显色剂，与待测离子通过显色反应生成有色配合物，然后在一定波长下测定其吸光度，依据朗伯-比尔定律进行定量测定。

可见分光光度法测定微量铁，多采用邻二氮菲作显色剂。在 pH 为 2～9 的溶液中，Fe^{2+} 与邻二氮菲生成稳定的橙红色配合物，反应如下：

$$Fe^{2+}+3phen \rightleftharpoons [Fe(phen)_3]^{2+}$$

该配合物 $\lg K_{稳}=21.3$（20 ℃），在 510 nm 波长下有最大吸收，其摩尔吸收系数 κ_{510} 为 1.1×10^4 $L\cdot mol^{-1}\cdot cm^{-1}$。由于邻二氮菲也能与 Fe^{3+} 生成淡蓝色配合物，因此在显色前应先将 Fe^{3+} 还原为 Fe^{2+}。

为了使测定有较高的灵敏度和准确性，必须选择适宜的显色反应条件和仪器测量条件。通常，影响显色反应的条件有显色温度、显色时间、显色剂用量、介质酸度、干扰物质的消除等。仪器测量条件主要是指测量波长和参比溶液的选择。本实验通过选择 Fe(Ⅱ)-邻二氮菲显色反应的显色剂用量和测量波长，学习如何确定一个分光光度分析实验的测定条件并进行定量测定。

三、仪器和药品

仪器：722S 型可见分光光度计、1 cm 玻璃比色皿、移液管、容量瓶。

药品：100 μg·mL^{-1} 铁标准溶液[准确称取 0.863 4 g 铁铵矾 $NH_4Fe(SO_4)_2\cdot 12H_2O$ 置于小烧杯中，加入 20 mL 6 mol·L^{-1} HCl 溶液和少量水，溶解后定量转移至 1 L 容量瓶中，用水稀释至容，摇匀]、0.12% 邻二氮菲溶液（用前配制）、10% 盐酸羟胺溶液（用前配制）、pH=4.5 HOAc-NaOAc 缓冲溶液[称取 32 g NaOAc·3H$_2$O（分析纯）溶于适量水中，加入 68 mL 6 mol·L^{-1} HOAc 溶液，稀释至 500 mL]、待测水样。

四、实验步骤

1. 溶液的配制

(1) 25 μg·mL^{-1} 铁标准溶液的配制　准确吸取 25.00 mL 100 μg·mL^{-1} 铁标准溶液至 100 mL 容量瓶中,用水稀释定容,摇匀。

(2) 标准溶液的配制　准备 6 个 50 mL 容量瓶,分别吸取 25 μg·mL^{-1} 铁标准溶液 0.00 mL、1.00 mL、2.00 mL、3.00 mL、4.00 mL 和 5.00 mL 于容量瓶中,再各加入 10% 盐酸羟胺溶液 1 mL,摇匀后放置 2 min。然后依次各加入 HOAc-NaOAc 缓冲溶液 5 mL,0.12% 邻二氮菲溶液 2 mL,用水稀释定容,摇匀。

(3) 试样溶液的配制　准确吸取 10.00 mL 未知试液至 50 mL 容量瓶中,按上述标准曲线操作步骤显色、定容[注1]。

2. 测量条件选择

(1) 测量波长的选择　取上述标准系列中的第 3 号溶液。在可见分光光度计上用 1 cm 比色皿,以不加铁标准溶液的空白溶液作为参比溶液,在波长 470~550 nm 范围内每隔 10 nm 测定一次吸光度[注2],绘制吸收曲线,在吸收曲线上找出最大吸收波长 λ_{max}。

(2) 显色剂浓度的确定(选做)　取 7 个 50 mL 容量瓶,准确吸取 25 μg·mL^{-1} 铁标准溶液 3.00 mL 加入各容量瓶中,分别加入 1 mL 10% 盐酸羟胺溶液,放置 2 min 后,加入 HOAc-NaOAc 缓冲溶液 5 mL,然后分别加入 0.12% 邻二氮菲溶液 0.20 mL、0.40 mL、0.60 mL、1.00 mL、1.50 mL、2.00 mL 和 3.00 mL,用水稀释定容,摇匀。测量波长定为最大吸收波长 λ_{max}。用 1 cm 比色皿,以水为参比物,分别测定各溶液的吸光度。

3. 吸光度测量

测量波长定为最大吸收波长 λ_{max}。用 1 cm 比色皿,以空白溶液作为参比溶液[注3],在选定波长下测定各标准溶液和试样溶液的吸光度。

五、数据记录与处理

(1) 吸收曲线　不同波长下的吸光度记录于表 5-7-1 中。

表 5-7-1　不同波长下的吸光度

波长 λ/nm	470	480	490	...	540	550
吸光度 A						

以波长为横坐标,以吸光度为纵坐标绘制吸收曲线,在吸收曲线上找出最大吸收波长 λ_{max}。

(2) 标准曲线　不同溶液的吸光度记录于表 5-7-2 中。

表 5-7-2　不同溶液的吸光度

$V_{铁}$/mL	1.00	2.00	3.00	4.00	5.00	未知样
$\rho_{铁}/(\mu g \cdot mL^{-1})$						
吸光度 A						

以铁含量为横坐标,以吸光度为纵坐标绘制标准曲线,拟合标准曲线方程。根据待测溶液的吸光度,确定未知试样溶液中的铁含量,再根据试样取样量和稀释倍数计算原始未知试样中的铁含量。

注释:

［注1］试样的显色与标准系列显色同时进行,保证显色时间尽量一致。

［注2］每更换一次波长,均需要重新用参比溶液调节透光度至100%,再测定溶液的吸光度。

［注3］试剂中往往含有极微量的铁,因此在绘制标准曲线时,可以空白溶液作为参比溶液。进行条件实验时,目的是比较某种条件对吸光度大小的影响,可直接用蒸馏水作参比物。

六、思考题

1. 在显色前先加入盐酸羟胺和HOAc-NaOAc缓冲溶液的作用分别是什么?
2. 实验中哪些试剂的加入量必须很准确,哪些可以不必很准确?为什么?
3. 分光光度法测定标准曲线时,为什么常选最大吸收波长作为测量波长?
4. 采用分光光度法时,吸光度读数取什么范围好?为什么?如何控制待测溶液的吸光度大小在此范围内?

实验八　紫外吸收光谱法测定有机化合物光谱

实验教学视频

一、实验目的

1. 了解双光束紫外-可见分光光度计的仪器构造和使用方法;
2. 学习紫外吸收光谱的绘制方法;
3. 了解取代基和溶剂体系对有机化合物紫外吸收光谱的影响。

二、实验原理

含有苯环和共轭双键的有机化合物在紫外光区有特征吸收。通过绘制紫外吸收光谱得到有机化合物最大吸收波长 λ_{max} 和吸收曲线形状,是进行物质定性分析的依据。

有机化合物的紫外光谱吸收带位置受分子结构的影响。苯具有环状共轭体系,在紫外光区有 E_1 吸收带(200 nm以下)、E_2 吸收带(203 nm左右,中等强度)和B吸收带(255 nm,吸收较弱)三个吸收谱带。当苯环上的氢被助色团取代后,苯的吸收光谱会发生变化,E_2 吸收带向长波方向移动,复杂的B吸收带变得简单化,吸收峰向长波方向移动,吸收强度增加。

溶剂体系的 pH 对化合物紫外光谱的影响普遍存在,如酚类化合物在不同 pH 体系中的解离情况不一样,紫外光谱也会产生差异,其实质是 pH 改变了化合物的共轭程度,改变了电子跃迁的能级差。

三、仪器和药品

仪器:TU-1900 双光束紫外-可见分光光度计、1 cm 石英吸收池、容量瓶。
药品:苯酚[GR(优级纯)]、对硝基苯酚(GR)、去离子水、NaOH 溶液(0.1 mol·L^{-1})。

四、实验步骤

1. 配制溶液

配制浓度为 0.09 mmol·L^{-1} 的苯酚溶液,其溶剂分别为去离子水和 0.1 mol·L^{-1} NaOH 溶液,摇匀。再配制浓度为 0.09 mmol·L^{-1} 的对硝基苯酚溶液,溶剂为 0.1 mol·L^{-1} NaOH 溶液,摇匀。

2. 绘制吸收光谱

按要求设置仪器参数,然后用 1 cm 石英吸收池,以相应的溶剂作为参比溶液,在双光束紫外-可见分光光度计上绘制各溶液在 200~400 nm 范围内的吸收光谱。

五、数据记录与处理

1. 记录各苯酚水溶液和苯酚-NaOH 溶液的吸收光谱,找出其最大吸收波长并进行对比,分析光谱不同的原因。

2. 记录对硝基苯酚-NaOH 溶液中的吸收光谱,找出其最大吸收波长,并与苯酚-NaOH 溶液的吸收峰进行对比,分析光谱不同的原因。

六、思考题

1. 有机化合物产生紫外光谱的电子跃迁类型有哪些?
2. 影响有机化合物紫外吸收光谱的因素有哪些?
3. 比较了溶剂体系对吸收光谱的影响后,你认为应该如何选择参比溶液?

实验九　原子吸收光谱法测定含铜废液中铜含量

一、实验目的

1. 了解原子吸收光谱法的测定原理;
2. 熟悉火焰原子吸收光谱仪的结构及基本操作;
3. 掌握应用标准加入法进行定量分析的操作。

实验教学
视频

二、实验原理

试液中的待测离子在雾化器里被雾化后,通过原子化装置,在火焰温度下解离为原子蒸气。然后利用待测元素的原子蒸气中基态原子对特征电磁辐射(Cu 元素共振吸收特征波长为 324.8 nm)的吸收来测定试样中待测元素的含量,其吸光度值与待测溶液浓度成正比,即 $A = K \cdot c$。

若试样基体的组分不确切或十分复杂,无法配制与试样组成相似的标准溶液,则不能用标准曲线法进行测定,这时可采用标准加入法。其操作过程为:在若干份体积相同的试样溶液中按比例加入不同量含有待测溶液的标准溶液,得到浓度顺序为 ρ_x、$\rho_x + \rho_0$、$\rho_x + 2\rho_0$、$\rho_x + 3\rho_0$、$\rho_x + 4\rho_0$ 的标准溶液(其中 ρ_x 为试样中待测元素质量浓度,ρ_0 为标准溶液的已知质量浓度),分别测定其吸光度值。然后,以吸光度 A 对待测元素标准溶液加入量作图,所得曲线反向延长后与横坐标的交点的坐标即为待测试样的浓度。本实验采用标准加入法测定含铜废液中的铜含量。

三、仪器和药品

仪器:原子吸收分光光度计、空气压缩机、乙炔气瓶、铜空心阴极灯、容量瓶。

药品:100 $\mu g \cdot mL^{-1}$ 铜标准溶液、1∶1 HNO_3 溶液(浓硝酸和水的体积比为 1∶1)、去离子水、铜废液试样。

四、实验步骤

1. 配制溶液

取 5 个 50 mL 容量瓶,先各加入 1 mL 1∶1 HNO_3 溶液和 10.00 mL 未知铜废液试样,再从第二份开始依次加入 100 $\mu g \cdot mL^{-1}$ 铜标准溶液 0.50 mL、1.00 mL、1.50 mL 和 2.00 mL,用去离子水稀释定容,摇匀[注1]。

另取 1 个 50 mL 容量瓶,加入 1 mL 1∶1 HNO_3 溶液,用去离子水稀释定容并摇匀,配成空白溶液。

2. 设定仪器条件,调试仪器

先按要求选择测量波长、灯电流、燃烧器高度、空气-乙炔气体比例等条件。再开启空气压缩机和打开乙炔钢瓶阀门,点燃火焰。

3. 吸光度测定

以空白溶液为参比溶液,按仪器操作软件提示先完成仪器校正,再按照浓度从低到高顺序,依次完成试样溶液和加标准溶液的系列溶液的吸光度测定,记录每次测定的吸光度。

4. 关机

全部测试结束后,先关闭乙炔气瓶,待火焰熄灭后再关闭空压机,最后关闭仪器。

五、数据记录与处理

将仪器测定结果记录在表 5-9-1 中。

表 5-9-1 仪器测定结果

编号	1	2	3	4	5
加入标准溶液质量浓度/($\mu g \cdot mL^{-1}$)	0	ρ_0	$2\rho_0$	$3\rho_0$	$4\rho_0$
吸光度 A					

以试样中加入的标准溶液浓度为横坐标,以吸光度为纵坐标,绘制标准加入法曲线,确定曲线反向延长后与横坐标的交点,计算未知溶液中的铜含量,再根据试样取样量和稀释倍数计算原始未知试样中的铜含量。

注释:

[注1] 使用标准加入法时,待测元素的标准加入浓度应适当。加入浓度过高或过低,将使标准加入曲线的斜率过大或过小而产生较大误差。一般情况下,所加入的第一份标准溶液的浓度应当与试样溶液的浓度接近。此外,为了保证能够得到较为准确的外推结果,至少要采用四个点来制作外推曲线。

六、思考题

1. 比较原子吸收分光光度计与紫外-可见分光光度计在仪器结构方面的异同点。
2. 原子吸收光谱法测铜含量,待测溶液中为什么都要加 1∶1 HNO_3 溶液?
3. 采用标准加入法测量试样的作用是什么?

实验十 恒电流电解法测定铜含量

一、实验目的

1. 掌握恒电流电解法的理论知识;
2. 学会应用恒电流电解法定量测定铜含量的分析方法。

二、实验原理

实验教学视频

恒电流电解法是在恒定的电流下进行电解,然后通过称量电极上析出物质的质量来进行定量分析的一种电分析方法。电解硫酸铜一般在硫酸等酸性介质中进行,以表面积较大的铂网作阴极,以较粗的螺旋状铂丝作阳极。电解时通过电解池的电流是恒定的,电流大小一般控制在 0.5~2 A,两电极上发生的电极反应如下:

$$阴极 \quad Cu^{2+} + 2e^- = Cu \downarrow$$

$$阳极 \quad H_2O - 2e^- = \frac{1}{2}O_2 \uparrow + 2H^+$$

在阴极用网状电极收集析出的铜,通过称量阴极网电解前后的质量计算试样中的铜含量。

三、仪器和药品

仪器：44B型双联电解分析器、网状铂电极、螺旋状铂电极、电解池、电子分析天平、电吹风。

药品：$CuSO_4 \cdot 5H_2O$ 试样、1∶1 H_2SO_4 溶液(浓硫酸和水的体积比为1∶1)、1∶1 HNO_3 溶液(浓硝酸和水的体积比为1∶1)、去离子水、无水乙醇。

四、实验步骤

1. 电极的准备

将网状铂电极依次在1∶1 HNO_3 溶液和去离子水中充分浸洗，再在无水乙醇中浸洗一遍，然后用电吹风吹干电极，使其恒重，称量，记录电极的质量。螺旋状铂电极只需用去离子水清洗即可。

2. 硫酸铜试样的溶解

准确称取2 g $CuSO_4 \cdot 5H_2O$ 试样放入电解池中，加去离子水100 mL，再分别加入10 mL 1∶1 H_2SO_4 溶液和2 mL 1∶1 HNO_3 溶液[注1]，用去离子水稀释至200 mL，搅拌，使固体完全溶解。

3. 仪器的准备

（1）将电解仪上的电流调节旋钮旋到起始位置，搅拌开关置于"停"位置，直流电源开关拨至"断"位置，插上交流电源插头，接好直流电源。

（2）电极的安装，将螺旋状铂电极(阳极)安放在"+"电极架上，旋紧固定螺钉。然后再将网状铂电极(阴极)装在"-"电极架上，旋紧螺钉。

4. 电解操作

（1）将装有试样的电解池置于电解分析器的托盘上，电解池内放入搅拌子。调整电极高度，让阳极电极完全浸没在溶液中，阴极电极的上端露出液面大约1 cm。

（2）打开直流电源开关，开启搅拌开关。

（3）将电解仪上的电源极性闸刀开关拨至"正电流"位置。

（4）旋转电流调节电钮至电流表读数为1.5 A(电压为2~4 V)，开始电解。

（5）电解过程中，随时观察电流表。若发现电流有变动，则应调节电钮，使电流始终保持在1.5 A。

（6）当观察到电解池中溶液的淡蓝色全部消失(约1 h后)，将阴极向下移动少许或注入少量去离子水使部分露出液面的电极完全浸入溶液。继续电解10 min，观察阴极表面上是否有铜析出，若无铜析出，则表示电解完全。否则，应继续电解，直至电解完全为止。

（7）电解完全后，关闭搅拌器。在不切断直流电源的情况下，将电极从电解池中升起，用去离子水冲洗电极；或者取下电解池，以盛有去离子水的烧杯浸洗电极2~3次。

（8）将电源极性闸刀开关拨至"断"位置，关闭直流电源开关和交流电源开关。

（9）小心取下阴极，轻轻在去离子水中充分浸洗，再在无水乙醇中浸洗一次[注2]，用吹风机吹干，使其恒重，称量，记录此时电极的质量。

（10）称量完毕后，将阴极浸入1∶1 HNO_3 溶液中[注3]，待电极上的铜完全溶解后，用去离子水清洗干净,在无水乙醇中浸洗,用吹风机吹干至恒重,此时质量应与电解前相同。螺旋状铂电极只需用去离子水清洗即可。

五、数据记录与处理

将实验结果记录在表 5-10-1 中。

表 5-10-1　实 验 结 果

试样质量 $m_{样}$/g	
电解前电极的质量 m_1/g	
电解后电极的质量 m_2/g	

依据实验结果,计算 $CuSO_4 \cdot 5H_2O$ 试样中的含铜量和试样纯度。

注释:

[注1] 加入 2 mL 1∶1 HNO_3 溶液可以防止电极极化。

[注2] 此时清洗带铜的铂网电极时应采用新的去离子水和无水乙醇。清洗动作要轻,防止铂网电极碰撞烧杯壁导致铜末掉下,使测定结果偏低。

[注3] 因有大量的 NO_2 气体产生,用 1∶1 HNO_3 溶液浸洗带铜铂网电极应在通风橱内进行。

六、思考题

1. 电解铜实验中,要想在阴极得到牢固、致密和纯净的铜析出物,在实验中应注意哪些实验条件?
2. 电解铜实验一般在硫酸等酸性介质中进行,是否可用盐酸作酸性介质?

实验十一　离子选择性电极法测定水中氟含量

一、实验目的

1. 掌握离子选择性电极法测定离子浓度的原理;
2. 熟悉氟离子选择性电极和饱和甘汞电极的结构和使用方法;
3. 掌握标准曲线法和标准加入法测定水中微量氟的方法。

实验教学视频(理论部分)

实验教学视频(实验部分)

二、实验原理

饮用水中氟含量的高低对人体健康有一定影响,氟含量太低易得龋齿,过高则会发生氟中毒现象,适宜含量为 0.5 mg·L^{-1} 左右。因此,监测饮用水中氟离子含量至关重要。氟离子选择性电极法是测定饮用水中氟含量的标准方法之一。

氟离子选择性电极的敏感膜为掺有微量 EuF_2 的 LaF_3 单晶膜,电极管内装有 Ag-AgCl 内参比电极和 0.1 mol·L^{-1} NaF-0.1 mol·L^{-1} NaCl 内参比溶液。以氟离子选择性电极作指示电极,以饱和甘汞电极作参比电极,插入待测溶液中组成工作电池时,电池的电动势 E 在一定条件下与待测溶液中氟离子活度的对数值呈线性关系:

$$E = K - s\lg a_{F^-}$$

式中,K 值在一定条件下为常数,s 为电极线性响应斜率。

当溶液的总离子强度不变时,离子的活度系数为一定值,工作电池的电动势与氟离子浓度的对数呈线性关系:

$$E = K' - s\lg c_{F^-}$$

为了测定氟离子浓度,常在标准溶液与试样溶液中加入相等的足够量的惰性电解质以固定各溶液的离子强度。使用氟电极测定溶液中氟离子浓度时,通常是将控制溶液酸度、固定离子强度的试剂和掩蔽剂结合起来考虑,即使用总离子强度调节缓冲溶液(TISAB)来控制最佳测定条件。

三、仪器和药品

仪器:pHS-2C 酸度计、氟离子选择性电极、饱和甘汞电极、电磁搅拌器、烧杯、移液管、容量瓶。

药品:100 μg·mL^{-1} 氟标准溶液(准确称取于 120 ℃ 干燥 2 h 并冷却的分析纯 NaF 0.221 g 于烧杯中,加入少量去离子水使之溶解并定量地转移至 1 000 mL 容量瓶中,稀释定容并摇匀,贮存于塑料瓶中)、10 μg·mL^{-1} 氟标准溶液(将上述储备液定量稀释 10 倍)、总离子强度调节缓冲溶液(TISAB)[于 1 000 mL 烧杯中加入 500 mL 去离子水、57 mL 冰醋酸、58 g NaCl 及 12 g 柠檬酸钠($Na_3C_6H_5O_9 \cdot 2H_2O$),搅拌至溶解。将烧杯置于冷水浴中,缓缓滴加 6 mol·L^{-1} NaOH 溶液,直至溶液的 pH 为 5.0~5.5(用酸度计测定),冷却至室温,转入 1 000 mL 容量瓶中,用去离子水稀释定容并摇匀]、去离子水。

四、实验步骤

1. 配制溶液

(1)氟标准溶液的配制 准确移取 10 μg·mL^{-1} 氟标准溶液 0.50 mL、1.00 mL、4.00 mL、7.00 mL、10.00 mL 分别放入 5 个 100 mL 容量瓶中,各加入 TISAB 溶液 10 mL,用去离子水稀释定容,摇匀。

(2)试样溶液的配制 准确移取 50.00 mL 水样于 100 mL 容量瓶中,加入 10 mL TISAB 溶液,用去离子水稀释定容,摇匀。此溶液标为未知液 1。

(3)标准加入法溶液的配制 准确吸取 50.00 mL 水样于 100 mL 容量瓶中,再准确加入 1.00 mL 100 μg·mL^{-1} 氟标准溶液和 10 mL TISAB 溶液,最后用去离子水稀释定容,摇匀。此溶液标为未知液 2。

2. 电位测量

测量试样前,先用去离子水多次清洗氟离子选择性电极和饱和甘汞电极,直至电位计读数达到空白电位值[注1]。

测量试样时,将待测溶液倒入 50 mL 小塑料烧杯中,先润洗电极,再将两支电极浸入待测溶液中,然后开启电磁搅拌,待读数稳定不变后读取平衡电位值[注2]。测量标准溶液系列时,按照由稀到浓顺序依次进行,转换溶液时只需用待测溶液润洗烧杯和电极,不需要清洗电极。

标准溶液系列测量完毕后,再次用去离子水清洗氟离子选择性电极和饱和甘汞电极至电位计读数达到空白电位值,然后用与标准溶液相同的测量方法依次测定未知液 1 和未知液 2 的平衡电位值。

五、数据记录与处理

1. 数据记录

电位测定数据记录于表 5-11-1 中。

表 5-11-1 电位测定数据

编号	空白	1	2	3	4	5	未知液 1	未知液 2
$\rho_{F^-}/(\mu g \cdot mL^{-1})$								
E/mV								

2. 标准曲线法计算氟离子浓度

依据表 5-11-1 测定数据,以氟离子浓度的负对数($-\lg\rho_{F^-}$)为横坐标,以平衡电位值为纵坐标,绘制标准曲线,拟合标准曲线方程。根据未知液 1 的电位值,确定其中氟离子浓度,再根据试样取样量和稀释倍数计算出原始未知试样中氟离子浓度。

3. 标准加入法计算氟离子浓度

依据测定的未知液 1 和未知液 2 的平衡电位值 E_1 和 E_2,利用标准加入法公式,计算未知液 2 中的氟离子浓度,再根据试样取样量和稀释倍数计算出原始未知试样中氟离子浓度。

4. 数据分析

比较标准曲线法和标准加入法得到的氟离子浓度的差别,分析引起结果差别的原因。

注释:

[注1] 氟离子选择性电极使用前需用去离子水浸泡活化过夜,或在 10^{-3} mol·L^{-1} NaF 溶液中浸泡 1~2 h 后方可使用。去离子水清洗后的空白电位值一般在 300 mV 左右。饱和甘汞电极在使用前应拔去加 KCl 溶液小口处的橡胶塞,以保持足够的液压差,使 KCl 溶液只能向外渗出,同时检查内部电极是否已浸于 KCl 溶液中,否则应补加。电极下端的橡胶套也应取下。

[注2] 安装电极时,两支电极不能彼此接触。电极下端离杯底应有一定的距离,以防止转动的搅拌磁子碰击电极下端。在稀溶液中,氟电极响应值达到平衡的时间较长,需等待电位值稳定后再读数。

六、思考题

1. 写出氟离子选择性电极、饱和甘汞电极和待测试液组成的原电池表示式。
2. 测定氟离子浓度时为什么要控制 pH≈5，pH 过高或过低各有什么影响？
3. 测氟离子浓度时加入的 TISAB 溶液包含哪些组分？各组分的作用是什么？
4. 标准加入法为什么要加入比待测组分浓度大很多的标准溶液？

实验十二　气相色谱法分离和测定醇系物

实验教学视频（理论部分）

实验教学视频（实验部分）

一、实验目的

1. 了解气相色谱仪的基本结构和操作；
2. 学习色谱纯物质对照定性方法；
3. 学习色谱峰面积归一化定量方法。

二、实验原理

利用气相色谱法可以分离混合物，还能对分离后的组分进行定性和定量测定。由各种醇组成的混合物是工业生产中常见的混合物之一。本实验以毛细管柱为分析柱，采用氢火焰离子化检测器（FID），在一定条件下对乙醇、正丙醇、正丁醇组成的模拟醇系物试样进行分离分析。采用纯物质对照定性法，通过比较已知纯物质与未知物在相同色谱条件下的保留时间进行混合物组分的定性鉴定。采用峰面积归一化法，通过测定所有组分的峰面积进行定量分析。峰面积归一化法定量公式为

$$w_i = \frac{A_i f_i'}{A_1 f_1' + A_2 f_2' + \cdots + A_n f_n'} \times 100\%$$

式中，w_i 为组分的质量分数，A_i 为组分的峰面积，f_i' 为组分的相对校正因子。

三、仪器和药品

仪器：配备氢火焰离子化检测器的气相色谱仪、空气压缩机、氢气钢瓶、氮气钢瓶、微量进样器、小试剂瓶。

药品：乙醇、正丙醇、正丁醇（均为色谱纯）。

四、实验步骤

1. 混合醇试样的配制

首先用天平准确称量出试剂瓶的质量，然后再逐一准确称出加入混合物中每种物质的质量，

盖好塞子后摇匀备用。计算每种组分的质量分数作为标准值。

2. 仪器准备

按气相色谱仪操作规程开机、联机,设置色谱条件。参考色谱条件如下。色谱柱:OV-101 弹性石英毛细管柱,25 m × 0.32 mm。柱温:150 ℃。检测器温度:200 ℃。汽化室温度:200 ℃。载气:氮气。载气流速:1.0 cm·s^{-1}。待柱温箱温度升至预设温度后,进行氢火焰离子化检测器点火,稳定仪器。

3. 定性测定

待基线稳定后,用微量注射器取 0.5 μL 混合醇试样快速进样到色谱仪[注1],进样的同时开始记录色谱曲线。待组分完全出峰后,停止色谱曲线的记录,读取每一色谱峰的保留时间。待仪器再次达到平衡状态后,进行下一次进样。重复上述实验,每个试样测定 3 次。

在相同色谱条件下,用微量注射器分别取 0.5 μL 乙醇、正丙醇、正丁醇纯物质进样色谱仪,测定各种纯物质的保留时间。

4. 定量测定

选取步骤 3 中所得的混合醇试样色谱图,先将色谱图中杂质峰除去[注2],然后进行色谱峰积分计算,得到各组分的峰面积。

五、数据记录与处理

1. 纯物质对照定性

混合醇试样和纯物质的色谱峰保留时间记录于表 5-12-1 中。

表 5-12-1　混合醇试样和纯物质的色谱峰保留时间

	峰 1	峰 2	峰 3
混合醇中各峰 t_R/min			
纯物质 t_R/min	乙 醇	正丙醇	正丁醇
	峰 1	峰 2	峰 3
定性结论			

比较混合醇试样与纯物质的色谱峰保留时间,确定混合醇试样中各组分的归属。

2. 归一化法定量

利用峰面积归一化法的定量公式[注3],计算各组分的质量分数,将分析结果与标准值进行比较,计算测定的相对误差,并列于表 5-12-2 中。

表 5-12-2　数 据 计 算

试样	保留时间 t_R/min	相对校正因子 f_i'	峰面积 A_i	测定结果 w_i/%	标准值 w_i/%	相对误差
乙醇						
正丙醇						
正丁醇						

注释：

［注 1］每次进样前，微量进样器都要用待测试样润洗 10 次以上。进样时应快速，尽量缩短时间，但同时要防止针头变形和推进杆弯曲。

［注 2］由于试剂中含有微量杂质而产生的色谱峰，本实验忽略不计，在色谱图处理时作为杂质峰除去。

［注 3］使用氢火焰离子化检测器时，乙醇、正丙醇、正丁醇的相对校正因子分别取 0.41、0.54 和 0.59。由于影响因素较多，如果需要准确测定，则最好在实际色谱条件下重新测定相对校正因子。若对准确度要求不高，则在试样中各组分的性质相近时，用归一化法计算质量分数时可以忽略相对校正因子。

六、思考题

1. 气相色谱仪的主要部件有哪些？各有什么作用？
2. 色谱分析中，使用峰面积归一化法定量必须满足哪些条件？
3. 气相色谱中，使用氢火焰离子化检测器对载气种类和检测器温度有哪些要求？

第六章 物理化学基础实验

实验一 恒温槽调节及黏度测定

一、实验目的

1. 了解恒温槽的构造及恒温原理；
2. 掌握恒温槽的调节和使用，绘制恒温槽灵敏度曲线；
3. 掌握用乌氏黏度计测定黏度的方法。

知识拓展：
旋转黏度计
简介

二、实验原理

1. 恒温槽的构造及恒温原理

恒温技术在物理化学实验中非常重要，因为物质的物理性质，如折射率、黏度、蒸气压、表面张力及化学反应速率常数等测定必须在恒温下进行。

如何保持温度恒定呢？方法之一是利用物质相变温度的恒定性，如利用水和冰的混合物、各种蒸气浴等，这种方法简便易行，但对温度的选择却有一定的限制。实验室更常用的是利用电子调节系统进行温度控制，即根据需要的恒温程度，而使用不同规格的恒温槽，此方法控温范围宽，且可以任意调节设定温度。

恒温槽由浴槽、感温元件、控温元件、加热元件、搅拌器等组成，有时为了控制加热元件的功率而连接调压变压器。其装置如图6-1-1所示。

浴槽一般为玻璃缸或不锈钢浴槽。根据所需恒定温度范围的不同，可以选取不同的工作物质放入浴槽中：一般在0~100 ℃的温度范围多采用水浴，为避免水分蒸发，50℃以上的恒温水浴常在水面加一层液状石蜡；高于100 ℃低于300 ℃的恒温槽常采用液体石蜡、甘油或豆油作介质；至于高温恒温槽则可用沙浴、盐浴、金属浴或空气恒温槽等。

实验室常用的感温元件是电接点水银温度计，如图6-1-2所示。温度计的下半段是一支普通水银温度计，上半段是控制用的指示装置。在温度计的毛细管中装有一根可上下移动的金属丝9，并与上半段的调节螺杆4相连，螺杆可随温度计顶端的永久磁铁3而旋转，螺杆上有一个螺母6带动金属丝9沿调节螺杆4向上或向下移动。在电接点水银温度计中有两根导线，其一与金属丝在接点8相连，另一根与水银在接点13相连，这两根导线的另一端5则与控温元件相连。调节温度时，先松开磁铁上的螺丝2，转动调节帽1，使螺母6的上端面调到比设定值低1~2 ℃，若设定值为30 ℃，则调到28~29 ℃处，这时金属丝9的下端位于温度计下半段的

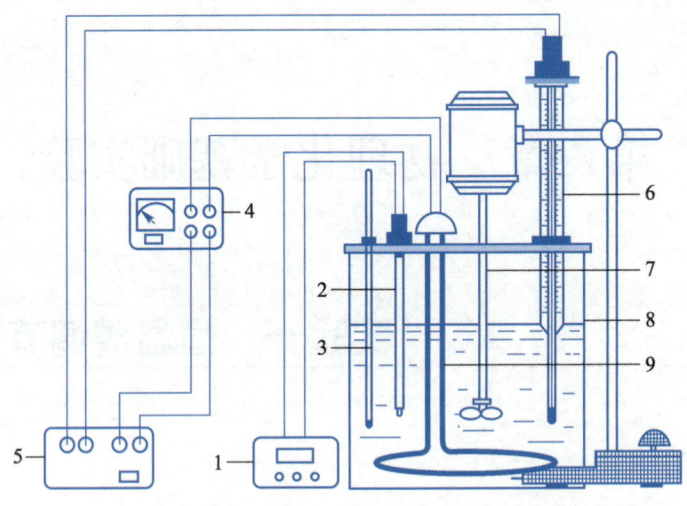

1—精密电子温度计；2—精密电子温度计探头；
3—（1/10）℃水银温度计；4—调压变压器；5—电子继电器；
6—电接点水银温度计；7—搅拌器；8—浴槽；9—电加热器

图 6-1-1　恒温槽装置示意图

相应处。当水银柱上升到恰与金属丝接触，加热器停止加热。但由于电接点水银温度计的温度标尺刻度不够准确，需用另一支（1/10）℃温度计作为指示温度计，以便准确测量恒温槽的温度，并观察其与设定温度的偏差值，不断调节金属丝的位置，直到指示温度计达到设定温度 30 ℃为止。

一般采用电子继电器作为恒温槽的控温元件。实验室中常用电磁式继电器，电磁式继电器一般由铁芯、线圈、衔铁、触点簧片等组成。只要在线圈两端加上一定的电压，线圈中就会流过一定的电流，从而产生电磁效应，衔铁就会在电磁力吸引的作用下克服返回弹簧的拉力吸向铁芯，从而带动衔铁的动触点与静触点（常开触点）吸合。当线圈断电后，电磁的吸力也随之消失，衔铁就会在弹簧的反作用力下返回原来的位置，使动触点与原来的静触点（常闭触点）吸合。这样吸合、释放，从而达到了在电路中的导通、切断的目的。在恒温过程中，由于温度不断波动，电接点水银温度计时而接通时而断开，引起继电器线圈两端电位发生变化，影响线圈电流的变化，进而导致电磁铁磁性变化，发生吸或放衔铁，最终控制加热回路的接通与断开。

加热元件常用电加热器，电加热器功率可以用外接的变压器来调节，其大小可根据恒温槽的大小和需要温度的高低来选择。一般容量为 20 L，恒温在 25 ℃的小型恒温槽，用 250 W 的电加热器调节温度即可。加热器要热惯性小，面积大。

搅拌器以电动机带动，搅拌电动机的大小和功率视恒温槽的大小而定，一般选用功率为 40 W 的电动搅拌器，用变速器调节搅拌速度，使浴槽内水温尽可能均匀。

恒温槽之所以能保持温度的相对稳定，主要靠感温元件、控温元件和加热元件三个部件配合工作达到。首先通过感温元件将温度波动转化为电信号或其他信号输送给控温元件，再由控温元件发出指令,让加热器加热或停止加热。当浴槽温度低于设定值时,电接点水银温度计的水银柱和金属丝断开,继电器中控制电热器加热的回路是通路,加热器工作,此时红灯指示,浴槽温度上升;当温度升高到设定值时,电接点水银温度计水银柱和金属丝接通,继电器中控制电热器加热的回路断开,加热器便停止加热,此时红灯灭,绿灯亮;当浴槽温度再低于设定值时,继电器中控制电热器加热的回路又成通路,指示用的红绿灯也相应发生交替变化。此过程反复进行使恒温槽维持在所需恒定的温度。

综上所述,恒温状态是通过一系列部件的作用,相互配合而获得的,因此不可避免地存在着各种滞后效应,如温度传递,继电器、加热器等的滞后。所以在选择各部件时,除了对其灵敏度有一定要求,还应该注意各部件在恒温槽中的布局是否合理。布局原则是:加热器、搅拌器和电接点水银温度计的位置应相互接近,使被加热液体能立即搅拌均匀,并流经电接点水银温度计,及时进行温度控制。测量系统不宜放在边缘。

恒温槽恒温效果通常用恒温槽灵敏度 S 来衡量。所谓恒温槽灵敏度 S 是指在规定温度下的槽内温度的波动情况。其计算式如下:

$$S = \pm \frac{T_1 - T_2}{2} \quad (6\text{-}1\text{-}1)$$

式中,T_1 为槽温达指定温度停止加热后,恒温槽达到的最高温度;T_2 为槽温达指定温度后,因散热而降低到的最低温度。

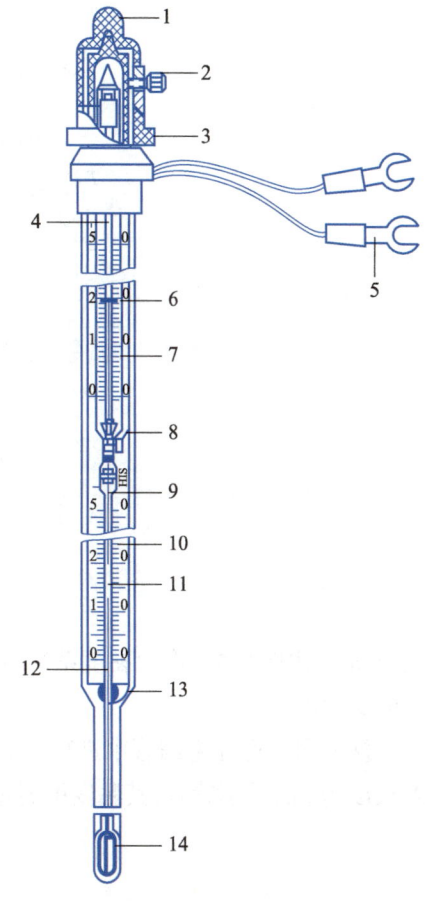

1—调节帽;2—调节帽固定螺丝;
3—磁铁;4—调节螺杆;5—电极引出线;
6—温度设定指示螺母;7—温度设定标度;
8—移动电极引出线;9—金属(钨)丝;
10—温度指示标度;11—测量毛细管;
12—水银柱;13—静止电极引出线;
14—水银感温泡

图 6-1-2 电接点水银温度计结构图

实验时,测取恒温槽温度波动值随时间而变的情况,并以测得温度值为纵坐标,时间为横坐标,作成曲线,称为恒温槽灵敏度曲线,如图 6-1-3 所示。在图 6-1-3(a)中曲线表示恒温槽灵敏度较高;(b)表示加热器的功率太大;(c)表示加热器功率太小或散热太快。图 6-1-3(b)、(c)所示的灵敏度较低。

2. 黏度测定原理

液体流动时各液层的流速是不同的,两液层间存在着相对运动,产生了内摩擦力 F,该力的大小与两液层间的速度差 $\mathrm{d}v$ 及两液层接触面面积 A 成正比,而与两液层间距 r 成反比,可用下式表示:

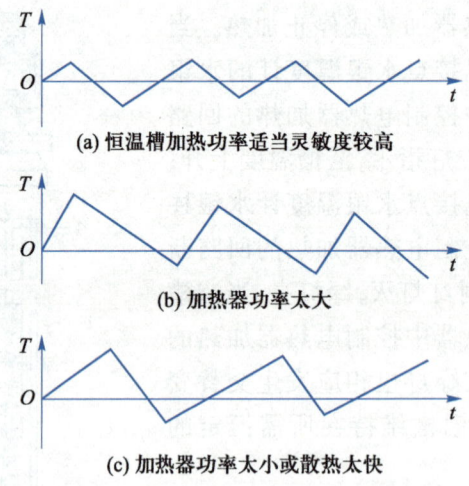

图 6-1-3 恒温槽灵敏度曲线示意图

$$F = \eta A \frac{dv}{dr} \tag{6-1-2}$$

式中,η 为比例系数,称为黏度系数(或黏度)。可见液体的黏度是液体内摩擦力的度量,是物质的重要性质之一。

黏度测定可在毛细管中进行。假设当液体在一定压力差 p 推动下,以层流形式流过半径为 R、长度为 l 的毛细管时,其黏度可通过下式计算:

$$\eta = \frac{\pi R^4 p}{8Vl} t \tag{6-1-3}$$

式中,η 为黏度,Pa·s;p 为毛细管两端的压力差,N·m^{-2};R 为毛细管半径,m;t 为一定体积的液体流经毛细管的时间,s;V 为 t 时间内流过毛细管的液体体积,m^3;l 为毛细管的长度,m。

由于式中 R、p 数值不易测定,所以 η 值一般用相对方法求得。设两种液体在本身重力作用下分别流经同一毛细管,且流出的体积相等,则它们的绝对黏度分别为

$$\eta_1 = \frac{\pi R^4 t_1 p_1}{8Vl} \tag{6-1-4}$$

$$\eta_2 = \frac{\pi R^4 t_2 p_2}{8Vl} \tag{6-1-5}$$

$$p = \rho g h \tag{6-1-6}$$

式中,ρ 为液体密度,kg·m^{-3};g 为重力加速度,m·s^{-2};h 为液柱高度,m。由式(6-1-4)、式(6-1-5)联立求解可得出相对黏度 η_r:

$$\eta_r = \frac{\eta_1}{\eta_2} = \frac{p_1 t_1}{p_2 t_2} \tag{6-1-7}$$

将式(6-1-6)代入式(6-1-7)得

$$\eta_r = \frac{\rho_1 t_1}{\rho_2 t_2} = \frac{\eta_1}{\eta_2} \qquad (6\text{-}1\text{-}8)$$

$$\eta_1 = \eta_2 \frac{\rho_1 t_1}{\rho_2 t_2} \qquad (6\text{-}1\text{-}9)$$

液体 1 为待测液体,液体 2 为参考液体(一般用水做参考液体,水在各温度下的黏度可以查阅附录二 "21. 水的黏度")。实验测出体积相同的两液体流经同一毛细管所需的时间 t_1、t_2,由手册查出 η_2、ρ_1、ρ_2 值,便可求出液体 1 的黏度 η_1。本实验测定无水乙醇的绝对黏度,所用毛细管黏度计为乌氏黏度计。

在国际单位制(SI)中,黏度的单位用 $N \cdot m^{-2} \cdot s$,即 $Pa \cdot s$,过去习惯上常用 P(泊)或 cP(厘泊)来表示。其换算关系为

$$1 \text{ P} = 0.1 \text{ Pa} \cdot s$$
$$1 \text{ cP} = 10^{-3} \text{ Pa} \cdot s$$

三、仪器和药品

仪器:恒温槽一套[包括玻璃缸、电动搅拌器、(1/10) ℃水银温度计(0~50 ℃)、电加热器、电接点水银温度计各一件]、电子继电器一台、变压器一台、精密电子温度计一台、乌氏黏度计一支(结构如图 6-1-4 所示)、乳胶短管两支、弹簧夹一个、铁架台一个、停表一块。

药品:蒸馏水、无水乙醇(AR)。

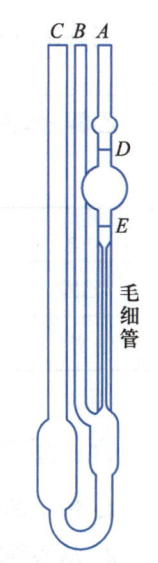

图 6-1-4 乌氏黏度计结构图

四、实验步骤

1. 恒温槽调节及灵敏度测定

(1) 调节恒温槽温度为 35 ℃ 玻璃浴槽中放入约 3/4 容积的水,按前面实验原理所述,根据设定温度调节电接点水银温度计,接通电源,调变压器输出电压为 220 V,开动搅拌器(中速搅拌)和电子继电器。开始加热,此时继电器指示红灯。加热过程中,注意仔细观察温度计的温度上升情况,当指示温度比设定值低 0.4~0.5 ℃时,立即调节电接点水银温度计至继电器恰好红灯灭而绿灯亮的位置,观察因加热器余热使槽温上升是否达到要求,否则需再进行调节,直至槽温刚好在设定温度值上下波动稳定为止,此时电接点水银温度计的金属丝与水银面正好处于通断的临界状态,这一状态可由继电器中衔铁的离合及红绿指示灯的亮灭来判断。

(2) 恒温槽灵敏度的测定 待恒温槽内温度调节至温度波动稳定后,观察精密电子温度计的示数波动,每隔 0.5 min 读取一次温度值,作出灵敏度曲线,每条曲线应记录 3~4 个最高(或最低)峰。将电压调节为 110 V,按上述方法测定恒温槽在 110 V 电压下的灵敏度曲线。

2. 黏度测定

在洗净烘干的黏度计支管 A、B（如图 6-1-4 所示）上套上短乳胶管，从管 C 装入适量无水乙醇（以不超过 A、B 管的连接口处为宜），然后用铁架固定黏度计并垂直置于恒温槽中恒温 15 min。恒温后，夹紧管 B 上的乳胶管，用洗耳球在管 A 的管口将液体吸至高于刻度线 D 后，松开夹子，并令 A、B 两管与大气相通，待管 A 中液面下降至刻度线 D 时，立即开动停表记录液面从刻度线 D 降到刻度线 E 的时间 t_1，重复测三次，偏差不得超过 0.2 s。

用少量蒸馏水反复清洗黏度计，特别注意洗净毛细管部位，然后装入适量蒸馏水，重复上述操作，记录时间 t_2。

五、数据记录与处理

1. 灵敏度测定

设定温度：_____ ℃；加热电压：_____ V。

每隔 30 s 记录一次温度，至少记录 3 个最高（或最低）峰值。将记录的数据列成表格（自己设计表格）。以时间为横坐标，精密电子温度计读数为纵坐标，分别绘制电压为 220 V 和 110 V 的两条灵敏度曲线，分别求出相应的灵敏度，讨论加热器功率大小对灵敏度的影响。

2. 黏度测定

实验温度：_____ ℃；无水乙醇密度 ρ_1：_____ kg·m^{-3}；蒸馏水密度 ρ_2：_____ kg·m^{-3}。

乙醇-水流经乌氏黏度计时间记录于表 6-1-1 中。

表 6-1-1　乙醇-水流经乌氏黏度计时间

t/s	t_1	t_2	t_3	$t_{平均}$	η/(Pa·s)
乙醇					
水					

六、思考题

1. 恒温槽的灵敏度受哪些因素影响？
2. 从实验结果分析加热功率对恒温槽灵敏度的影响，应怎样选择加热功率？
3. 黏度计上的支管 B（图 6-1-4）起什么作用？
4. 一同学在实验中为节省时间，于同一恒温槽中用两支黏度计分别测定水与乙醇的流下时间，并用此测定结果计算乙醇黏度，你认为是否可以效仿？

实验二　凝固点降低法测定摩尔质量

一、实验目的

1. 熟悉凝固点降低法测定溶质摩尔质量的原理；
2. 掌握凝固点的测定技术；
3. 通过萘的摩尔质量的测定，加深对稀溶液依数性的理解。

二、实验原理

在一定压力下，固液两相达到平衡时的温度称为凝固点（或熔点）。溶液的凝固点不仅与外压有关，还和液态溶液的组成，以及析出固态物质的组成有关。

在溶质与溶剂不生成固态溶液的条件下，当溶剂中溶有少量溶质形成稀溶液时，从溶液中析出固态纯溶剂的温度会低于纯溶剂在同样外压下的凝固点，即凝固点降低。图 6-2-1 说明了凝固点降低的原理。图中三条曲线均为在一定外压（如大气压力）下凝聚相中溶剂 A 的化学势-温度曲线。固液两相平衡时，溶剂 A 在两相中的化学势相等，固相化学势曲线与液相化学势曲线的交点温度即凝固点，T_f^* 为纯溶剂 A 在该外压下的凝固点，T_f 是在该外压下从溶液中析出固态纯溶剂时的凝固点，并且 $T_f < T_f^*$。溶液的凝固点降低值仅取决于溶质的量，而与溶质的本性无关，是稀溶液的依数性之一。

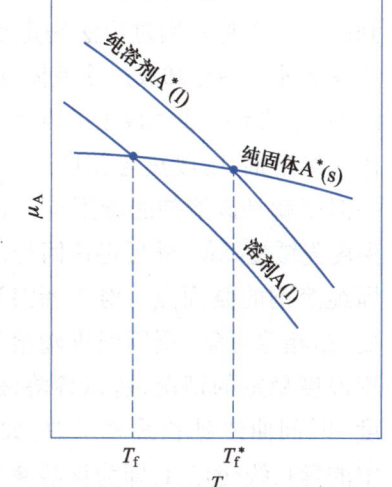

图 6-2-1　凝固点降低原理图

根据热力学的相平衡条件，在压力 p 下，稀溶液的凝固点降低与溶液成分的关系可以用式（6-2-1）表示：

$$-\ln a_A \approx \frac{\Delta H_{m,f}(A)}{RT_f^*} \cdot \frac{\Delta T_f}{T_f^*} \tag{6-2-1}$$

式中，$\Delta T_f = T_f^* - T_f$，为压力 p 下纯溶剂凝固点与溶液凝固点之差，$\Delta H_{m,f}(A)$ 为摩尔凝固焓，a_A 为稀溶液中溶剂的活度。若溶液中只有一种溶质 B，且既不缔合也不解离时，则将 $\ln a_A$ 以级数展开并取第一项，可得

$$\Delta T_f = K_f \cdot b_B \tag{6-2-2}$$

式中，K_f 称为溶剂 A 的凝固点降低常数，单位为 $K \cdot mol^{-1} \cdot kg$；$b_B$ 为溶质 B 的质量摩尔浓度，单位为 $mol \cdot kg^{-1}$。

若实验称取质量为 m_A(g) 的溶剂和质量为 m_B(g) 的溶质配制成一稀溶液,则按质量摩尔浓度的定义,有

$$b_B = \frac{m_B/M_B}{m_A} \times 1\,000 \text{ g} \cdot \text{kg}^{-1} \tag{6-2-3}$$

$$M_B = \frac{K_f \cdot m_B}{\Delta T_f \cdot m_A} \times 1\,000 \text{ g} \cdot \text{kg}^{-1} \tag{6-2-4}$$

由式(6-2-4)可知,若已知 K_f 的值,测出溶液的凝固点降低值 ΔT_f,则可求得溶质 B 的摩尔质量 M_B。故凝固点降低法是测定溶质摩尔质量的一种简单而又比较准确的方法。

若溶质在溶液中有解离、缔合、溶剂化和配合物生成时,则用凝固点降低法测得的摩尔质量为表观摩尔质量而不是溶质真正的摩尔质量。此时式(6-2-4)不再适用。但可用来研究溶液的其他一些性质,如电解质的解离度、溶质的缔合度、活度和活度系数等。

通常 ΔT_f 是通过分别测定纯溶剂与稀溶液的凝固点得到的。本实验采用过冷法测定凝固点。此法是将纯溶剂或稀溶液缓慢冷却成过冷液体,然后通过适当措施令液体结晶,当结晶生成时放出的凝固热使系统温度回升。若液体为纯溶剂,则放热与散热达平衡时温度将稳定不变,这一温度就是该溶剂的凝固点,如图 6-2-2 中所示的 a 线,温度先缓慢降低,然后迅速回升,之后出现平台,平台温度即纯溶剂的凝固点。对于稀溶液,因凝固时溶剂浓度改变,据相律可知,凝固温度随溶剂浓度而变,故不可能出现温度稳定的情况,所以稀溶液凝固点的求取是通过温度-时间曲线延长线来求取,如图 6-2-2 中所示的 b 线中的延长线交点 A,即为该溶液的凝固点。两者的差值即为 ΔT_f。

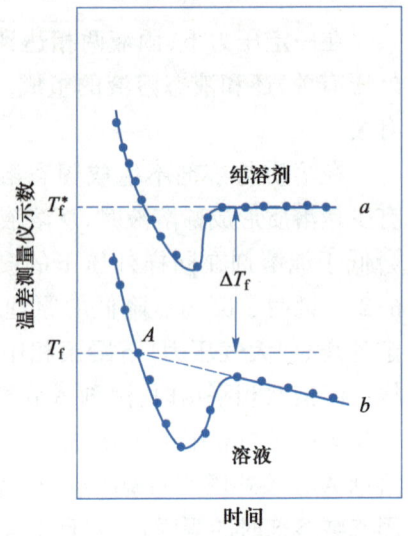

图 6-2-2 冷却曲线示意图

因为稀溶液的凝固点降低值不大,所以温度的测量要用较精密的测温仪器。本实验采用精密电子温差测量仪进行测量。

三、仪器和药品

仪器:凝固点测定装置一套(图 6-2-3)、精密电子温差测量仪一台、电子天平一台(公用)、25 mL 移液管一支。

药品:环己烷(AR)、萘(AR)。

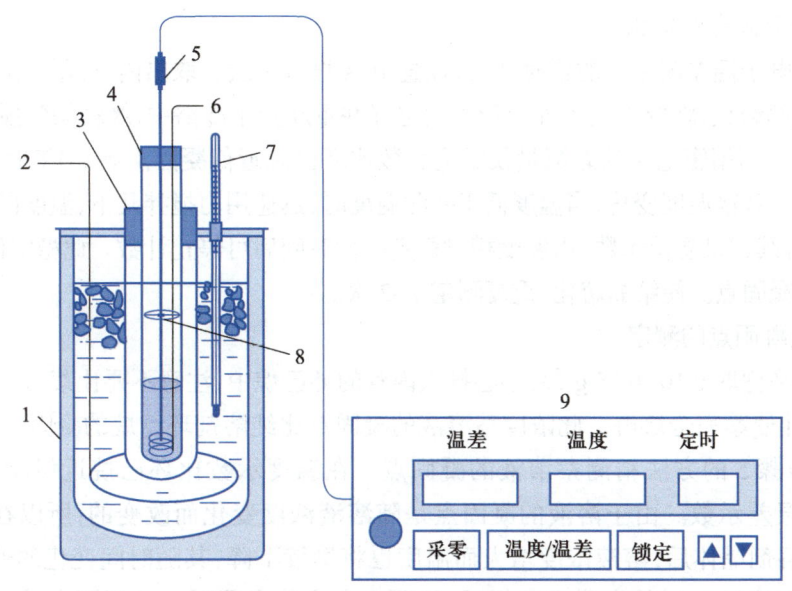

1—保温瓶;2—外搅拌器;3—外套管;4—内管;
5—精密电子温差测量仪测温探头;6—内搅拌器;7—普通温度计;
8—定位圈;9—精密电子温差测量仪

图 6-2-3 凝固点测定装置

四、实验步骤

1. 准备冷浴

取适量的自来水放入保温瓶内塑料浴杯中,加入碎冰调节冷浴温度,使其温度低于待测液体凝固点 2~3 ℃,本实验过程中令冷浴维持在 2.5 ℃左右,因此需经常用外搅拌器搅拌杯中冰水混合物,并适时向杯中补充碎冰。

2. 仪器预热

接通精密电子温差测量仪的电源,预热 5 min。

3. 安装装置

记录室温,用移液管取 25 mL 环己烷置于干燥的内管中,按图 6-2-3 所示,安装精密电子温差测量仪的测温探头和内搅拌器,调节测温探头的顶端置于环己烷液体的中心部位,调节内搅拌器的位置,使之能顺利上下搅拌,并在搅拌时不与测温探头或内管壁发生摩擦。

4. 环己烷凝固点的粗测

将内管直接放入冷浴中,上下移动内搅拌器进行缓慢搅拌,观察精密电子温差测量仪上显示的温度读数,环己烷温度逐渐下降,当所显示的数值基本不变时,其对应温度为环己烷的近似凝固点,记录下此数值。将此近似凝固点作为温度基准值,按下精密电子温差测量仪面板上的"采零"按钮,精密电子温差测量仪上温差示数将显示为"0.000 ℃"。之后,务必按下精密电子温差测量仪面板上的"锁定"按钮,保证此后精密测量纯溶剂和溶液的温差变化均以此温度为基准零点。

5. 环己烷凝固点的精测

打开精密电子温差测量仪的报时开关,设置 10 s 报时一次。取出内管,用手温热之,令内管的结晶刚好全部熔化,将内管放入外套管中固定好并重新置于冷浴中,缓慢均匀搅拌,使环己烷温度均匀下降。当精密电子温差测量仪温度示数比环己烷近似凝固点高 0.5 ℃ 时,每 10 s 记录一次温差示数。观察温度变化,当温度低于初测温度时,迅速用力搅拌几下,温度回升,维持之前的均匀搅拌,持续记录温差示数,当温度相对稳定一段时间后可停止计数。此稳定值对应的温度即为环己烷的凝固点。使结晶熔化,重复测定 1~2 次。

6. 萘溶液凝固点的测定

用分析天平称取 0.10~0.15 g 萘,小心投入内管的环己烷中,注意不要让萘沾在管壁上,立即塞好管口,搅拌使萘完全溶解。此浓度萘溶液的凝固点比纯溶剂环己烷的凝固点低大约 1 ℃。可直接采取步骤 5 的方法精测萘溶液的凝固点。在温度示数比环己烷近似凝固点低 0.5 ℃ 时,开始记录温差示数。由于溶液的凝固点是随溶液浓度变化而改变的,所以在溶液凝固点时,当析出纯溶剂晶体后,溶液浓度增大而温度也将继续下降,其随时间变化的速率因结晶析出而变缓,在温度随时间的变化率变缓后,约测 6 个读数点即可。重复测定萘溶液的凝固点 1~2 次。

环己烷密度可用公式 $\rho/(\text{g}\cdot\text{cm}^{-3}) = 0.7971 - 0.8879 \times 10^{-3}\, t/℃$ 计算,环己烷的凝固点为 6.55 ℃,$K_f = 20.10\ ℃\cdot\text{mol}^{-1}\cdot\text{kg}$。

五、数据记录与处理

1. 数据记录

室温:_____ ℃;环己烷密度:_____ g·cm^{-3};萘的质量:_____ g。

环己烷和萘溶液温度随时间变化的实验数据记录于表 6-2-1 中。

表 6-2-1 环己烷和萘溶液温度随时间变化的实验数据

试样	精测次数	时间间隔次数(10 s/次)
溶剂	1	温差测量仪示数/℃
溶剂	2	
溶液	1	
溶液	2	

2. 数据处理

(1)以温差测量仪示数为纵坐标,时间为横坐标分别作出纯溶剂和溶液的冷却曲线。在冷却曲线上用外推法求出凝固点,然后求出凝固点降低值 ΔT_f 并计算萘的摩尔质量。将结果列于表 6-2-2 中。

表 6-2-2　环己烷和萘溶液凝固点及实验结果

试样	精测次数	温差测量仪上凝固点示数/℃	凝固点平均示数/℃	凝固点降低值/℃	实测萘的摩尔质量/(g·mol^{-1})
溶剂	1				
	2				
溶液	1				
	2				

（2）根据误差理论分别分析溶剂和溶质的称量精度对萘摩尔质量测量的影响。

（3）计算测量值与理论值的相对误差并分析误差产生的原因。

六、思考题

1. 为提高实验的准确度是否可用增加溶质浓度的方法增大 ΔT_f 值，为什么？
2. 若溶质在溶剂中发生缔合，所测的 ΔT_f 值与不缔合的 ΔT_f 值相比，哪个大？
3. 冷浴温度应调节到 2~3 ℃，过高或过低对实验有什么影响？

实验三　液体饱和蒸气压的测定

一、实验目的

1. 用动态法测定不同温度下乙醇的饱和蒸气压；
2. 初步掌握真空技术；
3. 通过实验加深理解饱和蒸气压的定义及气液两相平衡的概念；
4. 掌握纯液体饱和蒸气压随温度变化的函数关系——克劳修斯-克拉佩龙方程，并用该方程求乙醇在所测温度范围内的平均摩尔蒸发焓及正常沸点。

二、实验原理

在一定温度下，纯液体与其蒸气达到平衡时的压力，称为液体在该温度下的饱和蒸气压。在温度 T 及该温度的平衡压力下，蒸发 1 mol 纯液体所需要的热量，即该温度下液体的摩尔蒸发焓。

纯液体的饱和蒸气压随温度上升而增大。在温度为 $T(K)$ 下，纯液体的饱和蒸气压随温度的变化率遵从克拉佩龙（Clapeyron）方程，公式如下：

$$\frac{\mathrm{d}p}{\mathrm{d}T} = \frac{\Delta_{vap}H_m^*}{T[V_m^*(g) - V_m^*(l)]} \tag{6-3-1}$$

式中,$\Delta_{vap}H_m^*$为纯液体的摩尔蒸发焓;$V_m^*(g)$,$V_m^*(l)$分别为气体和液体的摩尔体积。若气体视为理想气体,则$V_m^*(g) = RT/p$。因$V_m^*(g) \gg V_m^*(l)$,故$V_m^*(l)$可以忽略,于是式(6-3-1)变为

$$\frac{\mathrm{d}\ln p}{\mathrm{d}T} = \frac{\Delta_{vap}H_m^*}{RT^2} \tag{6-3-2}$$

此式即克劳修斯-克拉佩龙方程。温度间隔较小时,$\Delta_{vap}H_m^*$可以看作常数,将式(6-3-2)进行积分得

$$\ln(p/\mathrm{Pa}) = -\frac{\Delta_{vap}H_m^*}{R} \cdot \frac{1}{T} + C \tag{6-3-3}$$

式中,C为积分常数,量纲为1。由式(6-3-3)可知,在一定温度范围内,测定不同温度下的饱和蒸气压,以$\ln(p/\mathrm{Pa})$对$\frac{1}{T}$作图应得一条直线,其斜率$m = -\Delta_{vap}H_m^*/R$。由此可得

$$\Delta_{vap}H_m^* = -m \cdot R \tag{6-3-4}$$

当液体的饱和蒸气压等于外压时,液体发生沸腾,此时温度即为液体在此外压下的沸点。外压为101 325 Pa所对应的沸点称为液体的正常沸点。纯液体不同温度下的饱和蒸气压,即该液体在不同外压下的沸点。因此,可从$\ln(p/\mathrm{Pa}) - \frac{1}{T}$图上求出外压为101 325 Pa时所对应的沸点,即正常沸点。

测定饱和蒸气压的方法通常有三种:静态法、动态法和饱和气流法。静态法是直接测定在某一温度下液体饱和蒸气的压力,即饱和蒸气压。动态法是测定在不同外压下液体的沸点。饱和气流法则是在一定温度下,使干燥的惰性气体通过待测物质,并使其为待测物质所饱和,然后测定所通过的气体中待测物质蒸气的含量,就可根据分压定律算出此待测物质的饱和蒸气压。

本实验采用动态法,通过测量不同外压下液体的沸点,间接测出该液体在不同温度下的饱和蒸气压。

三、仪器和药品

仪器:饱和蒸气压测定装置一套(如图6-3-1所示,其中平衡管中装入无水乙醇,较粗的管中装入的无水乙醇量约占其体积的2/3,两个较细的管中装入的无水乙醇量各约占其体积的1/2)、旋片式真空油泵一台。

药品:无水乙醇(AR)。

实验三　液体饱和蒸气压的测定

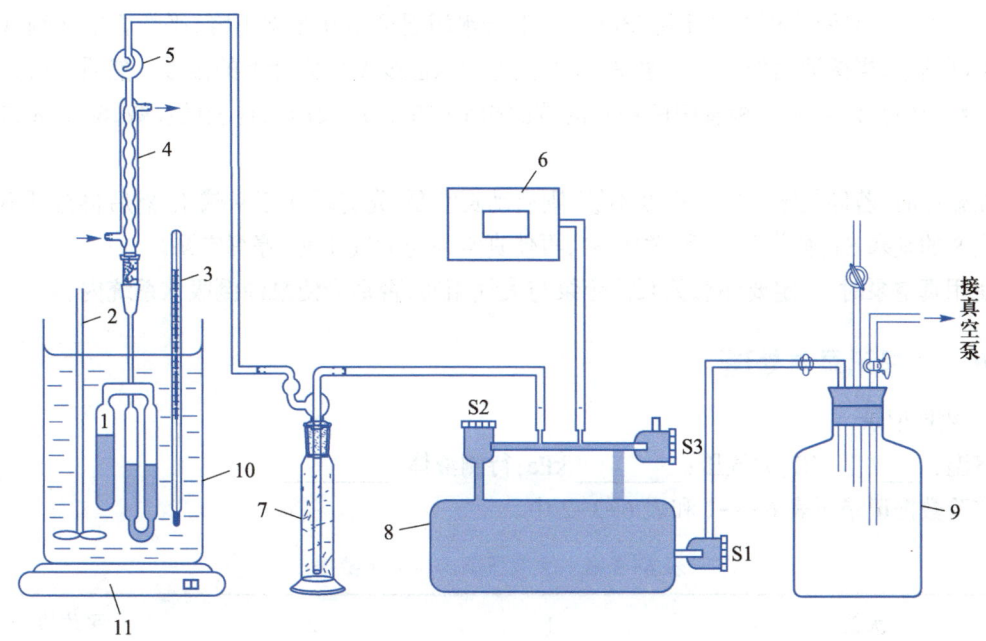

1—平衡管；2—搅拌器；3—(1/10)℃温度计；4—冷凝管；5—回流球；6—数字真空压力计；7—干燥塔；
8—不锈钢储气罐；9—缓冲瓶；10—水浴；11—电陶炉

图 6-3-1　饱和蒸气压测定装置图

四、实验步骤

1. 检漏

打开数字真空压力计，在通大气下置零。调节各旋塞位置旋至系统相通而与大气隔绝，启动真空泵，系统压力开始不断下降，至数字真空压力计的读数为 -60 kPa 左右时，关闭缓冲瓶 9 上与系统相通的旋塞。使真空泵与大气相通，停真空泵。若在 3 min 内，压力计的读数无变化，则表示系统不漏气。若压力计的读数变大，则表示漏气，需要检漏。真空系统检漏的原则是首先检查最靠近测压仪表部分的装置是否漏气，如证明不漏气后再由近及远分段逐步检查，直到整个系统。若发现哪部分漏气则需补漏。直至整个系统不漏气，方可进行下面实验。

2. 大气压下沸点的测定

关闭不锈钢储气罐 8 上的旋塞 S1 和 S2，令储气罐中储存一定的真空度。打开旋塞 S3，使系统与大气相通。通冷却水，开动搅拌，打开电陶炉加热水浴，直到水浴温度达 80 ℃ 左右，停止加热。当系统温度开始降低时，平衡管中两细管的液面高度均发生变化。当两细管的液面处于同一水平面时，立即记录下此时的温度（即当前大气压下的沸点）。而后马上重新加热至 78 ℃ 时停止加热，再重复测定一次，若两次温度差 $\leqslant 0.2$ ℃，则可以进行下面的实验。否则应再加热、测定温度，直至两次温度差值 $\leqslant 0.2$ ℃ 为止。

3. 不同外压下乙醇沸点的测定

正常沸点测毕，关闭旋塞 S3，小心打开旋塞 S2，使系统减压，当系统压力减小 5~7 kPa 时，关闭旋塞 S2,此时液体再次处于沸腾状态。随着水浴温度不断缓慢下降,平衡管中两细管的液面差不断缩小,当两液面处于同一水平面时,立即记录温度及压力计上的读数。然后再打开旋塞 S2,重复上述操作,记录平衡管中两细管的液面相平时的温度及压力计上的读数,测 7~8 组数据即可。

在减压时,若储气罐中的真空度不够,则启动真空泵,先将缓冲瓶 9 减压,然后再打开不锈钢储气罐 8 的旋塞 S1,抽气片刻后,关闭 S1,再使真空泵与大气相通,停真空泵。

使用真空泵时,一定要注意关泵前令泵与大气相通,否则会使泵油倒吸入系统内。

五、数据记录与处理

1. 数据记录

室温:_____℃;大气压:_____kPa;待测液体:_____。

实验数据记录于表 6-3-1 和表 6-3-2 中。

表 6-3-1　大气压下沸点测定数据

次数	1	2	平均值
大气压/kPa			
沸点/℃			

表 6-3-2　饱和蒸气压测定数据

外压 p/kPa	沸点 t/℃	T/K	$(10^3/T)$/K^{-1}	$\ln(p/\text{kPa})$

2. 数据处理

(1) 作出饱和蒸气压-温度图。

(2) 作出 $\ln\left(\dfrac{p}{\text{kPa}}\right) - \dfrac{1}{T}$ 图,从此图求出乙醇的正常沸点,并与文献值比较,算出相对误差。

(3) 从 $\ln\left(\dfrac{p}{\text{kPa}}\right) - \dfrac{1}{T}$ 图中求出直线斜率,计算平均摩尔蒸发焓,与文献值比较,算出相对误差。

六、思考题

1. 叙述饱和蒸气压、沸点及正常沸点的含义。

2. 本实验采用哪种方法测定液体的饱和蒸气压?为何可以通过测定一定外压下纯液体的沸点来测量液体的饱和蒸气压?

3. 如何判断平衡管内的空气被赶干净?如有空气存在,则对实验所测沸点会产生什么影响?

4. 真空系统如何检漏?

实验四　反应焓的测定

一、实验目的

1. 用简单热量计测定 ZnO 与 HCl 溶液反应的摩尔反应焓;
2. 掌握利用热力学状态函数法设计途径求指定反应的摩尔反应焓的方法;
3. 学会用图解法校正测量温度。

二、实验原理

在温度、压力、组成确定的状态下,化学反应的反应进度 ξ 为 1 mol 时所引起反应的焓差,即为该反应在此状态下的摩尔反应焓 $\Delta_r H_m$。

本实验采用的是最简单的绝热式热量计,在绝热、恒压下,通过测量量热系统的温度变化,求一个反应的摩尔反应焓 $\Delta_r H_m$。根据热力学第一定律,在恒压、绝热条件下进行一化学反应时,系统总焓不变,即 $Q_p = \Delta H = 0$。

为了计算在此量热系统中发生的反应的反应焓,可设计如图 6-4-1 所示的途径,反应物先经过一个恒压过程由温度 t_1 变温至反应后的温度 t_2,然后在温度 t_2 下发生恒温恒压反应,生成产物。根据状态函数的特点,$\Delta H = \Delta H_1 + \Delta H_2$。则

$$\Delta H_2 = -\Delta H_1 = \xi \cdot \Delta_r H_m(t_2) \tag{6-4-1}$$

式中,$\Delta_r H_m(t_2)$ 为该反应在 t_2 温度下的摩尔反应焓。

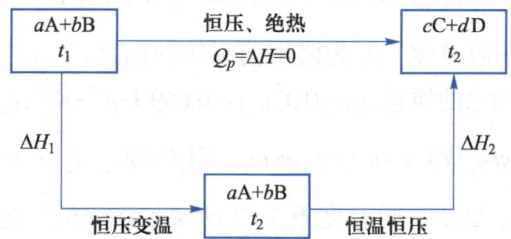

图 6-4-1　利用状态函数法设计途径求取指定反应的摩尔反应焓

ΔH_1 为恒压下反应物 A、B 两物质从 t_1 变温至 t_2 时的焓变,理论上,

$$\Delta H_1 = [n_A C_{p,m}(A) + n_B C_{p,m}(B)](t_2 - t_1) \quad (6\text{-}4\text{-}2)$$

若知 A、B 两物质的物质的量、摩尔定压热容,以及反应前后的温度差 $\Delta t = t_2 - t_1$,则可求出 ΔH_1,进而求出 $\Delta_r H_m(t_2)$。但是,在实际测量过程中,不仅反应系统的温度发生变化,热量计内部与反应系统接触的部件(如保温瓶、搅拌器、测温探头或温度计的一部分等)也随反应相应地发生温度变化,故计算式(6-4-2)需修正为

$$\Delta H_1 = [n_A C_{p,m}(A) + n_B C_{p,m}(B) + K](t_2 - t_1) \quad (6\text{-}4\text{-}3)$$

式中,K 为热量计系统的定压热容,为量热系统在恒压下温度升高 1 K 所需的热量,其单位为 $J \cdot K^{-1}$。K 值与热量计系统及实验条件有关,故难以理论计算,只能在与待测系统相同的实验条件下,通过实验来确定,这称为热量计热容的标定。

1. 热量计 K 值的标定

本实验采用氯化钾在水中的积分溶解焓来标定 K 值。200 mol 水中溶解 1 mol KCl,溶解后的 KCl 溶液的摩尔溶解焓近似看成无限稀释溶解焓。

如上所述,KCl(s) 在热量计中的溶解过程为一恒压、绝热过程,其步骤如图 6-4-2 所示。

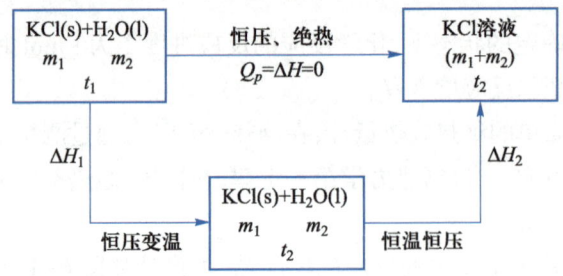

图 6-4-2 用氯化钾在水中的积分溶解焓来标定 K 值

ΔH_1 为 KCl(s)、$H_2O(l)$ 及热量计从 t_1 变温至 t_2 过程的焓变;ΔH_2 为温度 t_2 下,质量为 m_1 的 KCl(s) 溶于质量为 m_2 的水时的溶解焓。

$$\Delta H_1 = -\Delta H_2 = m_1 c_p(\text{KCl,s})(t_2 - t_1) + m_2 c_p(H_2O,l)(t_2 - t_1) + K(t_2 - t_1) \quad (6\text{-}4\text{-}4)$$

式中,K 为热量计的定压热容,$J \cdot K^{-1}$;t_1 为溶解前系统的温度,℃;t_2 为溶解后系统的温度,℃;m_1 为 KCl(s) 的质量,g;m_2 为水的质量,g;$c_p(\text{KCl,s}) = 0.669 \text{ J} \cdot g^{-1} \cdot K^{-1}$;$c_p(H_2O,l) = 4.185 \text{ J} \cdot g^{-1} \cdot K^{-1}$。

$$\Delta H_2 = m_1 c_p(\text{KCl,s})(t_1 - t_2) + m_2 c_p(H_2O,l)(t_1 - t_2) + K(t_1 - t_2) \quad (6\text{-}4\text{-}5)$$

又因 ΔH_2 可由附录二 "23. 不同温度下 KCl 的摩尔溶解焓" 查取 KCl(s) 的积分溶解焓求得,即

$$\Delta H_2 = \Delta_{\text{sol}} H \left(\text{KCl}, \frac{1}{201} \right) \cdot \frac{m_1}{M(\text{KCl})} \quad (6\text{-}4\text{-}6)$$

通过测量溶解前后的系统温度,结合式(6-4-5)和式(6-4-6)可计算得到热量计定压热容 K。

2. ZnO 与 HCl 溶液反应 $\Delta_r H_m$ 的测定

本实验测定 ZnO 与 HCl 溶液反应的 $\Delta_r H_m$。

$$ZnO + 2HCl(aq, c_B = 0.2\,mol \cdot L^{-1}) \longrightarrow ZnCl_2(aq, c_B = 0.03\,mol \cdot L^{-1}) + H_2O(l)$$

根据图 6-4-1 的状态函数法,可将 ZnO(s) 和 HCl (aq, $c_B = 0.2\,mol \cdot L^{-1}$) 在热量计中的实际过程设计为分两步进行,可得下式:

$$\Delta H_2 = -\Delta H_1 = [m_1' c_{p,1}(ZnO,s) + m_2' c_{p,2}(HCl, aq, c_B = 0.2\,mol \cdot L^{-1}) + K] \cdot (t_1' - t_2') \quad (6\text{-}4\text{-}7)$$

式中,ΔH_2 为温度 t_2 下,质量为 m_1' 的 ZnO(s) 与质量为 m_2' 的 HCl 溶液反应的焓变;m_1' 为 ZnO 粉末质量,g;$c_{p,1}$ (ZnO,s) = 0.46 J·g⁻¹·K⁻¹;m_2' 为 0.5 L HCl 溶液 (c_B = 0.2 mol·L⁻¹, ρ = 1.003 g·cm⁻³) 的质量,g;$c_{p,2}$ (HCl, aq, c_B = 0.2 mol·L⁻¹) = 4.134 J·g⁻¹·K⁻¹;t_1' 为反应前系统的温度,℃;t_2' 为反应后系统的温度,℃;K 为热量计的定压热容,J·K⁻¹。

则 ZnO 与 HCl 溶液反应在温度 t_2 下的 $\Delta_r H_m$ 为

$$\Delta_r H_m = \Delta H_2 \cdot M(ZnO) / m_1' \quad (6\text{-}4\text{-}8)$$

式中,$M(ZnO)$ 为 ZnO 的摩尔质量,g·mol⁻¹。

3. 反应前后温差的校正

由于保温瓶并非严格绝热,同时搅拌也会产生微量的热,因此反应过程中,系统和环境并非完全绝热,导致所测温度值发生偏离,因此必须对反应前后的实测温度值进行校正,以便求出真实的温差 Δt。可采用作图外推法求真实的温差 Δt。如图 6-4-3 所示,以 KCl(s) 溶解于水实验中的温差校正为例:据记录的时间与温差仪示数,作出温度-时间曲线。假设溶解是在溶解前后的平均温度下瞬间完成,作反应前期最后一点和反应后温度平稳数据的第一个点的连线,找出连线中点 M,过点 M 作垂直于 x 轴的垂线,作反应前期温度-时间数据的延长线,反应后期温度-时间数据的反向延长线,分别和此垂线交于 A、B 两点,A、B 两点对应的温差即为进行修正后的绝热良好情况下的反应前后温差 Δt。

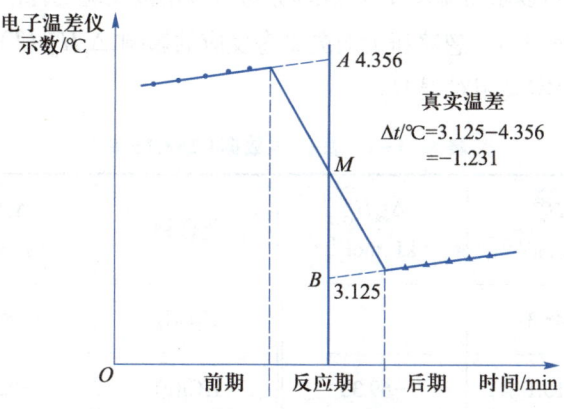

图 6-4-3　外推法求反应前后真实温差 Δt

4. 利用状态函数法计算 ZnO 与 HCl 溶液反应的 $\Delta_r H_m^\ominus$ 及实验相对误差的计算

温度 T 下 ZnO(s) 与 HCl 溶液反应的标准摩尔反应焓 $\Delta_r H_m^\ominus(T)$，与 298.15 K 下 HCl(g) 与 ZnO(s) 的标准摩尔反应焓 $\Delta_r H_m^\ominus(298.15\text{K})$ 之间的关系，可利用状态函数法设计途径关联（如图 6-4-4 所示）。其中，$\Delta_{sol} H_m^\infty[\text{HCl(g)}]$ 为 HCl(g) 的无限稀释摩尔积分溶解焓；$\Delta_{sol} H_m^\infty[\text{ZnCl}_2(\text{s})]$ 为 $\text{ZnCl}_2(\text{g})$ 的无限稀释摩尔积分溶解焓；298.15 K 下 HCl(g) 与 ZnO(s) 反应的标准摩尔反应焓可利用参加反应的各物质的标准摩尔生成焓数据求取：

$$\Delta_r H_m^\ominus(298.15\text{K}) = \Delta_f H_m^\ominus(\text{ZnCl}_2, \text{s}, 298.15\text{K}) + \Delta_f H_m^\ominus(\text{H}_2\text{O}, \text{l}, 298.15\text{K}) \\ - \Delta_f H_m^\ominus(\text{ZnO}, \text{s}, 298.15\text{K}) - 2\Delta_f H_m^\ominus(\text{HCl}, \text{g}, 298.15\text{K}) \quad (6-4-9)$$

$$\begin{array}{ccccc}
\text{ZnO(s)} + 2\text{HCl(aq,}c_B=0.2\text{ mol·L}^{-1}) & \xrightarrow{\Delta_r H_m^\ominus(T)} & \text{ZnCl}_2(\text{aq,}c_B=0.03\text{ mol·L}^{-1}) & + & \text{H}_2\text{O(l)} \\
T(\text{标准态}) & T(\text{标准态}) & T(\text{标准态}) & & T(\text{标准态}) \\
\uparrow \Delta H_1 \quad \uparrow 2\Delta_{sol}H_m^\infty[\text{HCl(g)}] & & \uparrow \Delta_{sol}H_m^\infty[\text{ZnCl}_2(\text{s})] & & \uparrow \Delta H_4 \\
\text{ZnO(s)} + 2\text{HCl(g)} & \xrightarrow{\Delta_r H_m^\ominus(298.15\text{K})} & \text{ZnCl}_2(\text{s}) & + & \text{H}_2\text{O(l)} \\
298.15\text{K} \quad 298.15\text{K} & & 298.15\text{K} & & 298.15\text{K}
\end{array}$$

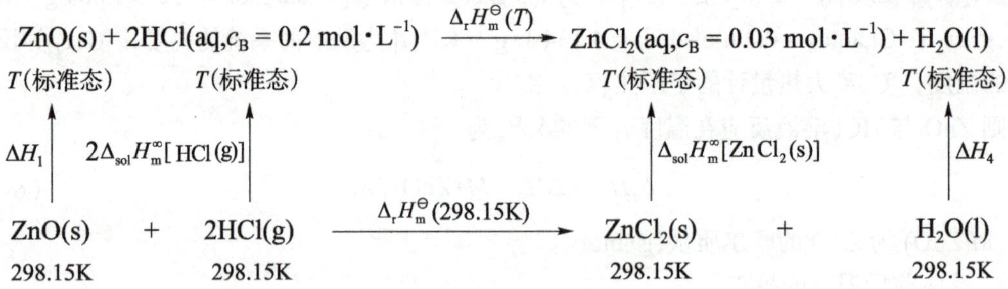

图 6-4-4 用状态函数法计算 ZnO 与 HCl 溶液反应在温度 T 下的 $\Delta_r H_m^\ominus$

根据状态函数法，有：

$$\Delta H_1 + 2\Delta_{sol}H_m^\infty[\text{HCl(g)}] + \Delta_r H_m^\ominus(T) = \Delta_r H_m^\ominus(298.15\text{K}) + \Delta H_4 + \Delta_{sol}H_m^\infty[\text{ZnCl}_2(\text{s})] \quad (6-4-10)$$

由于在室温下反应，温度相差不大，$\Delta H_1 \approx 0$，$\Delta H_4 \approx 0$，则

$$\Delta_r H_m^\ominus(T) = \Delta_r H_m^\ominus(298.15\text{K}) + \Delta_{sol}H_m^\infty[\text{ZnCl}_2(\text{s})] - 2\Delta_{sol}H_m^\infty[\text{HCl(g)}] \quad (6-4-11)$$

通过式（6-4-11）即可以求得温度 T 下 ZnO(s) 与 HCl 溶液反应的标准摩尔反应焓 $\Delta_r H_m^\ominus(T)$，相关热力学数据可参见表 6-4-1。忽略压力对凝聚态反应的影响，$\Delta_r H_m^\ominus(T) = \Delta_r H_m(T)$，可利用此值与实验值进行比较，求出实验相对误差。

表 6-4-1 热力学数据（298.15 K）

化合物	$\dfrac{\Delta_r H_m^\ominus}{\text{kJ·mol}^{-1}}$	$\dfrac{\Delta_{sol} H_m^\infty}{\text{kJ·mol}^{-1}}$	化合物	$\dfrac{\Delta_r H_m^\ominus}{\text{kJ·mol}^{-1}}$	$\dfrac{\Delta_{sol} H_m^\infty}{\text{kJ·mol}^{-1}}$
ZnO(s)	-348.3		H$_2$O(l)	-285.83	
ZnCl$_2$(s)	-415.1	-69.33	HCl(g)	-92.31	-74.48

三、仪器和药品

仪器:热量计(图 6-4-5);500 mL 容量瓶;50 mL 和 25 mL 烧杯;(1/10)℃温度计;秒表;精密电子温差仪。

药品:KCl(AR);ZnO(AR);HCl 溶液(0.2 mol·L^{-1})。

四、实验步骤

1. 热量计热容 K 的测定

接通精密电子温差测量仪的电源,预热 5 min。按物质的量之比 $n(KCl):n(H_2O) = 1:200$,称取与 500 mL 水相对应的 KCl 的量。用容量瓶量取 500 mL 水倒入热量计中,盖好盖子。将精密电子温差测量仪的测温探头按图 6-4-5 所示插入热量计内,放入磁搅拌子。当温差显示窗所显示的数值基本稳定后,按下面板上的"采零"钮,此时温差显示窗显示为 0.000 ℃左右。启动磁力搅拌器,保持一定的搅拌速度。开启秒表,每隔 1 min 记录一次温差显示窗所显示的数值,直至该数值随时间的变化率(即每分钟数值之差)连续六次基本相同为止。秒表不停,停止搅拌,将已称好的 KCl 迅速倒入热量计中,并盖好盖子,此步骤需在 1 min 内完成。再次开启搅拌,此时会观察到热量计的测温仪表温度读数迅速下降。依然每分钟记录一次温差视窗数值,直至得到连续六个温差变化基本相同的数据。停止搅拌,用(1/10)℃玻璃温度计测取热量计中溶液的温度(t_2),由此温度可通过附录二"23. 不同温度下 KCl 的摩尔溶解焓"查出 KCl 的摩尔溶解焓。在实验过程中,须注意加入 KCl 时不要倒在保温瓶壁上。

2. ZnO 与 HCl 溶液反应 $\Delta_r H_m$ 的测定

在天平上称取 ZnO(s)1.0~1.2 g。量取 500 mL,0.2 mol·L^{-1}HCl 溶液倒入热量计中,盖好盖子并插入测温探头,插入深度同前。当温差显示窗读数稳定后,重新再按下"采零"钮,使温差显

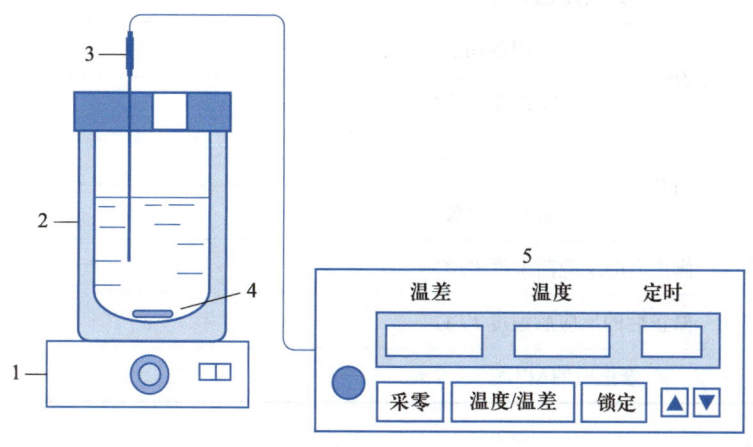

1—磁力搅拌器;2—保温瓶;3—精密电子温差仪探头;
4—磁搅拌子;5—精密电子温差测量仪

图 6-4-5 热量计装置图

示窗显示为 0.000 ℃左右。此后实验步骤同上"热量计热容 K 的测定"实验。

五、数据记录与处理

1. 数据记录

室温:_____ ℃;大气压:_____ kPa。

实验数据记录于表 6-4-2 和表 6-4-3 中。

表 6-4-2　药品称量数据

药品名称	试管 + 药品的质量 g	倾药后试管的质量 g	药品的质量 g
KCl			
ZnO			

表 6-4-3　精密电子温差测量仪(温差仪)读数及温度修正值

KCl 溶解于水	加 KCl 前	时间/min	
		温差仪示数/℃	
	加 KCl 后	时间/min	
		温差仪示数/℃	
	修正后的反应前温度 t_1/℃		
	修正后的反应后温度 t_2/℃		
	修正后的 Δt/℃		
ZnO(s) 与 HCl 溶液反应	加 ZnO 前	时间/min	
		温差仪示数/℃	
	加 ZnO 后	时间/min	
		温差仪示数/℃	
	修正后的反应前温度 t_1'/℃		
	修正后的反应后温度 t_2'/℃		
	修正后的 $\Delta t'$/℃		

2. 数据处理

(1) 作温度-时间曲线,利用外推法求得校正后的温度,填入表 6-4-2 中。

(2) 根据 KCl 溶解于水实验数据计算热量计的定压热容 K。

（3）根据 ZnO(s) 与 HCl 溶液反应的实验数据计算该反应的 $\Delta_r H_m$。

（4）通过状态函数法由式（6-4-11）计算 ZnO(s) 与 HCl 溶液反应的 $\Delta_r H_m$，并与实验值进行比较，计算相对误差。

六、思考题

1. KCl 加入水中后，系统的温度将如何变化？
2. 测定反应焓时，盐酸用量是否需要和测定热量计热容时加入的水的用量一致？为什么？
3. 为什么要用外推法作图求反应前后的温度变化？采用这种作图法的假设是什么？

实验五　燃烧热的测定

一、实验目的

1. 了解量热的方法和意义，了解恒压燃烧热与恒容燃烧热的区别；
2. 了解氧弹热量计的构造、原理和使用方法，掌握用氧弹热量计测量物质燃烧热的实验技术；
3. 学会用雷诺图解法校正温度改变值。

二、实验原理

1. 燃烧与量热

一定温度下，1 mol 物质在纯氧中发生完全氧化至指定的稳定产物时的反应热称为燃烧热。在 25 ℃时，有机物指定的稳定燃烧产物规定为：C 的燃烧产物为 $CO_2(g)$，H 的燃烧产物为 $H_2O(l)$，N 的燃烧产物为 $N_2(g)$，S 的燃烧产物为 $SO_2(g)$。在恒容或恒压条件下可以分别测得恒容燃烧热 Q_V 和恒压燃烧热 Q_p。由热力学第一定律可知，Q_V 等于系统的热力学能变化 ΔU；Q_p 等于其焓变 ΔH，$\Delta H = \Delta U + \Delta(pV)$。若把参加反应的气体作为理想气体处理，则同一温度 T 下反应的恒容燃烧热 Q_V 和恒压燃烧热 Q_p 的关系为

$$Q_V = Q_p - \Delta n(g)RT \tag{6-5-1}$$

燃烧热本身是表征物质特性的一种重要的数据，同时还可以用于求算化合物的生成热、键能等。

热量计的种类很多，本实验所用的氧弹热量计是一种环境恒温式的热量计，用于测定恒容条件下的燃烧热。氧弹热量计的安装如图 6-5-1 所示，氧弹结构示意图如图 6-5-2 所示。为了保证试样完全燃烧，氧弹中必须充以高压氧气或其他氧化剂。因此氧弹应有很好的密封性能，耐高压且耐腐蚀。氧弹放在一个与室温一致的恒温套壳中。盛水桶与套壳之间有一个高度抛光的挡板，以减少热辐射和空气的对流。

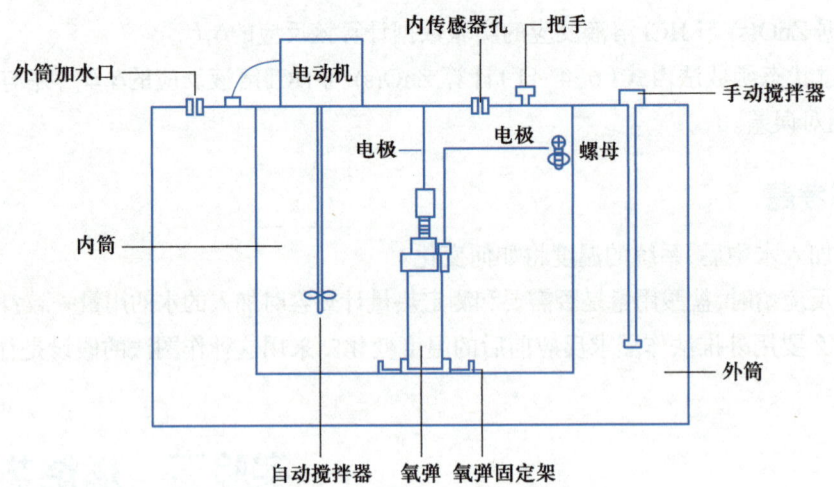

图 6-5-1　氧弹热量计接线示意图

2. 氧弹热量计测量燃烧热的原理

氧弹热量计的基本原理是能量守恒定律。氧弹内系统发生的变化是恒容绝热的过程,系统与环境没有能量交换,因此试样完全燃烧所释放的能量用于氧弹本身及其周围的介质和热量计有关附件的温度升高。测量介质在燃烧前后温度的变化值,就可以求算该试样的恒容燃烧热。若以水为测量介质,则其关系式如下:

$$-mQ_V - l \cdot Q_l = (m_水 c_水 + C_{计})\Delta T \quad (6-5-2)$$

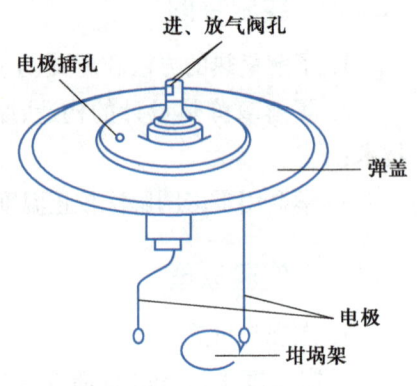

图 6-5-2　氧弹结构示意图

式中,m 和 $m_水$ 分别为试样和水的质量,g;Q_V 为试样的单位质量恒容燃烧热,J·g^{-1};l 为引燃用丝的长度,cm;Q_l 为引燃用丝的单位长度燃烧热,J·cm^{-1};$c_水$ 是水的比热容,4.185 J·g^{-1}·K^{-1};$C_{计}$ 为热量计除水之外温度升高 1 K 所需的热量,J·K^{-1},可用已知燃烧热数据的物质标定,实验中常用苯甲酸作为标准物质;ΔT 为试样燃烧前后水温的变化值,K。

3. 雷诺温度校正图

实际上,热量计与周围环境的热交换无法完全避免,它对温差测量值的影响可以用雷诺(Reynolds)温度校正图校正。具体方法为:称适量待测物质,估计其燃烧后可使水温升高 1.5~2.0 ℃。预先调节水温使其低于环境 1.0 ℃左右。按操作步骤进行测定,将燃烧前后观察所得的一系列水温和时间关系作图,得一曲线如图 6-5-3(a)所示。图中 H 点意味着开始燃烧,热传入介质;D 点为观察到的最高温度值;过 I 点作垂线 ab,再将 FH 线和 GD 线延长并交 ab 线于 A、C 两点,使得曲线、直线 ab 和反向延长线围成的面积 ICD 和 IAH 相同。A 点与 C 点所表示的温差即为经过校正的 ΔT。图中 AA' 为开始燃烧到温度上升至室温这一段时间(Δt_1)内,由环境辐射和搅拌引进的能量所造成的升温,故应予扣除。CC' 为由室温升高到最高点 D 这一段时间

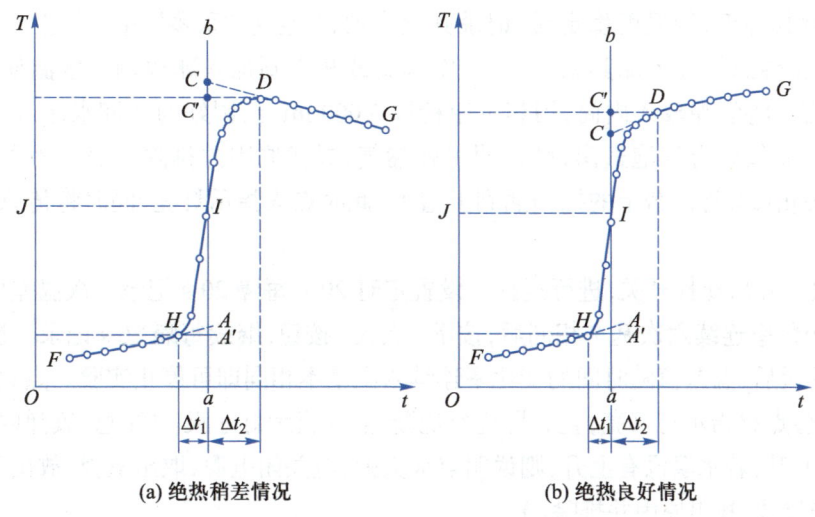

图 6-5-3　反应前后温度雷诺校正图

(Δt_2)内,热量计向环境的热漏造成的温度降低,计算时必须考虑在内。由此可见,AC 两点的差值较客观地表示了试样燃烧引起的温度升高数值。在某些情况下,热量计的绝热性能良好,热漏很小,而搅拌器功率较大,不断引进的能量使得曲线不出现极高温度点,如图 6-5-3(b)所示,其校正方法相似。

三、仪器和药品

仪器:氧弹热量计、SHR-15$_A$ 燃烧热实验仪、氧气钢瓶、减压阀、压片机、YCY-4 充氧器、排气针、电子天平、镊子、尺子、容量瓶、烧杯。

药品:燃烧丝、萘(AR)、苯甲酸(AR)。

四、实验步骤

1. 测量水当量

(1) 试样制作　用天平称取大约 1.0 g 的苯甲酸,在压片机中压成片状。压成片状后,再利用压片机顶出试样,在天平上精确称量。试样若压得太紧,则点火时不易全部燃烧;若压得太松,则容易脱落。

(2) 装样并充氧气　旋开氧弹,将氧弹内壁擦干净,特别是电极下端的不锈钢丝更应擦干净。把氧弹弹头放在弹头架上,将试样苯甲酸放入坩埚内,把坩埚放在燃烧架上。取一根燃烧丝并测量其长度,然后将燃烧丝两端分别固定在弹头中的两根电极上,中部贴紧试样苯甲酸(燃烧丝与坩埚壁不能相碰),把弹头放入弹杯中,用手拧紧,接上导气管接头,下拉拉杆向氧弹中充氧气,直至氧气机上压力表指示 2 MPa,再打开放气阀,放出氧气(排出空气),然后向氧弹中再次充入氧气至 2 MPa。

(3) 调节水温　打开 SHR-15$_A$ 燃烧热实验仪的电源(不要开启搅拌开关),将传感器插入外筒加水口测其温度,待温度稳定后,记录其温度值,将温差"采零"并"锁定"。再用烧杯取适量蒸馏水,将传感器插入测其温度,若温度偏高或相平则加入冰块调节水温使其低于外筒水温 1 ℃左右。将氧弹放入内筒,用容量瓶精取 3 000 mL 已调好的蒸馏水注入内筒,水面刚好盖过氧弹。如氧弹有气泡逸出,则说明氧弹漏气,寻找原因并排除。盖上盖子(注意:搅拌器不要与弹头相碰),将筒盖上的插销插到上盖上,此时点火指示灯亮,同时将传感器插入内筒水中。

(4)点火 开启搅拌开关,进行搅拌。设置定时 20 s,每隔 20 s 记录一次温差值,直至温差值随时间的变化率连续六次基本相同后,按下"点火"按钮,继续每隔 20 s 记录一次温差值,直至温差变化平缓后,温差值随时间的变化率连续六次基本相同即可停止实验。点火后点火指示灯灭,停顿一会点火指示灯又亮,直到燃烧丝烧断,点火指示灯才灭。(注意:氧弹内试样一经燃烧,水温很快上升,若水温没有上升,则说明点火失败,应关闭电源,取出氧弹,放出氧气,仔细检查燃烧丝及连接线,找出原因并排除。)

(5)校验 实验停止后,关闭电源。取出氧弹,放出氧弹内的余气。旋下氧弹盖,测量燃烧后残丝长度并检查试样燃烧情况。若试样没完全燃烧,则说明实验失败,须重做;反之,则说明实验成功。

2. 萘的燃烧热测定

称取约 0.6 g 萘,用同上方法进行萘的燃烧热测定。

五、实验注意事项

1. 待测试样须干燥,受潮试样不易燃烧且会导致称量结果有误。
2. 注意压片的紧实程度,太紧不易燃烧,太松容易裂碎。
3. 加热丝应紧贴试样,点火后试样才能充分燃烧,燃烧丝与坩埚壁不能相碰。
4. 制样后点火,若指示灯亮,则说明制样成功;若指示灯不亮,则说明燃烧丝没有连接好,应检查原因并排除。
5. 点火后,若温度急速上升,则说明点火成功。若温度不变或有微小变化,则说明点火没有成功或试样未充分燃烧,应检查原因并排除。
6. 实验仪"采零"或正式测量后必须"锁定",若要重新"采零"则需重启燃烧热实验仪的电源。
7. 移动氧弹时,手须握住氧弹下方,以防下落砸伤人;打开氧弹前必须先排气,再开盖。

六、数据记录与处理

1. 数据记录

实验数据记录于表 6-5-1 和表 6-5-2 中。

实验五 燃烧热的测定

表 6-5-1 试样数据记录

项目	苯甲酸	萘
试样质量/g		
燃烧丝长度/cm		
剩余燃烧丝长度/cm		
燃烧掉燃烧丝长度/cm		
内筒温度/℃		
外筒温度/℃		

表 6-5-2 燃烧热实验仪读数及修正温度值

苯甲酸燃烧				萘燃烧			
点火前		点火后		点火前		点火后	
时间/20 s	温差仪读数/K	时间/20 s	温差仪读数/K	时间/20 s	温差仪读数/K	时间/20 s	温差仪读数/K
点火前作图修正温差仪读数/K		点火后作图修正温差仪读数/K		点火前作图修正温差仪读数/K		点火后作图修正温差仪读数/K	
修正后的 ΔT_1/ ℃				修正后的 ΔT_2/ ℃			

2. 数据处理

（1）用图解法分别求出苯甲酸燃烧引起热量计温度变化的差值 ΔT_1，萘燃烧引起热量计温度变化的差值 ΔT_2，填入表 6-5-2 中。

（2）常温下苯甲酸的单位质量恒容燃烧热（恒容燃烧热值）为 -26.4 kJ·g^{-1}；镍铬燃烧丝的单位燃烧热值为 -4.3 J·cm^{-1}，由式（6-5-2）计算 $C_{计}$ 及萘的单位质量恒容燃烧热 Q_V。

（3）由上述得出的萘的单位质量恒容燃烧热 Q_V 计算萘的单位质量恒压燃烧热 Q_P。已知 25 ℃下，萘的标准摩尔燃烧焓为 $-5\,153.9$ kJ·mol^{-1}，物质的摩尔定压热容数据可查阅物理化学教材获得，请通过计算与实验值进行比较。

七、思考题

1. 本实验中测定的是恒容反应热还是恒压反应热？它们两者之间存在怎样的关系？
2. 用氧弹热量计测定燃烧热的装置中，哪些是系统，哪些是环境？系统和环境之间通过哪些可能的途径进行热交换？如何修正这些热交换对测定的影响？
3. 为什么要准确量取内筒中加入蒸馏水的体积？

实验六　平衡常数的测定

一、实验目的

1. 熟悉用等压法测定平衡压力的操作；
2. 测定不同温度下氨基甲酸铵 $NH_2COONH_4(s)$ 的分解压力，计算氨基甲酸铵分解反应在各温度下的标准平衡常数 $K^{\ominus}$；
3. 了解温度对反应平衡常数的影响，计算氨基甲酸铵分解反应的热力学函数 $\Delta_r H_m^{\ominus}$、$\Delta_r S_m^{\ominus}$ 和 $\Delta_r G_m^{\ominus}$。

二、实验原理

氨基甲酸铵（NH_2COONH_4）是合成尿素的中间产物，白色固体，很不稳定，加热易分解，其分解反应如下：

$$NH_2COONH_4(s) \rightleftharpoons 2NH_3(g) + CO_2(g)$$

这是一个多相反应，且反应是可逆的，温度不变时若不将分解产物移走，则很易达到平衡，其标准平衡常数为

$$K^{\ominus} = \left[\frac{p(NH_3)}{p^{\ominus}}\right]^2 \cdot \left[\frac{p(CO_2)}{p^{\ominus}}\right] \quad (6-6-1)$$

式中，$p^{\ominus}=100\ kPa$；$p(NH_3)$、$p(CO_2)$ 分别为 NH_3 及 CO_2 的平衡分压。因固体 NH_2COONH_4 的蒸气压很小，在计算系统总压时可忽略不计。于是 $p_{总} = p(NH_3) + p(CO_2)$。从化学反应计量式可得

$$p(NH_3) = \frac{2}{3}p_{总}, \quad p(CO_2) = \frac{1}{3}p_{总} \quad (6-6-2)$$

代入式（6-6-1）得

$$K^{\ominus} = \left(\frac{2}{3}\frac{p_{总}}{p^{\ominus}}\right)^2 \cdot \left(\frac{1}{3}\frac{p_{总}}{p^{\ominus}}\right) = \frac{4}{27}\left(\frac{p_{总}}{p^{\ominus}}\right)^3 \quad (6-6-3)$$

系统达平衡后,测量系统总压力 $p_\text{总}$,即可计算出标准平衡常数 $K^\ominus$。

温度对标准平衡常数的影响如下式所示:

$$\frac{\text{d}\ln K^\ominus}{\text{d}T} = \frac{\Delta_\text{r}H_\text{m}^\ominus}{RT^2} \tag{6-6-4}$$

式中,T 为热力学温度,K;$\Delta_\text{r}H_\text{m}^\ominus$ 为反应的标准摩尔反应焓变,即等压反应的热效应。在温度变化范围不大时,$\Delta_\text{r}H_\text{m}^\ominus$ 可视为常数。将式(6-6-4)积分得

$$\ln K^\ominus = -\frac{\Delta_\text{r}H_\text{m}^\ominus}{RT} + C' \tag{6-6-5}$$

由于

$$\Delta_\text{r}G_\text{m}^\ominus = -RT\ln K^\ominus \tag{6-6-6}$$

以及

$$\Delta_\text{r}G_\text{m}^\ominus = \Delta_\text{r}H_\text{m}^\ominus - T\Delta_\text{r}S_\text{m}^\ominus \tag{6-6-7}$$

联立得

$$\ln K^\ominus = -\frac{\Delta_\text{r}H_\text{m}^\ominus}{RT} + \frac{\Delta_\text{r}S_\text{m}^\ominus}{R} \tag{6-6-8}$$

即 $C' = \dfrac{\Delta_\text{r}S_\text{m}^\ominus}{R}$。将 $\ln K^\ominus$ 与 $\dfrac{1}{T}$ 作图,应为一直线,其斜率为 $-\dfrac{\Delta_\text{r}H_\text{m}^\ominus}{R}$,截距为 $\dfrac{\Delta_\text{r}S_\text{m}^\ominus}{R}$,由此即可求得 $\Delta_\text{r}H_\text{m}^\ominus$、$\Delta_\text{r}S_\text{m}^\ominus$,如图 6-6-1 所示。

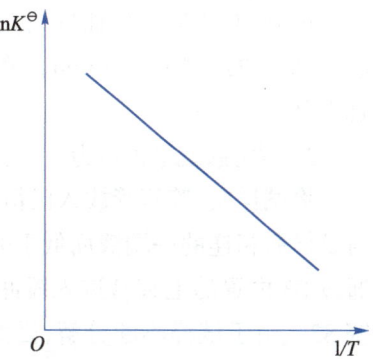

图 6-6-1 标准平衡常数与温度的关系示意图

三、仪器和药品

仪器:平衡常数测定装置一套(如图 6-6-2 所示),反应分解产生的 NH_3 有腐蚀性,且若与 CO_2 一同被吸入泵中时,会在泵内结晶而损坏泵及泵油,影响泵的性能;另外水分被吸入泵内也会被压缩为极小的水滴不能排走,致使泵油变质,降低泵的抽气能力,因此在测定装置中安装分别装有脱水 $CaCl_2$ 和干燥硅胶的干燥塔,用以脱除试样分解生成的 NH_3 及含有的水分。

药品:NH_2COONH_4(CP)。

四、实验步骤

1. 恒温及系统气密性检查

将恒温槽温度调节到 30 ℃。打开精密数字真空压力计,在完全通大气的情况下调零,记录此时的大气压值。调整各个旋塞位置,关闭与等压管相连的旋塞,使抽气系统中各管路相通,与大气隔绝,启动真空泵,抽气至真空压力计示数为 -90 kPa。关闭 S1,关闭真空泵,观察压力计示数,若压力示数能保持 2~3 min 无变化则可视为系统不漏气,可进行下面实验。若发现漏气时,需参照本章实验三步骤 1 的方法进行检漏。

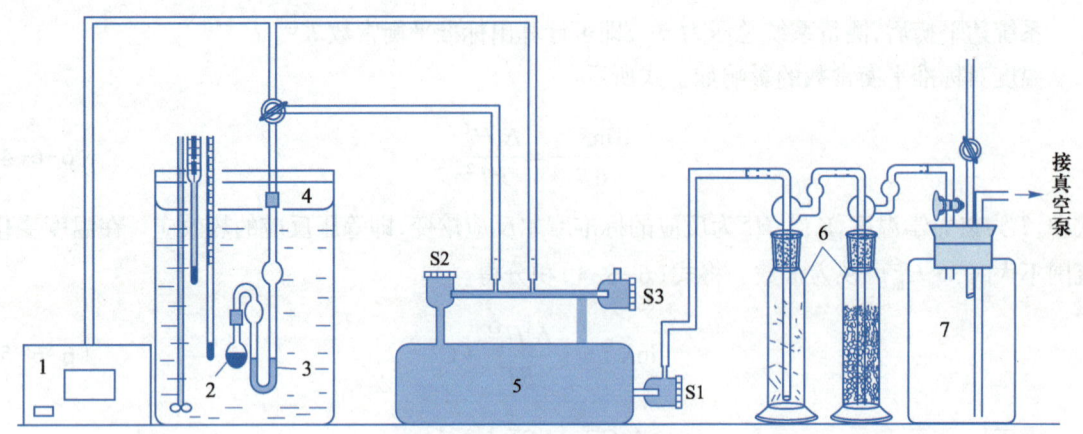

1—精密数字真空压力计；2—试样瓶；3—玻璃等压管（内装硅油）；4—恒温槽；5—不锈钢储气罐；
6—干燥塔；7—缓冲瓶

图 6-6-2　平衡常数测定装置

2. 试样瓶及测压系统中空气的排除

重新启动真空泵抽气，打开 S1 及与等压管相连的玻璃三通旋塞，保持真空压力计示数 ≤-90 kPa 下抽气 15 min。关闭不锈钢储气罐的旋塞 S1 和 S2，令罐内处于较高真空度，关闭真空泵。

3. 测定系统平衡压力

将试样瓶、等压管放入已恒温好的恒温槽内恒温。在恒温的过程中，当等压管硅油液面中与试样瓶相连的一端液面低于另一端时，应缓慢而小心地旋转不锈钢储气罐的旋塞 S3 使空气通过 S3 内置的毛细管进入缓冲瓶中，当等压管两臂硅油液面处于同一水平面时，立刻关闭旋塞 S3。由于试样不断分解，因此需多次重复此操作，直到等压管两端硅油液面 5 min 内仍处于同一水平面，则认为分解反应已达平衡，读取此时真空压力计显示的数值、恒温槽温度。若在接近平衡时，调节 S3 时进入的空气量稍多，而使等压管两端硅油液面无法相平，则可小心旋转旋塞 S2，利用储气罐中较高的真空度调节硅油液面相平。切忌使空气穿过等压管进入试样管中。

4. 空气排净的判断

保持恒温槽温度不变，关闭与等压管相连的旋塞。使系统与真空泵相连抽气，待真空压力计示数 ≤-90 kPa 时，打开与等压管相连的旋塞接着抽气约 5 min 再次排除空气。按步骤 2 和 3 中操作再次测定此温度下系统的平衡压力，若两次测定结果之差小于 2 mmHg（0.267 kPa），则可进行下一个温度下平衡压力的测定。

5. 不同温度下平衡压力的测定

按步骤 4 中操作依次测定 35 ℃、40 ℃、45 ℃、50 ℃下的平衡压力。

实验完毕，打开旋塞让空气通过毛细管进入系统中，直至真空压力计示数为零，关闭电源，测量系统复原。

五、实验注意事项

1. 测定系统平衡压力时,一定要防止空气穿过等压管的硅油柱进入试样瓶中,否则必须重新抽气。

2. NH_2COONH_4 的分解反应是吸热反应,反应热效应很大,温度对平衡常数的影响很大。实验中必须严格调节恒温槽温度,使其温度波动 $\leq \pm 0.1$ ℃。

3. 在关闭真空泵之前,应调节缓冲瓶的旋塞与大气相通后再关泵,避免发生泵油倒吸现象。

六、数据记录与处理

1. 数据记录

室温:_____ ℃;大气压:_____ kPa。

实验数据记录于表 6-6-1 中。

表 6-6-1 不同温度下标准平衡常数值

温度		压力计示数/kPa	大气压/kPa	平衡总压 $p_总$/kPa	$K^\ominus$	$\dfrac{1}{T}$ / K^{-1}	$\ln K^\ominus$
t/℃	T/K						

2. 数据处理

(1) 计算不同温度下 NH_2COONH_4 的分解总压 $p_总$ 及分解反应的标准平衡常数 $K^\ominus$,并将结果填入表 6-6-1 中。

(2) 作 $\ln K^\ominus - \dfrac{1}{T}$ 关系图,计算分解反应的 $\Delta_r H_m^\ominus$,以及 30 ℃时反应的 $\Delta_r S_m^\ominus$ 和 $\Delta_r G_m^\ominus$。

七、思考题

1. 为什么要将试样瓶及测压系统内的空气赶净?如何判断空气已基本排净?如有空气存在,则对实验结果有何影响?

2. 怎样判断分解反应已达平衡?若所测数据未达平衡,则对实验结果有何影响?

3. 实验装置中的缓冲瓶及毛细管的作用是什么?

实验七　二组分液相完全互溶系统的沸点－组成图

拓展实验：
乙醇－正丙醇的精馏实验

一、实验目的

1. 实验测定乙醇－正丙醇二组分系统气液平衡数据，绘出蒸馏曲线；
2. 掌握阿贝折射仪的原理及使用方法。

二、实验原理

相图是表达多相平衡系统的状态如何随着温度、压力、组成等强度性质而变化的几何图形。

在恒定压力下，二组分系统气液达到平衡时，表示液态混合物的沸点与平衡相组成关系的相图，称为温度(沸点)-组成图(T-x图)，也称为蒸馏曲线图。了解双液系的沸点－组成图对两种液体通过蒸馏或精馏手段进行分离具有很大的实用价值。

完全互溶双液系统的蒸馏曲线类型大致可分为三类：

(1) 在 T-x 图上溶液的沸点总是介于 A、B 两纯物质的沸点之间 [图 6-7-1(a)]，如苯与甲苯；

(2) 在 T-x 图上出现最高点，即具有最高恒沸点 [图 6-7-1(b)]，如卤化氢和水、丙酮与氯仿、硝酸与水等；

(3) 在 T-x 图上出现最低点，即具有最低恒沸点 [图 6-7-1(c)]，如苯与乙醇、水与乙醇等。对具有恒沸点的溶液来说，恒沸点时气液两相组成相同(把该点组成的混合物称为恒沸混合物)，不能通过反复蒸馏而使双液系的两种组分完全分离，而只能获得某一纯组分和恒沸混合物。

本实验是在一定压力下测定乙醇－正丙醇二组分系统沸点与组成平衡数据，并绘制该液体

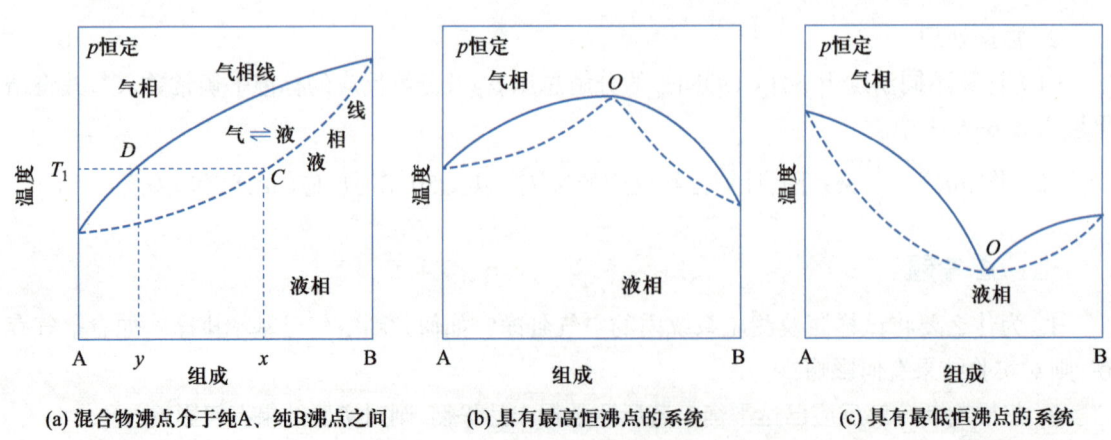

图 6-7-1　完全互溶双液系统的沸点-组成图

混合物蒸馏曲线。因二者为紧邻同系物的混合物，其蒸馏曲线形状如图 6-7-1(a) 所示。二组分气液系统达到平衡时，易挥发组分在平衡气相中的组成大于它在液相中的组成。要绘制蒸馏曲线必须在气液两相达平衡后，立即测定平衡系统温度(即沸点)及该温度下气液两相的组成。如图 6-7-1(a) 所示，与沸点 T_1 对应的气相组成是气相线上的 D 点，其对应的组成是 y。液相组成是液相线上的 C 点，其对应组成为 x。测定整个浓度范围内不同组成混合物的气液相的平衡组成和沸点后，就可以绘制出蒸馏曲线。

本实验通过测定折射率来确定乙醇-正丙醇混合物的组成。采用此法是因为乙醇与正丙醇的折射率相差较大，而且它们液态混合物的折射率与其浓度成直线关系。实验时，可预先测定一定温度下一系列已知组成的二组分混合物的折射率，绘制出折射率-组成图，即工作曲线。然后测定该温度下待测试样的折射率，从工作曲线上找出所测折射率对应的组成，即可找到待测溶液试样的组成。

物质的折射率和浓度、温度及入射光的波长有关。一般在恒定温度及一定波长光线(一般为钠光)的条件下测定。物质的折射率通常用 n_D^t 表示，指温度 t 时该物质对钠光的 D 线 ($\lambda = 589.3$ nm) 的折射率。阿贝折射仪的构造、原理及使用维护方法见附录一"3. 阿贝折射仪"。

三、仪器和药品

仪器：沸点测定装置一套(如图 6-7-2 所示，一个带微型冷凝管的特制具支圆底烧瓶)、100 W 可调压电热套一台、(1/10)℃温度计一支、长短滴管各 6 支、阿贝折射仪(公用)、超级恒温槽(公用)。

药品：已知组成的标准乙醇-正丙醇溶液一套(测工作曲线用)、乙醇、正丙醇、不同组成的乙醇-正丙醇混合液(测沸点-组成图用)。

四、实验步骤

1. 工作曲线的测定

调节恒温槽温度至指定温度，打开阿贝折射仪电源，使折射仪的温度示数保持在稳定的数值。分别测定乙醇-正丙醇标准溶液的折射率，每个标准试样测试 3 次取平均值。注意使用时及时盖好瓶盖，以防浓度发生变化。

2. 蒸馏曲线的测定

(1) 乙醇和正丙醇沸点的测定　按图 6-7-2 安装好仪器。在干燥的蒸馏瓶中倒入适量纯乙醇液体，液面在支管口下 5~7 mm。将温度计插入蒸馏瓶中，使水银球一半位于液面下，一半位于液面上。接通冷凝水(注意水流速度不要太大)。打开电热套电源，调节调压旋钮加热，当液体加热至沸腾后，调节电压及电热套下的升降台至冷凝液滴下速度稳定在 1~2 滴/s。当沸腾温度恒定数分钟后，记下温度计示数，

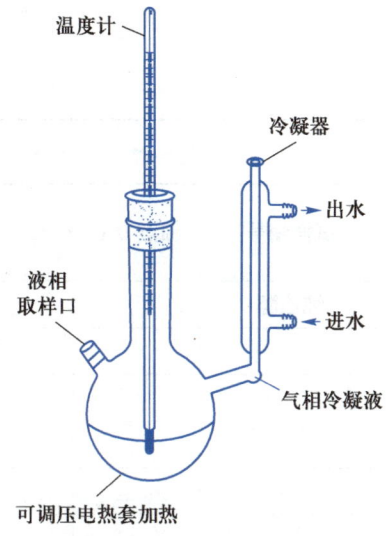

图 6-7-2　沸点测定装置

即为纯乙醇的沸点。停止加热，待蒸馏瓶中液体稍冷后倒回原试样瓶中。用电热套敞口烘干蒸馏瓶。用同样方法测定纯正丙醇的沸点。

（2）混合试样沸点和组成的测定　在蒸馏瓶中倒入正丙醇组成约为15%的试样溶液，如步骤（1）进行加热操作，当温度计示数数分钟不变时，表示气液平衡，记录温度示数。关闭加热电源，并迅速调低升降台。用长滴管吸取气相冷凝液，测其折射率，再用另一支滴管取液相冷凝液，测其折射率。测毕后，用同样的方法依次测定组成约为30%、45%、60%、75%、90%的试样溶液。注意在测定各试样时保持回流速度大致相同。

实验完毕，及时关闭加热电源和冷凝水，整理实验台面。

五、实验注意事项

1. 使用标准溶液时，取样后应立即盖好磨口塞，防止溶液蒸发而导致组成改变。
2. 使用阿贝折射仪时要注意保护棱镜。棱镜上不能触及硬物，每次测量前须先用丙酮数滴将折射仪棱镜镜面洗净，擦拭棱镜须用擦镜纸。
3. 测定折射率时操作应迅速，以防待测溶液蒸发而导致组成改变。

六、数据记录与处理

1. 数据记录

恒温槽温度：_____℃；大气压：_____kPa。

实验数据记录于表6-7-1和表6-7-2中。

表6-7-1　乙醇-正丙醇标准溶液的组成及折射率

正丙醇质量分数 w/%	0								100
n_D^t									

表6-7-2　乙醇-正丙醇系统沸点、折射率及气液两相的折射率和组成

试样编号	沸点 t/℃	气相冷凝液		液相	
		n_D^t	正丙醇质量分数/%	n_D^t	正丙醇质量分数/%
纯乙醇		—	0	—	0

续表

试样编号	沸点 t/℃	气相冷凝液		液相	
		n_D^t	正丙醇质量分数/%	n_D^t	正丙醇质量分数/%
纯丙醇		—	100	—	100

2. 数据处理

（1）根据表 6-7-1 中的数据绘制工作曲线。
（2）根据表 6-7-2 中的数据绘制蒸馏曲线。

七、思考题

1. 怎样判断气液两相已达平衡？
2. 测定乙醇、正丙醇混合物沸点的顺序如何安排？为什么纯乙醇测量完后必须干燥才能测量纯正丙醇，而纯正丙醇测完后却不用干燥？
3. 测定混合物两相组成时，先取气相试样还是先取液相试样？为什么？

实验八　二组分凝聚系统相图

一、实验目的

1. 掌握热分析法（步冷曲线法）测绘 Pb-Sn 二组分凝聚系统相图的原理和方法；
2. 了解简单固液相图的特点，巩固相律相关知识。

二、实验原理

相图是表示相平衡体系的存在状态与组成、温度、压力等因素变化的关系图。凝聚系统（仅由液相和固相构成的系统）受压力影响很小，通常不考虑压力对相平衡的影响，因此其相图为温度－组成图。

热分析法（步冷曲线法）是绘制凝聚系统相图的基本方法之一。其原理是根据熔融的系统在冷却过程中温度随时间的变化情况来判断系统有无相变的发生，从而确定系统的状态图。通常是将系统加热全部熔化，然后让其在一定的环境中缓慢冷却，记录冷却过程中不同时刻系统的温度数据，以时间为横坐标，温度为纵坐标，绘制出温度－时间变化曲线图，即步冷曲线（冷却曲线）。当熔融的系统均匀冷却时，如果系统不发生相变，则系统的温度随时间均匀降低，得到一条平滑的步冷曲线；若在冷却过程中系统发生了相变，由于相变过程伴随着放热效应，系统的冷却速率会减慢，系统的温度随时间变化的速率发生改变，步冷曲线上出现转折点或水平线段，而出现转折点或水平线段对应的温度即相变温度。测绘出多条组成不同的系统的步冷曲线就可以绘制出相图。

图 6-8-1 是具有最低共熔点的固态部分互溶的 Pb-Sn 二组分凝聚系统相图及步冷曲线,步冷曲线中的试样组成分别为纯 Pb,纯 Sn,含 Sn 30%、61.9%、80%(质量分数)。下面结合吉布斯相律对该图中的步冷曲线进行简单分析。

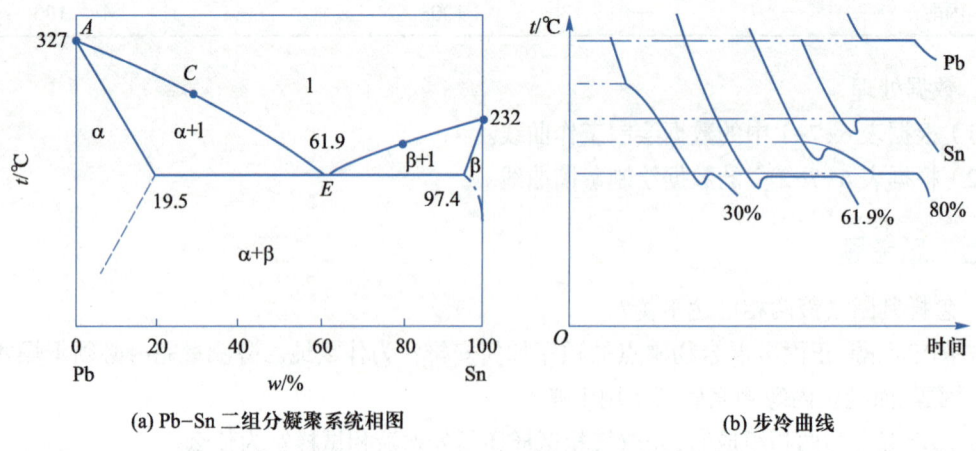

(a) Pb-Sn 二组分凝聚系统相图　　　　(b) 步冷曲线

图 6-8-1　Pb-Sn 二组分凝聚系统相图及步冷曲线

在压力不变的条件下,相律为

$$F = C - P + 1$$

式中,F 为自由度,C 为独立组分数,P 为相数。

对于纯组分试样,如纯 Pb 和纯 Sn,$C=1$,$F=2-P$。以纯 Pb 试样为例,在加热完全熔融后,让其缓慢冷却。在凝固点之上,系统中只有液态 Pb 一相,$P=1$,$F=1$,系统温度随时间均匀降低,步冷曲线为一平滑曲线;到凝固点时,开始析出固态,系统中存在固液两相平衡,$P=2$,自由度为 0,纯 Pb 凝固时放出的潜热补偿了系统向环境散失的热,系统温度不变,步冷曲线呈水平线段(平台);等系统全部凝固后,只有固态 Pb 一相,其冷却情况同全液态时近似,步冷曲线又呈一平滑曲线。

对于含 Sn 61.9% 的试样,也就是具有低共熔点(E 点)组成的试样,$C=2$,$F=3-P$,开始为金属液态溶液降温,步冷曲线为一平滑曲线;降低至低共熔点时,从液相中同时析出两种固相 α 和 β 相(Pb 与 Sn 形成的两种固态溶液,α 相含 Pb 较多,β 相含 Sn 较多),$P=3$,自由度为 0,系统温度不变,步冷曲线出现平台;在液相全部凝固后,系统中只存在 α 和 β 相,$P=2$,$F=1$,系统温度再次均匀降低。其步冷曲线的形状与纯组分试样的很相似。

对于含 Sn 19.5%~97.4% 的试样,如本实验中含 Sn 30% 和 80% 的试样,$C=2$,$F=3-P$,其步冷曲线上不仅出现平台,还会出现折点。以含 Sn 30% 试样为例,开始是金属液态溶液降温,步冷曲线为一平滑曲线;当温度降低到 C 点时,开始析出固相 α,此时系统内存在两相,$F=1$,温度会继续降低,但析出固相 α 相时会放出潜热,系统降温的速率变缓,步冷曲线斜率变小,出现折点;在不断析出 α 相的同时,液相组成会沿着 CE 线改变,当组成变为 E 点时,从液相中同时析出

实验八　二组分凝聚系统相图

两种固相 α 和 β 相,自由度为 0,系统温度不变,步冷曲线出现平台;在液相全部凝固后,系统中只存在 α 和 β 相,系统温度再次均匀降低。

对于含 Sn 量小于 19.5% 和大于 97.4% 的试样,其冷却曲线理论上应有三个折点,第一个对应液态溶液中开始析出 α 或 β 相固溶体,第二个对应该固溶体完全析出,第三个对应一种固溶体中开始析出另一种固溶体。由于从一种固溶体中析出另一种固溶体时,放出的热很少,且过程本身进行得极慢,折点温度用本实验的方法测不出,需通过淬火-微结构法测得。

三、仪器和药品

仪器:KWL-09 可控升降温电炉、SWKY-1 数字控温仪(附带控温探头 I 和测温探头 II)(见图 6-8-2)、不锈钢试样管 5 只、坩埚钳 1 把、劳保手套 1 副。

药品:Pb(AR)、Sn(AR)、石墨粉。

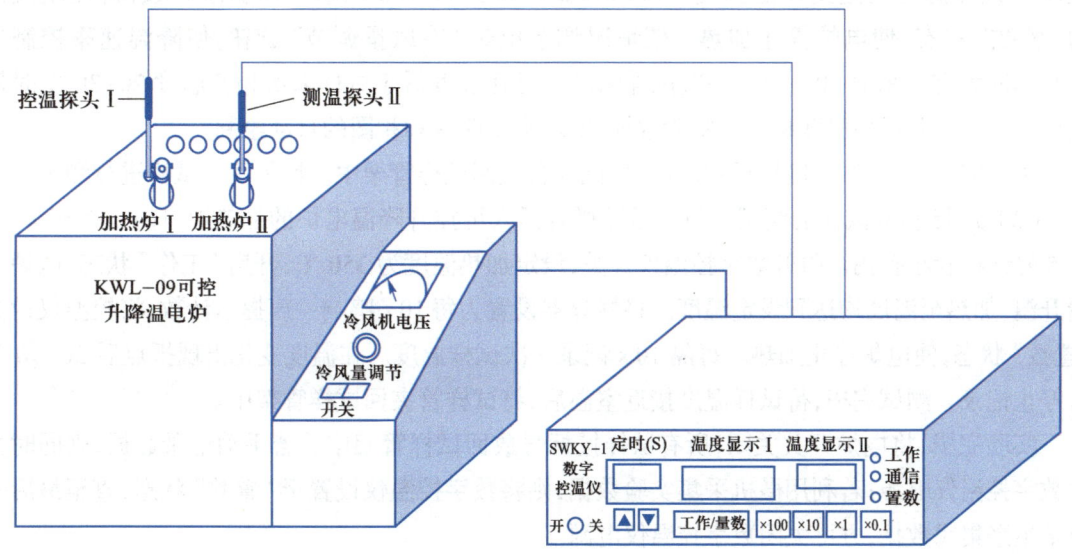

图 6-8-2　凝聚系统相图实验测定装置

四、实验步骤

1. 试样的制备

分别将纯 Pb,纯 Sn,含 Sn 30%、61.9%、80%(质量分数)的 Pb-Sn 混合物各 100 g 分别装入 5 支不锈钢试样管中,表面覆盖一层石墨粉以防金属高温氧化,盖好试样盖子。随试样含 Pb 量的增多,将试样依次标号为 1~5,并将试样管放在 KWL-09 可控升降温电炉的试样管架中。常压下,各试样相变温度参考值见表 6-8-1。

表 6-8-1　Pb-Sn 二组分系统相变温度参考值

Sn 质量分数/%	0	30	61.9	80	100
平台相变温度/℃	327	183	183	183	232
转折点相变温度/℃		245		202	

2. 步冷曲线测定

（1）1~4 号试样的测试　用电源线将 KWL-09 可控升降温电炉与 SWKY-1 数字控温仪连接，将可控升降温电炉的"冷风量调节"逆时针旋到最小。在 1~4 号试样中任选两支，分别插入可控升降温电炉的加热炉Ⅰ和加热炉Ⅱ内。将探头Ⅰ插入加热炉Ⅰ内的试样管小孔内，用以控制电炉加热和测试该试样的温度；将探头Ⅱ插入加热炉Ⅱ的试样管中，用以测试该试样的温度。打开数字控温仪开关，设定加热温度为 280 ℃，开启"工作"状态，电炉开始升温，加热至两个试样温度均达到设定温度。将蜂鸣器设置为每 10 s 鸣响一声提示计数，将控温仪设为"置数"状态，使电炉停止加热。依情况调节电炉"冷风量调节"旋钮，使降温速率控制在 6 ℃/min 为宜。每隔 10 s 记录一次试样温度。可在温度低于试样末次相变温度 20~30 ℃时停止记录。也可利用微机联机采集实验数据，实现步冷曲线和相图的自动绘制。

测试完毕，待试样温度接近室温后，将试样夹夹回试样管架中。换另两个试样进行测试。

（2）5 号纯 Pb 试样的测试　将 5 号试样管插入可控升降温电炉的加热炉口内。将探头Ⅰ插入 5 号试样管小孔内。打开数字控温仪开关，设定加热温度为 350 ℃，开启"工作"状态，电炉开始升温，加热至温度均达到设定温度。将蜂鸣器设置为每 10 s 鸣响一声提示计数，将控温仪设为"置数"状态，使电炉停止加热。每隔 10 s 记录一次试样温度。在温度变化出现折点后 20~30 ℃时停止记录。测试完毕，待试样温度接近室温后，将试样管夹回试样管架中。

实验完毕，将电炉开关关闭，所有试样按标号放回试样管架中。若手动记录数据，则同时关闭数字控温仪电源；若利用微机采集实验数据，则将数字控温仪设置于"置数"状态，直至最后一位学生采集完数据，方可关闭数字控温仪电源。

五、实验注意事项

1. 在用坩埚钳夹热的试样时，一定要夹住夹稳，以免烫伤。

2. 探头Ⅰ具有两个功能，分别是控制电炉加热和测量加热炉Ⅰ内试样的温度，探头Ⅱ的功能仅为测量加热炉Ⅱ内试样的温度，切忌用错。

3. 不锈钢试样管无法直接判断试样是否完全熔融，可通过观测加热时试样的升温情况进行判断，当有相变时，系统升温变缓或温度保持不变，完全熔融后则温度上升较快。

4. 试样组成在测试过程中要保持不变，须防止高温氧化。因此 1~4 号试样和 5 号试样设定的加热温度不同。

5. 凝聚系统相图是在常压下，系统处于相平衡状态下状态图，系统冷却速率必须足够慢才可满足相平衡条件，由于实验时间有限，需适度掌握降温速率。

六、数据记录与处理

1. 数据记录

实验数据记录于表 6-8-2 中。

表 6-8-2　各试样（组成按质量分数）降温过程温度随时间变化情况（时间间隔为 10 s）

纯 Sn	30% Sn	61.9% Sn	80% Sn	纯 Pb

2. 数据处理

（1）根据实验数据以时间为横坐标、温度为纵坐标绘出所有试样的步冷曲线，并在图中标出每条曲线上的折点或(和)平台温度。

（2）根据步冷曲线上得到的组成和相变温度以组成为横坐标、温度为纵坐标绘出 Pb-Sn 二组分凝聚系统相图，绘制时含 Sn 量小于 19.5% 和大于 97.4% 的部分可参见本实验原理绘制。

七、思考题

1. 为什么试样的加热温度不可过高或过低？

2. 不同组成的混合物其低共熔点是否一致？纯物质及低共熔点组成系统的步冷曲线和其余混合组成的步冷曲线有何显著不同？

3. 步冷曲线各段的斜率及水平段的长短与哪些因素有关？

实验九　原电池热力学

一、实验目的

1. 掌握通过测量原电池电动势计算电化学反应热力学函数变化值的原理和方法；
2. 掌握对消法测量原电池电动势的原理和方法；
3. 掌握电位差计和检流计的使用方法；
4. 学会计算原电池的标准电动势 $E^{\ominus}$ 及难溶盐 $PbSO_4$ 的溶度积 K_{sp}。

二、实验原理

1. 电化学反应的 $\Delta_r G_m$、$\Delta_r S_m$ 及 $\Delta_r H_m$ 的计算

若化学反应系统在恒温、恒压、可逆条件下进行，且与环境之间有非体积功交换时，根据热力

学第二定律有

$$\Delta_r G_m(T,p) = W_r' \tag{6-9-1}$$

当反应系统为原电池可逆放电并对环境所做的 W_r' 为电功时，式（6-9-1）可写为

$$\Delta_r G_m(T,p) = -nFE \tag{6-9-2}$$

式中，n 表示反应进度为 1 mol 时得失电子的物质的量；F 为法拉第常数；nF 为通过回路中的电荷量；E 为反应温度 T 下可逆电池的电动势。该温度 T 下的摩尔反应熵 $\Delta_r S_m$ 为

$$\Delta_r S_m = nF\left(\frac{\partial E}{\partial T}\right)_p \tag{6-9-3}$$

由恒温下的 $\Delta_r G_m = \Delta_r H_m - T\Delta_r S_m$ 关系式可得电池反应的摩尔反应焓 $\Delta_r H_m$ 为

$$\Delta_r H_m = -nFE + nF\left(\frac{\partial E}{\partial T}\right)_p \tag{6-9-4}$$

可通过测定恒压下电池在不同温度下的电动势，作 E-T 关系图。从曲线的斜率即可求得任意温度下的电池温度系数 $\left(\frac{\partial E}{\partial T}\right)_p$，或将所测的数据回归出 E 与 T 关系式后，将 E 对 T 求导即可获得 $\left(\frac{\partial E}{\partial T}\right)_p$。

2. 计算实验电池在 25 ℃的标准电动势 $E^{\ominus}$ 和 $PbSO_4$ 的溶度积 K_{sp}

本实验将化学反应：

$$Zn(s) + PbSO_4(s) \rightleftharpoons Zn^{2+} + SO_4^{2-} + Pb(s)$$

设计成可逆原电池，电池表示为

$$Zn(Hg) \mid ZnSO_4 (0.2\ mol \cdot L^{-1}) \mid PbSO_4(s) \mid Pb(Hg)$$

电池的阳极为锌电极，阴极为铅-硫酸铅电极，两电极共用 $ZnSO_4$ 溶液，因此这是一个无液体接界电势的单液电池。当电流 $I \to 0$ 时，电池为可逆电池。

（1）标准电动势 $E^{\ominus}$ 及 $E^{\ominus}\{SO_4^{2-}|PbSO_4(s)|Pb\}$ 的计算

实验测得待测电池电动势后，根据能斯特方程，电动势与溶液离子的平均活度有如下关系：

$$E = E^{\ominus} - \frac{RT}{nF}\ln\prod_B a_B^{\nu_B} = E^{\ominus} - \frac{RT}{nF}\ln[a(Zn^{2+})a(SO_4^{2-})] \tag{6-9-5}$$

由离子活度与电解质平均活度 $a_{\pm}$、$\gamma_{\pm}$、$b_{\pm}$ 的关系，即

$$a_{\pm}^{\nu} = a_+^{\nu_+} a_-^{\nu_-} \quad \text{及} \quad a_{\pm} = \gamma_{\pm}\frac{b_{\pm}}{b^{\ominus}} \tag{6-9-6}$$

得

$$E = E^{\ominus}\{SO_4^{2-}|PbSO_4(s)|Pb\} - E^{\ominus}(Zn^{2+}|Zn) - \frac{RT}{F}\ln(\gamma_{\pm}b_{\pm}/b^{\ominus}) \tag{6-9-7}$$

因 $ZnSO_4$ 为 2-2 型电解质，$b(Zn^{2+}) = b(SO_4^{2-})$，$b_{\pm} = \left[b(Zn^{2+}) \cdot b(SO_4^{2-})\right]^{1/2} = b$。已知 25 ℃ 下，0.2 mol·L^{-1} $ZnSO_4$ 溶液的 $\gamma_{\pm} = 0.104$。$E^{\ominus}(Zn^{2+}|Zn) = -0.762\,8\text{V}$，由所测 25 ℃ 的电池电动势 E，利用式（6-9-7）即可求出 $E^{\ominus}\{SO_4^{2-}|PbSO_4(s)|Pb\}$。

（2）计算 $PbSO_4$ 的溶度积 K_{sp}

$PbSO_4$ 为难溶盐，其溶解度即为下列反应的平衡常数 K_a：

$$PbSO_4(s) \rightleftharpoons Pb^{2+} + SO_4^{2-}$$

$$K_{sp} = K_a = a(Pb^{2+})a(SO_4^{2-}) \qquad (6\text{-}9\text{-}8)$$

将上述反应设计为可逆原电池时，电池可表示为

$$(\text{Hg})\,Pb(s)|Pb^{2+} \vdots SO_4^{2-}|PbSO_4|Pb\,(\text{Hg})$$

电池平衡时，有

$$E^{\ominus} = \frac{RT}{nF} \ln K_{sp} \qquad (6\text{-}9\text{-}9)$$

其中

$$E^{\ominus} = E^{\ominus}\{SO_4^{2-}|PbSO_4(s)|Pb\} - E^{\ominus}(Pb^{2+}|Pb) \qquad (6\text{-}9\text{-}10)$$

已知 25 ℃ 时 $E^{\ominus}(Pb^{2+}|Pb) = -0.120\,5\text{V}$，利用式（6-9-9）和式（6-9-10）即可计算出 $PbSO_4$ 的溶度积 K_{sp}。

3. 对消法测量电动势的原理

电池电动势是当通过电池回路中电流趋于零时电池两极间的电势差。测定电池电动势必须在保持流过电池回路的电流无限接近于零的条件下进行测量。通常采用波根多夫对消法（又称补偿法）进行测定，其原理如图 6-9-1 所示。

图 6-9-1 中 E_w 为工作电池电动势，E_x 为待测电池电动势，G 为检流计，AB 为标准电阻。工作电池与电阻 AB 构成一回路，有稳定电流流过回路，并在电阻 AB 上产生均匀的电压降。而待测电池的正极经检流计 G 与电阻线 A 端（工作电池正极）相连，负极则连接到与电阻 AB 相接触的滑动接点 C 上。这样就给待测电池外加一个方向相反的电势差。C 点位置不同时，则此电势差值不同。当滑动 C 点使检流计中通过的电流为 0 时，说明线段 AC 的电势差 E_{AC} 恰好与待测电池电动势 E_x 相等，即

$$E_{AC} = E_x = I \cdot R_{AC} \qquad (6\text{-}9\text{-}11)$$

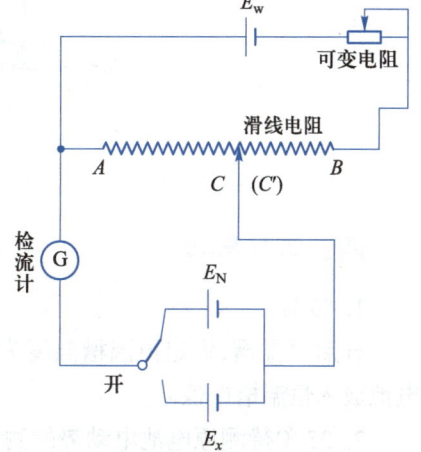

图 6-9-1 对消法测量电动势原理图

若知单位长度标准电阻 AB 的电阻值及流过电阻 AB 的电流强度 I,就可据式(6-9-11)求出 E_x 的值。实验中若能保持电流强度为一定值,则可由电阻的长度直接得出 E_x 的值。电位差计就是依据对消法制造出的测量电动势的仪器,其详细构造及使用方法见附录一"7. 直流电位差计"。

三、仪器和药品

仪器:电位差计(UJ-25 型)一台、检流计(10^{-9}A)一台、恒温槽一套、标准电池一个、干电池(1.5 V)两个、待测原电池一个(213 铂电极作导电电极)。

待测电池的制备:在 H 形管中的连接部位放入纤维球。将 Zn 或者 Pb 依照一定比例与汞一起研磨生成 Zn 汞齐或 Pb 汞齐,把它们分别放入 H 形管中。在 Zn 汞齐侧放入 $ZnSO_4$ 溶液(0.2 mol·L^{-1}),在 Pb 汞齐侧放入 $ZnSO_4$(0.2 mol·L^{-1})和 $PbSO_4$ 固体混合溶液($PbSO_4$ 固体悬浮在 0.2 mol·L^{-1} $ZnSO_4$ 溶液中)。在 H 形管两端各插入一根 213 铂电极作导电电极。电池在制好后要放一段时间使其电动势稳定。在使用过程中不要翻动或摇动,以防互混。在制备电极时所用药品均使用分析纯试剂。电池结构如图 6-9-2 所示。

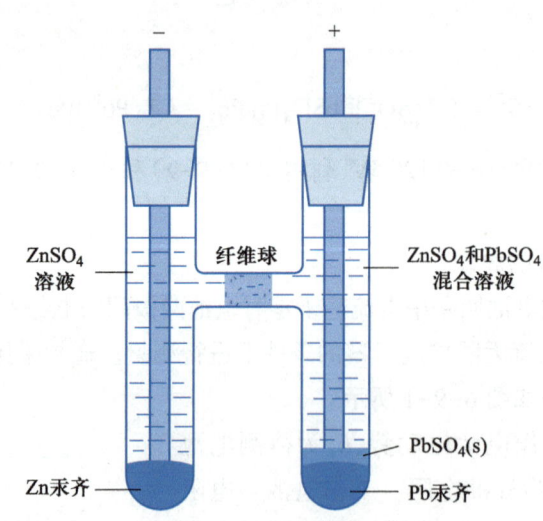

图 6-9-2 Zn(Hg)|$ZnSO_4$|$PbSO_4$(s)|Pb(Hg) 原电池结构图

四、实验步骤

1. 恒温

开启恒温槽,设定恒温槽温度为 25 ℃,温度波动范围要求控制在 ±0.1 ℃之内。把待测原电池放入恒温槽中恒温。

2. 25 ℃待测原电池电动势的测定

将电位差计的测定挡旋钮旋转到断开位置,按电位差计面板上的标记,依次用导线将工作电源、标准电池、待测电池及检流计与电位差计连接。经教师检查无误后,读取标准电池的温度,根据附录一"7. 直流电位差计"中给出的标准电池电动势计算公式进行计算,并对标准电池进行温度补偿。之后将电位差计的测定挡旋钮旋转到"标准"挡,进行"标准化"操作。待"标准化"完成后,将电位差计的测定挡旋钮旋转到"待测"挡,测定待测电池的电动势,读取电位差计表盘上电池电动势值并记录下来。每隔 5 min 测一次,直至电位差计读数稳定(小数点后第五位基本不变)。电位差计原理及操作方法详见附录一"7. 直流电位差计"。

3. 不同温度下原电池电动势的测定

调节恒温槽,令槽温升温 5 ℃,重复上述操作测定在新的温度下原电池的电动势,然后再继续升温 5 ℃进行测定,共测 5~6 个温度点。

测定完毕后,将原电池取出垂直放置在瓷盘上,并把其他仪器整理好,恢复到实验前的状态。

五、实验注意事项

1. 测定时绝不可将标准电池及原电池摇动、倾斜、躺倒或倒转,以防电池内液体互混而使电动势发生变化。

2. 在"标准化"或测定未知电动势时,按下电键要短暂,不能长时间按下不动,防止产生电极极化。

3. 连接线路时注意正、负极的连接,不要接反。

六、数据记录与处理

1. 数据记录

室温:_____ ℃;大气压:_____ Pa。

实验数据记录于表 6-9-1 中。

表 6-9-1 不同温度下原电池的电动势测量值

温度 t/℃					
E_N/V					
E_1/V					
E_2/V					

2. 数据处理

(1) 原电池的热力学计算。将所测得的电动势对温度作 E-T 图,作出相关曲线(近似为直线),并由曲线求取待测电池的温度系数 $\left(\frac{\partial E}{\partial T}\right)_p$,并计算电池反应的 $\Delta_r G_m$、$\Delta_r S_m$ 及 $\Delta_r H_m$(以一个温度为例示意计算过程),将结果填入表 6-9-2 中。

表 6-9-2 不同温度下原电池的电动势及电化学反应的热力学函数变化值

$t/℃$	T/K	E/V	$\dfrac{(\partial E/\partial T)_p}{V\cdot K^{-1}}$	$\dfrac{\Delta_r G_m}{J\cdot mol^{-1}}$	$\dfrac{\Delta_r S_m}{J\cdot K^{-1}\cdot mol^{-1}}$	$\dfrac{\Delta_r H_m}{J\cdot mol^{-1}}$

（2）计算 25 ℃时 $E^{\ominus}\{SO_4^{2-}|PbSO_4(s)|Pb\}$ 及 $PbSO_4$ 的溶度积 K_{sp}。

七、思考题

1. 如何判断原电池放入恒温槽后已达到充分恒温？
2. 对消法测量电池电动势的主要原理是什么？其误差来源有哪些？
3. 标准电池和工作电源各有什么作用？
4. 在"标准化"和测量过程中，为什么不能长时间按下电键？
5. 若将待测电池正、负极与电位差计正、负接线柱接错，则在测量过程中会出现什么现象？

实验十　金属的钝化行为和极化曲线的测定

一、实验目的

1. 了解金属钝化行为的原理和测量方法；
2. 掌握用电化学工作站测定金属极化曲线的方法；
3. 了解环境介质对金属钝化行为的影响。

二、实验原理

1. 金属的钝化

金属的阳极过程是指金属作为阳极时在一定的外电势下发生的阳极溶解过程，如下式所示：

$$M \longrightarrow M^{n+} + ne^-$$

此过程只有在电极电势大于其热力学电势时才能发生。如果阳极极化程度不大，则阳极的溶解速度随电势变正而逐渐增大，这是正常的阳极溶解。但在某些化学介质中当阳极电势正移到某一数值时，其溶解速度达到最大值，此后阳极溶解速度随电势变正反而大幅度降低，这种现象称为金属的钝化现象。目前关于金属的钝化主要有三种理论，分别是氧化膜理论、吸附理论和连续模型理论。氧化膜理论认为在钝化状态下，溶解速度的剧烈下降是由于在金属表面形成了具有保护性的致密氧化物膜。吸附理论认为由于表面吸附了氧,形成氧吸附层或含氧化合物吸附层,因而抑制了腐蚀。连续模型理论认为开始是氧的吸附,随后金属从基底迁移至氧吸附膜中,发展成为无定形的金属-氧基结构。

金属的钝化过程主要受如下几个因素影响:

(1)溶液的组成　溶液中存在的 H^+、卤素离子及某些具有氧化性的阴离子,对金属的钝化现象有着颇为显著的影响。在中性溶液中,金属一般比较容易钝化,而在酸性或某些碱性溶液中则要困难得多,这与阳极产物的溶解度有关。卤素离子,特别是 Cl^- 的存在,可以明显地阻止金属的钝化过程,且已经钝化了的金属也容易被它破坏(活化),从而使金属的阳极溶解速度重新增大,这是因为 Cl^- 的存在破坏了金属表面钝化膜的完整性。当溶液中存在某些具有氧化性的阴离子(如 $Cr_2O_7^{2-}$),则可以促进金属的钝化。溶液中的溶解氧则可以降低金属表面钝化膜遭受破坏的危险。

(2)金属的化学组成和结构　各种纯金属的钝化性能不尽相同,以铁、镍、铬三种金属为例,铬最容易钝化,镍次之,铁较难钝化。因此添加铬、镍可以提高钢铁的钝化能力及钝化的稳定性。

(3)外界因素(如温度、搅拌等)　一般来说,温度升高及搅拌加剧,可以推迟或防止钝化过程的发生,这与离子的扩散有关。

2. 极化现象与极化曲线

为了探索电极过程机理及影响电极过程的各种因素,必须对电极过程进行研究,其中极化曲线的测定是重要方法之一。在研究可逆电池的电动势和电池反应时,电极上几乎没有电流通过,每个电极反应都是在接近于平衡状态下进行的,因此电极反应是可逆的。但当电极有电流通过时,电极的平衡将遭到破坏,电极电势偏离平衡值,电极反应处于不可逆状态,而且随着电极上电流密度的增加,电极反应的不可逆程度也随之增大。这种在外加电流作用下,电极电势发生变化的现象称为电极的极化,电极电势与电流(电流密度)的关系曲线称为极化曲线。从极化曲线的形状可以看出电极极化的程度,从而判断电极反应过程的难易。极化曲线的测定及分析是揭示金属腐蚀机理和探讨控制腐蚀措施的基本方法之一。

以铁的极化曲线为例,如图 6-10-1 所示。

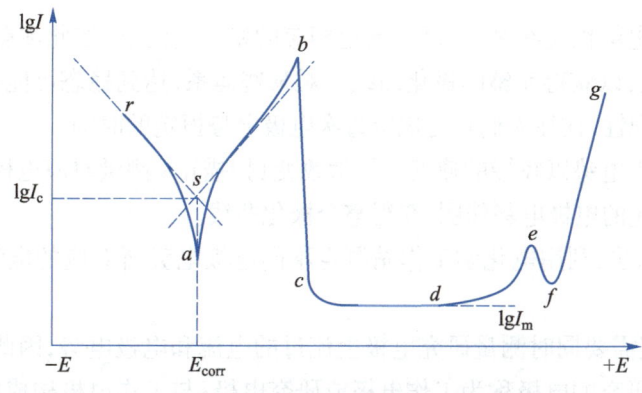

图 6-10-1　铁的极化曲线

rab 区域：ra 为阴极极化曲线，当对电极进行阴极极化时，铁电极处于负电势，电化学过程以析 H_2 为主；ab 为阳极极化曲线，当对电极进行阳极极化时，电化学过程以铁的溶解为主。电极超电势和电流之间符合塔费尔（Tafel）方程，两条塔费尔直线交于 s 点，该点对应的纵坐标为自腐蚀电流对数 $\lg I_b$，横坐标为自腐蚀电势 E_{corr}。从点 a 到点 b 的电势范围称为金属活化区（活性溶解区），此区域内 ab 曲线显示的是金属铁的正常阳极溶解过程。

bcd 区域：当阳极电势继续增大，阳极极化进一步加强，铁电极上的极化电流缓慢增大至 b 点对应的电流 I_b，相应的电极电势为 E_b，只要极化电势稍高于 E_b，电流就会直线下降至一个非常小的值 I_m，此后即便电势继续增加，电流仍可维持基本稳定，bc 线是由活化态到钝化态的转变过程，称为过渡钝化区，b 点对应的电势 E_b 称为致钝电势，其对应电流 I_b 称为致钝电流。从 c 点到 d 点的电势范围称为钝化区，此时对应的电流 I_m 称为维持钝化电流，此状态主要是由于铁的表面形成了致密的氧化膜，极大地阻碍了铁的溶解，出现了钝化现象。

$defg$ 区域：d 到 g 的范围称为过钝化区，在此区域阳极电流又重新随着电势增大而增大，金属的溶解速度又开始增大，这种在一定电势下使钝化了的金属又重新溶解的现象称为过钝化，电流密度增大的原因可能是产生了高价离子（如 def 段，二价铁变成三价铁溶入溶液），或者达到了氧的析出电势，析出氧气（如 fg 段）。

3. 极化曲线的测定方法

极化曲线的测定方法通常有恒电流法与恒电势法。

恒电流法就是控制研究电极上的电流密度依次恒定在不同的数值下，同时测定相应的稳定电极电势值，得到极化曲线。采用恒电流法测定极化曲线时，由于种种原因，给定电流后，电极电势往往不能立即达到稳态，不同的体系，电势趋于稳态所需要的时间也不相同。恒电流法所得到的阳极极化曲线只能近似估计待测电极的临界钝化电势和高价金属及氧的析出电势。因此多使用恒电势法测定可钝化金属完整的阳极极化曲线。恒电势法就是将研究电极电势依次恒定在不同的数值上，测量对应于各电位下的电流。

极化曲线的测量应尽可能接近体系稳态。稳态体系指被研究体系的极化电流、电极电势、电极表面状态等基本上不随时间而改变。在实际测量中，恒电势法常用的测量方法有静态法和动态法。

静态法：将电极电势恒定在某一数值，测定相应的稳定电流值，如此逐点地测量一系列电极电势下的稳定电流值，以获得完整的极化曲线。对某些体系，达到稳态可能需要很长时间，为节省时间，提高测量重现性，往往人们自行规定每次电极电势恒定的时间。

动态法：控制电极电势以较慢的速度连续地改变（扫描），并测量对应电极电势下的瞬时电流值，以瞬时电流与对应的电极电势作图，获得整个极化曲线。

本实验采用动态法，利用电化学工作站测定不同电极电势所对应的电流值，从而得到极化曲线。

极化曲线的测定需要同时测量研究电极上流过的电流和电极电势，因此一般采用三电极体系（图 6-10-2）。被研究的电极称为工作电极或研究电极；与工作电极构成电流回路，用来研究

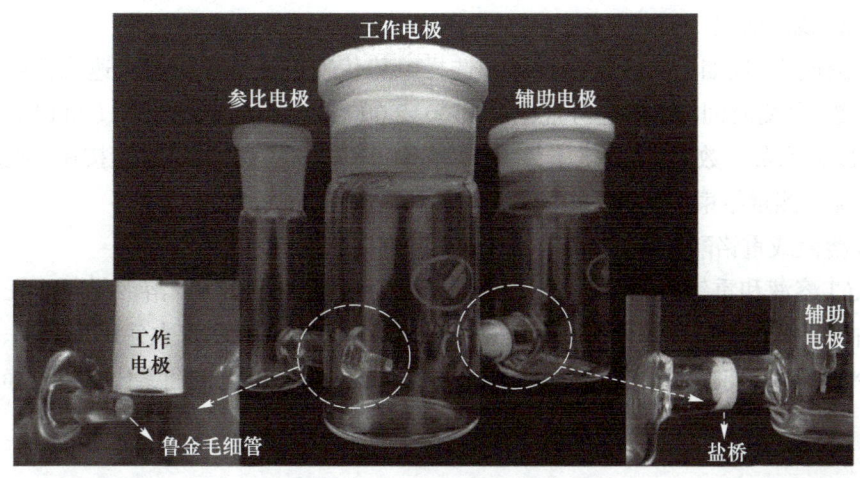

图 6-10-2 三电极体系示意图

工作电极极化的电极称为辅助电极,也叫对电极,其面积通常较工作电极大,以降低该电极上的极化;参比电极是测量工作电极电势的参照标准,与工作电极组成测量电池,参比电极应是一个电极电势已知且稳定的可逆电极,该电极的稳定性和重现性要好。

三、仪器和药品

仪器:LK2010 电化学工作站、铁电极(工作电极,直径为 4 mm)、213 型铂电极(辅助电极)、饱和甘汞电极(参比电极)、抛光布、抛光粉、擦镜纸、100 mL 烧杯、100 mL 容量瓶、10 mL 移液管。

药品:邻苯二甲酸氢钾溶液(pH=4.0)、0.15 mol·L^{-1} KCl 溶液和 0.005 mol·L^{-1} KCl 溶液、0.1 mol·L^{-1} 重铬酸钾溶液和 0.005 mol·L^{-1} 重铬酸钾溶液(均使用邻苯二甲酸氢钾溶液配制)。所用试剂均为分析纯。

四、实验步骤

1. 电极的处理

向抛光布上添加少许抛光粉,滴加 1~2 滴蒸馏水,以"8"字形水平打磨铁电极表面,直至电极表面光亮无痕,然后用蒸馏水冲洗干净,并用擦镜纸擦干。

2. 极化曲线的测定

打开电化学工作站电源,预热 10 min,打开 IMP2014 软件。向三室电解池中加入 1/2 容器高度的邻苯二甲酸氢钾电解液,插入电极并连接好电池回路(绿色线连接工作电极,红色线连接辅助电极,黄色线连接参比电极),调整好电极位置,即可开始实验。选择电势伏安方法选项下的塔费尔曲线,设置相关参数(平衡时间为 2 s,电势范围为-1 500~2 500 mV,扫描速度为 10 mV/s,灵敏度为 1 mA/V,不放大测量倍数,数据分辨率为 1 000,禁止扣除基线),点击开始实验按钮,观察极化曲线实时变化情况。测量结束后,将数据拷贝至表格中,用 Origin 作图。

3. 钝化曲线的测定

重新打磨电极，按如上方法连接线路。选择电势伏安方法选项下的慢速线性扫描伏安法，设置相关参数（平衡时间为 2 s，电势范围为 −500~2 000 mV，扫描速度为 10 000 μV/s，灵敏度为 1 mA/V，不放大测量倍数，数据分辨率为 100，禁止扣除基线），点击开始实验按钮，观察钝化曲线实时变化情况。测量结束后，将数据拷贝至表格中，用 Origin 作图。

4. KCl 溶液或重铬酸钾溶液下铁电极极化曲线和钝化曲线的测定

任选 KCl 溶液和重铬酸钾溶液之一，用邻苯二甲酸氢钾溶液将浓溶液稀释至任意浓度，电化学工作站测定极化曲线和钝化曲线。注意每次更换电解液时需要依次使用蒸馏水、缓冲溶液、待测溶液少量多次地将三室电解池充分润洗，并用蒸馏水将辅助电极和参比电极洗净，用擦镜纸擦干。

五、实验注意事项

1. 每次测量前，工作电极需用抛光布打磨并清洗干净，打磨程度至光亮无痕。
2. 保证电极接触良好，鲁金毛细管应尽量靠近工作电极表面以减少溶液欧姆降对测量的影响，且每次测量时工作电极与鲁金毛细管的距离应尽量保持一致，辅助电极应正对盐桥。
3. 更换溶液时，三电极和三室电解池应充分清洗，以免交叉污染。

六、数据记录与处理

1. 绘制塔费尔曲线（电势-电流对数曲线）

分别找出铁在三种电解液中的自腐蚀电流、自腐蚀电流密度、自腐蚀电势。

2. 绘制钝化曲线（电势-电流曲线）

讨论所得实验结果及曲线的意义，以邻苯二甲酸氢钾钝化曲线为例，指出钝化曲线中的活性溶解区、过渡钝化区、稳定钝化区、过钝化区，并标出致钝电势、致钝电流及维持钝化电流。

3. 比较三条钝化区曲线

讨论氯离子和重铬酸根离子对铁钝化过程的影响。

七、思考题

1. 比较恒电势法和恒电流法测定极化曲线的异同，并说明原因。
2. 测定阳极钝化曲线为何要用恒电势法？
3. 测量极化曲线时，为何要采用三电极体系？是否可以选用二电极体系测量极化曲线，为什么？
4. 如果要对某体系进行阳极保护，首先必须明确哪些参数？
5. 做好本实验的关键有哪些？

实验十一 过氧化氢催化分解反应动力学

一、实验目的

1. 测定 KI 催化 H_2O_2 分解反应的速率常数和反应级数;
2. 掌握一级反应动力学特征,考察 H_2O_2 初始浓度和 KI 浓度对反应速率常数的影响;
3. 掌握图解法确定反应速率常数和反应级数的方法。

二、实验原理

过氧化氢不稳定,但在常温、没有催化剂存在时,分解速率很慢,加入催化剂后其分解加速。过氧化氢分解反应的反应方程式为

$$H_2O_2 \longrightarrow H_2O + \frac{1}{2}O_2 \uparrow \tag{6-11-1}$$

若有催化剂(如 KI)存在,则能加速其分解。在 KI 作用下反应的步骤为

$$H_2O_2 + KI \longrightarrow KIO + H_2O \text{(慢)} \tag{6-11-2}$$

$$KIO \longrightarrow \frac{1}{2}O_2 \uparrow + KI \text{(快)} \tag{6-11-3}$$

由以上机理看出,KI 与 H_2O_2 生成的中间化合物改变了反应途径,降低了反应的活化能而使反应加快。由于反应过程中 KI 不断再生,其浓度不变。据文献,反应式(6-11-2)的反应速率远慢于反应式(6-11-3)的反应速率,故反应式(6-11-2)为整个分解反应的速率控制步骤,而总反应速率等于反应式(6-11-2)的反应速率,故 H_2O_2 分解反应速率方程可表示为

$$-\frac{dc(H_2O_2)}{dt} = k'c(KI)c(H_2O_2) \tag{6-11-4}$$

式中,c 表示物质的量浓度,$mol \cdot L^{-1}$;t 为反应时间;k' 为反应速率常数,其值与温度、催化剂等有关。

由于反应过程中 KI 的浓度不变,故与 k' 合并之后仍然为常数,用 k 表示,$k = k'c(KI)$。则式(6-11-4)可简化为

$$-\frac{dc(H_2O_2)}{dt} = kc(H_2O_2) \tag{6-11-5}$$

式中,k 为表观反应速率常数,量纲为 $[时间]^{-1}$。

由式(6-11-5)看出,反应速率与反应物浓度的一次方成正比,故 H_2O_2 催化分解反应为一级反应,且其表观反应速率常数 k 将随温度和 KI 浓度变化而变化。

将式(6-11-5)积分得

$$\ln\frac{c_t}{c_0} = -kt \tag{6-11-6}$$

式中,c_0 为 H_2O_2 的初始浓度;c_t 为 t 时刻 H_2O_2 的浓度。

以 $\ln c_t$ 对 t 作图,若为一条直线时,则能确定 H_2O_2 催化分解反应为一级反应,并可由直线斜率求出反应速率常数 k。

半衰期是指反应掉反应物起始浓度一半时所需的时间,用 $t_{1/2}$ 表示。对一级反应,其 $t_{1/2}$ 与 k 之间有如下关系:

$$t_{1/2} = \frac{\ln 2}{k} = \frac{0.693}{k} \tag{6-11-7}$$

可见,一级反应的半衰期与反应物的起始浓度无关,与反应速率常数 k 成反比。

在本实验中,反应过程中不同时刻所对应的 H_2O_2 浓度 c_t 采用物理法进行测定。从化学反应式(6-11-1)看出,1 mol H_2O_2 分解可得 0.5 mol O_2,故通过测量某一时刻 t 时放出的 O_2 体积 V_t 即可得到该时刻相应的 H_2O_2 浓度 c_t。

令 V_∞ 表示 H_2O_2 全部分解放出的 O_2 体积,V_t 表示 H_2O_2 在 t 时刻分解放出的 O_2 体积,则 $c_0 \propto V_\infty$ 或 $c_0 = f \cdot V_\infty$,相应有

$$c_t \propto (V_\infty - V_t) \quad \text{或} \quad c_t = f \cdot (V_\infty - V_t)$$

将以上关系式代入式(6-11-6),经整理得

$$\ln(V_\infty - V_t) = -kt + \ln V_\infty \tag{6-11-8}$$

以 $\ln(V_\infty - V_t)$ 对 t 作图,若得一直线,则 H_2O_2 催化分解反应为一级反应,并由直线斜率可求得表观反应速率常数 k。

V_∞ 的求取有两种方法:一种是直接测量法,即当实验 V_t 测定结束后,用提高温度的方法令反应加速进行,直到 H_2O_2 完全分解时读出其体积;另一种是间接测量法。本书采用的是间接测量法,即 V_∞ 可由 H_2O_2 溶液的起始量浓度及体积求出。H_2O_2 溶液的起始量浓度使用高锰酸钾标准溶液在酸性溶液中进行滴定求得,其反应方程式如下:

$$5H_2O_2 + 2KMnO_4 + 3H_2SO_4 =\!=\!= 2MnSO_4 + K_2SO_4 + 8H_2O + 5O_2\uparrow \tag{6-11-9}$$

由滴定反应方程式可知,每反应 5 mol H_2O_2,需 2 mol $KMnO_4$,因此由滴定所用的 $KMnO_4$ 标准溶液的体积和浓度,以及滴定时所用 H_2O_2 溶液体积,便可算出 H_2O_2 溶液的浓度。再根据反应方程式(6-11-1)可知,完全分解所产生的 O_2 的物质的量 $n(O_2)$ 为

$$n(O_2) = \frac{c(H_2O_2) \cdot V(H_2O_2)}{2} \tag{6-11-10}$$

若将 O_2 视为理想气体,则 V_∞ 可用下式求出:

$$V_\infty = \frac{c(H_2O_2) \cdot V(H_2O_2)}{2} \cdot \frac{RT}{p - p^*} \quad (6\text{-}11\text{-}11)$$

式中,p 为大气压,Pa;p^* 为室温下水的饱和蒸气压,Pa;T 为室温,K。

三、仪器和药品

仪器:过氧化氢催化分解实验装置(如图 6-11-1 所示)、超级恒温槽、电磁搅拌器(带一枚磁子)、反应管(ϕ3~3.5 cm、高 10.5~11 cm)三根、夹套瓶(ϕ 约 4 cm、高 9.5~10 cm)、秒表、锥形瓶(150 mL)两个、容量瓶(100 mL)、烧杯(带刻度 150 mL)、量筒(10 mL)、洗瓶、酸式滴定管(50 mL)、移液管(50 mL)两支(公用)、移液管(10 mL)四支(公用)、洗耳球。

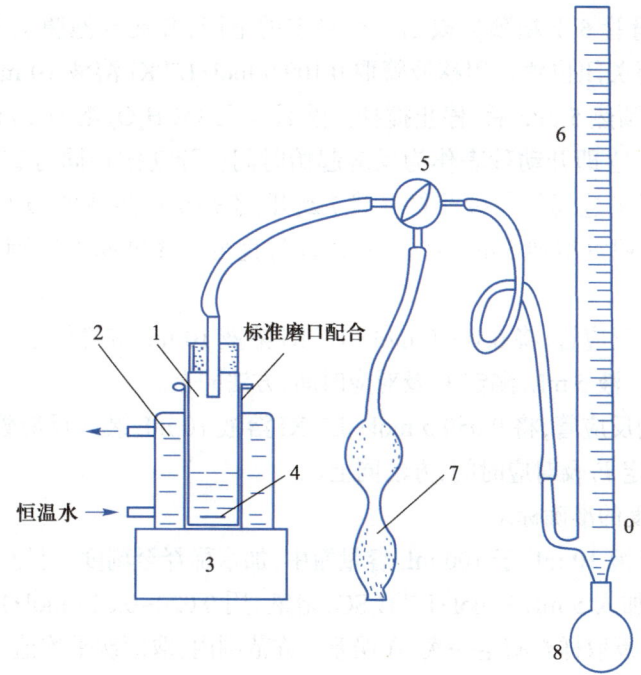

1—反应管;2—夹套瓶;3—电磁搅拌器;4—磁子;
5—三通旋塞;6—皂膜流量管;7—橡胶打气球;
8—橡胶帽

图 6-11-1 过氧化氢催化分解实验装置示意图

药品:H_2O_2 溶液(体积分数约为 3%)、KI 溶液(0.100 0 mol·L^{-1})、KI 溶液(0.050 0 mol·L^{-1})、$KMnO_4$ 标准溶液(0.020~0.025 mol·L^{-1})、H_2SO_4 溶液(3 mol·L^{-1})。

四、实验步骤

1. 恒温

接通恒温水浴电源,开动水泵,调节恒温水浴温度在 25 ℃,恒温水浴灵敏度达到 ± 0.2 ℃。

2. 皂膜流量计的润湿与检漏

按图 6-11-1 所示装好仪器,将三通旋塞 5 转至使橡胶打气球 7 仅与皂膜流量管 6 相通,然后缓缓鼓气入皂膜流量管 6 中,不断形成皂膜沿管从下至上全部润湿,但切勿使管壁挂有残留皂膜,并应注意实验过程中若皂膜流量管壁呈干燥状,则需再次润湿管壁。

待皂膜流量管润湿充分后,进行系统气密性检漏。塞紧反应管上的塞子,先用橡胶打气球 7 往反应管 1 中鼓足空气,旋转三通旋塞 5,使橡胶打气球 7 仅与皂膜流量管 6 相通,然后在管下端形成一稳定皂膜。将三通旋塞 5 转至使反应管 1 与皂膜流量管 6 相通,稍等片刻,观察皂膜位置变化情况,若皂膜停留在一个位置上则说明不漏气,可进行下面实验;若皂膜发生下滑,则说明漏气,需要排查堵漏。

3. V_t 及对应时间的测量

首先在皂膜流量管 6 下端预先鼓出一个稳定的皂膜,并使气泡膜上升至 0 刻度以上,然后转动三通旋塞 5 至关闭位置。用移液管取 0.100 0 mol·L^{-1} KI 溶液 10 mL 装入反应管 1 中,放入磁子,开动搅拌预热 5 min 后,停止搅拌。然后加入 3% H_2O_2 溶液 10 mL,旋紧胶塞,防止反应分解的 O_2 漏出,立即开动秒表作为反应起始时间。开动搅拌同时旋转三通旋塞 5,使反应管 1 与皂膜流量管 6 连通但与橡胶打气球 7 断开,于是反应生成的 O_2(g) 进入皂膜流量管中推动皂膜上升,体积每增加 5 mL 记录一次时间,直至气体体积上升到 40 mL,结束第一组实验。

取第二根干燥的反应管,将 0.100 0 mol·L^{-1} KI 溶液 10 mL 和蒸馏水 5 mL 装入其中,经预热后,加入 3% H_2O_2 溶液 5 mL,测定 V_t 及对应时间,方法同上。

取第三根干燥的反应管,将 0.050 0 mol·L^{-1} KI 溶液 10 mL 装入反应管中,预热后加入 3% H_2O_2 溶液 10 mL,测定 V_t 及对应时间,方法同上。

4. H_2O_2 溶液浓度的准确标定

移取 3% H_2O_2 溶液 10 mL 于 100 mL 容量瓶中,加水稀释至刻度,混匀。移取此溶液 10 mL 于锥形瓶中,用量筒加入 5 mL 3 mol·L^{-1} H_2SO_4 溶液,用 0.020~0.025 mol·L^{-1} $KMnO_4$ 标准溶液滴至淡红色为止。重复取样再滴定一次,在误差允许范围内,取两次平均值。同时记录大气压和室温。

实验结束后,将反应管等玻璃仪器洗净,整理实验台面,打扫实验室卫生。

五、数据记录与处理

1. 数据记录

H_2O_2 分解温度:_____ ℃;室温:_____ ℃;大气压:_____ Pa;水的饱和蒸气压 p^*:_____ Pa;$KMnO_4$ 溶液浓度:_____ mol·L^{-1};$KMnO_4$ 溶液滴定体积:V_1=_____ mL,V_2=_____ mL,$\bar{V}$=____ mL。

实验数据记录于表 6-11-1 中。

表 6-11-1　H_2O_2 分解氧气体积及时间

$c(KI)=$ _____ mol·L^{-1} $H_2O_2=$ _____ mL		$c(KI)=$ _____ mol·L^{-1} $H_2O_2=$ _____ mL		$c(KI)=$ _____ mol·L^{-1} $H_2O_2=$ _____ mL	
$V_t(O_2)$/mL	时间 t_1/s	$V_t(O_2)$/mL	时间 t_2/s	$V_t(O_2)$/mL	时间 t_3/s

2. 数据处理

（1）计算 H_2O_2 溶液的起始浓度 c_0。

（2）计算 V_∞ 的数值。

（3）将 $\ln(V_\infty - V_t)$ 及对应时间 t 的数据记录于表 6-11-2 中。作 $\ln(V_\infty - V_t) - t$ 图，由直线斜率求表观反应速率常数 k_1、k_2、k_3 及相应的半衰期 $t_{1/2}$。

表 6-11-2　$\ln(V_\infty - V_t)$ 及对应时间 t

$\ln(V_\infty - V_t)$	时间/s		$\ln(V_\infty - V_t)$	时间/s
	t_1	t_3		t_2

六、思考题

1. 什么是一级反应？其动力学特征有哪些？
2. 如何由实验验证 H_2O_2 催化分解反应是一级反应？如何由作图法求得反应速率常数 k？
3. 从理论上看，本实验在同一温度下，k_1、k_2、k_3 三者之间有什么关系？根据实验结果，实验测得的 k 值与 KI 溶液浓度的关系又如何？加入 H_2O_2 量的多少对测定速率常数有无影响？
4. 本实验的 V_∞ 是如何求取的？
5. 若在开始测定 V_t 时，已经先放掉了一部分氧气，则对实验结果有没有影响？为什么？

实验十二 乙酸乙酯皂化反应速率常数和活化能的测定

一、实验目的

1. 了解二级反应的特征,了解用电导法测定化学反应速率的原理;
2. 用电导法测定乙酸乙酯皂化反应的速率常数 k,并由所测 k 值计算反应活化能 E_a;
3. 掌握电导仪的使用方法。

二、实验原理

乙酸乙酯与碱的反应称为皂化反应,是典型的二级反应,其反应式为

$$CH_3COOC_2H_5 + NaOH \longrightarrow CH_3COONa + C_2H_5OH$$

	$CH_3COOC_2H_5$	$NaOH$	CH_3COONa	C_2H_5OH	
$t=0$ 时	c_0	c_0	0	0	(反应开始)
$t=t$ 时	c_0-c_x	c_0-c_x	c_x	c_x	
$t=\infty$ 时	0	0	$c_x \to c_0$	$c_x \to c_0$	(反应结束)

若反应物的起始浓度均为 c_0,在时间 t 时生成物的浓度为 c_x,则反应速率方程为

$$\frac{dc_x}{dt} = k(c_0 - c_x)^2 \qquad (6\text{-}12\text{-}1)$$

式中,c_0 为反应物的起始浓度;t 为反应时间;k 为反应速率常数,其值取决于温度,量纲为[时间]$^{-1}\cdot$[浓度]$^{-1}$。

式(6-12-1)积分得

$$\frac{c_x}{c_0(c_0-c_x)} = kt \qquad (6\text{-}12\text{-}2)$$

若以 $\dfrac{c_x}{c_0-c_x}$ 对 t 作图则可得一直线,这就是二级反应的特征之一。通过实验测出不同时刻 t 对应的 c_x 值,用作图法由直线斜率便可求得反应速率常数 k。

本实验采用电导法测量皂化反应进程中不同时刻反应的浓度变化。采用电导法的条件是反应物与生成物的电导率相差很大。对于皂化反应,由于溶液中导电能力强的 OH^- 逐渐被导电能力弱的 CH_3COO^- 取代,所以溶液的电导逐渐下降(溶液中 $CH_3COOC_2H_5$ 和 C_2H_5OH 的导电能力都很小,可忽略不计),即溶液的电导变化是与反应物浓度变化相对应的。因此用电导仪测定溶液在不同时刻的电导,进而可求算出反应速率常数 k。

根据电导定义:

实验十二 乙酸乙酯皂化反应速率常数和活化能的测定

$$G = \kappa \frac{A_s}{l} \tag{6-12-3}$$

式中,A_s 为电导池电极面积;l 为电导池两极间距离。在电解质溶液中,溶液总电导为各电解质电导之和。对于给定的电导池,A_s、l 均为固定的数值,则溶液的电导和电导率成正比关系。

在强电解质稀溶液中,可近似认为电导率与浓度 c 存在正比关系,而且溶液的电导率等于各电解质离子电导率之和。

$$\kappa = Kc \tag{6-12-4}$$

式中,比例常数 K 与物质性质及温度有关。

对于乙酸乙酯的皂化反应,测定溶液在不同时刻的电导,就可以监测反应系统的浓度变化。而在一定温度下,对于给定的电导池,测量系统的电导率变化又和系统的电导变化一致。

$t=0$ 时,溶液电导完全来源于反应物 NaOH 的浓度 c_0,因此测量此时电导率,

$$\kappa_0 = K(\mathrm{NaOH})c_0 \tag{6-12-5}$$

$t=\infty$ 时,可认为反应进行到底,即 OH^- 完全被 $\mathrm{CH_3COO}^-$ 代替,此时溶液的电导来源于浓度为 c_0 的 $\mathrm{CH_3COONa}$ 所产生的导电贡献,故用同一电导池测量,

$$\kappa_\infty = K(\mathrm{CH_3COONa})c_{x,\infty} = K(\mathrm{CH_3COONa})c_0 \tag{6-12-6}$$

$t=t$ 时,所测得的电导应是浓度为 (c_0-c_x) 的 NaOH 与浓度为 c_x 的 $\mathrm{CH_3COONa}$ 共同贡献的结果,用同一电导池测量,

$$\kappa_t = K(\mathrm{NaOH})(c_0 - c_x) + K(\mathrm{CH_3COONa})c_x \tag{6-12-7}$$

由式(6-12-5)、式(6-12-6)、式(6-12-7)联解可得

$$c_x = \left(\frac{\kappa_0 - \kappa_t}{\kappa_0 - \kappa_\infty}\right)c_0 \tag{6-12-8}$$

将式(6-12-8)代入式(6-12-2)得

$$kt = \frac{1}{c_0}\left(\frac{\kappa_0 - \kappa_t}{\kappa_t - \kappa_\infty}\right) \tag{6-12-9}$$

将式(6-12-9)右边分子上减去 κ_∞,再加上一个 κ_∞,经整理后可变为

$$\frac{1}{\kappa_t - \kappa_\infty} = \frac{kc_0}{\kappa_0 - \kappa_\infty}t + \frac{1}{\kappa_0 - \kappa_\infty} \tag{6-12-10}$$

由式(6-12-10)可知,若以 $\dfrac{1}{\kappa_t - \kappa_\infty}$ 对 t 作图,应得一直线,直线斜率为 $m = \dfrac{kc_0}{\kappa_0 - \kappa_\infty}$,截距 $b = \dfrac{1}{\kappa_0 - \kappa_\infty}$,故反应速率常数为

$$k = \frac{m}{c_0/(\kappa_0 - \kappa_\infty)} = \frac{m}{c_0 b} \tag{6-12-11}$$

实验时,用同一个电导池分别测得反应系统的 κ_0、κ_t 和 κ_∞,即可求得在该温度下皂化反应的速率常数 k。

反应速率常数 k 与温度 T 的关系一般符合阿伦尼乌斯方程,即

$$\ln k = -\frac{E_a}{RT} + B \tag{6-12-12}$$

或

$$\ln \frac{k_2}{k_1} = -\frac{E_a}{R}\left(\frac{1}{T_2} - \frac{1}{T_1}\right) \tag{6-12-13}$$

式中,B 为积分常数;E_a 为阿伦尼乌斯活化能。

分别测得不同温度下的 κ_0、κ_t 和 κ_∞,求得不同温度下的反应速率常数 k,用 $\ln k$ 对 $1/T$ 作图可得一直线,由直线斜率便可求出反应的活化能 E_a。

三、仪器和药品

仪器:恒温槽、DDS-11 型电导仪(铂电极)、秒表、100 mL 锥形瓶 4 个(作电导瓶,即反应瓶用)、50 mL 移液管(公用)、微量注射器(100 μL)、蒸馏水洗瓶。

药品:NaOH 溶液(0.010 0 mol·L^{-1})、CH$_3$COONa 溶液(0.010 0 mol·L^{-1})、乙酸乙酯(AR)。

四、实验步骤

1. 实验准备

调节恒温槽温度在(25±0.2)℃,开启并调节电导仪备用(使用及校正方法详见附录一"5. 电导仪和电导率仪")。测定并记录室温,将室温数据代入下面乙酸乙酯的密度计算公式中,计算出室温下乙酸乙酯的密度,并由此密度值计算出与 100 mL 0.010 0 mol·L^{-1} NaOH 溶液中所含 NaOH 物质的量相等的乙酸乙酯的体积。

乙酸乙酯的密度 ρ 与温度 t 关系式:

$$\rho/(\text{kg·m}^{-3}) = 924.54 - 1.168 \times (t/℃) - 1.95 \times 10^{-3} \times (t/℃)^2$$

式中,t 为乙酸乙酯的存放温度(本实验在室温下存放),乙酸乙酯的摩尔质量为 8.811×10^{-2} kg·mol^{-1}。

2. 25 ℃皂化反应 κ_0、κ_t 和 κ_∞ 的测定

移取 100 mL 0.010 0 mol·L^{-1} NaOH 溶液放入一个锥形瓶中,在另一个锥形瓶中倒入适量(以淹没过电极 1 cm 为宜)0.010 0 mol·L^{-1} CH$_3$COONa 溶液。将校正好的电极擦干后插入放有 NaOH 溶液的锥形瓶内。将两个锥形瓶放入恒温槽内的多孔板上进行恒温。恒温 20 min 后,测量 NaOH 溶液的电导率 κ_0。

用微量注射器吸取所算体积的乙酸乙酯,迅速注入已恒温的 NaOH 溶液锥形瓶中,同时开动秒表记下反应开始时间,并立即摇动锥形瓶使溶液混合均匀,然后每隔 1 min 测定一次溶液电导 κ_t,记录 8~9 个数据即可停止测定。

清洗电极,用蒸馏水校准后,擦干测定同温度下的 CH$_3$COONa 溶液的电导率,即 κ_∞。

3. 30 ℃及 35 ℃皂化反应 κ_0、κ_t 和 κ_∞ 的测定

调节恒温槽温度,按照同样方法测定 30 ℃及 35 ℃皂化反应的 κ_0、κ_t 和 κ_∞。

实验完毕,关闭仪器电源,清洗干净锥形瓶,打扫实验室卫生。

五、实验注意事项

1. 由于温度对反应速率影响较大,因此必须调整好恒温槽温度精度在 ±0.2 ℃以内,并保证反应溶液恒温充分。

2. 每次使用铂电极前,须先用蒸馏水冲洗干净后再用滤纸吸干水分。实验中,电极应全部浸入溶液中。实验结束后,应将铂电极放入盛蒸馏水的锥形瓶中保存。

3. 电导瓶在恒温过程中,一定要加塞盖严,以防 NaOH 溶液吸收空气中的 CO$_2$ 导致浓度变化。

4. 乙酸乙酯加入 NaOH 溶液后,应立即开始计时,之后需迅速将溶液摇匀。

六、数据记录与处理

1. 数据记录

室温:_____ ℃;乙酸乙酯密度:_____ kg·m^{-3};乙酸乙酯体积:_____ μL。

实验数据记录于表 6-12-1 中。

表 6-12-1　不同温度下不同时刻 t 所对应的电导率实验值

t/min	κ_t/(mS·m^{-1})			$(\kappa_t - \kappa_\infty)$/(mS·m^{-1})			[$1/(\kappa_t - \kappa_\infty)$]/(mS^{-1}·m)		
	25 ℃	30 ℃	35 ℃	25 ℃	30 ℃	35 ℃	25 ℃	30 ℃	35 ℃
0									
1									
2									
3									
……									
∞									

2. 数据处理

(1) 根据式(6-12-10)和式(6-12-11),以 $\dfrac{1}{\kappa_t - \kappa_\infty}$ 对 t 作图,由直线斜率 m 求 k,并比较截距 b 与实测 b_0 的偏差。

(2) 根据式(6-12-12),用不同温度下的 k 值,以 $\ln k$ 对 $1/T$ 作图,求本反应表观活化能 E_a。

七、思考题

1. 根据实验结果讨论二级反应的动力学特征。
2. 反应进程中溶液的电导率为什么发生变化?
3. 通过本反应说明通过测定反应系统的电导率变化来监测反应系统浓度变化的条件。
4. 在稀溶液的范围内,改变反应物起始浓度 c_0,测得的 k 值与本实验结果是否相同? 为什么?
5. 某学生用 50 mL 移液管移取 100 mL NaOH 溶液时,实际上只移取了一次(50 mL)便进行实验,并按本实验原理处理数据。其所得 k 值与移取 100 mL 溶液进行实验所得的 k 值是否相同?

实验十三　最大泡压法测定溶液的表面张力

拓展实验:
乙醇溶液
表面张力的
测定

一、实验目的

1. 掌握用最大泡压法测定溶液的表面张力的原理及操作;
2. 了解表面张力、表面功、表面吉布斯函数、表面吸附的概念及相互关系;
3. 恒温下测定不同浓度正丁醇水溶液的表面张力,计算表面吸附量及正丁醇分子的横截面积。

二、实验原理

处于物质表面层中的分子与体相中的分子二者所处的力场是不同的。以与饱和蒸气相接触的液体表面分子和内部分子受力情况为例:处于液体内部的分子所受周围分子的吸引力是呈球形对称的,合力为零;处于液体表面层中的分子所受液体内部分子对其的吸引力大于其蒸气分子对它的吸引力,而受恒指向液体内部的拉力。这种拉力使表面层中的分子有离开液面进入液体内部的趋势,使液体表面有自动缩小的倾向。这种使液面收缩的单位长度上的力称为表面张力(γ,单位为 $N \cdot m^{-1}$)。液体的表面张力是液体的重要性质之一,与液体的温度、压力和组成均有关系。

从热力学角度来看,液体表面层分子比内部分子具有更高的平均势能,即表面吉布斯自由能(表面吉布斯函数)。通常把增加单位面积表面所引起系统的吉布斯函数的改变量称为单位表面吉布斯函数(单位为 $J \cdot m^{-2}$)。它等于恒温恒压下增加单位面积表面,系统从外界得到的可逆的非体积功,即单位表面功(单位为 $J \cdot m^{-2}$)。表面张力与单位表面吉布斯函数、单位表面功虽为不同的物理量,但其量值与量纲均相同[式(6-13-1)]。

$$\gamma = \left(\frac{\partial G}{\partial A_s}\right)_{T,p} = \frac{\delta W_r'}{dA_s} \tag{6-13-1}$$

恒温恒压下,系统表面吉布斯函数减小的过程为自发过程。由表面吉布斯函数判据 $dG^s = \gamma dA_s + A_s d\gamma$ 可知,系统可通过减小表面积或降低表面张力两种方法来降低表面吉布斯函数。纯液体降低表面吉布斯函数的唯一途径是尽可能缩小其表面积。由于溶质能使溶剂的表面张力发生变化,因此溶液还可以通过调节溶质在表面层的浓度来降低表面吉布斯函数。

当在一定温度下把溶质加入纯液体中时,溶液的表面张力较纯液体会发生改变,同时会出现溶液表面层中溶质浓度与溶液本体浓度不同的现象,称为表面吸附。若溶质的加入使溶液表面张力下降,则溶质将自动从本体富集于溶液表面层以降低表面吉布斯函数,而扩散作用又使溶液本体及表面层中的溶质浓度趋于一致。当两种作用达平衡时,溶液表面层中溶质浓度会大于溶液本体浓度,这种情况称为正吸附。如低级脂肪酸、脂肪醇、醛的水溶液等,具有这种作用的物质称为表面活性物质。反之则称为负吸附,如 NaCl、KOH、蔗糖、甘油的水溶液,具有相应作用的该类物质称为表面惰性物质。

把单位面积表面层中溶质物质的量与溶液本体中等量溶剂所含溶质物质的量的差值称为溶质的表面过剩吸附量。研究溶液吸附通常是测定溶质在表面层的过剩吸附量。在一定的温度、压力下,溶质在表面层的过剩吸附量与溶液的表面张力、溶液浓度间的关系可用吉布斯吸附等温式表示:

$$\Gamma_B = -\frac{c_B}{RT} \cdot \frac{d\gamma}{dc_B} \tag{6-13-2}$$

式中,Γ_B 为溶质 B 在表面层的过剩吸附量,$mol \cdot m^{-2}$;c_B 为溶质 B 在溶液本体中的平衡浓度,$mol \cdot L^{-1}$;γ 为溶液的表面张力,$N \cdot m^{-1}$;T 为热力学温度,K。

在一定温度、压力下,测定一系列不同浓度溶液的 γ 值,作出 γ 随浓度 c_B 的变化曲线,在 γ-c 图上用作切线的方法求出曲线上不同浓度 c_B 对应的 $d\gamma/dc_B$ 值(图 6-13-1);或通过对实验曲线进行非线性回归求得表面张力随浓度的变化曲线方程 $\gamma=f(c)$,γ 对 c 求导可得不同浓度 c_B 下 $d\gamma/dc_B$ 值,最后代入吉布斯吸附等温式可计算 Γ_B。

表面活性物质均具有显著的不对称结构,一般是由亲水的极性部分(如 —OH,—COOH,—CONH$_2$ 等)和憎水的非极性部分(碳链或环等)构成的。在水溶液表面的表面活性物质分子,其极性部分朝向溶液内部,非极性部分朝向空气。表面活性物质分子在溶液表面的排列情形随其在溶液中的浓度不同而有所差异:当浓度极小时,溶质分子可以平躺在溶液表面,如图 6-13-2(a)所示;浓度增加到一定程度时,分子排列如图 6-13-2(b)所示;当浓度增加到较大时,表面活性物质分子占据所有表面形成单分子的饱和吸附层,如图 6-13-2(c)所示。

一定温度下,含表面活性物质的溶液系统的平衡表面过剩吸附量 Γ_B 与浓度 c_B 的关系可用朗缪尔单分子层吸附等温式表示:

$$\Gamma_B = \Gamma_m \frac{Kc_B}{1+Kc_B} \tag{6-13-3}$$

式中,K 为经验常数,与溶质的表面活性大小有关。Γ_m 为饱和吸附量,可近似认为是在单位表面上定向排列呈单分子层吸附时溶质的物质的量。

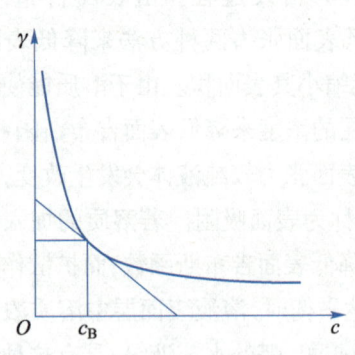

图 6-13-1　表面张力与浓度的关系

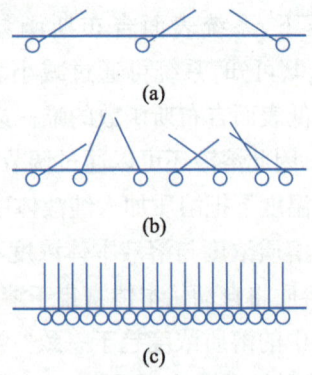

图 6-13-2　不同浓度时表面活性物质分子在溶液表面的排列情况

将式(6-13-3)进一步变形为

$$\frac{c_B}{\Gamma_B} = \frac{c_B}{\Gamma_m} + \frac{1}{K\Gamma_m} \quad (6\text{-}13\text{-}4)$$

将 c_B/Γ_B 对 c_B 作图得一直线,斜率的倒数就是 Γ_m。

若被吸附的溶质分子在表面上所占据的横截面积为 a_m,即分子的横截面积,则

$$a_m = \frac{1}{\Gamma_m L} \quad (6\text{-}13\text{-}5)$$

式中,L 为阿伏伽德罗常数。

表面张力的测定方法很多,教学中常采用的有毛细管上升法、最大泡压法、滴重或滴体积法、拉脱法等。本实验采用最大泡压法测量液体的表面张力。最大泡压法所依据的原理如下:将一毛细管端口刚好与溶液表面垂直相切,此时液体沿毛细管上升一定高度。随着向毛细管内缓慢加压,管内压力将管中液体压至管口,于是在毛细管口处形成气泡并慢慢长大,气泡的曲率半径由大逐渐变小,当气泡的曲率半径与毛细管口半径刚好相等时,气泡为半球状,曲率半径最小,而后又逐渐变大(图 6-13-3)。根据拉普拉斯方程可知,当气泡的曲率半径与毛细管口半径刚好相等时,泡内外压差最大,此时气泡所承受的压差为

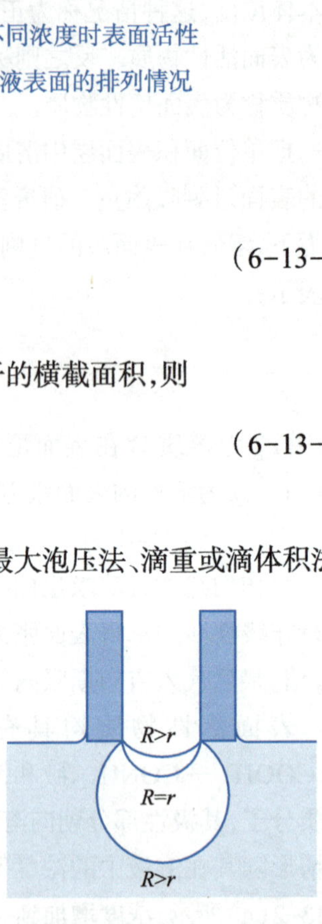

$$\Delta p_{max} = p_内 - p_外 = \frac{2\gamma}{r} \quad (6\text{-}13\text{-}6)$$

R—气泡的曲率半径;r—毛细管半径

图 6-13-3　气泡的形成过程

式中,Δp_{max} 为气泡内外最大压差,可通过数字式微压差测量仪测得;r 为毛细管半径,可通过已知表面张力的物质来标定。因此,测得 Δp_{max} 和 r,即可由式(6-13-6)计算溶液的表面张力。此后,随压力进一步变大,气泡的曲率半径随之变大,导致此时气泡表面膜所能承受的附加压力变小,

这两种作用促使毛细管中的气泡破裂或脱离管口。

三、仪器和药品

仪器：恒温水浴、增压装置、数字式微压差测量仪、具支试管、0.1 mL 移液管（用作毛细管内径为 0.15~0.2 mm）。

药品：蒸馏水、正丁醇溶液（0.05 mol·L^{-1}、0.10 mol·L^{-1}、0.15 mol·L^{-1}、0.20 mol·L^{-1}、0.25 mol·L^{-1}、0.30 mol·L^{-1}）。

四、实验步骤

1. 恒温及组装实验装置

调节恒温水浴至指定温度，将微压差测量仪电源开关打开，显示窗随即显示，预热 5 min 后在通大气的情况下将读数置零。将毛细管及试样管用蒸馏水清洗三次，加入适量蒸馏水后插入毛细管。调节毛细管的下端面至恰好与液面垂直相切。如图 6-13-4 连接好实验装置，注意装置不能漏气。记录恒温槽温度值，查出纯水在该温度下的表面张力。

2. 水的 Δp_{max} 的测定

盛有蒸馏水的试样管恒温 10 min 后，打开增压装置中分液漏斗的旋塞使水滴下，随着系统压力的逐渐增加，气泡开始从毛细管下端口逸出。调节水的滴下速度使微压差测量仪的读数缓慢增加，毛细管下端气泡一个一个地逸出。读取气泡生长过程中微压差测量仪读数的最大值。连续记录最高压差值三次求其平均值，以及纯水的 $\Delta p_{max}(H_2O)$。

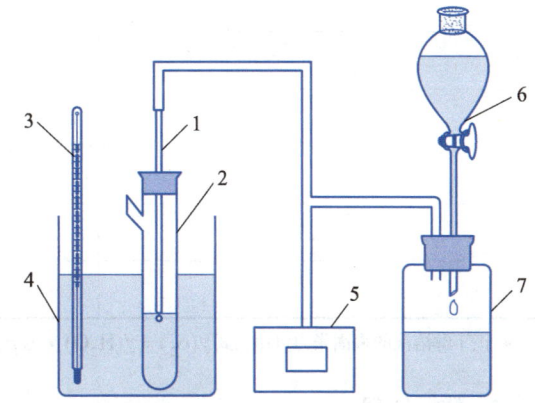

1—毛细管；2—具支试管；3—温度计；4—恒温水浴；
5—数字式微压差测量仪；6—分液漏斗；7—加压瓶

图 6-13-4　最大泡压法装置图

3. 不同正丁醇溶液 Δp_{max} 的测定

将试样管中纯水倒掉。按上述方法，由稀到浓依次测定浓度分别为 0.05 mol·L^{-1}、0.10 mol·L^{-1}、0.15 mol·L^{-1}、0.20 mol·L^{-1}、0.25 mol·L^{-1}、0.30 mol·L^{-1} 正丁醇溶液的最大压差值 Δp_{max}。实验前需用少量待测试样溶液润洗毛细管及试样管三次。

实验完毕，清洗试样管和毛细管，仪器复位，整理台面，打扫实验室卫生。

五、实验注意事项

1. 毛细管要清洗干净，管中不能有多段液柱出现，否则微压差测量仪会出现不正常的偏大示数。

2. 毛细管端口应平整，且一定要调节毛细管端口与液面垂直相切。

3. 控制增压速率,尽量使气泡一个一个地生成。

六、数据记录与处理

1. 数据记录

实验温度:_____℃;大气压:_____kPa;$\gamma(H_2O)$:_____N·m^{-1}。

实验数据记录于表6-13-1中。

表6-13-1 不同浓度正丁醇溶液的表面张力及表面吸附实验数据

正丁醇溶液浓度/(mol·L^{-1})	微压差测量仪示数 Δp_{max}/Pa				$\gamma/(N \cdot m^{-1})$*	$\Gamma/(mol \cdot m^{-2})$
	1	2	3	平均值		
纯水						

* 正丁醇溶液的表面张力可用公式 $\gamma(c_B) = \gamma(H_2O) \cdot \Delta p_{max}(c_B) / \Delta p_{max}(H_2O)$ 计算。

2. 数据处理

(1) 以浓度 c 为横坐标,表面张力 γ 为纵坐标作 $\gamma-c$ 图。

(2) 按实验原理中叙述的方法求得不同浓度 c_B 下的 $d\gamma/dc_B$ 值,最后代入吸附等温式计算出各浓度对应的 Γ 值并作出 $\Gamma-c$ 图。

(3) 以浓度 c 为横坐标,c/Γ 为纵坐标作 $(c/\Gamma)-c$ 图得一直线,该直线斜率的倒数即饱和吸附量 Γ_m,由 Γ_m 计算出正丁醇分子的横截面积 a_m。

七、思考题

1. 用最大泡压法测溶液的表面张力利用的是什么公式?实验中如何求得不同浓度正丁醇溶液的表面张力?

2. 如某学生在实验过程中不小心将毛细管打破,换用另一学生的毛细管继续进行实验,是否可以?为什么?

3. 对同一试样进行测定时,每次脱出气泡一个或连串两个的所读结果是否相同,为什么?

4. 实验中具支试管的支管为什么不能被液体封堵?

5. 如果将毛细管下端面插入待测液体内,则将给所测液体表面张力带来什么影响?

实验十四　固体自溶液中的吸附测定

一、实验目的

1. 掌握分光光度计法测定累托石对水溶液中亚甲基蓝吸附的原理和操作；
2. 了解固体自溶液中吸附的相关知识，测定一定温度下累托石对水中亚甲基蓝的吸附等温线；
3. 掌握 Langmuir 吸附等温式和 Freundlich 公式，并利用这两个吸附方程拟合吸附等温线，求取累托石对亚甲基蓝的吸附等温方程。

二、实验原理

固体自溶液中的吸附是界面化学领域中的一个重要方面，它在许多工业领域和科研中有着重要的应用，如织物的染色、离子交换、糖液的脱色、水的净化、色层分离和胶体的稳定等。由于溶剂的存在，固体自溶液中的吸附比固体对气体的吸附复杂得多，受许多因素的影响，如吸附剂孔径的大小、被吸附分子的大小、温度、吸附剂-吸附质-溶剂三者的相对极性及吸附剂的表面化学性质等。

固体自溶液中对溶质的吸附量，可根据吸附前后溶液浓度的变化来计算：

$$q_e = \frac{(\rho_0 - \rho_e)V}{m} \tag{6-14-1}$$

式中，q_e 为单位质量的吸附剂在溶液平衡浓度为 ρ_e 时的吸附量，$mg \cdot g^{-1}$；ρ_0 和 ρ_e 分别为溶液的初始浓度和吸附平衡后的质量浓度，$mg \cdot L^{-1}$；V 为溶液体积，L；m 为吸附剂的质量，g。在恒温恒压下，测定吸附量随浓度的变化关系，作图，即可得到吸附等温线。

吸附等温线因体系不同而有多种形式。当吸附等温线与气体吸附的 I 型等温线类似时，如图 6-14-1 所示，为单分子层吸附，人们常用 Langmuir 吸附等温式和 Freundlich 公式来描述具有这种等温线特征的固体自溶液中的吸附体系的吸附行为。

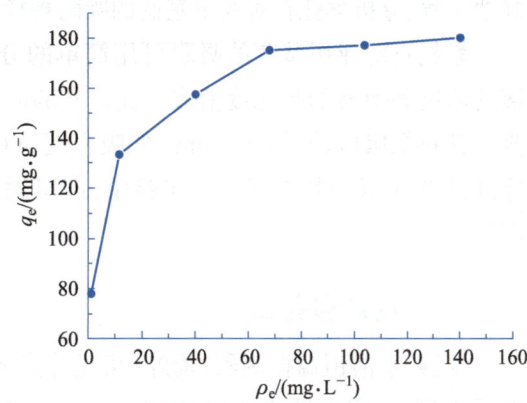

图 6-14-1　固体自溶液中的吸附 I 型等温线图

Langmuir 吸附等温式是应用最为广泛的单分子层吸附公式，方程的常用形式和线性方程形式为

$$q_e = \frac{Q_{max} b \rho_e}{1 + b \rho_e} \tag{6-14-2}$$

$$\frac{\rho_e}{q_e} = \frac{1}{bQ_{max}} + \frac{\rho_e}{Q_{max}} \tag{6-14-3}$$

式中，Q_{max} 为饱和吸附量，$mg \cdot g^{-1}$，是表征材料吸附功能的一个重要指标；b 为 Langmuir 常数，$L \cdot mg^{-1}$。

Freundlich 公式是一个在研究固体自溶液中的吸附时应用更为广泛的公式，它适用于不均一吸附剂表面的非理想吸附，其公式的常用形式及线性方程形式为

$$q_e = K_F \rho_e^{1/n} \tag{6-14-4}$$

$$\ln q_e = \ln K_F + \frac{\ln \rho_e}{n} \tag{6-14-5}$$

式中，n 为量纲一的与吸附强度有关的系数；K_F 为 Freundlich 吸附平衡常数，代表吸附能力大小。

亚甲基蓝（methylene blue，图 6-14-2），化学名称 3,7-双（二甲氨基）吩噻嗪-5-鎓氯化物，被广泛应用于化学指示剂、染料、生物染色剂和药物等方面。水体中亚甲基蓝的处理是工业印染废水处理的一个很重要的课题。累托石是一种具有特殊结构的黏土矿物，属钠钙层状构造铝硅酸盐矿物。累托石对亚甲基蓝具有较好的吸附作用。在稀溶液中，累托石对亚甲基蓝的吸附一般在 15 min 即可达 90% 以上的吸附率，在较短时间内即可达到吸附平衡，且等温线为 I 型等温线。通过测定一定温度下累托石对不同浓度亚甲基蓝水溶液吸附平衡时的溶液质量浓度 ρ_e 和吸附量 q_e，作 (ρ_e/q_e)-q_e 图，利用式（6-14-3）拟合实验数据，即可得到该温度下累托石对亚甲基蓝的 Langmuir 吸附等温式和该温度下的饱和吸附量；作 $\ln q_e$-$\ln \rho_e$ 图，利用式（6-14-5）拟合实验数据，则可得到该温度下累托石对亚甲基蓝的 Freundlich 公式。利用吸附等温方程可以更好地了解、分析累托石对亚甲基蓝的吸附规律。

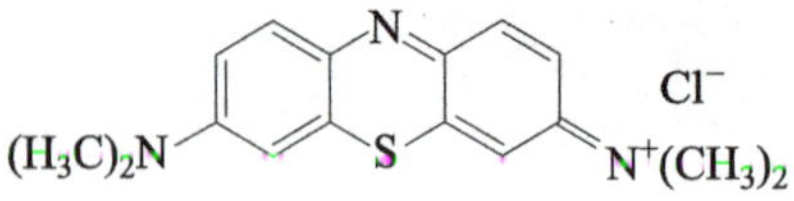

图 6-14-2 亚甲基蓝结构式

累托石对亚甲基蓝的吸附可用简单的分光光度法监测。在一定浓度范围内，亚甲基蓝溶液的浓度和溶液的吸光度值成正比。实验时，先配制不同浓度的亚甲基蓝溶液，用分光光度计测定其特征吸收峰处（662 nm）的吸光度值（以蒸馏水为空白试剂），作出吸光度随浓度变化的标准曲线并拟合其方程。在实验中，即可通过测量溶液的吸光度值，求取亚甲基蓝溶液的浓度值。

三、仪器和药品

仪器：水浴恒温振荡器，紫外-可见分光光度计（L6 型，带 2 个 1 cm 口径比色皿），万分之一电子天平，台式电动离心机（4 000 r/min），带盖 20 mL 玻璃瓶（作反应瓶），20 mL 移液管 6 支，1 mL 移液管 4 支，试管 6 支，10 mL 容量瓶 4 个，5 mL 一次性注射器，0.22 μm 滤膜、胶头滴管若干，不锈钢药匙，称量纸，洗耳球。

药品：累托石（钠基累托石矿粉，简称 REC），亚甲基蓝（简称 MB）标准溶液（浓度分别为 0 mmol·L^{-1}、0.010 mmol·L^{-1}、0.015 mmol·L^{-1}、0.020 mmol·L^{-1}、0.025 mmol·L^{-1}、

0.030 mmol·L^{-1}、0.035 mmol·L^{-1}、0.040 mmol·L^{-1}），亚甲基蓝待测溶液（浓度分别为 0.1 mmol·L^{-1}、0.2 mmol·L^{-1}、0.3 mmol·L^{-1}、0.4 mmol·L^{-1}、0.5 mmol·L^{-1}、0.6 mmol·L^{-1}），蒸馏水，无水乙醇（AR）。

四、实验步骤

1. 标准曲线的测定

打开分光光度计，等待仪器自检完毕，即可使用。在仪器操作面板上选择"光度测量"，设置测量波长为 662 nm，分析数据值为"吸光度"。然后，以蒸馏水为参比溶液，用分光光度计依次由稀到浓测定标准溶液在 662 nm 处的吸光度值。

注意：每个试样测量完毕，需用蒸馏水、无水乙醇将试样池清洗干净，并用吹风机吹干。

2. 吸附等温线的测定

接通水浴恒温振荡器的电源，设定振荡器温度为 30 ℃，调节振荡器为振荡模式，转速 300 r·min^{-1}。用 20 mL 移液管分别将不同浓度的 MB 待测溶液移入 6 个 20 mL 的反应瓶中。准确称量 6 份 6.0~7.0 mg 的 REC 试样，分别加入上述反应瓶中，盖紧瓶盖，将反应瓶放入振荡器中进行恒温、振荡反应 1 h。取出反应瓶，用注射器分别抽取 3~5 mL 反应后的溶液，在注射器前端安上滤膜，将滤液分别注射入不同的试管中并依浓度由小到大依次标记为 1~6 号。取 1、2 号的滤液测定其在 662 nm 处的吸光度值并记录。取 3~6 号滤液 1 mL 加入容量瓶中稀释到 10 mL，然后分别测定其在 662 nm 处的吸光度值并记录。注意：反应瓶、试管、容量瓶需做好标记以示区别；记录好不同反应瓶中加入 REC 的试样量。

实验结束后，关闭振荡器和分光光度计，将废液倒入废液缸中，清洗反应中用到的玻璃仪器，整理好实验台。

五、数据记录与处理

1. 标准曲线的绘制

将标准试样的吸光度随浓度变化的数据记录于表 6-14-1 中，根据实验数据绘制出标准曲线并拟合出吸光度和浓度的线性关系。

表 6-14-1　标准试样的吸光度随浓度变化的数据

（λ_{max}:662 nm；参比液体:蒸馏水）

MB 浓度 $c/(\text{mmol}\cdot\text{L}^{-1})$	0	0.010	0.015	0.020	0.025	0.030	0.035	0.040
吸光度 A								

2. 吸附等温线的测定

将 30 ℃ 下累托石对不同初始浓度亚甲基蓝溶液吸附平衡时吸附量的测定结果列于表 6-14-2 中。根据表 6-14-2，作 q_e-ρ_e 图，即 30 ℃ 下累托石对亚甲基蓝的吸附等温线。注意浓度不同单位的换算,其中亚甲基蓝摩尔质量 $M = 373.89 \text{ g}\cdot\text{mol}^{-1}$,则

$$\rho_e = c_e M$$

$$q_e = (c_0 - c_e) VM/m$$

表 6-14-2　30 ℃下累托石对在不同初始浓度亚甲基蓝溶液中的吸附量表

溶液初始浓度 $c_0/(\text{mmol}\cdot\text{L}^{-1})$	REC 质量 m/g	吸附平衡后吸光度值 A	溶液平衡浓度 $c_e/(\text{mmol}\cdot\text{L}^{-1})$	溶液平衡质量浓度 $\rho_e/(\text{mg}\cdot\text{L}^{-1})$	平衡吸附量 $q_e/(\text{mg}\cdot\text{g}^{-1})$	$\ln\rho_e$	$\ln q_e$
0.1							
0.2							
0.3							
0.4							
0.5							
0.6							

3. 吸附等温方程的求取

作 (ρ_e/q_e)-q_e 图和 $\ln q_e$-$\ln \rho_e$ 图,分别用式(6-14-3)和式(6-14-5)拟合 30 ℃下累托石对亚甲基蓝的吸附等温线实验数据,得出 30 ℃下累托石对亚甲基蓝的 Langmuir 吸附等温式和 Freundlich 公式。

六、思考题

1. 固体吸附剂对溶液中溶质的吸附受哪些因素影响?
2. 可用 Langmuir 吸附等温式描述的吸附行为具有哪些特征?
3. 在测定 6 组溶液吸附平衡后的浓度时,为何将 3~6 号试样稀释十倍后测量其吸光度值?
4. 通过实验结果分析,Langmuir 吸附等温式和 Freundlich 式比较,哪个能够更好地描述累托石对水中亚甲基蓝的吸附行为?

实验十五　表面活性剂的类型鉴别及临界胶束浓度 CMC 的测定

一、实验目的

1. 掌握不同类型表面活性剂的鉴别方法；
2. 了解表面活性剂的特性及胶束形成原理；
3. 用电导法测定十二烷基硫酸钠的临界胶束浓度。

二、实验原理

1. 表面活性剂的类型及鉴别

表面活性剂是指加入少量就能显著降低溶液表面张力的一类"两亲性"分子。通常表面活性剂分子同时含有亲水的极性基团和憎水的非极性碳链或环。表面活性剂可以从用途、物理性质、化学性质或化学结构等方面进行分类，最常用的是按化学结构来分类，大体上可以分为离子型和非离子型两类。当表面活性剂溶于水时，凡能解离生成离子的称为离子型表面活性剂；凡在水中不能解离的，称为非离子型表面活性剂。离子型表面活性剂按其在水溶液中解离后具有表面活性作用的部分的电性，还可以进一步分类，具体分类如图 6-15-1 所示。

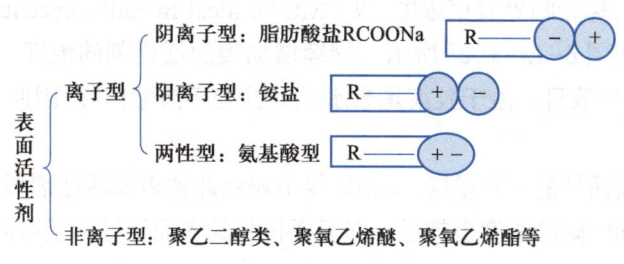

图 6-15-1　表面活性剂的分类

不同的表面活性剂有不同的性质，可以利用不同的方法将它们鉴别开来。常用的鉴别方法有染料法和浊点法。

与表面活性剂相似，染料也可分为阳离子型染料和阴离子型染料（图 6-15-2）。例如，亚甲基蓝是阳离子型染料，其带色离子是阳离子；溴酚蓝是阴离子型染料，其带色离子是阴离子。由于阴离子型表面活性剂与阳离子型染料、阳离子型表面活性剂与阴离子型染料均可生成不溶于水而能溶于油的有色复合物，因此当油相（如三氯甲烷）存在时，复合物就会转移到油相使油相着色，可以用染料将阴离子型表面活性剂和阳离子型表面活性剂鉴别开来。非离子型表面活性

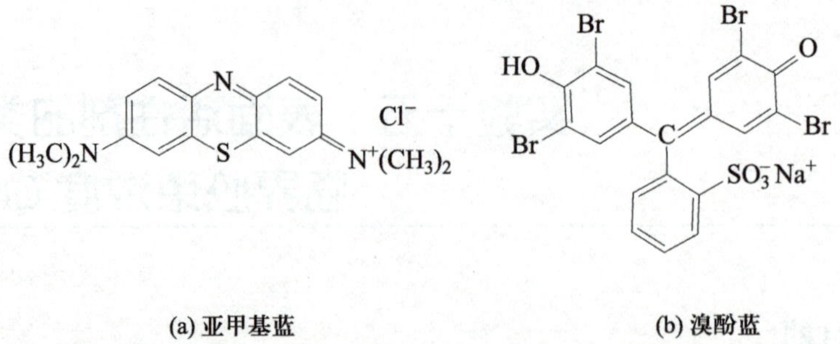

(a) 亚甲基蓝　　　　　　　　　　　　(b) 溴酚蓝

图 6-15-2　阳离子型染料亚甲基蓝和阴离子型染料溴酚蓝的分子结构

剂与上述染料不发生反应，可用浊点法来鉴别。具有浊点是聚氧乙烯型非离子型表面活性剂的一般特征，阴离子型表面活性剂和阳离子型表面活性剂都没有浊点。如果一种溶液有浊点，则可证明是聚氧乙烯型非离子型表面活性剂。

2. 临界胶束浓度 CMC 及其测定

将表面活性剂加入水中，溶液浓度较小时，部分表面活性剂分子自动聚集于表面层，使水和空气的接触面减小，溶液的表面张力显著降低。大部分表面活性剂的分子分布在溶液的表面层，非极性的基团翘出水面。另有一些表面活性剂分子则分散在水中，几个分子相互接触，憎水性基团靠拢在一起，形成简单的聚集体，如图 6-15-3(a) 所示。当溶液浓度足够大时，表面层中挤满一层定向排列的表面活性剂分子，形成单分子膜。在溶液本体则形成具有一定形状的胶束，它是由几十个或几百个表面活性剂分子，排列成憎水基团向里、亲水基团向外的多分子聚集体，如图 6-15-3(b) 所示。胶束中许多表面活性剂分子的亲水性基团与水分子相接触；而非极性基团则包在胶束中，几乎完全脱离水环境。因此胶束在水溶液中能稳定存在。开始形成胶束时所需表面活性剂的最低浓度，称为临界胶束浓度，以 CMC(critical micelle concentration) 表示。当溶液浓度超过 CMC 后［如图 6-15-3(c) 所示］，继续增加表面活性剂的浓度，只能增加胶束的个数或胶束中所包含分子的数目。由于胶束是亲水性的且处于溶液内部，因此不能使溶液表面张力进一步降低。

CMC 是溶液表面活性的一种量度。CMC 越小表示此种表面活性剂形成胶束所需的溶质浓度越低，达到表面饱和吸附的浓度也越低。即只要很少的表面活性剂就可起到润湿、乳化、增溶、

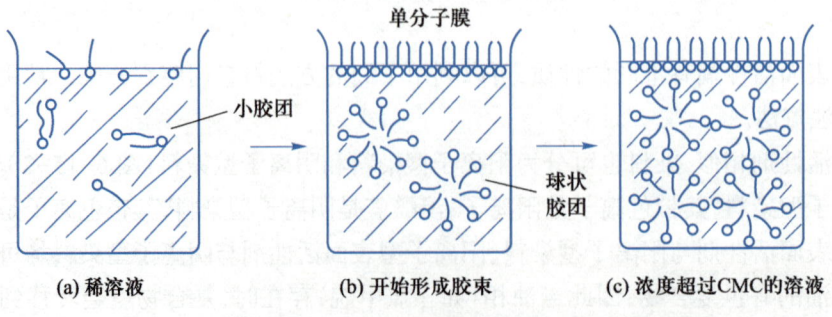

图 6-15-3　表面活性剂分子在溶液本体及表面层中的分布

起泡等作用。在 CMC 之上,由于溶液的结构发生改变,许多物理化学性质(如表面张力、电导、渗透压、浊度和光学性质等)都会随着胶束的出现而发生改变,如图 6-15-4 所示。原则上,这些物理化学性质随浓度的变化都可以用于 CMC 的测定,但是经常使用的方法是表面张力法、电导法和染料法等。本实验使用电导法测定表面活性剂的 CMC 值。

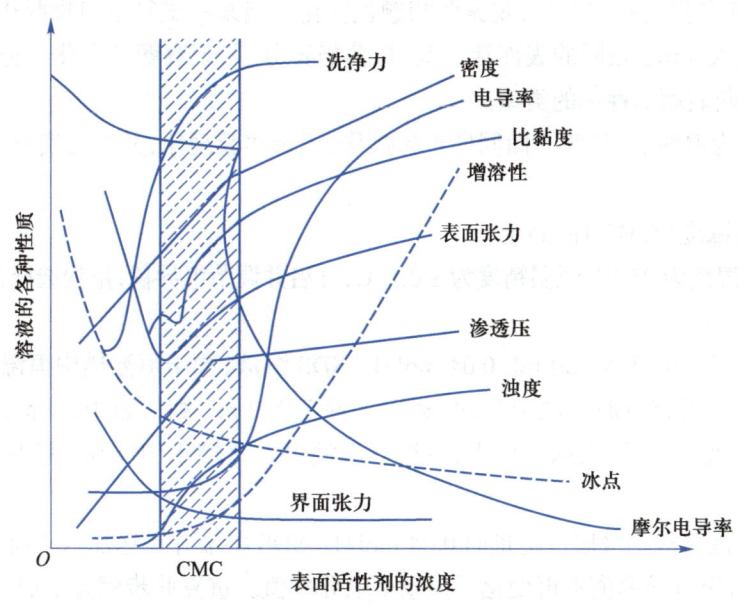

图 6-15-4 表面活性剂溶液性质与浓度的关系图

在离子型表面活性剂溶液中,对电导有贡献的主要是带长链烷基的表面活性剂离子和相应的反离子,而胶束的贡献极为微小。从离子贡献大小来考虑,反离子大于表面活性剂离子,对于浓度低于 CMC 的表面活性剂稀溶液,电导率的变化规律与强电解质一样,摩尔电导率与浓度、电导率与浓度均呈线性关系。当溶液浓度达到 CMC 时,随着溶液中表面活性剂浓度的增加,单体的浓度不再变化,增加的是胶束的个数,由于对电导贡献大的反离子固定于胶束的表面,它们对电导的贡献明显下降,电导率随溶液浓度增加的趋势将会变缓,据此作 $\kappa - c$ 曲线,由曲线的转折点可求出 CMC 值。

三、仪器和药品

仪器:恒温槽、DDS-11 型电导仪(附铂黑电极)、250 mL 细口瓶 2 个(作电导瓶用)、150 mL 锥形瓶、10 mL 移液管、5 mL 量筒 6 个(公用)、100 mL 容量瓶、滴管 5 支、试管 6 支、蒸馏水洗瓶。

药品:十二烷基磺酸钠溶液(SDS,质量分数为 0.05%,0.04 mol·L^{-1})、十六烷基三甲基溴化铵溶液(CTAB,质量分数为 0.05%)、OP-10 溶液(质量分数为 0.1%)、亚甲基蓝(AR)、溴酚蓝(AR)、蒸馏水、CHCl$_3$(AR)。

四、实验步骤

1. 表面活性剂的类型鉴别

取 3 支 10 mL 试管各加入 3 mL 的氯仿（$CHCl_3$）、1 mL 亚甲基蓝，分别向每支试管中逐滴加入 1 mL 表面活性剂 SDS（质量分数为 0.05%）、CTAB（质量分数为 0.05%）和 OP-10 溶液（质量分数为 0.1%），充分振荡静置分层，观察两相颜色变化。当某一试管中出现两相颜色相近时，再向试管中逐滴加入 4 mL 相同的表面活性剂，振荡静置分层，观察颜色变化。记录实验现象，并根据实验现象判断表面活性剂的类型。

把染色剂换为溴酚蓝，依照上面同样步骤操作，记录实验现象，并根据实验现象判断表面活性剂的类型。

2. 临界胶束浓度（CMC）的测定

调节恒温槽温度为 25 ℃，恒温精度为 ± 0.1 ℃，开启并调节电导仪，量程选择 2 mS·cm^{-1}，校正电极常数。

向干燥的锥形瓶中移入 150 mL 0.04 mol·L^{-1} SDS 溶液，置于恒温槽中恒温 30 min，用挂钩固定并塞紧胶塞。用容量瓶移取 100 mL 蒸馏水置于 250 mL 细口瓶中，将铂黑电极用蒸馏水清洗干净后用滤纸吸干，插入细口瓶中，电极下端浸没在蒸馏水中。细口瓶用挂钩固定，预热 30 min。

用 10 mL 移液管准确吸取一定量的 0.04 mol·L^{-1} SDS 溶液并迅速加入蒸馏水中，混合均匀，观察电导率值，直至电导率值不再变化后记录下电导率值。重复此步骤直至加入的 SDS 溶液总体积为 100 mL，总的加入次数不少于 12 次。注意加入的 SDS 溶液的体积尽可能使浓度变化分布均匀，如可采取的一种加入方式为（8 × 10+10 × 2）mL。

实验结束后，清洗玻璃仪器并整理实验台。

五、实验注意事项

1. 临界胶束浓度的测定实验中，反应溶液要充分恒温。每次移取 SDS 溶液体积要准确，保证浓度的准确性。加入 SDS 溶液后要经常摇动电导瓶，使液体均匀恒温。

2. 使用铂黑电极时，每次均须先用蒸馏水冲洗干净后再用滤纸吸干水分，注意不要用纸擦拭，以免擦掉铂黑。使用过程中电极片必须完全浸入待测溶液中。实验结束后，应将铂黑电极放入盛有蒸馏水的锥形瓶中保存。

六、数据记录与处理

1. 表面活性剂的类型鉴别实验现象记录及表面活性剂类型判断

表面活性剂的鉴别实验结果记录于表 6-15-1 中。

表 6-15-1　表面活性剂的鉴别实验结果

染色剂	表面活性剂	现象	表面活性剂类型
亚甲基蓝	SDS		
	CTAB		
	OP-10		
溴酚蓝	SDS		
	CTAB		
	OP-10		

2. SDS 溶液的 CMC 的测定

（1）数据记录

室温：_____ ℃；大气压：_____ kPa；SDS 溶液浓度：_____ mol·L^{-1}。

实验数据记录于表 6-15-2 中。

表 6-15-2　表面活性剂溶液 25 ℃ 下的电导率

序号	加入 SDS 溶液体积 V/mL	SDS 溶液浓度 c/(mol·L^{-1})	电导率 κ/(mS·cm^{-1})
1			
2			
3			

（2）作 κ-c 图，由曲线转折点确定 25 ℃ 下 SDS 临界胶束浓度 CMC 值。

七、思考题

1. 利用电导法测定表面活性剂 CMC 的原理是什么？
2. 实验中影响 CMC 的因素有哪些？
3. 非离子型表面活性剂能否用本实验方法测定 CMC？若不能，则可用何种方法测定？

实验十六　溶胶的制备、ζ电势与电解质聚沉值的测定

知识拓展：
制备溶胶
的几种
方法

一、实验目的

1. 掌握化学凝聚法制备氢氧化铁溶胶的方法；
2. 观察溶胶的电泳现象，利用界面移动法测定溶胶的ζ电势；
3. 比较电解质的聚沉能力。

二、实验原理

溶胶是一种分散相粒子在某个方向上的线度（直径）介于 1~1 000 nm 的多相高分散系统。由于分散相粒子的颗粒小，比表面积大，溶胶系统具有很高的界面能，是热力学不稳定系统。溶胶粒子间有相互聚结而降低其表面能的趋势，制备溶胶时必须有稳定剂的存在。制备好的溶胶通过净化处理，除去多余的电解质或其他杂质，可在相对较长时间内稳定存在。总之，高度分散的多相性和热力学不稳定性是溶胶系统的主要特征，也是研究溶胶系统性质、形成、稳定与破坏的出发点。

本实验采用化学凝聚法制备 $Fe(OH)_3$ 溶胶。化学凝聚法是通过化学反应（如复分解反应、水解反应、氧化还原反应等）使生成物呈过饱和状态，然后由分子分散状态逐步凝聚结合为胶体粒子而得到溶胶。用 $FeCl_3$ 溶液在沸水中进行水解反应可制备 $Fe(OH)_3$ 溶胶。反应式如下：

$$FeCl_3 + 3H_2O \xrightarrow{\text{沸腾}} \underset{\text{(红棕色溶胶)}}{Fe(OH)_3} + 3HCl$$

由于水解不完全，因而溶液中过量的 $FeCl_3$ 起到稳定剂的作用。
$Fe(OH)_3$ 溶胶的胶团结构如下：

$$\underbrace{\underbrace{\underbrace{[Fe(OH)_3]_m \cdot nFe^{3+}}_{\text{胶核}} \cdot (3n-x)Cl^-\}^{x+} \overset{A}{\underset{B}{\vdots}} xCl^-}_{\text{胶粒}}}_{\text{胶团}}$$

整个胶团是电中性的。其中 $Fe(OH)_3$ 微粒选择性地吸附 Fe^{3+} 形成带正电荷的胶核，在靠近胶核表面 1~2 个分子厚的区域内一部分反离子 Cl^- 受到胶核强烈吸引牢固地结合在胶核表面形成紧密层，其余反离子从紧密层一直分散到溶液本体，形成扩散层。由于离子的溶剂化作用，紧密层结合有一定数量的溶剂分子，在电场的作用下，它和胶粒作为一个整体移动，而扩散层中的反离子则向相反的电极方向移动。这种在电场作用下分散相粒子相对于分散介质的运动称为电泳。发生相对移动的界面称为滑动面（A⋯⋯B），滑动面包围的带电荷的固体部分称为胶粒，整个扩散层加上其所包围的胶粒形成电中性的胶团。滑动面到液体本体的电位差称为电动电势或ζ

电势。

ζ电势是表征胶粒特性的重要物理量之一,对研究胶体性质及解决胶体的稳定性问题都有重要意义。ζ电势可用下式计算:

$$\zeta = \frac{\eta v}{\varepsilon E} \qquad (6-16-1)$$

式中,η 为分散介质黏度,单位为 Pa·s;v 为胶粒电泳速度,单位为 m·s^{-1},$v=l/t$,l 为电泳时胶粒移动的距离,l 的单位为 m,t 为电泳时间,t 的单位为 s;ε 为分散介质的介电常数,$\varepsilon = \varepsilon_r \varepsilon_0$,$\varepsilon_r$ 为分散介质的相对介电常数,若介质为水则 $\varepsilon_r = 81$;ε_0 为真空介电常数,其值为 8.85×10^{-12} F·m^{-1};E 为电场强度(电势梯度),单位为 V·m^{-1},$E = V/L$,V 为电极上外加电压,V 的单位为 V,L 为两电极间距离,L 的单位为 m。

于是式(6-16-1)可改写为

$$\zeta = \frac{\eta L l}{\varepsilon_r \varepsilon_0 V t} \qquad (6-16-2)$$

根据式(6-16-2)可知,通过电泳实验测定加在两电极上的电压 V,电极间距离 L,以及胶粒电泳速度 v,就可算出该溶胶的 ζ 电势。

溶胶能够在相对较长时间内稳定存在的主要原因是胶粒带电荷、水化膜的存在和布朗运动。其中最主要的原因是胶粒带电荷,带同性电荷的胶粒相互排斥,会阻止粒子间的相互聚结。若向溶胶中加入电解质,电解质中与胶粒电荷相反的离子进入紧密层而使胶粒所带电荷量降低,即 ζ 电势降低,当胶粒间的斥力不足以维持胶粒稳定,就会互相聚结成大颗粒而沉降。电解质使溶胶聚沉的能力主要取决于与胶粒所带电荷相反的离子电荷数,电荷数越大,聚沉能力越强。将一定时间,使一定量的溶胶发生明显聚沉所需电解质的最小浓度,称为该电解质的聚沉值。将聚沉值的倒数定义为聚沉能力。某电解质的聚沉值越小,其聚沉能力越大。

三、仪器和药品

仪器:DYY-6C 稳压电泳仪、铂丝电极 2 只、1 000 W 封闭式电炉、滴定管架、秒表、U 形电泳管、漏斗、1 m 长乳胶管、250 mL 和 500 mL 烧杯、10 mL 量筒、5 mL 和 10 mL 移液管、试管 15 支、细铜丝、直尺。

药品:10% $FeCl_3$ 溶液、稀盐酸[辅助液,体积比 $V(H_2O):V(HCl)=300:1$]、$AgNO_3$ 溶液、KSCN 溶液、KCl 溶液(2.5 mol·L^{-1})、K_2SO_4 溶液(0.025 mol·L^{-1})、$K_3[Fe(CN)_6]$ 溶液(0.01 mol·L^{-1})、蒸馏水。

四、实验步骤

1. $Fe(OH)_3$ 溶胶的制备

在 250 mL 烧杯中放 100 mL 蒸馏水,加热至沸腾,不断搅拌下慢慢逐滴加入 10 mL $FeCl_3$ 溶液,加完后继续沸腾 2 min,得透明的红棕色 $Fe(OH)_3$ 溶胶。立刻用冷水将溶胶冷却至室温。

2. Fe(OH)$_3$溶胶的纯化

把制得的Fe(OH)$_3$溶胶,置于半透膜内,用线拴住袋口,置于500 mL烧杯内,在60~70 ℃下,先用自来水,再用蒸馏水,每次渗析时间15 min。严格来说,渗析后取1 mL检验其Cl$^-$及Fe^{3+}(检验时分别用AgNO$_3$溶液及KSCN溶液),直至不能检查出Cl$^-$和Fe^{3+}为止。此步可视实验学时长短选做。

3. ζ电势的测定

将电泳管洗干净,按图6-16-1将电泳管和漏斗用乳胶管连接。关闭电泳管旋塞,从漏斗中注入溶胶,缓慢打开旋塞,让少许溶胶填充旋塞内孔以赶出旋塞孔内空气,注意不要让溶胶进入U形管。在U形管中注入辅助液,至液面高度达到U形管刻度以上1~2 cm处。将电泳管固定在滴定管架上,在两端管口上分别插入铂丝电极,使电极端面等高。缓慢打开旋塞,使溶胶缓慢升入U形管,注意保持溶胶与辅助液间的界面清晰,直至铂丝电极浸入辅助液中(1~1.5 cm),关闭旋塞。分别记录下界面在U形管两臂的刻度数。将电极与电泳仪连接,打开电泳仪电源,设定电泳电压50 V,电泳时间30 min,按下"启/停"键开始电泳,待30 min仪器自动停止通电并蜂鸣示警结束。分别记录电泳后界面在U形管两臂的刻度数,以界面在两臂移动的平均距离为界面移动距离l。用铜丝沿电泳管的中心线量取两电极间的距离L,根据式(6-16-2)计算ζ电势。

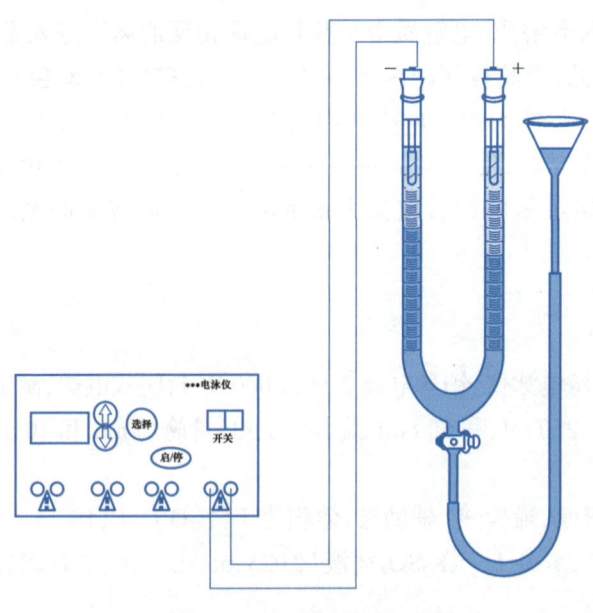

图6-16-1 电泳装置示意图

4. 电解质对Fe(OH)$_3$溶胶聚沉能力的测定

取5支试管,用10 mL移液管移取10 mL KCl溶液至第一支试管;从第一支试管中移出1 mL至第二支试管,再向第二支试管中移入9 mL蒸馏水,混匀;从第二支试管中移出1 mL至第三支试管,再向第三支试管中移入 9 mL 蒸馏水,混匀;依此法配好第四支、第五支试管中溶液,并将第五支试管中的溶液移出 1 mL 弃之。每支试管中溶液浓度顺次相差 10 倍。再在上述每支试管中加入 1 mL Fe(OH)$_3$ 溶胶(用 5 mL 移液管移取),用秒表记录时间,并将各试管中液体摇匀。15 min 后,仔细观察各试管中的现象,记录使溶胶发生明显聚沉(浑浊)的电解质的最小浓度。用同样方法进行 K$_2$SO$_4$ 及 K$_3$[Fe(CN)$_6$] 溶液使 Fe(OH)$_3$ 溶胶聚沉的实验。

五、实验注意事项

1. 制备 Fe(OH)$_3$ 溶胶时,切勿长时间加热,加热会破坏溶胶的稳定性。
2. 电泳实验中,在使溶胶缓慢升入 U 形电泳管时,需特别注意进入速度慢而平缓,以保证溶胶与辅助液间的界面清晰,此操作是电泳实验的关键。
3. 铂丝电极为贵重配件,使用时需轻拿轻放。

六、数据记录与处理

1. 数据记录

室温:_____℃;大气压:_____kPa;η(H$_2$O):_____Pa·s。

实验数据记录于表 6-16-1 中。

表 6-16-1 Fe(OH)$_3$ 溶胶 ζ 电势测定的实验数据

通电时间 t/s	两极电压 V/V	电泳前界面刻度/cm		电泳后界面刻度/cm		界面移动平均距离 l/cm	电极间距离 L/cm
		左臂	右臂	左臂	右臂		

2. 数据处理

(1)通过实验现象指出 Fe(OH)$_3$ 溶胶胶粒所带电荷种类,并用式(6-16-2)计算 Fe(OH)$_3$ 溶胶的 ζ 电势。

(2)求 KCl、K$_2$SO$_4$ 及 K$_3$[Fe(CN)$_6$] 溶液对 Fe(OH)$_3$ 溶胶的聚沉值,并用聚沉值的倒数比较它们的聚沉能力,以 KCl 溶液对 Fe(OH)$_3$ 溶胶的聚沉值为 1。

七、思考题

1. 什么是溶胶?本实验制备 Fe(OH)$_3$ 溶胶的方法及具体原理是什么?Fe(OH)$_3$ 溶胶的稳定剂是何种物质?
2. 何谓电泳?影响电泳速度的因素有哪些?
3. Fe(OH)$_3$ 溶胶胶粒带何种电荷?写出 Fe(OH)$_3$ 溶胶的胶团结构。
4. 什么是 ζ 电势?
5. 电泳辅助液的选择根据什么条件?
6. 电解质引起胶体聚沉的原因是什么?

实验十七 累托石对亚甲基蓝吸附动力学研究

实验教学视频

一、实验目的

1. 了解固体吸附剂对溶液中溶质的吸附动力学模型;
2. 掌握吸附准二级反应动力学特征,并利用吸附准二级反应动力学模型确定累托石对水溶液中亚甲基蓝吸附反应的动力学方程。

二、实验原理

溶液中的吸附是一个较复杂的过程,吸附质从液相中被吸附到吸附剂颗粒中,可以分为吸附剂周围流体界膜中吸附质的迁移(外扩散)、吸附剂颗粒内扩散和吸附剂内的吸附反应等几个过程。吸附动力学主要用来描述吸附剂吸附溶质的快慢,可通过动力学模型对数据进行拟合,推断其吸附机理。

固体吸附剂对溶液中溶质的吸附动力学过程可用准一级、准二级、韦伯-莫里斯(Weber-Morris)内扩散、班厄姆(Bangham)扩散等模型来描述。常采用准一级、准二级速率方程来描述和分析固液吸附的动力学过程。

其中,准一级吸附模型如下:

$$\frac{\mathrm{d}q_t}{\mathrm{d}t} = k(q_e - q_t) \tag{6-17-1}$$

式中,q_t、q_e 分别为 t 时刻和平衡时的吸附量,$\mathrm{mg \cdot g^{-1}}$;t 为对应的反应时间,$\min$;k 为吸附速率常数,$\min^{-1}$。将式(6-17-1)积分可得

$$\ln(q_e - q_t) = \ln q_e - kt \tag{6-17-2}$$

准二级吸附模型如下:

$$\frac{\mathrm{d}q_t}{\mathrm{d}t} = k(q_e - q_t)^2 \tag{6-17-3}$$

式中,q_t、q_e 分别为 t 时刻和平衡时的吸附量,$\mathrm{mg \cdot g^{-1}}$;t 为对应的反应时间,$\min$;k 为吸附速率常数,$\mathrm{mg^{-1} \cdot g \cdot min^{-1}}$。将式(6-17-3)积分可得

$$\frac{t}{q_t} = \frac{1}{kq_e^2} + \frac{t}{q_e} \tag{6-17-4}$$

研究固体吸附质吸附溶剂的动力学时,把一定量的固体吸附剂加入具有一定初始浓度的溶液中,测定一系列时刻对应的吸附量及吸附平衡后的吸附量,作 $\ln(q_e-q_t)$-t 图和 t/q_t-t 图,分别用式(6-17-2)和式(6-17-4)对实验数据进行拟合,可通过拟合图形的线性吻合度判断反应适

合的动力学模型,同时可求取速率常数和平衡吸附量,进而确定出反应的速率方程。

累托石是一种具有特殊结构的黏土矿物,属钠钙层状构造铝硅酸盐矿物,因为晶体构造层间含水及阳离子 Na^+ 或 Ca^{2+},具有很强的吸附力和阳离子交换能力。常温下累托石能较快地吸附水溶液中的阳离子型染料亚甲基蓝,经过实验研究其吸附动力学符合准二级吸附动力学模型。通过测定累托石对亚甲基蓝的吸附量随反应时间的变化,可利用准二级反应动力学模型对实验数据进行拟合,验证实验结果,同时求取其速率方程和平衡吸附量。累托石对亚甲基蓝的吸附过程中溶液浓度的变化可用简单的分光光度法监测,其原理可参见本章实验十四,这里不再赘述。

三、仪器和药品

仪器:水浴恒温振荡器、紫外-可见分光光度计(L6型,带2个1 cm口径比色皿)、万分之一电子天平、台式电动离心机(4 000 r/min)、250 mL具塞锥形瓶、250 mL量筒、5 mL一次性注射器、0.22 μm滤膜、胶头滴管若干、不锈钢药匙、称量纸。

药品:累托石(钠基累托石矿粉,简称REC)、亚甲基蓝(简称MB)标准溶液(浓度分别为 0 mmol·L^{-1}、0.010 mmol·L^{-1}、0.015 mmol·L^{-1}、0.020 mmol·L^{-1}、0.025 mmol·L^{-1}、0.030 mmol·L^{-1}、0.035 mmol·L^{-1}、0.040 mmol·L^{-1})、亚甲基蓝溶液(0.2 mmol·L^{-1})、蒸馏水、无水乙醇(AR)。

四、实验步骤

1. 标准曲线的测定

打开分光光度计,等待仪器自检完毕,即可使用。在仪器操作面板上选择"光度测量",设置测量波长为662 nm(亚甲基蓝在水溶液中的特征吸收波长),分析数据值为"吸光度"。然后,以蒸馏水为参比溶液,用分光光度计依次由稀到浓测定标准溶液在662 nm处的吸光度值。

2. 吸附动力学的测定

接通水浴恒温振荡器的电源,设定振荡器温度为30 ℃,调节振荡器为振荡模式,转速300 r/min。在250 mL锥形瓶中加入200 mL初始浓度为0.2 mmol·L^{-1}的MB溶液,用胶塞塞紧瓶口,放入振荡器中恒温。准确称取90 mg的REC,暂停振荡,迅速将REC加入恒温好的200 mLMB溶液中,快速塞住塞子,同时开始计时,开启振荡。当反应到5 min时,立刻用注射器取出约3 mL试样溶液,在注射器前端安上滤膜,将滤液注射入分光光度计试样池中,用分光光度计测定其在662 nm处吸光度值。之后每隔一定时间(10 min、15 min、20 min、25 min、30 min)用上述方法测定取出液在662 nm处的吸光度值。注意:动力学实验操作一定要迅速平稳。

实验结束后,关闭振荡器和分光光度计,将废液倒入废液缸中,清洗反应中用到的玻璃仪器,整理好实验台。

五、数据记录与处理

1. 标准曲线的绘制

将标准试样的吸光度随浓度的变化数据记录在表6-17-1中,根据实验数据绘制出标准曲线并拟合出吸光度和浓度的线性关系。

表 6-17-1　标准溶液浓度及吸光度

(λ_{max}:662 nm;参比液体:蒸馏水)

MB 浓度 $c/(\text{mmol}\cdot\text{L}^{-1})$	0	0.010	0.015	0.020	0.025	0.030	0.035	0.040
吸光度 A								

2. 吸附动力学研究

将 30 ℃下不同反应时间累托石对亚甲基蓝的吸附量实验数值记录于表 6-17-2 中,作 $t/q_t - t$ 图,用式(6-17-4)对实验数据进行拟合,同时求取速率常数和平衡吸附量,确定出反应的速率方程。

表 6-17-2　30 ℃下累托石对亚甲基蓝吸附量随时间的变化

溶液初始浓度 c_0 = 0.2 mmol·L^{-1};亚甲基蓝摩尔质量 M = 373.89 g·mol^{-1};ρ_0 = _____ mg·L^{-1};累托石的质量 m = _____ g;溶液总体积 V = _____ mL。

时刻 t/min	溶液吸光度 A	溶液浓度 $c_t/(\text{mmol}\cdot\text{L}^{-1})$	溶液质量浓度 $\rho_t/(\text{mg}\cdot\text{L}^{-1})$	吸附量 $q_t/(\text{mg}\cdot\text{g}^{-1})$	t/q_t
5					
10					
15					
20					
25					
30					

注:其中吸附量 $q_t = (\rho_0 - \rho_t)V/m$。

3. 将本实验拟合所得的平衡吸附量与本章实验十四中实验测量的平衡吸附量进行比较。

六、思考题

1. 固体吸附剂对溶液中溶质的吸附动力学模型有哪些?

2. 可以通过哪些数据说明用准二级吸附动力学模型描述累托石对水中亚甲基蓝的吸附行为是可行的?

3. 如何判断是否可用准一级吸附动力学模型描述累托石对水中亚甲基蓝的吸附行为?请用本实验的数据进行分析说明。

实验十八　循环伏安法结合理论化学计算研究苯醌及其衍生物的氧化还原电势

一、实验目的

1. 学习循环伏安法的原理和实验技术,利用循环伏安法测量苯醌及其衍生物的标准还原电势;

2. 学习量子化学计算的基本原理及量子化学计算软件 Gaussian 的使用方法,利用 Gaussian 计算苯醌及其衍生物的电子结构、热力学性质及其氧化还原电势;

3. 通过将循环伏安实验测量的苯醌及其衍生物的氧化还原电势与 Gaussian 计算结果进行对比,验证理论与实验的符合程度,并考察苯醌及其衍生物氧化还原电势差别来源。

实验教学视频

二、实验原理

1. 循环伏安法测量物质氧化还原电势基本原理

循环伏安法是一种经典的电化学研究方法,该方法使用的仪器简单,操作方便、图谱解析直观,在电化学、无机化学、有机化学、生物化学等多研究领域被广泛应用。

在循环伏安法中,工作电极以一定的速率在给定的电压范围内进行连续三角波扫描[图6-18-1(a)]。电势向阴极方向扫描时,电极中的电子能量升高,导致系统中的活性物质被还原;电势向阳极方向扫描时,电极中的电子能量降低,电子从电活性物质流向电极,活性物质又被氧化。伴随电势扫描,电活性物种在电极表面交替地被氧化和被还原,在循环伏安图上出现电流方向相反的两个峰,分别为氧化峰和还原峰,对应峰电势分别为 E_{P_O} 和 E_{P_R}。

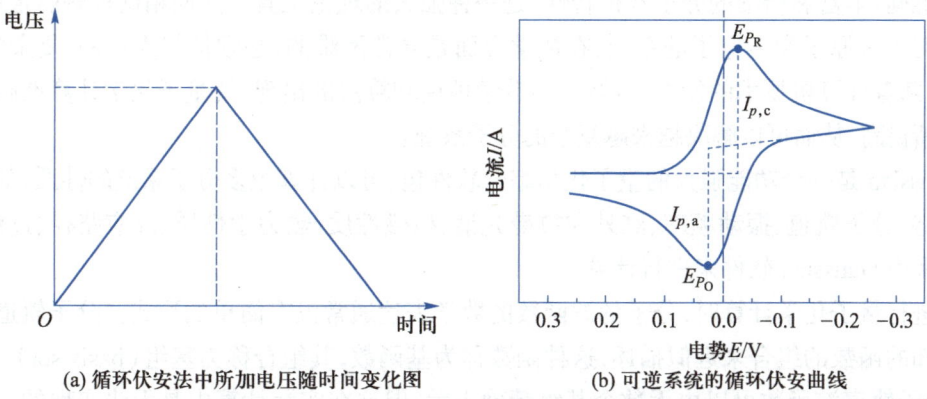

图 6-18-1　循环伏安法测量物质氧化还原电势图

当分子与电极可以进行快速的电子交换,以至于在电压扫描的每个时刻,电极表面的氧化及还原物种的活度都与电极电势形成平衡,这种情况称为可逆过程。

对于溶液中的活性物质发生的电极反应:$Ox + ze^- \longrightarrow Red$,其氧化还原物种的活度与电极电势符合能斯特方程:

$$E = E^\ominus - \frac{RT}{zF} \ln \frac{a_{Red}}{a_{Ox}}$$

式中a_{Ox}和a_{Red}分别为氧化和还原物种的活度,E和$E^\ominus$分别为电极电势和标准电极电势。

对于一个理想的可逆系统[图6-18-1(b)],循环伏安测试中的两个峰电流大小相等,即$|I_{p,c}| = |I_{p,a}|$,且对于n电子反应,两峰的峰电势(E_{P_O}和E_{P_R})会分裂开,即$\Delta E_P = |E_{P_O} - E_{P_R}| = \left(\frac{57.0}{n}\right)$ mV,氧化峰和还原峰的平均电势称为该循环伏安曲线的半波电势$E_{1/2}$。此时电极表面的氧化和还原物种浓度相同[Ox] = [Red]。在大量支持电解质存在的情况下,如果氧化还原物种在溶剂中溶解度相差不大,它们的浓度相同时活度也近似相同,即$a_{Ox} \approx a_{Red}$,因而根据能斯特方程,此时的电极电势$E = E_{1/2} \approx E^\ominus$。

循环伏安法测量标准电极电势简便易行,不需严格控制氧化还原物种浓度,数据分析方便。本实验测量苯醌及其衍生物的循环伏安曲线,从曲线中氧化还原峰的峰电流的大小及峰分裂判断其可逆性,进而就可用其半波电势找到其标准电化学势。

2. 量子化学计算

量子化学计算是从量子力学的原理和方法出发,利用现代计算机的强大计算能力,通过解多原子分子系统的薛定谔(Schrödinger)方程得到分子的本征特性,是化学研究的重要现代化工具。

依据量子力学理论,已知一个分子系统的基本物理量,包括原子核和电子的质量和电荷,就可以通过求解薛定谔方程得到一个系统的能量和波函数,进一步就可以算出分子的所有性质。这一方法不依赖任何其他的测试,只靠基本的原子本身的物理量,通过计算得到分子的所有性质,因此又称为从头计算(ab initio calculation)方法。相比各种实验方法,理论计算原则上可以得到更准确、丰富和精细的分子本征特性,是一种强大的理论工具。然而精确求解薛定谔方程,尤其是对于多原子和多电子的系统,在数学方面是异常困难的,必须依赖大量的、复杂的计算。近年来,随着计算机技术的发展,以及诸多数学理论和算法的出现,使量子化学计算准确程度和效率不断提高,从而可以解决越来越复杂的分子系统。

Gaussian是一个功能强大的量子化学综合软件包,可以计算很多分子系统的性质,如原子电荷和电势、分子轨道、振动频率、红外和拉曼光谱、核磁性质、热力学性质、反应路径、过渡态等。本实验采用Gaussian软件来进行计算。

在进行量子化学计算时,分子的波函数的数学表达通常没有简单的形式。分子轨道必须用其他已知的函数的组合来近似描述,这种函数称为基函数,其组合称为基组(basis set)。原则上来说,分子轨道波函数可以由无数个基组精确表示,但这在实际计算中是无法实现的。因此必须找到合适的近似基组,既能足够精确的描述波函数,又不会导致过大的计算量。其中最常用的是用 Gaussian 轨道(GTO)将原子的不同价层用不同数量的 GTO 组合来近似。如 3-21G 表示内核轨道由 3 个 GTO 组成,价层轨道的内层部分由 2 个 GTO 组成,外层由 1 个 GTO 组成。而 6-31G 则表示内核轨道由 6 个 GTO 组成,价层轨道的内层部分由 3 个 GTO 组成,外层由 1 个 GTO 组成。此外原子相互靠近时对电子波函数的极化及最外围电子的弥散效应也需进行一些校正。如 6-31G+d 就是在 G-31G 的基础上增加了弥散和极化修正,从而可以改善计算的准确度。

在计算出分子轨道和能级后,分子的各种形式的运动的能量,包括平动、转动、振动、电子运动,都可以算出。从而分子的配分函数 q 也就可以得到:

$$q = \sum_j e^{-\varepsilon_j/(k_B T)}$$

式中 j 表示所有运动形式的能量态,ε_j 为相应的能量,k_B 为玻耳兹曼因子,T 为温度。

依据统计力学原理,有了配分函数,所有的热力学量就都可以算出。例如,系统的熵(S):

$$S = R + R\ln q + RT\left(\frac{\partial \ln q}{\partial T}\right)_V$$

式中 R 为理想气体常数。

而系统的热能 E,即设定基态能量为零时的热力学能,也可以算出:

$$E = RT^2\left(\frac{\partial \ln q}{\partial T}\right)_V$$

再利用公式 $G = E + RT - TS$,即可算出吉布斯自由能。

本实验中,将利用 Gaussian 软件计算 1,4-苯醌,1,4-萘醌,四甲基-1,4-苯醌的氧化还原电势。首先需要计算醌分子及其还原态半醌负离子自由基的吉布斯自由能差 ΔG。以苯醌为例,首先计算苯醌分子的吉布斯自由能 G_{BQ},再计算半醌负离子自由基的吉布斯自由能 $G_{BQ(-)}$,后者与前者的差值即为反应的吉布斯自由能差。

$$\Delta G = G_{BQ(-)} - G_{BQ} = -zFE$$

这里需要注意的是,这一方法得到的电势是相对于真空能级的,即绝对电势。而经典的电极电势都是相对标准氢电极的。它们之间可以用标准氢电极的绝对电势(4.44 V)进行换算。

利用 Gaussian 计算可同时给出分子轨道的波函数图形,并可以查看最高占有轨道和最低未占有轨道的能量。

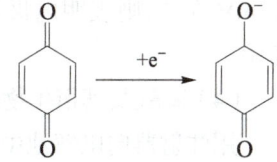

图 6-18-2 苯醌分子与半醌负离子自由基的氧化还原对

三、仪器和药品

仪器:电化学工作站、玻璃碳电极、Ag/AgO 参比电极、铂丝对电极、电解池、超声波清洗机、氮气球、打磨工作电极使用的麂皮抛光布和抛光粉、玻璃仪器、分析天平。量子化学计算 Gaussian 工作站。

药品：乙腈、分子筛、四丁基四氟硼酸铵电解质、二茂铁、1,4-苯醌、1,4-萘醌、四甲基-1,4-苯醌(杜醌)。

四、实验步骤

1. 循环伏安法测定苯醌及其衍生物的氧化还原电势

（1）配制溶液

配制浓度为 0.1 mol·L^{-1} 的四丁基四氟硼酸铵的乙腈电解质溶液 80 mL。依次称取苯醌、萘醌、杜醌、二茂铁各 10 mg，分别溶于 10 mL 乙腈-电解质溶液，配制成浓度在 1~5 mmol·L^{-1} 的系列苯醌衍生物的电解质溶液。

注意：由于苯醌衍生物的电化学行为对质子溶剂敏感，故所用乙腈溶剂需提前用分子筛干燥。

（2）准备电极

将对电极和参比电极在乙腈溶剂中超声清洗 3 min，擦干备用。在麂皮抛光布上加上少许 0.3 μm 尺寸的 α-Al$_2$O$_3$ 粉末，滴加少许水使其分散。将玻璃碳电极垂直于抛光布表面，轻轻施加压力，以画"8"字的方式打磨约 3 min。在水中超声清洗 3 min。用蒸馏水冲洗 30 s 以除去 Al$_2$O$_3$ 抛光粉，用氮气枪吹干。放入乙腈溶剂中超声清洗 30 s，以除去可能残留的有机杂质及上一步可能残留的水。用氮气枪吹干备用。

注意：电化学反应都是在电极表面发生的，工作电极的表面是否平整、干净决定了电化学测试的效果，工作电极的打磨和清洁是循环伏安法最关键的部分。同时在每个实验结束后，均需清洗电极，以保证电极表面清洁。工作电极在乙腈溶剂中超声 30 s 后用 N$_2$ 吹干，对电极和参比电极用乙腈溶剂清洗，擦干备用。

（3）二茂铁检验电极和电解池是否工作正常

向电解池中加入已配好的二茂铁-电解质-乙腈溶液。将电极放入电解池，依次连接工作电极、对电极和参比电极。启动电化学工作站，进入程序，设置参数：初电势 0 V，高电势 0.8 V，低电势 0.4 V，扫描速度 0.1 mV/s，扫描段数 8 次，灵敏度 1×10^{-5}。开始测量，查看图形分析，观察氧化峰与还原峰的峰电流值及峰电势。如氧化还原电流大致相等，且氧化还原峰电势相差 70 mV 左右，则表明电极过程为理想可逆过程，电极状态良好，电解池工作正常，可进行下一步实验。

（4）苯醌及其衍生物的电极电势的测定

用注射器向电解池中加入 6 mL 苯醌-乙腈-电解质溶液。由于苯醌及其衍生物都在较低的电势下还原，溶剂中的氧气会对还原造成干扰，因而需要除掉溶剂中的氧气。用氮气球向溶液中通 10 min 氮气以除氧。打开程序，改变参数：高电势 0 V，低电势 -1 V，扫描次数 8 次。点击开始。结束后查看图形，观察氧化还原电流是否大致相等，氧化还原峰电势相差是否在 70 mV 左右，判断电极反应是否为理想可逆过程。记录峰电势数据。

按上述方法测量萘醌和杜醌的电极电势。实验结束后，将电极及电解池用乙腈洗净干燥。关闭电化学工作站。

2. 用 Gaussian 软件计算苯醌及其衍生物的氧化还原电势

（1）构建分子

打开 GaussView 5.0 界面。点击工作栏 "View" 菜单下的 "Builder" 面板。在面板中用鼠标左键点击苯环标志，再在工作窗中点击鼠标左键，创建出苯分子。而后将苯环对位的两个 CH 基团替换成为碳氧双键，点击工具栏上的 "clean" 按钮得到粗略的分子构型。苯醌的分子结构即构建完成。

（2）优化分子结构和计算分子性质

点击菜单栏中的 "Calculate" 菜单下的 "Calculation Setup" 选项。在 "Job Type" 中选 "optimization"，优化分子构型。在 "Method" 中，选择计算有机分子最常用的密度泛函理论，即 DFT 方法，B3LYP 杂化泛函。基组先选取比较小的 3-21G 基组，以进行快速的结构优化。"Solvation" 选项选择 "CPCM" 模型下的乙腈溶剂。点击 "submit" 按钮提交任务，保存文件后点击 "OK" 选项开始计算。

第一次计算完成后，将生成的检查点文件，即 "chk" 文件，用 GaussView 打开，再次设置计算参数。除了优化结构，还需计算分子的振动频率和分子振动的能级等信息，以便计算热力学函数。因而 "job type" 选择 "optimization+ frequency"。同时为了增加计算的准确性，"method" 设置中选用更大的 6-31G 基组，同时增加扩散和极化效应，即选择 "+d"。而后点击 "submit" 提交，开始第二次计算。

计算完成后打开 Gaussian 的输出文件，即后缀为 "log" 的文件。在文件中，找到并记录下热力学能、吉布斯自由能及熵相关热力学数据。点击工作栏的分子轨道编辑选项，可以查看最高占有轨道和最低未占有轨道的能量。

（3）苯醌的还原态的计算

打开苯醌的初始输入文件，将 "method" 中的电荷处变成 "-1"，其他参数与苯醌保持相同。同样先在 3-21G 基组下先优化结构，而后在 6-31G+d 下进一步优化结构并计算分子性质。

（4）萘醌和杜醌计算

萘醌和杜醌计算过程与苯醌类似，构建分子时萘醌在萘环基础上替换羰基，杜醌在苯醌上将氢原子替换为甲基即可。

五、数据记录与处理

（1）绘制出苯醌、萘醌和杜醌三种物质的循环伏安曲线，并求出这三种物质的氧化还原电势。

（2）记录 Gaussian 计算所得的苯醌、萘醌和杜醌三者的最低未占有轨道的波函数图形及能量。

（3）将 Gaussian 计算中得到的苯醌及其衍生物的理论计算热力学数据记录于表 6-18-1 中，由这些数据计算得到三种物质的氧化还原电势。

表 6-18-1 苯醌 (BQ) 及其衍生物萘醌 (NQ)、杜醌 (DQ) 的理论计算热力学数据

氧化还原对	BQ→BQ(-1)	NQ→NQ(-1)	DQ→DQ(-1)
$\Delta\varepsilon_0/(kJ\cdot mol^{-1})$			
$\Delta E_T/(kJ\cdot mol^{-1})$			
$\Delta E/(kJ\cdot mol^{-1})$			
$T\Delta S/(kJ\cdot mol^{-1})$			
$\Delta G/(kJ\cdot mol^{-1})$			

六、思考题

1. 在测定苯醌及其衍生物的电极电势前,为何需要先测定二茂铁系统?
2. 苯醌及其衍生物的氧化还原电势的实验测量值与理论计算值存在偏差的原因是什么?
3. 利用 Gaussian 计算得到的热力学数据,分析苯醌、萘醌和杜醌三种物质反应前后的吉布斯自由能变化的差别来源。

第七章 有机化学基础实验

有机化学主要涉及有机化合物的转化与转变过程,具体的一些实验技能,不同于其他学科的要求。关于有机化学实验和操作的原理与基础知识,具体参见第二章与第三章的内容。本章为有机化学实验的具体内容,涉及固体、液体各种不同的基本操作,反应过程控制,分离与精制等实验过程。本章安排了十八个有机化学实验,供不同专业选用与组合。

实验一 蒸馏与减压蒸馏

实验1.1 蒸馏

一、实验目的

1. 掌握通过蒸馏分离和提纯物质的方法;
2. 掌握实验仪器的选用、实验装置的安装和拆卸方法。

二、实验原理

实验原理详见第三章3.12节。

三、仪器和药品

仪器:100 mL 圆底烧瓶、蒸馏头、直形冷凝器、接引管、温度计、锥形瓶等。
药品:工业乙醇 30 mL。

四、实验步骤

依照本书第三章3.12节的要求,按图3-12-2安装实验装置。将量取的30 mL工业乙醇通过长颈漏斗加到100 mL圆底烧瓶中,放入2~3粒沸石,装好温度计(注意温度计水银球的位置)。通入冷凝水后(下进水、上出水)开始加热,开始加热时电压可稍高,当液体沸腾后调低电压,使蒸气平衡上升至包裹温度计水银球,然后再调节电压控制蒸馏速度,以接引管流出液流出速度1~2滴/s为宜。当温度计读数达到并稳定在77 ℃时,取下前馏分,换上洁净干燥的接收瓶,收集78 ℃左右的稳定馏分(纯液体的沸点范围在0.5~1 ℃)。如果不再有馏出液流出,温度下降,则说明乙醇组分已蒸完,停止蒸馏。注意记录开始收集乙醇馏分时的温度和收集最后一滴乙醇馏分的温度。另外,当圆底烧瓶中仅剩有少量残液时,应当停止蒸馏,以避免圆底烧瓶干烧发生破裂或引发其他安全事故。

实验完毕,撤去热源,关闭冷凝水,再按照第三章 3.12 节的要求,依序拆卸实验仪器。

取下接收器,将收集的馏出液用量筒量出体积,记录回收量并计算回收率。馏出液倒入回收瓶中以便回收利用。

五、思考题

1. 为什么蒸馏时最好控制馏出液的速度为 1~2 滴/s？
2. 为什么在蒸馏时蒸馏瓶所盛液体的量不应超过容积的 2/3,也不应少于容积的 1/3？
3. 如果液体具有恒定的沸点,那么能否认为该液体是纯净的物质？

实验 1.2 减压蒸馏

一、实验目的

1. 了解减压蒸馏的基本原理和应用范围；
2. 掌握减压蒸馏仪器的安装和减压蒸馏操作方法。

二、实验原理

实验原理详见本书第三章 3.13 节。

三、仪器和药品

仪器:圆底烧瓶、克氏蒸馏头、直形冷凝器、双叉(或多叉)接引管、磁子、磨口温度计、压力计、真空泵及保护装置等。

药品:自来水 30 mL。

四、实验步骤

依照本书第三章 3.13 节图 3-13-2 安装减压蒸馏装置(注意:仪器的所有磨口位置都要涂少许真空油脂以保证系统不漏气;可在圆底烧瓶中放入磁子,用磁搅拌替代毛细管)。安装完毕后,开启磁搅拌,观察搅拌是否正常,关闭安全瓶上连接的旋塞,开启真空泵检查装置系统的气密性,观察能否达到实验所要求的真空度,如果真空保持情况良好,则说明系统密封性好,然后缓慢打开安全瓶上的旋塞,通大气,使系统内外压力相等。

通过长颈漏斗向圆底烧瓶中加入 30 mL 自来水(一般装入的液体量不超过圆底烧瓶容积的 2/3,也不要少于 1/3)。

开启真空泵,逐渐关闭安全瓶上连接的旋塞,从压力计上观察系统内压力大小,如果压力过低,则小心旋转旋塞慢慢引进少量空气,使系统达到所要求的压力,当达到所要求压力且保持稳定后,通入循环冷却水,开始加热,慢慢升温,当液体沸腾后调节热源,控制蒸馏速度维持在1~2滴/s,蒸馏过程中密切注意温度计和压力计的读数变化。使用一个接收器(注意:不可用平底容器作接收器),接收前馏分,当达到所需温度时转动接引管,用另一个接收器接收目标馏分,记录下压力与温度。

蒸馏结束后,先停止加热,撤去热源,缓慢旋开安全瓶上连接的旋塞,使空气慢慢进入装置中,使系统内的压力缓缓恢复到常压状态(注意:不可直接关闭真空泵,以防倒吸),然后关闭真空泵,停通冷却水,按照第三章3.13节的要求,依次拆卸实验仪器。

取下接收器,测量体积(或称量),计算产率。馏出液倒入回收瓶中以便回收利用。

五、思考题

1. 如何检查减压系统的气密性?
2. 减压蒸馏时需要吸收保护装置,为什么?
3. 开始减压蒸馏时,为什么要先抽气再加热?而结束时为什么要先移开热源,再停止抽气?

实验二 乙酰水杨酸的制备

拓展阅读

一、实验目的

1. 了解乙酰水杨酸(阿司匹林)的制备原理和方法;
2. 熟悉重结晶、减压过滤、熔点测定等基本操作。

二、实验原理

乙酰水杨酸(阿司匹林,aspirin)是应用广泛的解热、镇痛和抗炎药。副作用较小,是少数经受住时间考验的药物,在体内还具有抗血栓的作用,可用于预防心脑血管疾病的发作。

本实验采用邻羟基苯甲酸(水杨酸)与乙酸酐或乙酰氯在乙酸钠催化下制备乙酰水杨酸。反应式为

$$\underset{\text{OH}}{\underset{|}{\text{C}_6\text{H}_4}}\text{COOH} \xrightarrow[\text{CH}_3\text{COONa}]{(\text{CH}_3\text{CO})_2\text{O} \text{ 或 } \text{CH}_3\text{COCl}} \underset{\text{OCOCH}_3}{\underset{|}{\text{C}_6\text{H}_4}}\text{COOH}$$

乙酸酐法反应机理:

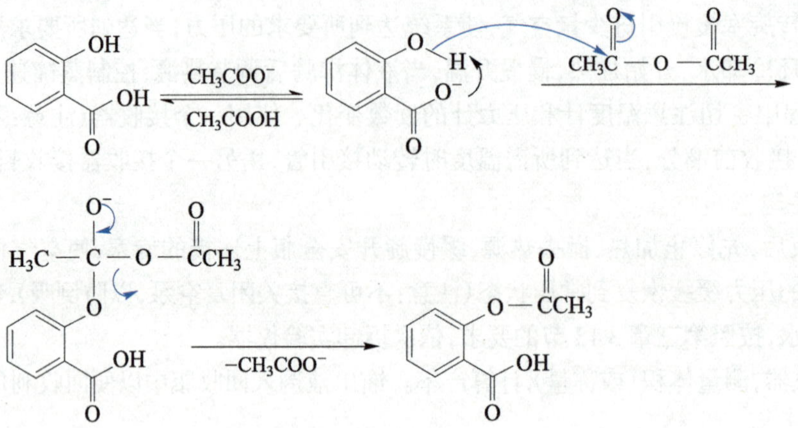

乙酰氯法反应机理：

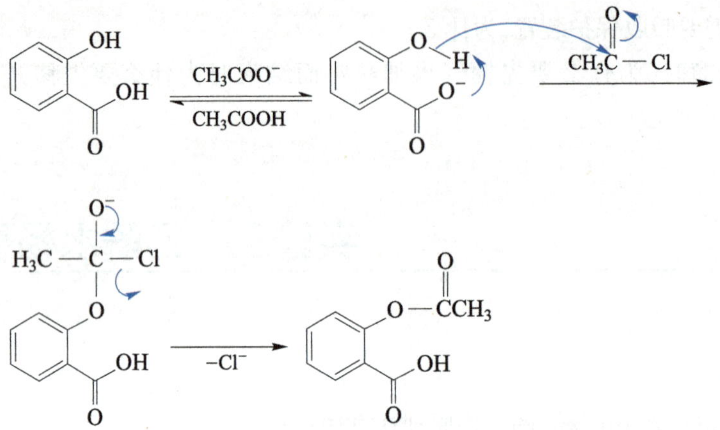

三、仪器和药品

仪器：磁力搅拌电热套、100 mL 三口圆底烧瓶、球形冷凝管、抽滤瓶、漏斗、恒压滴液漏斗、磁子、温度计、无水 $CaCl_2$ 干燥管。

药品：

（1）乙酸酐法：水杨酸 7.0 g（0.050 mol）、新蒸馏的乙酸酐 8 mL（0.080 mol）、无水乙酸钠 1 g；

（2）乙酰氯法：水杨酸 7.0 g（0.05 mol）、无水乙酸钠 5.4 g（0.066 mol）、THF 10 mL、新蒸馏的乙酰氯 4.0 mL（0.056 mol）、体积比 1:1 乙醇水溶液。

四、实验步骤

1. 乙酰水杨酸的制备

（1）乙酸酐法　实验装置如图 7-2-1(a) 所示。在装有温度计、球形冷凝管（上接无水 $CaCl_2$ 干燥管）的 100 mL 三口圆底烧瓶中，加入干燥水杨酸 7.0 g（0.050 mol），无水乙酸钠[注1] 1 g（0.012 mol），再加入新蒸馏的乙酸酐 8 mL（0.080 mol）。封闭侧口，缓慢开动磁力搅拌器[注2]，小心加热,65 ℃时水杨酸逐渐溶解,控制瓶内温度在 70 ℃ 左右反应 30 min[注3]。稍冷后,在不断搅拌下将反应液倒入 100 mL 冷水中,并用冰水浴冷却 15 min,抽滤,冰水洗涤[注4],得乙酰水杨酸粗产品。

(2)乙酰氯法 实验装置如图 7-2-1(b)所示。在 100 mL 圆底烧瓶中,加入干燥的水杨酸 7.0 g(0.050 mol),无水乙酸钠 5.4 g(0.066 mol),THF 10 mL 和一枚磁子。上口安装一个恒压滴液漏斗,在其中加入新蒸馏的乙酰氯 4.0 mL(0.056 mol)[注1],上面加一个无水 $CaCl_2$ 干燥管。缓慢开动磁力搅拌器[注2],小心滴加乙酰氯,反应放热,固体水杨酸逐渐溶解而反应物变成乳状,约 15 min 滴加完毕。将滴液漏斗更换为球形冷凝管(上面接无水 $CaCl_2$ 干燥管),加热回流 40 min[注3]。稍冷后,取下圆底烧瓶,在水泵减压下旋除 THF 至干,然后在固体物中加入 50 mL 冷水,搅拌使固体变为细小颗粒并使其中无机盐溶解,抽滤,用冷水洗涤[注4],得乙酰水杨酸粗产品。

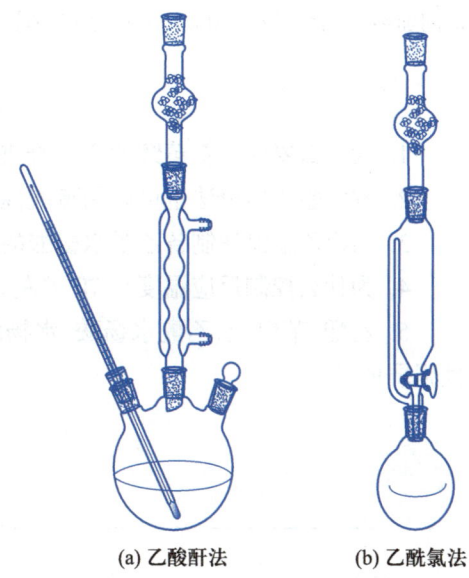

(a)乙酸酐法   (b)乙酰氯法

图 7-2-1 乙酰水杨酸制备装置

2. 重结晶

将上述任何一种方法所得粗产品转移至 100 mL 圆底烧瓶中,装好回流装置,向烧瓶内加入 15 mL 50% 乙醇水溶液,加热溶解[注5]。然后趁热过滤,热滤液置冰水浴或冰箱中冷却至 $-5 \sim 0$ ℃,抽滤。得无色晶体乙酰水杨酸,称量,计算产率(最高能达到 6.4 g),测熔点[注6]。

乙酰水杨酸熔点:134~136 ℃。

五、检验与测试

(1)为了检验产品中是否还有未反应的水杨酸,利用水杨酸属于酚类物质可与 $FeCl_3$ 发生颜色反应的特点,取几粒结晶加入盛有 3 mL 水的试管中,加入 1~2 滴 1% $FeCl_3$ 溶液,观察有无颜色反应(紫色)。

(2)测产品的红外光谱图和核磁共振谱图,并与标准谱图或数据对照。

注释:

[注1] 仪器要全部干燥,药品使用前经干燥处理。水杨酸预先在真空干燥箱中于 100 ℃烘干 2 h 密闭存放,无水乙酸钠预先在真空干燥箱中于 125 ℃烘干 2 h 密闭存放,快速称取,避免吸潮。乙酸酐或乙酰氯尽可能使用新蒸馏的。

[注2] 搅拌速度要适当,尽量勿使固体物质溅到瓶壁上。

[注3] 可以用 $FeCl_3$ 的水溶液检验,如无明显紫色,则表明反应已经达到终点。

[注4] 用冰水可以避免乙酰水杨酸水解,并减少溶解损失。

[注5] 溶解时间不宜过长,温度不宜过高,完全溶解即可。产品也可以用约 20 mL 乙酸乙酯重结晶。热过滤时,应该避免明火,以防着火。

[注6] 产品乙酰水杨酸易受热分解,因此熔点不明显,它的分解温度为 128~135 ℃。因此重结晶时不宜长

时间加热。产品采取自然晾干方式。用毛细管测熔点时应先将溶液加热至 120 ℃左右,再放入试样管中测定。

六、思考题

1. 为什么要使用新蒸馏的乙酸酐或乙酰氯?
2. 本实验乙酸酐法也可以用硫酸催化,写出硫酸催化的机理。
3. 写出乙酰氯法制备乙酰水杨酸的机理。
4. 为什么控制反应温度在 70 ℃左右?若反应温度过高,则主要有哪些副产物生成?
5. 乙酸、苯甲酸、乙酰水杨酸、水杨酸的 pK_a 值分别为 4.75、4.19、3.48、2.97。请解释它们酸性强弱的原因。

实验三　正丁醚的制备

一、实验目的

1. 掌握低碳伯醇分子间脱水制单醚的反应原理和实验方法;
2. 掌握分水器的安装和使用方法。

二、实验原理

在酸催化下,伯醇分子间脱水是制备单醚的常用方法。用硫酸作催化剂,正丁醇在较低温度下主要发生分子间脱水得到正丁醚,而在较高温度下主要发生分子内脱水得到 1-丁烯,这是因为分子内脱水比分子间脱水活化能高,因此控制适当的温度是本实验的关键。

主反应:

$$CH_3CH_2CH_2CH_2OH \xrightarrow{H_2SO_4} CH_3CH_2CH_2-O-CH_2CH_2CH_3$$

副反应:

$$CH_3CH_2CH_2CH_2OH \xrightarrow{H_2SO_4} CH_3CH_2CH=CH_2$$

主反应机理为

$$CH_3CH_2CH_2CH_2-OH \xrightarrow{H^+} CH_3CH_2CH_2-\overset{+}{O}H_2 \xrightarrow{HO-CH_2CH_2CH_2CH_3}$$

$$CH_3CH_2CH_2-\underset{H}{\overset{+}{O}}-CH_2CH_2CH_3 \xrightarrow{-H^+} CH_3CH_2CH_2CH_2-O-CH_2CH_2CH_2CH_3$$

实验三 正丁醚的制备

副反应机理为

$$CH_3CH_2\overset{H}{\underset{|}{C}}H-CH_2-\overset{+}{O}H_2 \xrightarrow{HO-CH_2CH_2CH_2CH_3} CH_3CH_2CH=CH_2 + H_2O$$

三、仪器和药品

仪器：磁力搅拌电热套、磁子、100 mL 二口圆底烧瓶、分水器、球形冷凝管、分液漏斗、温度计(200 ℃)、圆底烧瓶、蒸馏头、直形冷凝管、接液管、锥形瓶。

药品：正丁醇 11.1 g(13.7 mL，0.15 mol)、浓硫酸 1.0 mL、氢氧化钠溶液(5%)、无水氯化钙。

四、实验步骤

反应装置如图 7-3-1 所示。在 100 mL 二口圆底烧瓶中加入 13.7 mL 正丁醇，一枚磁子，装好分水装置和温度计，缓缓开动搅拌器，从另外一侧口小心加入 1.0 mL 浓硫酸，用磨口空心塞塞好。向分水器内小心加水[注1]至支管下面约 0.5 cm 处，用记号笔标记此液面，然后放出 1.35 mL 水。小火加热，保持瓶内液体微沸，开始回流，控制温度不超过 135 ℃，待分水器中水面上升至刻度[注2]时表示反应已基本完成(约需 1 h)，停止加热[注3]。反应液冷却后，把混合物连同分水器中的水一起倒入内盛 7 mL 水的分液漏斗中，充分振摇。静置后，分去水层，粗产物用 50% 硫酸洗涤两次(每次用量 3 mL)，再用 5 mL 水洗涤一次。有机层转移至干燥的锥形瓶中，用无水氯化钙干燥。将干燥后的粗产品倒入圆底烧瓶中蒸馏(注意不要把氯化钙倒入瓶中！)，收集 139~142 ℃的馏分。称量产品，计算产率，测定折射率及红外光谱。

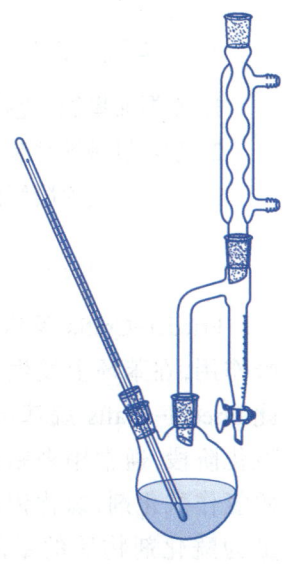

图 7-3-1 分水装置

五、检验与测试

测试产品的折射率和红外光谱图，并与文献值和标准谱图对照。

注释：

[注1] 加水要小心，勿使水通过支管而流入反应瓶。

[注2] 本实验利用恒沸混合物蒸馏方法分出反应生成的水。在反应过程中，正丁醚、正丁醇和水可以形成三元恒沸物，沸点为 90.6 ℃，含正丁醚 35.5%，正丁醇 34.6%，水 29.9%。此外，正丁醚和水可以形成二元恒沸物，沸点为 94.1 ℃，含水 33.4%。正丁醇和水也可以形成二元恒沸物，沸点为 93 ℃，含水 45.5%。这些含水的恒沸物冷凝后，在分水器中分层。上层主要是正丁醇和正丁醚，流回反应器；下层主要是水，留在分水器中。按反应式计算，生成水的量约为 1.35 g，但是实际分出水的体积要略大于理论计算量，因为水中会溶有少量正丁醇，而且有单分子脱水的副反应发生，多生成一倍的水。

[注3] 反应开始回流时，因为有恒沸物的存在，温度不可能马上达到 135 ℃。但随着水被蒸出，温度逐渐

升高,最后达到 135 ℃ 以上,即应停止加热。如果温度过高或加热时间过长,则副反应增加,反应物颜色变深、发生炭化。

六、思考题

1. 粗产品为什么使用 50% 硫酸洗涤?
2. 如果利用四氯化碳和水的共沸作用除去反应生成的水,则请设计合适的分水器。四氯化碳的密度为 1.594 g·cm^{-3}。四氯化碳和水的二元共沸物,沸点为 42.6 ℃,含水 2.8%。

实验四　苯乙酮的制备

一、实验目的

1. 掌握弗里德-克拉夫茨反应(Friedel-Crafts)酰基化反应;
2. 学习机械搅拌装置的安装和使用;
3. 掌握空气冷凝管的使用和减压蒸馏操作方法。

二、实验原理

Friedel-Crafts 反应是指芳香烃在无水三氯化铝等催化剂存在下,同卤代烷、酰氯或酸酐作用,在苯环上发生亲电取代反应而引入烷基或酰基的反应。由于烷基是致活基团,因此 Friedel-Crafts 烷基化很难停留在单烷基化阶段。而酰基是致钝基团,反应可以停留在一酰化阶段,通常用来制备芳香酮。当苯环上含有一个取代基时,酰化主要发生在对位。用酰氯作酰化剂,氯化铝用量为酰化剂物质的量的 1.1~1.2 倍;而用酸酐作酰化剂,氯化铝用量为酰化剂物质的量的 2.2~2.5 倍(一般认为生成的苯乙酮和乙酸会各配位一分子三氯化铝)。

反应式:

$$\text{C}_6\text{H}_6 + (\text{CH}_3\text{CO})_2\text{O} \xrightarrow{\text{AlCl}_3} \text{C}_6\text{H}_5\text{COCH}_3 + \text{CH}_3\text{COOH}$$

三、仪器和药品

仪器:三口圆底烧瓶、球形冷凝管、恒压滴液漏斗、氯化钙干燥管、分液漏斗、圆底烧瓶、温度计。

药品:苯 35 g[注1](40 mL,0.45 mol)、无水三氯化铝[注2] 20 g(0.15 mol)、乙酸酐 6.5 g(6 mL,0.063 mol)、浓硫酸、浓盐酸、氢氧化钠溶液(5%)、无水硫酸镁。

四、实验步骤

按图 7-4-1 安装仪器,在 250 mL 三口圆底烧瓶中间瓶口装配机械搅拌,用聚四氟乙烯套管密封。一侧口装恒压滴液漏斗,另一侧口装球形冷凝管,球形冷凝管上口装上氯化钙干燥管并连接氯化氢气体吸收装置。本实验所用的药品必须是无水的,所用的仪器必须是干燥的[注3]。

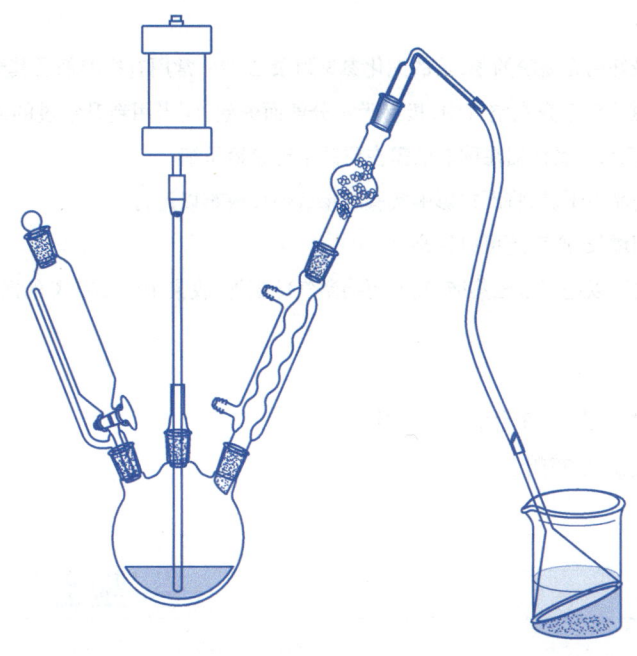

图 7-4-1 苯乙酮制备装置图

在三口圆底烧瓶中迅速加入 20 g 无水三氯化铝和 30 mL 苯,在滴液漏斗中放入 6 mL 新蒸馏过的乙酸酐和 10 mL 苯的混合液。在搅拌下慢慢滴加乙酸酐的苯溶液。反应很快就开始,放出氯化氢气体,三氯化铝逐渐溶解,系统温度自行升高。控制滴加速度,使苯缓慢回流,加料时间约需 20 min。加完乙酸酐后,关闭滴液漏斗旋塞,用电热套缓慢加热,保持缓慢回流 1h[注4]。

将三口圆底烧瓶用冰水浴冷却至 5~10 ℃,在不断搅拌下小心滴加 80 mL 20% 盐酸,直到固体溶解;如果三口圆底烧瓶中仍有固体存在,则再适当补加 20% 盐酸,直到固体完全溶解。用分液漏斗分出苯层,水层用 30 mL 苯分两次萃取,合并苯溶液,用 20 mL 5% 氢氧化钠溶液洗涤,再用水洗涤。分出苯层,用无水硫酸镁干燥。

将含苯的粗产物放入 100 mL 圆底烧瓶中,加入 1~2 粒沸石,常压蒸出溶剂苯。当温度升至 140 ℃ 左右时,停止加热。稍冷后用循环水泵减压继续蒸馏,收集 92~96 ℃/2.66 kPa 或 101~105 ℃/4.00 kPa 或 116~120 ℃/8.00 kPa 的馏分[注5]。

纯苯乙酮是无色油状液体,熔点 19.6 ℃,沸点 202 ℃,$d_4^{20} = 1.028\,7$,$n_D^{20} = 1.537\,2$。

五、检验与测试

（1）碘仿反应：将 5 滴新制的苯乙酮加入 0.5 mL 碘溶液（由 1.3 g 碘、3.5 g 碘化钾和 10 mL 水研磨而成）中，滴加 10%NaOH 溶液，并不停振荡直到棕色消失，观察现象。如无沉淀，则可以在 50~60 ℃温水中温热后再观察。

（2）测试产品折射率和红外光谱图，并与检索得到的文献值和谱图对照。

注释：

［注 1］本实验最好用无噻吩的苯，苯的纯化参见附录二 "26. 常用有机溶剂及其纯化"。

［注 2］无水三氯化铝暴露在空气中，极易吸水分解而失效，应当用新升华过的或包装严密的试剂，称取时动作要迅速。块状的无水三氯化铝在称取前需在研钵中迅速地研细。

［注 3］仪器或药品不干燥，将严重影响实验结果或使反应难以进行。

［注 4］回流时间增长，产率还可以提高。

［注 5］苯乙酮也可以进行常压蒸馏，需要更换空气冷凝管，收集 196~202 ℃的馏分。

六、思考题

1. 为什么用过量的苯和无水三氯化铝？
2. 为什么缓慢加乙酸酐？

实验五 苯甲酸的制备

一、实验目的

1. 了解相转移催化剂的催化原理，掌握相转移催化氧化制备苯甲酸的方法；
2. 学习机械搅拌装置的安装和使用；
3. 掌握抽滤、重结晶等基本操作。

二、实验原理

烷基苯可以被强氧化剂如高锰酸钾、重铬酸钾/硫酸等氧化为苯甲酸。采用高锰酸钾为氧化剂时，高锰酸钾溶在水相，而烷基苯为有机相，两相互不溶解，反应速率很慢。本实验加入少量二乙二醇二甲醚作相转移催化剂，两分子二乙二醇二甲醚可配位一个钾离子（如图 7-5-1 所示），所形成配离子极性中心在分子内部，分子外部具有亲油性，可以进入有机相。高锰酸根离子通过静电吸引也被拉入有机相进行氧化反应，而后氧化生成的苯甲酸根离子又被带回水相。这样，双（二乙二醇二甲醚）配钾离子就像

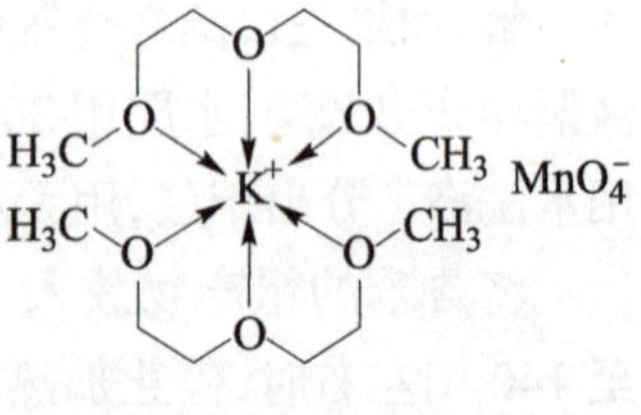

图 7-5-1 二乙二醇二甲醚与钾离子配位示意图

公交车一样,在两相之间往返,不断把高锰酸根运送到有机相而把生成的苯甲酸根运回水相,这类能够在水相和有机相之间运送离子从而加速反应的化合物,称为相转移催化剂,其他如冠醚、长链季铵盐等化合物也是常用的相转移催化剂。

反应式:

$$\text{C}_6\text{H}_5\text{CH}_3 + 2\text{KMnO}_4 \longrightarrow \text{C}_6\text{H}_5\text{COOK} + 2\text{MnO}_2 + \text{KOH} + \text{H}_2\text{O}$$

$$\text{C}_6\text{H}_5\text{COOK} + \text{H}_2\text{SO}_4 \longrightarrow \text{C}_6\text{H}_5\text{COOH} + \text{KHSO}_4$$

苯甲酸有阻止发酵和食物腐败的作用,在我国常被用作食物和饮料的防腐剂。工业上常用甲苯在含钴、锰化合物催化下由空气直接氧化制备苯甲酸。例如:

$$\text{C}_6\text{H}_5\text{CH}_3 + 空气 \xrightarrow[190\sim200\ ℃]{乙酸钴,乙酸锰} \text{C}_6\text{H}_5\text{COOH} \quad (96\%)$$

三、仪器和药品

仪器:250 mL 三口圆底烧瓶、滴液漏斗、温度计、回流冷凝器、搅拌装置。

药品:甲苯 2.3 g(2.7 mL,0.025 mol)、高锰酸钾 8 g(0.051 mol)、4% 二乙二醇二甲醚水溶液 4 mL、H_2SO_4 溶液(浓)、$NaHSO_3$。

四、实验步骤

按图 7-5-2 所示安装仪器,在 250 mL 三口圆底烧瓶上装好机械搅拌、球形冷凝管。将 8 g 高锰酸钾(加入时勿将其沾在磨口处)、100 mL 水、4 mL 4% 二乙二醇二甲醚水溶液和 2.7 mL 甲苯依次加到三口圆底烧瓶内。搅拌下回流 1~1.5 h。停止加热,稍微冷却。若反应混合物仍呈紫红色,在搅拌下,缓慢加入少量饱和亚硫酸氢钠溶液(约 5 mL)[注1],使紫红色消失[注2]。趁热抽滤,滤去二氧化锰沉淀。若溶液仍有颜色,则可再加入少量饱和亚硫酸氢钠溶液使其褪色。无色溶液用浓盐酸或 50% 硫酸(约 1 mL)酸化,析出白色晶体。冷却至室温,抽滤,干燥。若需要得到纯产物,可在水中进行重结晶[注3]。

纯苯甲酸为无色针状晶体,熔点 122.4 ℃。

五、检验与测试

产品可以通过测熔点或红外光谱进行鉴定。

注释:

[注1] 也可以加入少量甘油,但甘油反应较剧烈,需要特别小心。

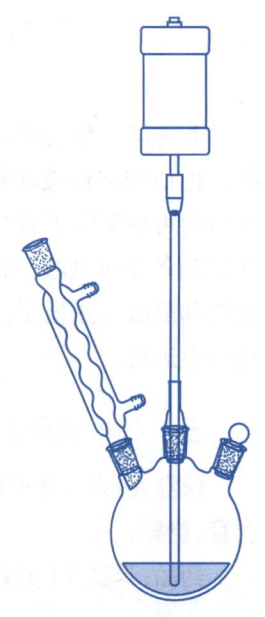

图 7-5-2 电动搅拌装置

[注2] 停止搅拌,将反应混合物静置片刻后,观察上层溶液是否紫色消失呈水白色。

[注3] 苯甲酸在 100 g 水中的溶解度如下:

温度/℃	4	18	75
溶解度	0.18 g	0.27 g	2.2 g

六、思考题

1. 反应完毕,反应混合物尚呈紫红色,为什么要加入少量饱和亚硫酸氢钠溶液?
2. 在实验室,还可以用什么方法制备苯甲酸?

实验六　乙酰苯胺的制备

一、实验目的

1. 掌握由芳胺和羧酸制备酰胺的方法;
2. 巩固重结晶、减压抽滤和热过滤等实验技术;
3. 学会利用分馏装置进行制备反应。

二、实验原理

$$\text{C}_6\text{H}_5\text{NH}_2 + \text{CH}_3\text{COOH} \xrightarrow[\Delta]{\text{Zn}} \text{C}_6\text{H}_5\text{NHCOCH}_3 + \text{H}_2\text{O}$$

芳香胺与脂肪胺均为弱碱性的有机化合物,其中的伯胺和仲胺可与酰化试剂反应生成酰胺。把伯胺和仲胺转化为酰胺的试剂有酰氯(如乙酰氯)和酸酐(如乙酸酐),这两种试剂的特点是均可在室温下将胺酰化,产率很高,反应条件温和。而酯在加热条件下只能与脂肪族伯胺反应制备相应酰胺。将羧酸和胺混合后加热脱水是制备酰胺的一种比较经济的方法,但要求羧酸和酰胺对热稳定,本实验即用此方法合成乙酰苯胺。通过把生成的水从反应系统蒸出,促进反应进行。

三、仪器和药品

仪器:磁力搅拌电热套、50 mL 圆底烧瓶、磁子、维氏分馏柱、蒸馏头、直形冷凝管、温度计、接引管、烧杯。

药品:苯胺 5.1 g(约 5 mL,0.055 mol)、冰醋酸 8.3 g(8 mL,0.132 mol)、锌粉、活性炭。

四、实验步骤

按图 7-6-1 所示安装仪器,在 50 mL 干燥的圆底烧瓶上装好维氏分馏柱、蒸馏头、温度计、接引管和接收瓶。

向圆底烧瓶中加入 5 mL 新蒸馏过的苯胺[注1]和 8 mL 冰醋酸,再加入少量锌粉[注2],加热至沸腾。控制电压,保持温度在 105~110 ℃,使反应生成的水充分蒸出。经 40~60 min,当温度计读数发生波动和减小,或容器内出现白雾状时说明反应已达到终点,停止加热。

在搅拌下将反应物缓慢地倒入盛有 120 mL 水的烧杯中,继续搅拌并冷却烧杯,使粗乙酰苯胺完全析出。用布氏漏斗抽滤,固体再用 5 mL 冷水洗涤,除去多余的酸。

将粗乙酰苯胺移入烧杯中,加入 120 mL 水,加热至沸腾。如仍有油珠状物[注3]则需补充水,直到油珠在沸腾下全部溶解后再加入 5 mL 水[注4]。稍冷,在搅拌下加入 0.5 g 活性炭[注5],再煮沸约 5 min,趁热进行过滤[注6]。滤液冷却至室温,乙酰苯胺呈片状晶体析出。减压过滤,尽量除去晶体中的水,产品放在表面皿上干燥。

纯乙酰苯胺为白色片状晶体,熔点 114.3 ℃。

五、检验与测试

测试产品的红外光谱,并与标准谱图比较。

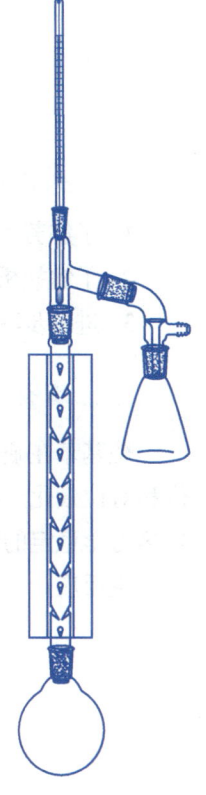

图 7-6-1 实验装置图

注释:

[注1] 久置的苯胺易氧化成深色,实验前应该先蒸馏一次,否则将影响产品的产量和质量。

[注2] 锌粉主要防止苯胺在反应中被氧化。注意不能加得太多,否则会形成氢氧化锌而不利于后处理。

[注3] 油珠为熔融状态的含水乙酰苯胺。乙酰苯胺的溶解度如下:25 ℃,0.563 g/100 mL 水;80 ℃,3.5 g/100 mL 水;100 ℃,5.5 g/100 mL 水。

[注4] 为防止溶液过饱和,加入一定量的水有利于热过滤。

[注5] 加入活性炭时,一定要将溶液冷却至沸点以下,以免产生暴沸而溢出烧杯造成产品损失或发生安全事故。

[注6] 进行热过滤时,使用扇形滤纸可以增大母液与滤纸的接触面积,加快过滤速度;短颈热滤漏斗必须先在水浴中充分预热,尽量减少产物在滤纸上结晶析出。用布氏漏斗代替热滤漏斗更方便快捷,产率高,使用前要将布氏漏斗和抽滤瓶放在热水中浸泡,抽滤时稍微减压即可,最好使用双层滤纸,以防滤纸被抽破。

六、思考题

1. 本实验应注意什么才能使反应完全进行?
2. 重结晶操作中,应注意哪些事项才能使产率提高、产品质量好?

实验七 对甲苯磺酸钠的制备

一、实验目的

1. 了解芳香族化合物磺化的基本原理、方法及温度对反应的影响；
2. 了解盐析的原理和同离子效应的概念；
3. 进一步巩固回流、减压过滤、重结晶等基本操作。

二、实验原理

烷基苯在磺化剂作用下进行磺化是一个可逆反应。甲苯在低温下磺化主要得到 1∶1 的邻位和对位磺化产物的混合物，属动力学控制；于较高的温度进行磺化反应，由于空间效应，主要得到热力学稳定的对位产物。磺化产物与碳酸氢钠形成磺酸钠盐。

主反应：

$$\text{C}_6\text{H}_5\text{CH}_3 + \text{H}_2\text{SO}_4 \rightleftharpoons \text{4-CH}_3\text{C}_6\text{H}_4\text{SO}_3\text{H} + \text{H}_2\text{O}$$

$$\text{4-CH}_3\text{C}_6\text{H}_4\text{SO}_3\text{H} + \text{NaHCO}_3 \rightleftharpoons \text{4-CH}_3\text{C}_6\text{H}_4\text{SO}_3\text{Na} + \text{H}_2\text{O} + \text{CO}_2$$

副反应：

$$\text{C}_6\text{H}_5\text{CH}_3 \xrightarrow{\text{H}_2\text{SO}_4} \text{2-CH}_3\text{C}_6\text{H}_4\text{SO}_3\text{H} + \text{3-CH}_3\text{C}_6\text{H}_4\text{SO}_3\text{H}$$

$$\text{C}_6\text{H}_5\text{CH}_3 \xrightarrow{\text{2H}_2\text{SO}_4} \text{CH}_3\text{C}_6\text{H}_3(\text{SO}_3\text{H})_2$$

盐析一般是指在水溶液中加入无机盐类，增加溶剂的极性，降低某种溶质的溶解度而使其析出的过程。例如，在制备乙酸乙酯的后处理过程中采用饱和碳酸钠溶液、饱和氯化钠溶液和饱和氯化钙溶液都是为了降低乙酸乙酯在水中的溶解度，减少后处理过程损失。又如，向某些蛋白质溶液中加入某些无机盐溶液后,可以使蛋白质凝聚而从溶液中析出。

同离子效应是指在某种盐溶液中加入另外一种廉价且与前者有相同离子的盐,可以减小前者的溶解度并使其从溶液中析出的现象。例如,在吡啶盐酸盐溶液中加入氯化钠可以使吡啶盐酸盐析出(相同离子是氯离子)。又如,高级脂肪酸钠的水溶液中加入氯化钠,也可以促使前者析出(相同离子是钠离子)。

三、仪器和药品

仪器:磁力搅拌电热套、100 mL 圆底烧瓶、球形冷凝管、磁子、烧杯。
药品:甲苯 14 g(16 mL,0.15 mol)、浓硫酸 18 g(10 mL,0.19 mol)、碳酸氢钠、氯化钠、活性炭。

四、实验步骤

将磁子放入 100 mL 圆底烧瓶中,加入 16 mL 甲苯和 10 mL 浓硫酸。搅拌并加热至沸,保持在微沸状态下进行反应[注1],反应约 1 h 后,甲苯几乎消失。冷凝管中的回流液滴也很少时,停止加热。将反应物倒入盛有 50 mL 水的烧杯中,用几毫升热水洗涤圆底烧瓶,洗涤液也倒入烧杯中,取出磁子。在不断搅拌下分批加入 8 g 粉末状碳酸氢钠,中和部分酸[注2]。然后加入 15 g 氯化钠,加热至沸,使固体盐完全溶解。如有固体杂质,则可趁热过滤。滤液冷至室温,待析出晶体后进行减压过滤,滤去水分。将粗产品放入 50 mL 水中,加热使其完全溶解。加入 13 g 氯化钠,加热至沸,使盐完全溶解。稍冷,加入约 1 g 活性炭脱色。趁热过滤,冷却。对甲苯磺酸钠晶体析出后,减压过滤,得到的产物需进行干燥。

注释:

[注1] 磺化反应是可逆的。磺化反应温度不同,生成的主要产物也不同。低温(0 ℃)属于动力学控制,生成邻位和对位异构体含量接近 1∶1 的混合物。高温下磺化反应很容易达成热力学平衡,主要生成热力学稳定的对位异构体。更高温度,则发生二次磺化。

[注2] 加 $NaHCO_3$ 中和酸时,应分批并在不断搅拌下加入,以防产生的大量 CO_2 气泡逸出烧杯。

五、思考题

1. 为什么在反应过程中需要搅拌?
2. 本实验加入氯化钠过多或过少,对实验结果有什么影响?

实验八 肉桂酸的制备

一、实验目的

1. 掌握肉桂酸的制备方法;了解 Perkin 反应原理;
2. 熟悉水蒸气蒸馏、脱色、重结晶等有机化学实验的操作技术。

拓展阅读

二、实验原理

本实验利用 Perkin 反应合成肉桂酸。在碱(KOAc、NaOAc 或 K_2CO_3)的催化下,苯甲醛与乙酸酐缩合生成肉桂酸的盐,再经酸化制取肉桂酸。反应机理如下:

即

$$PhCHO + (CH_3CO)_2O \xrightarrow[\triangle]{CH_3COOK} \xrightarrow{HCl} PhCH=CHCOOH + CH_3COOH$$

本实验的主要副反应有乙酸酐的水解和苯甲醛在碱性条件下的歧化反应。

三、仪器和药品

仪器:磁力搅拌电热套、250 mL 三口圆底烧瓶、球形冷凝管、直形冷凝管、水蒸气蒸馏装置、温度计(0~250 ℃ 或 0~300 ℃)、磁子。

药品:新蒸馏的苯甲醛 3.2 g(3 mL,0.03 mol)、无水乙酸钾 3 g(0.03 mol)、乙酸酐 6.0 g(5.5 mL,0.06 mol)、饱和碳酸钠溶液、浓盐酸、活性炭。

四、实验步骤

在装有温度计、球形冷凝管的 250 mL 三口圆底烧瓶中加入一枚磁子、3 g 研细的无水乙酸钾[注1]、3 mL 苯甲醛和 5.5 mL 乙酸酐,侧口用橡胶塞封紧。小心开动磁力搅拌器,调整温度计使水银球大部分处于液面下。调节电压,加热回流 1 h,回流过程中维持反应温度在 165~170 ℃。

反应完毕后,降温到 100 ℃ 以下,加入 20 mL 水,然后缓慢地加入饱和碳酸钠溶液[注2],直至反应混合物显弱碱性。改装成水蒸气蒸馏装置(参见图 7-8-1),对反应混合物进行水蒸气蒸馏,直至无油状物蒸出为止。稍冷,在残余液中加入少量活性炭,煮沸几分钟[注3],用预热好的布氏漏斗减压过滤[注4],滤液用 5 mL 浓盐酸酸化至显强酸性。冷却,待肉桂酸结晶全部析出后,减压过滤,用少量冷水淋洗产品,用玻璃塞挤压除去水分,自然干燥得产品。粗产品可用 30% 乙醇水溶液重结晶。

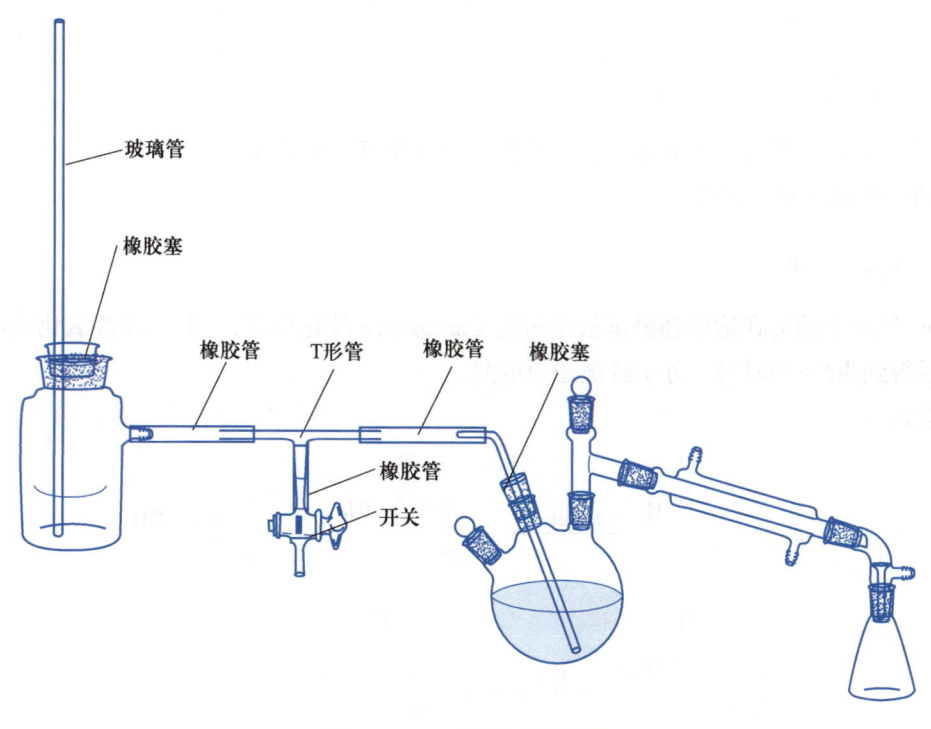

图 7-8-1 水蒸气蒸馏装置

本实验制备的肉桂酸主要为反式异构体。纯的反式肉桂酸为无色晶体,熔点 135.6 ℃。

注释:

[注 1] Perkin 反应为无水反应,所用仪器必须充分干燥。

[注 2] 此步可以用固体碳酸钠或碳酸钾,但不能用氢氧化钠代替。

[注 3] 使用活性炭脱色时,要防止煮沸时间过长,造成脱附现象发生,脱色效果反而不佳。

[注 4] 进行热过滤时,用布氏漏斗代替热滤漏斗更方便快捷,产率高。使用前要将布氏漏斗和抽滤瓶放在

热水中浸泡。稍微减压即可,最好使用双层滤纸,以防滤纸被抽破。

五、思考题

1. 进行 Perkin 反应时,使用久置苯甲醛会有什么问题?
2. 不能用氢氧化钠代替碳酸钠的原因是什么?
3. 本实验用水蒸气蒸馏除去什么?是否有其他方法?
4. 苯甲醛分别与丙二酸二乙酯、乙醛和过量丙酮反应得到什么产物?如何进一步合成肉桂酸?
5. 写出苯甲醛在乙酸钾存在下发生歧化反应的机理。

实验九 苯甲醇与苯甲酸的制备

一、实验目的

1. 掌握无 α-氢原子的醛在浓的强碱溶液中的歧化反应及原理;
2. 进一步熟悉萃取操作。

二、实验原理

无 α-氢原子的醛在浓的强碱溶液中进行 Cannizzaro 歧化反应,一分子醛被氧化成羧酸盐,经酸化后得到羧酸;同时另一分子醛被还原成醇。

反应式:

$$2 \text{ PhCHO} \xrightarrow{\text{NaOH}} \text{PhCOONa} + \text{PhCH}_2\text{OH}$$

$$\text{PhCOONa} \xrightarrow{\text{HCl}} \text{PhCOOH}$$

机理:

$$\text{PhCHO} \xrightarrow{\text{HO}^-} \text{PhCH(O}^-\text{)OH} \xrightarrow{\text{HO}^-} \text{PhCH(O}^-\text{)}_2 \xrightarrow{\text{PhCHO}} \text{PhCOO}^- + \text{PhCH}_2\text{O}^-$$

$$\text{PhCH}_2\text{O}^- \xrightarrow[-\text{HO}^-]{\text{H}-\text{OH}} \text{PhCH}_2\text{OH}$$

三、仪器和药品

仪器:电动搅拌器、电热套、三口圆底烧瓶、球形冷凝管、分液漏斗、布氏漏斗、抽滤瓶。

药品:氢氧化钠 8 g(0.2 mol)、苯甲醛 10.5 g(10 mL,0.1 mol)、甲苯、饱和亚硫酸氢钠溶液、10% 碳酸钠溶液、浓盐酸。

四、实验步骤

在 250 mL 三口圆底烧瓶上安装电动搅拌器和球形冷凝管,加入 8 g 氢氧化钠和 30 mL 水,稍冷,加 10 mL 新蒸馏过的苯甲醛[注1]。侧口用塞子密封(如图 7-9-1 所示)。搅拌回流 1 h,当苯甲醛油层几乎消失,反应物透明时停止加热。

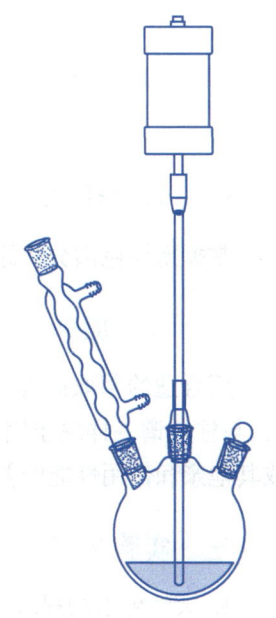

图 7-9-1　机械搅拌回流装置

1. 苯甲醇的制备

反应物冷却后倒入分液漏斗中,用 30 mL 甲苯分三次萃取,合并有机相,倒入另一分液漏斗中,水层保存用于做下一步实验。用 5 mL 饱和亚硫酸氢钠溶液洗涤萃取液,分出水层。再依次用 10 mL 10% 碳酸钠溶液和 10 mL 水洗涤,每次洗涤后均需将水相分离。最终的甲苯层从分液漏斗上口倒入干燥的磨口锥形瓶中,加入无水硫酸钠干燥约 15 min。

将干燥后的甲苯溶液蒸馏,蒸出甲苯,回收。然后改用空气冷凝器继续蒸馏,收集 204~206 ℃馏分,即为苯甲醇,产量 3~4 g。

纯苯甲醇为无色液体,沸点 205.4 ℃。

2. 苯甲酸的制备

将上述第一步中保存的水溶液在不断搅拌下,慢慢加入浓盐酸酸化至弱酸性。冷却后将析出的苯甲酸晶体进行抽滤,用少量的水洗涤一次,再抽干。粗产品用水进行重结晶。产量 4~5 g。

注释:

[注 1] 苯甲醛长期放置易被空气氧化形成苯甲酸。

五、思考题

1. 甲苯萃取时甲苯层在上层还是下层?
2. 萃取液用饱和亚硫酸氢钠溶液洗涤的目的是什么?用碳酸钠溶液洗涤的目的是什么?如果不用碳酸钠洗,在蒸馏苯甲醇时则可能会有什么副反应发生?
3. 苯甲醛在低温和浓氢氧化钠溶液存在下,可能生成苯甲酸苄酯,写出反应机理。

实验十　天然色素的提取及薄层色谱分析

一、实验目的

掌握薄层色谱分析原理和天然色素的提取方法。

二、实验原理

用合适的萃取液提取天然物质,再利用薄层色谱进行分离。薄层色谱是色谱分析的一种方法,与柱色谱一样属于固液吸附色谱,其基本原理是利用混合物中各组分的吸附或分配的不同,或其他亲和作用性能的差异,通过在两相之间的分配使混合物各组分得到分离。

三、实验步骤

1. 天然色素的提取

番茄和胡萝卜中都含有红色色素和黄色色素,分别是番茄红素和 β-胡萝卜素,这些都属于类胡萝卜素。它们的结构分别为

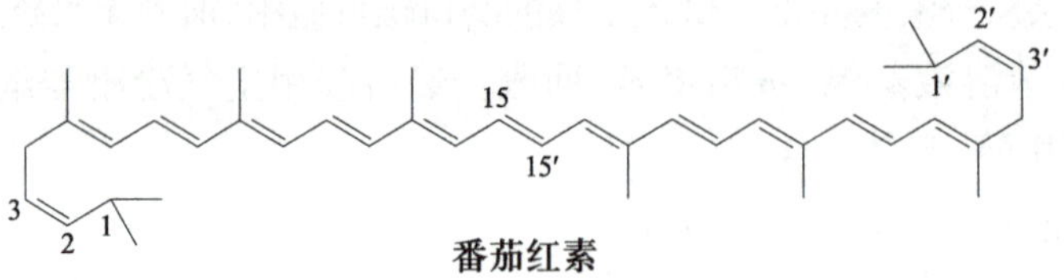

番茄红素

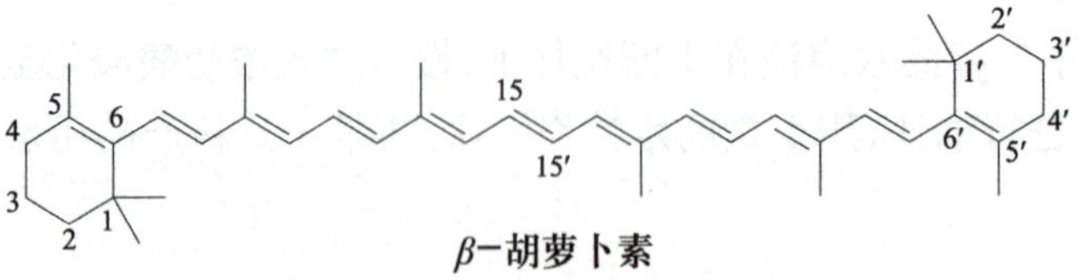

β-胡萝卜素

由于它们的结构相似,因而可以用同一方法提取。具体方法为:称取 2 g 番茄酱放入 50 mL 的锥形瓶中,加 10 mL 丙酮。用玻璃棒搅动和压挤固体以萃取有色物质。萃取液通过滤纸小心过滤到分液漏斗中,尽量不使固体倒在滤纸上,再用 10 mL 丙酮萃取一次。然后用 20 mL 石油醚(60~90 ℃)分两次萃取。萃取液过滤到分液漏斗中。混合的萃取液用 50 mL 饱和氯化钠溶液洗涤,再用水洗涤两次,每次用水 20 mL。将有机层放入干燥的锥形瓶中用无水硫酸钠干燥,分出的水层回收以便收取丙酮。

干燥好的液体放入 50 mL 圆底烧瓶中,在水浴中进行蒸馏,待瓶中剩余 2~3 mL 液体时停止蒸馏,这样就制成了试样,留待点样使用,将蒸出的石油醚回收。

2. 薄层色谱分析

薄层色谱使用试样量少(0.01 μg 至几微克),操作简单快速,可用来分离(精制)、鉴别试样。

特别适用于挥发性小及在高温下易发生变化的化合物的分析。它所使用的条件,也是确定柱色谱分离条件的依据。

薄层色谱是通过制浆、涂片、点样、展开及显色来完成的。

（1）制浆　确定所需要的吸附剂,选择依据可参见 3.19 节。

可采用干法或湿法制浆。干法是将选好的硅胶 G 慢慢地倒入溶剂中调成糊状备用。湿法是在搅拌下将硅胶 G 慢慢地倒入水中调成糊状(水和硅胶 G 按 1∶4 的比例),不要反过来加,否则易形成团块。湿法制浆要在使用前调制,否则浆料容易凝固结块。

（2）涂片　大量使用可用涂布器涂布。简单的涂布方法是将两片载玻片用肥皂水和水洗涤干净,再用碎滤纸吸干载玻片上的水分,然后将其重叠在一起,用手夹住载玻片的上端,慢慢地浸入已调好的浆液浸涂 2 s 左右(上端留一部分不浸涂),然后缓慢地将载玻片从浆液中取出,要求板面均匀平滑,载玻片边缘上的浆料用抹布轻轻地擦去,小心将两片分开,放在磁盘中。待浆料自然干燥后放入烘箱,在 105~110 ℃下活化,约 30 min 就制成了薄层板,取出来进行点样。

（3）点样　在活化好的薄层板下端约 1 cm 处的边上轻轻地用铅笔点一个标记作为起始线。用一根内径约 1 mm 的毛细管吸取制备好的试样。吸取的试样不要太多,防止样点扩散。在起始线的中央轻轻地接触薄层板,点样要迅速,接触即刻移开。待溶剂挥发后再重复点样 3~4 次。样点直径不要超过 2 mm,太大会出现拖尾现象。如果在一块薄层板上点两个以上的样点则要分开距离。样点点好后就可以展开。

（4）展开　为使混合物的组分能满意地分开,应选好合适的展开剂。展开剂的选择主要是根据试样的极性、溶解度和吸附剂的活性等因素来考虑的,一般通过实验来确定。本实验选择的展开剂是乙酸乙酯和石油醚(1∶50)的混合液。

将展开剂倒入展开瓶或合适的广口瓶中,使液面在样点的下方,不要接触到样点,否则样点会被溶入展开剂中无法进行展开。

将薄层板小心斜放在展开瓶中盖好盖,观察展开剂通过毛细管作用沿薄层板上行。此时溶剂上行得很快,必须留心观察。当展开剂上行至距离涂层顶端约 5 mm 时,将板小心取出,用铅笔做好溶剂前沿的位置记号。样点各组分随展开剂上行的同时被展开在不同高度而形成各个有色斑点,取斑点的中心位置做好标记。如果斑点没有颜色就用显色法使斑点显示出来。一种方法是在色谱缸中或密闭的容器中放入几粒碘,把展开后的薄层板放入,待斑点明显时取出做好标记。另一种方法是带有荧光的硅胶可用紫外灯照射观察斑点。如果以上两种方法均不能显色,则可以考虑用磷钼酸或高锰酸钾等溶液进行显色。

3. 比移值的计算

比移值 R_f 是表示色谱图上斑点位置的一个数值,用来鉴定未知的化合物。某种特定化合物所移动的距离与溶剂前沿所移动的距离相比是一个恒定数值,任何一种特定的化合物的 R_f 值都是一个常数,由于在操作过程中不可能完全准确地重复所测定的条件,所以 R_f 值不易重复,但参考已知数据做相对的比较还是有一定意义的。

R_f 值计算如下：

$$R_f = \frac{a}{b} = \frac{物质所移动的距离}{溶剂前沿移动的距离}$$

式中 a, b 的意义见图 7-10-1。

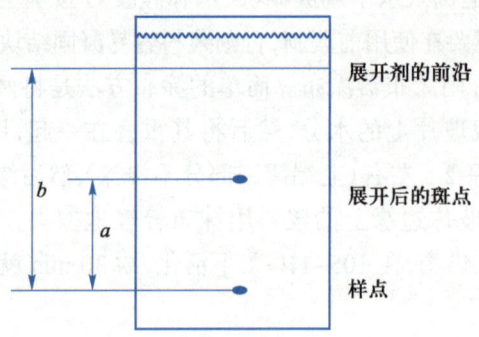

图 7-10-1　比移值的计算中 a, b 的意义

第二块板重复做一次实验，选择较好的一块板进行测量计算 R_f 值。

实验十一　反-1,2-二苯乙烯的制备

拓展阅读

一、实验目的

1. 掌握 Wittig 反应原理和制备二苯乙烯的方法；
2. 掌握季鏻盐的制备方法；
3. 掌握半微量实验的操作方法。

二、实验原理

1. 季鏻盐的制备

三苯基膦与苄基氯反应生成季鏻盐：

$$Ph_3P + ClCH_2Ph \longrightarrow Ph_3P^+CH_2Ph \cdot Cl^-$$

2. Wittig 反应

季鏻盐在强碱作用下失去一分子卤化氢形成稳定的磷叶立德（ylide），此分子中碳与磷形成 p-d 轨道重叠的 π 键，具有很强极性，碳原子上带有负电荷，故而磷叶立德是一种很强的亲核

试剂,可与醛、酮的羰基发生亲核加成反应,最后消去三苯基氧膦得到烯烃。此反应称为 Wittig 反应。

Wittig 反应有一定立体选择性。由于此反应中季膦盐和苯甲醛反应有两个苯基,空间位阻作用较大,所以形成的 1,2-二苯乙烯以反式异构体为主,但仍会有一定量的顺式异构体。

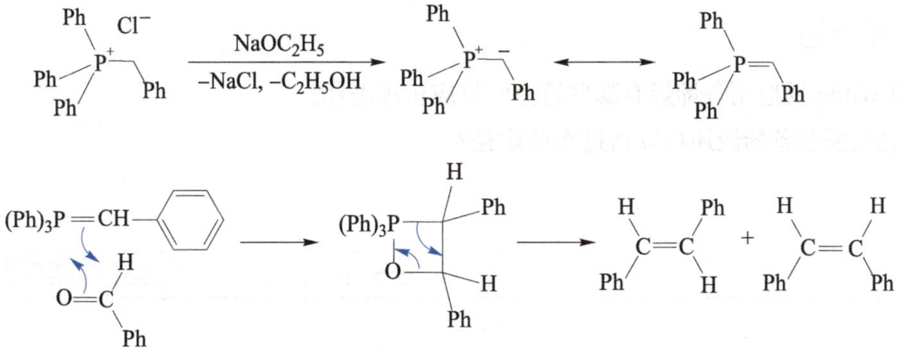

三、仪器和药品

仪器:25 mL 圆底烧瓶(2 个)、氯化钙干燥管、直形和球形冷凝管、玻璃布氏漏斗、磨口锥形瓶、滴管、量筒、磁力搅拌电热套。

药品:三苯基膦[注1] 0.4 g(1.5 mmol)、氯化苄[注2]、二甲苯、氯仿、金属钠、苯甲醛、无水乙醇、无水乙醚。

四、实验步骤

1. 季膦盐的制备

在 25 mL 圆底烧瓶中,加入 0.4 g 三苯基膦和 0.5 mol·L^{-1} 氯化苄的氯仿溶液 3 mL,装上带氯化钙干燥管的球形冷凝管,搅拌加热,回流 40 min。拆去球形冷凝管,换为常压蒸馏装置蒸去氯仿,析出白色固体。加入 3 mL 二甲苯,用带乳胶头的吸管小心地、分批少量地将析出的白色固体和溶剂转移到铺有一层滤纸的玻璃布氏漏斗上进行减压过滤,分别用 2 份 1 mL 二甲苯和 2 mL 乙醚洗涤白色固体,收集季膦盐到预先干燥并称量的 25 mL 圆底烧瓶中,记录产品质量,然后进行下一步反应。

2. 反-1,2-二苯乙烯的合成(Wittig 反应)

在已装有季膦盐的 25 mL 圆底烧瓶中加入 0.75 mol·L^{-1} 苯甲醛的无水乙醇溶液 2 mL,搅拌下将新制备的 1 mL 1.5 mol·L^{-1} 乙醇钠[注3]溶液用干燥的吸管快速滴加其中,然后立即装上氯化钙干燥管,室温下搅拌 20 min 后,再加入 2 mL 水,此时会有不少白色固体[注4]析出。通过玻璃布氏漏斗抽滤,收集并称量白色固体,即得反-1,2-二苯乙烯。

注释:

[注1] 三苯基膦有毒,如与皮肤接触应立即用肥皂和水充分洗净。

[注2] 氯化苄对眼睛有强烈刺激作用,如沾在皮肤上应先用大量水冲洗,再用肥皂擦洗。

[注3] 乙醇钠溶液可以统一制备。在 100 mL 的圆底烧瓶中加入 50 mL 无水乙醇和 1.75 g 切成小块的金属钠，装上氯化钙干燥管，直到金属钠完全消失，即得乙醇钠溶液。

[注4] 反-1,2-二苯乙烯分子无极性，在水中溶解度较小。在 60% 乙醇溶液中三苯基氧膦可溶解，不会析出，而反-1,2-二苯乙烯大部分能析出，在溶液中还有一部分顺-1,2-二苯乙烯。

五、思考题

1. 用 Wittig 反应制备烯烃有哪些特点？反应机理怎样？
2. 由醛、酮制备烯烃还可以通过哪些途径？

实验十二　乙酸乙酯的制备

一、实验目的

1. 通过乙酸乙酯的制备[注1]加深对酯化反应的理解和可逆反应的调控；
2. 掌握回流、蒸馏及液体洗涤、分离和干燥的操作方法。

二、实验原理

有机酸和醇在强酸催化下发生可逆的酯化反应生成酯。

$$CH_3-\underset{\underset{O}{\|}}{C}-OH + CH_3CH_2OH \xrightarrow{H_2SO_4} CH_3\underset{\underset{O}{\|}}{C}-O-CH_2CH_3 + H_2O$$

当使用等物质的量的乙酸和乙醇进行反应时，达到平衡后只有三分之二的原料转变为乙酸乙酯（产率最高只有 66.7%）。为使平衡向右移动，提高产率，生产过程中常采用增加某种价格较低廉的原料（醇或酸）的用量，或不断将产物酯或水蒸出的方法。当原料的沸点都比水的沸点高时，不断移除反应生成的水是最佳选择。例如，乙酸和丁醇酯化制备乙酸丁酯。

常用浓硫酸、氯化氢、对甲苯磺酸等作催化剂。反应按如下机理进行：

$$CH_3-\underset{\underset{O}{\|}}{C}-OH \xrightarrow{H^+} CH_3-\underset{\underset{OH}{\|}}{C}-OH \xrightarrow{CH_3CH_2OH} CH_3-\underset{\underset{HO^+-CH_2CH_3}{|}}{\overset{OH}{\underset{|}{C}}}-OH$$

$$\xrightarrow{\text{质子转移}} CH_3-\underset{\underset{O-CH_2CH_3}{|}}{\overset{OH}{\underset{|}{C}}}-OH_2 \xrightarrow{-H_2O} CH_3-\underset{\underset{OH}{\overset{+}{\|}}}{C}-OC_2H_5 \xrightarrow{-H^+} CH_3-\underset{\underset{O}{\|}}{C}-OC_2H_5$$

也可以用强酸性阳离子交换树脂、硫酸氢钠、杂多酸等固体酸作催化剂,固体酸容易通过过滤分离,可以反复使用,比较绿色环保,但反应速率较慢。若用浓硫酸作催化剂,其用量是醇的 0.1%~0.5% 即可。增加氢离子浓度或升高温度能缩短动态平衡建立的时间。本实验使用了较多的浓硫酸,一是为了缩短反应时间,二是浓硫酸在起催化作用的同时还吸收反应生成的水,有利于反应平衡向右移动和酯的生成。

但是因为本实验使用了较多硫酸,所以易引起以下副反应:

$$CH_3CH_2OH \xrightarrow{H_2SO_4} CH_2=CH_2$$

$$CH_3CH_2OH \xrightarrow{H_2SO_4} CH_3CH_2-O-CH_2CH_3$$

三、仪器和药品

仪器:电热套、圆底烧瓶、球形冷凝管、直形冷凝管、蒸馏头、接引管、分液漏斗、锥形瓶、温度计。

药品:冰醋酸 14.7 g(14 mL,0.25 mol)、无水乙醇 18.2 g(23 mL,0.39 mol)、浓硫酸(3 mL)、饱和 Na_2CO_3 溶液、饱和 NaCl 溶液、饱和 $CaCl_2$ 溶液、无水硫酸镁或无水硫酸钠。

四、实验步骤

1. 回流

将 14 mL 冰醋酸、23 mL 无水乙醇及 3 mL 浓硫酸依次加入干燥的 100 mL 圆底烧瓶中,再加 2~3 粒沸石。将球形冷凝管安装在圆底烧瓶上[注2],然后用电热套加热至沸腾,回流 1.0 h。如图 7-12-1(a)所示。

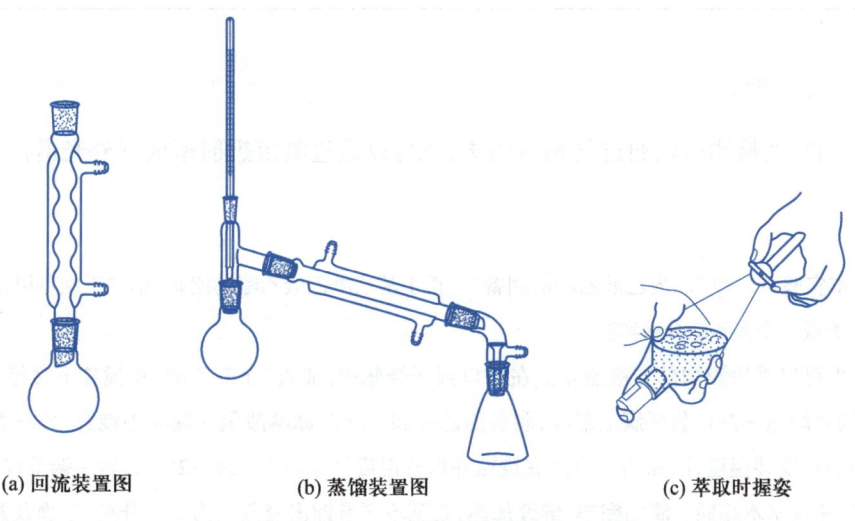

(a) 回流装置图　　　(b) 蒸馏装置图　　　(c) 萃取时握姿

图 7-12-1　实验所需装置与操作

2. 分离

经回流后的反应混合物,除产品外,还有没有反应完的乙醇、乙酸和少量副产物,如乙醚、亚硫酸等。稍冷,将回流装置改为蒸馏装置[图 7-12-1(b)],用电热套加热进行蒸馏,直到没有馏出液或蒸馏头处温度计读数达到 90 ℃时停止蒸馏。将馏出液倒入分液漏斗中,加入 15 mL 饱和 Na_2CO_3 溶液,小心振荡洗涤,不时地倒转分液漏斗并缓缓从分液漏斗的下旋塞放出 CO_2 气体[图 7-12-1(c)]。洗好后,打开分液漏斗上口的塞子,将分液漏斗放在铁环上静置,使其中的混合液分层。从分液漏斗下口分出水溶液。酯层用 pH 试纸检查,如仍呈酸性,再重复上述操作(用饱和 Na_2CO_3 溶液洗涤),直到酯层不显酸性为止。用 10 mL 饱和 NaCl 溶液洗去残余的 Na_2CO_3 溶液,再用 15 mL $CaCl_2$ 溶液洗去残余的乙醇[注3]。酯层从分液漏斗上口倒入干燥的磨口锥形瓶中,再加入 2~3 g 无水硫酸镁[注4]进行干燥。

3. 蒸馏

干燥好的有机层通过漏斗倒入 50 mL 干燥的圆底烧瓶中(为防止干燥剂倒入烧瓶中,可在漏斗中放入一小块滤纸或棉团),再次进行蒸馏。用事先称好质量的干燥细口瓶或锥形瓶收集 73~79 ℃的馏分[注5]。

乙酸乙酯与水或醇形成二元和三元共沸物的组成及沸点见表 7-12-1。

表 7-12-1　乙酸乙酯与水或醇形成二元和三元共沸物的组成及沸点

共沸点/℃	共沸物组成/%		
	乙酸乙酯	乙醇	水
70.2	82.6	8.4	9.0
70.4	91.53		8.47
71.8	69.2	30.8	

五、检验与测试

乙酸乙酯纯度检测可以通过气相色谱法,也可以通过测定折射率或红外光谱标准谱图进行对照。

注释:

[注1] 本实验可以和"乙酰乙酸乙酯的制备""正丁基乙酰乙酸乙酯的制备"及"正戊基甲基酮(2-庚酮)的制备"共同组成一个多步综合性实验。

[注2] 也可以采用滴加的方法制备。在三口圆底烧瓶中,加入 3 mL 乙醇,在搅拌下慢慢加入 3 mL 浓硫酸。三口圆底烧瓶一侧口装好滴液漏斗,剩余的乙醇和 14 mL 冰醋酸倒入漏斗中混合,另一侧口安装好蒸馏装置,中间瓶口安装温度计,加热三口圆底烧瓶并保持温度计读数在 120~125 ℃,然后调节加料速度,使其与蒸馏出酯的速度基本相同。滴加完毕,继续加热,直到不再有馏出液蒸出为止。分离、干燥及蒸馏的步骤与前同。

[注3] 氯化钙可以与乙醇形成配合物溶于水中而被分离。在洗涤时每步必须完全分离后,再进行下一步

洗涤,可避免析出沉淀,影响分离。

[注4] 加入粗酯中的无水硫酸镁的量视具体情况而定,加入无水硫酸镁后摇动锥形瓶,如果无水硫酸镁变成糊状,则仍需继续添加;如果呈颗粒状,则表示无水硫酸镁已经足够。

[注5] 如果沸点偏低,在排除温度计误差的前提下,则表明酯中有残余的醇没有洗去或最后干燥不充分。

六、思考题

1. 硫酸在实验中起什么作用?
2. 用浓氢氧化钠溶液代替饱和碳酸钠溶液来洗涤馏出液可以吗?
3. 酯化反应有什么特点?在实验中如何创造条件促使酯化反应尽量向生成物方向进行?
4. 本实验若采用冰醋酸过量的做法是否合适?为什么?
5. 蒸馏出的粗乙酸乙酯中主要有哪些杂质?如何除去?

实验十三　1-溴丁烷的制备

一、实验目的

1. 掌握用醇和氢卤酸反应制备卤代烷的原理和方法;
2. 巩固回流、蒸馏、分液和干燥等基本操作;
3. 了解酸性气体的吸收方法,树立绿色环保的理念。

二、实验原理

溴化钠与硫酸反应生成氢溴酸,丁醇在硫酸催化下和氢溴酸作用可以生成 1-溴丁烷。

主反应:

$$NaBr + H_2SO_4 \longrightarrow HBr + NaHSO_4$$

$$CH_3CH_2CH_2CH_2OH + HBr \longrightarrow CH_3CH_2CH_2CH_2Br + H_2O$$

副反应:

$$CH_3CH_2CH_2CH_2OH \xrightarrow{H_2SO_4} CH_2CH_2CH=CH_2$$

$$CH_3CH_2CH_2CH_2OH \xrightarrow{H_2SO_4} CH_3CH_2CH_2-O-CH_2CH_2CH_3$$

$$2HBr + H_2SO_4 \longrightarrow Br_2 + SO_2 + 2H_2O$$

本实验主反应为可逆反应,提高产率的措施是使 HBr 过量,并用 NaBr 和 H_2SO_4 代替 HBr,边生成 HBr 边参与反应,这样可提高 HBr 的利用率;H_2SO_4 还起到催化脱水作用。反应中,为防止反应物醇被蒸出,采用了回流装置。由于 HBr 是有害气体,为防止 HBr 逸出,污染环境,需安装气体吸收装置。回流后再进行粗蒸馏，一方面使生成的产品 1-溴丁烷分离出来，便于后面的洗涤操作；另一方面，粗蒸过程可进一步使醇与 HBr 的反应趋于完全。

粗产品中含有未反应的醇和副反应生成的醚，用浓硫酸洗涤可将它们除去，因为二者能与浓硫酸形成烷基氧正离子：

$$CH_3CH_2CH_2CH_2-OH \xrightarrow{H_2SO_4} CH_3CH_2CH_2CH_2-\overset{+}{O}H_2 \quad HSO_4^-$$

$$CH_3CH_2CH_2CH_2-O-CH_2CH_2CH_3 \xrightarrow{H_2SO_4} CH_3CH_2CH_2CH_2-\underset{H}{\overset{+}{O}}-CH_2CH_2CH_3 \quad HSO_4^-$$

如果 1-溴丁烷中含有正丁醇，蒸馏时会形成沸点较低的前馏分（1-溴丁烷和正丁醇的共沸混合物沸点为 98.6 ℃，含正丁醇 13%），而导致最终产品产率降低。

三、仪器和药品

仪器：电热套、圆底烧瓶、球形冷凝管、直形冷凝管、蒸馏头、接引管、分液漏斗、锥形瓶、温度计等。

药品：正丁醇 5 g（6.2 mL，0.068 mol）、无水溴化钠 8 g（0.077 mol）、硫酸 20 mL（0.18 mol）、碳酸钠溶液（10%）、无水氯化钙。

四、实验步骤

在 100 mL 圆底烧瓶中加入 10 mL 水，一枚磁子，开动搅拌并慢慢加入 20 mL 硫酸（硫酸与水的体积比 1∶1），水浴冷至室温。再依次加入 6.2 mL 正丁醇、8.0 g 研细的无水溴化钠[注1]，安装球形冷凝管，上口接一气体吸收装置［见图 7-13-1（a）］，用自来水作吸收液。待固体溶解后开启

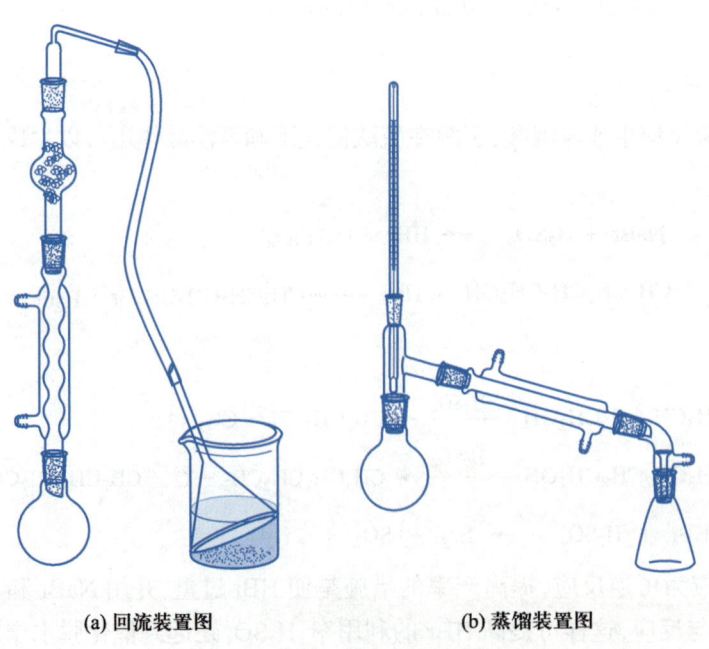

(a) 回流装置图　　　　　　(b) 蒸馏装置图

图 7-13-1　实验所需装置与仪器

搅拌,调节电压缓慢加热[注2],保持缓慢回流 30 min。

反应完成后,稍冷,向圆底烧瓶中加入 20 mL 水,卸下回流冷凝器,改为蒸馏装置[图 7-13-1(b),蒸馏头上口用胶塞塞住],蒸出粗产品正溴丁烷,仔细观察馏出液,直到无油滴蒸出为止[注3]。

将馏出液转入分液漏斗中,将油层从下面放入一个干燥的小锥形瓶中,分两次加入 3~4 mL 浓硫酸,充分摇匀,如果混合物发热,则可用冷水浴冷却。

将混合物转入干燥分液漏斗中,静置分层,放出下层的浓硫酸。有机相依次分别用等体积的水、10% 碳酸钠溶液、水洗涤后,将下层粗 1-溴丁烷转入干燥的锥形瓶中,加入约 2 g 粒状无水氯化钙干燥,间歇摇动锥形瓶,至溶液澄清。

将干燥好的粗 1-溴丁烷转入干燥蒸馏装置中蒸馏,收集 99~102 ℃ 的馏分。

纯 1-溴丁烷为无色液体,沸点 101.6 ℃,$d_4^{20}=1.257$,$n_D^{20}=1.439$。

注释:

[注1] 如用含有结晶水的 NaBr,应将含水量扣除并相应减少加水量;如果溴化钠沾在瓶口,则要擦拭干净,防止回流过程中 1-溴丁烷挥发。

[注2] 开始加热时,不要加热过猛,否则,反应生成的 HBr 来不及反应就会逸出,另外反应混合物的颜色也会很快变深。操作情况良好时,油层仅呈浅黄色,冷凝管顶端应无明显的 HBr 逸出。

[注3] 干净烧杯中事先装一定量的水,接收几滴馏出液,如无油珠,则表明蒸馏应该结束了。

五、思考题

1. 如果加料顺序为先加溴化钠与浓硫酸,再加其他原料,可以吗?为什么?
2. 用浓硫酸洗涤粗 1-溴丁烷为什么用干燥分液漏斗?
3. 说明各步骤洗涤的作用。

实验十四　乙酰乙酸乙酯的制备

一、实验目的

1. 掌握克莱森(Claisen)酯缩合反应及互变异构现象;
2. 掌握无水操作及减压蒸馏等操作。

拓展阅读

二、实验原理

含有 α-氢原子的酯在碱性催化剂存在下,能和另一分子酯发生 Claisen 酯缩合反应生成 β-酮酸酯,乙酰乙酸乙酯就是通过这个反应制备的。其催化剂是乙醇钠,由金属钠和残留在乙酸乙酯中的少量乙醇(少于 2%)作用产生。乙酰乙酸乙酯是经过以下一系列平衡反应生成的:

$$CH_3CH_2-OH + Na \longrightarrow CH_3CH_2ONa + \frac{1}{2}H_2$$

$$CH_3-\overset{O}{\underset{\|}{C}}-O-CH_2CH_3 \underset{CH_3CH_2-OH}{\overset{CH_3CH_2ONa}{\rightleftharpoons}} \overset{-}{CH_2}-\overset{O}{\underset{\|}{C}}-O-CH_2CH_3$$

$$CH_3-\overset{O}{\underset{\|}{C}}-O-CH_2CH_3 + \overset{-}{C}H_2-\overset{O}{\underset{\|}{C}}-O-CH_2CH_3 \rightleftharpoons CH_3-\overset{O^-}{\underset{OCH_2CH_3}{\overset{|}{C}}}-CH_2-\overset{O}{\underset{\|}{C}}-O-CH_2CH_3$$

$$\rightleftharpoons CH_3-\overset{O}{\underset{\|}{C}}-CH_2-\overset{O}{\underset{\|}{C}}-O-CH_2CH_3 + CH_3CH_2O^- \rightleftharpoons CH_3-\overset{O^-}{\underset{\|}{C}}=CH-\overset{O}{\underset{\|}{C}}-O-CH_2CH_3 + CH_3CH_2-OH$$

$$CH_3-\overset{O^-}{\underset{\|}{C}}=CH-\overset{O}{\underset{\|}{C}}-O-CH_2CH_3 + H_3O^+ \longrightarrow CH_3-\overset{O}{\underset{\|}{C}}-CH_2-\overset{O}{\underset{\|}{C}}-O-CH_2CH_3 + H_2O$$

反应过程中不断生成醇,钠与生成的醇反应生成醇钠,所以酯化反应可以持续进行下去,直至金属钠消耗完。

本实验要求反应系统是无水的,因为水的存在可造成钠的损失和 NaOH 的产生,后者会使酯发生皂化反应,降低反应的产率。

通常在该反应中,酯是过量的,其中一部分发生反应生成乙酰乙酸乙酯,一部分作为溶剂。如果钠过量,则乙酸乙酯可以被还原并缩合成 3-羟基-2-丁酮:

$$CH_3-\overset{O}{\underset{\|}{C}}-OC_2H_5 \xrightarrow{Na} CH_3-\overset{O}{\underset{\|}{C}}-\overset{OH}{\underset{H}{\overset{|}{C}}}-CH_3$$

金属钠在使用时通常制成钠珠或钠丝,以使其与酯的接触面尽可能大些。本实验将金属钠切成细薄片,也是为了提高反应速率。但注意要动作迅速,防止金属钠被空气氧化。

三、仪器和药品

仪器:磁力搅拌电热套、圆底烧瓶、球形冷凝管、直形冷凝管、分液漏斗、磨口锥形瓶、减压蒸馏装置。

药品:乙酸乙酯 22.5 g(25 mL,0.26 mol)、金属钠 1.5 g(0.065 mol)、乙酸(50%)、饱和氯化钠溶液、无水硫酸镁、碳酸钙溶液、无水氯化钙。

本实验所用的药品必须是无水的,所用仪器必须是干燥的。

四、实验步骤

1. 加料

取 100 mL 干燥的圆底烧瓶,加入 25 mL 乙酸乙酯,一枚磁子,迅速加入切成细薄片的 1.5 g 金属钠[注1],加装球形冷凝管,并在冷凝管上口连接预装有无水氯化钙的干燥管。

2. 反应

搅拌加热回流。为防止反应过于剧烈,要控制加热电压,保持反应物呈微沸状态并有缓慢回流,直到金属钠全部作用完之后[注2],停止加热。此时,反应混合物呈透明橘红色,液体表面边缘部分偶尔呈现绿色荧光,同时有黄白色沉淀物(均为烯醇盐)析出。

3. 酸化

待反应混合物稍冷后,在搅拌和冷水浴下,缓慢加入 10 mL 50% 乙酸[注3],加入适量的饱和氯化钠溶液,使反应混合物呈弱酸性,固体沉淀物溶解。

4. 后处理

用分液漏斗分出上层酯层,用 pH 试纸检验酯层,若仍显酸性,则再用 5% 碳酸钠溶液(约 10 mL)中和,分出酯层,倒入干燥的磨口锥形瓶中,加入无水硫酸镁干燥。将干燥好的粗乙酰乙酸乙酯倒入干燥的 50 mL 圆底烧瓶中,加入 1~2 粒沸石,加热,常压蒸馏蒸出乙酸乙酯,倒入回收瓶中。将常压蒸馏装置改成减压蒸馏装置,用循环水泵进行减压蒸馏[注4]。减压蒸馏开始时,应缓慢加热,待残留的低沸物蒸出,再加大电压。待温度计温度基本稳定后,收集乙酰乙酸乙酯[注5]。所收集的馏分的沸点可根据表 7-14-1 所对应的压力而定。

表 7-14-1 乙酰乙酸乙酯沸点与压力对照表

压力/kPa	0.67	1.33	2.67	5.33	8.00	13.33
沸点/℃	54.0	67.3	81.1	96.2	106.0	118.5

资料来源:程能林. 溶剂手册. 4 版. 北京:化学工业出版社,2007.

纯乙酰乙酸乙酯为无色液体,沸点 180.4 ℃。

注释:

[注1] 金属钠遇水即燃烧、爆炸,所以使用时要防止与水接触。在称取及切碎的过程中应当迅速。由于金属钠颗粒的大小直接影响反应的快慢,所以,在切去表面氧化层后,应把金属钠切成薄片,再立刻移入盛有乙酸乙酯的圆底烧瓶中,尽量缩短金属钠与空气接触的时间。

[注2] 金属钠全部作用完所需时间,取决于钠的颗粒大小,如有少量的钠未反应,则下一步要小心地分批缓慢加入 50% 乙酸。

[注3] 用乙酸酸化时,应避免加入过量,否则会增加酯在水中的溶解度而降低产率。

[注4] 由于乙酰乙酸乙酯在常温下蒸馏时,很容易分解而降低产量,所以采取减压蒸馏。

[注5] 本实验最好连续进行,间隔时间过长会降低产率。

五、思考题

1. 为什么本实验要求所用的仪器都应是干燥的?否则会有何影响?
2. 加入 50% 乙酸及饱和氯化钠溶液的目的是什么?
3. 为什么用乙酸酸化,而不用稀盐酸或稀硫酸酸化?为什么要调到弱酸性,而不是中性?
4. 酸化过程开始析出的少量固体是什么?
5. 为什么要用减压蒸馏的方式纯化乙酰乙酸乙酯?

实验十五　正丁基乙酰乙酸乙酯和庚-2-酮的制备

一、实验目的

1. 了解乙酰乙酸乙酯在合成中的应用；
2. 掌握乙酰乙酸乙酯烃基取代、碱性水解和酸化脱羧的原理及实验操作；
3. 进一步熟练掌握蒸馏、减压蒸馏、萃取的基本操作。

二、实验原理

庚-2-酮发现于成年工蜂的颈腺中，是一种警戒信息素。庚-2-酮微量存在于丁香油、肉桂油和椰子油中，具有强烈的水果香气，可用作香精。它的合成过程是由乙酰乙酸乙酯和乙醇钠反应，先生成乙酰乙酸乙酯的负离子，该碳负离子与1-溴丁烷进行 S_N2 反应，得到正丁基乙酰乙酸乙酯，经氢氧化钠催化水解，再进行酸化脱羧后，得到最终产物庚-2-酮。

三、仪器和药品

仪器：磁力搅拌电热套、球形冷凝管、恒压滴液漏斗、100 mL 和 25 mL 三口圆底烧瓶、分液漏斗、抽滤瓶、锥形瓶。

试剂：乙酰乙酸乙酯 1.95 g（0.015 mol）、无水乙醇 7.5 mL、金属钠 0.4 g、碘化钾粉末 0.2 g、正溴丁烷 2.3 g（0.017 mol）、盐酸、5% 氢氧化钠溶液、50% 硫酸、石蕊试纸、二氯甲烷、40% 氯化钙溶液、无水硫酸镁。

四、实验步骤

1. 正丁基乙酰乙酸乙酯的制备

在装有磁力搅拌电热套、冷凝管和滴液漏斗的干燥 100 mL 三口圆底烧瓶中，加入 7.5 mL 无水乙醇，在冷凝管上方装上干燥管[注1]，将 0.4 g 金属钠碎片分批加入[注2]，以维持反应不间断进行为宜，保持反应液呈微沸状态。待金属钠全部作用完后，加入 0.2 g 碘化钾粉末[注3]，塞住三口圆底烧瓶的另一口，开动搅拌器，室温下滴加 1.95 g（1.9 mL）乙酰乙酸乙酯[注4]，加完后继续搅拌、回流 10 min。然后，慢慢滴加 2.3 g（1.9 mL）1-溴丁烷，约 15 min 加完，反应液缓慢回流

3~4 h,直至反应完成为止。此时,反应液呈橘红色,并有白色沉淀析出。为了测定反应是否完成,可取 1 滴反应液点在湿润的红色石蕊试纸上,如果呈红色,则说明反应已经完成。

将反应物冷至室温,过滤,除去溴化钠固体,用 2.5 mL 无水乙醇洗涤 2 次。蒸馏除去过量乙醇。然后冷至室温,加入稀盐酸(12.5 mL 水加 0.15 mL 浓盐酸),将反应物转移至分液漏斗中,分去水层,用水洗涤有机相,并用无水硫酸镁干燥,滤除干燥剂,减压蒸馏,收集 107~112 ℃/17 kPa(13 mmHg)馏分,产量约为 1.5 g。

2. 庚-2-酮的制备

在 25 mL 锥形瓶中,加入 12.5 mL 5% 氢氧化钠溶液和 1.5 g 正丁基乙酰乙酸乙酯,装上冷凝管和磁力搅拌装置,室温剧烈搅拌 3.5 h。然后,在电磁搅拌下慢慢滴加 2.3 mL 50% 硫酸[注5],此时,有二氧化碳气泡放出。当二氧化碳气泡不再逸出时,将混合物倒入 25 mL 烧瓶中,进行简易水蒸气蒸馏,使产物和水一起蒸出,直至无油状物蒸出为止(约蒸出 6.5 mL 馏出液)。在馏出液中溶解颗粒状氢氧化钠,直至红色石蕊试纸刚变蓝色为止。用分液漏斗分出下面水层,得到酮层。将水层放回分液漏斗,用 3 mL 二氯甲烷萃取水层两次,萃取液在水浴上蒸除二氯甲烷,得到残留的庚-2-酮,合并酮溶液,用 2 mL 40% 氯化钙溶液洗涤 2 次,然后用无水硫酸镁干燥,蒸馏,收集 145~152 ℃ 的馏分,即得庚-2-酮,产品为无色透明液体,产量约为 0.5 g。

庚-2-酮为无色液体,微溶于水,沸点 149~150 ℃,$d_4^{20} = 80.82$,$n_D^{20} = 1.411\,0$。

注释:

[注1] 仪器和乙醇中有水会降低产率。

[注2] 金属钠遇水放出氢气,并放热,使用时应注意安全。

[注3] 加入碘化钾可加速反应的进行。

[注4] 乙酰乙酸乙酯储存时间长,会出现部分分解,使用前需减压蒸馏重新纯化。

[注5] 滴加速度不宜过快,否则,酸分解时逸出大量二氧化碳并产生冲料。

五、思考题

1. 写出各步反应式及反应机理。
2. 在正丁基乙酰乙酸乙酯的制备中,为什么加入碘化钾可加速反应的进行?
3. 脱羧后进行蒸馏,可看作一个简单的水蒸气蒸馏过程。在蒸出的约 6.5 mL 馏出液中,除庚-2-酮和水外,还主要含有其他什么物质?在后面的操作中是如何除去的?
4. 实验中可能会得到一些二烷基丙酮衍生物副产物,写出反应式。

实验十六　D-赤酮酸内酯的合成

实验教学视频

一、实验目的

1. 了解有关手性及手性化合物的相关基础知识；
2. 掌握双氧水氧化 D-异抗坏血酸制备 D-赤酮酸内酯的操作；
3. 学习恒温反应装置的原理及操作；
4. 学习滴定、减压过滤、减压蒸馏、酸化、回流、结晶、干燥等的基本操作。

二、实验原理

本实验以市售 D-异抗坏血酸为原料,在碱性条件下,以双氧水为氧化剂,蒸馏水为溶剂,于 42 ℃将原料氧化断裂,不经分离,直接用盐酸调节 pH 至 1,可得 D-赤酮酸内酯。

三、仪器和药品

仪器：250 mL 四口烧瓶、250 mL 圆底烧瓶、烧杯、球形冷凝器、固体加料漏斗、恒压滴液漏斗、温度计、玻璃棒、表面皿、机械搅拌装置、恒温水浴装置、减压过滤装置、减压蒸馏装置、回流装置。

药品：D-异抗坏血酸 8.8 g（0.05 mol）、无水碳酸钠 10.6 g（0.1 mol）、双氧水 11 mL（0.122 4 mmol、33.6%）、活性炭 2 g、盐酸（6 mol·L^{-1}）、乙酸乙酯。

四、实验步骤

在 250 mL 四口烧瓶中,依次加入 8.8 g D-异抗坏血酸和 100 mL 水。通冷凝水,开启电动搅拌器,室温下搅拌溶解,然后将烧瓶浸入冰水浴中,再分批加入 10.6 g 无水碳酸钠。待固体溶解后,滴加 11 mL 双氧水(10 min 内完成滴加)。混合液继续搅拌 5 min 后,加热水浴使烧瓶内温度达到 42 ℃,反应 30 min,再分批加入 2 g 活性炭,以分解未反应的过氧化氢(此过程用时 30 min),其间用淀粉-KI 试纸检测过氧化氢是否分解完全。当过氧化氢分解完成后,再将水浴温度加热到 75~78 ℃。趁热将反应混合物进行过滤,滤饼用适量的热水分次洗涤,收集母液。将收集的母液用 6 mol·L^{-1} 盐酸进行酸化,使其 pH = 1。搭建好减压蒸馏装置,将酸化液加入圆底烧瓶中,通冷凝水,开启搅拌,启动真空泵,加热,在 50 ℃/90 mmHg 的条件下蒸出水分。

待水分完全蒸出后,由减压蒸馏装置改为回流装置,加入 82 mL 乙酸乙酯回流 10 min,倾出上清液,再加入 33 mL 乙酸乙酯回流 10 min,并再次倾出上清液。合并倾出液,将其在冰水浴中冷却,析出晶体,抽滤,用 100 mL 冷乙酸乙酯多次淋洗。

滤饼抽干,得白色针状晶体,理论产量 5.9 g。

可能的反应机理如下:

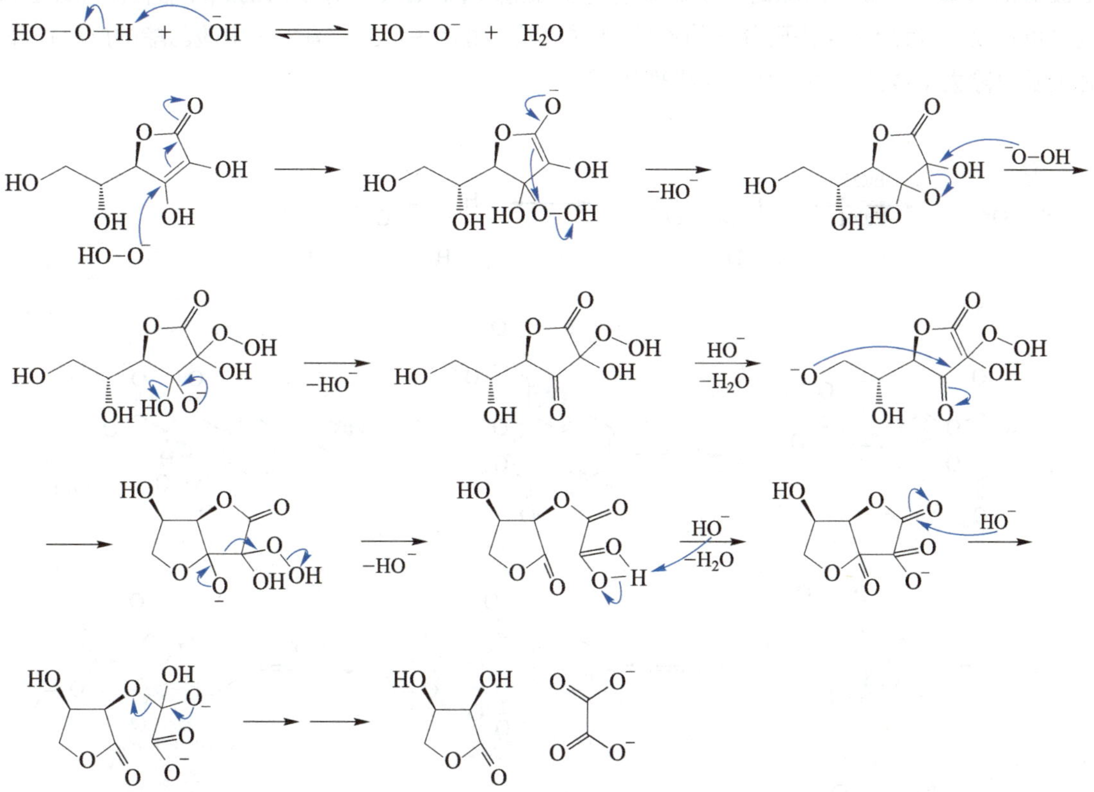

五、思考题

1. 简述使用淀粉-KI 试纸检测过氧化氢时的过程与现象。
2. 如过氧化氢在酸化前没有完全分解,则对后续操作是否有影响?

实验十七　茚-1,3-二酮的制备

实验教学视频

一、实验目的

1. 掌握克莱森（Claisen）酯缩合、酸性条件下酯水解、热脱羧反应的机理；
2. 掌握无水操作、恒温操作及减压过滤操作。

二、实验原理

1. 茚-1,3-二酮-2-甲酸乙酯的制备（Claisen酯缩合）

本实验采用含有 α-氢原子的乙酸乙酯与不含 α-氢原子的邻苯二甲酸二乙酯进行混合酯的缩合反应，在乙醇钠的催化下，乙酸乙酯失去一个 α-氢原子，形成亲核性的碳负离子，进而对无活泼氢的邻苯二甲酸二乙酯的一个羰基进行亲核进攻，最后发生分子内的成环缩合。酯缩合反应是可逆反应，反应中脱去两分子的乙醇，为了使生成的茚-1,3-二酮-2-甲酸乙酯的产率提高，必须及时除去生成的乙醇。其反应机理如下：

一分子乙酸乙酯在乙醇钠的进攻下失去酰基的一个 α-氢原子，得到碳负离子，碳负离子对邻苯二甲酸二乙酯中的一个羰基进行亲核进攻,得到中间体,随后脱去乙氧负离子而得到产物 β-羰基羧酸酯,β-羰基羧酸酯中的 α-氢原子与两个羰基邻近,因而有较强的酸性,会受到另一分子醇钠的进攻而生成另一个碳负离子,此碳负离子与另一羰基进行亲核加成,再脱去一分子乙氧负离子,进而得到产物茚-1,3-二酮-2-甲酸乙酯。

酯缩合反应是可逆反应,反应速率较慢,为加快反应速率和提高产品产率,采取加入过量乙酸乙酯的措施,及时将生成的乙醇和乙酸乙酯以共沸物形式蒸出,促进反应向生成茚-1,3-二酮-2-甲酸乙酯的方向移动。

2. 茚-1,3-二酮-2-甲酸的制备(酸性条件下酯的水解反应)

本反应是茚-1,3-二酮-2-甲酸乙酯在稀盐酸中发生的水解反应,在酸存在下的水解机理如下:

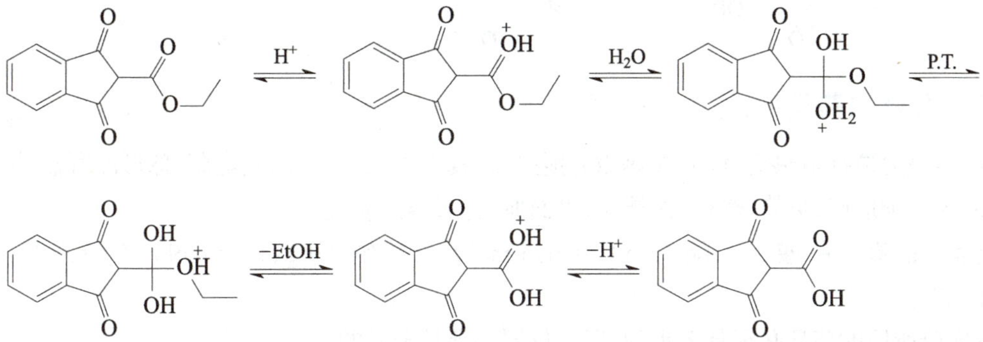

酯在酸性溶液中的水解反应是酸酯化反应的逆反应。在酸性溶液中,茚-1,3-二酮-2-甲酸乙酯中的羰基质子化,使羰基碳原子的正电性增强,更容易接受亲核试剂的进攻,当水分子向羰基碳原子进攻时,首先形成四面体的过渡态,然后发生质子的转移并脱去乙醇,形成茚-1,3-二酮-2-甲酸。

3. 茚-1,3-二酮的制备(热脱羧反应)

羧基(—COOH)是有机化合物中常见的官能团,羧酸分子脱去羧基的反应即脱羧反应。温度是影响脱羧反应的主要因素,一般来说温度越高越有利于反应的进行,但是如果温度过高,则会导致碳链的断裂,特别是导致长链的脂肪酸和环烷酸碳链的断裂。对于本实验,如果温度过高则可能会得到茚二酮的聚合物。考虑到水解和脱羧反应同时进行,因此脱羧反应的温度定为 80 ℃。

脱羧的反应机理如下:

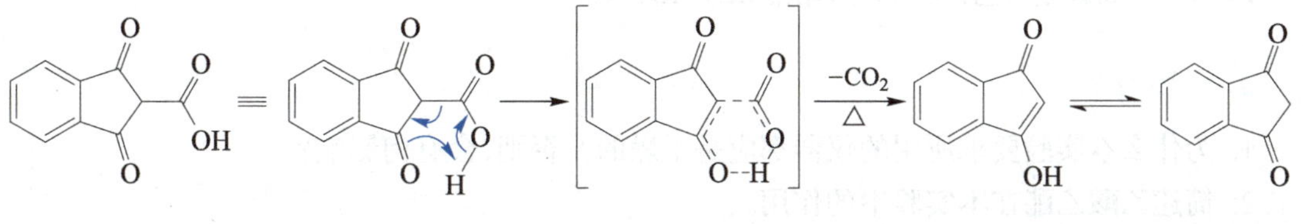

茚-1,3-二酮-2-甲酸分子中,由于受到 β 位双羰基的影响,很容易发生脱羧反应。其脱羧的反应机理可以用环状过渡态理论解释,β-羰基中的氧与羧酸中的氢形成分子内的氢键,进而形成一个能量低的六元环过渡态,再脱去 CO_2,生成烯醇,然后重排得到酮,即茚-1,3-二酮。

总反应式如下:

邻苯二甲酸二乙酯 —EtONa/EtOAc→ 2-乙氧羰基茚-1,3-二酮 —3 mol·L^{-1} HCl, 80 ℃→

茚-1,3-二酮-2-甲酸 —80 ℃→ 茚-1,3-二酮

三、仪器和药品

仪器:磁力搅拌电热套、恒温加热磁力搅拌器、真空水泵、三口圆底烧瓶、球形冷凝器、恒压滴液漏斗、大口锥形瓶、量筒、烧杯、搅拌棒、表面皿、普通蒸馏装置。

药品:邻苯二甲酸二乙酯 15 mL(0.075 mol)、乙醇钠 7.0 g(0.10 mol)、乙酸乙酯、盐酸(3 mol·L^{-1})。

本实验所用的药品必须是无水的,所用仪器必须是干燥的。

四、实验步骤

在 250 mL 干燥的三口圆底烧瓶中,加入 7.0 g 乙醇钠、30 mL 乙酸乙酯、15 mL 邻苯二甲酸二乙酯,缓慢回流 30 min,此时产生大量的黄色固体。停止加热,撤去热源,稍冷,将回流装置改成普通蒸馏装置,在三口圆底烧瓶的另一支口安装恒压滴液漏斗,并加入 60 mL 乙酸乙酯。一边蒸馏一边滴加乙酸乙酯,使滴加速度与蒸馏速度相等,开始时温度计示数为 71 ℃,当温度计示数稳定在 77 ℃时(约 30 min),反应结束。将混合物于冰水浴中充分冷却后,减压过滤,滤饼用少量冷乙酸乙酯淋洗,再抽干。滤饼转入 150 mL 的大口锥形瓶中,再加入 100 mL 3 mol·L^{-1} 盐酸,并置于 80 ℃的水浴中,强烈搅拌,当完全没有气泡产生时(约 45 min),将混合物于冰水浴中充分冷却后,减压过滤,滤饼用大量冷水淋洗,再抽干。(粗产品可经真空干燥后,再用甲苯重结晶。)理论产量:11 g。

茚-1,3-二酮为无色针状晶体,熔点 129~131 ℃。

五、思考题

1. 为什么本实验要求所用的仪器都应是干燥的? 否则,会有何影响?
2. 简述乙酸乙酯在本实验中的作用。

实验十八　三苯甲醇的制备

拓展阅读

一、实验目的

1. 学习并了解格利雅（Grignard）试剂的制备及 Grignard 反应；
2. 掌握无水、无氧反应条件的控制。

二、实验原理

卤代烃在无水的醚中与金属镁作用，生成烃基卤化镁 RMgX，即 Grignard 试剂。Grignard 试剂可以与羧酸酯依次进行亲核取代和亲核加成反应，得到烃氧基卤化镁，后者酸化即得叔醇。

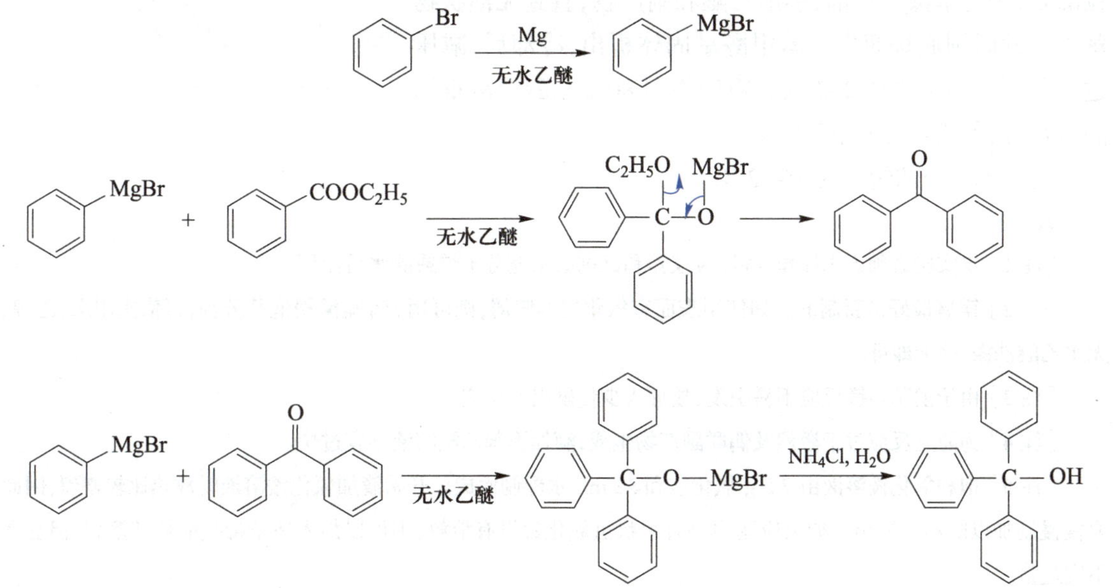

三、仪器和药品

仪器：磁力搅拌电热套、三口圆底烧瓶、球形冷凝管、恒压滴液漏斗、温度计、分液漏斗、氯化钙干燥管、锥形瓶。

药品：镁屑 1.5 g、溴苯 10.5 g（7 mL，0.068 mol）、无水乙醚 30 mL（21.2 g）、苯甲酸乙酯 4 mL（4.2 g，0.016 mol）、碘少量、饱和氯化铵溶液等。

四、实验步骤

实验所用装置如图 7-18-1 所示。在 100 mL 三口圆底烧瓶上分别加装回流冷凝管（上方加氯化钙干燥管）[注1]、恒压滴液漏斗和温度计。在三口圆底烧瓶中加入 1.5 g 镁屑[注2]，一枚磁子，在滴液漏斗下方加入 1~2 粒碘(勿搅动)[注3],装好温度计。另取 7 mL 溴苯溶于 20 mL 无水乙醚中,加入恒压滴液漏斗中,使装置严密。先滴加 5 mL 混合液于三口圆底烧瓶中,片刻即起反应,碘的颜色逐渐消失。如不反应,则可适当加热促其反应。当反应开始后,开动搅拌器,将剩余的溴苯乙醚溶液慢慢滴入,保持反应液微沸[注4]。滴加完毕后,调节加热电压,继续保持微沸直到镁屑消失。

用冰水浴冷却三口圆底烧瓶,搅拌下滴加 4 mL 苯甲酸乙酯与 10 mL 无水乙醚混合液。滴加完毕,继续回流 0.5 h。

稍冷后,通过滴液漏斗向三口圆底烧瓶中慢慢加入 30 mL 饱和氯化铵溶液[注5]。将反应混合物倒入分液漏斗中,分出醚层并加入 100 mL 圆底烧瓶中,加入 30 mL 水和几粒沸石,进行水蒸气蒸馏,蒸出乙醚和副产物,直到无油状物蒸出。此时圆底烧瓶中三苯甲醇呈固体析出,冷却后,减压过滤并用水淋洗固体 2~3 次。粗产物用 80% 乙醇溶液重结晶,得到白色棱状三苯甲醇结晶。

纯三苯甲醇的熔点为 164.2 ℃。

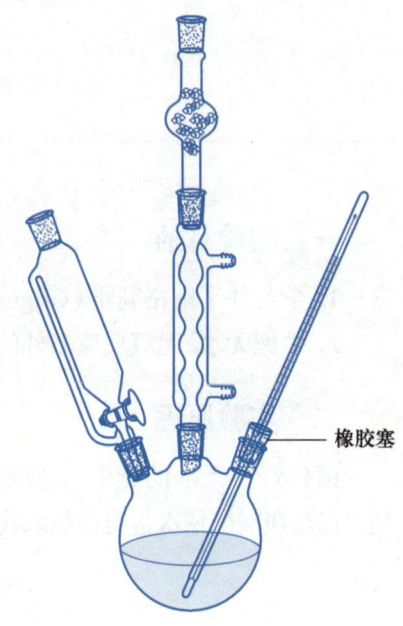

图 7-18-1 三苯甲醇制备装置

注释:

[注1] 本实验必须无水操作,各反应仪器和试剂必须充分干燥或除水后使用。

[注2] 镁屑最好是新制的。如使用表面有氧化层的镁屑,则可用 5% 盐酸浸泡几分钟,再依次用水、乙醇、无水乙醚洗涤、抽干即可。

[注3] 由于溴苯与镁反应不易引发,故加入少量碘引发反应。

[注4] 为防止反应过于激烈及偶联副产物生成,滴加溴苯乙醚溶液不宜过快。

[注5] 饱和氯化铵溶液由 7.5 g 氯化铵和 32 mL 水配制而成。开始滴加氯化铵溶液时放热比较剧烈,因此要慢慢滴加以防乙醚冲出。如反应瓶中仍有絮状氢氧化镁没有溶解,则可以加入适量稀盐酸使其溶解,但盐酸不宜过量。

五、思考题

1. 在制备 Grignard 试剂时有哪些副反应?如何避免?
2. 本实验采用氯化铵溶液分解加成产物,除氯化铵溶液外还可以采用什么试剂?
3. 在制备苯基溴化镁时,采取什么措施引发反应?还可以用什么方法?
4. 用混合溶剂进行重结晶时,何时加入活性炭为宜?采用何种溶剂洗涤结晶?

第八章 综合化学实验

实验一 安息香及其氧化重排产物合成及表征

实验1.1 安息香的合成及表征

一、实验目的
学习辅酶催化合成安息香的反应原理及其合成方法,利用红外光谱表征其分子结构。

二、实验原理
本实验采用了有生物活性的辅酶维生素 B_1(thiamine)来代替剧毒的氰化物完成安息香缩合反应,反应时,维生素 B_1 分子中的噻唑环上的氮原子和硫原子邻位的氢原子,在碱的作用下可生成碳负离子(Ⅱ)。

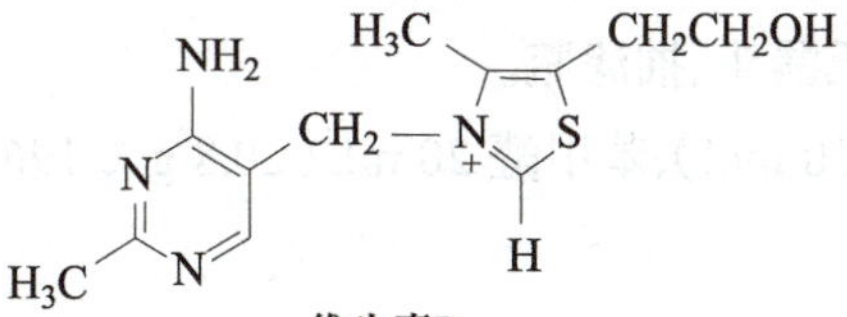

维生素B_1

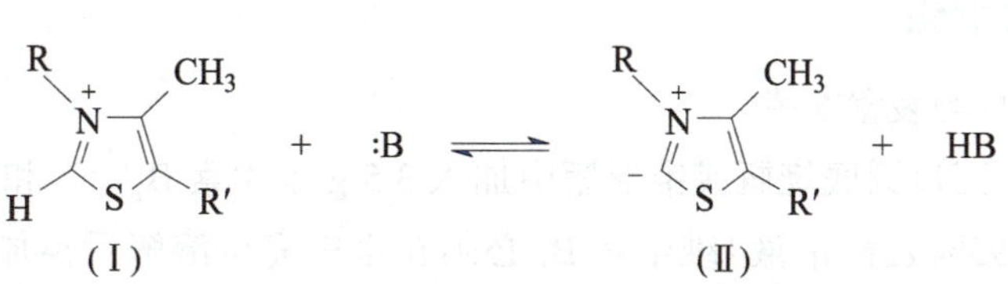

(Ⅰ) + :B ⇌ (Ⅱ) + HB

然后(Ⅱ)与苯甲醛作用生成中间体(Ⅲ),(Ⅲ)可以被分离得到。(Ⅲ)经异构化脱去质子得到了中间体烯胺(Ⅳ),(Ⅳ)与另一分子苯甲醛作用时就得到了缩合中间物(Ⅴ),再进一步得到产物(Ⅵ)。

$$Ph-\overset{O}{\underset{}{C}}-H + (II) \rightleftharpoons \underset{\underset{O^-}{|}}{Ph-HC}-\underset{S}{\overset{\overset{R}{\underset{|}{N^+}}-CH_3}{\diagdown\diagup}}-R' \xrightleftharpoons[-H^+]{+H^+} \underset{\underset{OH}{|}}{Ph-HC}-\underset{S}{\overset{\overset{R}{\underset{|}{N^+}}-CH_3}{\diagdown\diagup}}-R'$$

$$(III)$$

$$(III) \rightleftharpoons \underset{\underset{R}{\underset{|}{N}}}{\overset{R'\ S}{\diagdown\diagup}}\!\!=\!\!C\underset{Ph}{\overset{OH}{\diagup}} + \underset{H}{\overset{Ph}{\diagup}}\!\!C\!\!=\!\!O \rightleftharpoons \underset{\underset{R}{\underset{|}{N^+}}}{\overset{R'\ S}{\diagdown\diagup}}\!\!-\!\!\underset{\underset{Ph}{|}}{C}\!\!-\!\!\underset{\underset{OH}{|}}{\overset{\overset{+}{O}H\ Ph}{|}}\!\!CH\!\!-\!\!OH$$

$$(IV) \qquad\qquad (V)$$

$$\underset{\underset{R}{\underset{|}{N^+}}}{\overset{R'\ S}{\diagdown\diagup}}\!\!: \!\!^- + Ph-\overset{+OH}{\underset{}{C}}\!\!-\!\!CH_2\!\!-\!\!Ph$$

$$\updownarrow H^+\ |-H^+$$

$$Ph-\overset{O}{\underset{}{C}}-\overset{OH}{\underset{}{CH}}-Ph$$

$$(VI)$$

三、仪器和药品

仪器:100 mL 三口圆底烧瓶、250 mL 圆底烧瓶、试管、磁力搅拌器、回流冷凝管、温度计、减压蒸馏装置、水泵、熔点仪、布氏漏斗、抽滤瓶。

药品:维生素 B_1 3.5 g(0.010 mol)、苯甲醛 20 mL(20.8 g,0.196 mol)、95% 乙醇溶液、15% 氢氧化钠溶液、蒸馏水、食盐。

四、实验步骤

1. 原料处理与装置安装

向 100 mL 三口圆底烧瓶或锥形瓶中加入 3.5 g 维生素 B_1[注1]和 10 mL 蒸馏水使其溶解,再加入 30 mL 95% 乙醇溶液(维生素 B_1 必须在水中完全溶解后再加乙醇),塞上瓶塞,放在冰盐浴中冷却。另取 5 mL 15% 氢氧化钠溶液于一支试管中,置于冰水浴中冷却。冷却时间至少10 min。再量取 20 mL 新蒸馏的苯甲醛[注2]备用。

2. 开始反应

试剂冷却 10 min 后,在冷却下将冰透的氢氧化钠溶液加入装有维生素 B_1 的圆底烧瓶内,并立即加入 20 mL 苯甲醛,充分振动使反应物混合均匀,测定溶液的pH应在 10 左右。然后装上回流冷凝管、加热,控制反应温度在 65~75 ℃。开始时溶液不必沸腾,反应后期可以适当升高温度至缓慢沸腾,切勿将反应物加热至剧烈沸腾,反应温度不超过 80 ℃。此时可测定反应溶液的 pH。反应约 90 min 后停止加热,反应混合物呈橘黄色均相溶液或有沉淀产生。

3. 分离纯化

反应停止后,冷却反应混合物至室温。将反应后的混合物用冰水冷却,使晶体析出。如果反应混合物中出现油层,则应重新加热使其变成均相溶液,再慢慢冷却结晶。若无晶体析出,则可用玻璃棒在溶液内摩擦容器内壁,促使其结晶析出。减压过滤,用 100 mL 冷水分两次洗涤晶体,干燥后得粗产物。用 95% 乙醇溶液重结晶,每克粗产物约需 95% 乙醇溶液 7 mL。纯化后产物为白色晶体。

4. 计算与测试

计算产率,测定熔点,并测定纯产品的红外光谱并与安息香的已知红外光谱图对比,指出其主要吸收带的归属。

注释:

[注 1] 维生素 B_1 受热易变质,将失去催化能力。应放于冰箱内保存,使用时取出,用后及时放回冰箱中。

[注 2] 苯甲醛极易被空气中的氧所氧化,如发现实验中所使用的苯甲醛有固体物苯甲酸存在,则必须重新蒸馏后再使用。

五、思考题

1. 合成安息香可选择的催化剂有哪些?
2. 为什么要向维生素 B_1 的溶液中加入氢氧化钠? 试用化学反应式说明。

实验 1.2 安息香衍生物二苯乙二酮的合成及表征

一、实验目的

1. 学习由安息香氧化合成二苯乙二酮;
2. 掌握薄层色谱分析方法,并学习使用该方法监控反应进程。

二、实验原理

苯偶酰(benzil,二苯基乙二酮)是重要的有机合成试剂,通常由安息香氧化而得,能使安息香氧化的试剂很多,常用的氧化剂有硝酸、醋酸铜、三氯化铁等。本实验以安息香为原料,利用氧化剂将二苯羟乙酮氧化为二苯基乙二酮,根据所用氧化剂的不同,合成可有多种方法。

方法一:硝酸氧化法。用硝酸氧化法较为简便,但反应中释放出的二氧化氮会对环境产生污染:

$$\underset{\text{安息香}}{\text{C}_6\text{H}_5-\overset{O}{\underset{}{C}}-\overset{OH}{\underset{H}{C}}-\text{C}_6\text{H}_5} \xrightarrow[\text{CH}_3\text{COOH}]{\text{HNO}_3} \underset{\text{二苯基乙二酮}}{\text{C}_6\text{H}_5-\overset{O}{\underset{}{C}}-\overset{O}{\underset{}{C}}-\text{C}_6\text{H}_5}$$

方法二：醋酸铜氧化法。安息香可以被温和的氧化剂醋酸铜氧化生成 α-二酮，铜盐本身被还原成亚铜态。实验经改进后使用催化量的醋酸铜，反应中产生的亚铜盐可不断被硝酸铵重新氧化生成铜盐，硝酸本身被还原为亚硝酸铵，后者在反应条件下分解为氮气和水。改进后的方法在不延长反应时间的情况下可明显节约试剂，且不影响产率及产物纯度。

$$\text{C}_6\text{H}_5-\overset{O}{\underset{}{C}}-\overset{OH}{\underset{H}{C}}-\text{C}_6\text{H}_5 \xrightarrow[\text{NH}_4\text{NO}_3]{\text{Cu(OAc)}_2} \text{C}_6\text{H}_5-\overset{O}{\underset{}{C}}-\overset{O}{\underset{}{C}}-\text{C}_6\text{H}_5$$

方法三：三氯化铁氧化法。$FeCl_3 \cdot 6H_2O$ 也是安息香氧化的良好氧化剂，不仅避免了常用的硝酸氧化法中产生有毒的氮的氧化物，而且产率高、质量好、操作方便、安全。

$$\text{C}_6\text{H}_5-\overset{O}{\underset{}{C}}-\overset{OH}{\underset{H}{C}}-\text{C}_6\text{H}_5 \xrightarrow[\text{CH}_3\text{COOH}]{\text{FeCl}_3} \text{C}_6\text{H}_5-\overset{O}{\underset{}{C}}-\overset{O}{\underset{}{C}}-\text{C}_6\text{H}_5$$

简单的薄层色谱法虽然不能准确地说明反应混合物中各组分的含量，但是它却可以方便而又清楚地表示氧化反应的进程。在反应过程中，通过不断取样进行分析来监测反应的进程有着实际应用的意义。如果反应进行时，不对反应进行监测，为了保证反应完全，则往往采取加长反应时间的方式，这不仅浪费了时间和能源，而且已经得到的产物往往还会进一步发生变化，使产率和产品纯度都较低。

本实验采用第一种方法。

三、仪器和药品

仪器：100 mL 三口圆底烧瓶、气体吸收装置、7.5 cm × 2.0 cm 薄层板、层析瓶、碘缸、回流冷凝器、温度计、水泵、熔点仪、布氏漏斗、抽滤瓶。

药品：冰醋酸、浓硝酸（70%，相对密度 1.42）、二氯甲烷、甲醇。

四、实验步骤

在 100 mL 三口圆底烧瓶上安装回流冷凝器和温度计，第三个口上用标准磨口塞塞紧，在回流冷凝器上安装气体吸收装置。将 6.0 g 安息香和 30 mL 冰醋酸及 15 mL 浓硝酸混合在一起，然后将此反应混合物加热至液体温度为 85~95 ℃。当安息香完全溶解后，在一个薄层板上点样后放置使冰醋酸和硝酸挥发。在反应进行 1.5 h 左右用细毛细管取出少量的反应液，在同一薄层板上点样，并将薄层板放置使冰醋酸和硝酸挥发，然后用二氯甲烷展开，用紫外灯显色。当安息香已全部（或接近全部）转化为二苯基乙二酮后，将反应液冷却并加入 120 mL 水和 120 g 冰的混合物。此时有黄色的二苯基乙二酮结晶出现。抽滤，并用少量冰水洗涤结晶固体，干燥后，用甲醇进行结晶，计算产率。测定纯品的熔点和红外光谱，并与二苯基乙二酮的已知谱图对比,指出其主要吸收带的归属。计算出安息香和二苯基乙二酮的 R_f 值。

五、思考题

1. 已知安息香:λ_{max} =248 nm(EtOH);二苯基乙二酮:λ_{max}=260 nm(EtOH),试用此两数据确定用薄层板分离得到的两个点各是哪一种化合物,并算出各自的 R_f 值。哪一种化合物的 R_f 值大一些,为什么?

2. 产物二苯基乙二酮为黄色结晶固体,原料安息香为白色固体。试从原料与产物的结构特点出发说明这种颜色的变化。

实验 1.3　二苯基乙醇酸的合成及表征

一、实验目的
学习二苯基乙醇酸重排及合成方法。

二、实验原理
二苯基乙二酮是一种不能烯醇化的 α-二酮,当用碱处理时发生了碳骨架的重排,得到二苯基乙醇酸。由于二苯基乙醇酸是这种类型重排中最早一个实例的产物,故此种类型的重排亦称为二苯基乙醇酸重排。

$$Ph-\underset{\underset{O}{\|}}{C}-\underset{\underset{O}{\|}}{C}-Ph \xrightarrow[CH_3OH, H_2O]{KOH} Ph-\underset{\underset{Ph}{|}}{\overset{\overset{OH}{|}}{C}}-COOK$$

此反应是由羟基负离子向二苯基乙二酮分子中的一个羰基加成,形成活性中间体而开始的。此时另一个羰基则是亲电中心,苯基带着一对电子进行转移重排,而反应的动力是生成的羧基负离子的稳定性。

$$Ph-\underset{\underset{Ph}{|}}{\overset{\overset{O}{\|}}{C}}-\underset{\underset{}{|}}{\overset{\overset{O^-}{|}}{C}}-OH \longrightarrow Ph-\underset{\underset{Ph}{|}}{\overset{\overset{O^-}{|}}{C}}-\underset{\underset{OH}{|}}{\overset{\overset{O}{\|}}{C}} \longrightarrow Ph-\underset{\underset{Ph}{|}}{\overset{\overset{OH}{|}}{C}}-\underset{\underset{O^-}{|}}{\overset{\overset{O}{\|}}{C}}$$

二苯乙二酮与氢氧化钾溶液回流,生成二苯乙醇酸盐,形成稳定的羧酸盐是反应的推动力。一旦生成羧酸盐,经酸化后即产生二苯乙醇酸。这一重排反应可普遍用于将芳香族 α-二酮转化为芳香族 α-羟基酸,某些脂肪族 α-二酮也可发生类似的反应。总反应式为

$$\text{Ph-}\underset{\underset{O}{\|}}{C}-\underset{\underset{O}{\|}}{C}-\text{Ph} \xrightleftharpoons{\text{KOH}} \text{Ph}-\underset{\underset{O}{\|}}{C}-\underset{\underset{Ph}{|}}{\overset{\overset{O^-K^+}{|}}{C}}-\text{OH} \longrightarrow \text{Ph}-\underset{\underset{Ph}{|}}{\overset{\overset{K^+O^-}{|}}{C}}-\underset{\underset{O}{\|}}{C}-\text{OH}$$

$$\longrightarrow \text{Ph}-\underset{\underset{Ph}{|}}{\overset{\overset{OH}{|}}{C}}-\underset{\underset{O}{\|}}{C}-O^-K^+ \xrightarrow{H_3O^+} \text{Ph}-\underset{\underset{Ph}{|}}{\overset{\overset{OH}{|}}{C}}-\underset{\underset{O}{\|}}{C}-\text{OH}$$

三、仪器和药品

仪器：50 mL 圆底烧瓶、回流冷凝管、小烧杯、加热套、水浴锅、表面皿、水泵、熔点仪、布氏漏斗、抽滤瓶。

药品：氢氧化钾、95% 乙醇溶液、蒸馏水、浓盐酸、活性炭、刚果红试纸。

四、实验步骤

在 50 mL 圆底烧瓶中溶解 2.5 g 氢氧化钾于 5 mL 水中，加入 2.5 g 二苯乙二酮溶于 7.5 mL 95% 乙醇的溶液，混合均匀后，装上回流冷凝管，加热回流 15 min。然后将反应混合物转移到小烧杯中，在冰水浴中放置约 1 h（也可将反应混合物用表面皿盖住，放至下一次实验，二苯乙醇酸钾盐将在此段时间内结晶），直至析出二苯乙醇酸钾盐的晶体。抽滤，晶体用少量冷乙醇洗涤。

将过滤出的钾盐溶于 70 mL 水中，用滴管加入 2 滴浓盐酸，少量未反应的二苯乙二酮成胶体悬浮物，加入少量活性炭并搅拌几分钟，然后用折叠滤纸过滤。滤液用 5% 盐酸酸化至刚果红试纸变蓝（约需 25 mL），即有二苯乙醇酸晶体析出，在冰水浴中冷却使结晶完全。抽滤，用冷水洗涤几次以除去晶体中的无机盐。进一步纯化可用水重结晶，并加少量活性炭脱色。称量，测熔点。

五、思考题

1. 如果二苯乙二酮用甲醇钠在甲醇溶液中处理，则经酸化后应得到什么产物？写出产物的结构式和反应机理。

2. 如何由相应的原料经二苯乙醇酸重排合成下列化合物？

(1) $\left(\underset{O}{\underset{\|}{\bigcirc}}\right)_2 \overset{\overset{OH}{|}}{C}-\text{COOH}$ (2) $\left(CH_3O-\bigcirc\right)_2 \overset{\overset{OH}{|}}{C}-\text{COOH}$

(3) 9-羟基芴-9-甲酸结构 (4) $(HOOCCH_2)_2 \overset{\overset{OH}{|}}{C}-\text{COOH}$ (柠檬酸)

实验二 [Co(Ⅱ)Salen]配合物的制备及载氧作用

一、实验目的

1. 通过 [Co(Ⅱ)Salen] 配合物的制备掌握无机(或称金属有机)合成中的一些基本操作技术;
2. 通过 [Co(Ⅱ)Salen] 配合物的吸氧量测定和放氧观察了解某些金属配合物的载氧作用机制。

二、实验原理

在自然界的生物体中,有许多含有过渡金属离子的蛋白,在一定条件下,能够吸收和放出氧气,以供有机体生命活动的需要。例如,含铁的肌红蛋白、血红蛋白,含铜的血清蛋白和含钒的血钒蛋白等。这些天然的载氧体结构复杂,很早就被发现。在一些比较简单的无机配合物中也观察到类似的现象,这些简单的无机配合物已被广泛用作研究载氧体的模拟化合物。其中研究最多的是钴的配合物,如双水杨醛缩乙二胺合钴 [Co(Ⅱ)Salen](图 8-2-1)。

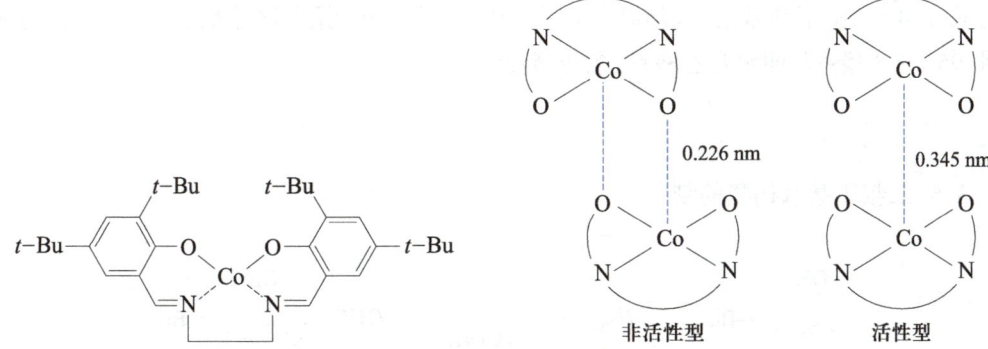

图 8-2-1 [Co(Ⅱ)Salen]配合物　　　图 8-2-2 [Co(Ⅱ)Salen]结构

本实验以 [Co(Ⅱ)Salen] 为例来观测配合物的吸氧和放氧作用。[Co(Ⅱ)Salen] 配合物由于制备条件的不同可以有两种不同的固体形态存在(图 8-2-2)。一种是棕褐色黏状产物(活性型),在室温下能迅速吸收氧气;另一种是暗红色晶体(非活性型),在室温下稳定,不吸收氧气。由图 8-2-2 可见,活性型 [Co(Ⅱ)Salen] 配合物是双聚体,由其中一个 [Co(Ⅱ)Salen] 分子中的 Co 原子和另一个分子中的 Co 原子相结合;非活性型 [Co(Ⅱ)Salen] 配合物也是双聚体,由一个 [Co(Ⅱ)Salen] 分子中的 Co 原子与另一个分子中的 O 原子相结合。活性型 [Co(Ⅱ)Salen] 配合物在室温下能吸收氧气,在较高温度下放出氧气,这种循环作用可以进行多次,但载氧能力随着循环的进行而不断降低。

非活性型 [Co(Ⅱ)Salen] 配合物在某些溶剂(L)中,如二甲亚砜(DMSO)、二甲基甲酰胺

（DMF）、吡啶（Py）等，能与溶剂配位而成活性型，后者能迅速吸氧气而形成一种 2∶1 的加合物，其结构如图 8-2-3 所示。其反应式为

$$2[Co(Ⅱ)Salen] + 2L + O_2 \longrightarrow [Co(Ⅱ)Salen]_2L_2O_2$$

在 DMSO 溶剂中所形成的氧加合物 $[Co(Ⅱ)Salen]_2(DMSO)_2O_2$ 是细颗粒状的暗褐色沉淀，不易过滤，可用离心分离法得到暗褐色沉淀，加合物中 Co 和 O 的物质的量之比可用气体容积测量法测定。

当向 $[Co(Ⅱ)Salen]_2(DMSO)_2O_2$ 加合物中加入弱电子给予体氯仿或苯后，加合物将慢慢溶解，不断放出细小的氧气流，并产生暗红色的 [Co(Ⅱ)Salen] 溶液。

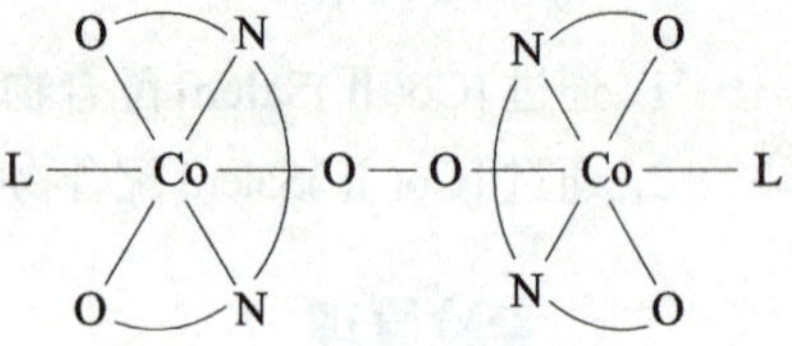

$$[Co(Ⅱ)Salen]_2L_2O_2 \xrightarrow{CHCl_3} 2[Co(Ⅱ)Salen] + 2L + O_2\uparrow$$

图 8-2-3　$[Co(Ⅱ)Salen]_2L_2O_2$ 结构式

三、仪器和药品

仪器：100 mL 三口圆底烧瓶、250 mL 四口圆底烧瓶、冷凝管、分液漏斗、抽滤瓶、布氏漏斗、1 mL 和 2 mL 移液管、离心试管、量筒、氮气钢瓶、氧气钢瓶、量气管、烧杯、离心机、磁力搅拌器、温度计、恒压滴液漏斗。

药品：2,4-二叔丁基苯酚、乌洛托品（六亚甲基四胺）、水杨醛、冰醋酸、98% 乙二胺溶液、二甲亚砜、95% 乙醇溶液、四水合乙酸钴、氯仿、硫酸。

四、实验步骤

1. 3,5-二叔丁基水杨醛的制备

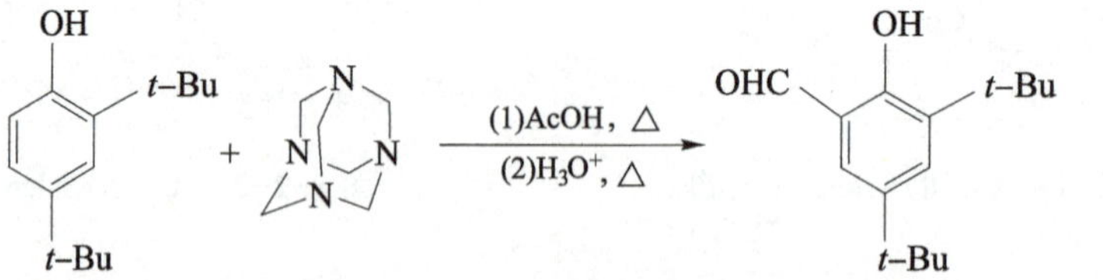

在 100 mL 的三口圆底烧瓶中加入 2,4-二叔丁基苯酚 6.25 g（30.5 mmol，1.0 当量）、六亚甲基四胺（HMT）8.5 g（60.5 mmol，2.0 当量）和 15 mL 冰醋酸，磁力搅拌溶解，在 60 min 内加热至 130 ℃ 并反应 2 h。降温至 75 ℃，加入 33% 硫酸 15 mL，再加热到 100~105 ℃，回流 1 h。停止反应，冷却至室温，加入 10 mL 水，将反应产生的硫酸铵溶解，然后加入 10 mL 乙醚，充分搅拌，将反应混合物转移至分液漏斗中，静置分液。有机层用水洗 3 次，水层用乙醚萃取 3 次。合并有机相，干燥后过滤，减压去除溶剂。冷冻结晶后加入 5 mL 乙醇，过滤，固体用冷的乙醇洗，用乙醇重结晶，得白色结晶产物。（文献值：13 mp 58~60 ℃）；^1H NMR δ 11.65（s,1 H），9.87（s,1 H），7.59（d，J = 2.4 Hz,1 H），7.35（d，J = 2.4 Hz,1 H），1.43（s,9 H），1.33（s,9 H）；^{13}C NMR δ 197.2，159.2，141.7，

137.8,131.9,127.8,120.2,35.1,34.3,31.4,29.4；HRMS（EI）*mLz* 234.162 8（计算值：M⁺ 234.161 9）. 计算值：$C_{15}H_{22}O_2$：C,76.88；H,9.46。实验值：C,76.98；H,9.35。

2. 非活性型 [Co(Ⅱ)Salen] 的制备

在制备装置（图 8-2-4）的 250 mL 四口圆底烧瓶中注入 100 mL 95% 乙醇溶液,再加入 1.84 g（7.8 mmol）自制的水杨醛。在搅拌情况下,注入 0.24 g（3.9 mmol）乙二胺,让其反应 4~5 min。此时生成亮黄色的双水杨缩乙二胺片状晶体。然后向四口圆底烧瓶中通入氮气赶尽装置中的空气,再调节氮气流使速度稳定在每秒 1~2 个气泡。这时让冷却水进入冷凝管,并开始加热水浴使温度保持在 70~80 ℃。溶解 0.96 g（3.9 mmol）乙酸钴于 7.5 mL 热水中,在亮黄色片状晶体全部溶解后,把乙酸钴溶液缓缓加入,立即生成棕色的胶状沉淀,在 70~80 ℃ 下搅动 1 h,在这段时间内棕色沉淀慢慢转为暗红色晶体。移去水浴用冷水冷却反应瓶,再中止氮气流。抽滤晶体,用 5 mL 水洗涤三次,然后用 5 mL 95% 乙醇溶液洗涤。滤液和洗液回收于回收瓶中,将产物转移至表面皿中,自然干燥,最后称量并计算产率。供下次实验用。

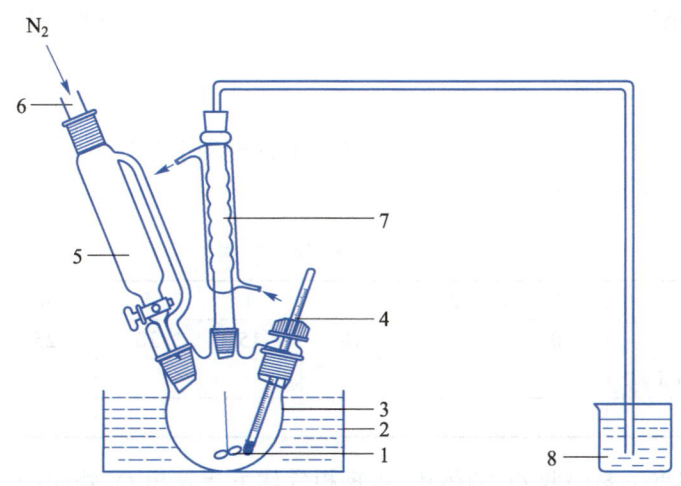

1—电动搅拌器；2—水浴；3—四口圆底烧瓶；4—温度计；5—恒压漏斗；
6—通气口；7—冷凝管；8—水封

图 8-2-4　Co(Ⅱ)Salen 的制备装置

3. [Co(Ⅱ)Salen] 配合物的吸氧测定

（1）按图 8-2-5 所示装好仪器,打开三通旋塞 3 使装置与大气相通,使水准瓶 2 与量气管 1 顶端刻度相齐,往量气管内加水至满刻度,上下升降水准瓶赶尽附于量气管和胶管壁的气泡。

（2）检查漏气:关闭装置与大气相通的三通旋塞 3,将水准瓶 2 下移一段距离,并固定在一定位置上,若量气管 1 内水面只在开始时稍有下降,随即保持稳定,说明装置气密性良好。若液面不断下降,则应检出漏气处,直至调整到不漏气为止。

（3）准确称取 0.6~0.7 g [Co(Ⅱ)Salen],放入干燥的反应瓶 5 中,量取 20 mL DMSO 或 DMF 于恒压滴液漏斗 6 中,通入 O_2 3~4 min,使其饱和。（勿使 DMSO 接触皮肤！）

（4）用 O_2 流冲洗装置,最后使量气管 1 及反应瓶 5 充满氧气,关闭三通旋塞 3 隔断 O_2 出入口,调节水准瓶 2 使液面与量气管 1 内液面保持同一水平。记录液面位置。

（5）打开恒压滴液漏斗 6 旋塞使 DMSO 或 DMF 流入反应瓶,开动磁力搅拌器 7,搅拌瓶内物质,每隔 5 min 读出量气管 1 中液面位置,并观察反应物的变化,至连续两次液面位置的变化小于或等于 0.1 mL 时为止,记录当时的室温和大气压。

4. 氧加合物 [Co(Ⅱ)Salen]$_2$(DMSO)$_2$O$_2$ 在氯仿中的反应

将吸氧后所得到的氧加合物转移至两离心试管中,使两管质量分配平衡,离心分离至沉淀沉积在离心管底部 10~15 min,小心倾出上层溶液于回收瓶中,沿管壁向试管中的残余物上(不必干燥)加 5~10 mL 氯仿。不要搅拌和振摇试管,细心观察管内出现的现象并解释观察到的结果。

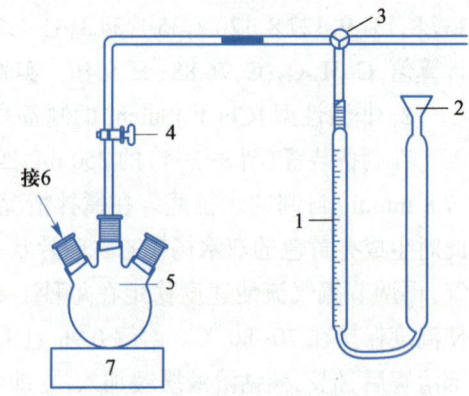

1—量气管;2—水准瓶;3—三通旋塞;
4—单通旋塞;5—反应瓶;6—恒压滴液漏斗;
7—磁力搅拌器

图 8-2-5 吸氧装置

五、数据记录与处理

1. 室温:_____ ℃;大气压:_____ kPa;室温时的饱和水蒸气压力:_____ kPa。
实验数据记录于表 8-2-1 中。

表 8-2-1 实 验 数 据

编号	1	2	3	4	5	6	7	8
时间/ min	0	5	10	15	20	25	30	35
量气管液面读数/ mL								
吸收氧体积/ mL								

2. 求出一定温度下被吸收 O$_2$ 的体积,由理想气体方程算出 O$_2$ 物质的量,从而可算出 O$_2$/[Co(Ⅱ)Salen] 的分子比。算式如下:

$$n_{O_2}/n_{[Co(Ⅱ) salen]} = (p_{atm} - p_{H_2O})V/(RTn_{[Co(Ⅱ)Salen]})$$

3. 观察并解释加合物在氯仿中的现象并用反应方程式表示。

六、思考题

1. 制备配合物时通氮起何作用?
2. [Co(Ⅱ)Salen] 配合物在溶液 DMSO 或 DMF 中有两种截然不同的吸氧和放氧作用,试从溶剂的性质来解释其起的作用。
3. 读取量气管液面位置时,为什么要使水准瓶和量气管内的液面保持同一水平?
4. 写出吸氧、放氧反应式。

参考文献

实验三　聚乙烯醇缩甲醛(胶水)的制备

实验 3.1　醋酸乙烯酯溶液聚合

一、实验目的

通过醋酸乙烯酯溶液聚合,增强对溶液聚合的感性认识,进一步掌握溶液聚合的反应特点。

二、实验原理

溶液聚合是单体、引发剂在适当的溶剂中进行的聚合反应。根据聚合物在溶剂中溶解与否,溶液聚合又分为均相溶液聚合和非均相溶液聚合或沉淀聚合。自由基聚合、离子聚合和缩聚反应均可采用溶液聚合。

在均相聚合中,由于聚合物处在良溶剂中,聚合物高分子链处于比较伸展状态,包裹程度较浅,链段扩散容易,活性端基容易靠近而双基终止。只有在高转化率时,才开始出现自动加速现象。如果单体浓度不高,则有可能消除自动加速现象,聚合反应可遵循正常的自由基聚合动力学规律。因此溶液聚合方法是实验室中研究聚合机理、聚合动力学的常用的方法。

在沉淀聚合中,由于聚合物处在劣溶剂中,聚合物高分子链处于卷曲状态,端基被包裹,聚合一开始就出现自动加速现象,不存在稳态阶段,随着转化率的提高,包裹程度加深,自动加速现象加剧。沉淀聚合的动力学行为与均相溶液聚合有明显的不同。均相聚合阶段按双基终止机理,聚合速率与引发剂浓度的平方根成正比。而沉淀聚合一开始就呈非稳态,包裹程度极深,只能单基终止,聚合速率将与引发剂浓度的一次方成正比。

溶液聚合的一个突出特点就是在聚合过程中存在链转移问题。高分子链自由基向溶剂分子的链转移可在不同程度上使产物的相对分子质量降低。聚合温度也很重要,随着温度的升高,反应速率要加快,相对分子质量要降低。当其他条件固定时,随着温度升高,链转移反应速率也要增加,所以选择合适的温度,对保证聚合物的质量是很有意义的。

单体转化率对相对分子质量及相对分子质量分布也有一定影响,因为随着转化率的不同,影响相对分子质量的因素,如引发剂、单体、溶剂及生成的高分子等的浓度均发生了变化,所以在不同时期里,生成的高聚物相对分子质量也不同。转化率越高,相对分子质量分布也就越宽。

在溶剂浓度较小的醋酸乙烯酯聚合反应中,一般随转化率增加,反应速率逐渐增加。这说明有自动加速现象存在。当转化率达 50% 左右时,反应速率开始急剧下降。在这种条件下,要达到高转化率,聚合时间就要加长。因此,在工业生产中,转化率一般控制在 50% 左右。

三、仪器和药品

仪器：100 mL 三口圆底烧瓶、回流冷凝管、电动搅拌器、恒温水浴、搪瓷盘、温度计。
药品：醋酸乙烯酯、偶氮二异丁腈、无水甲醇、无水乙醇。

四、实验步骤

在 100 mL 三口圆底烧瓶中依次加入醋酸乙烯酯 20 mL（相对密度为 0.934 2），0.02 g 偶氮二异丁腈和 7 mL 无水甲醇，氮气置换后，在氮气气氛下搅拌加热，使其微微回流，反应温度控制在 65 ℃。聚合溶液变得非常黏稠后停止反应（约 1.5 h），加入 20 mL 无水乙醇，使反应瓶中反应物稀释，然后将溶液慢慢倾入盛水的大搪瓷盘中。聚醋酸乙烯酯呈薄膜析出，待膜不黏结时，用水反复洗涤，晾干后，剪成碎片，放入烘箱内进行干燥。计算产率。

五、思考题

1. 试以醋酸乙烯酯溶液聚合为例，说明溶液聚合的特点，并分析影响溶液聚合反应的因素。
2. 请根据本实验投料量计算试验配方，并与有机化工厂工艺配方相比较，看在哪些方面做了变更。预计一下这些变更对聚合反应和产物有什么影响。

实验 3.2　聚乙烯醇（PVA）的制备——聚醋酸乙烯酯（PVAC）的醇解

一、实验目的

了解聚醋酸乙烯酯的醇解反应原理、特点及影响醇解程度的因素。

二、实验原理

在醋酸乙烯酯的溶液聚合实验中，已经提到，聚乙烯醇是不能直接用乙烯醇单体聚合而得的。工业上应用的聚乙烯醇是通过聚醋酸乙烯酯醇解（或水解）的化学反应而得到的。由于醇解法制得的 PVA 容易精制、纯度较高、产品性能较好，因而目前工业上多采用醇解法。本实验采用以甲醇为醇解剂，NaOH 为催化剂的系统进行醇解反应。为了使实验更适合教学需要，醇解条件比工业上的更加缓和。

PVAC 和 $NaOH\text{-}CH_3OH$ 溶液中的醇解反应，主要按下列反应进行：

$$\text{---}[CH_2\text{---}CH]_n\text{---} + nCH_3OH \xrightarrow{NaOH} \text{---}[CH_2\text{---}CH]_n\text{---} + nCH_3COOCH_3$$
$$\quad\quad\quad\quad\ |\quad\quad\quad\quad\quad\quad\quad\quad\quad\quad\quad\quad\quad\quad\quad |$$
$$\quad\quad\quad OCOCH_3\quad\quad\quad\quad\quad\quad\quad\quad\quad\quad\quad\quad OH$$

在主反应中，NaOH 仅起催化剂的作用，但 NaOH 还可以参加以下两个副反应：

$$CH_3COOCH_3 + NaOH \longrightarrow CH_3COONa + CH_3OH$$

$$-\!\!\!-\!\!\left[CH_2-\underset{OCOCH_3}{CH}\right]_n\!\!-\!\!\!- + nNaOH \longrightarrow -\!\!\!-\!\!\left[CH_2-\underset{OH}{CH}\right]_n\!\!-\!\!\!- + nCH_3COONa$$

这两个副反应在含水量较大情况下,就会显著地进行。它们消耗了大量的 NaOH,从而降低了对主反应的催化效能,使醇解反应进行不完全,影响 PVA 的着色,降低了产品质量。因而为了尽量避免这种副反应,对物料中的含水量应有严格的要求,一般控制在 5% 以下。

从反应方程式中可以看出,醇解反应实际上是甲醇与 PVAC 进行的酯交换反应。这种使高聚物结构发生改变的化学反应,在高分子化学中称为高分子化学反应。

PVAC 的醇解反应(又称酯交换反应)的机理和低分子酯与醇之间的交换反应很相似。

在 PVAC 醇解反应中,由于生成的 PVA 不溶于甲醇中,所以呈絮状物析出。用作纤维的 PVA,残留醋酸根含量控制在≤0.2%(醇解度为 99.8%)。为了满足这个要求,就要选择合适的工艺条件,主要包括:

1. 甲醇的用量

甲醇的用量即 PVAC 的浓度对醇解反应影响很大。实践证明,其他条件不变时,醇解度随聚合物浓度的提高而降低,但若聚合物浓度太低,则溶剂用量大,溶剂的损失和回收工作量大,所以工业生产上选择聚合物含量为 22%。

2. NaOH 用量

目前工厂中所用 NaOH 物质的量为 PVAC 的 0.12 倍,即 $n(NaOH):n(PVAC) = 0.12:1$。实验证明:碱用量过高,对醇解速率、醇解度影响不大,反而增加系统中醋酸钠含量,影响产品质量。

3. 醇解温度

提高反应温度虽然会加速醇解反应进行,缩短反应时间,但由于温度提高,伴随醇解反应的副反应也相应加速,碱的消耗量增加使 PVA 中残存的醋酸根量增加,由于系统内醋酸根的增加,影响了产品的质量,因此目前工业上采用醇解温度为 45~48 ℃。

当考虑各种因素的影响时,要牢记醇解的特点,即 PVAC 是溶于甲醇的,而 PVA 是不溶于甲醇的,这中间有个相变。各种不同的条件对相变发生的迟早,相变前后醇解进行的多少、难易都直接影响到 PVA 中的醋酸根含量,即影响醇解度的大小。在实验室中,醇解进行好坏的关键,在于系统内刚刚出现胶冻时,必须采用强烈的搅拌,将胶冻打碎,才能保证醇解较完全地进行。

工业上 PVA 绝大多数用于制备维尼纶纤维,也可用于苯乙烯、氯乙烯等悬浮聚合中的悬浮剂。市场出售的合成胶水,就是以 PVA 为原料而制成的(将所得的 PVA 进一步与甲醛反应制成聚乙烯醇缩甲醛胶水)。

三、仪器和药品

仪器:100 mL 三口圆底烧瓶、电动搅拌器、温度计、恒温水浴、抽滤装置。

药品：聚醋酸乙烯、无水甲醇、氢氧化钠。

四、实验步骤

在 100 mL 单口瓶中加入 40 mL 无水甲醇，在电磁搅拌下缓慢加入剪成碎片的 PVAC 6 g，然后加热搅拌使其溶解[注1]。在配有电动搅拌器和温度计的 100 mL 三口圆底烧瓶中加入 14 mL、3%NaOH-CH$_3$OH 溶液，将溶液温度控制在 30~35 ℃，然后用滴管滴加冷至室温的 PVAC 甲醇溶液进行醇解。滴加完后再反应 0.5 h。然后升温到 62 ℃，再反应 1 h，将生成的 PVA 抽滤、压干，并进行干燥。

注释：

[注1] 溶解 PVAC 时要先加甲醇，在搅拌下慢慢将 PVAC 碎片加入，不然会黏成团，影响溶解。

五、思考题

1. 为什么会出现胶冻现象？对醇解有什么影响？
2. PVA 制备中影响醇解度的因素是什么？实验中要控制哪些条件才能获得较高的醇解度？
3. 如果 PVAC 干燥不透，仍含有未反应的单体和水时，试分析在醇解过程中会发生什么现象。

实验 3.3 聚乙烯醇缩甲醛（胶水）的制备

一、实验目的

了解聚乙烯醇缩甲醛化学反应的原理，并制备胶水。

二、实验原理

聚乙烯醇溶液在浓盐酸催化下与甲醛缩合制得的聚乙烯醇缩甲醛（polyvinyl formal，简称 PVFM 或 PVFO）树脂，又名 107 胶，为无色透明溶液，易溶于水。由于性能优良，价格低廉，故广泛应用于建筑业，有"万能胶"之称。可用于黏接瓷砖、壁纸、外墙饰面等，还可用于制鞋业粘贴皮鞋衬里和用作文具胶水等。聚乙烯醇缩甲醛是由聚乙烯醇与甲醛在盐酸催化作用下而制得的，其反应如下：

实验三　聚乙烯醇缩甲醛(胶水)的制备

聚乙烯醇是水溶性的高聚物,如果用甲醛将它进行部分缩醛化,则随着缩醛度的增加,水溶性降低,作为维尼纶纤维用的聚乙烯醇缩甲醛其缩醛度控制在35%左右,它不溶于水,是性能优良的合成纤维。

本实验是合成水溶性的聚乙烯醇缩甲醛。反应过程中需要控制较低的缩醛度以保持产物的水溶性,若反应过于猛烈,则会造成局部缩醛度过高,导致不溶于水的物质生成,影响胶水质量。因此在反应过程中,特别注意要严格控制催化剂用量、反应温度、反应时间及反应物比例等因素。聚乙烯醇缩甲醛随缩醛化程度的不同,其性质和用途也有所不同,它能溶于甲酸、乙酸、二氧六环、氯化烃(二氯乙烷、氯仿、二氯甲烷)、乙醇-甲苯混合物(体积比 30∶70)、乙醇-甲苯混合物(体积比 40∶60)及60%的乙醇溶液中。缩醛度为 75%~85% 的聚乙烯醇缩甲醛的重要用途是制造绝缘漆和黏合剂。

三、仪器和药品

仪器:100 mL 三口圆底烧瓶、搅拌器、温度计、恒温水浴。
药品:聚乙烯醇、甲醛溶液(40%)、盐酸、氢氧化钠、蒸馏水。

四、实验步骤

在 100 mL 三口圆底烧瓶中,加入 40 mL 去离子水、3 g 聚乙烯醇(自制),在搅拌下升温溶解。待聚乙烯醇完全溶解后,于 90 ℃左右加入 2 mL 甲醛溶液(40%、工业纯),搅拌 15 min,再加入 1∶4 盐酸,使溶液 pH 为 1~3。保持反应温度 90 ℃左右,继续搅拌,反应系统逐渐变稠,当系统中出现气泡或有絮状物产生时(约 15 min),迅速加入 1.3 mL 4% NaOH 溶液,同时加入 14 mL 去离子水。调节系统的 pH 为 8~9。然后冷却降温出料,获得无色透明黏稠的液体,即市场出售的胶水。

五、思考题

1. 试讨论缩醛化反应机理及催化剂的作用。
2. 为什么缩醛度增加,水溶性下降,当达到一定的缩醛度以后,产物完全不溶于水?
3. 产物最终为什么要把 pH 调到 8~9?
4. 试讨论缩醛对酸和碱的稳定性。

参考文献

实验四　固体超强酸的制备、表征及其在酯化反应中的应用

一、实验目的

1. 了解固体超强酸催化剂的制法及其在有机合成中的应用；
2. 掌握乙酸正丁酯的反应原理及制备方法；
3. 学习气相色谱、红外光谱、X 射线衍射等测试仪器的使用；
4. 掌握分水器的使用及操作。

二、实验原理

（一）乙酸正丁酯

1. 概述

乙酸正丁酯是一种重要的有机化工原料，广泛用于溶剂、涂料、医药和香料等行业。现有乙酸正丁酯的生产以浓硫酸为催化剂，副反应多，原料消耗大，同时后续工序分离困难，腐蚀性强。近年来，人们尝试以各种固体酸为催化剂合成乙酸正丁酯，所用固体酸催化剂有分子筛、固体超强酸及杂多酸等。本实验采用 SO_4^{2-}/TiO_2 固体超强酸催化剂，以乙酸和正丁醇为原料合成乙酸正丁酯。该反应具有反应时间短、副产物少、对设备无腐蚀、产量高等优点，工业化前景较好。

2. 分水器分水原理

由于反应是可逆反应，为使反应向正反应方向进行，可增加反应原料或是不断蒸出生成物。本实验系统中，乙酸乙酯、正丁醇和水形成多种二元及三元共沸物，其中正丁醇-水共沸物的共沸点 93 ℃，乙酸正丁酯-水共沸物的共沸点 90.7 ℃，在酯化反应进行到一定程度时，则可连续蒸出乙酸正丁酯-正丁醇-水的三元共沸物，共沸点 90.5 ℃。因此，本实验利用恒沸混合物蒸馏方法将反应生成的水不断从反应物中除去。虽然蒸出的水中会夹有正丁醇等有机物，但含水的恒沸混合物冷凝后分层，由于它们在水中溶解度较小，相对密度又较小，浮于水层之上，上层主要是正丁醇和乙酸正丁酯，下层主要是水。故在控制反应温度的条件下，反应在装有分水器的回流装置中进行，分水器的作用是使生成的水或水的共沸物不断蒸出，而大部分的正丁醇自动连续地返回反应瓶中继续反应，促使可逆反应向有利于生成乙酸正丁酯的方向进行，提高产率。反应装置如图 8-4-1 所示。

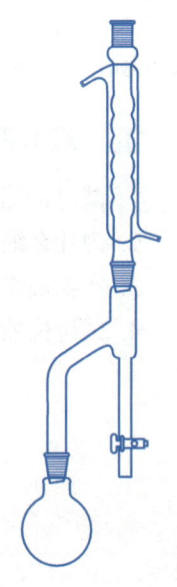

图 8-4-1　反应装置

(二) 超强酸催化剂

1. 概述

超强酸是比 100% 硫酸还要强的酸,可分为固体超强酸和液体超强酸。固体超强酸和液体超强酸相比,具有容易与液相反应系统分离、不腐蚀设备、后处理简单、很少污染环境、选择性高等特点,可在较高温度范围内使用,扩大了热力学上可能进行的酸催化反应的应用范围。在催化反应中,固体超强酸对烯烃双键异构化、醇脱水、烯烃烷基化、酯化等反应都显示出较高的活性。在环保呼声日益高涨、强调可持续发展的今天,固体超强酸更已成为热门研究对象。

固体超强酸由负载物(或称促进剂)和载体两部分组成,早期固体超强酸的负载物主要是含卤素的化合物,自 1979 年日本学者 M.Hino 等人首次报道了用 SO_4^{2-} 作促进剂合成固体超强酸催化剂后,人们主要集中于这类无卤素单组分固体超强酸催化剂的制备与应用,合成了各种含 SO_4^{2-} 负载物的 SO_4^{2-}/M_xO_y 催化剂,而后又发展了多组分复合固体超强酸,极大地丰富了催化剂反应与应用领域。固体超强酸由于其特有的优点和广阔的工业应用前景,已受到国内外学者广泛关注,成为固体酸催化剂研究中的热点。

研究表明在 SO_4^{2-}/M_xO_y 型固体超强酸中,硫酸根与金属氧化物的配位形式有三种:单配位、螯合双配位和桥式双配位(图 8-4-2)。

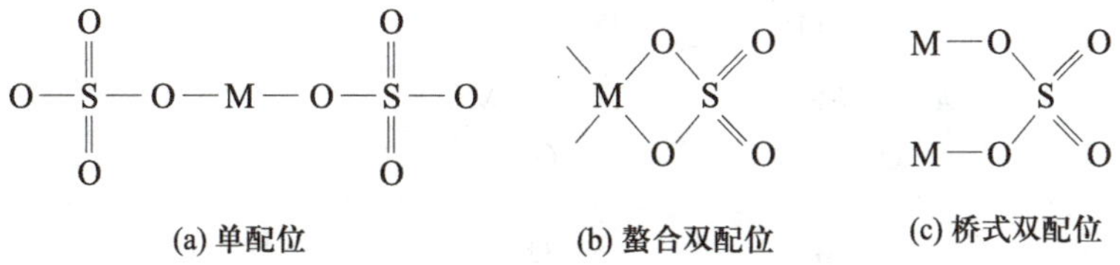

(a) 单配位　　(b) 螯合双配位　　(c) 桥式双配位

图 8-4-2　金属氧化物与促进剂配位图

2. 超强酸理论及表征

SO_4^{2-}/M_xO_y 型固体超强酸酸中心的形成主要源于 SO_4^{2-} 在表面配位吸附,由于 S=O 的诱导效应,M—O 键上电子云强烈偏移,增加了相应金属离子得电子的能力,强化了 L 酸中心;在干燥与焙烧时,催化剂结构中的水发生解离吸附产生质子酸中心。固体超强酸表面上 B 酸、L 酸中心形成的理论模型如图 8-4-3 所示。一般认为,焙烧的低温阶段是催化剂表面的游离硫酸的脱除和脱水过程;高温阶段则为酸中心的形成过程;而在超高温条件下则会导致 SO_4^{2-} 以气态硫化物的形式流失,致使超强酸结构受到破坏。

3. 超强酸催化剂催化酯化反应机理

酯化反应既可以在 B 酸中心上进行,也可以在 L 酸中心上进行。当原料羧酸先吸附在催化剂表面上时,酯化反应按下述机理 I 进行;当原料醇先吸附

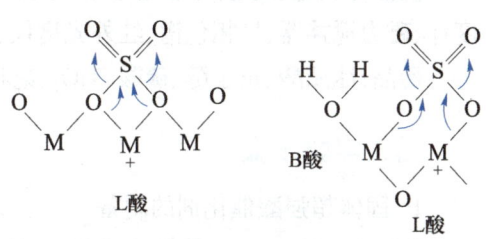

图 8-4-3　L 酸与 B 酸形成机理

在催化剂表面上时,酯化反应按下述机理Ⅱ进行。

机理Ⅰ:

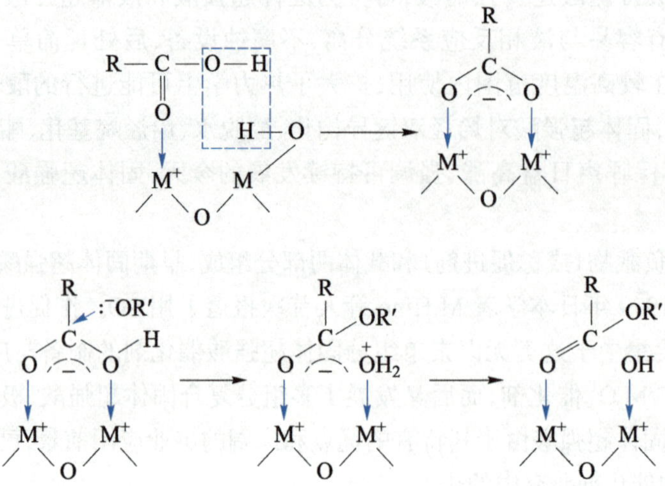

机理Ⅱ:

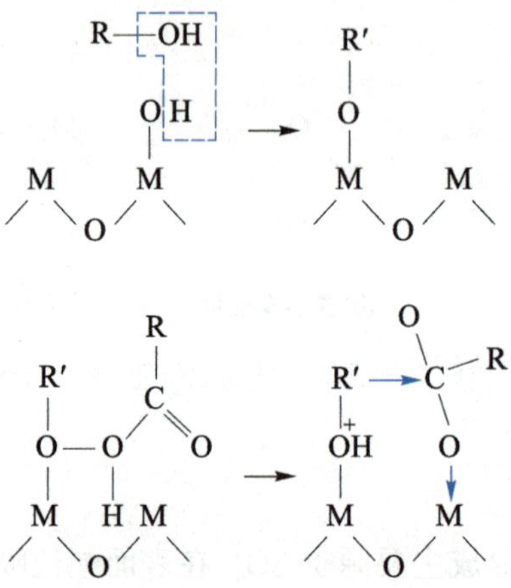

三、仪器和药品

仪器:圆底烧瓶、分水器、蒸馏头、球形冷凝器、直形冷凝器、锥形瓶、分液漏斗、烧杯、量筒、温度计、磁力搅拌器、气相色谱、红外光谱仪、X射线衍射仪。

药品:冰醋酸、正丁醇、硫酸、TiO_2、饱和碳酸钠溶液、饱和氯化钠溶液、无水硫酸镁。

四、实验步骤

1. 固体超强酸催化剂的制备

称取 2 g 20~30 nm 的锐钛型 TiO_2,放入 100 mL 的烧杯中,加入 20 mL 1.0 mol·L^{-1} 硫酸,加

入磁子,搅拌 1 h 后,真空抽滤,所得固体置于表面皿中,于 110 ℃ 烘箱干燥。干燥后的固体,放入坩埚中于 450 ℃ 马弗炉内焙烧 3 h,得 SO_4^{2-}/TiO_2 固体超强酸催化剂。

2. 乙酸正丁酯的制备

在 100 mL 圆底烧瓶中,加入上述固体超强酸催化剂 1 g,14.3 mL 冰醋酸,27.4 mL 正丁醇,装上分水器及回流冷凝器。反应前在分水器中加入 $(V_分 - V_X)$ 水,其中 $V_分$ 是分水器体积,V_X 是略大于理论分水量的水的体积。开启冷却水,缓慢加热,保持瓶内液体微沸,当冷凝器有回流液滴下时,调节热源保持正常回流速度。1 h 后,在分水器中可以看到有反应生成水出现,当水层逐渐增至支管口处时为反应终点,停止加热。冷却后卸下回流冷凝管,反应液倒入分液漏斗中[注1],用饱和碳酸钠溶液中和至中性,分去水层。等体积饱和氯化钠溶液洗涤有机相[注2]。将有机相倒入锥形瓶中,加入 2~3 g 无水硫酸镁干燥。干燥后的乙酸正丁酯进行常压蒸馏,收集 124~126 ℃ 馏分[注3],理论产量 34.2 mL。纯乙酸正丁酯为无色液体,分子式 $C_6H_{12}O_2$,相对分子质量 116.16,沸点 126.5,$d_4^{20} = 0.8825$,$n_D^{20} = 1.3951$。

注意事项:

操作中要求先将分水器加满水(水位与支管口相平),再放掉 X mL 的水。在制备过程中随着加热回流,产生的有机液体和水在分水器中滞留分层,水通过有机相并到下层(反应前加入的)水层中。

3. 乙酸正丁酯的表征

采用气相色谱,红外光谱对产物乙酸正丁酯进行表征。

注释:

[注1] 反应液中除乙酸正丁酯外,还有水、少量未反应的正丁醇及乙酸、副产物丁醚;

[注2] 饱和氯化钠溶液洗涤的目的是既洗去碳酸钠,又降低乙酸正丁酯在水中的溶解度;

[注3] 产物乙酸正丁酯的沸点与相应共沸物的沸点相差不大,因此在中和、洗涤及干燥操作中,一定要保证质量,否则会由于共沸物的形成而使沸点降低,影响产率。

五、思考题

1. 乙酸正丁酯的合成实验是根据什么原理来提高产品产量的?
2. 乙酸正丁酯的粗产品中,除产物乙酸正丁酯外,还有什么杂质?怎样将其除掉?

参考文献

实验五 香豆素的绿色催化合成

本实验以蔗糖为原料,采用发酵法合成乙醇,以杂多酸为催化剂合成乙酸乙酯,进而合成乙酰乙酸乙酯。最后以固态酸为催化剂,通过 Pechmann 反应以间苯二酚和乙酰乙酸乙酯为原料实现 7-羟基-4-甲基香豆素的非均相绿色合成。总体合成路线如图 8-5-1 所示。

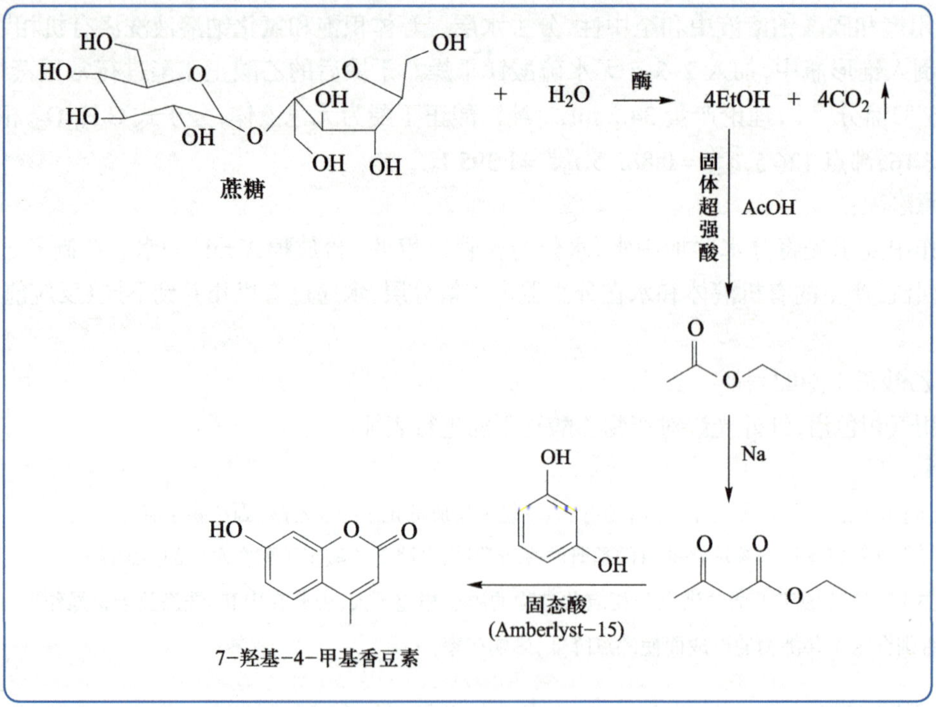

图 8-5-1 总体合成路线

实验 5.1 乙醇的生物合成

一、实验目的

1. 学习用可再生生物质资源来制备常用化工原料;
2. 对酶催化反应有一定的了解。

二、实验原理

发酵在酿造和食品中的使用已有几千年的历史,酵母中的酶把糖转化成二氧化碳和乙醇。

在做面包时,发酵所产生的二氧化碳把面团发起来。发面酵母中含有 14 种酶(能够催化化学反应的生物分子)。这些酶把糖通过一系列复杂的反应过程而转化成乙醇。发酵是厌氧过程,需要在无氧的情况下来进行。蔗糖是一种可再生性原材料。本实验将用它作原料来合成乙醇。以可再生物质作原料在化学工业中并不是很常见的。社会上生产的 90% 以上的化学产品都是从石油衍生得来的。石油的副产物被转化成小的有机分子。它们成为大多数化工产品的基元。石油的有限度供给导致人们常常讨论发现和开发替代性能源和原材料的必要性。本实验示范一个激动人心的研究领域。该领域着重于从可再生性原料用生物促进的方法来合成各种各样的小分子。

三、仪器和药品

仪器:250 mL 圆底烧瓶、蒸馏头、直形冷凝管、接引管、橡胶塞、弯曲的玻璃管、试管、软木垫圈、布氏漏斗、压力表,霍夫曼(Hoffman)夹、U 形管。

药品:蔗糖、磷酸氢二钠、酵母、氢氧化钙、乙醇、硅藻土、0.5 mol·L^{-1} 氟化钠溶液、矿物油、生石灰、无水硫酸铜。

四、实验步骤

1. 生物合成及乙醇蒸馏

在一个含有 25 mL 水的 250 mL 圆底烧瓶中加入一包酵母(1.8 g),再加入 0.18 g 磷酸氢二钠并摇动。在 75 mL 水中加入 25.8 g 蔗糖并混合均匀。盖上一个带有弯曲玻璃管的单孔橡胶塞,把玻璃管插入含有饱和氢氧化钙水溶液(通称石灰水)的试管内(图 8-5-2)。注意管口在石灰水面以下超过 0.5 cm。注意观察气泡的出现。这种实验装置可以让气体放出来,但不让外面的空气进去。把实验装置留在桌面上,一直等到下一个实验。届时将看不到气泡的出现。

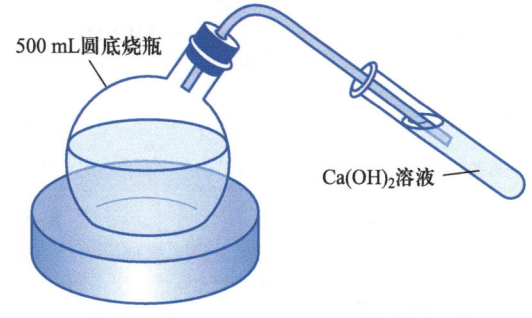

图 8-5-2 蔗糖发酵实验的装置

在布氏漏斗中放一层硅藻土(约 5 g),用水清洗。将发酵混合物缓慢倾倒在硅藻土上减压过滤,逐渐增大真空度。滤液中含有乙醇、水、细胞残余物和其他有机化合物。用简单的蒸馏方法收集 78 ℃的馏分。

2. 无水乙醇的制备

将 25 mL 95% 乙醇溶液、7.5 g 生石灰装入圆底烧瓶,摇匀后用橡胶塞塞紧并放置过夜。将装有放置过夜的物料的圆底烧瓶加上球形冷凝管、干燥管装配好一回流装置,并在电热套上加热回流 2 h。回流结束后,待反应系统稍冷,将其改装成蒸馏装置。用电热套加热蒸馏出无水乙醇。用量筒计量得到的无水乙醇,计算回收率。

对比实验:取后馏分 1 mL 于小试管中,加入无水硫酸铜,观察现象。用 95% 乙醇溶液做对比实验,并得出结论。

3. 试剂和反应条件对发酵的影响(自学)

按第一部分的说明再做一个发酵实验。如果发酵反应速率太慢,则略微加热圆底烧瓶。把 5 个试管标上 1~5 号,20 min 以后,这时反应应当进行顺利。取出 50 mL 反应混合物,并在每个试管中分别放入 10 mL 反应混合物。在 1 号试管中加 2.0 mL 水,在 2 号试管中加 2.0 mL 95% 乙醇溶液,在 3 号试管中加 2.0 mL 0.5 mol·L^{-1} NaF 溶液。把 4 号试管放入一个装有沸水的烧杯中 5 min,把 5 号试管放到冰水浴中冷却 5 min。小心地在每个试管的上面滴放 15 滴矿物油以隔绝空气(请记住发酵是一个贫氧过程)。把所有试管在室温下一起放入一个装水的烧杯中,放置 15 min。在测量所有的压力读数时,将试管放在水浴中。把 1 号试管连到压力表上,注意把夹子打开(图 8-5-3)。30 s 后,夹紧夹子,然后记录 U 形管开口一端的读数。每分钟测一次,测 5 min 或者直到 U 形管中的液体到达顶端。(不要让液体溢出来!)对 2~5 号试管重复做同样的测量,给每个实验画一个液面高度相对时间的变化图。

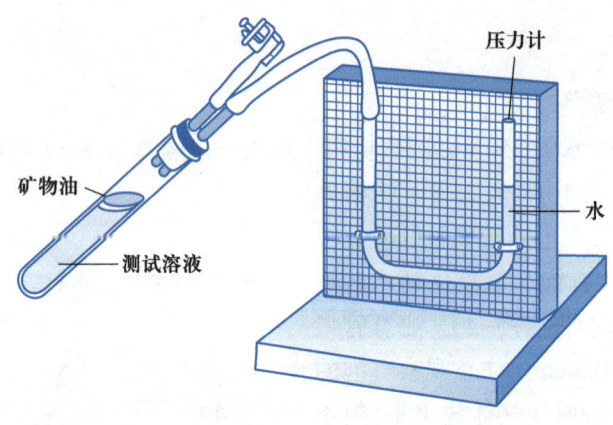

图 8-5-3 压力计装置

4. 后处理

本实验所生成的溶液含有蔗糖、酵母和乙醇,可以用水从下水道冲走。硅藻土过滤物可以倒入无毒固体废物桶。NaF 溶液应先中和,再用过量 CaCl$_2$ 把 CaF$_2$ 沉淀出来,最后将 CaF$_2$ 过滤出来,倒入无毒固体废物桶。

五、思考题

1. 石灰水中形成的沉淀的化学分子式是什么?
2. 加入(a)水、(b)乙醇和(c)NaF 对发酵反应的速率有什么影响?
3. 加热和冷却对反应速率有什么影响?
4. 怎样制备 100% 的乙醇?

实验 5.2 固态超强酸催化合成乙酸乙酯

一、实验目的

1. 学习杂多酸的制备方法；
2. 学习用可回收再利用的固体超强酸来催化酯化反应。

二、实验原理

杂多酸及其盐具有许多独特的性能：它兼具配合物和金属氧化物的结构特征；既是多电子氧化剂，又是强质子酸；并可通过改变其组成元素来调控其催化性能；而且它们既可溶于水又可溶于含氧有机溶剂，因而可用于均相或非均相催化反应系统。这些特性使其可用作氧化型、还原型或酸型多功能催化剂。近年来，有关杂多酸及其盐的研究十分活跃，在有机合成、石油化工、精细化工生产中的应用已受到广泛的关注。迄今为止，应用杂多酸作为工业生产的催化剂有 8 种化工生产过程。用杂多酸代替浓硫酸等无机酸催化剂合成酯类的基础研究和生产工艺研究也已相当成熟，其优点是用量小，反应温度较低，酯化选择性和转化率高，对设备腐蚀小，环境污染小，并可多次反复使用，因而可简化生产工艺。

三、仪器和药品

仪器：100 mL 三口圆底烧瓶、250 mL 三口圆底烧瓶、回流冷凝管、电动搅拌器、电热套、蒸发皿、水浴装置、布氏漏斗、抽滤瓶、电吹风、分馏装置、分液漏斗、锥形瓶、普通漏斗。

药品：MoO_3、蒸馏水、85% H_3PO_4 溶液、溴水、饱和 Na_2CO_3 溶液、冰醋酸、饱和 $CaCl_2$ 溶液、玻璃纤维、无水 $MgSO_4$。

四、实验步骤

1. $H_3PMo_{12}O_{40} \cdot xH_2O$（磷钼酸）的制备

将 0.05 mol（约 7.2 g）MoO_3、70 mL 蒸馏水和 4.17×10^{-3} mol（约 0.48 g）85% H_3PO_4 溶液依次加入 250 mL 三口圆底烧瓶中（反应混合物中 H_3PO_4 与 MoO_3 的摩尔比为 1∶12），装上电动搅拌器和回流冷凝管，在不断搅拌下，加热回流反应 2~3 h。反应过程中若溶液出现绿色，则可向反应液中滴加 30% H_2O_2 溶液至溶液呈黄色。反应结束，待黄色溶液冷却后，抽滤除去白色不溶物，再将滤液移入蒸发皿中在水浴上加热蒸发，浓缩至滤液体积约 5 mL。冷却后抽滤，可得 $H_3PMo_{12}O_{40} \cdot xH_2O$ 黄色粉末。反应方程式为

$$12MoO_3 + H_3PO_4 + xH_2O \rightleftharpoons H_3PMo_{12}O_{40} \cdot xH_2O$$

2. 用 $H_3PMo_{12}O_{40} \cdot xH_2O$ 为催化剂合成乙酸乙酯

酯化反应方程式为

$$CH_3COOH + HOCH_2CH_3 \underset{}{\overset{H_3PMo_{12}O_{40} \cdot xH_2O}{\rightleftharpoons}} CH_3COCH_2CH_3 + H_2O$$

（1）加热回流反应　在 100 mL 圆底烧瓶中依次加入 0.2 g $H_3PMo_{12}O_{40} \cdot xH_2O$、9.2 g（0.2 mol，20 ℃时约 11.5 mL，30 ℃时约 12.8 mL）无水乙醇和 24 g（0.4 mol，20 ℃时约 24 mL，30 ℃时约 25.7 mL）冰醋酸，装上球形回流冷凝管，用电热套加热回流反应约 20 min。

（2）分馏　以上反应结束后，稍冷，将回流冷凝管换成分馏装置，用电热套加热，以维持柱顶温度为 70.4 ℃约 30 min，然后可让柱顶温度缓慢上升，但不要超过 78 ℃（可通过调节加热电压来控制），待柱顶温度明显自然下降或柱顶温度 75~78 ℃时已基本无液体馏出，即可停止加热。在柱顶温度为 70.4~78 ℃时段内一般可收集馏分 17.5 g，约需时间 50 min。

（3）精制　将以上馏分转移至分液漏斗中，滴加几滴饱和 Na_2CO_3 溶液，振摇至无气泡产生，并用 pH 试纸检验粗酯至呈中性，不需要再加饱和 Na_2CO_3 溶液。然后往分液漏斗中加入 3 mL 饱和 $CaCl_2$ 溶液，充分振摇后，静置分层，可得粗酯约 16.5 g。将粗酯从分液漏斗上口倾入装有 0.5 g 无水 $MgSO_4$ 的 50 mL 锥形瓶中，间歇振摇约 20 min 后，用普通漏斗过滤粗酯，并转移至 60 mL 圆底烧瓶中，蒸馏，收集 73~80 ℃馏分。以上各步仪器都应事先干燥。纯乙酸乙酯是具有水果香味的无色液体，沸点 77.06 ℃，$d_4^{20} = 0.901$，$n_D^{20} = 1.372\ 3$。

（4）回收冰醋酸　将以上分馏装置改为普通蒸馏装置，可回收冰醋酸和水的混合物约 15 mL，经实验室分馏后所得冰醋酸可供学生实验循环使用。

实验 5.3　乙酰乙酸乙酯的合成

一、实验目的

1. 了解 Claisen 酯缩合反应的机理和应用；
2. 熟悉在酯缩合反应中金属钠的应用和操作注释；
3. 复习液体干燥和减压蒸馏操作。

二、实验原理

含 α-氢原子的酯在强碱性试剂（如乙醇钠、$NaNH_2$、NaH、三苯甲基钠）存在下，能与另一分子酯发生 Claisen 酯缩合反应，生成 β-羰基酸酯。乙酰乙酸乙酯就是通过这一反应制备的。虽然反应中使用金属钠作为缩合试剂，但真正的催化剂是钠与乙酸乙酯中残留的少量乙醇作用产生的乙醇钠。

$$2CH_3COOEt \xrightarrow{C_2H_5ONa} CH_3\overset{O}{\overset{\|}{C}}CH_2COOEt + C_2H_5OH$$

乙酰乙酸乙酯酮式与烯醇式的互变异构体。在室温下，乙酰乙酸乙酯平衡混合物中含有 92% 的酮式异构体和 8% 的烯醇式异构体。酮式和烯醇式异构体具有不同的性质，在微量酸或碱的催化下,即可促使二者迅速形成平衡混合物。

三、仪器和药品

仪器:50 mL 圆底烧瓶、氯化钙干燥管、冷凝管、分液漏斗、10 mL 圆底烧瓶、减压蒸馏装置、常压蒸馏装置。

药品:金属钠、二甲苯、50% 乙酸、饱和氯化钠溶液、无水硫酸钠、$FeCl_3$ 溶液。

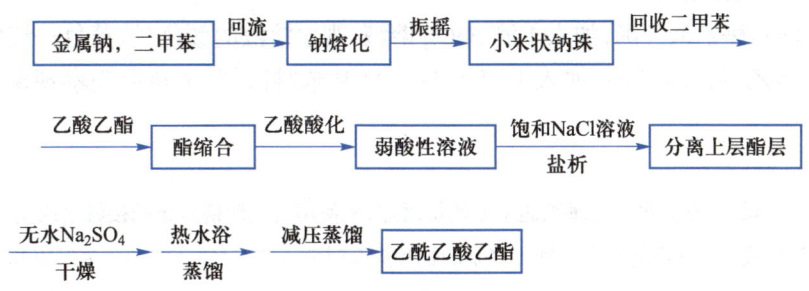

四、实验步骤

1. 制作钠珠[注1]

在装有磁子的干燥 50 mL 圆底烧瓶中加入 1 g 金属钠和 5 mL 二甲苯,装上冷凝管,加热使钠熔融。快速开动搅拌器,制得细粒状钠珠后,停止搅拌并冷却至室温。

2. 缩合和酸化

稍经放置钠珠沉于瓶底,将二甲苯倾倒到二甲苯回收瓶中(切勿倒入水槽或废物缸,以免着火)。迅速向瓶中加入 11 mL 乙酸乙酯,重新装上冷凝管,并在其顶端装一氯化钙干燥管。反应随即开始,并有氢气泡逸出。如反应很慢时,可稍加温热。待激烈的反应过后,置反应瓶于石棉网上小火加热,保持微沸状态,直至所有金属钠全部作用完为止。反应约需 0.5 h。此时生成的乙酰乙酸乙酯钠盐为橘红色透明溶液(有时析出黄白色沉淀)。待反应物稍冷后,在摇荡下加入 50% 乙酸,直到反应液呈弱酸性(约需 6 mL)。此时,所有的固体物质均已溶解。

3. 盐析和干燥

将溶液转移到分液漏斗中,加入等体积的饱和氯化钠溶液,用力振摇片刻。静置后,乙酰乙酸乙酯分层析出。分出上层粗产物,经无水硫酸钠干燥后,转移至蒸馏瓶,并用少量乙酸乙酯洗涤干燥剂,一并转入蒸馏瓶中。

4. 蒸馏和减压蒸馏

先常压蒸除未反应的乙酸乙酯,然后将剩余溶液移入 10 mL 圆底烧瓶中,进行减压蒸馏。减压蒸馏时须缓慢加热,待残留的低沸点物质蒸出后,再升高温度,收集乙酰乙酸乙酯。产量约 2.2 g(产率 40%)。乙酰乙酸乙酯沸点与压力的关系如表 8-5-1 所示。

表 8-5-1 乙酰乙酸乙酯沸点与压力的关系

压力/mmHg*	760	80	60	40	30	20	18	14	12	10	5	1.0	0.1
沸点/ ℃	180.8	100	97	92	88	82	78	74	71	67.3	54	28.5	5

* 1 mmHg=133.322 Pa。

乙酰乙酸乙酯的沸点 180.8 ℃，$n_D^{20} = 1.419\ 9$。

附：乙酰乙酸乙酯的性质。

（1）取 1 滴乙酰乙酸乙酯，加入 1 滴 $FeCl_3$ 溶液，观察溶液的颜色（淡黄色→红色）。

（2）取 1 滴乙酰乙酸乙酯，加入 1 滴 2,4-二硝基苯肼试剂，微热后观察现象（橙黄色沉淀析出）。

注释：

［注 1］仪器干燥，严格无水。金属钠遇水即燃烧爆炸，故使用时应严格防止钠接触水或皮肤。钠的称量和切片要快，以免氧化或被空气中的水汽侵蚀。多余的钠片应及时放入装有烃溶剂（通常为二甲苯）的瓶中。

五、思考题

1. 什么是 Claisen 酯缩合反应中的催化剂？本实验为什么可以用金属钠代替？为什么计算产率时要以金属钠为基准？
2. 本实验中加入 50% 乙酸和饱和氯化钠溶液有何作用？
3. 如何实验证明常温下得到的乙酰乙酸乙酯是两种互变异构体的平衡混合物？

实验 5.4　用固体酸催化的 Pechmann 反应来合成 7-羟基-4-甲基香豆素

一、实验目的

学习 Pechmann 反应原理及其应用，实现 7-羟基-4-甲基香豆素的非均相催化合成。

二、实验原理

有机化学中有很多酸催化的化学反应。酸催化剂能够把羟基转化成一个更好的离去基团（H_2O）或把羰基质子化，使之成为更好的亲电试剂。水相酸（如硫酸）具有强腐蚀性，且在反应结束后常常需要高能耗的蒸馏把其从产物中分离出来。固体酸催化剂的开发为把催化剂从产物混合物中分离出来提供了一种改进的方法。该方法只用简单的过滤就可以完成。这种催化剂与反应剂处于固液两相，可以通过简单的方法将其从反应系统中分离出来，并循环使用。非均相催化是绿色化学中的一个重要领域。有许多系统已被开发，其中催化剂和反应混合物分居两相。这些系统能很有效地催化高选择性反应。设计这种催化剂需要使用能同时把有机化学、物理化学和材料科学结合起来的多学科交叉的方法来进行。在本实验中，将使用一种固态酸（Amberlyst-15）来作催化剂，通过 Pechmann 反应以间苯二酚和乙酰乙酸乙酯为原料来合成 7-羟基-4-甲基香豆素（图 8-5-4）。在自然界中有许多香豆素，它们被广泛地应用在制药、农药及香料工业中。

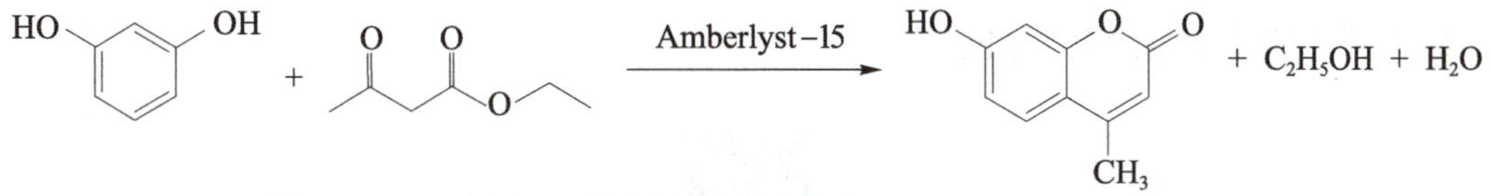

图 8-5-4　7-羟基-4-甲基香豆素的合成

Amberlyst-15 是一种固体树脂，其表面连有酸性基团。反应时，将其放入反应混合物中，因其不能溶解到反应溶液中，故反应在液固两相界面被催化。当反应原料转化成产物以后，用过滤的方法把酸催化剂从溶液中分离出来。分离出的催化剂经简单处理即可回收并可循环使用。

三、仪器和药品

仪器：100 mL 圆底烧瓶，布氏漏斗，磁力搅拌器，回流冷凝管，过滤瓶，滤纸，循环水泵，减压蒸馏装置。

药品：间苯二酚，乙酰乙酸乙酯，甲苯，Amberlyst-15（强酸型阳离子交换树脂），甲醇。

四、实验步骤

在 100 mL 圆底烧瓶中加入 1.1 g 间苯二酚、1.27 mL 乙酰乙酸乙酯、15 mL 甲苯和 1 g 固体酸催化剂 Amberlyst-15。装上回流冷凝管，然后在搅拌的条件下回流反应 45 min[注1]。把反应混合物冷却至室温。加入 20 mL 热甲醇，以溶解灰白色产物。抽滤将催化剂从反应混合物中分离出来，减压蒸去溶剂[注2]。用甲醇-水来重结晶产物，得到 7-羟基-4-甲基香豆素的白色固体，其熔点为 180~182 ℃。计算百分产率及原子经济性。

注释：

［注1］不要加热太快，因为催化剂有可能会悬浮在泡沫上面。假如发生这种情况，停止加热，轻轻旋转，然后再继续加热。

［注2］把从旋转蒸发器回收的溶剂倒入非卤代废物桶中。甲醇和水的混合滤液可以倒入下水道冲走。Amberlyst-15 催化剂可以收集起来以后再用。

五、思考题

1. Pechmann 反应的机理要经过几步，其中关键一步为芳环上的亲电取代反应。本实验中的一个步骤是下列反应。请为该反应提出一个机理。

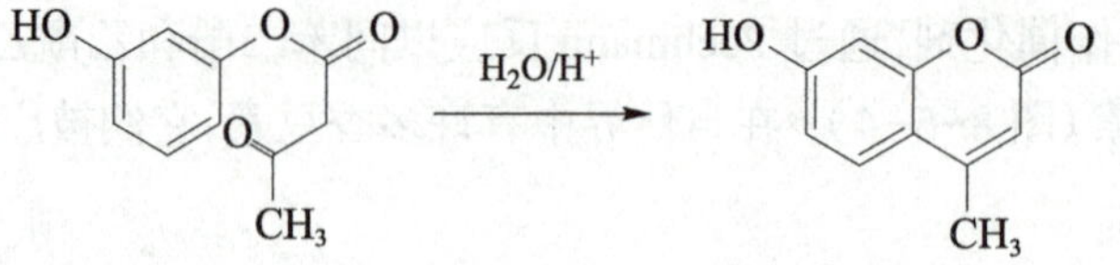

$$\text{结构式} \xrightarrow{H_2O/H^+} \text{产物}$$

2. 怎样才能使本实验更"绿色"？

参考文献

实验六　相转移催化法合成扁桃酸

一、实验目的

1. 掌握产生卡宾的方法；
2. 学会利用卡宾中间体进行有机合成；
3. 学会采用相转移催化剂（PT）催化反应速率的方法；
4. 巩固有机合成反应物的分离方法——重结晶法。

二、实验原理

1. PT 催化反应

在有机合成中常遇到有水相和有机相参加的非均相反应，这些反应速率慢、产率低、条件苛刻，有些甚至不能发生。1965 年，Makosza 首先发现一类化合物具有使水相中的反应物转入有机相中的本领，从而加快了反应速率，提高了产率，简化了操作，并使一些不能进行的反应顺利进行，开辟了相转移催化反应这一新的合成方法。近十年来，PT 催化在有机合成中的应用日趋广泛。

常用的相转移催化剂主要有两类：

（1）盐类化合物　季铵盐、磷盐、砷盐、硫盐，其中以三乙基苄基氯化铵（TEBA）和四丁基硫酸氢铵（TBAB）最为常用。在这类化合物中，烃基是油溶性基团，若烃基太小，则油溶性差。

（2）冠醚　常用的有 18-冠-6，二苯基-18-冠-6，二环己基-18-冠-6。冠醚具有和某些金属离子配位的性能而溶于有机相。例如，18-冠-6 与氰化钾水溶液中的 K^+ 配位，而与配离子形成离子对的 CN^- 也随之进入有机相。

2. 卡宾反应

卡宾（:CH_2 或 :CR_2）和二氯卡宾（:CCl_2）是非常活泼的反应中间体，其活泼性来源于卡宾价电子层只有 6 个电子，不足 8 个，因此，卡宾是一种强的亲电试剂。卡宾的特征反应有碳氢键间的插入反应和对 C=C 和 C≡C 的顺式加成反应，形成三元环状化合物。二氯卡宾也可对

C=O 加成。

产生卡宾的方法如下：

（1）重氮化合物的光或热分解

$$[R_2C=N^+=N^- \longleftrightarrow R_2C^-N^+\equiv N] \xrightarrow{光或热} R_2C: + N_2$$

（2）三氯乙酸钠的热分解

$$CCl_3COONa \xrightarrow[\triangle]{-CO_2} Cl_3C^-Na^+ \xrightarrow{-NaCl} Cl_2C:$$

（3）50% 氢氧化钠溶液中氯仿的 α-消除反应

$$CHCl_3 + NaOH \xrightarrow{-H_2O} Cl_3C^-Na^+ \xrightarrow{-NaCl} Cl_2C:$$

3. 利用卡宾和相转移催化剂催化合成扁桃酸

扁桃酸(苦杏仁酸)可作为治疗尿路感染的消炎药物和某些药物合成的中间体,也是用于测定某些金属的试剂。它含有一个手性碳原子,化学式 $C_6H_5-CH(OH)COOH$。化学方法合成得到的产物是外消旋体,用旋光的碱可拆分为具有旋光性的组分。

本实验利用三乙基苄基氯化铵作为相转移催化剂,将苯甲醛、氯仿和氢氧化钠在同一反应器中进行混合,通过卡宾加成反应直接生成目标产物。需要指出的是,用化学方法合成的扁桃酸是外消旋体,只有通过手性拆分才能获得对映异构体。

反应式为

$$CHCl_3 + NaOH \longrightarrow \begin{matrix}Cl\\Cl\end{matrix}C: + NaCl + H_2O$$

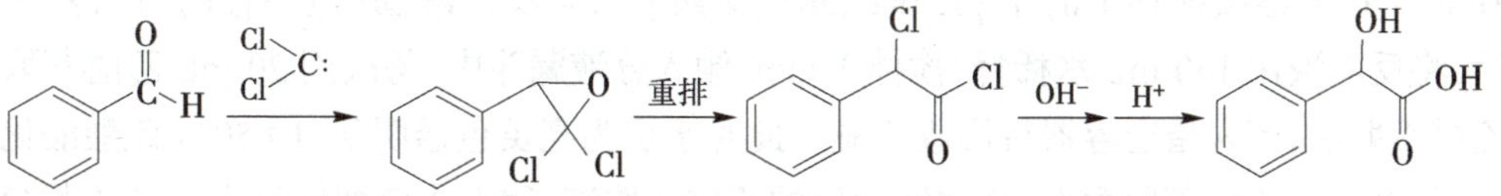

反应中用三乙基苄基氯化铵作为相转移催化剂,两相之间的相互作用如图 8-6-1 所示。

三、仪器和药品

仪器：100 mL 圆底烧瓶、250 mL 四口圆底烧瓶、磁力搅拌器、回流冷凝管、温度计、电动搅拌器、恒压滴液漏斗、减压蒸馏装置、水泵、熔点仪、干燥器。

药品：苄基氯、1,2-二氯乙烷、三乙胺、无水乙醚或二氯甲烷、苯甲醛、氢氧化钠、氯仿、硫酸、无水硫酸钠、甲苯、石油醚(30~60 ℃)、乙醚。

四、实验步骤

1. 相转移催化剂 TEBA 的制备

在装有回流冷凝管及干燥管的 100 mL 圆底烧瓶中,加入 5.5 mL(6.4 g,0.05 mol)苄基氯,

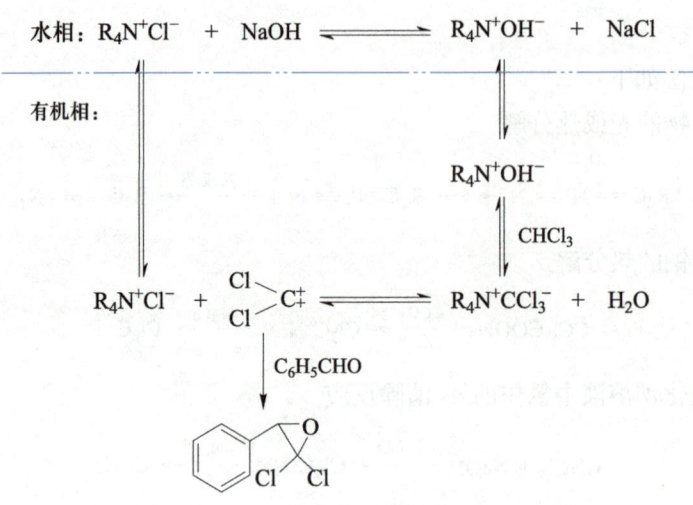

图 8-6-1　两相之间的相互作用

19 mL 1,2-二氯乙烷和 7 mL(0.05 mol)三乙胺,加热、回流、磁力搅拌 1.5 h。冷却后,析出晶体,抽滤,用少许无水乙醚洗涤,白色结晶烘干后称量,计算产率。季铵盐易吸潮,烘干的产品应放到干燥器中保存。

2. 二氯卡宾反应合成扁桃酸

在 250 mL 装有电动搅拌器、回流冷凝管、恒压滴液漏斗和温度计的四口圆底烧瓶中,加入 10.1 mL(10.6 g,0.1 mol)新蒸的苯甲醛、1.0 g TEBA 和 16 mL(24 g,0.2 mol)氯仿。开动搅拌、加热,待温度上升至 50~60 ℃,慢慢滴加(切记:不能快!)配制的 50% 氢氧化钠溶液(19 g 氢氧化钠溶于 19 mL 水)。滴加过程中控制反应温度在 60~65 ℃,约需 1 h 加完。加完后,反应温度控制在 65~70 ℃继续搅拌 1 h,用 pH 试纸测反应液 pH,当反应液 pH 近中性时方可停止反应。冷却后,将反应液用 160 mL 水稀释,搅拌 1 min,倾入分液漏斗中,每次用 20 mL 乙醚萃取两次,合并乙醚萃取液,倒入指定容器待回收乙醚。此时水层为亮黄色透明状,用 50% 硫酸酸化至 pH 为 2~3 后,40 mL 乙醚萃取两次,合并酸化后的乙醚萃取液,用无水硫酸钠干燥。常压蒸馏乙醚,并用水泵减压抽净残留的乙醚,得粗产物,称量。

将粗产物用甲苯进行重结晶(每克粗产物约需 5 mL 甲苯),趁热过滤,母液在室温下放置使结晶慢慢析出。冷却后抽滤,并用少量石油醚(30~60 ℃)洗涤促使其快干。称量、测熔点、测红外光谱并指出其主要吸收带的归属。

五、思考题

1. 本实验反应过程中为什么必须保持充分的搅拌?
2. 本实验中若不加季铵盐会产生什么后果?
3. 反应结束后,为什么要先用水稀释?后用乙醚萃取,目的是什么?
4. 反应液经酸化后为什么再次用乙醚萃取?

实验七 2-氨基-2-苯并吡喃衍生物的绿色催化合成及其性能测定

一、实验目的

1. 培养综合运用有机合成、化学分析、仪器分析等知识解决实际问题的能力,提高学生综合实验技能;
2. 熟练掌握各学科实验的基本单元操作及其有机结合;
3. 了解纤维固载催化剂的制备方法及其在有机合成中的应用;
4. 了解非均相催化及绿色合成等概念。

二、实验原理

1. 纤维固载催化剂的制备原理

腈纶纤维即聚丙烯腈纤维,通常指丙烯腈含量在 85% 以上的共聚物或均聚物纤维,在我国商品名为腈纶,国外则称为"奥纶""开司米纶"。腈纶纤维因其富含大量的氰基基团,故可以通过化学反应将其转化为其他基团,从而制得了具备某种特定功能的改性纤维。

本实验即将 N,N-二甲基丙-1,3-二胺通过化学键合负载于腈纶纤维表面,设计合成了纤维固载的叔胺催化剂,其制备反应如图 8-7-1 所示。胺化纤维催化剂的修饰程度可以通过两种方式衡量,其一是纤维的增重;其二是通过化学分析测定的纤维碱容量。

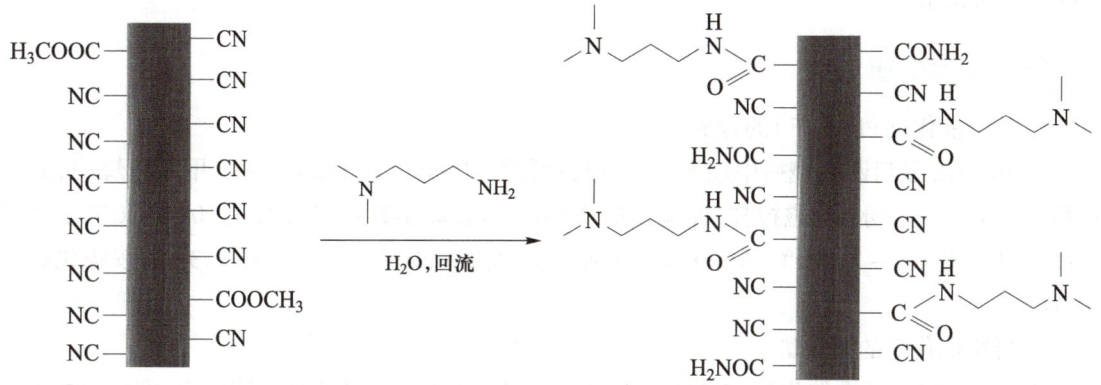

图 8-7-1 叔胺纤维催化剂的制备

2. 2-氨基-2-苯并吡喃衍生物的合成反应机理

2-氨基-2-苯并吡喃衍生物的合成是以苯甲醛、α-萘酚及丙二腈为原料的三组分"一锅法"反应,反应式如图 8-7-2 所示。

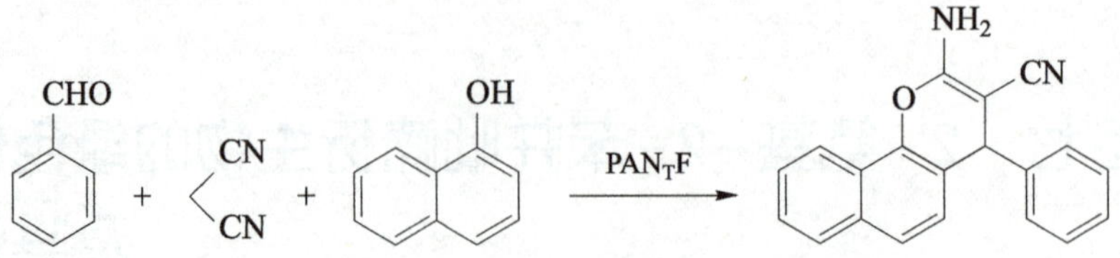

图 8-7-2　2-氨基-2-苯并吡喃衍生物的合成

该反应分两步进行,且这两步反应均在纤维固载的叔胺催化剂表面进行。第一步苯甲醛与丙二腈在叔胺催化剂的作用下,发生 Knoevenagel 缩合反应生成中间产物 A;第二步,叔胺催化剂夺去萘酚的一个质子,形成中间体 B,中间体 B 进一步与 Knoevenagel 中间产物 A 反应形成了最终产物 C。合成反应机理如图 8-7-3 所示。

3. 索氏提取的原理

索氏提取器是利用溶剂的回流和虹吸原理,对固体混合物中所需成分进行连续提取。当提取筒中回流下的溶剂的液面超过索氏提取器的虹吸管时,提取筒中的溶剂流回圆底烧瓶内,即发生虹吸。随温度升高,再次回流开始,每次虹吸前,固体物质都能被纯的热溶剂所萃取,溶剂反复利用,缩短了提取时间,所以萃取效率较高。

三、仪器和药品

仪器:三口圆底烧瓶、球形冷凝管、直形冷凝管、圆底烧瓶、量筒、烧杯、磁力搅拌器、磁子、砂芯漏斗、布氏漏斗、抽滤瓶、镊子、索氏提取器、真空泵、真空干燥箱、熔点仪、点样毛细管、硅胶板、紫外灯、紫外-可见分光光度计、红外光谱仪、旋转蒸发仪、容量瓶、锥形瓶、碱式滴定管。

药品:腈纶纤维、N,N-二甲基丙烷-1,3-二胺、苯甲醛、丙二腈、α-萘酚、浓盐酸、氢氧化钠、酚酞指示剂、乙醇。

四、实验步骤

1. 纤维催化剂(PAN_TF)的合成

在 100 mL 三口圆底烧瓶中加入 1.3 g 腈纶纤维(PANF)、20 mL N,N-二甲基丙烷-1,3-二胺和 10 mL 去离子水,电磁搅拌,回流反应 2.5 h。然后取出纤维,抽滤,用 60~70 ℃的去离子水反复洗涤至 pH = 7,50 ℃真空干燥,得到浅黄色的 N,N-二甲基丙烷-1,3-二胺胺化纤维(PAN_TF)。

2. 纤维催化剂的固载量

将干燥的胺化纤维催化剂(0.500 g)浸入 25 mL 0.100 mol·L^{-1} HCl 溶液中,室温搅拌 1 h。抽滤,用去离子水洗涤,所得滤液用 0.100 mol·L^{-1} NaOH 溶液滴定,酚酞作指示剂。纤维催化剂的碱容量可由消耗的 HCl 的量计算得到。

3. 2-氨基-2-苯并吡喃的合成

将重蒸的苯甲醛(5 mmol)、丙二腈(5 mmol)、α-萘酚(5 mmol)溶于 40 mL 乙醇中,加入

实验七　2-氨基-2-苯并吡喃衍生物的绿色催化合成及其性能测定

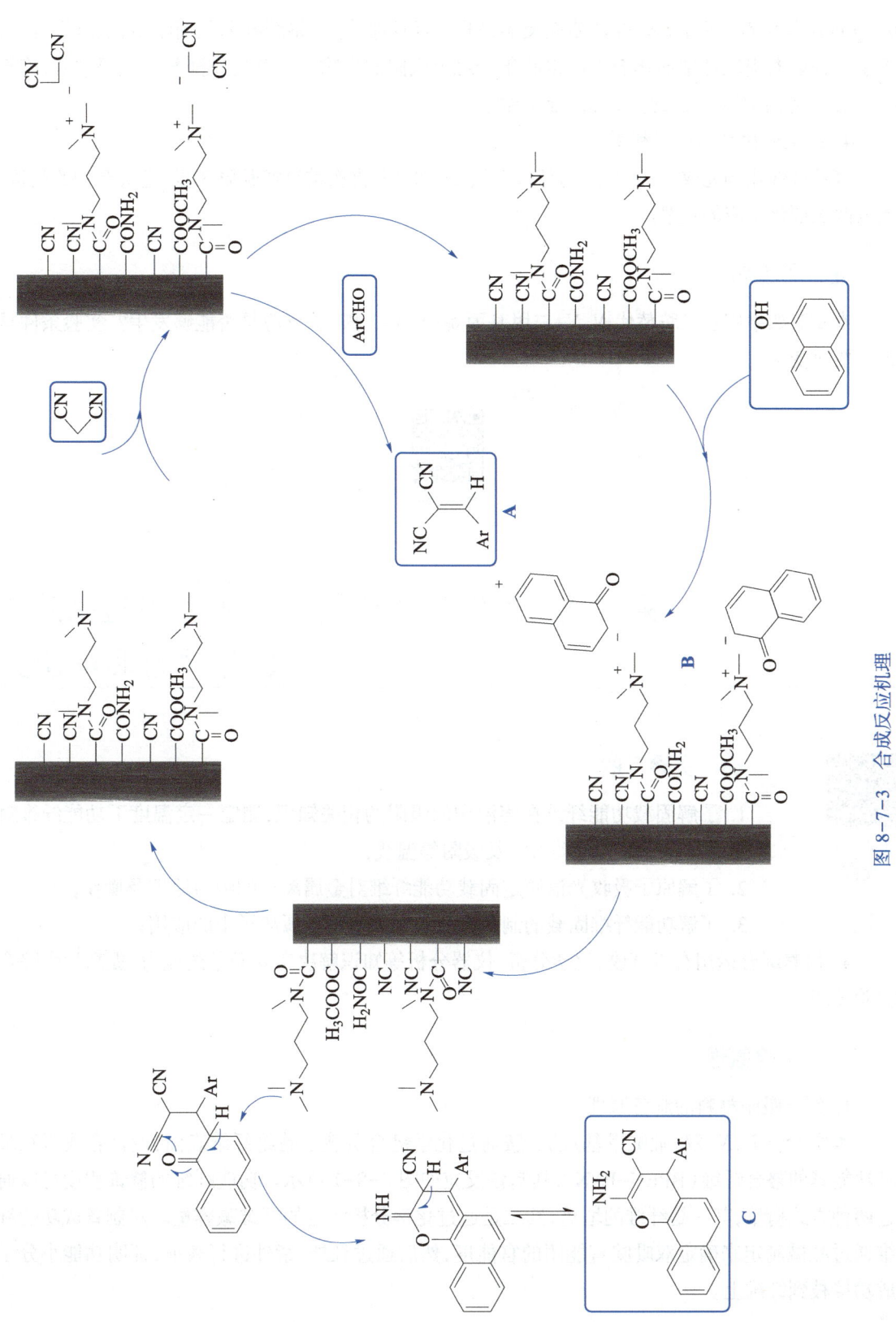

图 8-7-3　合成反应机理

0.5 g 纤维催化剂,回流 1 h,TLC 监控反应进程。反应结束后,将纤维催化剂滤出,乙醇作溶剂,用索氏提取器提取纤维催化剂 3 h,以收集纤维上吸附的产物。合并反应液与索氏提取液,旋蒸除去溶剂,剩余固体用乙醇重结晶得到产物。

4. 纤维催化剂的重复利用

该纤维催化剂完成一次催化反应后,无须任何处理,再次重复实验第 3 步,进行产物的制备,比较两次催化反应的收率。

五、思考题

本实验如果用乙二胺替代 N,N-二甲基丙烷-1,3-二胺,该反应是否能够发生？实验条件是否需要改变？

参考文献

实验八　吡啶功能化腈纶纤维对重金属离子的选择性吸附研究

实验教学视频

一、实验目的

1. 了解固载功能纤维在溶液中的吸附的相关知识,测定一定温度下功能纤维对水中重金属离子的吸附动力学及吸附等温线;
2. 了解原子吸收光谱测定固载功能纤维对金属离子的吸附原理及操作;
3. 了解功能纤维固载的制备方法及在去除重金属离子中的应用;
4. 培养综合运用有机合成、化学分析、仪器分析等知识解决实际问题的能力,提高学生综合实验技能。

二、实验原理

1. 纤维吸附材料的制备原理

本实验将 N,N-双(吡啶甲基)乙二胺通过化学键合负载于腈纶纤维表面,设计合成了双吡啶功能基的螯合纤维(BPEN-PAN),其制备反应如图 8-8-1 所示。功能纤维的修饰程度可以通过两种方式衡量,其一是纤维的增重;其二是通过化学分析测定的纤维碱容量。对制备成功的纤维通过酸碱滴定来确定双吡啶官能团的官能度,然后通过红外、紫外进行表征,证明功能小分子成功接枝到纤维上。

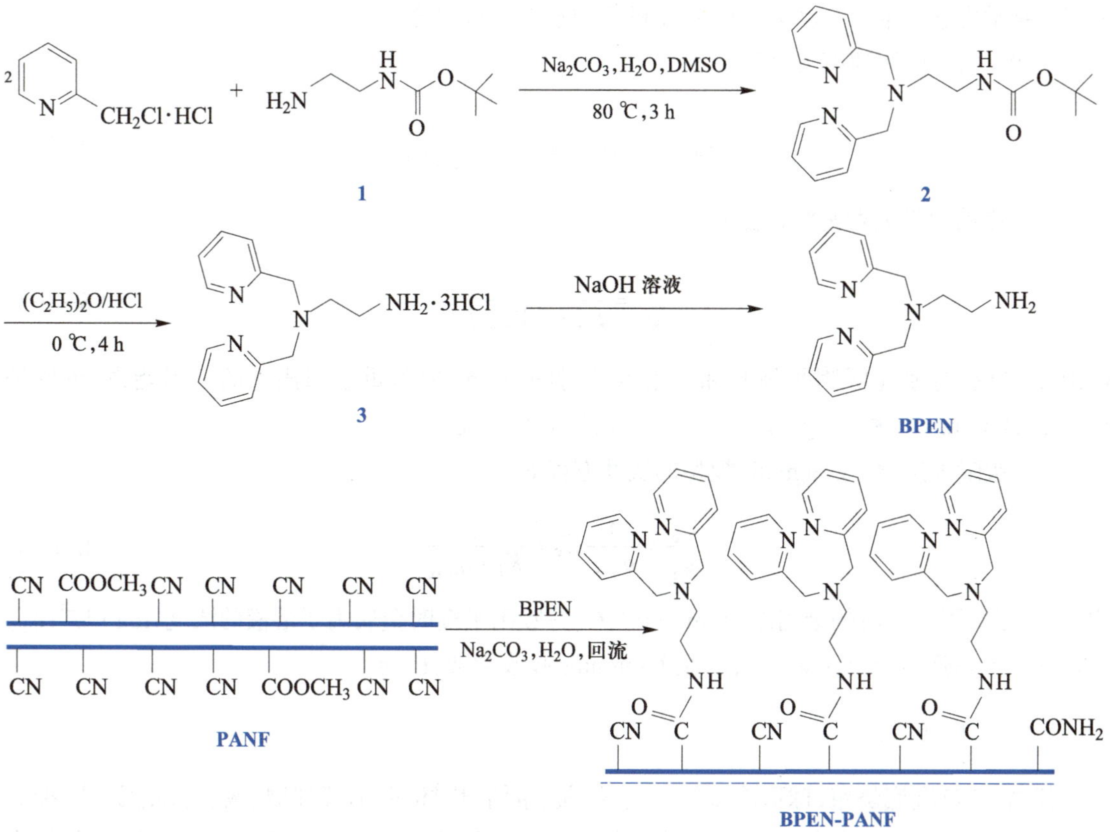

图 8-8-1 双吡啶功能纤维的制备

2. 功能纤维对重金属离子的吸附研究

通过研究功能纤维 BPEN-PANF 对不同重金属离子的吸附性能,发现该纤维能够选择性吸附有害重金属离子;以铅离子为例,系统研究了功能纤维在不同 pH 下的吸附性能、吸附动力学、吸附等温学,利用纤维对铜离子的显著颜色变化,研究了该功能纤维的循环使用情况。

(1) 吸附性能　详细研究功能纤维 BPEN-PANF 对不同金属离子的吸附性能,可知其平衡吸收值 q_e 由以下公式计算:

$$q_e = \frac{(C_0 - C_e) \times V}{m} \tag{8-8-1}$$

式中,C_0 是金属离子溶液原始浓度,C_e 是吸附平衡时的金属离子溶液浓度,mol·L^{-1} 或 mg·L^{-1};q_e 是平衡螯合能力,mmol·g^{-1} 或 mg·g^{-1};V 是金属离子溶液的体积,L;m 是 BPEN-PANF 的质量,g。

(2) 吸附动力学　一级吸附动力学和准二级吸附动力学是常见的两种吸附模型,这两种模型在解释 BPEN-PANF 对重金属离子螯合的动力学特征起到了非常重要的作用。本实验分别采用一级动力学及准二级动力学模型对 Pb^{2+} 的吸附进行拟合。

一级动力学吸附速率方程为

$$\lg(q_e - q_t) = \lg q_e - \left(\frac{k_1 t}{2.303}\right) \quad (8\text{-}8\text{-}2)$$

准二级动力学吸附速率方程为

$$\frac{t}{q_t} = \frac{1}{k_2 q_e^2} + \left(\frac{1}{q_e}\right)t \quad (8\text{-}8\text{-}3)$$

式中,q_e 和 q_t 分别是吸附平衡时和在给定的时间(min)内对重金属离子的吸附能力,单位是 $mg \cdot g^{-1}$;k_1(min^{-1})和 k_2($g \cdot mg^{-1} \cdot min^{-1}$)均为速率常数。

(3)吸附等温学　Langmuir 模型的线性方程如下:

$$\frac{C_e}{q_e} = \frac{1}{q_{max}} C_e + \frac{1}{K_1 \times q_{max}} \quad (8\text{-}8\text{-}4)$$

式中,q_e 是吸附平衡时的吸附能力,$mg \cdot g^{-1}$;C_e 是吸附平衡时金属离子溶液的浓度,$mg \cdot L^{-1}$;q_{max} 代表理论饱和吸附能力,$mg \cdot g^{-1}$;K_1 是 Langmuir 吸收常数,$L \cdot g^{-1}$。

三、仪器和药品

仪器:三口圆底烧瓶、球形冷凝管、圆底烧瓶、量筒、烧杯、磁力搅拌器、磁子、砂芯漏斗、抽滤瓶、镊子、索氏提取器、真空干燥箱、点样毛细管、硅胶板、紫外灯、紫外-可见分光光度计、红外光谱仪、原子吸收光谱、容量瓶、锥形瓶、酸式滴定管、碱式滴定管等。

药品:腈纶纤维(PANF)、N,N-双(吡啶甲基)乙二胺(BPEN)、浓盐酸、氢氧化钠、甲基橙指示剂、酚酞指示剂、乙醇、Na_2CO_3、$Pb(NO_3)_2$、$CuSO_4 \cdot 5H_2O$、蒸馏水。

四、实验步骤

1. 功能纤维 BPEN-PANF 的合成

将干燥的 PANF(1.00 g),N,N-双(吡啶甲基)乙二胺 BPEN(3.63 g,15 mmol),去离子水(10 mL),Na_2CO_3(1.00 g),加入 100 mL 三口圆底烧瓶中混合均匀加热回流 3 h,待反应液冷却,用镊子取出纤维,用 60~70 ℃ 温水反复洗涤至洗涤液呈中性,然后将纤维放入索氏提取器中,用乙醇进行索氏提取 1.5 h,以洗掉纤维表面残余的小分子,直到提取液在紫外灯下无显色表示已经无附着有机小分子。洗净的纤维在 60 ℃ 的恒温真空干燥箱中干燥,得到功能化纤维 BPEN-PANF。

2. 功能纤维 BPEN-PANF 的固载量

首先,纤维固载可以由反应前后纤维的增重来确定。增重 $=[(m-m_0)/m_0] \times 100\%$,其中 m 和 m_0 分别是 BPEN-PANF 和 PANF 的质量(g)。

其次,固载量可以根据酸碱交换来确定吡啶的官能团量,其过程如下:将干燥的功能纤维

BPEN-PANF(0.80 g)浸入 100 mL 0.10 mol·L⁻¹ HCl 溶液中,室温搅拌 2 h。抽滤,用去离子水洗涤,所得滤液用 0.10 mol·L⁻¹ NaOH 溶液滴定,酚酞作指示剂。功能纤维的碱容量可由消耗的 HCl 的量计算得到。

3. 功能纤维对不同金属离子的吸附

分别将 10 mg 纤维放入 $1×10^{-3}$ mol·L⁻¹(pH=5)不同金属离子溶液中,室温搅拌 2 h,取出纤维,吸附后金属离子溶液的浓度由原子吸收光谱测定。

4. pH 对功能纤维 BPEN-PANF 吸附性能的影响

pH 从 3 到 11 对配位能力的影响。10 mg BPEN-PANF 浸润在 20 mL,不同 pH(3~11)的 Pb^{2+} 溶液中,室温下搅拌 120 min,将纤维取出,然后,加入少量的浓硝酸,得到均匀的 pH<7 的溶液。吸附前后的金属离子溶液的浓度通过原子吸收光谱测得。

5. 吸附动力学研究

将 10 mg BPEN-PANF 放入 50 mL $1×10^{-3}$ mol·L⁻¹,pH=5.0 的铅标准溶液中,室温下搅拌,到达给定的时间后,将纤维取出,通过原子吸收光谱测溶液中剩余的离子浓度。

6. 吸附等温学研究

将 10 mg BPEN-PANF 放入不同初始浓度的 pH=5 的 50 mL 不同金属离子溶液中,室温下磁力搅拌 120 min,通过原子吸收光谱测溶液中剩余的离子浓度。

7. 功能纤维的可循环使用性研究

将 10 mg 功能纤维 BPEN-PANF 放入 50 mL $1×10^{-3}$ mol·L⁻¹ 铜离子溶液中室温搅拌 20 min,纤维由亮黄色变为深蓝色,取出纤维用蒸馏水洗涤,然后把螯合过 Cu^{2+} 的 BPEN-PANF 加入 100 mL 1 mol·L⁻¹ EDTA 溶液后,室温搅拌 30 min 至蓝色褪去呈亮黄色,用温水反复洗涤至中性后纤维即可重复使用。每个循环中有肉眼清晰可辨的颜色变化,由亮黄色到深蓝色,通过照相机记录每次循环前后颜色的变化。

五、思考题

本实验中功能纤维修饰度可以通过两种方式衡量,其一是纤维的增重;其二是通过化学分析测定的纤维碱容量。如果两种方法所得修饰度相差较大,则试分析可能的原因。

参考文献

第九章 研究性实验

实验一 铋离子选择性电极的制备及测定胃药中的 Bi^{3+} 含量

一、实验目的

实验教学
视频

1. 掌握相转移法制备纳米 Bi_2S_3 粒子及其结构表征；
2. 以纳米 Bi_2S_3 粒子作为电活性物，制作电极膜，组装铋离子选择性电极；
3. 评价所制备铋离子选择性电极的工作性能；
4. 利用电位分析法（包括标准曲线法和标准加入法）测定三种常见胃药中的铋含量；
5. 借助原子吸收光谱法测定胃药中的铋含量，以评价铋离子选择性电极的实用价值。

二、实验原理

电位分析法，是通过测定电池电动势以求得物质含量的方法。通常在待测溶液中插入两支性质不同的电极组成电池，利用电池电动势与试液中离子的活度（或浓度）之间的定量关系测得离子的活度（浓度）。它包括直接电位法和电位滴定法。无论是直接电位法还是电位滴定法，都要求整个测量体系必须形成一个电化学通路，这就要求两个电极与测量溶液直接接触，两个电极之间有导线连接。电位分析法测量装置如图 9-1-1 所示。其中右侧的电极称为指示电极，主要用途是响应待测物质，能够在电位计上读取电位值，从而知晓待测物质的活度（浓度）。左边的电极称为参比电极，它的电极电势恒定，不随待测溶液中物质活度变化而变化。

理想的指示电极具有响应速度快、稳定性好、选择性好和寿命长等特点。电位分析法指示电极种类繁多，但大致分为两类：金属基指示电极和离子选择性电极。金属基指示电极在电极上能发生电子交换；离子选择性电极在电

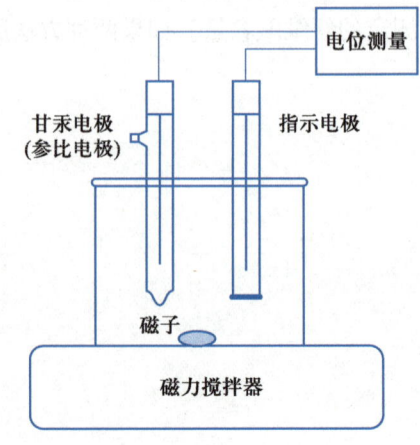

图 9-1-1 电位分析法测量装置

极上不发生电子交换。本实验研究的电极为离子选择性电极。

离子选择性电极又称膜电极,可选择性地让一些离子渗透(包含着离子交换过程),IUPAC 定义它为一类电化学传感器。离子选择性电极主要利用膜电势来对溶液中离子的活度或浓度进行测定,当它和含待测离子的溶液接触时,在它的敏感膜和溶液的相界面上就会产生与该离子活度直接相关的膜电势。实验过程中,铋离子选择性电极对铋离子具有选择性响应。将铋离子选择性电极(指示电极)与饱和甘汞电极(参比电极)插入待测溶液中组成工作电池时,电池的电动势 E 在一定条件下与 Bi^{3+} 活度的对数值呈线性关系:

$$E = K + \frac{s}{n}\lg a(Bi^{3+}) \tag{9-1-1}$$

式中,E 为电池电动势,K 在一定条件下为常数,$\frac{s}{n}$ 为电极线性响应斜率(25 ℃时为 $\frac{0.0592}{3}$ V),$a(Bi^{3+})$ 为 Bi^{3+} 的活度。

当溶液中的总离子强度不变时,离子的活度系数为一定值,工作电池电动势与 Bi^{3+} 浓度的对数呈线性关系:

$$E = K' + \frac{s}{n}\lg c(Bi^{3+}) \tag{9-1-2}$$

式中,$c(Bi^{3+})$ 是 Bi^{3+} 的浓度。

离子选择性电极作为一类指示电极,主要可以分为基本电极、敏化电极和免疫响应电极。基本电极是最基础也是应用最为广泛的离子选择性电极,它主要用于进行溶液 pH 和各种离子浓度的测定。敏化电极主要应用在进行无机物含量的测定、有机物含量的测定和气体含量的测定等。免疫响应电极主要应用于生物学方面,可以进行抗体滴定过程中的测定或抗原的测定。本实验所组装的铋离子选择性电极为基本电极。

离子选择性电极的基本结构如图 9-1-2 所示。它主要由膜和内导系统组成。其中膜是离子选择性电极的核心部分,它决定了其对哪种离子产生响应,以及响应的效果,即该离子选择性电极的选择性、稳定性、重复性等重要性质。不同的离子选择性电极具有不同的膜,它可以将溶液中某种离子的活度(浓度)转变成膜电势,在电位计上读出。内导系统主要包括内参比溶液和内参比电极,其作用主要在于将膜电势引出。

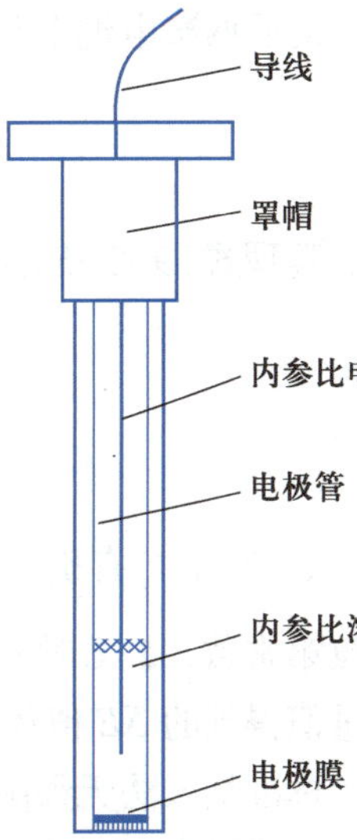

本实验将 Bi_2S_3 粒子分散到 PVC 的四氢呋喃溶液体系中,溶剂蒸干得到深红色透明膜。将透明膜展平并用四氢呋喃固定到电极的抛光端,内加饱和 KCl 溶液作为内参比溶液,同时插入 Ag-AgCl 作内参比电极,装上电极罩帽和导线,完成纳米 Bi_2S_3-PVC 膜电极的制作和组装。将制作好的电极置于 1.0×10^{-5} mol·L^{-1} Bi^{3+} 标准溶液中活化 24 h,备用。

图 9-1-2 离子选择性电极的基本结构

1. 利用电位分析法(标准曲线法和标准加入法)测定胃药中的 Bi^{3+} 含量

实验设计中分别采用标准曲线法和标准加入法对胃药中的 Bi^{3+} 含量进行定量测定。实际工作中,当待测试样组成已知或较简单时,宜选用标准曲线法,尤其在试样数目较多的例行分析中更能显示其优越性;若对试样组成不甚了解,或试样组成较复杂,配制组成相近的标准溶液存在困难,此时为得到较高准确度则可采用标准加入法。标准加入法只需一种标准溶液,操作更加简便、快速。

(1) 标准曲线法 标准曲线法需要配制系列 Bi^{3+} 的标准溶液,通过测量不同浓度下各标准溶液的平衡电位值 E,根据 E 对 pc_i 作图可得标准曲线。再在相同条件下测量未知试样溶液的 E,即可在标准曲线上找出或计算相应的待测离子的浓度。绘制标准曲线的意义在于,只要测得某未知浓度 Bi^{3+} 溶液的平衡电位值 E,就可在标准曲线上查出其相应的 Bi^{3+} 浓度。

标准曲线法的优点是,即使电极响应不完全符合 Nernst 关系式,也可得到较满意结果。

(2) 标准加入法 标准加入法的工作原理如下:

设浓度为 c_i,体积为 V_i 的试样溶液,测得电动势为 E_0。按照式(9-1-2),工作电池电动势表示为 $E_0 = K' + \dfrac{s}{n}\lg c_i$。然后向上述试样中加入小体积 V_s(为 V_i 的几十分之一)、高浓度 c_s 的标准溶液,混匀。此时溶液中待测离子浓度为

$$c_1 = \frac{c_i V_i + c_s V_s}{V_i + V_s} \tag{9-1-3}$$

因为加入小体积标准溶液后,溶液的基质几乎无变化,故电极常数不变,其按式(9-1-2)计算的电池电动势为

$$E_1 = K' + \frac{s}{n}\lg\frac{c_i V_i + c_s V_s}{V_i + V_s} \tag{9-1-4}$$

前后两次电池电动势的差值为

$$\Delta E = E_1 - E_0 = \frac{s}{n}\lg\frac{c_i V_i + c_s V_s}{c_i(V_i + V_s)} \tag{9-1-5}$$

整理式(9-1-5),得

$$c_i = \frac{c_s V_s}{(V_i + V_s)\cdot 10^{\frac{\Delta E \cdot n}{s}} - V_i} \tag{9-1-6}$$

式中 c_s、V_s 和 V_i 有确定的已知值;s 值为 $\dfrac{2.303RT}{F}$,其中 R 为摩尔气体常数,T 是热力学温度,F 为法拉第常数,25 ℃ 时 s 为 0.059 2 V。n 为反应过程中的电子转移数,这里 n 为 3。根据 E_1 和 E_0 测量值得到的 ΔE 值代入式(9-1-6),便可求得试样溶液的待测浓度 c_i。

标准加入法无须配制标准系列溶液及测绘标准曲线,操作步骤简单、快速。

2. 利用原子吸收光谱法测定胃药中的 Bi^{3+} 含量

火焰原子吸收光谱法主要用于元素的定量分析,它是基于从光源中辐射出的待测元素的特

征谱线通过试样的原子蒸气时,被蒸气中待测元素的基态原子吸收,使透过的谱线强度减弱。在一定的条件下,其吸收程度与试液中待测元素的浓度成正比,即 $A = Kc$。

元素铋的主灵敏线为 223.0 nm,灵敏度高,很适合测定低含量铋。由于本法测定的铋含量较高,需要尽可能避免中间稀释带来的测定误差。铋的次灵敏线有 206.2 nm、227.2 nm 和 306.8 nm,实验中发现在 206.2 nm 和 227.2 nm 时,吸光度极不稳定。但在 306.8 nm 时很稳定,所以选用 306.8 nm 的次灵敏线作为分析线。

本实验采用标准曲线法测定药品中的铋含量,即先配制系列 Bi^{3+} 的标准溶液,测定已知浓度的 Bi^{3+} 标准溶液的吸光度,绘制成吸光度-浓度的标准曲线。再于同样条件下测定胃药试样中 Bi^{3+} 的吸光度,从标准曲线上即可查出所测定药品溶液中 Bi^{3+} 的含量。

三、仪器和药品

仪器:500 mL 三口圆底烧瓶,100 mL 恒压分液漏斗,250 mL 梨形分液漏斗,培养皿(直径 80 mm),250 mL 磨口锥形瓶,精密试纸(pH 0.5~5.0),100 mL 量筒,100 mL 烧杯,250 mL 烧杯,表面皿,移液管,1 L 容量瓶,500 mL 容量瓶,500 mL 聚乙烯容量瓶,100 mL 聚乙烯容量瓶,250 mL 聚乙烯烧杯,电子分析天平,磁力搅拌器,无级变速机械搅拌器,电热恒温鼓风干燥箱,高速离心机,水浴加热锅,封闭电炉,红外激光笔,聚四氟乙烯胶带,超声波清洗器,PXSJ-216 型离子计,饱和甘汞电极,火焰原子吸收光谱仪,Bi 空心阴极灯,空气压缩机,乙炔钢瓶。

药品:五水合硝酸铋($Bi(NO_3)_3 \cdot 5H_2O$),氢氧化钠(NaOH),四氯化碳(CCl_4),四氢呋喃(C_4H_8O,简称 THF),无水乙醇(CH_3CH_2OH),硫代乙酰胺(CH_3CSNH_2),二苯硫腙(H_2Dz),邻苯二甲酸二辛酯(DOP),聚氯乙烯(PVC)颗粒,以上试剂未做特殊说明时均为分析纯。实验用水为二次蒸馏水。得必泰(复方铝酸铋颗粒),丽珠得乐(枸橼酸铋钾颗粒)、新胃必治(复方铝酸铋片)。

四、实验内容

1. 纳米 Bi_2S_3 粒子的制备

(1) 称取 0.242 6 g $Bi(NO_3)_3 \cdot 5H_2O$ 置于 100 mL 烧杯中,加入 0.10 mol·L^{-1} 稀硝酸 50 mL,待 $Bi(NO_3)_3$ 完全溶解后定量转移至 500 mL 容量瓶中,用 0.10 mol·L^{-1} 稀硝酸定容,制得 1.00×10^{-3} mol·L^{-1} Bi^{3+} 溶液,备用。

(2) 称取 0.076 9 g 红棕色 H_2Dz 粉末溶于 60 mL CCl_4 中,搅拌,待其完全溶解,制得浓度为 5.00×10^{-3} mol·L^{-1} H_2Dz/CCl_4 溶液,溶液呈墨绿色,盖上培养皿,备用。

(3) 称取 0.202 9 g CH_3CSNH_2 固体,溶于 60 mL 无水乙醇中,制得浓度为 4.50×10^{-3} mol·L^{-1} 的 CH_3CSNH_2/CH_3CH_2OH 溶液,转移至 100 mL 恒压分液漏斗中,备用。

(4) 量取 60 mL 1.00×10^{-3} mol·L^{-1} Bi^{3+} 溶液置于 250 mL 烧杯中,在磁力搅拌下缓慢滴加 1.0 mol·L^{-1} NaOH 溶液,调节至溶液 pH 为 2.7(精密试纸测定)。迅速将该溶液转移至 250 mL 分液漏斗中,然后加入 60 mL 5.00×10^{-3} mol·L^{-1} H_2Dz/CCl_4 溶液,将混合溶液充分振荡。整个过程中可以观察到有机相的颜色逐渐从墨绿色变成酒红色,这表明 Bi^{3+} 通过萃取作用由水相转移到有机相中。静置 2 h, 待两相彻底分层后,取下层酒红色的有机相,转移至磨口锥形瓶中,备用。

（5）将酒红色的 Bi^{3+} 的有机相溶液转移至三口圆底烧瓶中,在强力机械搅拌下,向圆底烧瓶中逐滴加入 60 mL 4.50×10^{-3} mol·L^{-1} CH_3CSNH_2/ CH_3CH_2OH 溶液,控制滴加速度约 10 滴/ min。滴加完毕后,继续搅拌 16 h,得到透明的黑红色溶液,溶液中形成了纳米 Bi_2S_3 粒子。利用红外激光笔照射溶液体系,观察是否存在丁铎尔效应。

（6）利用纳米粒度及 zeta 电位仪观察纳米 Bi_2S_3 粒子的粒度分布情况;TEM 观察纳米 Bi_2S_3 粒子的形貌特征;利用 XRD 分析纳米 Bi_2S_3 粒子的物相组成。

2. 以自制纳米 Bi_2S_3 粒子为电活性物,制作电极膜,组装铋离子选择性电极

（1）称取 1.000 0 g PVC 颗粒置于 50 mL THF 中,放置过夜,PVC 颗粒将全部溶胀溶解,充分搅拌,然后超声分散,使 PVC 在 THF 溶液中分散更加均匀,备用。

（2）取 10 mL PVC/THF 溶液置于小烧杯中,在磁力搅拌下用滴管缓慢加入 15 mL 含有纳米 Bi_2S_3 粒子的溶液,再缓慢滴加 0.200 0 g DOP,充分搅拌 5 min 后,将混合溶液超声分散处理 3 min,使之充分均匀混合。

（3）将所得混合溶液倒入平底培养皿($d = 80$ mm,$h = 12$ mm)中,在通风橱中放置过夜,以蒸发有机溶剂(为确保有机溶剂完全蒸发,可通过药匙按压膜的表面不留下痕迹为准)。最终可以获得厚度为 0.2~0.3 mm 的深红色透明膜。从培养皿中撕下透明膜,透明膜有一定的弹性。

（4）选取直径约 16 mm 的薄膜,用四氢呋喃黏接到电极 PVC 管的抛光端(为保证电极的重复使用,也可用聚四氟乙烯胶带四周固定)。电极管内填充适量饱和 KCl 溶液作为内参比溶液,同时插入 Ag-AgCl 作内参比电极,装上电极罩帽和导线,完成铋离子选择性电极的组装。将制作好的电极置于 1.00×10^{-5} mol·L^{-1} Bi^{3+} 标准溶液中活化 24 h,备用。

3. 铋离子选择性电极的工作性能评价

（1）分别配制一系列浓度为 1.00×10^{-2} mol·L^{-1},1.00×10^{-3} mol·L^{-1},1.00×10^{-4} mol·L^{-1}, 1.00×10^{-5} mol·L^{-1},1.00×10^{-6} mol·L^{-1},1.00×10^{-7} mol·L^{-1},1.00×10^{-8} mol·L^{-1},1.00×10^{-9} mol·L^{-1}, 1.00×10^{-10} mol·L^{-1} 的 Bi^{3+} 标准溶液(注意:所有溶液均用 0.10 mol·L^{-1} 稀硝酸稀释),备用。

系列 Bi^{3+} 标准溶液的具体配制步骤为:称取 0.485 1 g $Bi(NO_3)_3 \cdot 5H_2O$,于 50 ℃ 水浴下用 0.10 mol·L^{-1} 稀硝酸将其完全溶解,转移至 100 mL 聚乙烯容量瓶,再用 0.10 mol·L^{-1} 稀硝酸定容,制得 1.00×10^{-2} mol·L^{-1} 的 Bi^{3+} 标准溶液。用移液管量取 10 mL 上述制得的 1.00×10^{-2} mol·L^{-1} 的 Bi^{3+} 标准溶液于 100 mL 聚乙烯容量瓶中,用 0.10 mol·L^{-1} 稀硝酸定容,制得 1.00×10^{-3} mol·L^{-1} 的 Bi^{3+} 标准溶液。以此类推,配制从 1.00×10^{-2} mol·L^{-1} 到 1.00×10^{-10} mol·L^{-1} 的系列标准溶液。

注意:由于 Bi^{3+} 在玻璃容器中容易被吸附,Bi^{3+} 标准溶液均在聚乙烯容量瓶中定容,并保存。

（2）将配制好的标准溶液分别倒入 250 mL 聚乙烯烧杯中,以自制的铋离子选择性电极(已活化)作为工作电极,饱和甘汞电极(SCE)作为参比电极,室温下直接将电极插入标准溶液中,在电磁搅拌下,用 PXSJ-216 型离子计(注意:将测量挡位置于 mV 挡)直接读取不同浓度下的 Bi^{3+} 标准溶液的平衡电位值,测量的顺序由稀到浓,在转换溶液进行测量时,先用蒸馏水冲洗电

极,再用滤纸吸去附着在电极表面的溶液。利用 Origin 绘图软件对测量数据进行处理,以平衡电位值 E 为纵坐标,浓度的负对数(pc_i)为横坐标作图,得到标准曲线。

注意:①由于 Bi^{3+} 在玻璃容器中容易被吸附,因此电位测量都在聚乙烯烧杯中进行。②在没有测定 Bi^{3+} 标准溶液的电位值之前,要先测定 $0.10\ mol \cdot L^{-1}$ 稀硝酸的电位值,作为起始空白电位值。每次测量数据都应扣除此起始空白电位值。

(3)根据电极的标准工作曲线,确定工作电极的线性响应范围及检测限。在测量过程中记录不同浓度的 Bi^{3+} 标准溶液达到平衡电位值时的响应时间。

4. 利用标准曲线法和标准加入法测定胃药中的 Bi^{3+} 含量

(1)取含铋药品胃必治一片或丽珠得乐、得必泰各一袋,精密称定。研细,精密称取适量(分别称取试样 1 丽珠得乐 1 g,试样 2 胃必治 1.2 g,试样 3 得必泰 1.3 g),分别置于三个 100 mL 烧杯中,各加浓硝酸 20 mL 于电热板上加热溶解,至溶液澄清或略显淡黄色,冷却至室温,转移至 500 mL 容量瓶中加水稀释定容,摇匀。再用移液管取 1 mL 稀释液置于 100 mL 容量瓶中,用 $0.10\ mol \cdot L^{-1}$ 稀硝酸稀释定容,摇匀。配得三种胃药试样的待测溶液。

(2)利用标准曲线法,将已活化的自制铋离子选择性电极和饱和甘汞电极置于盛有 $0.10\ mol \cdot L^{-1}$ 稀硝酸的小烧杯中,磁力搅拌作用下清洗电极,直至所测电位与起始空白电位值接近时,拿出电极。先用蒸馏水冲洗电极,再用滤纸吸干电极表面的水,再插入盛有待测溶液的聚乙烯烧杯中,在电磁搅拌作用下直接读取平衡电位值(用离子计读取其平衡电位值,同一浓度溶液重复测定 5 次,取 5 次测量结果的平均值),可从标准曲线上直接查得待测溶液中的 Bi^{3+} 浓度,并计算出胃药中的 Bi^{3+} 含量。

(3)利用标准加入法,分别吸取 50.00 mL 待测溶液于 100 mL 容量瓶中,用 $0.10\ mol \cdot L^{-1}$ 稀硝酸稀释定容,摇匀,配得三种试样加标前的待测溶液。将铋离子选择性电极和饱和甘汞电极插入盛有上述溶液的聚乙烯烧杯中,在电磁搅拌下读取平衡电位值 E_1。再吸取 50.00 mL 待测溶液于 100 mL 容量瓶中,加入 1 mL $1.00 \times 10^{-2}\ mol \cdot L^{-1}$ Bi^{3+} 的标准溶液,用 $0.10\ mol \cdot L^{-1}$ 稀硝酸稀释定容,摇匀,配得三种试样加标后的待测溶液。将铋离子选择性电极和饱和甘汞电极插入盛有上述溶液的聚乙烯烧杯中,在电磁搅拌下读取平衡电位值 E_2,利用式(9-1-6),结合 E_1 和 E_2 差值计算出原试样溶液中 Bi^{3+} 的待测浓度,并计算出胃药中的 Bi^{3+} 含量。

5. 利用原子吸收光谱法测定同样胃药中的 Bi^{3+} 含量

(1)配制系列 Bi^{3+} 标准溶液。取 6 个 100 mL 容量瓶,分别加入 $2\ 000\ mg \cdot L^{-1}$ Bi^{3+} 标准溶液 0 mL,0.5 mL,1.0 mL,1.5 mL,2.0 mL,2.5 mL,用 $0.10\ mol \cdot L^{-1}$ 稀硝酸定容,摇匀。所配制的系列 Bi^{3+} 标准溶液,分别为 $0\ mg \cdot L^{-1}$,$10\ mg \cdot L^{-1}$,$20\ mg \cdot L^{-1}$,$30\ mg \cdot L^{-1}$,$40\ mg \cdot L^{-1}$,$50\ mg \cdot L^{-1}$,其中 $0\ mg \cdot L^{-1}$ 的标准溶液为空白溶液。

(2)以空白溶液为参比,选择灯电流 3 mA,燃烧器高度 3 mm,乙炔压力为 1.96×10^4 Pa 的贫燃火焰,在 306.8 nm 的波长位置分别测定系列 Bi^{3+} 标准溶液的吸光度值。测量完成后即可在屏幕上显示出测定的数据和图形,即得原子吸收光谱标准曲线。

(3)将三种胃药试样的待测溶液进行不同程度的稀释,可在原子吸收光谱标准曲线上直接读取实测试样溶液中的 Bi^{3+} 含量(以 $mg \cdot L^{-1}$ 表示),将测定结果乘以待测溶液的稀释倍数即得

不同胃药中的 Bi^{3+} 含量。

五、实验数据与讨论(示例)

1. 纳米 Bi_2S_3 粒子的结构表征

用激光笔照射含有纳米 Bi_2S_3 粒子的溶液时,产生了一条光亮的"通路",如图 9-1-3 所示。证明溶液为胶体,即粒子直径应为 1~100 nm。胶体虽为热力学不稳定系统,但室温下长期放置,纳米粒子不团聚,也不聚沉。

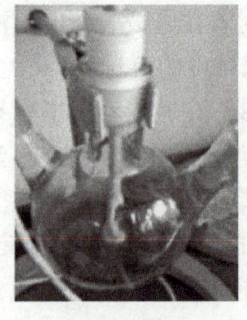 

(a) 新制的溶液　　(b) 放置2个月后的溶液

图 9-1-3　激光笔照射新制含纳米 Bi_2S_3 粒子的溶液和放置 2 个月后的溶液

图 9-1-4 为纳米 Bi_2S_3 粒子的 TEM 照片,利用相转移法制备的纳米 Bi_2S_3 粒子的尺寸为 50~80 nm,近似球形,分散性较好,无团聚。使用纳米粒度及 zeta 电位仪对含有纳米 Bi_2S_3 粒子的溶液进行分析,其粒径分布如图 9-1-5 所示。Bi_2S_3 粒子的粒径主要分布在 35~90 nm 范围内,平均粒径为 59.86 nm。由该方法所制备的纳米 Bi_2S_3 粒子尺寸分布相对集中,无明显的团聚现象。

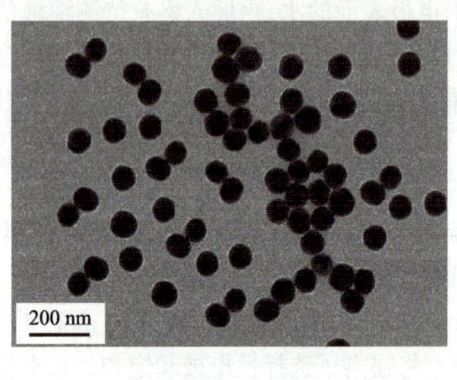 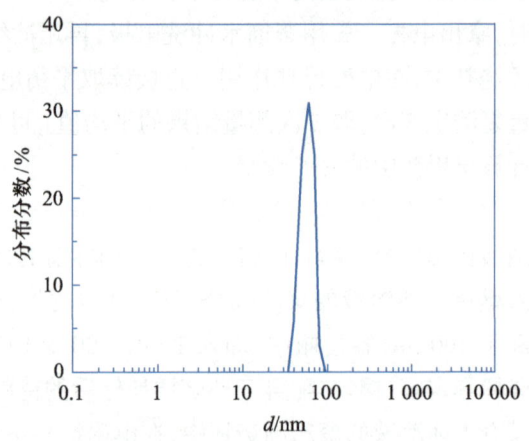

图 9-1-4　纳米 Bi_2S_3 粒子的 TEM 照片　　　图 9-1-5　纳米 Bi_2S_3 粒子的粒径分布图

图 9-1-6 为纳米 Bi_2S_3 粒子的 XRD 谱图,所有的衍射峰与标准卡片 JCPDS-17-320 一致,没有其他杂相的衍射峰,表明纳米 Bi_2S_3 粒子为正交 Bi_2S_3 晶相,且结晶度较好。

2. 铋离子选择性电极的组装

以自制纳米 Bi_2S_3 粒子为电活性物,制作电极膜,组装铋离子选择性电极。

经混合和超声分散后,纳米 Bi_2S_3 粒子将均匀分散于 PVC 的四氢呋喃溶液中,并加入适量 DOP 作为增塑剂。增塑剂的作用一方面可增加膜的柔韧性,增强其力学性能;另一方面可改善 PVC 的刚性结构,使膜的孔径变大,易于膜内离子的运动。图 9-1-7 为有机溶剂完全挥发后,形成的暗红色透明薄膜,薄膜具有弹性,厚度为 0.2~0.3 mm。

选取直径约 16 mm 的 Bi_2S_3-PVC 薄膜,将其展平并用四氢呋喃黏接到电极管的抛光端;为

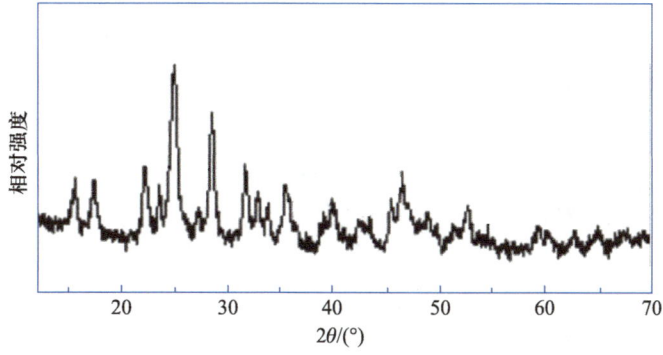

图 9-1-6　纳米 Bi_2S_3 粒子的 XRD 谱图

图 9-1-7　纳米 Bi_2S_3 粒子分散于 PVC 中形成的透明弹性膜

保证电极的重复使用,也可用聚四氟乙烯胶带进行四周固定,如图 9-1-8(a)所示。图 9-1-8(b)示出每次测量时,将工作电极和参比电极均固定在离子计的支架上,保持电极间距离一致。

3. 铋离子选择性电极的工作性能评价

（1）铋离子选择性电极的标准工作曲线　以自制的纳米 Bi_2S_3-PVC 膜电极（已活化）为工作电极,饱和甘汞电极（SCE）为参比电极,用 PXSJ-216 型离子计测定从 1.0×10^{-10} mol·L^{-1} 到 1.0×10^{-2} mol·L^{-1} 不同浓度下 Bi^{3+} 标准溶液的平衡电位值。实验结果如图 9-1-9 所示。测得铋离子选择性电极的线性响应范围是 $1.0\times10^{-8}\sim$

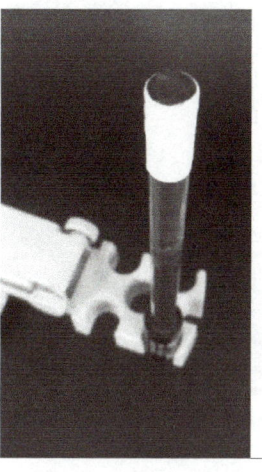 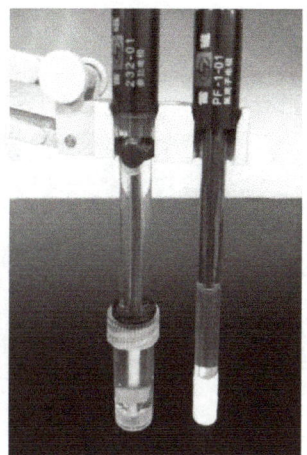

(a) 铋离子选择性电极的横断面　　(b) 参比电极与工作电极的正立面

图 9-1-8　铋离子选择性电极的横断面及参比电极与工作电极的正立图

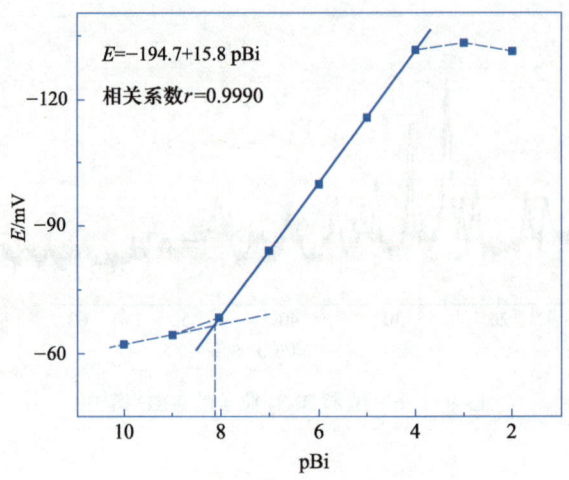

图 9-1-9 纳米 Bi_2S_3-PVC 膜电极的标准工作曲线

1.0×10^{-4} mol·L^{-1},检测限为 8.22×10^{-9} mol·L^{-1}。其线性回归方程为 $E = -194.7 + 15.8$ pBi,相关系数 $r = 0.9990$。

(2) 铋离子选择性电极的响应时间　Bi_2S_3-PVC 膜电极对 Bi^{3+} 响应迅速,当 Bi^{3+} 浓度高于 1.00×10^{-6} mol·L^{-1} 时,响应时间为 7~12 s。但当 Bi^{3+} 浓度低于 1.00×10^{-6} mol·L^{-1} 时,响应时间增加到 20 s 以上。由图 9-1-10 看出,纳米 Bi_2S_3-PVC 膜电极对 Bi^{3+} 的响应时间随着 Bi^{3+} 浓度的降低而增加。

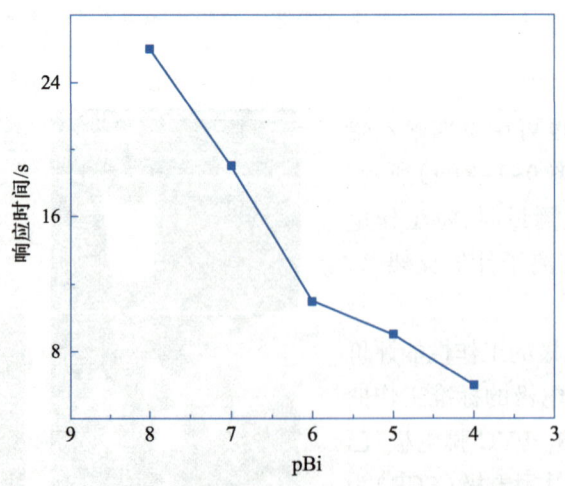

图 9-1-10 纳米 Bi_2S_3-PVC 膜电极对不同浓度 Bi^{3+} 的响应时间

(3) 铋离子选择性电极的重复性与寿命　室温下分别对 1.00×10^{-3} mol·L^{-1}、1.00×10^{-4} mol·L^{-1}、1.00×10^{-5} mol·L^{-1}、1.00×10^{-6} mol·L^{-1}、1.00×10^{-7} mol·L^{-1} 的 Bi^{3+} 标准溶液连续测量 10 次,所测得的电位结果如图 9-1-11 所示,实验数据表明所制备的纳米 Bi_2S_3-PVC 膜电极的

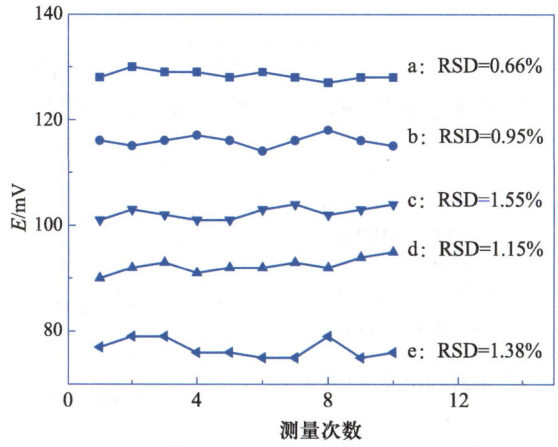

图 9-1-11　纳米 Bi_2S_3-PVC 膜电极重复性测定(曲线 a,b,c,d,e 分别测定 1.00×10^{-3} mol·L^{-1}、1.00×10^{-4} mol·L^{-1}、1.00×10^{-5} mol·L^{-1}、1.00×10^{-6} mol·L^{-1}、1.00×10^{-7} mol·L^{-1} 的 Bi^{3+} 溶液)

重复性较好。半个月后再次对溶液电位进行测量时,电极性能无太大变化。

（4）铋离子选择性电极的准确性检验　分别选取浓度为 1.00×10^{-4} mol·L^{-1},1.00×10^{-5} mol·L^{-1},1.00×10^{-6} mol·L^{-1} 和 1.00×10^{-7} mol·L^{-1} 的 Bi^{3+} 溶液 50 mL,置于 100 mL 容量瓶中,用稀硝酸稀释成 0.50×10^{-4} mol·L^{-1},0.50×10^{-5} mol·L^{-1},0.50×10^{-6} mol·L^{-1} 和 0.50×10^{-7} mol·L^{-1} 的 Bi^{3+} 溶液备用。以自制的纳米 Bi_2S_3-PVC 膜电极为工作电极,饱和甘汞电极(SCE)为参比电极,用 PXSJ-216 型离子计分别测定这四种溶液的电位值,每种溶液测 5 次取其平均值,将平均值代入该膜电极的线性回归方程 $E=-161.62+10.60$ pBi,即可得到 Bi^{3+} 溶液浓度的测定值。这里注意,该实验用到的铋离子选择性电极与 3(1)中的电极并非同一支电极,故其线性响应回归方程与 3(1)中的不同。换句话说,所制备的每支铋离子选择性电极对铋离子的响应都存在差异,使用前应分别评价其标准工作曲线。由表 9-1-1 中结果得到,自制铋离子选择性电极测量准确,Bi^{3+} 溶液的测量浓度和质量都十分接近于理论值。

4. 利用标准曲线法和标准加入法测定胃药中的 Bi^{3+} 含量

根据实验测定的电位值,用标准曲线法和标准加入法分别计算出了不同药品试样中的 Bi^{3+} 含量,计算结果列入表 9-1-2 中。两种方法的测量结果基本一致,相对标准偏差较小,表明该膜电极可以很好地应用于胃药中 Bi^{3+} 含量的测定。

5. 利用原子吸收光谱法测定药品中的 Bi^{3+} 含量

采用原子吸收光谱法测定质量浓度为 10 mg·L^{-1},20 mg·L^{-1},30 mg·L^{-1},40 mg·L^{-1},50 mg·L^{-1} 的 Bi^{3+} 溶液的吸光度值,以吸光度 A 对铋标准溶液中 Bi^{3+} 质量浓度作图,得到原子吸收光谱法测定 Bi^{3+} 含量的标准曲线,如图 9-1-12 所示。标准曲线的线性回归方程 $A=0.00557+0.00838\rho$,相关系数 $r=0.99996$。

表 9-1-1　纳米 Bi_2S_3-PVC 膜电极准确性测定

Bi^{3+} 溶液的理论浓度/($mol·L^{-1}$)	Bi 元素的理论质量/g	平衡电位值/mV	平均电位值/mV	Bi^{3+} 溶液测量浓度/($mol·L^{-1}$)	Bi 元素测量质量/g	Bi 质量相对误差/%
0.50×10^{-4}	1.04×10^{-2}	−122.6, −122.5, −122.4, −122.5, −122.6	−122.5	0.49×10^{-4}	1.02×10^{-2}	1.9
0.50×10^{-5}	1.04×10^{-3}	−111.7, −111.9, −112.1, −111.8, −112.0	−111.9	0.51×10^{-5}	1.06×10^{-3}	1.9
0.50×10^{-6}	1.04×10^{-4}	−101.2, −101.2, −101.3, −101.1, −101.1	−101.2	0.52×10^{-6}	1.09×10^{-4}	4.8
0.50×10^{-7}	1.04×10^{-5}	−89.8, −89.9, −90.1, −90.3, −90.0	−90.0	0.48×10^{-7}	1.00×10^{-5}	3.8

表 9-1-2　利用标准曲线法和标准加入法测定三种药品中的 Bi^{3+} 含量

测定方法	药品	Bi^{3+} 含量平均值(每袋或片)/mg	RSD($n=5$)/%
标准曲线法	丽珠得乐	110.5	0.6
	胃必治	82.5	1.4
	得必泰	87.4	1.1
标准加入法	丽珠得乐	110.1	0.5
	胃必治	82.8	1.1
	得必泰	87.9	0.9

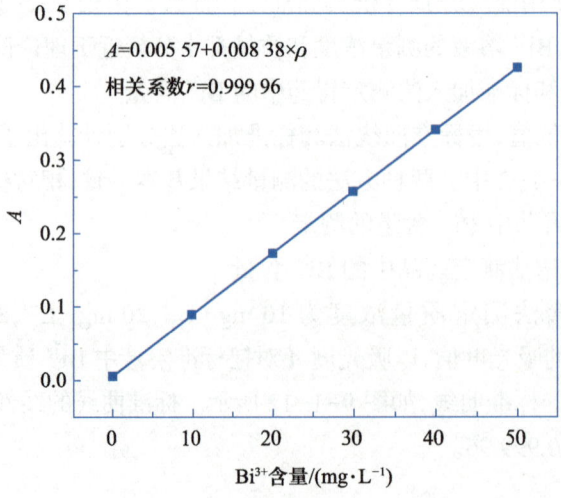

图 9-1-12　利用原子吸收光谱法测定 Bi^{3+} 含量的标准曲线

表 9-1-3 中列出利用火焰原子吸收光谱法测定三种胃药中的 Bi^{3+} 含量,并且采用加标法确定了试样实验回收率,取三种待测试样溶液,各加入 1 mL 1.0×10^{-5} mol·L^{-1} 的 Bi^{3+} 标准溶液,测得系统中 Bi^{3+} 含量,计算三种试样的回收率分别为 98%、102%、99%。对比表 9-1-3 和表 9-1-2 的实验结果,不难看出利用原子吸收光谱法的测定结果,与离子选择性电极的测定结果相吻合,进一步证实所制备的膜电极可用于胃药中 Bi^{3+} 含量的测定。

表 9-1-3　利用原子吸收光谱法测定药品中的 Bi^{3+} 含量

药品	丽珠得乐	胃必治	得必泰
Bi^{3+} 含量(每袋或片)/ mg	109.9	83.8	88.5
加标回收率 /%	98	102	99

六、实验总结

纳米材料在电子、光学、催化、磁性和生物医学等领域应用前景广阔。纳米 Bi_2S_3 不仅是重要的半导体材料,还能产生非线性光学响应,有关纳米 Bi_2S_3 的研究与应用已成为材料领域的研究热点。本实验以纳米 Bi_2S_3 粒子为电活性物分散于 PVC 膜中制成膜电极,所制备的铋离子选择性电极对溶液中 Bi^{3+} 含量具有较宽的线性响应范围、较低的检测限和较高的灵敏度,可用于常见胃药中 Bi^{3+} 含量的测定,且实验结果与原子吸收光谱法所测定的结果一致,证明所制备铋离子选择性电极具有较好的实用价值。

本实验以胃药中 Bi^{3+} 含量的测定为主线,将纳米 Bi_2S_3 粒子的制备、铋离子选择性电极的制备与组装、工作电极的性能评价、电位分析法(包括标准曲线法和标准加入法)测定药物成分中 Bi^{3+} 含量、原子吸收光谱法测定药物中 Bi^{3+} 含量等实验内容有机结合起来,实验内容丰富,综合性强。整个实验涵盖了纳米材料的制备、电化学传感器的开发、药物成分的快速分析等研究方向,涉及无机化学合成、分析化学中的诸多基础理论知识和技术。

本实验综合性较强,但实验原理和方法易于理解、掌握;仪器常规,药品廉价,实验条件温和,操作简单、安全性高;数据易得并能较好地验证所学理论知识。特别指出的是,很多院校分析化学都开设"氟离子选择性电极测定水中氟含量"的基础实验,其中氟离子选择电极价格在三百元左右,电极在使用过程中常存在漏液等问题,返厂维修周期长,将这些"问题电极"收集起来,可制作本实验的铋离子选择性电极,真正实现"变废为宝"。

本实验是立足无机、分析化学两学科基础,兼顾两学科教学实验特点,与科研实践相联系,开发的一个综合性、基础性和研究性的新实验。通过实验训练,让学生养成查阅文献对实验过程进行探究、验证和分析的习惯,培养学生分析问题、解决问题、提出个人观点的能力,强化实验分析和数据处理的能力,锻炼学生利用基础教学实验解决科研问题的创新能力。

实验二　黄烷酮对映体的高效液相色谱手性拆分及含量测定

实验教学视频

一、实验目的

1. 掌握手性拆分的作用及基本原理；
2. 熟悉液相色谱的基本结构，了解并掌握液相色谱分析的基本原理及基本操作技术；
3. 学习色谱分离的优化方法及途径；
4. 学习利用保留时间定性和面积归一化法进行定量的分析方法。

二、实验原理

手性（图 9-2-1）分子存在于所有生命体中，蛋白质、核酸、氨基酸、多糖等具有手性的分子构成了生命体本身。手性分子在医药、食品、农药等众多行业中也扮演着重要的角色。大多数药物分子具有手性中心，其两种对映体在生命体中往往表现出不同的药代动力学和药效学特性，典型的例子是沙利度胺。在食品工业中，大量的添加剂、调味剂、防腐剂，包括许多有机食品，都是手性化合物。农用化学品中的对映体对植物生长有影响，并且可能进一步对环境产生副作用，甚至对人体健康产生毒性影响。因此，利用手性拆分获取对映体中的光学纯部分，具有重要的现实意义。

黄烷酮（flavanone，图 9-2-2）及其衍生物大量存在于天然产物中，并且表现出诸多生物活性，如杀菌、抗炎、抗肿瘤、抗诱变、抗氧化、抗 HIV 病毒、抗心血管疾病、抗恶性细胞增生作用等，是一类研究价值很高的化合物。黄烷酮母体上共有 10 个可被取代的位置，具备极大的结构修饰潜力，而且黄烷酮是合成多种类黄酮化合物的中间体。因此，获取光学纯对映体黄烷酮化合物具有十分重要的意义。

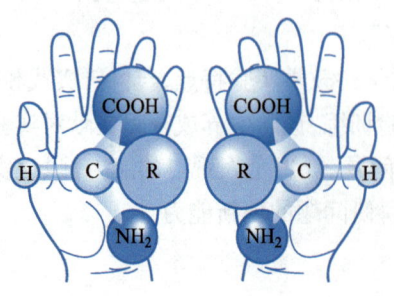

图 9-2-1　手性　　　　　图 9-2-2　S 构型和 R 构型黄烷酮

环糊精(CDs)在制药、食品、农业、化妆品、卫生、纺织、环境、催化、生物技术及色谱等几乎所有的工业领域都有广泛的应用。CDs 是由 6 个或者更多的吡喃葡萄糖分子形成的一系列环状低聚糖的总称,其结构如图 9-2-3 所示。CDs 分子具有略呈锥形的中空圆筒立体环状结构,内部疏水而外部亲水。这种独特的洞穴结构可作为"主体"与许多被称为"客体"的物质形成主客化合物或包络物,具有优良的选择性。同时 CDs 分子具有多个手性中心,具有手性识别功能,特别是衍生化的 β-环糊精键合固定相,对手性化合物具有良好的拆分能力,因此被大量应用于高效液相色谱法的手性拆分。

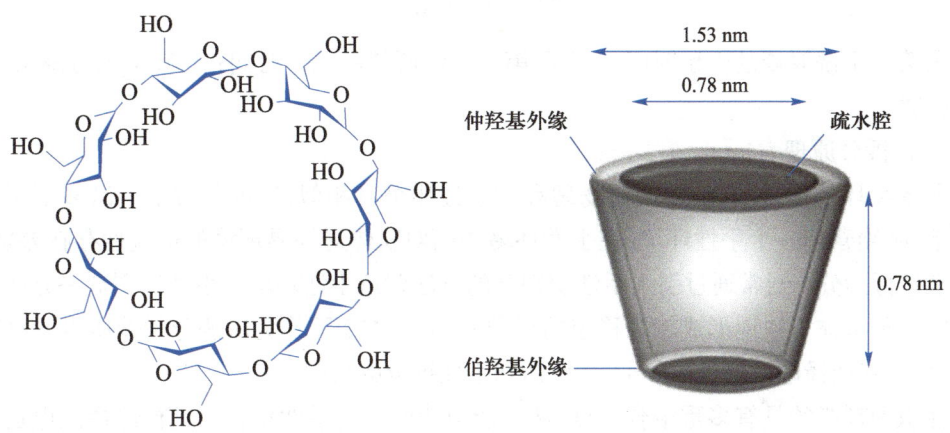

图 9-2-3　β-环糊精结构

1. 高效液相色谱法的原理

在液相色谱中,溶于流动相中的各组分经过固定相时,由于与固定相发生作用(吸附、分配、离子吸引、排阻、亲和)的大小、强弱不同,使其在固定相中滞留时间产生差异,因而从固定相中流出顺序不同。

本实验采用化学键合固定相的液相色谱法,即化学键合相色谱法,由于键合固定相非常稳定,在使用中不易流失,特别适用于分离容量因子 k 值范围宽的试样。键合到载体表面的官能团极性及作用力可调,因此它适用于种类繁多试样的分离。

在手性分析实验中常用的色谱参数如下:

(1) 保留因子(k)　即在一定的压力和温度条件下,固定相和流动相之间达到平衡时被分离化合物在两相(即固定相和流动相)中的质量之比。

$$k = \frac{t_i - t_0}{t_0}$$

其中 t_0 为死时间,在本实验中以色谱基线扰动标定死时间大小;t_1、t_2 表示被分离化合物(即溶质)对映体的保留时间。

(2) 分离因子(α)　是临近两峰调整保留时间之比,该参数常用来显示固定相对被研究的两种异构体的分离性能,该参数主要受被分离化合物的对映体在流动相和固定相中的温度及分配性质影响。

$$\alpha = \frac{k_2}{k_1}$$

其中 k_1 是色谱图上第一个洗脱峰的保留因子，k_2 是色谱图上第二个洗脱峰的保留因子。

(3) 分离度(R_s)　即在一定色谱条件下色谱柱对混合物的拆分能力，常用的计算方法是相邻两对映体色谱峰保留时间之差的两倍除以相邻两对映体的色谱峰底宽之和。

$$R_s = \frac{2(t_2 - t_1)}{w_2 + w_1}$$

其中 t_1 为第一个洗脱峰的保留时间，t_2 表示第二个洗脱峰的保留时间；w_1 和 w_2 分别表示两洗脱峰的峰底宽。

2. 手性拆分原理

在非手性环境中，两对映体之间物理和化学性质极其相似，给拆分带来了诸多不便。在这种情况下，必须营造一个手性环境，在手性环境中两对映体对外界环境的适应性存在差别，利用该种差别进行拆分。通常通过引入手性识别剂的方法营造手性环境。手性识别剂一方面可与消旋体中的一种单体可逆地形成较为稳定的复配物，另一方面可作为印迹分子使所得的材料保持"记忆"，可以有选择地识别目标分子，从而达到手性拆分的目的。

手性识别剂必须具有多重结合位点，从而能与待研究的手性化合物进行选择性识别。对此可以用 Dalgliesh 提出的"三点作用模型"(图 9-2-4)进行解释，这一理论认为，手性识别基于三个分子作用位点，其中至少包含一个立体相互作用。如图 9-2-4 所示，手性选择剂和对映体(Ⅰ)之间有三对作用力 A-A′、C-C′ 和 D-D′，而在手性选择剂与对映体(Ⅱ)之间，仅有两对作用力 A-A′ 和 C-C′，两对映体具有差异的 D-D′ 作用导致产生手性识别，色谱中则体现为二者的洗脱时间不同。

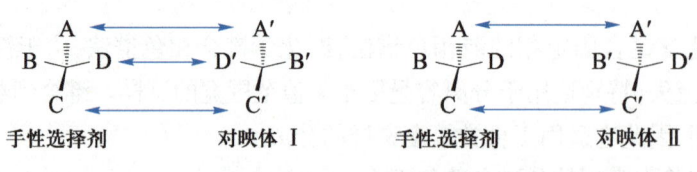

图 9-2-4　三点作用模型

CDs 分子具有略呈锥形的中空圆筒立体环状结构，羟基使得 CDs 筒腔的外缘呈现亲水性(图 9-2-3)。CDs 的 α-1,4-糖苷键上的氧原子带有的非键电子朝向 CDs 空腔内部，使 CDs 空腔内部呈现疏水性，可以包络各种适当尺寸的分子。CDs 的结构特征赋予了其络合特性，使其可以与一系列不同的化合物形成"主-客体"包络物，这是 CDs 进行色谱拆分的重要原因。

CDs 分子具有多个手性中心(如 β-环糊精有 35 个手性中心)，可以与外消旋化合物的两对映体形成非对映异构体对，以识别不同的对映体，因此 CDs 被大量应用于 HPLC 手性拆分。除了"主-客体"络合作用,对映体分子的手性中心或手性中心上的取代基还必须与 CDs 环上的羟基之间产生相互作用,以形成"三点作用模型",当对映体与 CDs 环形成立体选择性的"主-客体"络合结构时,两对映体分子与 CDs 上羟基之间的作用力会有差异,这一差异可实现相应对映体的手性拆分。

三、仪器和药品

仪器:岛津高效液相色谱仪(LC-16),2 个 25 mL 容量瓶,不锈钢药匙,称量纸,万分之一电子天平,移液枪,1.5 mL 液相色谱进样瓶,胶头滴管若干,烧杯等。

药品:待测黄烷酮试样,R 构型黄烷酮,甲醇(色谱纯),乙腈(色谱纯),高纯水。

四、实验内容

1. $0.5\ mg\cdot mL^{-1}$ 黄烷酮待测试样溶液的配制

用万分之一电子天平称取黄烷酮 12.5 mg 置于 50 mL 烧杯中,沿烧杯壁慢慢加入适量甲醇溶解至完全,将该溶液转移至 25 mL 容量瓶中,用甲醇定容,保存于冰箱中。

用移液枪移取上述黄烷酮溶液 5 mL 于 15 mL 离心管中,再用移液枪加入 5 mL 高纯水,放入超声波清洗器中超声振荡,排尽溶液中的气泡。

用 1.00 mL 一次性注射器抽取试样 1.00 mL,通过微孔滤膜过滤,转移到 1.50 mL 液相色谱进样瓶中备用。

2. $0.5\ mg\cdot mL^{-1}$ R-黄烷酮标准溶液的配制　用万分之一电子天平称取 R-黄烷酮 12.5 mg 置于 50 mL 烧杯中,剩余操作同上。

3. 流动相的制备　将备好的高纯水和有机相(甲醇和乙腈)分别通过溶剂过滤器过滤,超声 5 min 后备用。

4. 液相色谱测定　按液相色谱操作规程启动仪器,调节色谱参数,启动色谱泵,直至基线走平。

5. 黄烷酮分离条件优化及最佳分离条件确定

(1) 流动相中有机溶剂种类对分离效果的影响　实验在流速为 $1.00\ mL\cdot min^{-1}$、柱温为 30 ℃ 的条件下分别考察甲醇/水、乙腈/水(体积比 50/50)为流动相时,β-环糊精对黄烷酮手性拆分效果。

(2) 流动相比例对分离效果的影响　实验以乙腈/水为流动相,在流速为 $1.00\ mL\cdot min^{-1}$、柱温为 30 ℃ 的条件下,用 k、α、R_s 分别考察乙腈与水的体积比为 30/70、40/60、50/50、60/40、70/30 时,β-环糊精对黄烷酮手性拆分效果的影响。

(3) 流速对分离效果的影响　在流动相为乙腈/水(体积比)为 30/70 和柱温 30 ℃ 的条件下,用 k、α、R_s 分别考察流速为 $0.4\ mL\cdot min^{-1}$、$0.6\ mL\cdot min^{-1}$、$0.8\ mL\cdot min^{-1}$、$1.0\ mL\cdot min^{-1}$、$1.2\ mL\cdot min^{-1}$、$1.4\ mL\cdot min^{-1}$ 时,β-环糊精对黄烷酮手性拆分效果的影响。

(4) 温度对拆分行为的影响　在流动相乙腈/水(体积比)为 30/70 和流速为 $1.00\ mL\cdot min^{-1}$ 的条件下,用 k、α、R_s 分别考察温度为 30 ℃、35 ℃、40 ℃、45 ℃ 时,β-环糊精对黄烷酮手性拆分效果的影响。

6. 黄烷酮中 R、S 构型的定性、定量测定

（1）R-黄烷酮、S-黄烷酮定性分析 用 10 μL 微量注射器进样 10 μL R-黄烷酮标准溶液（微量注射器使用前先用甲醇润洗 3~5 遍），在流动相为乙腈/水（体积比）为 30/70、流速为 1.00 mL·min^{-1}、柱温为 30 ℃的条件下，观察并记录色谱图上显示的保留时间，与上述同样条件下所得黄烷酮待测溶液色谱图进行对比，确定 R-黄烷酮和 S-黄烷酮的峰。

（2）R-黄烷酮、S-黄烷酮定量分析 用 10 μL 微量注射器进样黄烷酮待测溶液 10 μL，在流动相为乙腈/水（体积比）为 30/70、流速为 1.00 mL·min^{-1}、柱温为 30 ℃的条件下，观察并记录谱图上的保留时间和峰面积，并计算出 R-黄烷酮、S-黄烷酮的质量分数 w_R 和 w_S。

五、实验数据与讨论（示例）

1. 流动相中有机溶剂种类对分离效果的影响

流动相中有机溶剂种类对黄烷酮 R、S 构型拆分效果有较大影响。分别以"乙腈（ACN）/水"和"甲醇（MeOH）/水"为流动相（体积比均为 50/50），在流速为 1.00 mL·min^{-1}、柱温为 30 ℃的条件下，研究色谱柱在不同有机溶剂种类条件下手性拆分的性能。相关的色谱分离结果见图 9-2-5。

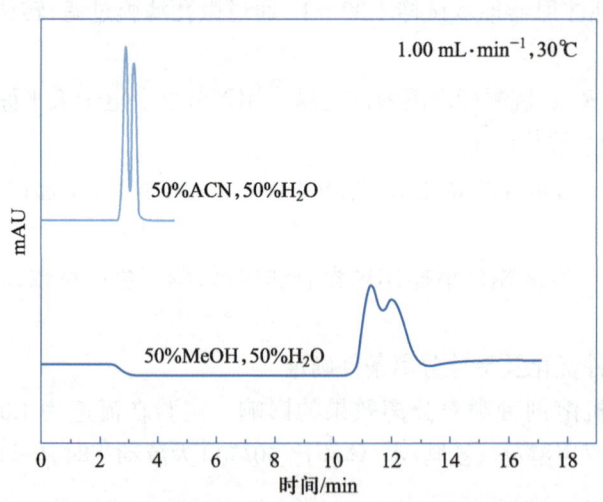

图 9-2-5 流动相中有机溶剂种类对分离效果的影响

由图 9-2-5 可知，以"甲醇/水"为流动相有机溶剂出峰较慢，分离度较差，而以"乙腈/水"为流动相有机溶剂出峰较快，分离效果较好。因此，使用"乙腈/水"为流动相有机溶剂进行后续实验。

2. 流动相比例对分离效果的影响

流动相比例对黄烷酮 R、S 构型拆分效果有较大影响。以"乙腈/水"为流动相，在流速为 1.00 mL·min^{-1}、柱温为 30 ℃的条件下，考虑保留因子、选择性及分离度随流动相比例的变化，从而研究色谱柱在不同流动相比例条件下手性拆分性能。相关的色谱分离结果见表 9-2-1，将相

关参数 k、α、R_s 对流动相比例作图,如图 9-2-6(a)、(b)、(c)所示。

表 9-2-1　流动相比例对分离效果的影响

流动相比例	k_1	k_2	α	R_s
30%	1.73	2.58	1.52	2.95
40%	0.50	0.66	1.47	1.86
50%	0.44	0.58	1.32	0.96
60%	0.22	0.24	1.11	
70%	—	—	1	0

由图 9-2-6 可知,随流动相中水的比例增加,保留因子、选择性及分离度不断减小。在流动相乙腈/水(体积比)为 30/70 的条件下,黄烷酮手性拆分效果最好。随着流动相中乙腈比例的增

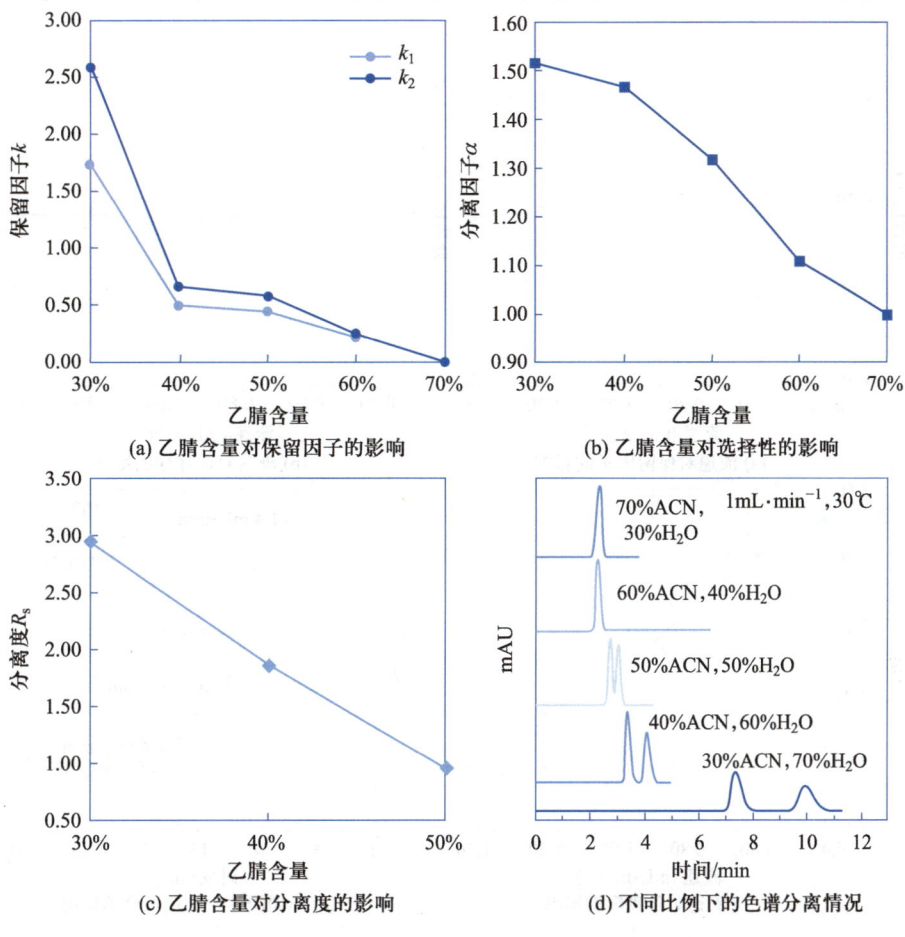

图 9-2-6　流动相比例对分离效果的影响

加,乙腈占据了环糊精的空腔,降低了环糊精的手性拆分作用力,使得黄烷酮试样的保留时间减少,拆分效果降低。因此,使用乙腈/水(体积比)为 30/70 的流动相进行后续实验。不同比例下的色谱分离情况见图 9-2-6(d)。

3. 流速对分离效果的影响

本实验研究不同流速下 β-环糊精对黄烷酮手性拆分效果的影响,数据列于表 9-2-2,将相关参数 k、α、R_s 对流速作图,如图 9-2-7(a)、(b)、(c)所示。

表 9-2-2 流速对拆分行为的影响

流速/(mL·min^{-1})	k_1	k_2	α	R_s
0.40	2.06	3.07	1.49	3.41
0.60	1.98	2.95	1.49	3.31
0.80	1.85	2.76	1.49	3.14
1.00	1.73	2.58	1.49	2.95
1.20	1.62	2.42	1.50	2.84
1.40	1.60	2.39	1.50	2.74

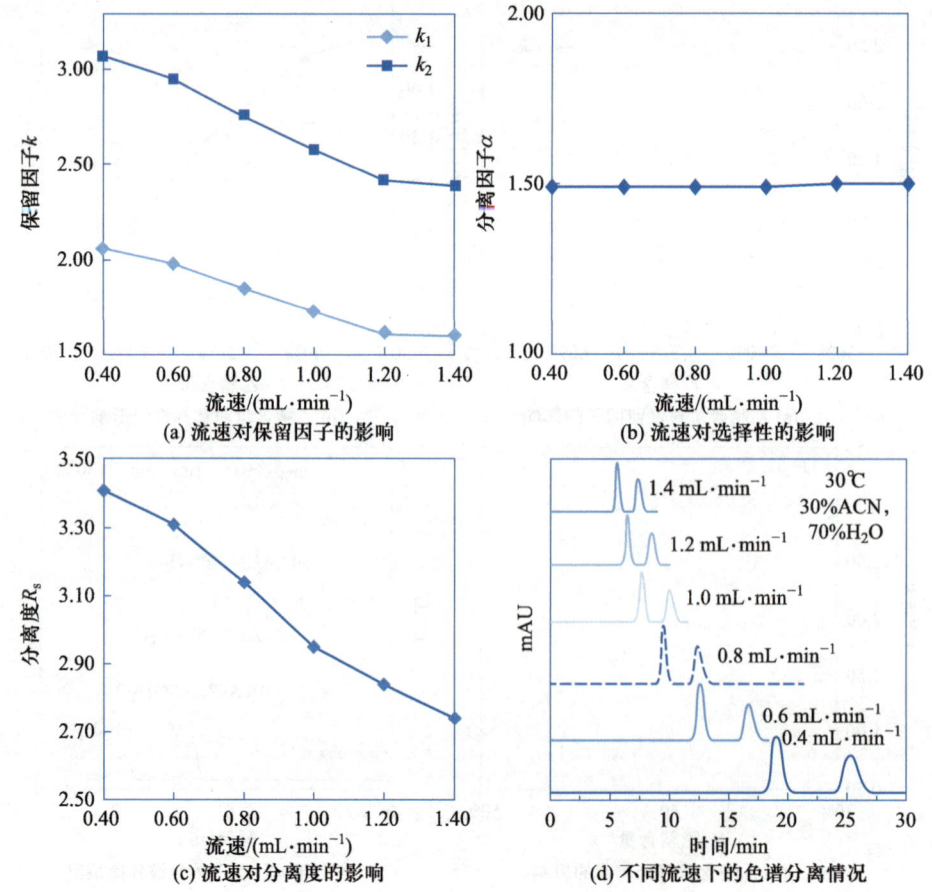

(a) 流速对保留因子的影响　　(b) 流速对选择性的影响
(c) 流速对分离度的影响　　(d) 不同流速下的色谱分离情况

图 9-2-7 流速对拆分行为的影响

由图 9-2-7 可知,随着流速的增加保留时间缩短,选择性不变,分离度呈逐渐减小的趋势。这是由于随着流速的增加,溶质洗脱速度加快,但同时传质阻力项影响增大,导致保留因子变化波动。因此,在手性拆分中选择一个适宜的流速十分重要。由于流速为 $1.00\ \text{mL}\cdot\text{min}^{-1}$ 时,在较短的时间内获得较高的分离度,因此后续实验将固定流速为 $1.00\ \text{mL}\cdot\text{min}^{-1}$。不同流速下的色谱分离情况见图 9-2-7(d)。

4. 温度对分离效果的影响

在乙腈/水(体积比)为 30/70 的流动相,流速为 $1.00\ \text{mL}\cdot\text{min}^{-1}$ 的条件下,测定不同温度对黄烷酮拆分效果的影响。数据列于表 9-2-3,将相关参数 k、α、R_s 对温度作图,如图 9-2-8(a)、(b)、(c)所示。

表 9-2-3　温度对拆分行为的影响

温度/℃	k_1	k_2	α	R_s
30	1.78	2.77	1.55	2.98
35	1.54	2.27	1.47	2.51
40	1.29	1.81	1.40	2.03
45	1.10	1.48	1.34	1.64

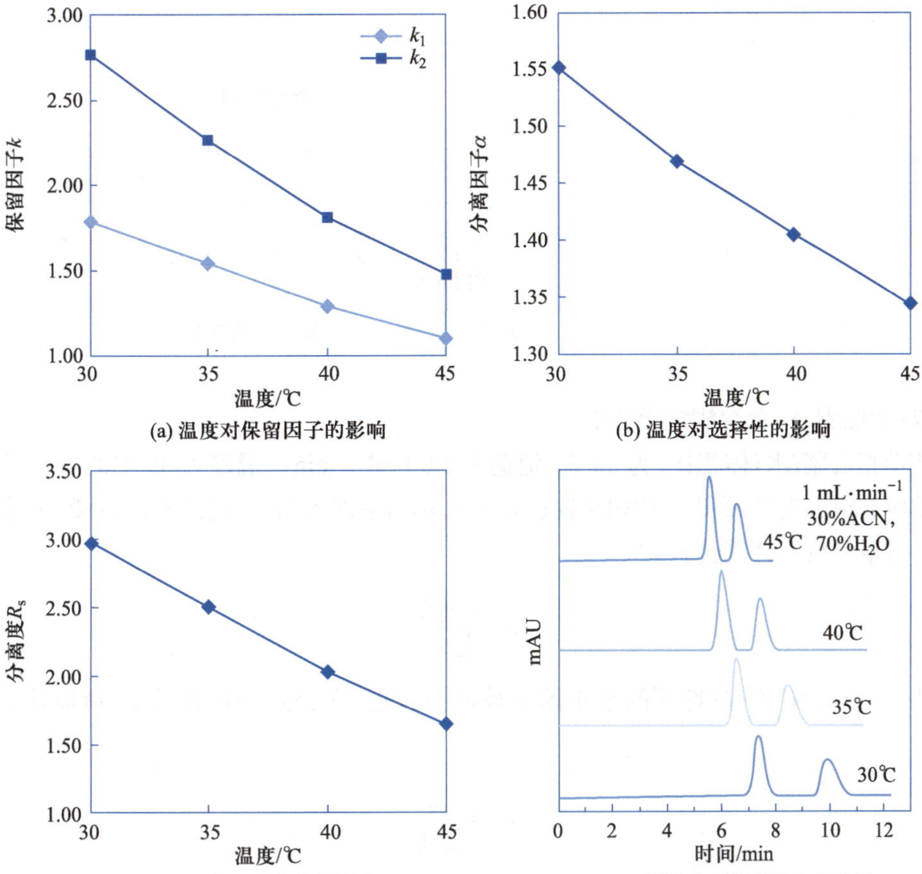

(a) 温度对保留因子的影响

(b) 温度对选择性的影响

(c) 温度对分离度的影响

(d) 不同温度下的色谱分离情况

图 9-2-8　温度对拆分行为的影响

由图 9-2-8 可见,随着温度的升高,选择性、保留因子和分离度均有所下降。温度升高提高了溶质的扩散速率,削弱了环糊精空腔及其他作用位点与试样之间的相互作用,导致试样被快速洗脱。因此,在一定范围内温度越低越有利于试样的分离,选择 30 ℃为最佳温度。不同温度下的色谱分离情况见图 9-2-8(d)。

由 4.1,4.2 和 4.3 的优化结果可知,黄烷酮在环糊精手性色谱柱上的最佳分离条件为:流动相为乙腈/水(体积比 30/70)、流速为 1 mL·min^{-1}、温度为 30 ℃。

5. R-黄烷酮、S-黄烷酮定性分析

在流动相乙腈/水(体积比)为 30/70、流速为 1.00 mL·min^{-1}、温度为 30 ℃的条件下,分别测得 R-黄烷酮和外消旋黄烷酮的色谱图,如图 9-2-9 所示。根据保留时间可得到,外消旋黄烷酮的色谱图中,前者为 R-黄烷酮峰,后者为 S-黄烷酮峰。

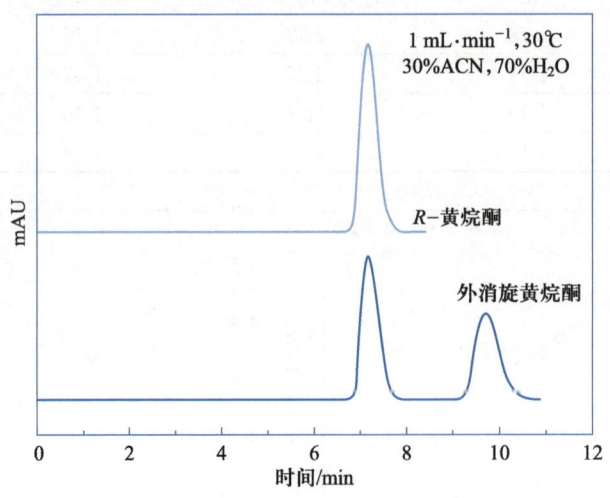

图 9-2-9 R-黄烷酮和外消旋黄烷酮色谱图

6. R-黄烷酮、S-黄烷酮定量分析

在流动相乙腈/水(体积比)为 30/70、流速为 1.00 mL·min^{-1}、温度为 30 ℃的条件下,分别求出试样中所有组分的峰面积 A_i 和相对校正因子 f_i,然后依次求出各组分的质量分数 w_i,使用归一化法进行定量分析。计算公式如下:

$$w_i = \frac{A_i f_i}{\sum A_i f_i}$$

因为 R-黄烷酮、S-黄烷酮的校正因子彼此很接近,在公式中可以约去,所以该公式可简化为

$$w_i = \frac{A_i}{\sum A_i}$$

根据图 9-2-10 中数据,分别计算出 R-黄烷酮、S-黄烷酮的质量分数 w_R 和 w_S。

峰号	保留时间	面积	标记	分离度(USP)	k'	USP峰宽
1	2.771	-6277	M	--	0.000	0.287
2	7.539	3831473	M	9.229	1.721	0.746
3	10.083	3271359	M	2.895	2.639	1.011
总计		7096555				

图 9-2-10 峰表

六、实验总结

高效液相色谱手性拆分结果受流动相比例、流速、温度等因素影响较大。流动相中乙腈含量的增加减弱了固定相环糊精与分析物的包合常数,导致保留因子、选择性和分离度均呈减小趋势。随着流速的增加,分析物保留时间缩短,选择性基本不变,分离度逐渐减小。温度对手性分离结果也具有较强影响,30~45 ℃范围内,随温度的升高,保留因子和分离度均有所下降。综合考虑分析时间和分离效果,确定黄烷酮对映体的最佳分离条件为流动相乙腈/水(体积比 30/70)、流速为 1.00 mL·min^{-1}、温度 30 ℃。R-黄烷酮与固定相的作用弱于 S-黄烷酮,在色谱柱中首先被洗脱。以面积归一化法计算可知黄烷酮试样中,R-黄烷酮含量为 53.94%,S-黄烷酮含量为 46.06%。

本实验既让学生充分了解液相色谱相关基础知识和操作,又利用前沿知识充分激发学生的学习兴趣,对仪器分析实验教学起到推动作用。

实验三 醇钠催化苯甲醛合成苯甲酸苄酯

一、实验目的

1. 了解并掌握用 Tishchenko 反应制备苯甲酸苄酯的机理;
2. 掌握减压蒸馏仪器的安装和操作方法;
3. 学习并掌握液体有机化合物的提纯方法;
4. 学习苯甲醇钠的制备方法;
5. 掌握分液漏斗的使用方法。

实验教学视频

二、实验原理

苯甲酸苄酯(benzyl benzoate)又称安息香酸苄酯,苄基苯甲酸酯。纯品为白色晶体,普通品为无色黏稠液体,不溶于水,易溶于油、乙醇、乙醚。具有清淡的类似杏仁的香气,味辣。是麝香、香兰素等香料的定香剂,以及依兰等香精的调和香料;在涂料工业中可用作增塑剂;在医药方面有扩张血管及解除痉挛作用,也可用于配制百日咳药、气喘药等。天然苯甲酸苄酯存在于秘鲁香脂、晚香玉、香石竹和吐鲁香脂中。人工合成的苯甲酸苄酯一般由：苯甲酸甲酯与过量的苄醇经酯交换后分馏而得；苯甲酸与苄醇的酯化作用制得；苯甲酸钠与苯甲酰氯在三乙胺存在下共热酯化而得；苯甲酸钠与氯化苄反应而得。以上方法存在着反应时间长、反应温度高、收率偏低等缺点，不适合本科生实验。本实验依据 Tishchenko 反应合成苯甲酸苄酯。在醇盐（如醇钠和醇铝）的催化下，无 α-活泼氢的苯甲醛发生歧化反应生成酯。

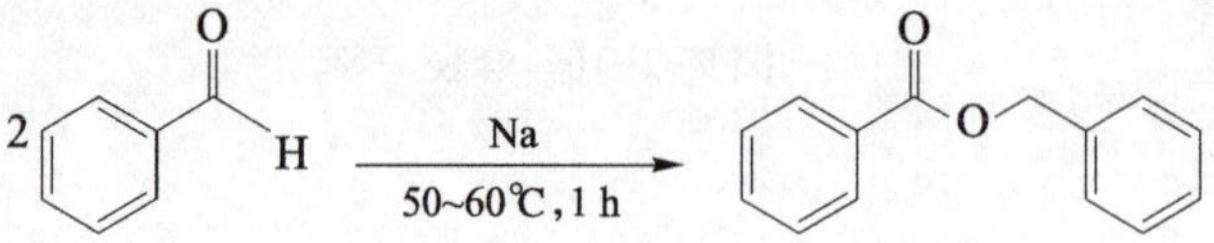

$$2\ \text{PhCHO} \xrightarrow[50\sim60℃, 1\ h]{\text{Na}} \text{PhCOOCH}_2\text{Ph}$$

Tishchenko 反应机理：

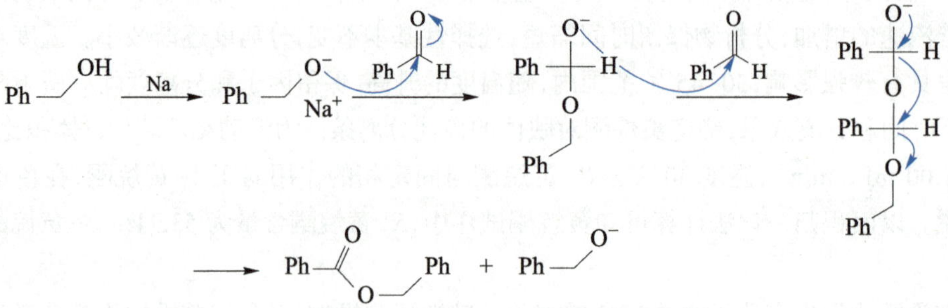

烷氧负离子首先进攻第一个苯甲醛上的羰基碳原子，发生亲核加成反应，使羰基双键断开生成新的烷氧负离子，新生成的烷氧负离子再进攻下一个苯甲醛上的羰基碳原子生成新的负离子中间体。负电荷回落、氢负离子迁移生成酯和烷氧负离子。

三、仪器和药品

仪器：250 mL 四口圆底烧瓶、250 mL 分液漏斗、球形冷凝管、恒压滴液漏斗、100 mL 圆底烧瓶、100 mL 烧杯、温度计、氯化钙干燥管、减压蒸馏装置、机械搅拌装置、恒温水浴装置。

药品：0.3 g（0.013 mol）金属钠、7.0 g（0.065 mol, 6.73 mL）苯甲醇、45.4 g（0.43 mol, 43.49 mL）苯甲醛。

四、实验内容

1. 苯甲醇钠的制备

本实验所用的药品必须是无水的，所用仪器必须是干燥的。

按图 9-3-1，在 100 mL 干燥的圆底烧瓶中依次加入磁子、7.0 g 苯甲醇[注1]、0.3 g 切成薄片的金属钠[注2]。装好球形冷凝管、氯化钙干燥管。开启搅拌，控制电热套电压，使反应在微热状态下进行，待金属钠消失，撤去热源，冷却至室温。

2. 苯甲酸苄酯的制备

按图 9-3-2 搭建反应装置。在干燥的 250 mL 四口圆底烧瓶上装上机械搅拌、球形冷凝管、

实验三 醇钠催化苯甲醛合成苯甲酸苄酯

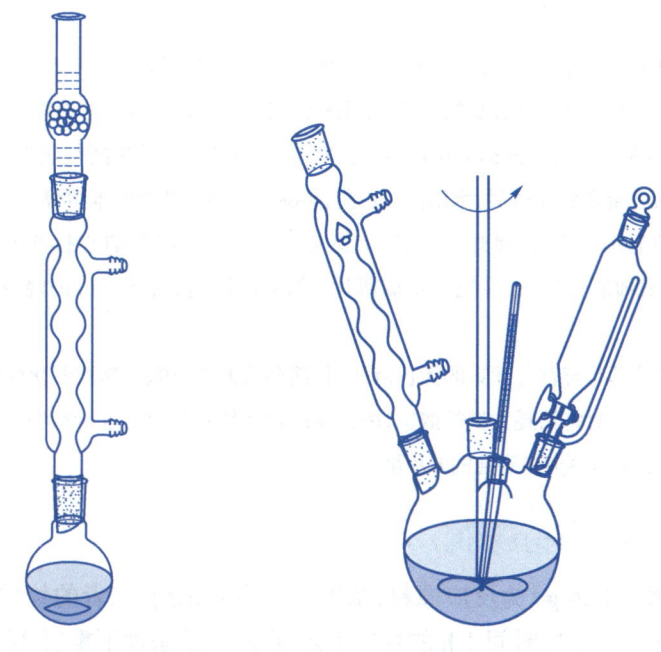

图 9-3-1 醇钠制备装置　　图 9-3-2 苯甲酸苄酯的合成装置

恒压滴液漏斗和温度计。在四口圆底烧瓶中加入 45.4 g 苯甲醛[注3]，将新制备的苯甲醇钠加到恒压滴液漏斗中。依次通冷凝水、开启机械搅拌、开启水浴加热使整个反应体系恒温在 50 ℃。缓慢滴加苯甲醇钠（30 min 内滴加完毕），后保温 1 h。撤去水浴，待体系冷却至室温，加入 20 mL 水，搅拌 10 min。将混合液倒入分液漏斗中，静置分层，收集有机相，再用 20 mL 水洗涤有机相，分出下层酯层，并置入 100 mL 圆底烧瓶中。减压蒸馏（装置见图 9-3-3），开始应缓慢加热，先蒸出少量的水及未反应的苯甲醛、苄醇，再调高电热套的电压，收集 205~207 ℃/5 kPa 下的馏分，即苯甲酸苄酯。

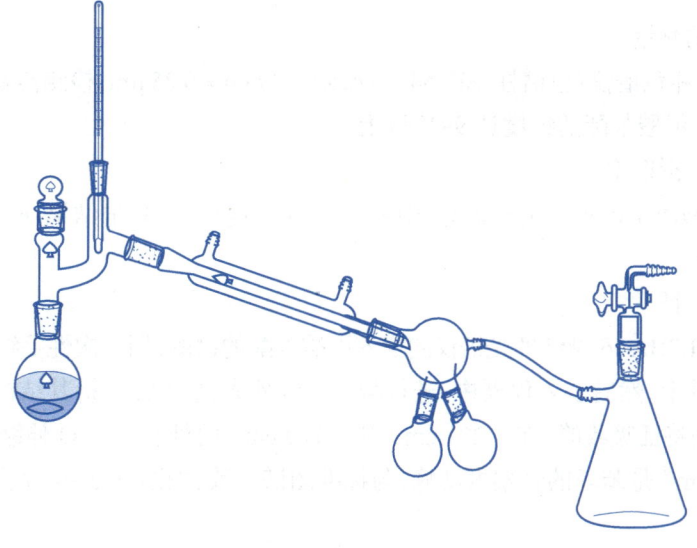

图 9-3-3 减压蒸馏装置

注释:

[注1] 苯甲醇也称苄醇,是具有微弱芳香气味的无色透明黏稠液体,久置后,会被氧化为苯甲醛(取 1 mL 苯甲醇溶于 50 mL 水中,再滴加几滴盐酸苯肼,如果有沉淀产生则说明苯甲醇溶液中有苯甲醛杂质),因此,使用前必须对苯甲醇进行精制。首先依据 Cannizzaro 反应,在强碱条件下苯甲醛歧化生成醇与酸,再使用乙醚萃取苯甲醇。萃取液用无水硫酸镁干燥后,水浴蒸出乙醚,再减压蒸馏得到纯的苯甲醇。

[注2] 金属钠遇水即燃烧、爆炸,使用时应避免与水接触。在醇钠的制备中,钠的大小会影响反应的快慢,所以,在切去表面氧化层后,应把钠切成薄片,并迅速移入盛有苯甲醇的烧瓶中,缩短其与空气的接触时间。

[注3] 苯甲醛是具有苦杏仁气味的无色液体,长期存放的苯甲醛极易被氧化生成苯甲酸。如果原料中存有苯甲酸,则在进行酯化时将消耗大量的醇钠,因此使用前必须对苯甲醛进行精制。首先用碳酸氢钠溶液洗涤苯甲醛,再分液、干燥、减压蒸馏得到纯的苯甲醛。

五、实验数据与讨论(示例)

实验以苯甲醛(45.4 g)为反应原料,苯甲醇钠为催化剂,二者的物质的量比为 33∶1,反应温度控制在 50~60 ℃,反应时间 1 h 的合成工艺,在此实验条件下重复实验操作,经测定,最高实际产量为 31.5 g,理论产量为 45.4 g,产率为(31.5÷45.4)×100% = 69.4%,最低产率为 27.3%,产品纯度均为 99% 以上。

1. 原料的纯度对产品产率的影响

本实验对苯甲醇的纯度要求很高,必须不含杂质,尤其醛类。醇钠与两分子苯甲醛反应生成一分子加成产物。若反应温度高于 100 ℃,则会分解成苯甲酸钠和二苄醚,反应方程式如下。

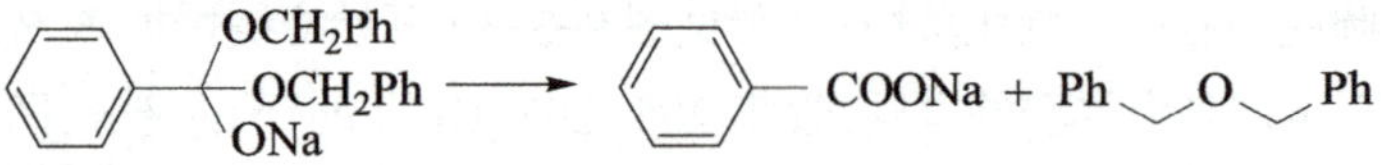

$$Ph-C(OCH_2Ph)(OCH_2Ph)(ONa) \longrightarrow Ph-COONa + Ph-CH_2-O-CH_2-Ph$$

2. 产品纯度的测量

用 7890A 型气相色谱仪(色谱柱:SE-54,30 m × 0.32 mm × 0.25 μm;检测器温度(FID):280 ℃;载气:氮气)分析苯甲酸苄酯的纯度达 99% 以上。

3. 测定产物的折射率

用 WAY-2S 型数字阿贝折射仪测定苯甲酸苄酯的折射率。测定结果:$n_D^{20} = 1.5672$;文献参考值:$n_D^{20} = 1.5680$。

4. 红外光谱表征

使用 Bruker ALPHA-E 型红外光谱仪测定苯甲酸苄酯的谱图,用一次性毛细管吸取少量试样,直接滴在 KBr 晶片上,然后装入仪器中,进行测试。红外光谱(IR)分析其结构:在 1 719 cm^{-1} 处有 C=O 伸缩振动特征吸收峰,在 1 271 cm^{-1} 和 1 110 cm^{-1} 两处有 C—O 伸缩振动特征吸收峰,1 602 cm^{-1}、1 452 cm^{-1} 是苯环的骨架振动峰,与标准图谱一致,如图 9-3-4 所示。

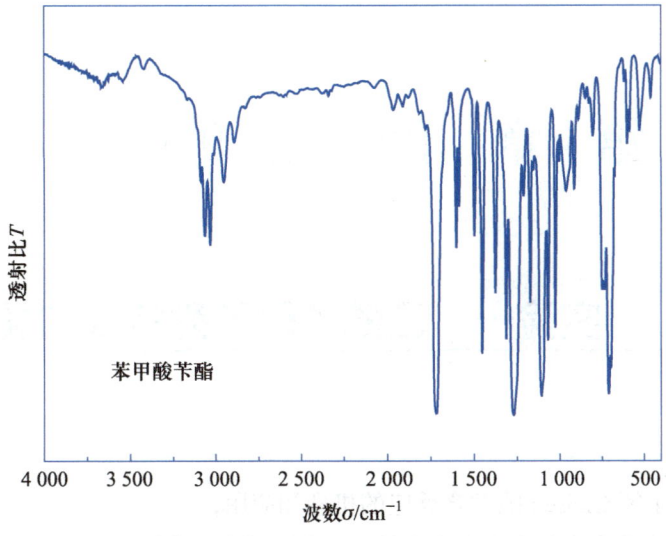

图 9-3-4　苯甲酸苄酯的红外谱图

六、实验总结

采用苯甲醛作为反应底物,苯甲醇钠作为均相催化剂,在没有使用其他有机溶剂和相转移催化剂的条件下进行 Tishchenko 反应,反应温度低,反应时间较短,反应转化率高,产品纯度高。本实验工艺遵循"原子经济性"规则、符合"绿色化学"要求。

第十章 化学虚拟仿真实验

实验一 乙酰乙酸乙酯合成的虚拟仿真实验

一、实验目的

实验教学
视频

1. 了解 Claisen 酯缩合反应的机理和应用;
2. 熟悉酯缩合反应中金属钠的应用和操作注释;
3. 复习液体干燥和减压蒸馏操作。

二、实验原理

含 α-活泼氢的酯在强碱性试剂(如 Na,NaNH$_2$,NaH,三苯甲基钠或格氏试剂)存在下,能与另一分子酯发生 Claisen 酯缩合反应,生成 β-羰基酸酯。乙酰乙酸乙酯就是通过这一反应制备的。虽然反应中使用金属钠作缩合试剂,但真正的催化剂是钠与乙酸乙酯中残留的少量乙醇作用产生的乙醇钠。

$$2\ CH_3-\underset{\underset{O}{\|}}{C}-OC_2H_5 \xrightarrow[2.\ 50\%\ HOAc]{1.\ Na} CH_3-\underset{\underset{O}{\|}}{C}-CH_2\underset{\underset{O}{\|}}{C}-OC_2H_5 + CH_3CH_2OH$$

乙酰乙酸乙酯与其烯醇式是互变异构(或动态异构)现象的典型例子,它们是酮式和烯醇式平衡的混合物,在室温时含 92% 的酮式和 8% 的烯醇式。单个异构体具有不同的性质并能分离为纯态,但在微量酸碱催化下,迅速转化为二者的平衡混合物。

三、仪器和药品

仪器[如图 10-1-1(a)所示]:50 mL 圆底烧瓶、氯化钙干燥管、冷凝管、分液漏斗、10 mL 圆底烧瓶、减压蒸馏装置、常压蒸馏装置。

药品[如图 10-1-1(b)所示]:金属钠、二甲苯、50% 乙酸、饱和氯化钠溶液、无水硫酸钠、FeCl$_3$ 溶液。

四、实验内容

乙酰乙酸乙酯制备的具体流程如图 10-1-2 所示。

实验一　乙酰乙酸乙酯合成的虚拟仿真实验

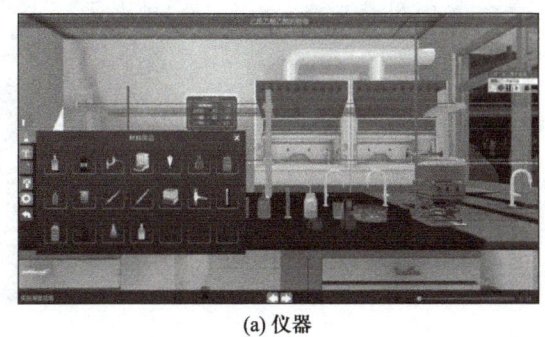
(a) 仪器

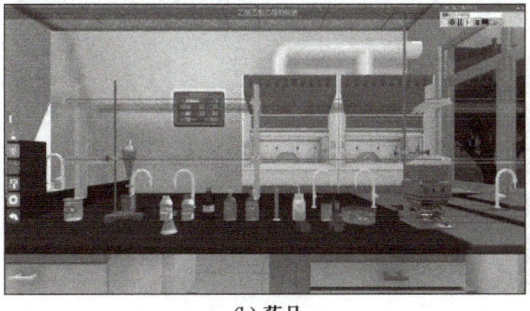
(b) 药品

图 10-1-1　实验仪器与药品

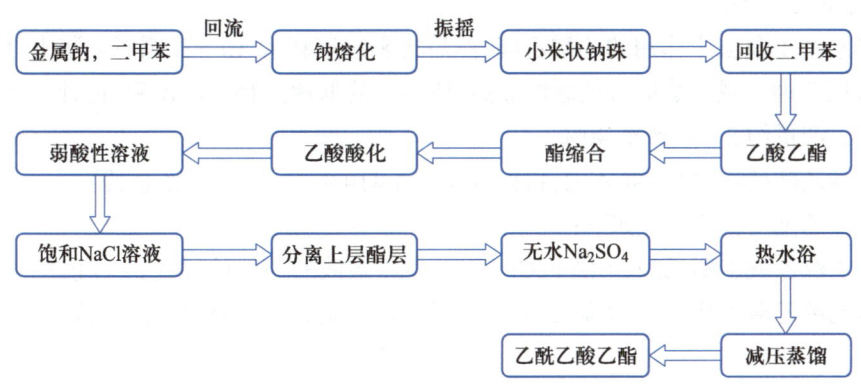

图 10-1-2　乙酰乙酸乙酯制备流程

1. 制作钠沙

在装有磁子的干燥 50 mL 圆底烧瓶中加入 1 g 金属钠和 5 mL 二甲苯,装上冷凝管,加热使钠熔融。快速开动搅拌,制得细粒状钠沙后,停止搅拌并冷却至室温(图 10-1-3)。

2. 缩合和酸化

稍经放置钠珠沉于瓶底,将二甲苯倾倒入二甲苯回收瓶中(切勿倒入水槽或废物缸,以免着火)。迅速向瓶中加入 11 mL 乙酸乙酯,重新装上冷凝管,并在其顶端装一氯化钙干燥管。反应随即开始,并有氢气泡逸出。如反应很慢时,可稍加温热。待激烈的反应过后,置反应瓶于石棉网上小火加热,保持微沸状态,直至所有金属钠全部作用完为止。如图 10-1-4 所示,反应约需 0.5 h。此时生成的乙酰乙酸乙酯钠盐为橘红色透明溶液(有时析出黄白色沉淀)。待反应物稍冷后,在摇荡下加入 50% 乙酸,直到反应液呈弱酸性(约需 6 mL)。此时,所有的固体物质均已溶解。

3. 盐析和干燥

将溶液转移到分液漏斗中,加入等体积的饱和氯化钠溶液,用力振摇片刻。静置后,有机相分层析出。分出上层粗产物,用无水硫酸钠干燥后滤入蒸馏瓶,并用少量乙酸乙酯洗涤干燥剂,一并转入蒸馏瓶中。

图 10-1-3 制作钠沙

图 10-1-4 缩合和酸化

4. 蒸馏和减压蒸馏

先在沸水浴上蒸去未作用的乙酸乙酯,然后将剩余液移入 10 mL 圆底烧瓶中,用减压蒸馏装置进行减压蒸馏。减压蒸馏时须缓慢加热,待残留的低沸点物质蒸出后,再升高温度,收集乙酰乙酸乙酯。产量约 2.2 g(产率 40%)。

乙酰乙酸乙酯的沸点为 180.4 ℃,折射率 n_D^{20} = 1.419 9(注:D 为钠光 D 线)。

乙酰乙酸乙酯的检测方法如下:

取 1 滴乙酰乙酸乙酯,加入 1 滴 $FeCl_3$ 溶液,观察溶液的颜色(淡黄色→红色)。

取 1 滴乙酰乙酸乙酯,加入 1 滴 2,4-二硝基苯肼试剂,微热后观察现象(橙黄色沉淀析出)。

五、实验注意事项

1. 仪器干燥,严格无水。金属钠遇水即燃烧爆炸,使用时应严格防止钠接触水或皮肤。钠的称量和切片要快,以免氧化或被空气中的水汽侵蚀。多余的钠片应及时放入装有烃溶剂(常用二甲苯)的瓶中。

2. 制备钠为本实验关键步骤,因为钠珠的大小决定着反应的快慢。钠珠越细越好,应呈小米状细粒。否则,应重新熔融再次制备。

六、虚拟仿真软件操作说明

双击桌面快捷方式,启动软件后,出现仿真软件加载页面,进入基础化学仿真实验室界面,选择"有机化学虚拟仿真软件——乙酰乙酸乙酯的制备",点击进入仿真操作界面,在该界面可实现虚拟仿真软件的所有操作。

具体操作流程见表 10-1-1。

表 10-1-1 乙酰乙酸乙酯的制备虚拟仿真操作

序号	步骤描述	触发点
1	加入搅拌磁子	右键圆底烧瓶"加入搅拌磁子"
2	量取 25 mL 乙酸乙酯	右键乙酸乙酯"取出 25 mL"

续表

序号	步骤描述	触发点
3	取 1.5 g 金属钠加入圆底烧瓶	右键金属钠 "取出 1.5 g"
4	组装回流干燥管	右键圆底烧瓶 "组装回流干燥管"
5	开启水龙头	右键水龙头 "开启"
6	调节加热套进行反应	右键加热套 "调温度和转速"
7	反应结束关闭加热	右键加热套 "关闭"
8	关闭水龙头	右键水龙头 "关闭"
9	拆除回流干燥装置	右键干燥管 "拆除"
10	冰水浴冷却圆底烧瓶	右键圆底烧瓶 "冷却"
11	加入 12 mL 50% 乙酸	右键乙酸试剂 "取出 12 mL"
12	加入适量饱和氯化钠	右键饱和氯化钠 "取出适量溶液"
13	烧瓶内液体进行萃取	右键烧瓶 "取出溶液萃取"
14	倒出分液漏斗上层液	右键分液漏斗 "倒出上层液"
15	上层液用无水硫酸镁干燥备用	右键硫酸镁 "取出试剂"
16	锥形瓶内粗产物转移到圆底烧瓶内	右键锥形瓶 "粗产物转移"
17	烧瓶内加入沸石	右键圆底烧瓶 "加入沸石"
18	组装常压蒸馏装置	右键圆底烧瓶 "组装常压蒸馏"
19	开启水龙头	右键水龙头 "开启"
20	调节加热套进行蒸馏	右键加热套 "调温度和转速"
21	蒸馏结束关闭加热	右键加热套 "关闭"
22	关闭水龙头	右键水龙头 "关闭"
23	拆除常压蒸馏装置	右键加热套上方圆底烧瓶 "拆除常压蒸馏"
24	圆底烧瓶内加入搅拌磁子	右键圆底烧瓶 "加入磁子"
25	组装减压蒸馏装置	右键圆底烧瓶 "组装减压蒸馏"
26	开启加热套搅拌旋钮	右键加热套 "开启搅拌"
27	开启水龙头	右键水龙头 "开启"
28	开启真空泵	右键真空泵 "开启"
29	缓慢调节加热套进行蒸馏	右键加热套 "调温度和转速"
30	关闭加热和搅拌	右键加热套 "关闭"

七、思考题

1. 什么是 Claisen 酯缩合反应中的催化剂？本实验为什么可以用金属钠代替？为什么计算产率时要以金属钠为基准？

2. 本实验中加入 50% 乙酸和饱和氯化钠溶液有何作用？

3. 如何实验证明常温下得到的乙酰乙酸乙酯是两种互变异构体的平衡混合物？

实验二　加压氢化反应的虚拟仿真实验

实验教学视频

一、实验目的

1. 按照加压氢化反应的安全规程要求使用危险气体及高压设备,培养安全意识;
2. 熟练拆装高压釜,熟悉气路并能够正确进行充、放气操作;
3. 根据实验原理,完成加压氢化反应的参数设计;
4. 改变单一反应条件,实现加压氢化实验条件优化设计。

二、实验原理

加压氢化反应是指在高压釜内使用催化剂,在特定的温度和氢气压力下,对化合物进行催化加氢的反应。加压氢化作为一种重要的技术与手段,在石油化工、精细化工、有机及药物合成、材料科学等领域都有广泛应用,制备过程涉及催化氢化的产品有几千种。催化氢化具有反应收率高、原子经济性高、污染少等特点。随着反应技术与方法的发展,催化加氢已成为化学相关专业不可或缺的一种技术方法。

氢化反应应用广泛,但反应过程存在多种风险。主要有以下三种风险:

(1)燃爆风险,氢气爆炸极限是4%~75%(体积分数),且氢气相对密度小、易扩散、燃点低,遇火花、摩擦或雷电感应等都可能引发爆炸。

(2)氢化反应常需要在加压条件下进行,需要使用特种设备,而且多为强放热反应,温度不易控制。

(3)反应中使用的部分金属催化剂如Raney Ni等,极易在空气中自燃。这些因素限制了氢化反应在日常实验教学中的应用。

氢化反应种类繁多,从学生知识学习和能力培养的角度出发,以三位诺贝尔奖获得者P. Sabatier,G. Wilkinson,Ryōji Noyori(野依良治)的工作为基础,选择三类典型的催化剂(非均相金属催化剂、均相催化剂、含手性配体催化剂)。

整个实验分为单元操作、实验验证、实验设计、自主研究四个模块(图10-2-1)。单元操作主要是拆卸高压釜,熟悉气路对高压釜进行进气、排气操作。实验验证部分以苯作为原料、Raney Ni作为催化剂,通过加压氢化的技术手段得到产物环己烷,实验过程中应注意压力的控制,防止在超高压的条件下高压釜出现爆燃。实验设计部分为

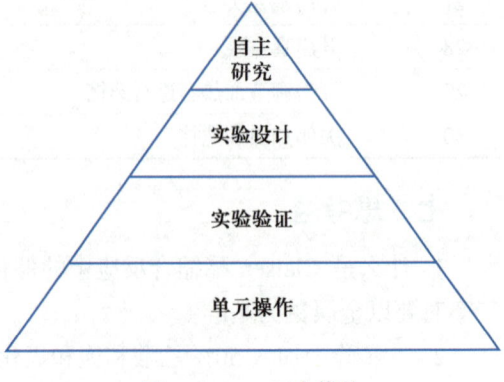

图10-2-1　四个模块

催化氢化制备外消旋乙酰苯丙氨酸乙酯,通过改变甲醇的体积得到不同反应色谱收率的产物。自主研究:催化氢化制备光学活性 N-乙酰苯丙氨酸乙酯,自主设计实验从影响实验的不同因素中设计实验,设计条件最优实验。

三、实验操作

1. 单元操作模块

单元操作具体实验步骤如表 10-2-1 所示。

表 10-2-1 单元操作具体实验步骤

编号	说明
1	完成安全知识选择题与判断对错题目,检测学习效果
2	仿真操作应完成高压釜盖与釜体的连接与安装,拆卸
3	控制管路,向高压釜内充入指定压力的气体,并放气
4	使用氮气及氢气完成气体置换

(1) 安全知识通关 通过软件中提供的学习安全事项、操作的基本方法与规程等学习相关知识(图 10-2-2),《氢气使用安全技术规程》(GB 4962—2008)及高压气体相关演示文档、视频,学习高压下氢气和氮气的基本安全知识和使用注意事项,并完成相应题目,只有全部答对才能进入下一学习环节。

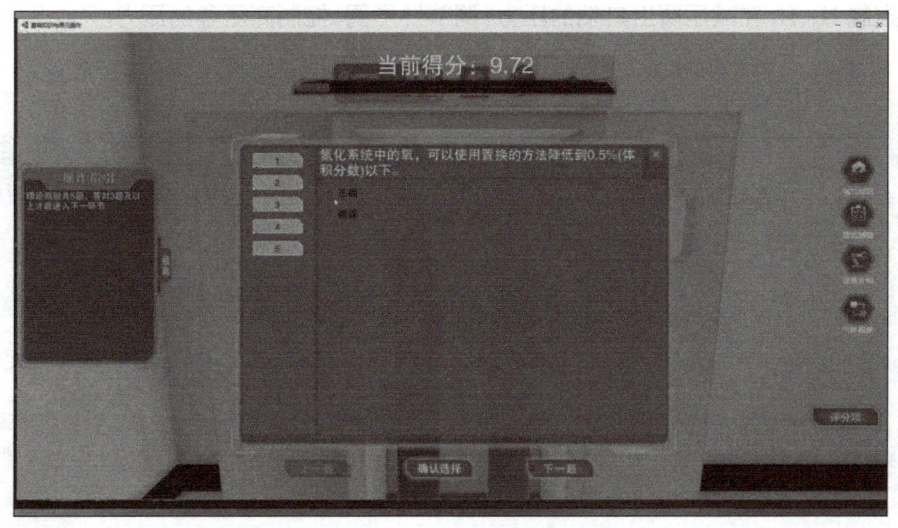

图 10-2-2 安全知识界面

(2) 拆装高压釜 反应容器由不锈钢制备的釜体和釜盖组成。釜体与法兰螺纹相连,釜盖与法兰间采用螺栓连接,釜盖上的球面与釜体上的锥面形成线接触密封,无须垫片。釜盖上装有压力表、爆破片、N_2 进气阀、H_2 进气阀、取样阀、冷却水管接头、测温铂电阻插口、排气阀等。

安装时将釜盖与釜体上的法兰螺纹相连,拧紧螺母;拆卸时,拧松螺母,分离釜盖与釜体,并将釜盖置于固定架上。拆装釜盖上的螺母时,必须对称而均匀用力,绝对不能一次将一个螺母完全拧松或拧紧。注意六个螺母依次沿对角线安装与拆卸。如图 10-2-3 所示 1 与 1′、2 与 2′、3 与 3′一一对应,对称安装。

图 10-2-3　高压釜

（3）气路操作　加氢装置的结构:装置由高压釜、N_2 钢瓶、H_2 钢瓶等组成。高压釜上的 N_2 进气阀、H_2 进气阀,通过管路分别与 N_2 钢瓶、H_2 钢瓶连接。H_2 管路中连接有气体质量流量计。

如图 10-2-4 所示 N_2、H_2 气路上分别装有减压阀和针形阀开关。通过调节减压阀(图 10-2-5)控制 N_2、H_2 在减压阀出口端的压力,调节针形阀,控制高压釜的压力。

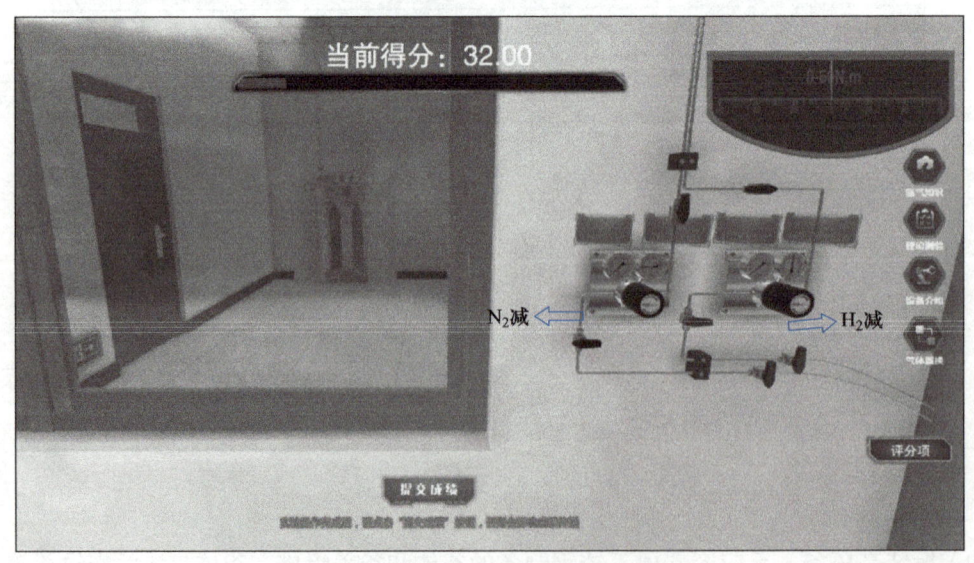

图 10-2-4　气路

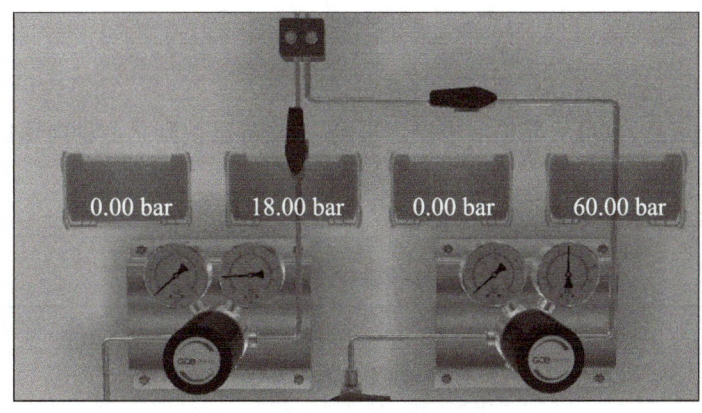

图 10-2-5　减压阀

完成向高压釜充入 0.3 MPa 的 N_2 的操作,并练习排气。观测各步操作时,高压釜上压力表显示数值的变化。压力过高将引起爆燃,导致实验失败。

惰性气体加压置换的操作:

反应前依次用 N_2 和 H_2 置换装置内的空气,反应后用 N_2 置换系统的 H_2。此项操作的目的是保证加氢过程中,系统内 O_2 体积分数小于 0.5%,或反应后系统内 H_2 的体积分数小于 0.4%。具体操作方法如下:

操作前,关闭排气阀和取样阀,向反应体系通入 N_2(或其他惰性气体),充气达到 0.3 MPa(表压不小于 0.2 MPa),打开排气阀放气,重复充放气三次以上。再使用 H_2 重复上述操作三次以上。反应后只使用 N_2 置换 H_2 即可。

在仿真操作过程中,应观测压力计变化情况,以及通氮气次数防止因次数不足导致釜内氧含量过多,从而引起爆燃导致实验失败。

2. 实验验证模块:催化氢化苯制备环己烷

(1) 实验原理　19 世纪末,法国化学家 P. Sabatier 从一些零散的氢化及相关反应中,提出并使用金属镍催化有机化合物的加氢反应。由于他在催化氢化研究领域的突出贡献,在 1912 年与 V. Grignard 一起获得诺贝尔化学奖。

催化氢化亦称催化加氢,是还原反应的一种形式。例如,在适当的催化剂存在下,烯烃或炔烃与氢气进行加成反应,生成相应的烷烃。

$$(C_2H_5)_2C=CHCH_3 + H_2 \xrightarrow[5\ MPa, 70\%]{Ni, 90\sim 100\ ^\circ C} (C_2H_5)_2CH-CH_2CH_3$$

$$\underset{\underset{CH_3}{|}}{CH_3CH_2CHCH_2C}\equiv CH + 2H_2 \xrightarrow[5\ MPa, 77\%]{Ni, 90\sim 100\ ^\circ C} \underset{\underset{CH_3}{|}}{CH_3CH_2CHCH_2CH_2CH_3}$$

反应中常使用铂、钯和 Raney Ni 等金属催化剂,降低反应的活化能,加速反应的进行。

以 P. Sabatier 的研究工作作为基础,本虚拟仿真实验选取 Raney Ni 为催化剂,它对芳环的催化氢化有较好的效果。

$$\text{C}_6\text{H}_6 \xrightarrow[\text{Raney Ni}]{\text{H}_2(4\text{ MPa}), 200\ ^\circ\text{C}} \text{C}_6\text{H}_{12}$$

原料苯是石油产品,也可从煤焦油中提炼得到,产物环己烷则是一种应用广泛的有机溶剂和原料。在该反应系统中,Raney Ni 易燃,而苯是致癌物。

(2)仿真操作 本模块具体实验步骤如表 10-2-2 所示。

表 10-2-2 实验验证模块的交互性操作

编号	说明
1	向高压釜内加入反应原料
2	仿真操作应完成高压釜安装;
3	使用氮气及氢气完成气体置换
4	控制指定的反应条件;
5	停止加热,冷却,卸压
6	氮气置换
7	显示结果,并完成实验报告

实验的仿真操作:

① 开始实验。向反应釜内加入 50 mL 苯和 5 g Raney Ni,安装反应釜釜盖,紧固螺母,采用加压置换法进行气体置换,控制氢气压力,使压力釜表头压力为 4 MPa,控制电热炉,升温到 200 ℃,保温 1 h 至反应结束,记录 1 h 内各时间点的压力、温度等数据,观测氢化反应过程中,氢气质量流量计的变化。

② 结束实验。停止加热,静置冷却,关闭各进气开关;打开排气阀泄压,并用 N_2 置换,拆开高压釜。对反应釜内的混合物进行抽滤,分析滤液(经气相分析)主要为环己烷,含 0.6% 的苯;所得固体 Raney Ni 使用乙醇液封,待进一步处理。

3. 实验设计模块:催化氢化制备外消旋乙酰苯丙氨酸乙酯

(1)实验原理 G. Wilkinson 在研究氯化三(三苯基膦)合铑(Ⅰ)的性质时发现,该化合物可催化有机物的加氢反应。氯化三(三苯基膦)合铑(Ⅰ)可以溶于有机溶剂,是可用于氢化反应的第一种实用的均相催化剂。G. Wilkinson 因其对金属有机化学的贡献,特别是二茂铁结构的研究成果,获得 1973 年诺贝尔化学奖。

将催化剂氯化三(三苯基膦)合铑(Ⅰ)应用于氨基酸制备过程中关键中间体的制备。

$$\underset{\substack{\text{相对分子质量:233.2631}\\ C_{13}H_{15}NO_3}}{\text{PhCH=C(NHCOCH}_3)\text{CO}_2\text{C}_2\text{H}_5} \xrightarrow[\substack{H_2(0.2\text{ MPa})\\ 30\ ^\circ\text{C}}]{\underset{\substack{\text{相对分子质量:925.2149}\\ C_{54}H_{45}ClP_3Rh}}{(Ph_3P)_2Rh(Cl)}} \underset{\substack{\text{相对分子质量:235.2790}\\ C_{13}H_{17}NO_3}}{(S)\text{-PhCH}_2\text{CH(NHCOCH}_3)\text{CO}_2\text{C}_2\text{H}_5} + (R)\text{-PhCH}_2\text{CH(NHCOCH}_3)\text{CO}_2\text{C}_2\text{H}_5$$

（2）仿真操作　本模块具体实验步骤如表 10-2-3 所示。

表 10-2-3　实验设计型仿真实验模块操作

编号	说明
1	确定实验方案,根据压力容器体积及文献数据,计算各原料的用量
2	确定仿真操作的顺序,并完成仿真操作
3	显示结果,并完成实验报告

① 根据文献设计实验方案。

提供 Wilkinson 催化剂背景文献,提供实验的标准条件:

催化剂[氯化三(三苯基膦)合铑(I)]的浓度:0.75 mmol·L^{-1};反应底物的浓度:150 mmol·L^{-1};氢气压力:0.12 MPa;反应温度:30 ℃;溶剂:甲醇;反应时间:6 h 以内。

根据反应釜的体积(100 mL),由学生选择溶剂甲醇的体积。在 30~70 mL 范围内确定甲醇体积。在这个范围内任选一值,如 50 mL。根据所给浓度与体积数值,按浓度 × 体积 × 相对分子质量,依次计算催化剂、反应原料的质量。完成表 10-2-4 的填写。

表 10-2-4　设计实验反应条件列表

反应条件	甲醇体积/mL	Rh(PPh$_3$)$_3$Cl 质量/g	原料质量/g	氢气压力/MPa	反应温度/℃	反应时间/h
设定值						

② 实验的操作。

向反应釜内加入甲醇、Wilkinson 催化剂(铁红色)和反应原料;安装反应釜釜盖,紧固螺母;采用加压法进行气体置换;控制氢气压力,使压力釜表头压力为 0.12 MPa;控制电热炉加热电压,升温到 30 ℃,保温 3 h 至反应结束;记录各时间点的压力、温度数据;观测氢化反应过程中,氢气质量流量计的变化。停止加热,静置冷却,关闭各进气开关;打开排气阀泄压,N$_2$ 置换后,拆开高压釜;反应釜内的混合物为淡红色,可使用液相分析,此处只向学生显示分析结果:反应色谱收率 98%。

根据上述实验数据,完成实验报告。报告格式参见实验结果部分。

4. 自主研究模块:催化氢化制备光学活性 N-乙酰苯丙氨酸乙酯

（1）实验原理　Mansanto 公司的科学家 W. S. Knowles 在 G. Wilkinson 工作的基础上,使用手性膦配体,完成了不对称氢化的第一个反应,并应用于 L-DOPA 的中间体实际生产。L-DOPA 可用于治疗帕金森综合征。日本科学家野依良治,开发出更通用的手性膦配体,并应用于氨基酸中间体的生产:

以野依良治的研究工作为基础,设计了第三个仿真实验。在实验中,根据其对反应初始条件及反应机理的理解,确定要研究的反应影响因素。在固定其他因素的条件下,选取待研究因素的不同数值,进行仿真实验,得出变化曲线。再根据变化曲线,确定较优的反应条件。

(2) 仿真操作　本模块具体实验步骤如表10-2-5所示。

表10-2-5　"条件优化型仿真实验"模块的交互性操作

编号	说明
1	根据文献数据,确定拟研究的反应条件影响因素:由四个条件中,确定一个
2	确定方案:给出拟优化反应条件的五个值,固定其他反应条件值,得出五个实验条件
3	确定实验操作顺序,并完成仿真操作
4	根据仿真实验结果,画出变化趋势,进行分析,并完成实验报告

① 根据初始条件设置,设计单因素多水平优化的实验方案(参数输入界面见图10-2-6)。

反应的初始条件如下。

催化剂浓度:$0.75\ mmol \cdot L^{-1}$;

反应底物浓度:$150\ mmol \cdot L^{-1}$;

乙酸配体的浓度:$0.15\ mmol \cdot L^{-1}$;

氢气压力:$0.12\ MPa$;

反应温度:30 ℃;

反应溶剂:甲醇;

反应时间:6 h。

可选的影响因素及范围如下。

催化剂浓度:$0\sim1.5\ mmol \cdot L^{-1}$;

反应原料浓度:$100\sim400\ mmol \cdot L^{-1}$;

氢气压力:$0.01\sim10\ MPa$;

乙酸配体浓度:$0\sim15\ mmol \cdot L^{-1}$。

② 依经验,可选择影响因素,并确定五个值;同时保持其他影响因素与初始条件相同,并确定反应时间。以催化剂浓度为例说明。

选取催化剂不同浓度的5个值:$0.1\ mmol \cdot L^{-1}$,$0.25\ mmol \cdot L^{-1}$,$0.5\ mmol \cdot L^{-1}$,$0.75\ mmol \cdot L^{-1}$,$1\ mmol \cdot L^{-1}$;固定其他反应条件,并确定反应时间为6 h,则有五组反应条件。

催化剂的浓度(mmol·L^{-1}):0.1,0.25,0.5,0.75,1;
反应原料的浓度:100~400 mmol·L^{-1};
氢气压力:0.01~10 MPa;
乙酸配体的浓度:0~15 mmol·L^{-1};
反应时间:6 h。

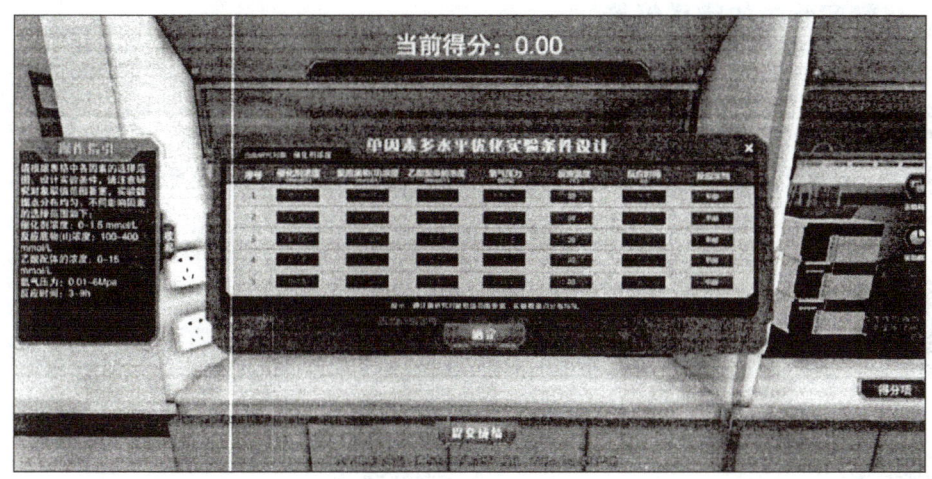

图 10-2-6　参数输入

③ 按上一步骤中五个实验方案,依次设计实验。

根据反应釜的体积 100 mL,甲醇的体积应在 30~70 mL,学生在提示下,在这个范围内任选一值。根据浓度与体积,按浓度 × 体积 × 相对分子质量,依次计算催化剂、反应原料的质量。完成表 10-2-6 的填写。

表 10-2-6　条件优化实验反应条件列表示例

反应条件	甲醇体积/mL	Ru(BINAP)(OAc)$_2$ 质量/g	原料质量/g	氢气压力/MPa	反应温度/℃	反应时间/h
设定值						

四、思考题

1. 简述高压釜在拆卸过程中沿对角线拆卸的原因。
2. 本实验过程中,为什么需要在充入氢气前进行气体置换操作?如何保证气体置换完全?
3. 简述催化剂的作用。

附　录

一、化学实验中的常用仪器

 1. 酸度计、离子计和电位计

 **2.** 722S 型分光光度计

 3. 阿贝折射仪

 **4.** 旋光仪

 **5.** 电导仪和电导率仪

 6. 磁天平

 7. 直流电位差计

 8. TU-1901 双光束紫外-可见分光光度计

 9. 气相色谱仪

 10. 傅里叶变换红外光谱仪

 11. iCE3300 原子吸收光谱仪

 12. 核磁共振波谱仪

 **13.** 热分析仪

二、常用数据表

 **1.** 常见阳离子的主要鉴定反应

 **2.** 常见阴离子的主要鉴定反应

 **3.** 常见阳离子与常用试剂的反应

 4. 常见阴离子与常用试剂的反应

 5. 常见离子与化合物的颜色

 6. 不同温度下水的饱和蒸气压

 7. 元素的简略相对原子质量

 8. 常用化合物的相对分子质量

 9. 实验室常用酸、碱溶液的浓度

 10. 酸碱指示剂

 **11.** 氧化还原指示剂

 12. 金属离子指示剂

 **13.** 实验室中常用试剂的配制方法

 14. 常用缓冲溶液的 pH 范围

 15. 微溶化合物的溶度积

 16. 弱酸、弱碱在水中的解离常数

 **17.** 金属离子-氨羧配合物的稳定常数

 18. EDTA 的 $\lg\alpha_{Y(H)}$

 **19.** 水的表面张力

 20. 水的折射率

 21. 水的黏度

 22. 不同温度下液体的密度

 23. 不同温度下 KCl 的摩尔溶解焓

 24. 摩尔凝固点降低常数

 25. 电极的标准电极电势

 26. 常用有机溶剂及其纯化

 27. 沸点-压力算图

郑重声明

高等教育出版社依法对本书享有专有出版权。任何未经许可的复制、销售行为均违反《中华人民共和国著作权法》，其行为人将承担相应的民事责任和行政责任；构成犯罪的，将被依法追究刑事责任。为了维护市场秩序，保护读者的合法权益，避免读者误用盗版书造成不良后果，我社将配合行政执法部门和司法机关对违法犯罪的单位和个人进行严厉打击。社会各界人士如发现上述侵权行为，希望及时举报，我社将奖励举报有功人员。

反盗版举报电话　（010）58581999　58582371
反盗版举报邮箱　dd@hep.com.cn
通信地址　北京市西城区德外大街4号
　　　　　高等教育出版社知识产权与法律事务部
邮政编码　100120

读者意见反馈

为收集对教材的意见建议，进一步完善教材编写并做好服务工作，读者可将对本教材的意见建议通过如下渠道反馈至我社。

咨询电话　400-810-0598
反馈邮箱　hepsci@pub.hep.cn
通信地址　北京市朝阳区惠新东街4号富盛大厦1座
　　　　　高等教育出版社理科事业部
邮政编码　100029